EUL
VERLAG

EINZELSCHRIFTEN

Regine Merz
Künstlerische Therapien zur Burnout-Prävention in Unternehmen – Einsatzmöglichkeiten und ökonomischer Nutzen
Lohmar – Köln 2014 • 84 S. • € 37,- (D) • ISBN 978-3-8441-0330-4

Abdelhakim Azaouagh
Finanzwirtschaftliche Effekte der Bilanzierung Strukturierter Produkte – Erfolgsneutrale Fair Value-Bilanzierung als alternatives Konzept?
Lohmar – Köln 2014 • 240 S. • € 56,- (D) • ISBN 978-3-8441-0333-5

Matias Bronnenmayer
Erfolgsfaktoren von Unternehmensberatung – Eine Zweiperspektivenbetrachtung
Lohmar – Köln 2014 • 364 S. • € 64,- (D) • ISBN 978-3-8441-0348-9

Philipp Nitzsche
Inbound Open Innovation – Eine empirische Analyse ihrer Erfolgswirkung auf Basis des Dynamic Capabilities View
Lohmar – Köln 2014 • 364 S. • € 64,- (D) • ISBN 978-3-8441-0349-6

Klaus Frank und Marco Patrizi
Nachhaltigkeitsaspekte im Marketing-Mix der Automobilindustrie
Lohmar – Köln 2014 • 156 S. • € 47,- (D) • ISBN 978-3-8441-0350-2

Daniel Gavranović
Strategisches Controlling auf Basis quantifizierender Kalküle im Projekt- und Bereichsbezug – Produktprojekte und Standortalternativen als Objekte der Prognose und Vorteilhaftigkeitsanalyse
Lohmar – Köln 2014 • 368 S. • € 64,- (D) • ISBN 978-3-8441-0353-3

Sven Seehausen
Kapitalstrukturentscheidungen in kleinen und mittleren Unternehmen
Lohmar – Köln 2014 • 376 S. • € 65,- (D) • ISBN 978-3-8441-0354-0

JOSEF EUL VERLAG

Dr. Sven Seehausen

Kapitalstrukturentscheidungen in kleinen und mittleren Unternehmen

Mit einem Geleitwort von Prof. Dr. Ulrich Pape,
ESCP Europe Wirtschaftshochschule Berlin

Bibliografische Information der Deutschen Nationalbibliothek

Die Deutsche Nationalbibliothek verzeichnet diese Publikation in der Deutschen Nationalbibliografie; detaillierte bibliografische Daten sind im Internet über <http://dnb.d-nb.de> abrufbar.

Dissertation, ESCP Europe Wirtschaftshochschule Berlin, 2013

ISBN 978-3-8441-0354-0
1. Auflage September 2014

JOSEF EUL VERLAG GmbH
Brandsberg 6
53797 Lohmar
Tel.: 0 22 05 / 90 10 6-6
Fax: 0 22 05 / 90 10 6-88
E-Mail: info@eul-verlag.de
http://www.eul-verlag.de

Bei der Herstellung unserer Bücher möchten wir die Umwelt schonen. Dieses Buch ist daher auf säurefreiem, 100% chlorfrei gebleichtem, alterungsbeständigem Papier nach DIN 6738 gedruckt.

GELEITWORT

Die Frage nach der optimalen Kapitalstruktur eines Unternehmens gilt als eine der zentralen Fragestellungen von Finanzierungstheorie und -praxis. Aufbauend auf den Irrelevanzthesen von Modigliani/Miller sind unterschiedliche kapitalmarktorientierte Modelle entstanden, die die Relevanz von Kapitalstrukturentscheidungen auf realen Kapitalmärkten aufzeigen und die in einer Vielzahl von Untersuchungen empirisch getestet worden sind. Die einschlägigen Kapitalmodelle sowie die zugehörigen empirischen Untersuchungen beziehen sich allerdings primär auf börsennotierte Unternehmen. Zu Kapitalstrukturentscheidungen von nicht börsennotierten Unternehmen liegen dagegen kaum belastbare Erkenntnisse vor.

Vor diesem Hintergrund analysiert die Arbeit von Sven Seehausen Kapitalstrukturentscheidungen in kleinen und mittleren Unternehmen (KMU), um einen Beitrag zur theoretischen Fundierung des Finanzierungsverhaltens von KMU zu leisten. Hierzu wird untersucht, welche finanzwirtschaftlichen Ziele mittelständische Unternehmen bei der Gestaltung ihrer Kapitalstruktur anstreben, wie diese Ziele verfolgt werden und welche Rolle die an der Entscheidungsfindung beteiligten Akteure spielen. Die Arbeit nimmt dabei eine prozessorientierte Perspektive ein und stellt nicht den Verschuldungsgrad als Ergebnis der Finanzierungspolitik, sondern den vorgelagerten Entscheidungsprozess in den Mittelpunkt der Untersuchung. Im Ergebnis zeigt sich, dass Kapitalstrukturentscheidungen in KMU anders getroffen werden als in größeren Unternehmen. Die klassischen Kapitalmarktmodelle können insofern nicht unreflektiert auf KMU übertragen werden.

Im Gegensatz zur Mehrzahl der Untersuchungen zur Kapitalstrukturpolitik liegt der vorliegenden Arbeit ein primär induktives Forschungsdesign zugrunde, das mit einer qualitativen Untersuchung empirisch umgesetzt wird. Die Veröffentlichung zeichnet sich damit durch einen hohen Innovationsgrad in der primär quantitativ geprägten Finanzwirtschaft aus. Das innovative Untersuchungsdesign geht einher mit einem überzeugenden theoretischen Fundament sowie einem hohen Anwendungsbezug für die Finanzierungspraxis von KMU. Die vorliegende Arbeit ist daher für Wissenschaftler ebenso interessant wie für Praktiker aus KMU und aus der Kreditwirtschaft sowie für Unternehmens- und Steuerberater. Angesichts ihrer klaren Struktur, der argumentativen Stringenz sowie der überzeugend abgeleiteten Erkenntnisse hat die Arbeit von Sven Seehausen beste Voraussetzungen, die weitere Diskussion zur Kapitalstrukturpolitik von KMU entscheidend zu prägen. Der Veröffentlichung ist daher eine weite Verbreitung zu wünschen.

Berlin im August 2014 Prof. Dr. Ulrich Pape

VORWORT

Ein wesentlicher Aspekt dieser Forschungsarbeit liegt darin, Kapitalstrukturentscheidungen in kleinen und mittleren Unternehmen als Prozess zu betrachten, in den neben dem Unternehmer als Protagonisten oft noch eine Vielzahl weiterer Akteure involviert sind. Die beteiligten Personen erweitern den Prozess um neue Perspektiven und beeinflussen dessen Ergebnis teilweise erheblich. Auf ähnliche Weise lässt sich auch die Erstellung einer Dissertation charakterisieren. Ohne den Beistand und die Hilfe vieler Unterstützer lässt sich ein solch umfangreiches Projekt nur schwer umsetzen. Ich möchte daher allen Menschen, dich mich in den vergangenen Jahren bei dem Verfassen dieses Manuskripts begleitet haben meine tiefste Dankbarkeit aussprechen.

Mein erster Dank gilt meinem Doktorvater Prof. Dr. Ulrich Pape für die fachliche Unterstützung bei der Dissertation und die exzellente Zusammenarbeit während meiner Zeit als wissenschaftlicher Mitarbeiter. Die Tätigkeit an seinem Lehrstuhl habe ich als sehr gewinnbringend empfunden. Herrn Prof. Pape ist es auf vorzügliche Weise gelungen, eine angenehme Atmosphäre im ganzen Team zu erzeugen, bei der der Spaß neben den fachlichen Herausforderungen nie zu kurz kommt. Weiterhin bedanke ich mich bei Prof. Dr. Wrona, dessen Engagement deutlich über das eines typischen Zweitgutachters hinausging. Seine stetige Unterstützung hat maßgeblich zum Erfolg des Promotionsvorhabens beigetragen.

Eine Erkenntnis meiner Arbeit ist, dass Prozesse vor allem dann gut funktionieren, wenn die beteiligten Personen eng zusammenarbeiten und gemeinsam ihre Ziele verfolgen. Daher bedanke ich mich beim Team Finance für die tolle Zeit am Lehrstuhl. Marina Steinbach, Sophia Oberhuber und Eva Kreibohm gilt mein Dank für die Zusammenarbeit und ihre Funktion als „Sparrings-Partner“ hinsichtlich meiner Forschungsarbeit. Besonders bedanken möchte ich mich weiterhin bei Michael Becker, der als studentische Hilfskraft am Lehrstuhl hervorragende Arbeit leistet und mir bei der Literaturarbeit eine große Hilfe war. Auch die Zusammenarbeit mit Katrin Grimm, Gabriele Krautschick, Martina Seikat und Sabine Scholz habe ich stets als sehr angenehmen wahrgenommen.

Das Herzstück meiner Arbeit ist der empirische Teil mit der Erhebung und Auswertung qualitativer Daten. Insbesondere die Durchführung der Interviews hat mir viel Freude bereitet. Bedanken möchte ich mich daher bei meinen Interviewpartnern. Zum einen danke ich den Unternehmern, die mir trotz der sensiblen Thematiken der Unternehmensfinanzierung und der internen Entscheidungsfindung großes Vertrauen entgegengebracht haben. Zum anderen gilt mein Dank den befragten Bankern und Beratern für die Bereitschaft, ihre Erfahrungen und Expertise zu teilen. Hinsichtlich der Interviews bedanke ich mich auch bei zahlreichen Kollegen und Freunden für die Herstellung von Kontakten und Vermittlung von Gesprächspartnern.

Der in dieser Arbeit im Fokus stehende Mittelstand wird oft als Rückgrat der deutschen Wirtschaft bezeichnet. Ebenso bildet der akademische Mittelbau an einer Hochschule eines der wesentlichen Fundamente für erfolgreiche Lehre und Forschung. Die gemeinsame Zeit mit den wissenschaftlichen Mitarbeitern und Doktoranden wird mir unvergessen bleiben. Zusammen haben wir die Mühen des Promotionsstudiums auf uns genommen und die Herausforderungen des Vorlesungsalltags gemeistert. Für Freundschaften und gemeinsame Erlebnisse danke ich unter anderem: Aaron Baur, Angela Kornau, Christian Klippert, Dennis Wurster, Dr. Erik Maier, Dr. Florian Dost, Florian Reichle, Dr. Ihar Sahakiants, Jens Sievert, Julian Bühler, Katherina Bruns, Kyung-Hun Ha, Lars Dzedek, Dr. Lena Knappert, Dr. Lynn Schäfer, Dr. Martina Maletzky, Michael Hanzlick, Dr. Philipp Grosche, Piotr Trapczynski, Dr. Ruben Dost, Stephanie Ryschka, Tayfun Aykac, Dr. Timo Runge, Dr. Swantje Hartmann und Tina Ladwig. Mein besonderer Dank gilt Dr. Max Kury für die enge Freundschaft, die uns seit der Zeit als Doktoranden verbindet.

Bedanken möchte mich auch bei der ESCP Europe für das mir entgegengebrachte Vertrauen und die finanzielle Unterstützung meiner Forschungsarbeit. Insbesondere dem Team des Berliner Campus gebührt mein Respekt für die Art und Weise, wie es die vielen Herausforderungen einer international geführten Institution meistert. Ebenso bedanke ich mich für die vielen konstruktiven Beiträge und Anmerkungen auf Konferenzen und Tagungen.

Weiterhin bedanke ich mich bei Julia Wagner, Dr. Till Freysoldt und Bärbel Seehausen für die mannigfaltigen Korrekturarbeiten. In vielen Arbeitsstunden haben sie durch ihre akribische Vorgehensweise und die zahlreichen Hinweise nicht nur wesentlich zur Fehlerfreiheit und guten Lesbarkeit des Manuskripts beigetragen, sondern auch wertvolle Denkanstöße und Anregungen gegeben.

Ganz besonderer Dank gilt schließlich meiner Familie. Ohne die Unterstützung meiner Eltern wäre diese Arbeit nicht zustande gekommen. Ihr Vertrauen und die Gewissheit, nichts falsch machen zu können, haben mich stets begleitet. Mein größter Dank gilt meiner Julia. Ihr Anteil am Erfolg dieser Arbeit kann nicht überschätzt werden. Ihr sei diese Arbeit gewidmet.

Berlin im August 2014 Sven Seehausen

INHALTSVERZEICHNIS

ABBILDUNGSVERZEICHNIS

TABELLENVERZEICHNIS

ABKÜRZUNGSVERZEICHNIS

ABS .... Asset Backed Securities
APT .... Arbitrage Pricing Theory
BaFin .... Bundesanstalt für Finanzdienstleistungsaufsicht
BFuP .... Betriebswirtschaftliche Forschung und Praxis
BGB-Gesellschaft .... Gesellschaft bürgerlichen Rechts
BMWi .... Bundesministerium für Wirtschaft und Technologie
c. p. .... ceteris paribus
CAPM .... Capital Asset Pricing Model
CMO .... Collateralized Mortgage Obligations
DBW .... Die Betriebswirtschaft (Zeitschrift)
EBITDA .... Earnings before interest, taxes, depreciation and amortization
EZB .... Europäische Zentralbank
FB .... Finanz Betrieb (Zeitschrift)
GmbH .... Gesellschaft mit beschränkter Haftung
HGB .... Handelsgesetzbuch
IfM .... Institut für Mittelstandsforschung
IKB .... IKB Deutsche Industrie Bank AG
IRB-Ansatz .... Internal Ratings Based Approach
JSTOR .... Journal Storage
KMU .... Kleine und mittlere Unternehmen
KWG .... Gesetz über das Kreditwesen
LBO .... Leveraged Buyout
M/M .... Modigliani/Miller
MaK .... Mindestanforderungen an das Kreditgeschäft der Kreditinstitute
MaRisk .... Mindestanforderungen an das Risikomanagement
MBS .... Mortgage Backed Securities
QDA .... Qualitative Daten Analyse
SABI .... Sistema de Análisis de Balance Ibéricos
SME .... Small and medium enterprises
S-O-R .... Stimulus-Organism-Response
SSRN .... Social Science Research Network
SUR .... Seemingly Unrelated Regression
UntStRefG .... Unternehmenssteuerreformgesetz
VHB .... Verband der Hochschullehrer für Betriebswirtschaft e. V.
WAT .... Wertadditivitätstheorem
ZfB .... Zeitschrift für Betriebswirtschaft
ZfbF .... Zeitschrift für betriebswirtschaftliche Forschung
ZfKE .... Zeitschrift für KMU und Entrepreneurship

Symbolverzeichnis

α .... Anteil
σ .... Standardabweichung
μ .... Erwartungswert der Rendite
ρ_k .... Risikoadjustierter Kalkulationszinssatz der Risikoklasse k
a .... Marktwert des Anlagevermögens
b .... Kapitalwert einer Investition
D .... Volumen an Unternehmensanleihen
E .... Mittel aus Kapitalerhöhung
EK .... Marktwert des Eigenkapitals
ek .... Anteil am Eigenkapital
FK .... Marktwert des Fremdkapitals
G .... Marktwert der Steuervorteile
GK .... Marktwert des Gesamtkapitals
I .... Investitionsausgabe
i .... Einheitlicher risikofreier Zinssatz
k .... Risikoklasse
P .... Betrag für Kapitalüberlassung
P' .... Marktwert der Unternehmensanteile
Q .... Verschuldungsgrad
r .... Rendite
r_0 .... Rendite auf Fremdkapital nicht besteuerter Institutionen
r_{EK} .... Eigenkapitalkostensatz
r_{FK} .... Fremdkapitalkostensatz
r_{GK} .... Gesamtkapitalkostensatz
r_D .... Nachfrage nach Unternehmensanleihen
r_S .... Angebot an Unternehmensanleihen
r_{WACC} .... Gewichteter durchschnittlicher Gesamtkapitalkostensatz
S .... Freie Mittel (Financial Slack)
s .... Umweltzustand
t .... Periode
t_C .... Ertragsteuersatz
t^P .... Einkommensteuersatz
U_l .... Unternehmen
V .... Marktwert
V_{old} .... Vermögen der Altaktionäre
$\bar{x}_j$ .... Erwartete Gewinne
Y .... Einkommensstrom

1 EINLEITUNG

1.1 Ausgangssituation und Problemstellung

„I will start by asking ‚How do firms choose their capital structures?' […] the answer is, ‚we don't know.'"[1]

Zu dieser Erkenntnis gelangte *Myers* in seinem 1984 veröffentlichten Beitrag zum Stand der Kapitalstrukturforschung. Die Frage nach den Beweggründen der Unternehmen für ihre Finanzierungsentscheidungen hat seitdem nicht an Aktualität verloren. Seit Jahrzehnten werden theoretische Modelle zur Erklärung des relativen Anteils von Eigen- bzw. Fremdmitteln am Gesamtkapital eines Unternehmens entwickelt.[2] Zudem erfolgten in den vergangenen Jahren umfangreiche empirische Untersuchungen zur Überprüfung der aufgestellten Theorien.[3]

Dabei konnte bisher keine der etablierten Kapitalstrukturtheorien abschließend falsifiziert werden, so dass weiterhin eine Reihe konkurrierender Erklärungsmodelle parallel existiert. Bislang fehlt eine allgemeingültige Theorie der Kapitalstruktur, mithilfe derer das Finanzierungsverhalten sämtlicher Unternehmen erklärt werden kann. Die seit den 1958 veröffentlichten Irrelevanzthesen von *Modigliani/Miller* entwickelten Erklärungsansätze zur Relevanz von Kapitalstrukturentscheidungen haben sich in ihrer Argumentation mehrheitlich auf börsennotierte Unternehmen konzentriert.[4] Trotz des Fehlens einer allumfassenden Theorie ist daher das Verständnis für das Finanzierungsverhalten etablierter Publikumsgesellschaften weit entwickelt. Mit der Fokussierung auf börsennotierte Unternehmen geht zumeist eine Reihe impliziter Annahmen einher, wie der uneingeschränkte Zugang zum Kapitalmarkt sowie die Unternehmenswertsteigerung als dominierendes finanzwirtschaftliches Ziel.

Angesichts dieser Annahmen lassen sich die Befunde der verschiedenen Studien nicht ohne Weiteres auf kleine und mittlere Unternehmen übertragen. In diesem Zusammenhang verweisen jüngere empirische Untersuchungen auf den starken Einfluss des Kapitalmarktzugangs für die unternehmerische Kapitalstruktur: „Traditional discussions of optimal capital structure usually assume the firms can issue whatever form of securities they wish […]. However […] we document that the source of the firm's debt, and whether it has access to the public debt

[1] Myers (1984), S. 575.

[2] Vgl. Kraus/Litzenberger (1973); Jensen/Meckling (1976); Leland/Pyle (1977); Miller (1977); Myers (1977); Ross (1977); Kim (1978); DeAngelo/Masulis (1980) und Myers/Majluf (1984).

[3] Vgl. Rajan/Zingales (1995), S. 1421 ff.; Shyam-Sunder/Myers (1999), S. 219 ff. und Fama/French (2002), S. 1 ff.

[4] Vgl. Modigliani/Miller (1958).

markets, strongly influences its capital structure choice.“[5] Während Großunternehmen in Fällen einer restriktiven Vergabepolitik von Kreditinstituten auf den Anleihemarkt ausweichen können, ist das Spektrum an Finanzierungsalternativen für KMU in der Regel begrenzt.[6] Die hieraus entstehenden Abhängigkeiten von einzelnen Kapitalgebern finden in den Kapitalstrukturtheorien allerdings kaum Berücksichtigung. Zudem heben weitere Studien den dominierenden Stellenwert der finanziellen Unabhängigkeit für KMU hervor, während Kapitalstrukturtheorien mehrheitlich den Marktwert eines Unternehmens als zentrale Zielgröße betrachtet: „[...] the theoretical underpinnings of the pecking order theory are doubted in the case of SMEs as SME managers highly value financial freedom, independence, and control while the pecking order theory assumes firms desire financial wealth.“[7]

Nicht zuletzt aufgrund dieser Diskrepanz zwischen den Annahmen etablierter Kapitalstrukturtheorien und den Charakteristika von KMU ist das Verständnis für das Finanzierungsverhalten dieser Unternehmen deutlich geringer ausgeprägt als für börsennotierte Gesellschaften. Eine theoretische Fundierung der Kapitalstrukturpolitik von KMU, welche die finanzierungsrelevanten Besonderheiten dieser Unternehmen einbezieht, liegt bisher nicht vor. Die geringe Auseinandersetzung mit der Thematik wird auch anhand des begrenzten Umfangs der empirischen Literatur zur Kapitalstruktur von KMU offensichtlich. Einige der identifizierten Forschungsbeiträge untersuchen, welche der etablierten Kapitalstrukturtheorien den höchsten Erklärungsgehalt für das Finanzierungsverhalten von KMU haben, und kommen dabei zu uneinheitlichen Ergebnissen.[8] Die angesprochenen Unstimmigkeiten zwischen den gesetzten Prämissen und den Unternehmenscharakteristika werden dabei nicht berücksichtigt. Eine empirische Untersuchung, welche die aufgezeigte Diskrepanz explizit berücksichtigt, fehlt bisher gänzlich.

In Bezug auf deutsche KMU liegen ebenfalls nur wenige Erkenntnisse hinsichtlich der Kapitalstrukturpolitik vor.[9] Trotz des hohen gesamtwirtschaftlichen Stellenwerts von KMU analysieren nur vereinzelte Studien die Beweggründe dieser Unternehmen für die Aufnahme von Eigen- bzw. Fremdkapital. Gleichwohl wird die Notwendigkeit der Auseinandersetzung mit der Thematik insbesondere vor dem Hintergrund der dynamischen Rahmenbedingungen der Unternehmensfinanzierung in Deutschland deutlich. So ist die Aufnahme externen Kapitals

5 Faulkender/Petersen (2006), S. 51. Vgl. hierzu auch die Studien von Chittenden/Hall/Hutchinson (1996); Menéndez Requejo (2002) und Cassar/Holmes (2003).

6 Vgl. Müller (2011), S. 545 ff.

7 Bell/Vos (2009), S. 1. Vgl. hierzu auch Michaelas/Chittenden/Poutziouris (1998), S. 246 ff.

8 Vgl. Sogorb-Mira (2005), S. 447 ff. und Bartholdy/Mateus (2008a), S. 6.

9 Vgl. Börner/Grichnik (2003); Börner/Grichnik/Reize (2010) und KfW Bankengruppe (2011a).

zuletzt durch regulatorische Reformen und strukturelle Veränderungen in der Bankenlandschaft schwieriger geworden.[10] Zudem hat die jüngste Finanz- und Wirtschaftskrise die Kreditaufnahme von KMU erschwert.[11] Vor diesem Hintergrund wird auch die gezielte Steuerung der Kapitalstruktur für KMU zunehmend problematischer.

Zusammenfassend lassen sich zwei zentrale Punkte der Problemstellung festhalten:

1. Eine theoretische Fundierung von Kapitalstrukturentscheidungen aus der Perspektive von kleinen und mittleren Unternehmen liegt bisher nicht vor.
2. Es mangelt an einer empirischen Untersuchung des Finanzierungsverhaltens kleiner und mittlerer Unternehmen, welche die Diskrepanz zwischen den Annahmen bestehender Kapitalstrukturtheorien und den spezifischen Charakteristika der Unternehmen berücksichtigt.

1.2 Zielsetzung und Methode

Vor dem Hintergrund der umrissenen Problemstellung liegt die Zielsetzung dieser Arbeit darin, einen Beitrag zur Schließung der Forschungslücke hinsichtlich der Kapitalstrukturentscheidungen in KMU zu leisten. So soll die theoretische Fundierung des Finanzierungsverhaltens von KMU erweitert werden, indem kausale Zusammenhänge in Bezug auf den unternehmerischen Entscheidungsprozess identifiziert werden. Dazu wird im Rahmen einer eigenen empirischen Erhebung untersucht, welche finanzwirtschaftlichen Ziele mittelständische Unternehmen bei der Gestaltung ihrer Kapitalstruktur anstreben, wie diese Ziele verfolgt werden und welche Rolle die an der Entscheidungsfindung beteiligten Akteure spielen.

Entgegen den bisher veröffentlichten empirischen Untersuchungen zur Kapitalstruktur von KMU wird in der vorliegenden Arbeit eine entscheidungsorientierte Prozessperspektive eingenommen, um sich dem zu untersuchenden Phänomen zu nähern. Durch die Betrachtung der unternehmerischen Auswahl geeigneter Finanzierungsformen als betriebswirtschaftliches Entscheidungsproblem können Abhängigkeiten von unternehmensexternen Akteuren in der Untersuchung abgebildet werden. Weiterhin lassen sich die finanzierungsrelevanten Besonderheiten sowie der spezifische Kontext der Mittelstandsfinanzierung durch die Prozessperspektive berücksichtigen. Mit der Veränderung der Forschungsperspektive geht auch eine Verschiebung des Fokus gegenüber bisherigen Beiträgen einher. So wird statt der isolierten Betrachtung des Outputs in Form des Verschuldungsgrads und seiner Einflussfaktoren der vor-

---

[10] Vgl. Ahrweiler/Börner (2003), S. 20 und Müller u. a. (2006), S. 4 ff.
[11] Vgl. Brüse (2011), S. 25 ff.

gelagerte Entscheidungsprozess in das Zentrum der Analyse gestellt. Der Entscheidungsprozess wird in den quantitativ geprägten Forschungskonzeptionen weitgehend ignoriert.

Die Ausrichtung auf den Entscheidungsprozess sowie die im Rahmen der Problemstellung aufgezeigte mangelnde theoretische Fundierung von Kapitalstrukturentscheidungen aus der Perspektive von KMU indizieren ein primär induktives Forschungsdesign, das mittels einer qualitativen Erhebung umgesetzt wird. Die bestehenden theoretischen Erkenntnisse bezüglich der Kapitalstruktur von börsennotierten Unternehmen werden jedoch nicht außer Acht gelassen. Vielmehr erfolgt die Offenlegung des theoretischen Vorwissens, da die Erhebung und Auswertung qualitativer Daten hiervon nicht losgelöst durchzuführen ist.[12] Das finanztheoretische Vorwissen wird in Form eines heuristischen Bezugsrahmens bei der weiteren Vorgehensweise zugrunde gelegt. Schließlich werden auch Erkenntnisse über strategische und finanzwirtschaftliche Entscheidungsprozesse einbezogen.

Methodologisch orientiert sich diese Arbeit an der Grounded Theory nach *Corbin/Strauss*.[13] Diese kodifizierte Methodik für qualitative Erhebungen eignet sich im Besonderen für die Untersuchung von prozessualen Phänomenen, ohne dabei ein bestimmtes Verfahren zur Datenerhebung vorzuschreiben.[14] Ausgehend von dem heuristischen Bezugsrahmen werden halbstrukturierte, problemzentrierte Interviews mit am Entscheidungsprozess beteiligten Akteuren durchgeführt. In der vorliegenden Untersuchung werden sowohl Unternehmer selbst als auch unternehmensexterne Personen einbezogen.

Im Rahmen der Auswertung, die durch einen mehrstufigen Kodierprozess erfolgt, emergieren mehrere Schlüsselkategorien hinsichtlich einzelner Prozesselemente aus den erhobenen Daten. Die Aufdeckung kausaler Zusammenhänge ist ein erster Schritt im Hinblick auf die Bildung einer Theorie zu Kapitalstrukturentscheidungen in KMU. Die Analyse erfolgt aus einer hermeneutischen Perspektive, die im Gegensatz zur überwiegend nomothetischen Denkweise bisheriger Studien auf das tiefgründige Verstehen sozialer Phänomene abzielt.[15] So werden im Sinne dieser Forschungstradition auch keine Hypothesen im Vorfeld der empirischen Untersuchung formuliert. Vielmehr stellt die Entwicklung von Hypothesen eine Zielsetzung des Forschungsprozesses dar und wird über die zunehmende Wesenserschließung des Untersuchungsgegenstands realisiert.[16] Die aus den gewonnenen Erkenntnissen abgeleiteten Hypothe-

[12] Vgl. Wrona (2006), S. 197.
[13] Vgl. Corbin/Strauss (2008).
[14] Vgl. Locke (2001), S. 41 ff.
[15] Vgl. Soeffner (2005), S. 64 ff.
[16] Vgl. Zelewski (2008), S. 26.

sen werden abschließend vor dem Hintergrund bestehender Kapitalstrukturtheorien diskutiert. Durch die theoretische Reflexion erfolgt zugleich eine Validierung der Untersuchungsergebnisse.

1.3 Gang der Untersuchung

Die vorliegende Arbeit ist in sechs Kapitel gegliedert. Auf die Einleitung folgt in **Kapitel 2** zum grundlegenden Verständnis unternehmerischer Kapitalstrukturentscheidungen die Darstellung der bedeutendsten Theorien zur Erklärung der Kapitalstruktur von Unternehmen. Dazu werden zunächst die zugrundeliegenden theoretischen Grundpositionen der klassischen, neoklassischen und neoinstitutionalistischen Finanzierungstheorie im Rahmen von Vorüberlegungen erörtert, bevor eine Erläuterung und kritische Würdigung der einzelnen Kapitalstrukturtheorien erfolgt. Nach einer Betrachtung der traditionellen Theorie der optimalen Kapitalstruktur werden die Irrelevanztheoreme von *Modigliani/Miller* vorgestellt, die unter restriktiven Annahmen die Irrelevanz von Finanzierungsentscheidungen für den Marktwert eines Unternehmens aufzeigen. Die daran anschließend dargestellten Theorien heben die restriktiven Annahmen eines vollkommenen Kapitalmarkts schrittweise auf und erläutern die sich daraus ergebenden Konsequenzen. So argumentiert die Trade-Off-Theorie, dass Unternehmen eine optimale Kapitalstruktur anstreben, die sich aus der Abwägung der Vor- und Nachteile zunehmender Verschuldung ergibt. Weiterhin thematisieren die auf informationsökonomischen Überlegungen basierenden Erklärungsmodelle der Agency-Theorie und Pecking-Order-Theorie die Auswirkungen von ungleicher Informationsverteilung und Interessenkonflikten zwischen den verschiedenen Anspruchsgruppen. Schließlich werden neuere Kapitalstrukturtheorien vorgestellt, die Finanzierungsentscheidungen von marktstrategischen Überlegungen abhängig machen bzw. empirisch abgeleitet werden.

Als Voraussetzung für die Analyse von Kapitalstrukturentscheidungen in KMU werden letztere in **Kapitel 3** von Großunternehmen abgegrenzt. Dazu erfolgt zunächst eine Erörterung von quantitativen und qualitativen Abgrenzungskriterien, bevor eine Definition von KMU im Sinne dieser Arbeit abgeleitet wird. Im Hinblick auf die Frage nach der Relevanz einer separaten Betrachtung von Kapitalstrukturentscheidungen in KMU werden darüber hinaus finanzierungsrelevante Besonderheiten dieser Unternehmen sowie deren gesamtwirtschaftliche Bedeutung aufgezeigt. Die anschließende Darlegung der Finanzierungsmöglichkeiten thematisiert das eingeschränkte Spektrum von Instrumenten für KMU, mithilfe derer sich die unternehmensspezifische Kapitalstruktur gestalten lässt. Der nachfolgende Abschnitt liefert eine Übersicht der veränderten Rahmenbedingungen der Unternehmensfinanzierung. Hierbei stehen die gesetzliche Verankerung aufsichtsrechtlicher Reformen, der Strukturwandel im Bankensektor sowie die Auswirkungen der jüngsten Finanz- und Wirtschaftskrise im Mittelpunkt. Das Kapitel endet mit einem Überblick über die Kapitalstrukturentwicklung in deutschen KMU sowie einem internationalen Vergleich der Verschuldungsgrade.

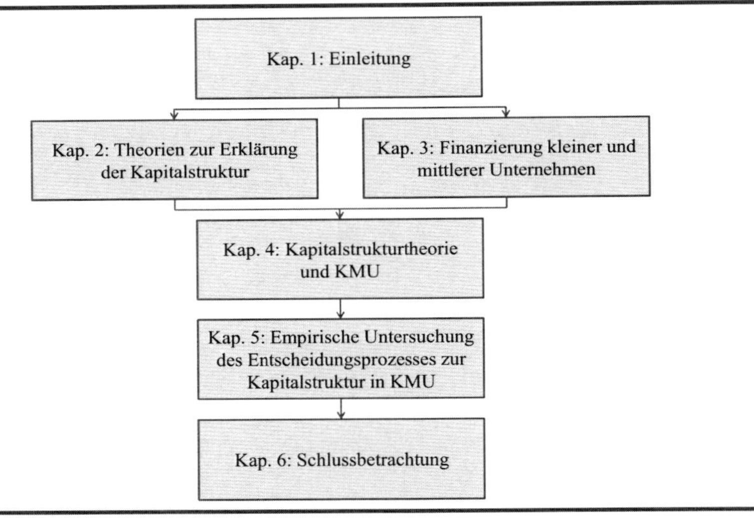

Abbildung 1.1: Aufbau der Arbeit
Quelle: eigene Darstellung.

Die Ausführungen zur Kapitalstrukturtheorie und zur Finanzierung von KMU werden in **Kapitel 4** zusammengeführt (siehe auch Abbildung 1.1). Dazu erfolgt eine Analyse bisheriger empirischer Untersuchuchungen zum Erklärungsgehalt der etablierten Kapitalstrukturtheorien für KMU. In diesem Zusammenhang werden die empirischen Beiträge kategorisiert und überblicksartig dargestellt. Im Rahmen einer kritischen Betrachtung der vorgestellen Arbeiten erfolgt eine Auseinandersetzung mit der Anwendbarkeit der theoretischen Modelle auf KMU. Aufbauend auf den Ergebnissen wird eine alternative Herangehensweise an den Untersuchungsgegenstand vorgeschlagen, die den unternehmerischen Entscheidungsprozess selbst und weniger dessen Ergebnis in den Mittelpunkt der Betrachtung rückt. Zu diesem Zweck wird eine entscheidungstheoretische Perspektive eingenommen und darauf aufbauend ein heuristischer Bezugsrahmen zum Entscheidungsprozess bezüglich der Kapitalstruktur in KMU entwickelt.

Dieser Bezugsrahmen dient als Grundlage der in **Kapitel 5** dargestellten eigenen empirischen Untersuchung. Eingangs werden zunächst methodologische Grundlagen des Forschungsdesigns erörtert, die neben den Kennzeichen qualitativer Sozialforschung auch Erläuterungen zum Forschungsprozess und der dabei beachteten Gütekriterien enthalten. Des Weiteren wird die Erhebung der Daten geschildert und die für qualitative Studien zentrale Fallauswahl näher dargelegt. Die Diskussion der gewonnenen Erkenntnisse gliedert sich in drei Abschnitte, die einzelnen Elementen des Entscheidungsprozesses zugeordnet werden können. Die Ausführungen greifen dabei die im Rahmen der Datenauswertung ermittelten Schlüsselkategorien bezüglich des Kapitalstrukturentscheidungsprozesses in KMU auf. Die aus dem Datenmaterial abgeleiteten Zusammenhänge werden als Hypothesen formuliert. Das Kapitel endet mit einer Diskussion des Theoriebeitrags der Forschungsarbeit. Hierzu werden die gewonnenen Erkenntnisse an den bestehenden Kapitalstrukturtheorien gespiegelt.

Die Arbeit schließt in **Kapitel 6** mit einer Zusammenfassung der Ergebnisse. Zudem werden Limitationen aufgezeigt und ein Ausblick auf mögliche weitere Forschungsfelder zur Thematik gewährt.

2 Theorien zur Erklärung der Kapitalstruktur

Die theoretische Auseinandersetzung mit der Kapitalstruktur von Unternehmen hat in der Vergangenheit zahlreiche Erklärungsansätze hervorgebracht. Dieses Kapitel bietet eine Übersicht über die wichtigsten Beiträge und dient so als Grundlage zum Verständnis von Kapitalstrukturentscheidungen in KMU.[17] Zunächst werden mit der klassischen, neoklassischen und der neoinstitutionalischen Finanzierungstheorie die theoretischen Grundpositionen der verschiedenen Kapitalstrukturtheorien erläutert. Aufbauend auf diesen auch als Argumentationsrichtungen der Finanzierungstheorie bezeichneten Perspektiven untersuchen die verschiedenen Erklärungsansätze, inwiefern das Ziel der Unternehmenswertmaximierung durch geeignete Finanzierungsmaßnahmen erreicht werden kann.[18] Zuerst erfolgt eine kurze Darstellung der traditionellen Sichtweise der Kapitalstruktur. Im Anschluss werden die der neoklassischen Finanzierungstheorie zugeordneten Irrelevanztheoreme von *Modigliani/Miller* ausführlich dargelegt sowie die darauf basierende Trade-Off-Theorie erörtert. Schließlich erfolgt eine Erläuterung der neoinstitutionalistisch geprägten Kapitalstrukturtheorien wie der Agency-Theorie und der Pecking-Order-Theorie sowie neuerer Erklärungsansätze.

2.1 Grundlagen

2.1.1 Klassische und Neoklassische Finanzierungstheorie

2.1.1.1 Klassische Finanzierungstheorie

In der klassischen Finanzierungstheorie, dem ältesten Zweig der Finanzierungsforschung, wird Finanzierung als eine Hilfsfunktion zweiten Grades definiert, die den Leistungsprozess eines Unternehmens nicht zu stören hat.[19] Dabei kommen der Finanzierung zwei Hauptaufgaben zu. Zum einen dient sie der „Beschaffung des für die Durchführung der betriebsnotwenigen Investitionen notwendigen Kapitals“[20] und stellt somit eine notwendige Voraussetzung für den Leistungsprozess eines Unternehmens dar. Zum anderen hat sie das finanzielle Gleichgewicht des Unternehmens sowie den reibungslosen Ablauf der güterwirtschaftlichen Vorgänge zu gewährleisten.[21]

---

17 Hierbei wird nicht der Anspruch einer vollständigen Aufarbeitung der gesamten Kapitalstrukturtheorie verfolgt. Vielmehr werden nur die bedeutendsten Beiträge über die Beweggründe für die Auswahl von Finanzierungsalternativen wiedergegeben und kritisch diskutiert.

18 Vgl. Pape (2009), S. 150 ff.

19 Vgl. Steiner/Kölsch (1989), S. 425 und Perridon/Steiner/Rathgeber (2012), S. 18.

20 Hax (1966) zit. n.: Schmidt/Terberger (1997), S. 11.

21 Dabei wird die bis in die 1950er Jahre vorherrschende güterwirtschaftliche Perpektive deutlich. Vgl. Schmidt/Terberger (1997), S. 9 ff.

Innerhalb der klassischen Finanzierungstheorie gibt es vier grundlegende Forschungsschwerpunkte, die sich mit den beiden zentralen Aufgaben befassen. Bei der deskriptiv ausgerichteten *Formenlehre* und dem *projektorientierten Ansatz* steht die Aufgabe der Kapitalbedarfsdeckung im Mittelpunkt der Forschungsbetrachtungen. Die Formenlehre beschäftigt sich mit der Identifizierung interner und externer Finanzierungsquellen sowie der Beurteilung ihrer Vorteilhaftigkeit für vorgegebene Investitionsvorhaben. Gedeckt wird der Kapitalbedarf eines Unternehmens über Finanz- bzw. Kapitalmärkte.[22] Der projektorientierte Ansatz dagegen befasst sich mit den Ausgestaltungen und Rechtsfolgen außergewöhnlicher finanztechnischer Projekte wie beispielsweise Gründung, Umwandlung oder Liquidation.[23] Im Gegensatz zu den beiden erstgenannten Forschungsschwerpunkten wird bei den beiden weiteren Forschungsrichtungen die zweite Aufgabe der Wahrung des finanziellen Gleichgewichts in der Unternehmung betrachtet. Während die *Finanzanalyse* dazu dient, relevante Informationen bezüglich der Bonität und finanzwirtschaftlichen Stabilität aus dem Jahresabschluss zu gewinnen, beschäftigt sich die *Finanzplanung* mit der Prognose künftiger Ein- und Auszahlungen und stellt somit den Übergang zur zahlungsstromorientierten Perspektive der Finanzierungsforschung dar.[24]

Aufgrund der güterwirtschaftlich geprägten Konzentration auf das Sachziel der Unternehmung erfolgte in der klassischen Finanzierungstheorie kaum eine systematische Auseinandersetzung mit der Kapitalstruktur. Die Überlegungen zur Kapitalstruktur beschränkten sich im Wesentlichen auf die Bereitstellung von Kriterien, anhand derer Finanzierungsalternativen beurteilt werden können.[25] Die Kriterien wie Kapitalkosten, Rentabilität, Flexibilität und Fristigkeit des Kapitals orientierten sich dabei an den Interessen des Unternehmers, verfolgten jedoch teilweise widersprüchliche Zielsetzungen. Daher konnten aus der klassischen Finanzierungstheorie keine theoretisch fundierten Empfehlungen zu einer optimalen Kapitalstruktur, sondern vielmehr pragmatisch Faustregeln abgeleitet werden.[26]

---

22 Die Begriffe Finanz- und Kapitalmärkte werden in der Literatur uneinheitlich abgegrenzt. Eine zweckmäßige Differenzierung nehmen Büschgen/Börner vor, die unter dem Oberbegriff der Finanzmärkte die Geldmärkte, Währungsmärkte und Kapitalmärkte subsummieren. Während der Geldmarkt dem Interbankenhandel von kurzfristigen Guthaben dient und auf dem Währungsmarkt verschiedene Währungen gehandelt werden, erfolgt auf den organisierten (börslichen) und außerbörslichen Kapitalmärkten die längerfristige Kapitalüberlassung von Kapitalgebern an Kapitalnehmer. Vgl. Büschgen/Börner (2003), S. 98 ff. und Pape (2011), S. 9 ff.

23 Vgl. Grochla (1976), Sp. 419 ff. und Perridon/Steiner/Rathgeber (2012), S. 19.

24 Vgl. Wenzel (2006), S. 22 und Perridon/Steiner/Rathgeber (2012), S. 20.

25 Vgl. Loitlsberger (1971).

26 Vgl. Schmidt/Terberger (1997), S. 29 ff. und Wenzel (2006), S. 23.

2.1.1.2 Neoklassische Finanzierungstheorie

Die Charakterisierung von Finanzierungsvorgängen durch Zahlungsströme sowie die Einsicht, dass im Rahmen der Beschreibung von Finanzierungsinstrumenten bzw. -vorgängen aufgrund der Anzahl der einzubeziehenden Aspekte die gesamte Komplexität der Realität nicht vollständig darstellbar ist, bilden den Ausgangspunkt der neoklassischen Finanzierungstheorie. In diesem Zusammenhang wurde eine Fokussierung auf die zwei aus dem Kapitalmarktzusammenhang erklärbaren Größen, die von zentraler Bedeutung für den Wert von Finanzierungstiteln sind, vorgenommen: Rendite und Risiko. Um die Eliminierung anderer wertbestimmender Einflussfaktoren aus der theoretischen Analyse sowie die exakte Messung des Risikos zu gewährleisten, trifft die neoklassische Finanzierungstheorie eine Reihe restriktiver Annahmen.[27]

So wird ein vollkommener Kapitalmarkt unterstellt, der voraussetzt, dass keine Transaktionskosten oder Steuern existieren und sämtliche Marktteilnehmer unbegrenzten Zugang zum Kapitalmarkt haben. Zudem können weder Kapitalanbieter noch -nachfrager die Preise zu ihren Gunsten beeinflussen. Eine weitere Annahme ist die Risikoaversion der Investoren. Sie sind nur dann bereit Risiken zu übernehmen, wenn sie im Ausgleich höhere Renditen erwarten können. Unterschiede bestehen hierbei nur hinsichtlich des Ausmaßes der Risikoaversion. Überdies unterstellt die neoklassische Finanzierungstheorie eine hohe Informationseffizienz, d.h., alle Informationen sind kostenlos und frei zugänglich. Demzufolge haben sämtliche Marktteilnehmer auch unter Unsicherheit die gleichen Erwartungen. In den Grundmodellen werden zudem aus Gründen der Vereinfachung lediglich einperiodige Analysen vorgenommen.

Die Annahme eines vollkommenen Kapitalmarkts impliziert die Möglichkeit, Kapital in beliebigem Umfang anzulegen bzw. aufzunehmen.[28] Ausgehend von dieser Annahme besagt das nach seinem Entdecker benannte *Fisher-Theorem*, dass Investitions- und Finanzierungsmaßnahmen getrennt beurteilt werden können.[29] Mit der Kapitalwertmethode als isoliertem Investitionsrechenverfahren kann so die Marktwertmaximierung als oberstes Unternehmensziel unabhängig von subjektiven Konsum- und Einkommenspräferenzen verfolgt werden.[30]

---

27 Vgl. hierzu und im Folgenden Schmidt/Terberger (1997), S. 55 ff. und Perridon/Steiner/Rathgeber (2012), S. 21 f.
28 Vgl. Brealey/Myers/Allen (2011), S. 129 ff. und Pape (2011), S. 348 f.
29 Vgl. Fisher (1930).
30 Vgl. Schmidt/Terberger (1997), S. 57 f. und Kruschwitz/Husmann (2012), S. 21 ff.

Vor diesem Hintergrund wurde eine Reihe theoretischer Ansätze entwickelt, die gemeinsam das Fundament der Neoklassik bilden:

- die Thesen zur Irrelevanz der Finanzierung für den Unternehmenswert,[31]
- die Portfoliotheorie,[32]
- das Capital Asset Pricing Model (CAPM),[33]
- die Arbitrage Pricing Theory.[34]

Die in den 1950er Jahren des 20. Jahrhunderts aufkommende Diskussion um die Auswirkungen des Verschuldungsgrads auf die Finanzierungskosten eines Unternehmens initiierte die Kapitalstrukturforschung und wird als Ausgangspunkt moderner Corporate-Finance-Theorien gesehen.[35] Entgegen der traditionellen Sichtweise, die die Existenz eines optimalen Verschuldungsgrads unterstellt, folgern *Modigliani/Miller* aus den Annahmen des vollkommenen Kapitalmarkts die *Irrelevanz der Finanzierung*.[36] Mittels Arbitragebeweis zeigen sie, dass der Unternehmenswert nur von den zukünftigen Unternehmenserfolgen bestimmt wird, die mit dem risioadjustierten Kalkulationszinssatz diskontiert werden. Als Summe der Werte sämtlicher Finanzierungstitel ist der Wert eines Unternehmens nicht von dessen Verschuldungsgrad abhängig, sofern private Anleger den gleichen Zugang zum Kapitalmarkt haben wie die Unternehmen. Können Investoren Verschuldungsmaßnahmen der Unternehmen durch eigene, ihrem Risikobewusstsein entsprechende Aktivitäten am Kapitalmarkt korrigieren, lassen sich aus Sicht der Unternehmen Finanzierungs- und Investitionsentscheidungen separieren. Hierdurch begründen *Modigliani/Miller* ein erstes Separationstheorem.[37] Einer ähnlichen Argumentation folgt die These *Modigliani/Millers* zur Irrelevanz der Dividendenpolitik. Entscheidungen der Unternehmensleitung hinsichtlich der Thesaurierung oder Ausschüttung von Gewinnen spielen für Investoren keine Rolle, sofern sie präferenzoptimiert Beteiligungstitel kaufen bzw. verkaufen können.[38]

Die von *Markowitz* entwickelte *Portfoliotheorie* erklärt die optimale Gestaltung von Wertpapierportfolios durch risikoaverse Anleger.[39] Dabei werden Entscheidungssituationen in Bezug auf die Ergebnisgröße des am Ende der Periode verfügbaren Vermögens anhand der Parame-

---

[31] Vgl. Modigliani/Miller (1958) und Modigliani/Miller (1963).
[32] Vgl. Markowitz (1952) und Markowitz (1959).
[33] Vgl. Sharpe (1964); Lintner (1965a); Lintner (1965b) und Mossin (1966).
[34] Vgl. Ross (1977).
[35] Vgl. Hermanns (2006), S. 14.
[36] Vgl. Modigliani/Miller (1958).
[37] Vgl. Modigliani/Miller (1958); Modigliani/Miller (1963) und Perridon/Steiner/Rathgeber (2012), S. 20 f. Eine ausführliche Auseinandersetzung mit dem Thema erfolgt in Kap. 2.3.
[38] Vgl. Miller/Modigliani (1961).
[39] Vgl. Markowitz (1952) und Markowitz (1959).

ter Erwartungswert der Rendite μ und Standardabweichung σ untersucht.[40] So lassen sich Portfolios mit unterschiedlichem Rendite-Risiko-Verhältnis mittels Kombination der am Kapitalmarkt verfügbaren Wertpapiere durch den Investor realisieren, wobei durch Risikomischung eine Reduzierung der Standardabweichung gegenüber einzelnen Wertpapieren erzielt werden kann.[41] Ein solches Portfolio wird als effizient bezeichnet, sofern es von keinem anderen Portfolio hinsichtlich μ und σ dominiert wird.[42] Werden risikofreie Wertpapiere in die Betrachtung einbezogen, lassen sich effiziente Portfolios aus risikobehafteten und risikofreien Teilen zusammensetzen.[43]

Ausgehend von den Grundaussagen der Portfoliotheorie wird im *Capital Asset Pricing Model (CAPM)* das Risiko einer Investition nicht anhand der Standardabweichung ihrer Zahlungsströme, sondern aus ihrem Risikobeitrag zum Gesamtportfolio beurteilt, sofern ein Investor sein Kapital auf mehrere Anlagen verteilt. Dieser Beitrag wird als systematisches Risiko[44] charakterisiert und mit β (Beta) bezeichnet.[45] Im CAPM werden alle verfügbaren risikobehafteten Wertpapiere im Marktportfolio zusammengefasst. Dabei beschreibt die so genannte Wertpapierlinie den linearen Zusammenhang zwischen der erwarteten Rendite eines Finanzierungstitels und dessen β als Maß für das systematische Risiko.[46]

Mithilfe des CAPM lässt sich ebenfalls die Irrelevanz der Kapitalstruktur für den Unternehmenswert zeigen und somit die These von *Modigliani/Miller* stützen. Wird ein risikoloser Zinssatz eingeführt, zu dem von allen Marktteilnehmern sowohl Kapital angelegt als auch nachgefragt werden kann, so lässt sich argumentieren, dass man das Kapitalstrukturrisiko durch Bildung eines Portfolios eliminieren kann und hierdurch der Marktwert des Unternehmens unabhängig von der Finanzierung ist.[47] Zudem lässt sich ebenfalls im Einklang mit der These *Modigliani/Millers* auf der Basis des CAPM die Gültigkeit der Aussage des *Wertadditivitätstheorems (WAT)* beweisen.[48] Dieses besagt, dass die Summe der Barwerte zweier isoliert bewerteter Zahlungsströme dem Barwert desjenigen Zahlungsstroms entspricht, der sich

---

40 Vgl. dazu auch Neus (2013), S. 44 f.

41 Vgl. Brealey/Myers/Allen (2011), S. 184 ff. und Franke/Hax (2009), S. 321.

42 Ein Portfolio wird genau dann von keinem anderen Portfolio dominiert, wenn weder ein höheres μ bei gleichem σ noch ein geringeres σ bei gleichem μ erreicht werden kann und kein Portfolio mit höherem μ und geringerem σ existiert. Vgl. hierzu Franke/Hax (2009), S. 321 und Perridon/Steiner/Rathgeber (2012), S. 261.

43 Vgl. Wenzel (2006), S. 25.

44 Das systematische Risiko bezeichnet den nicht zu diversifizierenden Teil des Gesamtrisikos. Demgegenüber steht das unsystematische Risiko, das unternehmensindividuelle Risiken umfasst, die sich durch Diversifikation des Portfolios vermeiden lassen. Siehe hierzu Perridon/Steiner/Rathgeber (2012), S. 277 f.

45 Vgl. Brealey/Myers/Allen (2011), S. 202 ff. und Perridon/Steiner/Rathgeber (2012), S. 277.

46 Vgl. Ross u. a. (2008), S. 307 f. und Steiner/Bruns (2012), S. 21 ff.

47 Vgl. Wenzel (2006), S. 26.

48 Vgl. Hirth (2012), S. 199 ff.

aus der Addition der zuvor einzeln beurteilten Ströme ergibt.[49] Als Zahlungsstrom ist in diesem Zusammenhang der gesamte Rückfluss eines Unternehmens zu interpretieren, der sich unabhängig von der Ausgestaltung einzelner Finanzierungsmaßnahmen durch Kapitalgeber ergibt. Damit verallgemeinert das WAT die These *Modigliani/Millers* dahingehend, dass nicht nur die Wahl des Verschuldungsgrads, sondern sämtliche Finanzierungsentscheidungen irrelevant für den Marktwert eines Unternehmens sind.[50]

Die maßgeblich von *Ross* erarbeitete *Arbitrage Pricing Theory (APT)* stellt eine multivariate Weiterentwicklung des CAPM dar. Während das CAPM die Rendite eines Finanzierungstitels im Marktgleichgewicht durch einen Risikofaktor (Beta) ermittelt, verallgemeinert die APT diese Vorgehensweise dahingehend, dass sie die Wertpapierrendite mittels einer Linearkombination verschiedener Einflussfaktoren erklärt und somit eine differenzierte Betrachtung einzelner Risikokomponenten ermöglicht.[51] Da sich jedoch aus der APT keine neuen Erkenntnisse im Hinblick auf die Diskussion um die Kapitalstruktur von Unternehmen ergeben, wird hierauf im Folgenden nicht näher eingegangen.

Die aus den Thesen von *Modigliani/Miller*, dem CAPM und dem Wertadditivitätstheorem abgeleiteten Aussagen bezüglich der Kapitalstruktur basieren auf den oben genannten restriktiven Annahmen des vollkommenen Kapitalmarkts.[52] Auf realen Märkten werden diese Prämissen allerdings nicht immer erfüllt, so dass sich aus den Aussagen neoklassischer Ansätze nur bedingt konkrete Handlungsempfehlungen zur Gestaltung der Kapitalstruktur ableiten lassen.

2.1.2 Neoinstitutionalistische Finanzierungstheorie

Aufbauend auf der Charakterisierung von Finanzierungsvorgängen als Zahlungsströme und der Fokussierung auf die Größen Rendite und Risiko unter der Berücksichtigung restriktiver Prämissen erbringt die neoklassische Finanzierungstheorie wertvolle Erkenntnisse im Bereich der Finanzierung. Allerdings schränken ebendiese strengen Annahmen die Leistungsfähigkeit der Neoklassik ein. So können zwei wesentliche Fragen nicht beantwortet werden:[53]

1. Aus welchem Grund existieren Institutionen wie Banken oder Versicherungen?
2. Wie lässt sich die Vielzahl an unterschiedlichen Finanzierungsinstrumenten erklären?

---

[49] Vgl. Perridon/Steiner/Rathgeber (2012), S. 23 und Pape (2011), S. 360.
[50] Vgl. Steiner/Kölsch (1989), S. 418.
[51] Vgl. Ross (1976), S. 341 ff. und Perridon/Steiner/Rathgeber (2012), S. 23.
[52] Vgl. Wenzel (2006), S. 27.
[53] Vgl. Perridon/Steiner/Rathgeber (2012), S. 25.

Die neoinstitutionalistische Finanzierungstheorie beschäftigt sich mit diesen Fragestellungen und zielt auf deren Beantwortung ab. Sie erweitert die Neoklassik dahingehend, dass sie realitätsferne Prämissen aufhebt und die Konsequenzen von Marktunvollkommenheiten wie Informationsasymmetrien und Transaktionskosten modelliert.[54] Dabei stehen weniger der reine Tauschvorgang in Bezug auf Finanzierungstitel sowie die damit verbundene Transformation gegebener Risiken als vielmehr die Interaktion opportunistisch agierender Akteure sowie deren Interessenkonflikte im Rahmen von Austauschbeziehungen im Zentrum der Betrachtung.[55] Ein Interessenkonflikt liegt insbesondere dann vor, wenn ein Akteur Aufgaben in Vertretung wahrnimmt und dabei ein eigenes Interesse besitzt, das die Vertretungsausübung beeinträchtigen kann.[56] Die neoinstitutionalistische Sicht konzentriert sich in diesen Zusammenhang auf die Analyse von Institutionen zur Milderung von Informations- und Anreizproblemen in Finanzierungsbeziehungen. Zu den Institutionen zählen insbesondere Verträge, Organisationen, Gesetze und Normen.[57] Sie dienen der Koordination von Interaktionen, der Definition von Beziehungen und der Verteilung von Aufgaben bzw. Rollen beteiligter Akteure.[58]

In der neoinstitutionalistischen Welt sind Marktunvollkommenheiten vor allem auf Informationsdefizite zurückzuführen. Daher erfolgt vor diesem Hintergrund zunächst eine Diskussion der Informationsökonomie, bevor mit der Agency-Theorie, der Property-Rights-Theorie und der Transaktionskostentheorie die drei neoinstitutionalistischen Teilströme sowie deren Relevanz für die Finanzierungtheorie erläutert werden.

2.1.2.1 Grundlagen der Informationsökonomie

Im Rahmen der neoinstitutionalistischen Finanzierungstheorie wird untersucht, inwiefern Marktunvollkommenheiten die Kooperation auf Märkten behindern. Besondere Bedeutung kommt hierbei der ungleichen Informationsverteilung zwischen den Marktteilnehmern zu, die sich unter anderem aus der Existenz von Informationskosten ergibt. Entgegen der Argumentation der neoklassischen Theorie, in der alle Informationen kostenlos verfügbar sind und somit der Informationsstand der Marktteilnehmer übereinstimmt, sind in der neoinstitutionalistischen Modellwelt die Beschaffung und Verarbeitung von Informationen mit Kosten verbunden. Daraus resultieren ungleiche Informationsstände unter den Marktteilnehmern, sofern

---

[54] Vgl. Steiner/Kölsch (1989), S. 420 und Wenzel (2006), S. 28.
[55] Vgl. Perridon/Steiner/Rathgeber (2012), S. 25. Zum Übergang von der neoklassischen zur neoinstitutionalistischen Finanzierungstheorie siehe Schmidt/Terberger (1997), S. 386 ff.
[56] Vgl. Kuhner (2005), S. 138.
[57] Vgl. Schmidt/Terberger (1997), S. 70.
[58] Vgl. Walgenbach/Meyer (2008), S. 55.

nicht zufällig alle Individuen nach der Informationsbeschaffung über die gleichen Kenntnisse verfügen.

Von asymmetrischer Informationsverteilung[59] ist dann die Rede, wenn einige Marktteilnehmer besser informiert sind als andere und letztere sich ihrer Informationsdefizite bewusst sind.[60] Bei opportunistisch agierenden Marktteilnehmern ist davon auszugehen, dass Informationsvorsprünge dazu genutzt werden, den eigenen Nutzen auf Kosten der schlechter informierten Kooperationspartner zu maximieren, indem für eine gegebene Leistung eine minderwertige Gegenleistung erbracht wird.[61] Hierbei ist zunächst unerheblich, ob die Gegenleistung bereits zu Beginn der Beziehung schlechter ist, als vom Kooperationspartner vermutet wird, oder ob ihr Wert im Nachhinein verringert werden kann.

Bei der asymmetrischen Informationsverteilung lassen sich verschiedene Ausprägungen unterscheiden. In der Literatur werden die Arten von Informationsasymmetrien jedoch nicht einheitlich strukturiert.[62] An dieser Stelle wird der Differenzierung von *Neus* gefolgt, der die verschiedenen Formen anhand der untersuchten Sachverhalte typisiert.[63] Grundlage der Unterscheidung ist die Annahme, dass verschiedene Sachverhalte für einige Individuen unbeobachtbar sind. *Neus* unterscheidet unbeobachtbare Handlungen, Absichten und Qualitäten bei Tauschgeschäften. Den betroffenen Akteuren sind die besagten Sachverhalte nur zu erheblichen (teils prohibitiv hohen) Informationskosten zugänglich, während anderen Individuen in diesem Zusammenhang nur vernachlässigbare Kosten entstehen.

Die hier beschriebene Problematik im Rahmen der Informationsökonomik besteht insbesondere auf Märkten mit opportunistischen Akteuren und Tauschgeschäften, deren Qualität sich nur schwer beurteilen lässt. Der Handel mit Finanzierungstiteln, welche den Austausch von Zahlungsströmen darstellen, wird in der Literatur gerne als Musterbeispiel für einen solchen Markt betrachtet.[64] Wenn ein Kapitalgeber beispielsweise heute Geld liefert und dafür ein Recht auf zukünftige gegebenenfalls bedingte unsichere Zahlungsströme erhält, kann er deren Qualität erst im Moment der Fälligkeit verlässlich beurteilen.

---

59 Diese sind zu unterscheiden von heterogenen Erwartungen. Siehe hierzu Neus (2013), S. 100.
60 Vgl. Schmidt/Terberger (1997), S. 391.
61 Vgl. Neus (2013), S. 100.
62 Vgl. Spremann (1990) und Wenzel (2006), S. 30.
63 Vgl. Neus (2013), S. 100 ff.
64 Vgl. Schmidt/Terberger (1997), S. 391 f.

2.1.2.2 Agency-Theorie

Die Agency-Theorie untersucht Interaktionen zwischen zwei oder mehr Parteien, die in einer Leistungsbeziehung zueinander stehen. Ziel der Theorie ist es, die effiziente Gestaltung von Verträgen zwischen Akteuren zur Minimierung der so genannten Agency-Kosten zu erklären.[65] Die Agency-Kosten dienen als Vorteilhaftigkeitskriterium bei der Abwägung der Lösungsmöglichkeiten für die Agency-Problematik und setzen sich aus den Kosten zur Reduzierung der bestehenden Informationsasymmetrien sowie dem verbleibenden Wohlfahrtsverlust zusammen.[66] Zur Analyse der optimalen Vertragsgestaltung wird die Annahme zugrunde gelegt, dass einem der Vertragspartner nicht alle zur Gestaltung und Durchsetzung des Vertrags notwendigen Informationen vollständig und kostenlos zur Verfügung stehen.[67] Aufgrund des Informationsdefizits ist er gegenüber der anderen Partei benachteiligt und kann dies bei der Vertragsgestaltung berücksichtigen. Den handelnden Akteuren werden dabei opportunistisches Verhalten und begrenzte Rationalität unterstellt.[68] Die Akteure haben zwar den Willen rational zu handeln, jedoch besitzen sie dazu keine ausreichenden Informationen. Dies wird durch die begrenzte Kapazität des menschlichen Verstandes, Informationen zu verarbeiten, sowie durch unüberwindbare Probleme bei der verbalen Kommunikation bestimmter Wissensklassen begründet.

Nach *Pratt/Zeckhauser* entsteht eine Agency-Beziehung, "whenever one individual depends on the action of another".[69] Im Unternehmenskontext wird bei Agency-Beziehungen in der Regel von einem Auftraggeber-Auftragnehmer-Verhältnis ausgegangen. *Jensen/Meckling* definieren die Agency-Beziehung „[...] as a contract under which one or more persons (the principal(s)) engage another person (the agent) to perform some service on their behalf which involves delegating some decision making authority to the agent."[70] Zur Realisierung seiner Interessen delegiert der Auftraggeber (Prinzipal) an den Auftragnehmer (Agent) bestimmte Aufgaben und gewährt diesem hierfür eine Vergütung. Konstitutiv für das Vorliegen einer Prinzipal-Agenten-Beziehung ist, dass die Handlungen des Auftragnehmers Einfluss auf das Nutzenniveau des Auftraggebers haben.[71] Sofern die Interessen der Vertragsparteien vonei-

---

65 Vgl. Jost (2001), S. 45.

66 Vgl. Jensen/Meckling (1976), S. 308. Der Wohlfahrtsverlust resultiert daraus, dass trotz umfangreicher Maßnahmen und vertraglicher Vereinbarungen in der Regel keine vollkommen effiziente Struktur der Arbeitsteilung bzw. Spezialisierung erreicht wird.

67 Vgl. Schreyögg (2008), S. 66.

68 Vgl. dazu Franck (1992). Neben der begrenzten Rationalität und den opportunistischen Motiven wird teilweise noch die menschliche Risikoneigung als weitere Verhaltensannahme genannt. Vgl. Blum u. a. (2005), S. 159.

69 Pratt/Zeckhauser (1985), S. 2. Siehe hierzu auch Arrow (1985), S. 38.

70 Jensen/Meckling (1976), S. 308.

71 Vgl. Picot/Dietl/Franck (2008), S. 72.

nander abweichen, liegt eine Anreiz-Problematik vor. Aufgrund des Informationsvorsprungs ergeben sich Handlungsspielräume für den Agenten, seinen Informationsvorsprung gegenüber dem Prinzipal zum eigenen Vorteil zu nutzen und gegebenenfalls dem Prinzipal zu schaden. Der Prinzipal kann den weiten Handlungsspielräumen des Agenten durch Kontroll- und Disziplinierungsmaßnahmen entgegenwirken, jedoch meist nur auf Kosten einer Reduktion der Effizienzgewinne durch Arbeitsteilung bzw. Spezialisierung. Alternativ kann er die Delegation einer Aufgabe an einen Agenten vermeiden und auf die damit verbundenen Vorteile gänzlich verzichten. Typische Beispiele für Agency-Beziehungen sind Beziehungen zwischen Arbeitgeber und Arbeitnehmer, Aktionär und Vorstand, Kreditgeber und Kreditnehmer.[72]

In der Agency-Theorie werden auf der Basis asymmetrisch verteilter Informationen die zentralen Problemtypen Adverse Selection und Moral Hazard abgeleitet, die sich nach ihrem Entstehungszeitpunkt und der Problemursache unterscheiden lassen (vgl. die nachfolgende Tabelle 2.1):[73]

Problemtyp	Entscheidungszeitpunkt	Problemursache
Adverse Selection	Vor Vertragsabschluss	Eigenschaften der Leistung des Vertragspartners unbekannt (Hidden Characteristics)
Moral Hazard	Nach Vertragsabschluss	Anstrengungsniveau des Vertragspartners nicht beobachtbar (Hidden Action) bzw. nicht ermittelbar (Hidden information)

Tabelle 2.1: Problemtypen in Agency-Beziehungen
Quelle: in Anlehnung an Picot/Dietl/Franck (2008), S. 77.

Im Rahmen der *Adverse Selection* tritt ein grundlegendes Informationsdefizit des Prinzipals ein, wenn er Eigenschaften des Agenten oder dessen angebotener Leistung ex ante nicht kennt, bzw. nicht beurteilen kann.[74] Besitzt ein Agent einen Informationsvorsprung bezüglich seiner unterdurchschnittlichen Eigenschaften (auch Hidden Characteristics), besteht für ihn der Anreiz die Informationsasymmetrien aufrecht zu erhalten. Kann zeitgleich ein Agent mit überdurchschnittlichen Eigenschaften die gute Qualität seines Angebots nicht glaubhaft offenbaren, droht er aus dem Markt auszuscheiden, da der Prinzipal nur zur Zahlung eines

72 Vor diesem Hintergrund lassen sich Unternehmen als Geflechte von Prinzipal-Agenten-Beziehungen interpretieren. Vgl. Jensen/Meckling (1976), S. 312.

73 Daneben wird teilweise auch das Phänomen des Hold-Up den theoretischen Überlegungen des Agency-Ansatzes zugeordnet. Da die Hold-Up-Problematik jedoch nicht auf Informationsasymmetrien zwischen Prinzipal und Agent basiert, ist diese Einordnung in der Literatur nicht eindeutig. Vgl. dazu Göbel (2002), S. 103. Beim Hold-Up nutzt der Agent die Abhängigkeit des Prinzipals aus, die sich aus Faktorspezifitäten ergeben kann. Vgl. Picot/Dietl/Franck (2008), S. 75 und Schreyögg (2008), S. 361.

74 Vgl. Ebers/Gotsch (1993), S. 264.

durchschnittlichen Preises für die ihm unbekannte Qualität bereit ist.[75] *Akerlof* beschreibt in diesem Zusammenhang den Zusammenbruch eines Gebrauchtwagenmarkts durch den sukzessiven Austritt qualitativ hochwertiger Anbieter.[76]

Beim Phänomen des *Moral Hazard* basieren die Informationsasymmetrien auf Beobachtungs- und Beurteilungsproblemen und spielen im Gegensatz zur Adverse Selection erst nach Vertragsabschluss eine entscheidende Rolle. Kann ein Prinzipal weder die Handlungen des Agenten beobachten noch anhand des Ergebnisses das Anstrengungsniveau des Agenten ermitteln, da das Ergebnis gegebenenfalls schwer messbar oder von exogenen Faktoren abhängig ist, besteht die Gefahr der Ausbeutung durch den Agenten. So ist zu erwarten, dass der Agent die Informationsasymmetrien ausnutzt und beispielsweise seinen unbeobachteten Arbeitseinsatz in einem Unternehmen verringert. Dies wird als Hidden Action bezeichnet.[77] Begründen sich die Informationsasymmetrien nicht auf mangelnder Beobachtbarkeit, sondern auf mangelnden Möglichkeiten der Beurteilung, ist dies in der Regel auf spezielle Kenntnisse des Agenten zurückzuführen (auch Hidden Information). So kann der Agent unabhängig von der Vorteilhaftigkeit für den Prinzipal die Handlung vornehmen, die ihm selbst den größten Nutzen stiftet.[78]

Zur *Reduktion der Informationsasymmetrien* leitet die Agency-Theorie Maßnahmen ab, die geeignet sind die Markttransparenz zu verbessern und die Agency-Problematik zu vermindern. Vor Vertragsabschluss kann der Prinzipal durch das so genannte Screening genauere Informationen über die Qualitätsmerkmale des Agenten erhalten.[79] Auch der Agent kann seine Eigenschaften durch das so genannte Signaling dem Prinzipal signalisieren.[80] Demnach hat ein Agent mit hoher Leistungsqualität in der Regel ein Interesse sich von solchen mit geringer Leistungsqualität abzugrenzen. Solche Signale sind allerdings nur dann glaubwürdig, wenn es zu teuer wäre, falsche Signale auszusenden, d.h. der Aufwand eines Fehlsignals muss höher sein als der dadurch erreichbare Nutzen.

Auch nach Vertragsabschluss bieten sich den Akteuren Möglichkeiten zur Reduktion der Informationsasymmetrien. Der Prinzipal kann das Fehlverhalten des Agenten unterbinden, in-

---

[75] Vgl. Richter/Furubotn (2003), S. 176.

[76] Vgl. Akerlof (1970). Mit dem Problem der Adverse Selection sind häufig Versicherungsgesellschaften konfrontiert, die einen an Durchschnittswerten orientierten Tarif anbieten, ohne die genauen Risikoprofile ihrer Kunden zu kennen. Sie müssen damit rechnen, dass nur solche Personen Versicherungsnehmer werden, die ihr eigenes Risiko bezüglich des Versicherungsfalls als besonders hoch einschätzen. Vgl. Rothschild/Stiglitz (1976), S. 630 ff.

[77] Vgl. Arrow (1985), S. 38.

[78] Vgl. Richter/Furubotn (2003), S. 174.

[79] Vgl. Stiglitz (1975).

[80] Vgl. Spence (1973).

dem er ihn im Rahmen des so genannten Monitoring beobachtet.[81] Aufgrund des damit verbundenen Aufwands ist es für den Prinzipal vorteilhaft, wenn Dritte ein Interesse an der Beobachtung des Agenten haben und entsprechende Maßnahmen ergreifen, wie etwa dessen Wettbewerber. Bestehen für den Agenten Anreize sein Handeln nach Vertragsabschluss transparent zu gestalten, um beispielsweise zu verdeutlichen, dass ein schlechtes Ergebnis ausschließlich auf exogene Faktoren zurückzuführen ist, kann er seine Handlungen durch das so genannte Reporting dokumentieren.

Neben der Reduktion des Informationsgefälles in Prinzipal-Agenten-Beziehungen stellt die *Auflösung der Zielkonflikte* zwischen den beteiligten Parteien durch geeignete Institutionen eine wirkungsvolle Möglichkeit zur Lösung der Agency-Probleme dar. Gelingt es, die Zielerreichung des Agenten durch vertragliche Vereinbarungen von der Zielerreichung des Prinzipals abhängig zu machen und so die verfolgten Ziele zu harmonisieren, verringert sich die Gefahr der Ausbeutung durch den Agenten.[82] Die Angleichung der Interessen von Prinzipal und Agent durch vertragliche Anreizstrukturen mindert insbesondere das Moral-Hazard-Verhalten nach Vertragsabschluss. Diese Lösungsmöglichkeit ist jedoch auch vor Vertragsabschluss zur Abwehr der Adverse Selection durch die so genannte Self-Selection einsetzbar. Dabei bietet der Prinzipal potentiellen Agenten mehrere Verträge mit alternativen Anreizstrukturen an und beobachtet die Vertragsauswahl der Agenten, die ihre Verhaltensweisen offenbaren.[83]

Die Agency-Theorie hat die Finanzierungstheorie und hier insbesondere die Diskussion über die Relevanz der Kapitalstruktur entscheidend mitgeprägt. So bietet sie einen eigenen Ansatz zur Erklärung von Interessenkonflikten zwischen Unternehmensführung und Kapitalgebern und daraus resultierender Auswirkungen auf den Unternehmenswert.[84] Überdies stützen sich weitere Kapitalstrukturtheorien auf die Argumentation zur Adverse Selection-Problematik.[85]

[81] Vgl. Picot/Dietl/Franck (2008), S. 79.

[82] Vgl. Ebers/Gotsch (1993), S. 265.

[83] Der Mechanismus der Self-Selection lässt sich sowohl den Maßnahmen zur Reduktion von Informationsasymmetrien als auch den Möglichkeiten zur Angleichung von Interessenkonflikten zuordnen, da er Elemente beider Konzepte enthält. Vgl. dazu Göbel (2002), S. 115. Neben der Reduktion der Informationsasymmetrien und der Auflösung der Zielkonflikte durch die Gestaltung von Anreizen wird in der Literatur das Konzept des Vertrauens als weitere Lösungsmöglichkeit für die Agency-Problematik angeführt. Vgl. Richter/Furubotn (2003), S. 34 ff.

[84] Hierbei steht insbesondere das Problem des Moral Hazard im Zentrum der Betrachtung. Siehe Kap. 2.5.

[85] Vgl. die Ausführungen zur Pecking-Order-Theorie in Kap. 2.6.2 und zur Market-Timing-Theorie in Kap. 2.7.4.

2.1.2.3 Transaktionskostentheorie

Während die Agency-Theorie die Analyse von Anreizproblemen und Interessenkonflikten zwischen zwei Parteien basierend auf asymmetrisch verteilten Informationen ins Zentrum der Betrachtung stellt, zielt die Transaktionskostentheorie auf die Erklärung von Kosten ab, die durch Kooperationsbeziehungen entstehen.[86] Die Transaktionskosten lassen sich nach *Neus* in drei verschiedene Formen unterscheiden.[87] Im Rahmen der Anbahnung von Verträgen fallen zunächst Informationskosten an. Da wirtschaftlich handelnde Akteure nicht von vornherein Kenntnisse über alle Informationen besitzen und diese meist nicht kostenfrei verfügbar sind, müssen Informationskosten aufgewendet werden, um die denkbar beste Entscheidung fällen zu können, beispielsweise bei der Suche nach geeigneten Vertragspartnern. Zudem gibt es im Zusammenhang mit Vertragsabschlüssen in der Regel Verhandlungs- und Entscheidungskosten, insbesondere, wenn sich verschiedene Vertragspartner über die Einzelheiten der Ausgestaltung einer Kooperation einigen müssen. Zuletzt werden Durchsetzungs- und Kontrollkosten für die vereinbarten Vertragsleistungen relevant. Vor dem Hintergrund opportunistisch agierender Akteure müssen Vertragspartner davon ausgehen, dass vertragliche Leistungen nicht immer eingehalten werden. Die Verhandlung und die Vereinbarung von Sanktionsmechanismen sind hierbei meist mit Kosten verbunden.[88]

Aufgrund der anfallenden Transaktionskosten werden in der Realität nur unvollständige Verträge abgeschlossen. Es können kaum sämtliche denkbare Zustände und Einflüsse in der Kooperationsvereinbarung berücksichtigt werden. Daher sind insbesondere für solche Situationen, die nicht explizit vertraglich festgelegt sind, sowie im Hinblick auf opportunistisch agierende Vertragspartner Kontroll- und Steuerungsmechanismen zu installieren, um gegebenenfalls eine Konfliktlösung zu erreichen.[89]

Die Analyse von Vertragsbeziehungen anhand der entstehenden Transaktionskosten hat das Ziel, bei bestimmten Transaktionstypen genau die Koordinationsformen zu wählen, bei der minimale Kosten entstehen. Im Hinblick auf die Zuweisung solcher Koordinationsformen

---

86 Vgl. Coase (1937); Williamson (1985) und Wenzel (2006), S. 39.

87 Vgl. Neus (2013), S. 97.

88 Neus weist hierbei darauf hin, dass gegebenenfalls noch eine spezifische Form der Opportunitätskosten als vierte Kategorie ergänzt werden kann, die sich aus dem Nutzen der infolge der anderen Kosten unterlassenen Aktivitäten ergeben. Vgl. Neus (2013), S. 98.

89 Für eine Übersicht solcher so genannter Governance Strukturen siehe Williamson (1985) und Wenzel (2006), S. 39.

lassen sich Transaktionen dabei nach den Merkmalen Häufigkeit, Unsicherheit und Spezifität unterscheiden.[90]

Die *Häufigkeit* einer Transaktion hat wesentlichen Einfluss auf die Komplexität einer Kooperationsform. Bei seltenen Transaktionen lohnen sich die Kosten für aufwendige Formen der Zusammenarbeit kaum. Daher gilt die Tendenz, dass mit zunehmender Häufigkeit bestimmter Transaktionen die Komplexität von Koordinationsformen steigt.

Große *Unsicherheit* erfordert einen hohen Anpassungsbedarf bei der Transaktionsabwicklung. Bei dezentraler Koordination über den Markt ist die Zustimmung aller beteiligten Parteien notwendig. Der Preis fungiert als wesentlicher Koordinationsmechanismus. Die Koordinationsform der Hierarchie basiert hingegen auf dem Weisungsprinzip durch eine zentrale Instanz. Bei großer Unsicherheit ist die Hierarchie der Marktlösung aufgrund geringerer Kosten vorzuziehen.[91]

Von größter Bedeutung für Transaktionen ist das Merkmal der *Spezifität*. Der Spezifitätsgrad einer Transaktion beschreibt die Wertdifferenz eingebrachter Ressourcen zwischen einer beabsichtigten Transaktion und einer alternativen Verwendungsmöglichkeit. Ist die Leistungsfähigkeit der von einer Vertragspartei eingebrachten Ressource außerhalb dieser Kooperation erheblich niedriger, ist die Partei an diese Beziehung gebunden, da ein Austritt mit Verlusten einhergehen würde. Kann vor diesem Hintergrund nicht verhindert werden, dass die andere Vertragspartei diese Wertdifferenz opportunistisch abschöpft, werden Investitionen in spezifische Ressourcen nicht aufgebracht. Je geringer der Wert einer Ressource außerhalb einer Trankaktion ist, desto vorteilhafter ist eine hierarchische Lösung durch Weisung gegenüber einer verhandlungsbasierten Regelung. Insgesamt zeigt sich, dass für häufige Transaktionen mit hoher Spezifität und Unsicherheit hierarchische Koordinationsformen bessere institutionelle Regelungen darstellen, während unspezifische Transaktionen kostengünstiger über den Markt realisiert werden können.[92]

Im Hinblick auf den Beitrag zur Finanzierungstheorie ist aus der Transaktionskostentheorie vor allem das Konstrukt der Transaktionskosten von Belang. Zwar gestaltet sich die Operationalisierbarkeit des Konstrukts ähnlich schwierig wie im Fall der Agency-Kosten, jedoch hat das Konzept unter anderem bezüglich der Kapitalstrukturtheorie bedeutendes Erklärungspo-

[90] Vgl. Neus (2013), S. 137.
[91] Vgl. Mellewigt (2003), S. 12.
[92] Vgl. Bühner (2004), S. 118.

tential.[93] So wird deutlich, dass die Anpassung der Kapitalstruktur an bestehende Ziele nicht kostenfrei gestaltet werden kann. Hierbei können Transaktionskosten zur Erklärung temporärer Abweichungen des Verschuldungsgrads und dynamischer Anpassungsprozesse herangezogen werden.

2.1.2.4 *Property-Rights-Theorie*

Die Property-Rights-Theorie (auch Theorie der Verfügungsrechte) als weiterer Zweig des Neoinstitutionalismus hat ähnlich der Transaktionskostentheorie das Ziel institutionelle Regelungen zu identifizieren, die auf unvollkommenen Märkten zur Abwicklung bestimmter Transaktionstypen geeignet sind. Allerdings liegt der Schwerpunkt der Property-Rights-Theorie weniger auf den Kosten der Transaktionen, sondern vielmehr auf dem Zusammenhang zwischen der Verteilung von Verfügungsrechten und den daraus resultierenden Marktergebnissen.[94] Diese Verfügungsrechte legen die Handlungsspielräume von Akteuren hinsichtlich der Verwendung knapper Ressourcen fest. Hierbei liegt die Erkenntnis zugrunde, dass Güter nicht allein aufgrund ihrer physikalisch-technischen Eigenschaften einen Nutzen stiften, sondern erst durch die mit einem Gut verbundenen Rechte.[95]

Die Verfügungsrechte, die auch als Eigentums- oder Handlungsrechte bezeichnet werden, lassen sich als ein Bündel aus vier Einzelrechten charakterisieren:[96]

- Recht zum Gebrauch,
- Recht zur Aneignung von Erträgen,
- Recht zur Veränderung,
- Recht zum Verkauf.

Dabei wird deutlich, dass der Begriff Verfügungsrecht über den formaljuristischen Eigentumsbegriff hinausgeht, da er neben dem Zusammenhang zwischen Individuum und betrachtetem Wirtschaftsgut auch die Beziehungen zwischen verschiedenen Akteuren durch institutionelle Regelungen festlegt.[97] Auch muss das komplette Bündel der Verfügungsrechte nicht zwangsweise in einer Hand liegen. So sind die einzelnen Rechte häufig auf mehrere Individuen verteilt bzw. sind der Verfügung einzelner Individuen entzogen.[98]

---

93 Vgl. Matthes (2006), S. 186.
94 Vgl. Swoboda (1994), S. 180.
95 Vgl. Neus (2013), S. 114.
96 Vgl. Neus (2013), S. 114.
97 Vgl. Terberger (1994) und Wenzel (2006), S. 42.
98 Vgl. Neus (2013), S. 115.

Grundgedanke der Property-Rights-Theorie ist, dass die Zuordnung von Verfügungsrechten über Allokation der Produktionsfaktoren und Produkte zu einzelnen Akteuren wesentlichen Einfluss auf die Marktergebnisse hat. Darauf aufbauend lassen sich mehrere Erklärungsziele der Theorie ableiten. Positives Erklärungsziel ist die Explikation sowie empirische Überprüfung des Zusammenhangs zwischen der faktischen Verteilung von Verfügungsrechten und den daraus resultierenden Marktergebnissen. Weiterhin verfolgt die Theorie mittels Effizienzanalyse das normative Ziel, die optimale Verteilung der Verfügungsrechte aus gesamtwirtschaftlicher Sicht zu untersuchen. In diesem Zusammenhang wird auch die Analyse der geeigneten Kooperationsformen hinsichtlich bestimmter Transaktionstypen vorgenommen. Des Weiteren zielt die Theorie auf die normative Erklärung ab, welche staatliche Zuordnung von Verfügungsrechten vorgenommen werden sollte, um eine wohlfahrtsmaximierende Verteilung der Rechte zu erreichen.[99]

In der Property-Rights-Theorie ist die Verteilung der betrachteten Verfügungsrechte insbesondere in solchen Situationen mit Problemen behaftet, in denen die Rechte aufgrund bestehender Transaktionskosten nicht oder nur unzureichend spezifizierbar bzw. durchsetzbar sind.[100] Die theoretische Auseinandersetzung erfolgt vor diesem Hintergrund vor allem mit der Analyse externer Effekte[101] und Aspekten der Teamproduktion.

Bezüglich der externen Effekte kritisiert *Coase*, einer der Mitbegründer der Property-Rights-Theorie, die traditionelle Sichtweise, dass dem Verursacher negativer externer Effekte die Haftung für sein Handeln automatisch zukommt.[102] Seiner Ansicht nach werden bei dem Verursacherprinzip nicht sämtliche anfallenden Kosten einbezogen, da die Unterlassung bestimmter Handlungen gegebenenfalls höhere Kosten zur Folge haben kann. Stattdessen hebt *Coase* die Handelbarkeit der Verfügungsrechte hervor. Er kommt anhand von Beispielen zu dem Schluss, dass in einer friktionslosen Welt ohne Transaktionskosten negative externe Effekte über den Marktmechanismus und den Tausch der Rechte stets internalisiert werden können und so unabhängig von der ursprünglichen Verteilung eine pareto-effiziente Allokation der Ressourcen und Verfügungsrechte erreicht werden kann.[103] *Coase* selbst merkt jedoch kritisch an, dass in der realen Welt gerade mit der Durchsetzung von Verfügungsrechten hohe

[99] Vgl. Neus (2013), S. 118.
[100] Vgl. Wentges (2002), S. 25.
[101] Externe Effekte liegen in Situationen vor, in denen Handlungen eines Wirtschaftssubjekts auf die Umwelt eines weiteren Wirtschaftssubjekts anders als über Preiseinflüsse einwirken. Vgl. Endres (2000), S. 43 ff. und Mankiw/Taylor (2008), S. 14. Dabei können externe Effekte sowohl positiv als auch negativ sein. Beispielsweise verursacht die Wasserverschmutzung durch eine Fabrik negative externe Effekte für Fischer. Vgl. Wentges (2002), S. 25.
[102] Vgl. Coase (1960), S. 2.
[103] Vgl. Endres (2000), S. 46 ff. und Wentges (2002), S. 26.

Kosten verbunden sein können, bzw. die Rechte nicht immer handelbar sind.[104] Gleichwohl können bei Versagen des Marktmechanismus institutionelle Lösungen wie beispielsweise die vertikale Integration durch Unternehmen herangezogen werden, um eine vorteilhafte Struktur der Verfügungsrechte zu erreichen.[105]

Als eine Weiterentwicklung der Property-Rights-Theorie wird die Übertragung der Grundgedanken der Theorie auf den Bereich der Teamproduktion in Unternehmen angesehen.[106] *Alchian/Demsetz* zeigen in diesem Zusammenhang anhand eines Beispiels, dass die Übertragung von Verfügungsrechten an eine zentrale Kontrollinstanz zu besseren Ergebnissen in der Teamproduktion führt.[107] Weiterhin wird die Theorie der unvollständigen Verträge als moderne Variante der Property-Rights-Theorie interpretiert. Hierbei steht vor allem die Verteilung der Entscheidungsrechte im Fall unvorhergesehener Ereignisse im Vordergrund.[108]

Die Property-Rights-Theorie hat die Finanzierungstheorie insbesondere hinsichtlich der Diskussion zur Gestaltung von Finanzkontrakten vor dem Hintergrund unvollständiger Verträge beeinflusst. Hierbei wird deutlich, dass dabei nicht nur physische Güter relevant sind. Vielmehr spielen die Rechte auf Zugriff und Verwendung finanzieller Mittel eine entscheidende Rolle.

2.2 Traditionelle Theorie

Aufbauend auf den im vorherigen Abschnitt dargestellten theoretischen Grundgerüsten hat sich eine Reihe finanzwirtschaftlicher Theorien zur Erklärung der Kapitalstruktur von Unternehmen entwickelt, die in den nachfolgenden Abschnitten beschrieben werden.

Die traditionelle Theorie[109] der Kapitalstruktur von Unternehmen basiert auf der Grundidee, dass sich der Gesamtzahlungsstrom eines Unternehmens aus verschiedenen Finanzierungsformen zusammensetzen lässt. Ausgehend von Annahmen über das Verhalten von Eigen- und Fremdkapitalgebern kann die gezielte Auswahl der Finanzierungsformen der Theorie zufolge

104 Vgl. Coase (1960), S. 15 ff.
105 Vgl. Coase (1960), S. 16 und Richter/Furubotn (2003), S. 81.
106 Vgl. Wenzel (2006), S. 43.
107 Vgl. Alchian/Demsetz (1972) und Neus (2013), S. 131 ff.
108 Vgl. Hart (1995) und Wenzel (2006), S. 43.
109 Hierzu werden die Arbeiten gezählt, die inhaltlich vor den Irrelevanztheoremen von Modigliani/Miller einzuordnen sind. Als typische Beispiele gelten Guthmann/Dougall (1956) und Gutenberg (1987).

die durchschnittlichen Kapitalkosten bzw. den Marktwert eines Unternehmens beeinflussen.[110] Daraus wird die Existenz einer optimalen Kapitalstruktur abgeleitet.[111]

2.2.1 Verschuldung und Kapitalkosten

Die traditionelle Theorie formuliert als Zielsetzung die Minimierung der Kapitalkosten[112] eines Unternehmens und verdeutlicht die hieran orientierte Gestaltung der Finanzierungsmaßnahmen. Hierbei werden die Vor- und Nachteile zunehmender Verschuldung gegenübergestellt, mit dem Ziel eine optimale Kapitalstruktur zu bestimmen. Optimal ist demnach diejenige Kapitalstruktur, bei der die durchschnittlichen Gesamtkapitalkosten minimal sind. Dabei wird ausgehend von einer zunächst reinen Eigenkapitalfinanzierung die Verschuldung gesteigert, indem das aufgrund seiner Risikoträchtigkeit teurere Eigenkapital durch das wegen zunächst geringer Ausfallgefahr günstigere Fremdkapital substituiert wird. Mit zunehmendem Verschuldungsgrad ist das eingesetzte Eigenkapital jedoch einem erhöhten Risiko ausgesetzt, welches in steigenden Eigenkapitalkosten resultiert. Bei hoher Verschuldung eines Unternehmens steigen ebenfalls die Fremdkapitalkosten, da die Gläubiger für das zunehmende Ausfallrisiko eine Prämie verlangen.[113]

Während die zunehmende Verschuldung anfangs zu einer Verringerung der Gesamtkapitalkosten führt, bewirken die steigenden Eigen- und Fremdkapitalkostensätze einen Anstieg der Gesamtkapitalkosten. Dieser Zusammenhang kommt in der folgenden Gleichung zum Ausdruck:

$$(2.1) \quad r_{GK} = r_{EK} \frac{EK}{GK} + r_{FK} \frac{FK}{GK}$$

In Kombination mit den oben genannten Annahmen bezüglich der Kapitalkostenverläufe ergibt sich demnach der durchschnittliche Kapitalkostensatz r_{GK} als gewichtetes arithmetisches Mittel der Eigenkapitalkosten r_{EK} und der Fremdkapitalkosten r_{FK}. Als Gewicht dient hierbei der Anteil der Beteiligungstitel *EK* bzw. Forderungstitel *FK* am Gesamtunternehmenswert *GK*.

[110] Zu den Annahmen zählen die Risikoaversion der Kapitalgeber, Unsicherheit sowie gespaltene Kapitalmarktzinsen. Vgl. Perridon/Steiner/Rathgeber (2012), S. 519.

[111] Vgl. Breuer (2008), S. 77.

[112] Grundsätzlich sind die Kapitalkostensätze für einzelne Finanzierungstitel definiert. Sie geben die über die in Aussicht gestellten erwarteten Rückflüsse mindestens zu bietende Kaufpreisverzinsung der Finanzierungstitel an. Je nachdem, ob es sich um Beteiligungs- oder Forderungstitel handelt, lassen sich Eigen- und Fremdkapitalkosten unterscheiden. Vgl. hierzu Breuer (2008), S. 64 f. und S. 77.

[113] Vgl. Gutenberg (1987), S. 208 ff.

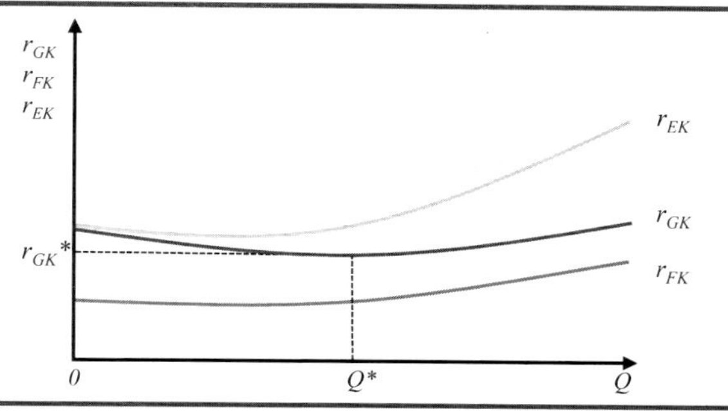

Abbildung 2.1: Kapitalkostenverläufe nach der traditionellen Theorie
Quelle: in Anlehnung an Perridon/Steiner/Rathgeber (2012), S. 530.

Abbildung 2.1 zeigt die Kapitalkostenverläufe in Abhängigkeit des Verschuldungsgrads eines Unternehmens. Die zunächst konstanten Kostensätze von Eigen- bzw. Fremdkapital erhöhen sich mit steigendem Verschuldungsgrad Q, gemäß den Verhaltensannahmen bezüglich der Kapitalgeber. Die Gesamtkapitalkostenkurve weißt einen u-förmigen Verlauf auf. In ihrem Minimum Q^* lohnt sich die weitere Substitution von Eigen- durch Fremdkapital schließlich nicht mehr. Als Konsequenz ergibt sich die Existenz einer optimalen Kapitalstruktur.

2.2.2 Verschuldung und Unternehmenswert

Die Gestaltung einer optimalen Kapitalstruktur wurde in der Literatur zunächst lediglich mit Bezug auf die Kapitalkostenverläufe diskutiert.[114] Diese Vorgehensweise beruht auf der Fokussierung auf die internen Vorgänge im Unternehmen und weniger auf externe Kapitalgeber. Ausgehend von einem vollkommenen Kapitalmarkt lassen sich die Kapitalkostensätze jedoch als Diskontierungsfaktoren für die erwarteten Einzahlungsüberschüsse auf Finanzierungstitel interpretieren. Dieser Zusammenhang wird auch in der folgenden Gleichung deutlich:

$$(2.2) \quad V = \sum_{t=1}^{n} \frac{Y_t}{(1+r)^t}$$

Der Marktwert eines Finanzierungstitels ist dabei der Kapitalwert, bei dem die erwarteten Einzahlungen Y_t auf diesen Titel mit dem adäquaten Kapitalkostensatz r abgezinst werden.[115] Unter dem Marktwert eines Unternehmens V versteht man die Summe der Marktwerte aller von dem Unternehmen emittierten Finanzierungstitel.[116]

[114] Vgl. Schmidt/Terberger (1997), S. 247.
[115] Vgl. Spremann (1996), S. 462 f. und Breuer (2008), S. 66.
[116] Vgl. Breuer (2008), S. 60.

Marktwertmaximierendes Verhalten der an einer Finanzierungsbeziehung beteiligten Parteien stellt hier eine notwendige Voraussetzung für die Erreichung einer Präferenzmaximierung bei hinreichend funktionsfähigem Sekundärmarkt dar. Besteht für einen Investor die Möglichkeit, entsprechend seinen Konsumpräferenzen Finanztitel am Sekundärmarkt mit dem Verkaufserlös seines Anteils am Unternehmenswert zu beziehen, haben Zeit- und Risikostruktur der Zahlungsströme des Unternehmens keine Bedeutung. Vielmehr wird lediglich die Höhe der für den Finanztitelerwerb verfügbaren Erlöse und somit der Marktwert des Unternehmens relevant.[117]

Bezogen auf die Optimierung der Kapitalstruktur ist die Verschuldung so zu gestalten, dass die Summe aus dem Marktwert des Eigenkapitals und dem Marktwert des Fremdkapitals ihr Maximum erreicht. Wird vereinfachend das Fremdkapital als risikolos unterstellt, entspricht dessen Marktwert seinem Nominalwert. Anhand der Formel 2.2 wird deutlich, dass der ermittelte Verschuldungsgrad demjenigen entspricht, bei dem die durchschnittlichen Kapitalkosten minimal sind.

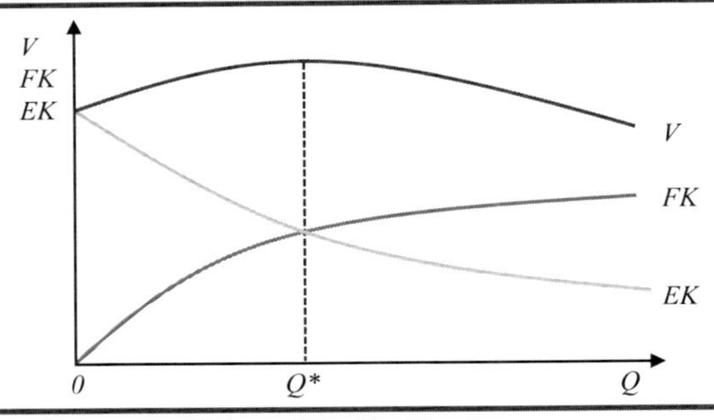

Abbildung 2.2: Unternehmenswert nach der traditionellen Theorie
Quelle: in Anlehnung an Wenzel (2006), S. 48.

In Abbildung 2.2 wird der Zusammenhang zwischen dem Marktwert einer Unternehmung V und seinem Verschuldungsgrad Q gemäß der traditionellen Sichtweise dargestellt. Die Erhöhung des Verschuldungsgrads bewirkt dabei eine Erhöhung des Marktwerts des Fremdkapitals FK um den aufgenommenen Nominalbetrag. Zugleich nimmt der Marktwert des Eigenkapitals EK um den an die Kapitalgeber zurückgezahlten Betrag ab. Mit der zunehmenden Verschuldung geht auch ein höheres Risiko für die Eigenkapitalgeber einher. Letztere diskon-

[117] Die alleinige Orientierung an der Unternehmenswertmaximierung ist für den Investor dann gegeben, wenn zum einen die Auswahl der Investitionsmöglichkeiten am Sekundärmarkt unabhängig von dem unternehmerischen Investitions- und Finanzierungsprogramm ist (Spanning-Bedingung) und zum anderen die Preise der Finanzierungstitel nicht infolge der Größe ebendieses Investitions- und Finanzierungsprogramms fluktuieren (Competivity Bedingung). Vgl. hierzu Breuer (2008), S. 61 ff.

tieren die erwarteten Zahlungsströme aufgrund des steigenden Risikos mit einem höheren Kalkulationszinsfuß, so dass der Marktwert des Eigenkapitals sinkt. Dieser Zusammenhang wird auch als Leverage-Effekt bezeichnet.[118] Das Zusammenwirken dieser Effekte führt zu einer Marktwertmaximierung des Unternehmens im Punkt Q^*. Die anhand der Marktwerte ermittelte optimale Kapitalstruktur ist im Ergebnis äquivalent zur optimalen Kapitalstruktur aus der Betrachtung der Kapitalkosten.

2.2.3 Kritische Würdigung

Die wesentlichen Vorzüge der traditionellen Theorie liegen in ihrer anschaulichen Argumentation. Insbesondere die verbal-grafische Ermittlung der kapitalkostenminimierenden bzw. marktwertmaximierenden und somit optimalen Kapitalstruktur erscheint auf den ersten Blick plausibel. Entscheidend hinsichtlich der Kapitalstrukturbestimmung mittels Kapitalkostenanalyse sind hier jedoch die Verläufe der Kapitalkostensätze sowie die zugrundeliegenden Verhaltensannahmen. Tatsächlich wirken die Prämissen hinsichtlich der Risikopräferenzen und Renditeforderungen der Kapitalgeber, welche die Kapitalkostenverläufe maßgeblich bestimmen, willkürlich. Die Hintergründe für die Ausgestaltung der Präferenzen und somit letztlich auch für das Geschehen am Kapitalmarkt bleiben weitgehend unklar. Genau an dieser Stelle setzt der im folgenden Abschnitt näher betrachtete Beitrag von *Modigliani/Miller* an, der sich nicht auf willkürliche Verhaltensmaßnahmen stützt, sondern explizit den Kapitalmarktkontext berücksichtigt.

2.3 Irrelevanztheorie

In ihrem Beitrag aus dem Jahre 1958 zeigen *Modigliani/Miller (M/M)*, dass unter bestimmten strengen Prämissen der Verschuldungsgrad eines Unternehmens keine Bedeutung für den Unternehmenswert hat.[119] Die Ausgestaltung der Kapitalstruktur ist demnach irrelevant, da durch das opportunistische Substituieren von Eigen- durch Fremdkapital keine Steigerung des Marktwerts einer Unternehmung erzielt werden kann. Somit existiert auch kein optimaler Verschuldungsgrad.

Bei der Veröffentlichung von *Modigliani/Miller* handelt es sich um die erste Theorie zur Erklärung der Kapitalstruktur von Unternehmen, die systematisch die Vor- und Nachteile der verschiedenen Kapitalformen untersucht. Der Beitrag wird in der Literatur häufig als Beginn der modernen Finanzierungstheorie gesehen und hat die nachfolgende Kapitalstrukturfor-

118 Vgl. dazu Perridon/Steiner/Rathgeber (2012), S. 520 ff. und Hirth (2012), S. 189 ff.
119 Vgl. Modigliani/Miller (1958), S. 262 ff.

schung mit initiiert und maßgeblich geprägt.[120] Bevor im Folgenden die Irrelevanztheoreme von *Modigliani/Miller* näher erläutert sowie kritisch gewürdigt werden, erfolgt zunächst eine Darstellung der zugrundeliegenden Prämissen.

2.3.1 Prämissen

Die Theorie der Irrelevanz der Finanzierung fußt auf einer Reihe von Annahmen. Ausgehend von der Grundannahme eines vollkommenen Kapitalmarkts[121] führen *M/M* weitere Prämissen an, um die Komplexität ihres Ansatzes zu verringern. So gehen sie von exogener Investitionspolitik der Unternehmen aus. Weiterhin haben alle Marktteilnehmer aufgrund der kostenlosen Informationsbeschaffung und -verarbeitung den gleichen Kenntnisstand und homogene Erwartungen. Zudem existiert ein einheitlicher risikofreier Zinssatz, zu dem Kapital in beliebiger Höhe transaktionskostenfrei aufgenommen oder angelegt werden kann. Das Fremdkapital ist risikolos, ebenso existiert kein Insolvenzrisiko. Die Eigenkapitalkosten eines Unternehmens sind abhängig von seinem Geschäftsrisiko. Dabei werden Unternehmen mit gleichem Geschäftsrisiko zu einer Risikoklasse zusammengefügt.[122]

2.3.2 Theoreme

Zentraler Bestandteil der Theorie zur Irrelevanz der Kapitalstruktur sind drei von *M/M* aufgestellte Theoreme hinsichtlich der Finanzierung von Unternehmen. Das *erste M/M-Theorem* besagt, dass der Marktwert eines Unternehmens unabhängig von seiner Kapitalstruktur ist. Entgegen der traditionellen Theorie der Kapitalstruktur zeigen *M/M*, dass sich der Marktwert eines rein eigenkapitalfinanzierten Unternehmens vom Marktwert eines verschuldeten und sonst identischen Unternehmens nicht unterscheiden kann.[123] Der Marktwert V_j eines Unternehmens ergibt sich aus der Summe der Marktwerte aller von dem Unternehmen emittierten Finanzierungstitel, also aus den Marktwerten des Eigen- und Fremdkapitals. Zudem lässt sich der Marktwert eines Unternehmens durch die Kapitalisierung der erwarteten Gewinne (vor Fremdkapitalzinsen) $\bar{x}_j$ mit dem risikoadjustierten Kalkulationszinssatz ρ_k der Risikoklasse k bestimmen:

$$(2.3) \quad V_j = EK_j + FK_j = \frac{\bar{x}_j}{\rho_k}$$

[120] Vgl. Hermanns (2006), S. 14 und Breuer (2008), S. 81.

[121] Zu den Eigenschaften eines vollkommenen Kapitalmarkts siehe Kap. 2.1.1.2.

[122] Vgl. Schmidt/Terberger (1997), S. 240 ff.; Wenzel (2006), S. 49 und Perridon/Steiner/Rathgeber (2012), S. 532.

[123] Vgl. Modigliani/Miller (1958), S. 265 ff.

Den Beweis des ersten Theorems legen *M/M* mittels eines Arbitrageprozesses[124] unter Berücksichtigung des vollkommenen Kapitalmarkts dar. Ausschlaggebend für die Beweisführung ist hierbei, dass identische Güter auf vollkommenen Kapitalmärkten denselben Gleichgewichtspreis erzielen müssen, so dass keine sicheren Gewinne mittels Ausnutzung von Preisdifferenzen möglich sind.[125]

M/M gehen bei ihrem Arbitragebeweis von zwei Unternehmen U_1 und U_2 aus, deren erwartete Gewinne $\bar{x}$ (vor Abzug der Fremdkapitalzinsen) identisch sind. Die Unternehmen unterscheiden sich lediglich hinsichtlich ihrer Kapitalstruktur. Während Unternehmen U_1 vollkommen eigenkapitalfinanziert ist, hat Unternehmen U_2 auch Forderungstitel emittiert, deren zugehöriger Fremdkapitalkostensatz r_{2FK} aufgrund des nicht vorhandenen Ausfallrisikos dem einheitlichen Zinssatz i entspricht. Beide Unternehmen gehören der Risikoklasse k an. *M/M* zeigen in ihrem Beitrag, dass die Marktwerte der Unternehmen V_1 und V_2 auf einem vollkommenen Kapitalmarkt gleich hoch sind.

Aus Sicht der Anteilseigner von U_1 ergibt sich ihre finanzielle Position aus ihrem Anteil α an den Beteiligungstiteln des rein eigenkapitalfinanzierten Unternehmens. Ihr Einkommen Y_1 resultiert aus ihrem Anteil α an den erwarteten Gewinnen $\bar{x}$:[126]

$$(2.4) \quad Y_1 = \alpha\bar{x}$$

Die finanzielle Position der Anteilseigner des teilweise fremdfinanzierten Unternehmens U_2 besteht aus ihrem Anteil an den Beteiligungstiteln dieses Unternehmens. Ihr Einkommen ergibt sich aus ihrem Anteil α der erwarteten Gewinne $\bar{x}$ abzüglich der Fremdkapitalzinsen, die sich durch Multiplikation des Fremdkapitalwerts FK_2 mit dem entsprechenden Kostensatz r_{FK2} ergeben:[127]

$$(2.5) \quad Y_2 = \alpha(\bar{x} - r_{FK2}FK_2)$$

[124] Unter Arbitrage versteht man die Erzielung sicherer Gewinne durch die Ausnutzung von Preisdifferenzen für Güter mittels deren Kaufs und/oder Verkaufs. Vgl. dazu Spremann (1996), S. 561 ff.; Breuer (2008), S. 84; Berk/DeMarzo (2011), S. 63 f. und Kruschwitz/Husmann (2012), S. 115 ff.

[125] Zur Arbitragefreiheit als notwendige Gleichgewichtsbedingung für vollkommene Märkte siehe Breuer (2008), S. 84 ff. In diesem Zusammenhang wird auch vom Gesetz des Einheitspreises gesprochen. Dieses besagt in Bezug auf Zahlungsströme, dass äquivalente Positionen, die durch identische Zahlungsströme charakterisiert sind, im Marktgleichgewicht über einen eindeutigen Preis verfügen. Vgl. hierzu Gürtler (1998), S. 19 ff. und Breuer (2008), S. 85.

[126] Vgl. Modigliani/Miller (1958), S. 268 ff.

[127] Vgl. Modigliani/Miller (1958), S. 269.

Hinsichtlich des ersten Theorems ist nun zu zeigen, dass die Marktwerte beider Unternehmen gleich hoch sind. *M/M* gehen zunächst von Marktungleichgewichten aus. In der Anfangsbetrachtung liegt der Marktwert des teilweise fremdkapitalfinanzierten Unternehmens V_2 über dem Marktwert des rein eigenkapitalfinanzierten Unternehmens V_1.

Aufbauend auf den Prämissen des vollkommenen Kapitalmarkts werden die Ungleichgewichte in der Folge durch Arbitrageprozesse ausgeglichen. Anteilseigner des teilweise fremdfinanzierten Unternehmens U_2 verkaufen ihre Anteile in Höhe von $\alpha\ EK_2$ und erwerben mit den Erlösen Beteiligungstitel an U_1. Da die Anteilseigner sowohl am Eigen- als auch am Fremdkapital von U_2 beteiligt waren, nehmen sie zur Wahrung der bisherigen Fremdkapitalquote privat zusätzliches Fremdkapital in Höhe des bisherigen Fremdkapitalanteils $\alpha\ FK_2$ auf, mit dem ebenfalls Beteiligungstitel an U_1 erworben werden.[128] Dabei dienen die Anteilscheine an U_1 als Sicherheit für die private Verschuldung.[129]

Somit besteht der Anteil der Investoren am neuen Unternehmen U_1 zum einen aus dem Barwert der Erlöse der bisherigen Beteiligung $\alpha\ EK_2$ an U_2 und zum anderen aus dem zusätzlich privat aufgenommenen Fremdkapitalanteil $\alpha\ FK_2$. Sie verfügen über einen Anteil von ek_1 am gesamten Eigenkapital des Unternehmens EK_1. Dieser bestimmt sich durch:

$$(2.6) \quad \frac{ek_1}{EK_1} = \frac{\alpha(EK_2+FK_2)}{EK_1}$$

Der Einkommensstrom determiniert sich durch ihren Anteil der erwarteten Gewinne $\bar{x}$ des Unternehmens U_1 abzüglich der Fremdkapitalzinsen $r_{FK2}\ \alpha\ FK_2$:[130]

$$(2.7) \quad Y_1 = \frac{\alpha(EK_2+FK_2)}{EK_1}\bar{x} - r_{FK2}\ \alpha\ FK_2 = \alpha\frac{V_2}{V_1}\bar{x} - r_{FK2}\ \alpha\ FK_2$$

Vergleicht man den Einkommensstrom Y_1 aus dem Anteil am unverschuldeten Unternehmen U_1 mit dem Einkommensstrom Y_2 aus der Beteiligung am verschuldeten Unternehmen U_2 aus der Formel 2.5, so wird deutlich, dass eine Arbitragemöglichkeit für Anteilseigner von U_2 nur besteht, solange der Marktwert des verschuldeten Unternehmens über dem des rein eigenkapitalfinanzierten liegt.[131]

128 Vgl. Modigliani/Miller (1958), S. 269 ff.
129 Vgl. Hermanns (2006), S. 15 ff.
130 Vgl. Modigliani/Miller (1958), S. 270.
131 Vgl. Modigliani/Miller (1958), S. 270 f.

Bestehende Marktungleichgewichte, die sichere Arbitragestrategien ermöglichen, werden von Investoren zur Erzielung sicherer Gewinne genutzt. Anleger, die an dem höher bewerteten Unternehmen U_2 beteiligt sind, werden ihre Anteile verkaufen, um Beteiligungstitel am niedriger bewerteten Unternehmen U_1 zu erwerben. In der Folge führen die Nachfragesteigerung nach Anteilspapieren von U_1 sowie das zusätzliche Angebot an Titeln von U_2 zu Preisanpassungen am Markt für Beteiligungstitel. Ungleichgewichte hinsichtlich der Marktwerte der betrachteten Unternehmen führen somit zu Arbitrageprozessen, die bestehende Differenzen bei den Marktwerten ausgleichen.[132]

Als Konsequenz der Arbitrageprozesse verfügen beide Unternehmen trotz ihrer unterschiedlichen Finanzierungsweise über den gleichen Marktwert. Der Umfang der Verschuldung von U_2 ist dabei unerheblich. Nach dem *ersten M/M-Theorem* hat der Verschuldungsgrad eines Unternehmens keinen Einfluss auf dessen Marktwert. Die Kapitalstruktur ist irrelevant, da die Entscheidungen hinsichtlich der Finanzierung bedeutungslos für den Wert des Unternehmens sind (vgl. die nachfolgende Abbildung 2.3).[133]

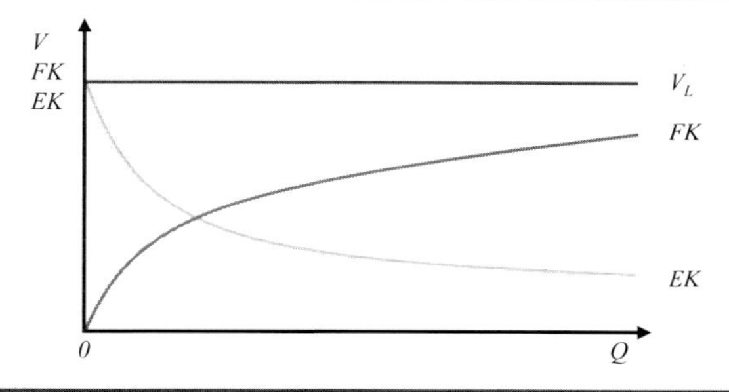

Abbildung 2.3: Unternehmenswert nach Modigliani/Miller
Quelle: in Anlehnung an Wenzel (2006), S. 50.

Der Zusammenhang zwischen dem Marktwert eines Unternehmens und seinen Kapitalkosten wird von *M/M* auf ihr erstes Theorem übertragen. *M/M* folgern aus der Erkenntnis, dass die Marktwerte der betrachteten Unternehmen U_1 und U_2 identisch und unabhängig von der jeweiligen Kapitalstruktur sind, dass ebenso deren durchschnittliche Kapitalkostensätze gleich hoch sein müssen. Demnach sind auch die durchschnittlichen Gesamtkapitalkosten r_{GK} eines Unternehmens unabhängig von seiner Kapitalstruktur. Sie bestimmen sich als der Kapitalisie-

132 Vgl. Modigliani/Miller (1958), S. 270 f.
133 Vgl. Modigliani/Miller (1958), S. 275 und Hermanns (2006), S. 17.

rungszinssatz ρ_k für die Diskontierung des erwarteten Gewinns eines rein eigenkapitalfinanzierten Unternehmens der gleichen Risikoklasse k.[134]

$$(2.8) \quad \frac{\bar{x}_j}{(EK_j+FK_j)} = \frac{\bar{x}_j}{V_j} = \rho_k = r_{GK}$$

Nach diesem auch als *M/M-Theorem 1b* bekannten Zusammenhang[135] können die Kapitalkosten eines Unternehmens analog zu dessen Marktwert nicht optimiert werden. Aufbauend auf der Erkenntnis, dass Unternehmen mit identischem Marktwert auch die gleichen durchschnittlichen Kapitalkosten haben müssen, lässt sich der Eigenkapitalkostensatz in Abhängigkeit des Verschuldungsgrads bestimmen. Unterstellt man, wie in den Prämissen angeführt, die Möglichkeit der risikolosen Fremdkapitalfinanzierung, so entspricht der Fremdkapitalkostensatz r_{FK} eines Unternehmens unabhängig vom gewählten Verschuldungsgrad stets dem einheitlichen risikofreien Zinssatz i, zu dem Kapital in beliebiger Höhe aufgenommen oder angelegt werden kann. Sofern in der Gleichung 2.1 zur Berechnung des Gesamtkapitalkostensatzes r_{GK} der Fremdkapitalkostensatz r_{FK} durch i ersetzt wird, ergibt sich unter Berücksichtigung von Formel 2.3, nach der sich der Marktwert eines Unternehmens aus der Summe der Marktwerte von Eigen- und Fremdkapital zusammensetzt, folgende Formel zur Berechnung des Eigenkapitalkostensatzes r_{EK}^j:[136]

$$(2.9) \quad r_{EK}^j = \rho_k + (\rho_k - i)\frac{FK_j}{EK_j}$$

Demnach setzen sich die Eigenkapital-Renditeforderungen aus dem Kalkulationszinsfuß eines rein eigenkapitalfinanzierten Unternehmens der gleichen Risikoklasse und dem Aufschlag für das Leverage-Risiko zusammen.[137] Hierbei sind ρ_k und i unabhängig vom Verschuldungsgrad. Zudem kann aufgrund der Risikoträchtigkeit der erwarteten Gewinne $\bar{x}$ angenommen werden, dass der risikoadjustierte Kalkulationszinssatz ρ_k über dem einheitlichen Zinssatz i liegt. Hieraus leiten *M/M* ihr *zweites Theorem* ab, nach dem der Eigenkapitalkostensatz eines Unternehmens eine linear steigende Funktion des Verschuldungsgrads ist.[138] Dieser Zusammenhang wird in Abbildung 2.4 dargestellt.

---

[134] Vgl. Modigliani/Miller (1958), S. 268 und Perridon/Steiner/Rathgeber (2012), S. 532.
[135] Vgl. Perridon/Steiner/Rathgeber (2012), S. 533.
[136] Vgl. Breuer (2008), S. 89.
[137] Vgl. Perridon/Steiner/Rathgeber (2012), S. 533.
[138] Vgl. Modigliani/Miller (1958), S. 272 ff.

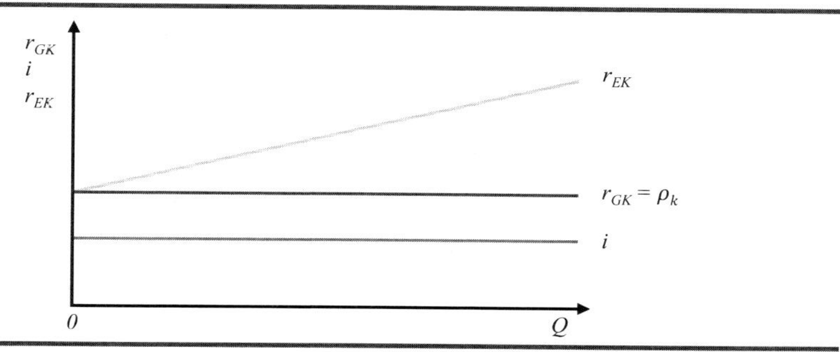

Abbildung 2.4: Kapitalkostenverläufe nach Modigliani/Miller
Quelle: in Anlehnung an Perridon/Steiner/Rathgeber (2012), S. 535.

Bei vollständiger Eigenkapitalfinanzierung entspricht der Eigenkapitalkostensatz r_{EK} dem Gesamtkapitalkostensatz r_{GK} des Unternehmens. Mit zunehmendem Verschuldungsgrad verdeutlicht der linear ansteigende Eigenkapitalkostensatz das höhere Verschuldungsrisiko für die Anteilseigner. Deren geforderte Mindestverzinsung erhöht sich in dem Maße, in dem das zusätzlich aufgenommene, kostengünstige Fremdkapital den Gesamtkapitalkostensatz verringern würde.[139]

Das *dritte M/M-Theorem* bezieht sich auf den durchschnittlichen Kapitalkostensatz als Kalkulationszinsfuß, der in der Investitionsrechnung dem internen Zinsfuß einer Investition gegenübergestellt wird. Nach *M/M* ergibt sich dieser Kalkulationszinsfuß ausschließlich aus dem Geschäftsrisiko eines Unternehmens der Risikoklasse *k* und entspricht somit dem risikoadjustierten Kalkulationszinssatz ρ_k. Als Konsequenz können Investitionsentscheidungen mittels Kapitalwertmethode auf Basis der durchschnittlichen Kapitalkosten unabhängig von der Finanzierung getroffen werden.[140]

2.3.3 Kritische Würdigung

Der Beitrag von *M/M* aus dem Jahr 1958 erregte in der Literatur beträchtliches Aufsehen, da ihre Irrelevanztheoreme offensichtlich im deutlichen Widerspruch zur praktisch großen Bedeutung von Finanzierungsentscheidungen in Unternehmen stand. Kritisch wurden *M/M* vor allem die restriktiven Annahmen ihrer Theoreme entgegengehalten. So wurde hinterfragt,

---

139 Vgl. Hermanns (2006), S. 18. Dabei ist auch die Berücksichtigung steigender Fremdkapitalzinssätze bei zunehmendem Verschuldungsgrad möglich. Soll hier weiter die Irrelevanz der Kapitalstruktur für den Marktwert eines Unternehmens gelten, darf die geforderte Mindestrendite der Eigenkapitalgeber jedoch nicht mehr linear ansteigen. Vgl. Merton (1977), S. 241 ff.; Brealey/Myers/Allen (2011), S. 456 f. und Perridon/Steiner/Rathgeber (2012), S. 533 f.

140 Vgl. Modigliani/Miller (1958), S. 288 ff. und Perridon/Steiner/Rathgeber (2012), S. 536. Aufgrund der geringeren Relevanz im Rahmen dieser Arbeit wird auf eine detaillierte Darstellung des dritten M/M-Theorems verzichtet. Für eine ausführliche Erläuterung siehe Schmidt/Terberger (1997), S. 260 ff.

inwiefern die Prämissen abgeschwächt werden können. Zugleich sollte diese Diskussion Hinweise darauf bieten, wie sich die in der Praxis zu beobachtende Relevanz von Finanzierungsentscheidungen erklären lässt.[141]

M/M unterstellen in ihrem Modell einen Kapitalmarkt, auf dem Beteiligungs- und Forderungstitel ohne Transaktionskosten gehandelt werden können. Weiterhin gehen die Autoren davon aus, dass eine Vielzahl unabhängiger Anbieter und Nachfrager von Finanzierungstiteln vorhanden ist, die jeweils über vollkommene Informationen verfügt. Jedoch ist in der Realität von einem Informationsungleichgewicht auszugehen.[142] Finden Transaktionskosten Berücksichtigung im Modell von *M/M*, so führen die Arbitrageprozesse nicht zu einem vollständigen Gleichgewicht. Vor diesem Hintergrund wurden neben weiteren Kritikpunkten vor allem die Nichtberücksichtigung von Steuern sowie die Möglichkeit einer Insolvenz angeführt.

M/M selbst kritisieren ihr erstes Modell hinsichtlich der Beachtung von Steuern in einem später veröffentlichten Beitrag. Zwar enthielt der ursprüngliche Aufsatz über die Irrelevanztheoreme bereits einen Abschnitt zur Besteuerung. Die Ausführungen waren jedoch fehlerhaft, so dass die Autoren dies fünf Jahre später mit einem weiterentwickelten Modell, das den Einfluss von Steuern explizit berücksichtigt, korrigierten.[143]

In diesem weiterentwickelten Modell stellen *M/M* mit Hilfe eines vereinfachten Steuersystems dar, dass Fremdkapitalzinsen den steuerpflichtigen Gewinn und die Ertragsteuerzahlungen reduzieren und somit zu Steuervorteilen (Tax Shield) führen.[144] Der Barwert dieses Tax Shields entspricht dem Beitrag der Fremdfinanzierung zur Erhöhung des Unternehmenswerts. Allerdings weisen *M/M* auch darauf hin, dass in der Praxis meist nur ein eingeschränkter Zugang zu Fremdkapital besteht und eine Finanzierung aus einbehaltenen Gewinnen vorteilhaft gegenüber einer Fremdfinanzierung sein kann.[145]

Neben der Nichtberücksichtigung von Steuern ist die Vernachlässigung von Insolvenzkosten ein weiterer Kritikpunkt am Modell von *M/M*. So kritisiert *Stiglitz* die Annahme eines konstanten Zinssatzes bei steigender Verschuldung. Er argumentiert, dass sich bei zunehmender Substitution von Eigen- durch Fremdkapital die Wahrscheinlichkeit einer Insolvenz erhöht, was zu steigenden Fremdkapitalkosten für das Unternehmen führt.[146]

---

[141] Vgl. Breuer (2008), S. 93.
[142] Vgl. Perridon/Steiner/Rathgeber (2012), S. 543.
[143] Vgl. Modigliani/Miller (1963), S. 433 ff.
[144] Vgl. Hierzu und im Folgenden Pape/Seehausen (2012), S. 247.
[145] Vgl. Modigliani/Miller (1963), S. 433 ff.
[146] Vgl. Stiglitz (1969), S. 783 ff.

Weiterhin gehen *M/M* davon aus, dass verschiedene Risikoklassen existieren, denen alle Unternehmen zugeordnet werden können. Durch diese Annahme lässt sich das zu untersuchende Kapitalstrukturrisiko vom Geschäftsrisiko eines Unternehmens isolieren. Jedoch gestaltet sich die Zuteilung der Unternehmen zu den Risikoklassen in der Praxis problematisch, so dass das Kapitalstrukturrisiko aufgrund der mangelnden Isolierbarkeit nur beschränkt messbar ist. Vor diesem Hintergrund haben empirische Untersuchungen der Irrelevanztheoreme weder zu einer statistischen Verwerfung noch zu einer Absicherung der Hypothesen führen können.[147]

Trotz der zahlreichen Kritik wird die herausragende Bedeutung des Beitrags von *M/M* für die Kapitalstrukturforschung immer wieder hervorgehoben. Dies ist nicht zuletzt auf den Erfolg von *M/M* zurückzuführen, eine lebhafte Debatte zur Relevanz von Finanzierungsentscheidungen zu entfachen. So war es nicht das Ziel von *M/M*, die Kapitalstruktur von Unternehmen abschließend zu erklären, sondern vielmehr eine Diskussion zur Thematik anzuregen.[148]

M/M führen bereits bei der Formulierung ihrer Theoreme an, dass die zugrundeliegenden restriktiven Prämissen mit höherem Realismus und gesteigerter praktischer Relevanz betrachtet werden können.[149] In einem dreißig Jahre später veröffentlichtem Aufsatz verdeutlicht *Miller*, dass gerade die Irrelevantheoreme in ihrer Folge dazu beigetragen haben, zu zeigen, warum Finanzierungsentscheidungen relevant für Unternehmen sein können.[150] Diente die Kapitalstruktur nach der traditionellen Finanzierungstheorie noch lediglich als Mittel zum Zweck der Kapitalbeschaffung, stellen die Ausführungen von *M/M* in dieser Hinsicht einen Paradigmenwechsel dar. Gerade die systematische Auseinandersetzung mit der Kapitalstruktur im Rahmen der Irrelevanztheoreme, die eine Vernachlässigung von Finanzierungsentscheidungen propagieren, führte zu einer lebhaften Debatte über die Relevanz von Finanzierungsentscheidungen.[151] Vor diesem Hintergrund werden die Ausführungen von *M/M* häufig als Ausgangspunkt der modernen Finanzierungstheorie gesehen.[152]

Die den Ausführungen von *M/M* folgende Debatte in der Literatur hat gezeigt, dass sich die Aussagen zur Irrelevanz der Verschuldung verallgemeinern lassen. *Sharpe* weist im Rahmen des Capital Asset Pricing Models nach, dass sich das Kapitalstrukturrisiko unter Annahme eines einheitlichen Zinssatzes eliminieren lässt, so dass der Marktwert eines Unternehmens

---

147 Vgl. Weston (1963), S. 105 ff.; Modigliani/Miller (1966), S. 333 ff.; Robichek/McDonald/Higgins (1967), S. 1278 ff.; Davenport (1971), S. 136 ff. und Perridon/Steiner/Rathgeber (2012), S. 544.

148 Vgl. Modigliani/Miller (1958), S. 296 und Hermanns (2006), S. 21.

149 Vgl. Modigliani/Miller (1958), S. 96.

150 Vgl. Miller (1988), S. 100.

151 Vgl. Stiglitz (1988) und Hermanns (2006), S. 22.

152 Vgl. Perridon/Steiner/Rathgeber (2012), S. 22.

unabhängig von der Finanzierung ist.[153] Darauf aufbauend wird die Irrelevanz der Kapitalstruktur auch mittels des Wertadditivitätstheorems deutlich.[154] Nach dem Prinzip der Wertadditivität führt die Aufteilung eines Zahlungsstroms durch die Ausgabe von Finanzierungstiteln nicht zu einer Veränderung des Marktwerts.[155] Die Summe der Marktwerte aller emittierten Titel entspricht demnach dem Marktwert des gesamten Zahlungsstroms. Hinsichtlich der Finanzierungspolitik eines Unternehmens lassen sich Ansprüche auf die erwarteten Gewinne beliebig aufteilen, ohne die Summe der Werte der Teilströme zu beeinflussen.[156] Somit sind Finanzierungsentscheidungen unerheblich für den Marktwert eines Unternehmens, analog zu dem ersten Theorem von *M/M*.

Insbesondere die in sich schlüssige und fehlerfreie Logik der Irrelevanztheoreme von *M/M* führte zu allgemeiner Akzeptanz. So ist die in der Realität zu beobachtende Relevanz von Finanzierungsentscheidungen nicht auf Fehler im Modell, sondern vielmehr auf die Abweichungen der Realität von den zugrundeliegenden Prämissen des vollkommenen Kapitalmarkts zurückzuführen.[157] Daher stellten die auf die Theoreme von *M/M* folgenden wissenschaftlichen Beiträge zur Kapitalstruktur die realitätsnähere Gestaltung der Prämissen sowie deren Konsequenzen ins Zentrum der Betrachtung. Auf diese Weise entstanden die in den folgenden Abschnitten vorgestellten, heute neben den Irrelevanztheoremen bekanntesten Theorien zur Erklärung der Kapitalstruktur. Sie sind teilweise auf die größten Kritiker der Beiträge von *M/M* zurückzuführen, die der Irrelevanz der Verschuldung widersprachen und durch die Variierung der Prämissen entscheidend zur Kapitalstrukturdiskussion beitrugen. Bevor informationsökonomische Aspekte in die Diskussion eingebracht wurden, standen Steuern und Insolvenzkosten im Fokus der Analyse. Ihr Einfluss auf die Kapitalstrukturgestaltung von Unternehmen wird in der Trade-Off-Theorie untersucht.

2.4 Trade-Off-Theorie

In der Trade-Off-Theorie werden die restriktiven Prämissen der *M/M-Theoreme* schrittweise realistischer gestaltet und die Konsequenzen für die Kapitalstruktur von Unternehmen untersucht. Im Zentrum der Betrachtung steht dabei die Analyse der simultanen Wirkung von Steuern und Insolvenzkosten auf den Verschuldungsgrad von Unternehmen. Daher erfolgt im Folgenden zunächst eine Erläuterung des Einflusses von Steuern auf die Wahl des Verschul-

---

153 Vgl. Sharpe (1964), S. 425 ff. und Hermanns (2006), S. 21.
154 Vgl. Perridon/Steiner/Rathgeber (2012), S. 23.
155 Siehe dazu Kap. 2.1.1.2.
156 Vgl. Perridon/Steiner/Rathgeber (2012), S. 549 ff. und Hirth (2012), S. 199 ff.
157 Vgl. Weston (1989), S. 36 und Hermanns (2006), S. 22.

dungsgrads und in diesem Zusammenhang auch eine Darstellung des aktuellen Steuersystems in Deutschland. Daran anschließend wird der Einfluss einer möglichen Insolvenz, d.h., die damit verbundenen Kosten sowie deren Auswirkungen, auf die Kapitalstruktur diskutiert. Der Abschnitt schließt mit einer kritischen Würdigung der Trade-Off-Theorie hinsichtlich des Erklärungsgehalts für die Kapitalstruktur in Unternehmen.

2.4.1 Steuern

2.4.1.1 Einfluss von Steuern auf die Kapitalstruktur

Als ein wesentlicher Faktor zur Begründung der Relevanz von Finanzierungsentscheidungen wurde der Einfluss von Steuern diskutiert. In ihrem Beitrag von 1963 untersuchen *M/M*, inwiefern sich die Aussagen ihrer ursprünglichen Theoreme durch die Einführung von Ertragsteuern auf der Unternehmensebene verändern.[158] *M/M* verwenden ein vereinfachtes Steuersystem, bei dem die Besteuerung auf individueller Ebene zunächst vernachlässigt wird. Dieser Aspekt wird von *Miller* in einem späteren Beitrag aufgegriffen, der im Anschluss diskutiert wird.[159] Schließlich ergänzen *DeAngelo/Masulis* die Debatte um Steuervorteile, die nicht aus der Verschuldung resultieren.[160]

In ihrem Ursprungsbeitrag über die Irrelevanz der Verschuldung für den Unternehmenswert modellieren *M/M* einen vollkommenen Kapitalmarkt ohne Transaktionskosten. In ihrem späteren Artikel erweitern die Autoren ihr Modell um die Besteuerung von Unternehmensgewinnen mittels eines konstanten Ertragsteuersatzes t_C sowie der Möglichkeit, die Fremdkapitalzinsen bei der steuerlichen Gewinnermittlung zu berücksichtigen.[161] Werden nun die Zahlungsströme eines verschuldeten Unternehmens unter der Beachtung von Steuern betrachtet, so erhalten die Eigenkapitalgeber die erwarteten Gewinne nach Abzug von Fremdkapitalzinsen und Steuern $(\bar{x} - r_{FK}\ FK)\ (1 - t_C)$ und die Fremdkapitalgeber erhalten die Zinszahlungen $r_{FK}\ FK$. Der gesamte Zahlungsstrom des Unternehmens an Anteilseigner und Gläubiger beträgt demnach:

$$(2.10)\quad Y_{GK} = (\bar{x} - r_{FK}\,FK)(1 - t_C) + r_{FK}\,FK$$

[158] Vgl. Modigliani/Miller (1963).
[159] Vgl. Miller (1977).
[160] Vgl. DeAngelo/Masulis (1980).
[161] Vgl. Modigliani/Miller (1963), S. 434 f.

Durch eine Umformung des Terms auf der rechten Seite der Gleichung erhält man:

$$(2.11)\quad Y_{GK} = \bar{x}(1 - t_C) + t_c\, r_{FK}\, FK$$

Hierbei wird deutlich, dass sich der gesamte Zahlungsstrom eines verschuldeten Unternehmens auch als Zahlungsstrom eines unverschuldeten Unternehmens $\bar{x}\ (1 - t_C)$ und der auf die Fremdfinanzierung zurückzuführenden Steuerersparnis $t_C\ r_{FK}\ FK$ darstellen lässt. Im Hinblick auf die Marktwertermittlung sind die Diskontierungssätze zu bestimmen, mit denen die Zahlungsströme zur Berechnung der Barwerte abgezinst werden. Dabei wird von dem Fall einer ewigen Rente ausgegangen. Der Zahlungsstrom des unverschuldeten Unternehmens ist mit dem Eigenkapitalkostensatz abzuzinsen. Aufgrund ihres Charakters als sichere Zahlung wird zur Diskontierung der Steuerersparnis der Zinssatz für risikoloses Fremdkapital r_{FK} verwendet.[162] Hieraus resultiert als Marktwert V_L für ein verschuldetes Unternehmen:

$$(2.12)\quad V_L = \frac{\bar{x}(1-t_C)}{r_{EK}} + \frac{t_C\, r_{FK}\, FK}{r_{FK}} = V_U + t_C\, FK$$

so dass sich als Marktwert der Steuervorteile G aufgrund der Fremdfinanzierung ergibt:

$$(2.13)\quad G = V_L - V_U = t_C\, FK$$

Der Marktwert eines verschuldeten Unternehmens entspricht also dem Marktwert eines unverschuldeten und sonst identischen Unternehmens zuzüglich der aus der Fremdfinanzierung resultierenden Steuervorteile. Demnach lässt sich der Marktwert durch Erhöhung des Tax Shields mittels Fremdkapitalaufnahme steigern. Er ist nicht mehr unabhängig von der Kapitalstruktur. *M/M* kommen zu dem Schluss, dass sich ihr erstes Theorem unter der ausschließlichen Berücksichtigung von finanzierungsabhängigen Unternehmensteuern nicht aufrechterhalten lässt.[163]

Das zweite Theorem von *M/M* unterstellt einen positiven Zusammenhang zwischen den Eigenkapitalkosten eines Unternehmens und seinem Verschuldungsgrad. *M/M* führen diese Abhängigkeit auf das steigende Risiko der Eigenkapitalgeber bei zunehmender Verschuldung zurück. Dieses Argument behält auch unter der Berücksichtigung von Steuern seine Gültigkeit. Die Eigenkapitalkosten berechnen sich als Summe der Kapitalkosten eines unverschulde-

---

[162] Vgl. Ross u. a. (2008), S. 441.
[163] Vgl. Modigliani/Miller (1963), S. 442 f.

ten und sonst identischen Unternehmens ρ_k und dem Aufschlag für das Leverage-Risiko unter der Beachtung von Steuern:[164]

$$(2.14)\quad r_{EK} = \rho_k + \frac{FK}{EK}(\rho_k - r_{FK})(1 - t_C)$$

Hierbei wird deutlich, dass die Eigenkapitalkosten r_{EK} bei zunehmender Verschuldung steigen, sofern die Kapitalkosten eines unverschuldeten und sonst identischen Unternehmens ρ_k über den Fremdkapitalkosten r_{FK} liegen. Davon ist jedoch bei risikobehafteten Einzahlungsüberschüssen auszugehen.[165]

Die gewichteten durchschnittlichen Gesamtkapitalkosten unter der Beachtung von Ertragsteuern auf Unternehmensebene r_{WACC} ergeben eine degressiv fallende Funktion des Verschuldungsgrads. Sie bestimmen sich, indem Formel 2.1 um den Aspekt ergänzt wird, dass Fremdkapitalzinsen die steuerliche Bemessungsgrundlage von Unternehmen verkürzen:[166]

$$(2.15)\quad r_{WACC} = r_{EK}\frac{EK}{GK} + r_{FK}(1 - t_C)\frac{FK}{GK}$$

Dabei wird lediglich der Fremdkapitalkostensatz r_{FK} um den Steuereffekt erweitert. Der Eigenkapitalkostensatz r_{EK} wird nicht mit diesem Faktor multipliziert, da die Zahlungen an die Eigenkapitalgeber hier keine steuerlichen Effekte auf Unternehmensebene haben.

---

[164] Der Ermittlung der Eigenkapitalkosten unter der Berücksichtigung von Ertragsteuern auf Unternehmensebene in Formel 2.14 lässt sich wie folgt begründen: Der Marktwert des Vermögens eines verschuldeten Unternehmens setzt sich nach Formel 2.13 aus dem Marktwert eines unverschuldeten und sonst identischen Unternehmens V_U und den Steuervorteilen $t_C\,FK$ zusammen. Die Summe der entsprechenden Zahlungsströme lässt sich mittels der Rendite des unverschuldeten Unternehmens, die aufgrund der Risikoträchtigkeit seinem Kapitalkostensatz ρ_k gleichkommt, und des Fremdkapitalkostensatzes r_{FK} für die Steuervorteile bestimmen und beträgt
$V_U\,\rho_k + t_C\,FK\,r_{FK}$ (a)
Die Zahlungsströme an die Kapitalgeber setzen sich aus den Ausschüttungen an die Anteilseigner $EK\,r_{EK}$ und Zinszahlungen an die Gläubiger $FK\,r_{FK}$ zusammen zu
$EK\,r_{EK} + FK\,r_{FK}$ (b)
Da sämtliche Einzahlungsüberschüsse des Unternehmens in dem Modell ohne Wachstum an die Kapitalgeber gezahlt werden, muss
$V_U\,\rho_k + t_C\,FK\,r_{FK} = EK\,r_{EK} + FK\,r_{FK}$ (c)
gelten. Dividiert man beide Seiten der Gleichung durch EK und zieht $FK\,r_{FK}$ ab, so erhält man nach Umstellung
$r_{EK} = \frac{V_U}{EK}\rho_k - (1 - t_C)\frac{FK}{EK}\,r_{FK}$ (d)
Durch die Kombination der Formeln 2.3 und 2.12 erhält man für $V_U = EK + (1 - t_C)\,FK$. Ersetzt man V_U in (d) und vereinfacht den Term, erhält man Formel 2.13. Vgl. hierzu Ross u. a. (2008), S. 444.

[165] Vgl. Kruschwitz/Husmann (2012), S. 416.

[166] Vgl. Drukarczyk/Schüler (2007), S. 131.

Abbildung 2.5 verdeutlicht den Zusammenhang zwischen den verschiedenen Kapitalkosten und der Kapitalstruktur. Nimmt die Verschuldung eines Unternehmens zu, steigt auch das Risiko für die Eigenkapitalgeber und damit ihre geforderte Mindestrendite r_{EK}. Im Gegensatz zu dem Modell ohne Berücksichtigung von Steuern sind nun jedoch auch die gewichteten durchschnittlichen Gesamtkapitalkosten r_{WACC} abhängig vom Verschuldungsgrad. Aufgrund der steuerlichen Wirkung der Fremdkapitalzinsen sinken die Gesamtkapitalkosten mit zunehmender Verschuldung. Die Kapitalkosten eines unverschuldeten und sonst identischen Unternehmens sind hierbei lediglich im Punkt ρ_k dargestellt, während r_{EK}, r_{WACC} und r_{FK} als Linien abgetragen sind.

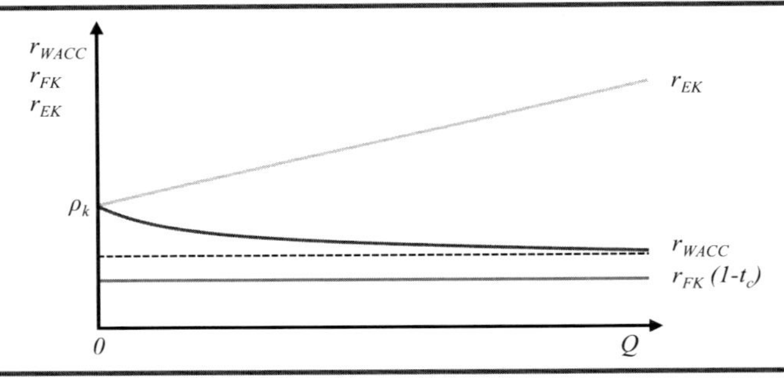

Abbildung 2.5: Kapitalkostenverläufe nach Modigliani/Miller (mit Steuern)
Quelle: in Anlehnung an Ross u. a. (2008), S. 445.

Die in Abbildung 2.5 dargestellten Kurvenverläufe legen eine vollständige Fremdfinanzierung zur Reduzierung der durchschnittlichen Kapitalkosten nahe. Da ein völliger Verzicht auf Eigenkapital offensichtlich im Widerspruch zur Realität steht, betonen *M/M*, dass neben den Steuervorteilen des Fremdkapitals weitere Aspekte berücksichtigt werden müssen.[167] So impliziert das Tax Shield keinesfalls, dass Unternehmen immer eine maximale Verschuldung anstreben sollten. *M/M* führen den Einsatz von Eigenkapital unter anderem auf die in der Praxis begrenzte Möglichkeit zur Aufnahme von Fremdkapital zurück. Zudem kann die Innenfinanzierung aus einbehaltenen Gewinnen vorteilhaft gegenüber der Finanzierung durch Fremdkapital sein, insbesondere sofern der steuerliche Status des Privatinvestors mit in die Überlegung einbezogen wird.

Miller greift den Aspekt der individuellen Besteuerung auf der Ebene des Investors in einem weiteren Beitrag zur Kapitalstruktur auf.[168] Die Einkünfte aus Beteiligungs- und Forderungstiteln unterliegen einer progressiven Einkommensteuer. Jedoch werden Kursgewinne von Be-

167 Vgl. Modigliani/Miller (1963), S. 442.
168 Vgl. Miller (1977), S. 77.

teiligungstiteln annahmegemäß nicht besteuert, so dass der Steuersatz für das Einkommen der Eigenkapitalgeber t_{EK}^P unter dem für Zinseinkünfte t_{FK}^P liegt. Durch die Addition der Zahlungsströme an die Anteilseigner $(\bar{x} - r_{FK}\ FK)\ (1 - t_C)\ (1 - t_{EK}^P)$ und an die Gläubiger $r_{FK}\ FK\ (1 - t_{FK}^P)$ ergibt sich als Gesamtauszahlung an die Kapitalgeber:

$$(2.16)\quad \bar{x}(1 - t_C)(1 - t_{EK}^P) - r_{FK}\ FK\ (1 - t_C)(1 - t_{EK}^P) + r_{FK}\ FK(1 - t_{FK}^P)$$

Zur Ermittlung des Marktwerts eines verschuldeten Unternehmens unter der Berücksichtigung von Ertragsteuern auf Unternehmensebene und Einkommensteuern auf der Ebene des Investors sind die Abzinsungsfaktoren der einzelnen Zahlungsströme zu bestimmen.[169] Dabei entspricht der erste Term $\bar{x}\ (1 - t_C)\ (1 - t_{EK}^P)$ aus Formel 2.16 dem Zahlungsstrom an die Anteilseigner eines unverschuldeten Unternehmens, so dass zur Diskontierung der entsprechende Kapitalkostensatz ρ_k herangezogen werden kann. Die beiden weiteren Terme der Formel 2.16 sind risikolos und können daher mit dem Kostensatz für risikofreies Fremdkapital nach Steuern $r_{FK}\ (1 - t_{FK}^P)$ abgezinst werden.[170] Daraus ergibt sich als Marktwert für ein verschuldetes Unternehmen unter der Berücksichtigung von Steuern:

$$(2.17)\quad V_L = \frac{\bar{x}(1-t_C)(1-t_{EK}^P)}{\rho_k} - \frac{r_{FK}\ FK(1-t_C)(1-t_{EK}^P)+r_{FK}\ FK(1-t_{FK}^P)}{r_{FK}(1-t_{FK}^P)}$$

Vereinfacht dargestellt resultiert:

$$(2.18)\quad V_L = V_U + G\ \text{, mit} \qquad G = FK\left(1 - \frac{(1-t_C)(1-t_{EK}^P)}{(1-t_{FK}^P)}\right)$$

Der Marktwert der Steuervorteile *G* hängt also maßgeblich von dem Verhältnis der betrachteten Steuersätze ab. Demnach orientiert sich auch die Vorteilhaftigkeit der Eigen- bzw. Fremdkapitalfinanzierung an der Gestaltung der Besteuerung. Liegen die individuellen Einkommensteuersätze auf gleicher Höhe, ergibt sich das von *M/M* aus Formel 2.12 bekannte positive Tax Shield. Jedoch ist annahmegemäß aufgrund der Nichtbesteuerung von Kursgewinnen davon auszugehen, dass der Steuersatz für Einkünfte aus Dividenden unter dem Steuersatz für Zinseinkünfte liegt. Die Vorteilhaftigkeit der Fremdfinanzierung besteht nur dann, wenn der Steuersatz auf das Gläubigereinkommen geringer ist als die gemeinsame Wirkung des Steuersatzes für das Einkommen der Eigenkapitalgeber und des unternehmerischen Er-

---

169 Vgl. Copeland/Weston/Shastri (2005), S. 570 f.

170 Vgl. Copeland/Weston/Shastri (2005), S. 571.

tragsteuersatzes.[171] Werden die Steuersätze so gestaltet, dass sich beide Effekte aufheben, so gilt:

$$(2.19)\quad (1 - t_{FK}^{P}) = (1 - t_C)(1 - t_{EK}^{P})$$

In diesem Fall ist die Kapitalstruktur eines Unternehmens irrelevant, da keine Steuervorteile des Fremdkapitals vorliegen. Der Marktwert eines verschuldeten Unternehmens entspricht hier dem eines unverschuldeten und sonst identischen Unternehmens. *Miller* zeigt in seinem Beitrag, dass im Kapitalmarktgleichgewicht die Gleichung aus Formel 2.19 erfüllt wird.[172] Dabei geht er von einem Einkommensteuersatz auf Eigenkapitaleinkünfte von null aus. Diese Annahme ist dann gerechtfertigt, wenn Kursgewinne nicht versteuert werden und Unternehmen Gewinne statt zur Ausschüttung von Dividenden ausschließlich zum Rückkauf eigener Aktien nutzen.[173] Um die Irrelevanz der Kapitalstruktur auch unter der Berücksichtigung von Steuern aufzuzeigen, betrachtet *Miller* den Markt für Unternehmensanleihen, dargestellt in Abbildung 2.6.

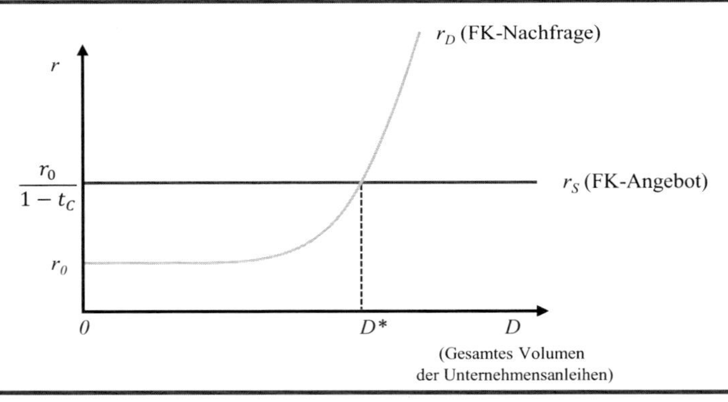

Abbildung 2.6: Kapitalmarktgleichgewicht nach Miller
Quelle: in Anlehnung an Miller (1977), S. 269.

Aufgezeigt werden Angebot r_S und Nachfrage r_D nach Unternehmensanleihen. Die Rendite auf Fremdkapital nicht besteuerter Institutionen (z. B. Staatsanleihen) beträgt r_0. Die Unternehmen unterliegen hingegen der Körperschaftsteuer. Um bei einem Körperschaftsteuersatz von t_C eine Nachsteuerrendite von r_0 zu erwirtschaften, müssen die Unternehmen eine Vorsteuerrendite erreichen von:

[171] Vgl. Brealey/Myers/Allen (2011), S. 472 ff.
[172] Vgl. Miller (1977), S. 268 ff.
[173] Vgl. Wenzel (2006), S. 54.

(2.20) $r = \frac{r_0}{(1-t_C)}$

Das Angebot an Fremdkapital ist vollständig elastisch, da sein Grenzertrag konstant ist.[174] Im Kapitalmarktgleichgewicht haben alle Anleihen dieselbe Rendite nach Steuern. Um Investoren für Unternehmensanleihen zu interessieren, muss die Rendite mindestens der Verzinsung von Anleihen steuerbefreiter Institutionen (Staatsanleihen) nebst einem Ausgleich für die zu zahlende Einkommensteuer auf Zinseinkünfte gleichkommen. Die Nachfrage nach Fremdkapital r_D ist demnach abhängig vom Einkommensteuersatz auf Zinseinkünfte des Investors t_{FK}^P:

(2.21) $r_D = \frac{r_0}{(1-t_{FK}^P)}$

Der horizontale Abschnitt der Nachfragekurve in Abbildung 2.6 ist auf Investoren zurückzuführen, deren Einkommensteuersatz aufgrund von Freibeträgen oder einer Nichtveranlagung gleich null ist.[175] In diesem Fall bietet die Aufnahme von Fremdkapital Vorteile für die Unternehmen, da durch die steuerliche Wirkung der Fremdkapitalzinsen lediglich eine Vorsteuerrendite von r_0 gezahlt werden muss, um die geforderte Nachsteuerrendite der Fremdkapitalgeber zu erreichen. Der steigende Abschnitt der Nachfragekurve geht aus dem unterstellten progressiven Steuertarif hervor. Ab einem bestimmten Emissionsvolumen wird das Fremdkapital von Anlegern mit positiven Grenzsteuersätzen nachgefragt. Hier erhöht sich die von den Gläubigern geforderte Rendite auf Unternehmensanleihen mit dem Steuersatz t_{FK}^P. Dabei werden Unternehmensanleihen nachgefragt, deren Rendite die zu zahlende Einkommensteuer auf Zinseinkünfte kompensiert. Unterhalb des Schnittpunkts von Angebots- und Nachfragekurve sind die Einkommensteuersätze der Investoren niedriger als die Ertragsteuersätze der Unternehmen. Oberhalb des Schnittpunkts sind die Steuervorteile der Fremdfinanzierung für die Unternehmen nicht hoch genug, um die Einkommensteuerbelastung der Gläubiger aufzuwiegen.

Sofern der maximale Einkommensteuersatz über dem Körperschaftsteuersatz liegt, existiert ein Kapitalmarktgleichgewicht, in dem die gesamtwirtschaftliche Nachfrage nach Unternehmensanleihen dem Angebot gleichkommt. In diesem so genannten *Miller-Gleichgewicht*, dem Schnittpunkt von Angebots- und Nachfragekurve, entspricht der marginale Steuernachteil der privaten Anleger genau dem Grenzertrag einer zusätzlichen Einheit Fremdkapital für die Un-

174 Vgl. Copeland/Weston/Shastri (2005), S. 571 f. Zur Elastizität des Abgebots siehe auch Mankiw/Taylor (2008), S. 103 ff.

175 Vgl. Miller (1977), S. 268 ff.

ternehmen.[176] Im Gleichgewicht kommt der Steuervorteil des Fremdkapitals somit nicht mehr den Unternehmen zugute, sondern den Investoren mit niedrigem Einkommensteuersatz. Um eine Investition in Fremdkapital für Anleger attraktiv zu machen, müssen die Unternehmen ihre Vorteile weiterreichen.[177]

Das Gesamtvolumen der ausgegebenen Anleihen und somit eine gesamtwirtschaftlich optimale Kapitalstruktur ist im Kapitalmarktgleichgewicht festgelegt. Auf der Ebene des einzelnen Unternehmens ist die Kapitalstruktur jedoch irrelevant. Verändern einzelne Unternehmen ihre Kapitalstruktur, wird dies durch gegensätzliche Maßnahmen anderer Unternehmen wieder ausgeglichen.

Das Modell von *Miller* ergänzt den Ansatz von *M/M* von 1963, nach dem Unternehmen aufgrund der Steuervorteile des Fremdkapitals eine hohe Verschuldung anstreben sollten, um Steuern auf der Ebene der privaten Investoren. Werden individuelle Einkommensteuern in die Analyse miteinbezogen, ergibt sich unter restriktiven Annahmen die Irrelevanz der Kapitalstruktur auf der Ebene der einzelnen Unternehmen.[178]

Die Irrelevanz der Kapitalstruktur von Unternehmen im *Miller-Gleichgewicht* wurde in der Literatur ausführlich diskutiert und kritisiert.[179] Dabei standen vor allem die restriktiven Annahmen *Millers* in der Kritik. *Miller* unterstellt in seinem Modell sichere Steuervorteile, die sich aufgrund der Verringerung des zu versteuernden Einkommens durch Zinsaufwendungen ergeben. Realisiert ein Unternehmen jedoch keinen Vorsteuergewinn, sondern ein negatives Ergebnis, können die Tax Shields gegebenenfalls nicht genutzt werden, da Verlustvorträge sowie die Weitergabe der Steuervorteile an andere Unternehmen nicht möglich sind. Der Wert der Steuervorteile richtet sich vor diesem Hintergrund danach, wie stabil die Aussicht eines Unternehmens auf sichere, positive Ergebnisse ist.[180]

Des Weiteren wurde der Ansatz *Millers* dahingehend kritisiert, dass er lediglich Steuervorteile berücksichtigt, die aus der Fremdfinanzierung resultieren. Gleichzeitig impliziert diese Vorgehensweise, dass alle verfügbaren Steuervorteile genutzt werden können. *DeAngelo/Masulis* erweitern *Millers* Ansatz, indem sie auch Steuervorteile, die nicht auf die Verschuldung zurückzuführen sind, in das Modell integrieren. Die Autoren betonen, dass die zusätzliche Be-

176 Vgl. Wenzel (2006), S. 54.
177 Vgl. Swoboda (1994), S. 51 ff. und Maßbaum (2011), S. 44 ff.
178 Vgl. Miller (1977), S. 270 ff.
179 Vgl. Farrar/Selwyn (1967), S. 444 ff.; Brennan (1970), S. 417 ff. und Schneller (1980), S. 119 ff. Einen Überblick bietet Maßbaum (2011), S. 26 f.
180 Vgl. Myers (1984), S. 579 ff.

achtung von Steuervorteilen, die sich beispielsweise aus Abschreibungen herleiten, ein realistischeres Bild der Finanzierung von Unternehmen erzeugt.[181] Kann ein Unternehmen beispielsweise bereits durch seine Abschreibungspolitik den zu versteuernden Gewinn senken, sind weitere Steuervorteile durch eine höhere Verschuldung gegebenenfalls nicht mehr vorteilhaft. *DeAngelo/Masulis* argumentieren, dass Unternehmen, die aufgrund ihrer Abschreibungs- bzw. Investitionspolitik weniger von Steuervorteilen des Fremdkapitals profitieren, zu einer geringeren Verschuldung tendieren. Sie führen dies auf den sinkenden marginalen Wertzuwachs eines Unternehmens bei der Aufnahme einer zusätzlichen Einheit Fremdkapital zurück.[182] Als Konsequenz ergibt sich im Gegensatz zu dem Modell von *Miller* eine fallende Angebotskurve für Fremdkapital.

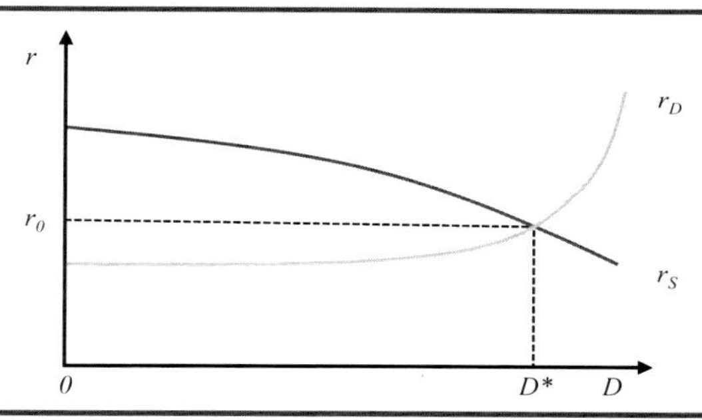

Abbildung 2.7: Kapitalmarktgleichgewicht nach DeAngelo/Masulis
Quelle: in Anlehnung an Copeland/Weston/Shastri (2005), S. 573.

Abbildung 2.7 zeigt das Gleichgewicht auf dem Anleihenmarkt, das sich unter Berücksichtigung der Steuervorteile einstellt, die nicht auf Fremdkapitalzinsen zurückgeführt werden. Dabei wählen die Unternehmen ein Verschuldungsniveau in Abhängigkeit der Verfügbarkeit ebendieser Steuervorteile.[183] *DeAngelo/Masulis* leiten hieraus die Existenz einer optimalen Kapitalstruktur auf der Ebene des einzelnen Unternehmens ab.[184]

2.4.1.2 Grundzüge des deutschen Steuersystems

In diesem Abschnitt erfolgt eine kurze Darstellung der in Deutschland geltenden steuerlichen Vorschriften für Personen- und Kapitalgesellschaften sowie private Anleger. Darüber hinaus

[181] Vgl. DeAngelo/Masulis (1980), S. 4 ff.
[182] Vgl. DeAngelo/Masulis (1980), S. 24.
[183] Vgl. Copeland/Weston/Shastri (2005), S. 573. Dieser Zusammenhang konnte empirisch hingegen nicht gezeigt werden. So wurden in den 1960er Jahren bei Unternehmen mit hohen nicht-zinsinduzierten Steuervorteilen eher niedrige Fremdkapitalquoten festgestellt. Vgl. dazu Boquist/Moore (1984), S. 8 f.
[184] DeAngelo/Masulis leiten dieses Ergebnis zunächst unabhängig von der Existenz von Insolvenzkosten ab. Sie führen allerdings weiter aus, dass der Einbezug der Möglichkeit einer Insolvenz ebenfalls in einem optimalen Verschuldungsgrad resultiert. Vgl. DeAngelo/Masulis (1980), S. 26 f.

werden die Verbindungen zur Kapitalstrukturtheorie aufgezeigt. Im Rahmen von Finanzierungsentscheidungen sind auf Unternehmensebene ertragsabhängige Steuern relevant, da diese unmittelbar von der Verschuldung und vor allem von der Höhe der Zinszahlungen abhängig sind.[185] Im Folgenden werden daher kurz Einkommensteuer, Körperschaftsteuer und Gewerbeertragsteuer erläutert.

Für Anteilseigner von Personengesellschaften ist die *Einkommensteuer* mit Sätzen zwischen 15 % und 45 % relevant. Zwar erfolgt die Ermittlung der Besteuerungsgrundlage auf der Ebene des Unternehmens. Personengesellschaften stellen jedoch keine eigenen Steuersubjekte dar, so dass die Steuer nicht bei der Gesellschaft, sondern direkt bei den Gesellschaftern erhoben wird. Im Rahmen der Einkommensteuerfestsetzung sind bei Personengesellschaften Fremdkapitalzinsen abzugsfähig bei der Ermittlung der Bemessungsgrundlage.[186] Allerdings wird der Abzug von Zinsaufwendungen durch die 2008 eingeführte Zinsschranke begrenzt. Durch diese Form der Zinsabzugsbeschränkung können Unternehmen jeglicher Rechtsform Zinsen nur noch in begrenztem Rahmen als Betriebsausgabe geltend machen. Zwar werden Zinsaufwendungen eines Unternehmens in Höhe des Zinsertrags vollständig steuermindernd berücksichtigt. Übersteigen jedoch die Zinsaufwendungen den Zinsertrag, beschränkt sich die Abzugsfähigkeit des Zinssaldos auf 30 % des EBITDA. Es gibt allerdings zahlreiche Ausnahmetatbestände. So sind unter anderem kleine Unternehmen durch eine Freigrenze von der Zinsschrankenregelung ausgenommen.[187]

Kapitalgesellschaften sind eigene Steuersubjekte und müssen auf das sich am Gewinn orientierende zu versteuernde Einkommen 15 % *Körperschaftsteuer* (vor 2009: 25 %) zuzüglich Solidaritätszuschlag entrichten.[188] Wird der Gewinn gänzlich oder teilweise an die Anteilseigner ausgeschüttet, unterliegt diese Ausschüttung zusätzlich auf der Ebene der Eigenkapitalgeber der Besteuerung. Seit 2009 werden die Einkünfte bei privaten Kapitalanlegern nicht mehr mit dem individuellen Einkommensteuersatz, sondern nach der Abgeltungssteuer pauschal mit 25 % zuzüglich Solidaritätszuschlag besteuert. Die Reduzierung des Körperschaftsteuersatzes auf 15 % hat zwar zu einer Neubewertung der steuerlichen Aspekte im Rahmen von Finanzierungsentscheidungen geführt. Jedoch besteht aus Sicht der Anteilseigner eines Unternehmens bei einem nominellen Einkommensteuersatz in Höhe des Abgeltungsteuersatzes von

---

[185] Vgl. Breuer (2008), S. 125. Zwar existierten in der Vergangenheit auch Substanzsteuern, doch werden diese derzeit nicht erhoben und daher hier nicht weiter betrachtet. Vgl. dazu Rose (1997).

[186] Vgl. Mehnert (2010), S. 195.

[187] Vgl. hierzu Blaufus/Lorenz (2009), S. 503 ff. und München (2010), S. 15 ff.

[188] Durch den Solidaritätszuschlag in Höhe von 5,5 % auf die Körperschaftsteuer ergibt sich eine effektive Steuerbelastung von 15,83 %.

25 % für jeden positiven Körperschaftsteuersatz ein Steuervorteil der Fremdfinanzierung.[189] Dieser Vorteil wird jedoch ebenfalls durch die oben beschriebene Zinsschranke begrenzt.

Personen- und Kapitalgesellschaften unterliegen zudem der *Gewerbeertragssteuer*. Als Bemessungsgrundlage der Gewerbeertragsteuer, die seit Abschaffung der Gewerbekapitalsteuer[190] die einzige Komponente der Gewerbesteuer ist, dient der Gewerbeertrag. Dieser ergibt sich, indem der nach Einkommensteuer- bzw. Körperschaftsteuerrecht[191] ermittelte Gewinn durch einzelne Hinzurechnungen oder Kürzungen angepasst wird.[192] Durch Multiplikation des ermittelten Gewerbeertrags nach Abzug von Freibeträgen[193] mit der Steuermesszahl, die im Rahmen der Unternehmensteuerreform 2008 von 5 % auf 3,5 % gesenkt wurde,[194] ergibt sich der Gewerbesteuermessbetrag. Dieser wird mit dem von der jeweiligen Gemeinde festgelegten Gewerbesteuerhebesatz von mindestens 200 % multipliziert, um die Höhe der Gewerbeertragsteuer zu berechnen. Jedoch kann im Fall von Personengesellschaften der ermittelte Betrag bis zu einem Hebesatz von 380 % auf die Einkünfte aus Gewerbebetrieb im Rahmen der Einkommensteuerermittlung angerechnet werden, so dass die effektive Belastung durch die Gewerbeertragsteuer bei Personengesellschaften in der Regel zwischen einem und vier Prozent liegt.[195] Somit spielt die Gewerbeertragsteuer bei Finanzierungsentscheidungen von Personengesellschaften eher eine untergeordnete Rolle.[196]

Da Kapitalgesellschaften nicht dem Einkommensteuerrecht unterliegen, erfolgt eine solche Anrechnung bei diesen Unternehmen nicht. Wird beispielsweise ein Hebesatz von 400 % bei einer Steuermesszahl von 3,5 % unterstellt, liegt der Gewerbesteuersatz bei 14 %.[197] Zwar hat die Reduzierung der Steuermesszahl von 5 % auf 3,5 % zu einer Verringerung der Attraktivität von Fremdkapital geführt, jedoch wirkt sich die Gewerbeertragsteuer bei Kapitalgesell-

---

189 Vgl. Raßhofer (2010), S. 57 ff.

190 Bis 1998 setzte sich die Gewerbesteuer aus der ertragsabhängigen Gewerbeertragsteuer und der substanzabhängigen Gewerbekapitalsteuer zusammen. Jedoch beendete das *Gesetz zur Fortsetzung der Unternehmensteuerreform* von 1997 die Anwendung der Gewerbekapitalsteuer, wodurch die Gewerbeertragsteuer alleiniger Bestandteil der Gewerbesteuer wurde. Daher werden diese Begriffe heute häufig synonym verwendet. Vgl. dazu auch Breuer (2008), S. 126.

191 Während für Personengesellschaften der Gewinn nach dem Einkommensteuerrecht bestimmt wird, ist für die Erfolgsermittlung von Kapitalgesellschaften das Körperschaftsteuerrecht maßgeblich.

192 Zu den Hinzurechnungen zählen unter anderem Zinsen für Verbindlichkeiten und Gewinnanteile stiller Gesellschafter. Durch die Kürzungen soll eine steuerliche Mehrfachbelastung vermieden werden. So wird der Gewinn eines Unternehmens beispielsweise aufgrund der Grundsteuer um einen Teil des zum Betriebsvermögen gehörenden Grundbesitzes gekürzt. Vgl. Kußmaul (2010), S. 360 ff.

193 Freibeträge können nur von Personengesellschaften, nicht jedoch von Kapitalgesellschaften geltend gemacht werden.

194 Vgl. Art. 3 Nr. 4 UntStRefG.

195 Vgl. Wellisch/Kroschel (2011), S. 310.

196 Vgl. Breuer (2008), S. 129.

197 s_g = Steuermesszahl/100*Hebesatz/100 = 3,5/100*400/100 = 0,14

schaften nach wie vor bedeutend stärker auf die Vorteilhaftigkeit von Kapitalstrukturmaßnahmen aus.[198]

Für die Anwendbarkeit der zuvor diskutierten steuerbasierten Kapitalstrukturmodelle auf das deutsche Steuersystem ergibt sich ein differenziertes Bild. Das steuerbasierte Modell von *M/M* lässt sich insbesondere auf deutsche Kapitalgesellschaften anwenden, da bei konstanten Steuersätzen die Zinsen auf Fremdkapital eine Reduzierung der Bemessungsgrundlage bei der Gewerbeertrag- und der Körperschaftsteuer zur Folge haben. Jedoch kann das Modell von *Miller* sowie die darauf aufbauenden Ansätze wegen der zugrundeliegenden Annahmen nicht ohne Weiteres auf das deutsche Steuersystem übertragen werden. So unterliegen Einkünfte aus Beteiligungs- und Forderungstiteln durch Einführung der Abgeltungsteuer keinem progressiven Steuertarif. Auch sind Kursgewinne steuerpflichtig.[199]

2.4.2 Insolvenzkosten

Nach dem Irrelevanztheorem der Kapitalstruktur von *M/M* ist der Wert zweier Unternehmen, die sich lediglich durch den Verschuldungsgrad voneinander unterscheiden, gleich hoch. Werden Steuern in die Betrachtung miteinbezogen, kann diese Identität nicht in jedem Fall aufrechterhalten werden. Aus theoretischer Sicht legt der Steuervorteil der Fremdfinanzierung unter bestimmten Prämissen eine möglichst hohe Verschuldung nahe. Gleichwohl widersprechen die Kapitalstrukturen von Unternehmen in der Praxis dieser Argumentation. Hieraus wurde die Existenz einer weiteren Einflussgröße gefolgert, die den Steuervorteilen des Fremdkapitals entgegenwirkt.[200]

Nach der Veröffentlichung der Irrelevanztheoreme von *M/M* wurde sehr bald die Möglichkeit der Insolvenz in die Diskussion um Einflussfaktoren auf die Kapitalstruktur von Unternehmen eingebracht.[201] Eine Insolvenz im rechtlichen Sinne liegt vor, wenn einem Unternehmen entweder die Zahlungsunfähigkeit droht bzw. diese bereits eingetreten ist oder wenn es überschuldet ist, sofern keine natürliche Person unbeschränkt haftet.[202]

---

198 Szenarien, in denen die Gewerbeertragsteuer zu einer Bevorzugung des Eigenkapitals führt, sind eher theoretischer Natur. Vgl. hierzu ausführlich Raßhofer (2010), S. 64 ff.

199 Vgl. Pfeifer (2009), S. 207.

200 Vgl. Kruschwitz/Husmann (2012), S. 425 ff.

201 Vgl. Robichek/Myers (1966), S. 15 f.; Stiglitz (1969), S. 784; Warner (1977a) und Wenzel (2006), S. 58. Auch Miller greift in seinem Beitrag zu Kapitalstruktur und Steuern den Aspekt der mit einer Insolvenz verbundenen Kosten auf. Jedoch misst er deren Einfluss auf die Kapitalstruktur im Vergleich zu der Wirkung der Steuervorteile kaum Bedeutung bei. Die beobachteten hohen Eigenkapitalquoten führt Miller eher darauf zurück, dass auch der Einfluss der Steuervorteile begrenzt ist. Vgl. Miller (1977), S. 262 ff.

202 Vgl. Franke/Hax (2009), S. 520.

Die Zahlungsunfähigkeit tritt dann ein, wenn ein Unternehmen seinen Verbindlichkeiten gegenüber seinen Gläubigern nicht mehr nachkommen kann und somit nicht sämtliche Ansprüche der Gläubiger erfüllt werden. Im Rahmen der Insolvenzrechtsreform von 1999 wurde in Deutschland bereits die drohende Zahlungsunfähigkeit als zusätzlicher Insolvenztatbestand eingeführt, dem jedoch eine geringere Bedeutung zugeschrieben wird, da er nur von der Unternehmensleitung beantragt werden kann.[203]

Insbesondere bei Kapitalgesellschaften gilt die Überschuldung als weiterer Insolvenztatbestand.[204] Als Überschuldung wird der Zustand bezeichnet, bei dem das bilanzielle Eigenkapital eines Unternehmens einen negativen Betrag aufweist, also der bilanzielle Wert der Vermögensgegenstände die ausgewiesenen Verbindlichkeiten unterschreitet. Aus einer marktwertorientierten Perspektive ist ein Unternehmen überschuldet, sofern sein Marktwert geringer ist als der Marktwert der Zahlungen, die auf die Forderungstitel zu leisten sind.

Droht einem Unternehmen die Insolvenz oder ist sie bereits eingetreten, so können durch einen Wechsel der Verfügungsmacht, die hier nachteiligen Anreizeffekte hoher Verschuldung beseitigt werden.[205] Im Rahmen eines gerichtlichen oder außergerichtlichen Insolvenzverfahrens werden die Ansprüche der beteiligten Parteien geklärt. In der Regel gehen die Verfügungsrechte der bisherigen Eigentümer des Unternehmens auf die Gläubiger über.[206] Jedoch ist eine Liquidation des Unternehmens nicht zwingend die Folge einer Insolvenz. Es obliegt den Inhabern der Verfügungsrechte zu entscheiden, ob das Unternehmen fortgeführt wird oder die einzelnen Vermögenswerte liquidiert werden, um die Ansprüche der Gläubiger zu befriedigen.[207]

Im Rahmen der Diskussion um den Einfluss einer möglichen Insolvenz auf die Kapitalstruktur von Unternehmen stehen vor allem die Insolvenzwahrscheinlichkeit und die damit verbundenen Kosten im Fokus. Der Insolvenzwahrscheinlichkeit wird dabei eine Abhängigkeit von der Kapitalstruktur zugeschrieben, da sich mit steigendem Verschuldungsgrad c. p. auch die Anzahl der Umweltzustände erhöht, in denen ein Unternehmen zahlungsunfähig ist.[208] Indessen zeigt *Stiglitz* in einem Beitrag zur Verallgemeinerung der Irrelevanztheoreme von *M/M*, dass unter gewissen Prämissen die bloße Möglichkeit einer Insolvenz noch keine Aus-

[203] Vgl. Breuer (2008), S. 132.
[204] Vgl. Breuer (2008), S. 133.
[205] Vgl. Franke/Hax (2009), S. 567.
[206] Vgl. Ross u. a. (2008), S. 455.
[207] In der Regel wird hierzu eine Investitionsrechnung durchgeführt, in der der Kapitalwert einer Fortführung durch Diskontierung sämtlicher zukünftiger Einzahlungsüberschüsse mit dem Kapitalwert der durch die Liquidation erzielbaren Einzahlungen verglichen wird. Vgl. dazu Franke/Hax (2009), S. 567.
[208] Vgl. das Beispiel in Swoboda (1994), S. 226 f. und Breuer (2008), S. 135.

wirkungen auf die Kapitalstrukturgestaltung haben muss.[209] *Stiglitz* führt so genannte Finanzintermediäre ein, die auf Veränderungen in der Kapitalstruktur eines Unternehmens reagieren, indem sie dessen Beteiligungs- und Forderungstitel aufkaufen, um selbst Finanzierungstitel analog der anfänglichen Struktur des Unternehmens zu emittieren.[210] Auf diese Weise werden Änderungen in der Finanzierungspolitik des Unternehmens aufgehoben. Die Möglichkeit einer Insolvenz hat demnach zunächst keine Auswirkung auf Kapitalstrukturentscheidungen. Jedoch kann die Gestaltung des Verschuldungsgrads durch eine mögliche Insolvenz beeinflusst werden, sofern mit ihr Kosten einhergehen.

Insolvenzkosten lassen sich in direkte und indirekte Kosten unterscheiden, in Abhängigkeit davon, ob ein gerichtliches Insolvenzverfahren abgehalten wird.[211] Zudem unterscheidet *Kim* den zumindest teilweisen Verlust der Steuervorteile aus der Fremdfinanzierung als weitere Variante der Insolvenzkosten.[212]

Die direkten Insolvenzkosten entstehen meist im Rahmen eines gerichtlichen Insolvenzverfahrens, bei dessen Durchführung beispielsweise Gerichtsgebühren oder Honorare für Insolvenzverwalter und Gutachter entrichtet werden müssen.[213] Auch im Rahmen eines außergerichtlichen Insolvenzverfahrens entstehen direkte Kosten, etwa durch Verhandlungen und die Überwachung von beschlossenen Maßnahmen.[214] Empirisch konnte die Existenz von direkten Insolvenzkosten in substanziellem Umfang nachgewiesen sowie deren Höhe quantifiziert werden.[215] Aufgrund ihres Fixkostencharakters fällt der Anteil der direkten Insolvenzkosten an den gesamten Insovenzkosten umso größer aus, je kleiner ein Unternehmen ist.

Die indirekten Insolvenzkosten umfassen sämtliche Kosten, die als Folge der Veröffentlichung finanzieller Probleme entstehen. So kann sich beispielsweise bereits die drohende Zahlungsunfähigkeit als erhebliche Belastung für die Geschäftsbeziehungen zu Kunden, Lieferanten und Arbeitnehmern herausstellen. Die indirekten Insolvenzkosten können bereits vor der Durchführung eines Insolvenzverfahrens auftreten. Bereits die Bekanntgabe einer drohenden Insolvenz kann bedeutende Auswirkungen haben, da Geschäftspartner die Liquidation des Unternehmens befürchten. Mit einer drohenden Insolvenz sind häufig erhebliche Umsatzeinbußen verbunden, da Kunden insbesondere solche Produkte weniger nachfragen, für die auch

---

209 Vgl. Stiglitz (1974), S. 74.
210 Vgl. Wenzel (2006), S. 59.
211 Vgl. Robichek/Myers (1966), S. 1 ff. und Warner (1977a), S. 337 ff.
212 Vgl. Kim (1978), S. 47 f.
213 Vgl. Breuer (2008), S. 134.
214 Vgl. Franke/Hax (2009), S. 521.
215 Vgl. Baxter (1967), S. 399 ff.; Warner (1977a), S. 339 ff. und Altman (1984), S. 1067 ff.

nach dem Kauf Serviceleistungen erforderlich sind.[216] Auch in Bezug auf Lieferanten und Arbeitnehmer ist mit höheren Kosten zur Aufrechterhaltung des Geschäftsbetriebs zu rechnen, da die drohende Einstellung des Geschäftsbetriebs in der Regel zu Veränderungen in den jeweiligen Vertragsbeziehungen führt. Wichtige Mitarbeiter verlassen das Unternehmen, während Lieferanten auf Barzahlung bestehen, da sie die künftige Unternehmensliquidation antizipieren. Diese Effekte sind bei gerichtlichen Insolvenzverfahren aufgrund der Publizität besonders ausgeprägt.[217] Zwar konnte die Existenz indirekter Insolvenzkosten auch empirisch aufgezeigt werden, jedoch lässt sich deren Höhe nur schwer quantifizieren.[218]

Der Einfluss von Insolvenzkosten auf die Kapitalstruktur lässt sich anhand des Erwartungswerts der Insolvenzkosten ermitteln. Dieser steigt mit zunehmender Verschuldung aufgrund der höheren Insolvenzwahrscheinlichkeit. Demnach ist eine hohe Verschuldung mit negativen Auswirkungen auf den Unternehmenswert verbunden und daher unter ausschließlicher Berücksichtigung der Insolvenzkosten zu vermeiden.

Gleichwohl wird der Einfluss der Insolvenzkosten in der Literatur nicht einheitlich bewertet. Entgegen den oben angeführten Studien, die die Bedeutung der Insolvenzkosten für die Festlegung des Verschuldungsgrads hervorheben, bezweifeln *Haugen/Senbet* die Relevanz der Insolvenzkosten bei Kapitalstrukturentscheidungen.[219] Sie betonen, dass zwischen der Insolvenz und der Liquidation eines Unternehmens unterschieden werden muss. So führt die Insolvenz zunächst nur zu einer Umverteilung der Verfügungsrechte, bevor über die Fortführung bzw. die Liquidation eines Unternehmens entschieden wird.[220] Die Kapitalgeber werden sich unabhängig von der Finanzierung immer dann für eine Fortführung entscheiden, wenn deren Wert über dem Liquidationswert liegt. Im Fall einer Fortführung fallen jedoch lediglich die Kosten für die Reorganisation des Unternehmens an.[221] Zudem lässt sich bezüglich der Unternehmensfortführung noch zwischen dem gerichtlichen Insolvenzverfahren und einer außergerichtlichen Vorgehensweise unterscheiden. Während ein gerichtliches Verfahren durch die oben angeführten direkten Insolvenzkosten gekennzeichnet ist, fallen diese Kosten im Rahmen einer außergerichtlichen Umstrukturierung in der Regel nicht an.[222] Weiterhin argumentieren *Haugen/Senbet*, dass generell sämtliche Kapitalgeber ein Interesse an möglichst niedri-

216 Vgl. Brealey/Myers/Allen (2011), S. 480 und Breuer (2008), S. 134.
217 Vgl. Franke/Hax (2009), S. 521.
218 Vgl. Altman (1984), S. 1067 ff.
219 Vgl. Haugen/Senbet (1978) und Haugen/Senbet (1988).
220 Vgl. Breuer (2008), S. 145.
221 Vgl. Haugen/Senbet (1978), S. 385.
222 Für eine Übersicht zu Varianten der außergerichtlichen Umstrukturierung siehe Swoboda (1994), S. 231 ff.

gen Insolvenzkosten haben und daher eine kostenminimierende Vorgehensweise anstreben.[223] Die Autoren folgern, dass die Fortführungswürdigkeit eines Unternehmens stets unabhängig von seiner Solvenz zu beurteilen ist. Daher sind die zu erwartenden Insolvenzkosten nur sehr gering und somit kaum relevant im Rahmen von Kapitalstrukturentscheidungen.[224] Bei ihrer Argumentation unterstellen *Haugen/Senbet* einen funktionierenden Kapitalmarkt, auf dem alle Parteien über die gleichen Informationen verfügen. Somit spielen indirekte Insolvenzkosten kaum eine Rolle.[225]

Die These der Irrelevanz der Insolvenzkosten für Kapitalstrukturentscheidungen kann hingegen nur unter der Berücksichtigung ebendieser Prämisse vollständiger Informationen aufrechterhalten werden. So zeigt *Castanias* empirisch auf, dass Unternehmen, die eine hohe Insolvenzwahrscheinlichkeit aufweisen, zu geringer Verschuldung tendieren.[226] Der Autor führt die niedrigen Fremdkapitalquoten auf die indirekten Insolvenzkosten zurück. Die generell höhere Insolvenzwahrscheinlichkeit wird von den Geschäftspartnern antizipiert, so dass das Unternehmen zur Vermeidung der Insolvenzkosten eine geringere Fremdfinanzierung anstrebt.

Insgesamt lässt sich festhalten, dass zwar die Möglichkeit einer Insolvenz zunächst noch keine Auswirkung auf die Kapitalstruktur eines Unternehmens haben muss. Sofern jedoch die Insolvenzwahrscheinlichkeit zu direkten oder indirekten Kosten führt, gestaltet sich die zunehmende Fremdfinanzierung unter ausschließlicher Betrachtung des Insolvenzaspekts nachteilig für Unternehmen.

2.4.3 Trade-Off zwischen Steuereffekten und Insolvenzkosten

In der Erörterung von Einflussfaktoren auf die Kapitalstrukturgestaltung von Unternehmen stellen Steuern und Insolvenzkosten die ersten diskutierten Marktunvollkommenheiten dar. Zwar existieren unterschiedliche Meinungen über das Ausmaß des Einflusses dieser Faktoren, jedoch gilt deren Relevanz für Finanzierungsentscheidungen als weitgehend anerkannt.[227] Die Trade-Off-Theorie[228] der Kapitalstruktur kombiniert die Erkenntnisse der oben diskutierten steuerbasierten Modelle mit den Überlegungen über die Relevanz von Insolvenzkosten. Die

---

[223] Vgl. Brealey/Myers/Allen (2011), S. 480 f.
[224] Vgl. Haugen/Senbet (1978), S. 387.
[225] Vgl. Haugen/Senbet (1978), S. 385 ff.
[226] Castanias untersucht im Rahmen der Studie Unternehmen, die aufgrund ihrer Branche, Größenklasse, Vermögensstruktur und Alter eine hohe Insolvenzwahrscheinlichkeit aufweisen. Hierzu verwendet der Autor historische Insolvenzstatistiken. Vgl. Castanias (1983).
[227] Vgl. Hermanns (2006), S. 35 f.
[228] Die Trade-Off-Theorie geht im Wesentlichen zurück auf die Beiträge von Kraus/Litzenberger (1973) und Kim (1978).

zentrale Aussage der Theorie ist die Existenz einer optimalen Kapitalstruktur.[229] Diese wird im Rahmen eines Abwägungsprozesses festgestellt, bei dem die Auswirkungen gegenläufiger Effekte modelliert werden. Bei zunehmender Verschuldung führen die steigenden Fremdkapitalzinsen zu steigenden Steuervorteilen, so dass sich der Marktwert eines Unternehmens erhöht. Jedoch steigt mit dem Fremdkapitalanteil auch die Insolvenzwahrscheinlichkeit eines Unternehmens, die durch die höheren erwarteten Insolvenzkosten eine Verringerung des Unternehmenswerts zur Folge hat. Im Rahmen der Kapitalstrukturgestaltung werden daher sowohl steuerliche Aspekte als auch die möglichen Folgen einer Insolvenz in die Entscheidungsfindung einbezogen.

Durch Abwägung der Vor- und Nachteile zunehmender Verschuldung entsteht ein Trade-Off zwischen dem Wert der Steuervorteile und den Insolvenzkosten, nach dem die Theorie benannt ist.[230] Die Kapitalstruktur wird demnach so festgelegt, dass der marginale Wertzuwachs der Steuervorteile genau dem marginalen Wertverlust aufgrund der zunehmenden Insolvenzwahrscheinlichkeit gleichkommt.[231] Durch diesen Abwägungsprozess wird der Marktwert des Unternehmens maximiert.[232]

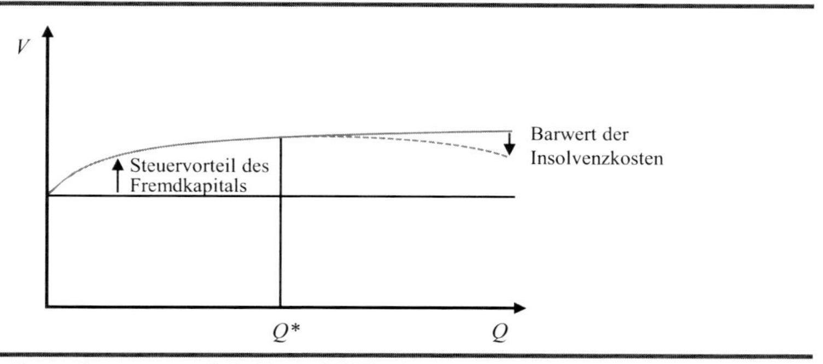

Abbildung 2.8: Unternehmenswert nach der Trade-Off-Theorie
Quelle: in Anlehnung an Perridon/Steiner/Rathgeber (2012), S. 542.

Abbildung 2.8 zeigt den Marktwert eines Unternehmens in Abhängigkeit von der Verschuldung unter der Berücksichtigung der gegenläufigen Effekte von Steuern und Insolvenzkosten. Ausgehend von einer reinen Eigenkapitalfinanzierung führt die zunehmende Verschuldung zunächst zu einer Steigerung des Unternehmenswerts, da Steuervorteile die Nachteile der zunehmenden Insolvenzwahrscheinlichkeit übersteigen. Jedoch wird der Grenznutzen zusätzli-

229 Vgl. Berk/DeMarzo (2011), S. 520 ff.
230 Die Bezeichnung Trade-Off-Theorie stammt von Myers (1984), S. 576 f.
231 Vgl. Myers (2001), S. 88 f.
232 Nach Myers ist die Anpassung an die optimale Kapitalstruktur aber mit Transaktionskosten verbunden. Vgl. Myers (1984), S. 577 ff.

chen Fremdkapitals immer geringer bis zu dem Punkt (Q^*), ab dem die steigenden Insolvenzkosten die zunehmenden Steuervorteile überwiegen.

Die von der Trade-Off-Theorie implizierte optimale Kapitalstruktur ist neben den steuerlichen Rahmenbedingungen insbesondere von der Insolvenzwahrscheinlichkeit eines Unternehmens abhängig. Zur Ermittlung der Zielkapitalstruktur ist daher zusätzlich zu den steuerlichen Rahmenbedingungen die Insolvenzgefahr des jeweils betrachteten Unternehmens festzustellen.[233] *Smith/Watts* zeigen in einer Studie empirisch auf, dass besonders junge Unternehmen mit hohen Wachstumsraten aufgrund ihrer vergleichsweise hohen Insolvenzgefahr eher niedrige Fremdkapitalanteile präferieren.[234] Des Weiteren zeigen Untersuchungen, dass auch ältere Unternehmen, die durch geringe Profitabilität, hohe Volatilität der Cashflows und einen hohen Anteil immaterieller Vermögenswerte gekennzeichnet sind, eher zu einem geringen Verschuldungsgrad tendieren.[235] Nach der Trade-Off-Theorie streben hingegen Unternehmen mit stabilen Cashflows, mehrheitlich materiellen Vermögenswerten und hohen steuerpflichtigen Gewinnen aufgrund der geringeren Insolvenzgefahr eher eine hohe Verschuldung an, um von den damit einhergehenden Steuervorteilen zu profitieren. Weichen Unternehmen aufgrund externer Schocks oder interner Umstrukturierungen von ihrer Zielkapitalstruktur ab, so unterstellt die Trade-Off-Theorie, dass diese Diskrepanz nur temporär vorliegt. Demnach nehmen Unternehmen abhängig von den damit verbundenen Transaktionskosten umgehende Wiederanpassungen vor, um den Unternehmenswert zu maximieren.[236]

2.4.4 Kritische Würdigung

Die Trade-Off-Theorie der Kapitalstruktur erweitert die ideale Modellwelt der Irrelevanztheoreme von *M/M* um Marktunvollkommenheiten. Durch die Berücksichtigung von Steuern und Insolvenzkosten zeigt sie die Relevanz von Finanzierungsentscheidungen auf. Hierdurch bietet sie einen zunächst plausiblen und geschlossenen Ansatz.

Gleichwohl gibt die Vereinfachung der elementaren Finanzierungsentscheidungen auf einen Abwägungsprozess zwischen lediglich den beiden Faktoren Steuervorteile der Fremdfinanzierung und Auswirkungen der Insolvenzwahrscheinlichkeit zahlreichen Autoren Anlass zur Kritik.[237] Auch die mangelnde Möglichkeit zur Ableitung konkreter Handlungsempfehlungen

---

233 Vgl. Kim (1978), S. 45 ff.

234 Vgl. Smith/Watts (1992), S. 263 ff. und Hermanns (2006), S. 38.

235 Vgl. Schneider (2010), S. 14.

236 Vgl. Lev/Pekelman (1975), S. 75.

237 Vgl. Miller (1977), S. 262; Masulis (1980), S. 139 ff.; Kane/Marcus/McDonald (1984), S. 853; Myers (1984), S. 575 ff.; Brennan (1995), S. 12 und Schneider (2010), S. 27.

für Finanzierungsentscheidungen wird der Trade-Off-Theorie kritisch entgegengehalten. Zwar existiert nach der Theorie eine optimale Kapitalstruktur, die den Unternehmenswert maximiert, jedoch ist deren Ermittlung in der Praxis nicht ohne Weiteres möglich. Die steuerlichen Konsequenzen von Finanzierungsmaßnahmen lassen sich noch gut beurteilen. Doch die unternehmensbezogene Quantifizierung von künftigen direkten oder indirekten Insolvenzkosten gestaltet sich weitaus schwieriger. Bereits die Ermittlung der exakten Insolvenzwahrscheinlichkeit eines Unternehmens bei einem bestimmten Verschuldungsgrad ist kaum zu realisieren.[238]

Doch auch unabhängig von der Operationalisierbarkeit sieht sich die Trade-Off-Theorie einiger Kritik ausgesetzt. Dabei wird die unzureichende Orientierung an ausschließlich zwei Einflussfaktoren bemängelt. Im Modellkontext liegt der einzige Grund Fremdkapital aufzunehmen in der steuerlichen Vorteilhaftigkeit der Verschuldung. Jedoch wirkt die Vorstellung, dass derart fundamentale Entscheidungen wie die der Fremdfinanzierung ausschließlich steuerlich motiviert sind, wenig überzeugend.[239] Die Diskussion im Rahmen der Betrachtung von Insolvenzkosten hat bereits gezeigt, dass auch der Einfluss von Insolvenzkosten auf Kapitalstrukturentscheidungen umstritten ist.[240] *Haugen/Senbet* zeigen, dass Insolvenzkosten bei Finanzierungsentscheidungen unter bestimmten Prämissen kaum eine Rolle spielen.[241]

Empirische Untersuchungen zur Trade-Off-Theorie kommen zu keinem einheitlichen Bild. So kann nicht von einer durchgängigen Gültigkeit der Theorie ausgegangen werden. Allerdings wird aufgezeigt, dass wachstumsstarke Unternehmen in volatilen Märkten, also Unternehmen, denen ein hohes Insolvenzrisiko zugeschrieben wird, tendenziell zu geringen Fremdkapitalquoten tendieren.[242] Auch deuten weitere empirische Studien auf die Existenz einer Zielkapitalstruktur hin, die von den untersuchten Unternehmen angestrebt wird.[243]

Demgegenüber liegen aber auch empirische Ergebnisse vor, die gegen eine Gültigkeit der Trade-Off-Theorie sprechen.[244] Hervorzuheben ist hierbei die stark negative Korrelation zwischen der Profitabilität und der Verschuldungsquote von Unternehmen, die in zahlreichen Untersuchungen aufgezeigt werden konnte.[245] Die Trade-Off-Theorie hingegen unterstellt hier einen positiven Zusammenhang. Ihr liegt die Argumentation zugrunde, dass profitable Unter-

238 Vgl. Breuer (2008), S. 143.
239 Vgl. Breuer (2008), S. 144.
240 Siehe Kap. 2.4.2.
241 Vgl. Haugen/Senbet (1978) und Haugen/Senbet (1988).
242 Vgl. Rajan/Zingales (1995), S. 1421 ff. und Myers (2001), S. 91 f.
243 Vgl. Taggart (1977), S. 1467 ff. und Marsh (1982), S. 121 ff. Eine Übersicht bietet Hermanns (2006), S. 39.
244 Vgl. die Übersicht in Copeland/Weston/Shastri (2005), S. 593 f.
245 Vgl. Warner (1977b), S. 273 ff.; Altman (1984), S. 1067 ff. und Opler/Titman (1994), S. 1015 ff.

nehmen einer geringen Insolvenzgefahr unterliegen und großen Nutzen aus den Steuervorteilen der Fremdfinanzierung ziehen. Daher sollten jene Unternehmen nach der Trade-Off-Theorie einen hohen Verschuldungsgrad anstreben. Tatsächlich weisen diese Unternehmen eine eher durch Eigenkapital geprägte Kapitalstruktur auf.[246]

Hinsichtlich der Auswirkungen von Steuererhöhungen auf den Verschuldungsgrad von Unternehmen legen empirische Erkenntnisse ebenso eine bestenfalls eingeschränkte Gültigkeit der Trade-Off-Theorie nahe. So zeigt *Miller* auf, dass die in den USA in der ersten Hälfte des 20. Jahrhunderts stark ansteigenden Unternehmensteuersätze kaum Auswirkungen auf die Verschuldungspolitik der Unternehmen hatten.[247]

Zusammenfassend liefert die Trade-Off-Theorie wichtige Erkenntnisse im Hinblick auf die Relevanz von Finanzierungsentscheidungen. Jedoch kann die alleinige Fokussierung auf die Faktoren Steuern und Insolvenzkosten nicht gänzlich überzeugen. In der Diskussion um die Kapitalstrukturgestaltung wurden daher weitere Marktunvollkommenheiten betrachtet. Im Folgenden werden Agency-Konflikte zwischen den beteiligten Akteuren in die Debatte um Finanzierungsentscheidungen eingeführt.[248]

2.5 Agency-Theorie

Neben den Argumenten aus der Trade-Off-Theorie wurden in die Diskussion um die Relevanz von Finanzierungsentscheidungen seit den 1970er Jahren Erkenntnisse aus der Agency-Theorie eingebracht. Deren Implikationen führten zunächst zu einer Abkehr von der Trade-Off-Theorie.[249] Die Verbindung der Agency-Theorie mit der Kapitalstrukturforschung ist auf *Jensen/Meckling* und *Myers* zurückzuführen.[250] Dabei geht es im Kern um die Vertragsbeziehungen von Prinzipalen und Agenten, bei denen Entscheidungskompetenzen vom Prinzipal an den Agenten abgegeben werden. Letzterer handelt aber nicht zwangsläufig im Interesse des Prinzipals, sondern maximiert seinen eigenen Nutzen gegebenenfalls zu Lasten des Prinzipals. Zur Auflösung der Interessenkonflikte zwischen den Vertragsparteien stehen verschiedene Lösungsmöglichkeiten zur Verfügung.[251]

---

[246] Vgl. Titman/Wessels (1988), S. 1 ff. und Rajan/Zingales (1995), S. 1421 ff.

[247] Vgl. Miller (1977), S. 264 und Hermanns (2006), S. 40.

[248] Eine Diskussion der Weiterentwecklung des Ansatzes zur integrierten Trade-Off-Theorie unter der Berücksichtigung agency-theoretischer Aspekte erfolgt im Rahmen der kritischen Würdigung der Agency-Theorie in Kap. 2.5.4.

[249] Vgl. Brennan (1995), S. 11 f. und Schneider (2010), S. 17.

[250] Vgl. Jensen/Meckling (1976) und Myers (1977).

[251] Siehe hierzu Kap. 2.1.2.2.

Im Rahmen von Finanzierungsentscheidungen gibt die Agency-Theorie Aufschlüsse über die Interdependenzen zwischen der Wahl der Finanzierungsform und dem Verhalten des Managements eines Unternehmens.[252] Dem liegt die Annahme zugrunde, dass das Management insbesondere an der Maximierung des eigenen Nutzens interessiert ist und bei seinem Verhalten von den Kapitalgebern nur unzureichend beobachtet bzw. beeinflusst werden kann.[253] Darüber hinaus werden auch Agency-Konflikte zwischen Eigen- und Fremdkapitalgebern thematisiert. Für die Kapitalstrukturtheorie sind diese Konflikte vor allem aufgrund der damit einhergehenden Agency-Kosten relevant. Der Prinzipal antizipiert eventuelles Fehlverhalten des Agenten und bezieht die Kosten für die Überwachung sowie den verbleibenden Wohlfahrtsverlust in die Unternehmensbewertung mit ein.[254] So führen die finanzierungsbedingten Agency-Konflikte zu einer Verringerung des Unternehmenswerts. Diese fundamentale Erkenntnis von *Jensen/Meckling* begründete eine neuartige Herangehensweise an den Zusammenhang von Unternehmenswert und Kapitalstruktur.[255] Neben der Analyse dieser Interessenkonflikte steht die Ausgestaltung institutioneller Vereinbarungen zur Angleichung der divergierenden Interessen im Fokus der Agency-Theorie der Kapitalstruktur.

Die folgende Diskussion der agency-theoretischen Ansätze ist in vier Abschnitte untergliedert. Zunächst erfolgt eine Vorstellung der Ansätze, die Agency-Konflikte im Zusammenhang mit externer Eigenkapitalfinanzierung thematisieren, bevor auf Anreizprobleme zwischen Eigentümern und Gläubigern eines Unternehmens eingegangen wird. Anschließend wird diskutiert, wie die Kombination der zuvor erläuterten Effekte die Existenz eines optimalen Verschuldungsgrad begründet, bevor die Agency-Theorie der Kapitalstruktur kritisch gewürdigt wird.

2.5.1 Agency-Konflikte bei externer Eigenfinanzierung

Wird ein Unternehmen durch Eigenkapital finanziert, welches nicht von den an der Unternehmensleitung beteiligten Personen eingebracht wurde, so können Agency-Konflikte zwischen den Eigenkapitalgebern und dem Management entstehen.[256] Diese Anreizprobleme können auftreten, da die Geschäftsführung nicht oder nicht in vollem Umfang am wirtschaftlichen Erfolg nach Abzug von Zinsen und Steuern eines Unternehmens partizipiert. Sinkt ihr

[252] Vgl. Breuer (2008), S. 195.
[253] Vgl. Jensen/Meckling (1976), S. 308.
[254] Vgl. Schneider (2010), S. 18.
[255] Jensen/Meckling (1976).
[256] Vgl. Copeland/Weston/Shastri (2005), S. 450 ff. Teilweise existieren auch Interessenkonflikte innerhalb der Gruppe der Eigenkapitalgeber, beispielsweise zwischen Groß- und Kleinaktionären. Siehe dazu die Untersuchung von Zingales (1994), S. 125 ff. sowie Schmidt/Terberger (1997), S. 437.

Anteil am Eigenkapital, lohnt sich ein erhöhter Aufwand zur Steigerung des Gewinns aus Sicht der Geschäftsführung immer weniger, da sie nur in Teilen vom Unternehmensergebnis profitiert. Erhalten im Extremfall die externen Eigenkapitalgeber den gesamten Gewinn, während die Arbeitsleistungen der Geschäftsführung durch ein festes Gehalt abgegolten werden, hat die Unternehmensleitung unter Umständen nur einen geringen Anreiz wertsteigernde Maßnahmen durchzuführen.[257] Sind diese Maßnahmen mit negativem oder deren Unterlassen mit positivem Nutzen für das Management verbunden, liegt ein Agency-Konflikt mit verbundenen Fehlanreizen vor.[258]

Im Folgenden werden die verschiedenen Ausprägungen gängiger Agency-Konflikte bei externer Eigenkapitalfinanzierung sowie Möglichkeiten zu deren Minderung diskutiert. Einen Überblick hierzu gibt Tabelle 2.2.

Problem	**Literatur**
Übermäßger Konsum am Arbeitsplatz	Jensen/Meckling (1976)
Überinvestitionsproblem	Jensen (1986)
Kombiniertes Über- und Unterinvestitionsproblem	Stulz (1990)
Wertmindernde Unternehmensfortführung	Harris/Raviv (1990)
Lösungsmechanismus	**Literatur**
Verringerung des freien Cashflows	Jensen (1986, 1989)
Vergütungsschemata/ Managementbeteiligung	Smith/Watts (1982), Haugen/Senbet (1981), Jensen/Meckling (1976)
Überwachung und Kontrolle	Watts/Zimmermann (1979), Demsetz/Lehn (1985)
Insolvenzmöglichkeit	Grossmann/Hart (1982), Harris/Raviv (1990)
Arbeitsmarkt für Führungskräfte	Fama (1980)
Komplexe Finanzkontrakte	Barnea/Haugen/Senbet (1985)

Tabelle 2.2: Agency-Probleme des Eigenkapitals und Lösungsmechanismen
Quelle: in Anlehnung an Wenzel (2006), S. 66.

Bei der Analyse von Anreizproblemen im Rahmen der Eigenkapitalfinanzierung kommt der Arbeit von *Jensen/Meckling* besondere Bedeutung zu. Ihre Ausführungen zu übermaßigem Konsum markieren den Ausgangspunkt der agency-theoretischen Finanzierungsliteratur und

257 Vgl. Breuer (2008), S. 196 f.
258 Vgl. Franke/Hax (2009), S. 468.

legen den Fokus der Diskussion um die Kapitalstruktur von Unternehmen erstmals auf Konfliktpotentiale der verschiedenen Kapitalformen.[259]

2.5.1.1 *Übermäßiger Konsum*

Im Rahmen der Analyse von Anreizproblemen externer Eigenkapitalfinanzierung besteht nach *Jensen/Meckling* einer der wesentlichen Konflikte zwischen Eigentümern und Managern im Konsumverhalten am Arbeitsplatz.[260] Hierbei gehen die Autoren von einem Manager aus, der zunächst auch sämtliche Anteile am Unternehmen hält. Gemäß seiner individuellen Nutzenfunktion besteht für den Manager kein Anreiz seinen Konsum über das unternehmenswertmaximierende Maß auszuweiten, da er vollständig von einer Wertsteigerung des Unternehmens profitiert.[261] Verkauft der bishere Alleineigentümer Gesellschaftsanteile an externe und an der Geschäftsführung nicht beteiligte Kapitalgeber, reduziert sich seine Beteiligung am Unternehmen. Zwischen dem Manager und den neuen Gesellschaftern kann es zu Agency-Konflikten kommen, da ausschließlich das Management von einer Konsumausweitung profitiert, während die hiermit verbundenen Kosten von allen Anteilseignern getragen werden.

Im Fall externer Eigenkapitalgeber besteht für Geschäftsführer demnach ein Anreiz, Unternehmensressourcen zur Erhöhung des eigenen Nutzens zu konsumieren. Die Neigung zur unverhältnismäßigen Inanspruchnahme nichtmonetärer Vorzüge am Arbeitsplatz (so genannter Non-Pecuniary Benefits) kann sich beispielsweise in einer luxuriösen Büroausstattung oder in kostspieligen Geschäftsreisen ausdrücken.[262] Zur Einschränkung solcher eigennütziger Aktivitäten können seitens der Anteilseigner Kontroll- und Überwachungsmechanismen etabliert werden, die jedoch mit Kosten verbunden sind. *Jensen/Meckling* betonen in diesem Zusammenhang, dass die mit den Mechanismen einhergehenden Kosten positiv mit der Höhe der Unternehmensanteile externer Kapitalgeber korrelieren.[263] Diese nicht an der Geschäftsführung beteiligten Kapitalgeber eines Unternehmens antizipieren das unternehmenswertverringernde Verhalten der Manager und berücksichtigen es bei der Investitionsentscheidung. Die erwarteten negativen Auswirkungen des eigennützigen Managerverhaltens sowie die erwarteten Überwachungs- und Kontrollkosten werden bei der Preisfindung der Unternehmensanteile einkalkuliert und sind somit letztlich vom ursprünglich alleinigen Anteilseigner zu tragen. Der resultierende Marktwert eines Unternehmens mit nichtgeschäftsführenden Eigentümern liegt daher unter dem Wert eines sonst identischen Unternehmens ohne externe Eigenkapitalgeber.

---

[259] Vgl. Jensen/Meckling (1976).
[260] Vgl. Jensen/Meckling (1976), S. 312 ff.
[261] Vgl. Hermanns (2006), S. 43.
[262] Vgl. Jensen/Meckling (1976), S. 312 ff. und Hermanns (2006), S. 43.
[263] Vgl. Jensen/Meckling (1976), S. 313.

Die Agency-Kosten des Eigenkapitals ergeben sich aus den Kosten für Kontroll- und Überwachungsmaßnahmen sowie dem verbleibenden Wohlfahrtsverlust.

2.5.1.2 Überinvestitionsproblem

Neben der von *Jensen/Meckling* aufgezeigten Problematik der übermäßigen Konsumfreudigkeit von Managern besteht weiteres Konfliktpotential zwischen Eigenkapitalgebern und der Geschäftsleitung von Unternehmen im Zusammenhang mit Investitionsentscheidungen. *Jensen* weist im Rahmen seiner Free-Cashflow-These darauf hin, dass die unterschiedlichen Zielsetzungen der beteiligten Parteien insbesondere dann zu Konflikten führen können, wenn in dem Unternehmen freie Cashflows in hohem Maße zur Verfügung stehen.[264] Als freie Cashflows bezeichnet *Jensen* jegliche Mittel, die dem Unternehmen zur Verfügung stehen, nachdem sämtliche Investitionen mit positivem Kapitalwert realisiert wurden.[265] Da die freien Cashflows annahmegemäß außerhalb des Unternehmens im Rahmen von Alternativinvestitionen am Kapitalmarkt Rückflüsse mit höheren Barwerten erzeugen, haben die Eigenkapitalgeber ein Interesse an deren Ausschüttung. Sie können durch die Anlage der mittels Dividenden oder Aktienrückkäufen erhaltenen Mittel außerhalb des Unternehmens einen Vermögenszuwachs erzielen.

Ausschüttungen mittels Dividenden oder Aktienrückkäufen führen jedoch zu einer Reduzierung der liquiden Mittel im Einflussbereich der Geschäftsführung eines Unternehmens. Somit erhöht sich durch Ausschüttungen auch die Wahrscheinlichkeit, dass zur Finanzierung künftiger Investitionen externes Kapital hinzugezogen werden muss, wodurch das Management einer erhöhten Kontrolle unterliegt.[266] Dagegen kann die Unternehmensleitung durch die Einbehaltung der Mittel im Unternehmen der Beschränkung ihrer Macht entgegenwirken. Zur Aufrechterhaltung ihres Einflusses hat das Management selbst dann Anreize zur Thesaurierung der Mittel, wenn im Unternehmen keine Investitionsmöglichkeiten zur Verfügung stehen, die einen Vermögenszuwachs generieren.[267] Die Einbehaltung der finanziellen Mittel im Unternehmen kann dazu führen, dass das Unternehmen über die aus Sicht der Anteilseigner optimale Größe hinaus anwächst. Diese ineffiziente Ressourcenallokation führt letztlich zu einer Verringerung des Unternehmenswerts.[268]

---

[264] Vgl. Jensen (1986), S. 323 ff.
[265] Vgl. Jensen (1986), S. 327 ff.
[266] Vgl. Jensen (1986), S. 324 und Drobetz/Pensa/Wöhle (2006), S. 264.
[267] Vgl. Wenzel (2006), S. 67 f. und Bimberg (2009), S. 9.
[268] Vgl. Hermanns (2006), S. 45.

Neben dem angeführten Motiv des Machterhalts zeigt *Jensen* weitere Fehlanreize für das Management auf, ein Unternehmen über das wohlfahrtsmaximierende Maß hinaus zu vergrößern. So können zusätzlich zu dem Ausbau des Einflussbereichs auch das Streben nach gesellschaftlichem Prestige sowie monetäre Anreize dazu beitragen, dass die Unternehmensleitung eine Thesaurierung der Mittel zum Nachteil der Anteilseigner präferiert. Neben der Anerkennung besteht weiterer materieller Ansporn, auch unrentable Investitionsprojekte im Unternehmen zu realisieren, sofern der Arbeitseinsatz des Managements zumindest teilweise durch Boni abgegolten wird, die von der Unternehmensgröße abhängen.[269]

Das aus Sicht der Eigenkapitalgeber unerwünschte Phänomen der Überinvestition lässt sich aufgrund der begrenzten Kontroll- und Überwachungsmöglichkeiten nur bedingt aufdecken. *Jensen* betont in diesem Zusammenhang, dass die Finanzierung durch Fremdkapital ein geeignetes Mittel zur Überwindung des Überinvestitionsproblems darstellt.[270] Entgegen der Eigenkapitalfinanzierung, in deren Rahmen die Ankündigung von Dividendenauszahlungen nicht bindend ist und somit zurückgenommen werden kann, reduziert der Einsatz von Fremdkapital den freien Cashflow eines Unternehmens, da die Zahlung von Zinsen und Tilgung nicht im Ermessensspielraum der Unternehmensleitung liegt, sondern gezwungenermaßen zur Vermeidung einer Insolvenz notwendig ist.[271] Durch die Reduzierung des freien Cashflows wird der Handlungsspielraum der Manager eingeschränkt, wodurch sich das Problem der Überinvestition begrenzen lässt.

Der Einsatz von Fremdkapital zur Verringerung des Handlungsspielraums von Managern ist jedoch nicht für alle Unternehmen im gleichen Maße erforderlich, da die Voraussetzungen für eine wohlfahrtsmindernde Investitionspolitik nicht einheitlich vorliegen. So zeigt *Jensen* in seinem Beitrag auf, dass die Interessenkonflikte zwischen Eigenkapitalgebern und Unternehmensleitung bei großen, börsennotierten Unternehmen mit hohen freien Cashflows sowie in wachstumsschwachen Branchen stärker ausgeprägt sind als bei jungen Wachstumsunternehmen.[272] Letzteren stehen häufig vielfältige Investitionsmöglichkeiten mit positivem Kapitalwert bei begrenzter Mittelausstattung zur Verfügung, so dass die übermäßige Bindung von Ressourcen in unrentablen Projekten nur eine untergeordnete Rolle spielt. Zudem sind junge,

[269] Vgl. Jensen (1986), S. 323.
[270] Vgl. Jensen (1986), S. 324 ff.
[271] Vgl. Jensen (1986), S. 324.
[272] Vgl. Jensen (1986), S. 324 ff.

stark wachsende Unternehmen nicht selten im erheblichen Maße auf externe Finanzierung angewiesen und unterwerfen sich daher einer erhöhten Kontrolle durch den Kapitalmarkt.[273]

Dagegen kann die Substitution von Eigenkapital durch Fremdkapital insbesondere bei großen Unternehmen mit geringen Wachstumsraten und hohen freien Cashflows zu einer Reduzierung der Interessenkonflikte beitragen, da bei diesen Unternehmen eine vergleichsweise größere Gefahr der ineffizienten Ressourcenallokation besteht. So werden Manager von Unternehmen mit den beschriebenen Charakteristika die hohen freien Cashflows trotz des Mangels an attraktiven Investitionsmöglichkeiten möglichst nicht bzw. nicht vollständig an die Kapitalgeber ausschütten, um ihren Handlungsspielraum zu erhalten. Auch wird die Unternehmensleitung die Verschuldung möglichst begrenzen, um deren Kontrollfunktion einzuschränken. *Jensen* führt in diesem Zusammenhang die Öl- und die Tabakindustrie an, die in den 1970er Jahren durch geringe Wachstumsraten, hohe freie Cashflows und suboptimale Investitionsentscheidungen gekennzeichnet waren.[274]

Demzufolge schlussfolgert *Jensen*, dass für Unternehmen mit geringen Wachstumsraten und hohen freien Cashflows zur Reduzierung des Überinvestitionsproblems eine hohe Fremdkapitalquote gewählt werden sollte.[275] Die Reduzierung der freien Cashflows aufgrund der regelmäßig zu leistenden Mittelabflüsse schränkt die Möglichkeiten zur Überinvestition ein und verringert somit die Agency-Kosten des Eigenkapitals.

2.5.1.3 Kombiniertes Über- und Unterinvestitionsproblem

Ein weiterer Beitrag, der Fehlanreize von Managern im Zusammenhang mit Investitionsentscheidungen diskutiert, geht zurück auf *Stulz*. Aufbauend auf den Erkenntnissen von *Jensen* zeigt *Stulz*, dass die Interessenkonflikte zwischen Anteilseignern und Unternehmensleitung sowohl in einem Überinvestitions- als auch in einem Unterinvestitionsproblem resultieren können.[276]

Hinsichtlich der Motive der Akteure folgt *Stulz* in seinem Beitrag *Jensen*, indem er unterstellt, dass opportunistische Manager zum Ausbau ihres Einflussbereichs selbst dann Investitionsmöglichkeiten wahrnehmen, wenn deren Realisierung zu einer ineffizienten Allokation der

[273] Vgl. Jensen (1986), S. 324.
[274] In diesem Zusammenhang führt Jensen aus, dass insbesondere die Ölindustrie in den 1970er Jahren von geringem Wachstum und hohen freien Cashflows geprägt war. In der Folge wurden zahlreiche Investitionsprojekte und Unternehmenszukäufe realisiert, die sich später als wenig rentabel herausstellten. Demnach ist in der Branche auch die Welle der Fusionen und Restrukturierungen in den Folgejahren unter anderem auf die Problematik der Überinvestition zurückzuführen. Vgl. Jensen (1986), S. 326 ff.
[275] Vgl. Myers (2001), S. 96 ff.
[276] Vgl. Stulz (1990), S. 3 f.

Finanzmittel führt. Da die Unternehmensleitung von Wachstum profitiert, wird sie von den Anteilseignern die Bereitstellung weiterer finanzieller Mittel einfordern, die zur Durchführung der Investitionsprojekte notwendig sind. Jedoch antizipieren die Eigenkapitalgeber das opportunistische Verhalten der Manager und stehen der zusätzlichen Kapitalbereitstellung kritisch gegenüber. In der Folge dieses Agencykonflikts kann es sowohl zu einem Überinvestitions- als auch zu einem Unterinvestitionsproblem kommen.[277]

Welcher der beiden Fälle eintritt, ist nach *Stulz* davon abhängig, in welchem Umfang für das Unternehmen Investitionsmöglichkeiten mit positivem Kapitalwert existieren und wie sich die Höhe der finanziellen Mittel zu deren Realisierung gestaltet.[278] Stehen im Unternehmen mehr finanzielle Mittel zur Verfügung, als zur Realisierung sämtlicher wertschaffender Investitionen notwendig sind, besteht die Problematik der Überinvestition analog zu dem diskutierten Modell von *Jensen*.[279] Die Unternehmensleitung wird zum Erhalt ihres Einflussbereichs sowie zum Ausnutzen etwaiger monetärer Anreize sämtliche im Unternehmen verfügbaren Mittel für investive Zwecke nutzen, selbst wenn der Unternehmenswert hierdurch gemindert wird. Nach *Stulz* wird das Management darüber hinaus Mittel von den Anteilseignern einfordern, um weitere Investitionen zu tätigen. Jedoch sind den Kapitalgebern die opportunistischen Motive der Unternehmensleitung bekannt, so dass sie die Bereitstellung zusätzlicher finanzieller Mittel kritisch betrachten. Allerdings ist die Beurteilung der Wirtschaftlichkeit von Investitionsprojekten für die Kapitalgeber nicht ohne Weiteres möglich. Für den Fall, dass dem Unternehmen nur unzureichend Mittel zur Verwirklichung sämtlicher vermögenssteigernder Investitionsprojekte zur Verfügung stehen, besteht die Gefahr des Unterinvestitionsproblems, da die Anteilseigner aufgrund ihres Misstrauens den Managern keine weiteren Mittel bereitstellen. Bei tatsächlicher Knappheit der internen Mittel könnten wertschaffende Investitionen also unterbleiben.[280]

Das wohlfahrtsmindernde Verhalten im Rahmen der Überinvestitions- bzw. Unterinvestitionsproblematik spielt besonders bei solchen Unternehmen eine Rolle, bei denen die Cashflows im Zeitablauf starken Schwankungen unterliegen. Bei diesen Unternehmen können etwaige Zielvorgaben hinsichtlich der zu tätigenden Investitionen nur schwer eingehalten und kontrolliert werden.[281]

[277] Vgl. Stulz (1990), S. 4 ff.
[278] Vgl. Stulz (1990), S. 4.
[279] Vgl. Jensen (1986).
[280] Vgl. Stulz (1990), S. 4.
[281] Vgl. Black/Cox (1976); Stulz (1990), S. 17 f. und Hermanns (2006), S. 48.

Ähnlich dem Modell von *Jensen* verringert auch nach *Stulz* der Einsatz von Fremdkapital den freien Cashflow und kann so zu einer Disziplinierung der Unternehmensleitung beitragen.[282] Dabei lässt sich die Gestaltung der Kapitalstruktur durch die Abwägung der Vor- und Nachteile zunehmender Verschuldung optimieren. Der zusätzliche Nutzen aus dem Verzicht auf wertmindernde Überinvestitionen steht den Grenzkosten gegenüber, die durch das Unterlassen rentabler Investitionen aufgrund von Zahlungsverpflichtungen gegenüber Fremdkapitalgebern resultieren.[283] Auch in diesem Modell werden Anteilseigner von Unternehmen mit stabilen Cashflows und geringen Wachstumsraten tendenziell einen höherem Verschuldungsgrad zur Beschränkung des Handlungsspielraums der Manager anstreben. Hingegen wird in Wachstumsunternehmen, die über eine Vielzahl attraktiver Investitionsmöglichkeiten verfügen, seitens der Eigentümer eher eine eigenkapitaldominierte Finanzierung präferiert, um von den Vermögenszuwächsen durch umfangreiche Investitionen zu profitieren. Laut *Stulz* wird die Unternehmensleitung der Aufnahme von Fremdkapital zur Optimierung der Kapitalstruktur kritisch gegenüberstehen.[284] In diesem Zusammenhang merkt *Zwiebel* an, dass die abwehrende Haltung der Manager durch die drohende Gefahr einer feindlichen Übernahme gemindert werden kann, so dass potentielle Übernahmeziele häufig höhere Verschuldungsgrade aufweisen.[285]

2.5.1.4 *Wertmindernde Unternehmensfortführung*

Weiteres Konfliktpotential zwischen den Eigentümern und der Leitung eines Unternehmens wird von *Harris/Raviv* aufgezeigt. Die Autoren gehen davon aus, dass das Management eines Unternehmens dessen Fortführung stets gegenüber einer Liquidation bevorzugt, um die eigenen Interessen zu wahren.[286]

Das Management eines Unternehmens wird selbst dann eine Unternehmensfortführung anstreben, wenn dadurch der Wert des Unternehmens gemindert wird. Die Verschleppung einer aus Sicht der Gesellschafter vorteilhaften Liquidation ist auf das Motiv der Unternehmensleitung zurückzuführen, die eigene Machtposition zu erhalten. Demnach hat das Management auch Anreize, den Gesellschaftern Informationen vorzuenthalten, deren Kenntnis zu einer Liquidation führen könnte.[287]

[282] Vgl. Stulz (1990), S. 4 f.
[283] Vgl. Harris/Raviv (1991), S. 303 f.; Hermanns (2006), S. 49 und Wenzel (2006), S. 68.
[284] Vgl. Stulz (1990), S. 12 ff.
[285] Vgl. Zwiebel (1996), S. 1198 ff.
[286] Vgl. Harris/Raviv (1990).
[287] Vgl. Harris/Raviv (1990), S. 322 f.

Den Interessenkonflikten im Rahmen der Entscheidung, ob eine Unternehmensfortführung oder Liquidation vorteilhaft ist, kann durch den Einsatz von Fremdkapital entgegengewirkt werden. *Harris/Raviv* verweisen in diesem Zusammenhang auf die Informationsfunktion des Fremdkapitals. Demnach kann bereits die Bedienung von regelmäßigen Zahlungsverpflichtungen gegenüber den Gläubigern als Qualitätssignal interpretiert werden.[288] Weiterhin hat die Verschuldung einen beträchtlichen Informationsfluss insbesondere in Krisensituationen zur Folge, von der neben den Fremdkapitalgebern auch die Gesellschafter eines Unternehmens profitieren können. So werden im Fall eines Zahlungsverzugs bzw. -ausfalls im Rahmen einer Kreditbeziehung die Manager eines Unternehmens mit dem Gläubiger zusammenarbeiten und diesem umfangreiche Informationen zukommen lassen müssen. *Harris/Raviv* folgern hieraus, dass der durch die Verschuldung induzierte Informationsfluss zu wertmaximierenden Entscheidungen hinsichtlich der Fortführung bzw. Liquidation des Unternehmens führt.[289]

In einem weiteren Beitrag greifen *Harris/Raviv* das Problem der wertmindernden Unternehmensfortführung auf und leiten Zusammenhänge zwischen dem Liquidationswert, der Kapitalstruktur und dem Marktwert eines Unternehmens ab.[290] Demnach weisen Unternehmen, die beispielsweise aufgrund ihrer materiellen Vermögenswerte einen höheren Liquidationswert haben, einen größeren Fremdkapitalanteil sowie einen höheren Marktwert als vergleichbare Unternehmen auf. Letztlich steigt bei einem höheren Liquidationswert die Wahrscheinlichkeit, dass eine Liquidation des Unternehmens die wertmaximierende Strategie ist. Demnach sollten Unternehmen mit einem hohen Liquidationswert einen hohen Verschuldungsgrad anstreben, um einen stetigen Informationsfluss zu gewährleisten.[291]

2.5.1.5 Lösungsmechanismen zur Reduzierung von Agency-Kosten des Eigenkapitals

Aufgrund von Interessenkonflikten zwischen den Anteilseignern und der Unternehmensleitung führt die Reduzierung des Verschuldungsgrads zu vermehrten Agency-Kosten des Eigenkapitals. Die oben beschriebenen Fehlanreize der Unternehmensleitung resultieren somit in einer Minderung des Unternehmenswerts im Vergleich zu einem sonst identischen Unternehmen ohne die genannten Agency-Konflikte. Im Rahmen der betrachteten Modelle wird deutlich, dass die Substitution von Eigen- durch Fremdkapital die Agency-Kosten des Eigenkapitals reduzieren kann. Somit werden neben dem in der Trade-Off-Theorie diskutierten Steuervorteil weitere Vorzüge der Verschuldung aufgezeigt. Darüber hinaus existieren zahl-

288 Vgl. Harris/Raviv (1990), S. 327.
289 Vgl. Harris/Raviv (1990), S. 321 ff. und Hermanns (2006), S. 50.
290 Vgl. Harris/Raviv (1991), S. 297 ff.
291 Vgl. Harris/Raviv (1991), S. 303.

reiche Beiträge, die neben der Fremdkapitalfinanzierung weitere Möglichkeiten der Interessenharmonisierung zur Reduktion der Agency-Konflikte zwischen Gesellschaftern und Managern eines Unternehmens thematisieren.[292]

Im Rahmen der Diskussion seiner Free-Cashflow-These zeigt *Jensen* auf, dass eine Reduktion der Fehlanreize durch die Verringerung der dem Management zur Verfügung stehenden liquiden Mittel erreicht werden kann. Insbesondere bei der Analyse der in den 1970er Jahren ineffizient agierenden Ölindustrie identifiziert *Jensen* diese Unternehmen als ideale Übernahmekandidaten im Rahmen von Leveraged-Buyout-Transaktionen (LBO), in deren Rahmen die freien Cashflows des übernommenen Unternehmens durch die starke Fremdkapitalaufnahme reduziert werden, um die Effizienz der Unternehmensführung und letztlich den Unternehmenswert zu steigern. Neben der Disziplinierung der Manager führt die im Rahmen eines LBOs übliche Beteiligung des Managements am Eigenkapital des Unternehmens ebenfalls zu einer Angleichung der Interessen.[293]

Eine weitere Möglichkeit zur Harmonisierung der divergierenden Interessen besteht in der Vereinbarung variabler Vergütungsmodelle mit dem Management. Orientiert sich zumindest ein Teil des Arbeitsentgelts am Erfolg des Unternehmens, entsteht für die Unternehmensleitung in der Regel ein größerer Anreiz, die Ziele der Eigentümer zu verfolgen.[294] *Haugen/Senbet* zeigen in diesem Zusammenhang auf, dass insbesondere marktwertbasierte Erfolgsbestandteile der Vergütung zu einer Minderung der Agency-Konflikte führen können.[295] Neben der erfolgsorientierten Vergütung kann auch die direkte Beteiligung des Managements am Eigenkapital eines Unternehmens zur Reduzierung der Fehlanreize beitragen. Werden die Manager zu Miteigentümern des Unternehmens, so bestehen für sie Anreize den Unternehmenswert auch im Sinne der übrigen Gesellschafter zu maximieren. *Jensen/Meckling* verweisen auf diese Maßnahme, um insbesondere Manager zu disziplinieren, die zum übermäßigen Konsum am Arbeitsplatz neigen.[296]

Die Eigentümer von Unternehmen haben neben den oben genannten Mechanismen zur Angleichung der Interessen von Managern mit ihren eigenen die Möglichkeit, Überwachungs- und Kontrollmaßnahmen im Rahmen des Monitoring zu ergreifen.[297] Zwar ist die Etablierung

[292] Die Diskussion der Lösungsmechanismen zur Reduktion der Agency-Konflikte bei externer Eigenkapitalfinanzierung orientiert sich an der Übersicht von Wenzel (2006), S. 69 ff.
[293] Vgl. Jensen (1986), S. 326 ff. und Jensen (1989), S. 61 ff.
[294] Vgl. Smith/Watts (1982), S. 139 ff.
[295] Vgl. Haugen/Senbet (1981), S. 629 ff.
[296] Vgl. Jensen/Meckling (1976), S. 312 ff.
[297] Siehe hierzu auch Kap. 2.1.2.2.

solcher Kontrollmechanismen mit Kosten verbunden, jedoch kann sie zur Disziplinierung des Managements beitragen.[298] Dabei ist sowohl eine Kontrolle durch unternehmensexterne Instanzen als auch eine Überwachung durch die Eigenkapitalgeber selbst möglich.[299] In Bezug auf die Eigenkapitalgeber sinkt allerdings der Anreiz zur Ausübung der Kontrollrechte mit steigender Anzahl der Anteilseigner. Daher ist die Verteilung der Gesellschaftsanteile auf wenige Akteure gegenüber verstärktem Streubesitz vorteilhaft im Hinblick auf die Wirksamkeit von Kontrollmaßnahmen.[300]

Die bereits im Rahmen der Trade-Off-Theorie dargelegte Möglichkeit einer Insolvenz[301] wird in der Literatur ebenfalls als Mechanismus zur Angleichung der Interessen von Anteilseignern und Managern eines Unternehmens diskutiert.[302] So wird der Verhaltensspielraum von Managern hinsichtlich unternehmenswertmindernder Handlungen durch eine drohende Insolvenz eingeschränkt, da sie in der Regel selbst wenig Interesse an der Liquidation haben.[303] Vielmehr hat die Geschäftsführung eines Unternehmens im Krisenfall einen Anreiz, kongruent der Interessen der Anteilseigner nur unternehmenswertsteigernde Maßnahmen durchzuführen, um die Insolvenz abzuwenden und die eigene Machtposition bzw. den eigenen Arbeitsplatz zu erhalten.

Als eine weitere Option zur Abmilderung von Interessenkonflikten zwischen Managern und Anteilseignern eines Unternehmens identifiziert *Fama* die disziplinierende Funktion des Arbeitsmarkts für Führungskräfte.[304] Demnach kann sich die Reputation eines Managers, die er sich durch unternehmenswertsteigerndes Verhalten bei früheren Positionen und bei seinem aktuellen Arbeitgeber erworben hat, auf seinen zukünftigen persönlichen Erfolg auswirken. Den Managern ist bewusst, dass ihre zukünftigen Arbeitsentgelte zumindest teilweise vom Erfolg vergangener Managementtätigkeiten abhängen. Dementsprechend haben sie einen Anreiz, unternehmenswertsteigernde Maßnahmen im Interesse der Anteilseigner durchzuführen.[305]

---

[298] Vgl. Jensen/Meckling (1976), S. 308 ff.
[299] Die Rolle von Wirtschaftsprüfern als Kontrollinstanz diskutieren Watts/Zimmermann (1979), S. 273 ff.
[300] Vgl. Demsetz/Lehn (1985), S. 1155 ff. Eine Übersicht über die verschiedenen Instanzen zur Kontrolle von Agency-Problemen zwischen Eigentümern und Managern bieten Agrawal/Knoeber (1996), S. 377 ff.
[301] Siehe dazu Kap. 2.4.2.
[302] Vgl. Grossman/Hart (1982), S. 107 ff.
[303] Vgl. Harris/Raviv (1990), S. 321 ff.
[304] Vgl. Fama (1980), S. 291 ff.
[305] Die Selbstbindung der Geschäftsführer eines Unternehmens an ein unternehmenswertmaximierendes Verhalten ist dabei nicht auf die disziplinierende Funktion des Arbeitsmarkts beschränkt. Die glaubwürdige Bindung an wertsteigernde Finanzierungsmaßnahmen gegenüber Wettbewerbern auf den Absatzmärkten untersuchen Brander/Lewis (1986), S. 956 ff. Siehe hierzu auch Breuer (2008), S. 240.

Schließlich zeigen *Barnea/Haugen/Senbet*, dass komplexe Finanzkontrakte zur Reduzierung von Agency-Kosten des Eigenkapitals beitragen können.[306] So lassen sich Fehlanreize des Managements beispielsweise durch hybride Finanzierungsinstrumente abmildern. Die Autoren zeigen anhand einer Wandelschuldverschreibung die Angleichung der unterschiedlichen Interessen auf. Hierbei wird die Wandelschuldverschreibung mit einer Management-Call-Option kombiniert, wodurch für das Management ein Anreiz entsteht, den Unternehmenswert zu steigern.[307]

2.5.2 Agency-Konflikte bei Fremdfinanzierung

Wird ein Unternehmen teilweise durch Fremdkapital finanziert, können Agency-Konflikte zwischen den Gläubigern und den Eigentümern des Unternehmens entstehen. Hierbei wird meist nicht zwischen Eigenkapitalgebern und Managern unterschieden, sondern lediglich die Beziehung der Eigentümer zu den Gläubigern analysiert.[308] Der Konflikt im Rahmen der Fremdfinanzierung ist zumeist darauf zurückzuführen, dass die Eigenkapitalgeber daran interessiert sind, den Wert ihrer Anteile zu maximieren, dies jedoch nicht immer mit dem Ziel der Maximierung des Gesamtunternehmenswerts einhergeht. Die unterschiedlichen Interessen der Kapitalgeber werden vor dem Hintergrund der unterschiedlichen Positionen hinsichtlich des Spannungsverhältnisses zwischen Rendite und Risiko deutlich. So sind sämtliche Kapitalgeber dem Unternehmensrisiko ausgesetzt, sie profitieren aber uneinheitlich von risikoträchtigen Investitionen. Durch ihr Recht zur Geschäftsführung können die Eigenkapitalgeber sowohl Finanzierungs- als auch Investitionsentscheidungen zum Nachteil der Fremdkapitalgeber herbeiführen. Tabelle 2.3 zeigt einen Überblick über die verschiedenen Ausprägungen gängiger Agency-Konflikte bei Fremdfinanzierung sowie Möglichkeiten zu deren Minderung, welche in der Folge näher erläutert werden.

---

306 Vgl. Barnea/Haugen/Senbet (1985), S. 93 ff. und Wosnitza (1995), S. 61 ff.

307 Vgl. Rudolph (2006), S. 374 ff.

308 Ist ein Manager eines Unternehmens zugleich Eigentümer nennenswerten Ausmaßes, nimmt er als so genannter Eigentümer-Manager die Gegenposition zu den Fremdkapitalgebern ein. Im Fall eines solchen am Unternehmen beteiligten Managers ist von einer Interessenkongruenz auszugehen, selbst wenn weitere nicht an der Geschäftsführung beteiligte Gesellschafter existieren. Vgl. Kräkel (1999), S. 272 f. Jedoch gestalten sich die Erkenntnisse zu Managern, die nicht oder nur geringfügig am Unternehmen beteiligt sind, hinsichtlich des Agency-Konflikts zwischen Eigen- und Fremdkapitalgebern uneinheitlich. Während einige Autoren konstatieren, dass Manager in diesem Fall keine Anreize haben einen Vermögenstransfer von Gläubigern zu Gesellschaftern zu forcieren, verweisen weitere Autoren darauf, dass die Unternehmensleitung von der Gesellschafterversammlung berufen wird sowie dieser gegenüber Rechenschaft ablegen muss, wodurch eine Unternehmensführung im Sinne der Eigenkapitalgeber eher wahrscheinlich ist. Vgl. dazu Franke (1981), S. 76 ff.; Krahnen (1991), S. 78 ff. und Wenzel (2006), S. 71

Problem	**Literatur**
Vermögenssubstitution	Jensen/Meckling (1976)
Unterinvestitionsproblem	Myers (1977)
Lösungsmechanismus	**Literatur**
Überwachung und Kontrolle	Jensen/Meckling (1976)
Kreditsicherheiten	Smith/Warner (1979), Smith/Wakeman (1985)
Reputationseffekte	Diamond (1989), Hirshleifer/Thakor (1989)
Komplexe Finanzkontrakte	Smith/Warner (1979), Green (1984)
Kündigungs- und Rückkaufrechte	Bodie/Taggart (1978), Thatcher (1985), Barnea/Haugen/Senbet (1985)

Tabelle 2.3: Agency-Probleme des Fremdkapitals und Lösungsmechanismen
Quelle: in Anlehnung an Wenzel (2006), S. 72.

2.5.2.1 Vermögenssubstitution

In ihrem Beitrag aus dem Jahr 1976 diskutieren *Jensen/Meckling* neben den Agency-Kosten des Eigenkapitals im Rahmen der Analyse des übermäßigen Konsums am Arbeitsplatz auch Interessenkonflikte zwischen Gläubigern und Anteilseignern eines Unternehmens. Dabei zeigen die Autoren auf, dass Eigentümer eines Unternehmens Anreize haben, besonders risikoreiche Investitionsprojekte durchzuführen, da hierdurch eine Vermögenssubstitution von Fremd- zu Eigenkapitalgebern erreicht werden kann.[309]

In diesem Zusammenhang verdeutlichen *Jensen/Meckling*, dass Anteilseigner eines Unternehmens bei zunehmender Verschuldung von einer risikoaffinen Investitionspolitik profitieren können, selbst wenn dadurch der Gesamtunternehmenswert reduziert wird. Die mögliche Wertsteigerung der Beteiligungstitel durch Erhöhung des Risikos kann die anteiligen Einbußen mehr als kompensieren, die aufgrund der Verringerung des Gesamtunternehmenswerts entstehen.[310]

Die Gesellschafter eines Unternehmens haben Anreize, diese Strategie der Risikoverlagerung zu verfolgen, da sie im Fall des Erfolgs risikoträchtiger Investitionsprojekte in vollem Umfang von der Wertsteigerung profitieren, während die Fremdkapitalgeber lediglich die zuvor vereinbarten Zins- und Tilgungszahlungen erhalten und darüber hinaus nicht am Unternehmenserfolg partizipieren.[311] Erweist sich eine risikoträchtige Investition jedoch als Fehlschlag, so ist der Verlust der Eigenkapitalgeber in der Regel auf ihre Einlage beschränkt, wobei die

309 Vgl. Jensen/Meckling (1976), S. 333 ff. und Schneider (2010), S. 20.
310 Vgl. Jensen/Meckling (1976), S. 334 f.
311 Vgl. Drobetz/Pensa/Wöhle (2006), S. 263 f.

Gläubiger am Misserfolg beteiligt sind, da sie gegebenenfalls einen Zahlungsausfall hinnehmen müssen.[312]

Weiterhin weisen *Jensen/Meckling* darauf hin, dass die Problematik der Vermögenssubstitution vor allem dann besteht, wenn die Anteilseigner die Risikoträchtigkeit von Investitionen erst erhöhen, nachdem die Gläubiger Fremdkapital zur Verfügung gestellt haben und letztere die Risikoverschärfung nur unzureichend beobachten können. Darüber hinaus zeigen *Jensen/Meckling*, dass Anteilseigner dazu neigen, gegenüber den Fremdkapitalgebern eine risikoaverse Investitionspolitik zu kommunizieren, während die Risikobereitschaft bei Investitionen tatsächlich deutlich größer ist.[313]

Das opportunistische Verhalten der Gesellschafter im Hinblick auf die Risikoaffinität im Rahmen von Investitionsentscheidungen wird nach *Jensen/Meckling* von den Gläubigern antizipiert, so dass sie in Absehbarkeit des Risikoverlagerungsproblems eine Risikoprämie auf ihre Forderungstitel verlangen. Hierdurch werden die Anreize der Anteilseigner zur Vermögenssubstitution zwar verringert, jedoch bleiben Agency-Kosten des Fremdkapitals in Form von gestiegenen Kapitalkosten sowie verbleibendem Wohlfahrtsverlust bestehen.[314]

2.5.2.2 Unterinvestitionsproblem

Ein weiterer Beitrag, der die Vor- und Nachteile eines hohen Verschuldungsgrads thematisiert, stammt von *Myers*. Der Autor untersucht, inwiefern Agency-Kosten des Fremdkapitals im Rahmen von Investitionsentscheidungen entstehen können. Er zeigt auf, dass ein hoher Fremdkapitalanteil Manager dazu verleiten kann, Investitionen mit positivem Kapitalwert zu unterlassen, sofern der potentiell erzielte Vermögenszuwachs eher den Fremdkapitalgebern und weniger den Eigentümern des Unternehmens zugutekommen würde. Annahmegemäß haben die diskontierten Cashflows des Unternehmens nach Abzug von Zins- und Tilgungsverpflichtungen bis zu einer bestimmten Höhe keinen Vermögenszuwachs für die Eigenkapitalgeber zur Folge. Mit der Analyse dieses Unterinvestitionsproblems bietet *Myers* ein Modell

---

312 Jensen/Meckling vergleichen die Position der Eigenkapitalgeber aufgrund des asymmetrischen Risikoprofils mit der eines Inhabers einer europäischen Call Option. Hierbei sind die Verluste ebenfalls begrenzt, während die Gewinne nach oben offen sind. Vor diesem Hintergrund untersuchen Galai/Masulis mit Hilfe Black-Scholes-Modells Finanzierungsmaßnahmen im Hinblick auf die Konsequenzen für Eigen- und Fremdkapitalpositionen. Vgl. Galai/Masulis (1976), S. 53 ff.

313 Vgl. Jensen/Meckling (1976), S. 335 ff.

314 Vgl. Jensen/Meckling (1976), S. 336.

zur Erklärung der Existenz substanzieller Eigenkapitalquoten in der Unternehmenspraxis aufgrund unternehmenswertmindernder Investitionsentscheidungen.[315]

Myers untersucht in seinem Zwei-Zeitpunkte-Modell zunächst ein rein eigenkapitalfinanziertes Unternehmen, bevor die Auswirkungen der Fremdkapitalaufnahme analysiert werden. Dabei wird jeweils von einer Fortführung des Unternehmens ausgegangen, bei der sich verschiedene Investitionsmöglichkeiten anbieten. Der Unternehmenswert ergibt sich jeweils aus der Summe aktueller Vermögenswerte und dem Barwert zukünftiger Investitionsprojekte. In der Ausgangslage verfügt ein Unternehmen im Zeitpunkt t_0 über keinerlei Vermögenswerte, so dass der Wert des Unternehmens demnach dem Barwert zukünftiger Wachstumsmöglichkeiten entspricht.[316]

In *Myers* Modell steht zunächst ein unverschuldetes Unternehmen vor der Wahl ein Investitionsprojekt durchzuführen oder dies zu unterlassen. Wird von der Investition abgesehen, hat das Unternehmen aufgrund mangelnder Vermögenswerte einen Wert von null. Entscheidet sich das Unternehmen die Investition umzusetzen, muss es zur Finanzierung neue Aktien emittieren, um die anfängliche Investitionsausgabe aufbringen zu können.[317] Nach *Myers* wird ein Unternehmen dann eine Investitionsmöglichkeit realisieren, wenn der Barwert der zukünftigen Erfolge V in Abhängigkeit der Umweltzustände s über der Investitionsausgabe I liegt. Dieser Zusammenhang wird in Abbildung 2.9 verdeutlicht.

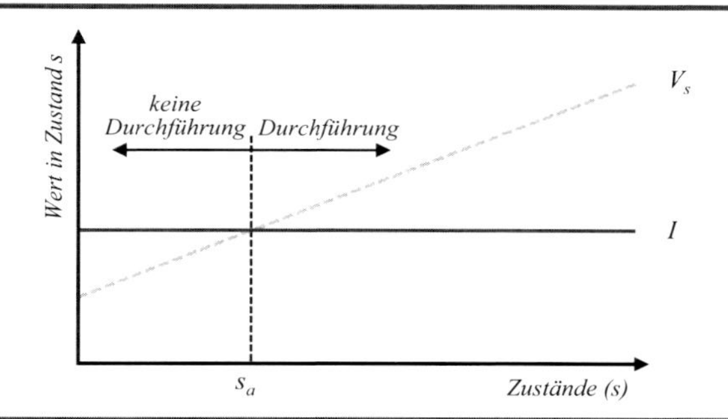

Abbildung 2.9: Investitionsentscheidung bei reiner Eigenkapitalfinanzierung in Abhängigkeit des Umweltzustands
Quelle: in Anlehnung an Myers (1977), S. 152.

[315] Vgl. Myers (1977), S. 147 ff. Eine formale Analyse des Unterinvestitionsproblems bietet zudem Hartmann-Wendels (2001), S. 123 f.

[316] Myers weist in diesem Zusammenhang ausdrücklich darauf hin, dass es sich lediglich um Investitionsmöglichkeiten handelt, da ein Unternehmen gegebenenfalls deren Realisierung ablehnt, selbst wenn der Kapitalwert positiv ist. Vgl. Myers (1977), S. 150.

[317] Vgl. Myers (1977), S. 151.

Demnach ist eine Investition nachteilig bzw. vermögensneutral, sofern für den tatsächlichen Umweltzustand s gilt $s \leq s_a$. In allen anderen Umweltzuständen ist der Kapitalwert der Investition positiv, wodurch das Unternehmensvermögen gesteigert wird. Wird die Investition durchgeführt, entspricht der Wert des Unternehmens in t_1 dem Wert der hinzuerworbenen Vermögenswerte.

In der Folge betrachtet *Myers* die Auswirkung der Finanzierung obiger Investition durch Fremdkapital. Da das Unternehmen annahmegemäß in t_0 über keine gegenwärtigen Vermögenswerte verfügt, kann es kein risikofreies Fremdkapital emittieren. Jedoch kann es risikobehaftetes Fremdkapital aufnehmen, sofern es dem Gläubiger einen Betrag P in Aussicht stellt. In diesem Zusammenhang unterstellt *Myers*, dass das Unternehmen seiner Zahlungsverpflichtung gegenüber dem Gläubiger erst nach der Investitionsentscheidung nachkommen muss.[318]

Bei der Entscheidung, ob das Unternehmen eine Investitionsmöglichkeit realisieren soll, orientieren sich die Eigentümer erneut an der Wertentwicklung ihrer Anteile. Die Investition wird demnach durchgeführt, wenn die Anteilseigner einen Vermögenszuwachs erzielen können. Allerdings ist neben der Rückführung des Fremdkapitals die Zahlung P zu berücksichtigen. Dieser Zusammenhang wird in Abbildung 2.10 illustriert.

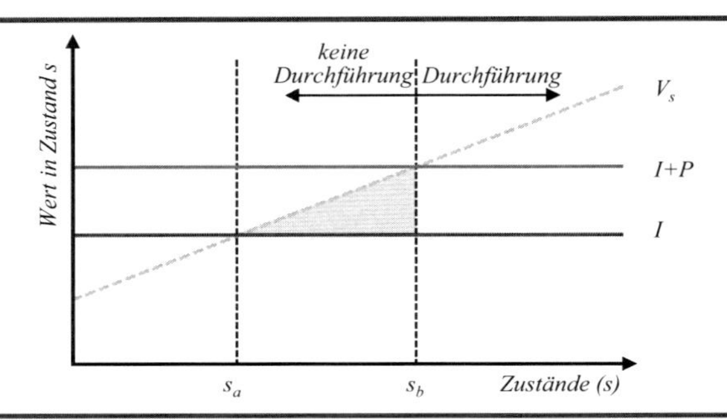

Abbildung 2.10: Investitionsentscheidung bei teilweiser Fremdkapitalfinanzierung in Abhängigkeit des Umweltzustands
Quelle: in Anlehnung an Myers (1977), S. 153.

Nach *Myers* lassen sich drei verschiedene Abschnitte in Abhängigkeit der Umweltzustände unterscheiden:[319]

---

318 Vgl. Myers (1977), S. 152 f.
319 Vgl. Myers (1977), S. 153 f.

- Bei sämtlichen Umweltzuständen bis s_a wird ein Unternehmen die Möglichkeit zur Investition nicht wahrnehmen, da die Investitionsausgabe I über dem zu erwerbenden Vermögenswert V_s liegt und somit der Kapitalwert negativ ist.
- Betrachtet man den Bereich von Umweltzustand s_a bis s_b, so wird deutlich, dass der Kapitalwert der Investition positiv ist, da der Vermögenswert V_s über der Investitionsausgabe I liegt. Jedoch führt die Zahlung von P an die Gläubiger zu einer Ablehnung der Investitionsmöglichkeit durch die Anteilseigner des Unternehmens. In diesem Abschnitt erfahren die Gesellschafter eine Wertminderung ihrer Anteile, dargestellt durch das farbig gekennzeichnete Dreieck, da der Vermögenswert V_s geringer ist als die Summe aus Investition I und der Zahlung P.
- Für alle Umweltzustände ab s_b ist das Investitionsprojekt vorteilhaft. Hier liegt der Kapitalwert der Investition ebenfalls im positiven Bereich. Darüber hinaus ist hier der Vermögenswert größer als die Summe aus Investition I und der Zahlung P. Daher werden sich die Anteilseigner eines Unternehmens für die Durchführung der Investition aussprechen.

Die Illustration macht deutlich, inwiefern die Finanzierung durch Fremdkapital Anteilseigner dazu veranlassen kann, wertsteigernde Investitionsprojekte abzulehnen. Kommen Profite aus Investitionen nicht den Eigentümern, sondern den Gläubigern zugute, haben die Anteilseigner kaum Anreize solche Projekte durchzuführen, selbst wenn durch die Ablehnung der Gesamtunternehmenswert gemindert wird. Die Fremdkapitalfinanzierung kann demnach zu einem Unterinvestitionsproblem führen, wodurch Agency-Kosten entstehen.[320]

Diese Agency-Kosten des Fremdkapitals sollten Unternehmen bei der Wahl ihres Finanzierungsmixes laut *Myers* berücksichtigen. Er führt weiter aus, dass die Maximierung des gesamten Unternehmenswerts als Zielgröße bei der Festlegung der Kapitalstruktur maßgeblich sein sollte. Sein Modell besagt dabei, dass der optimale Verschuldungsgrad in inverser Relation zu den Wachstumsmöglichkeiten des Unternehmens steht. Demnach sollte die Fremdkapitalquote umso geringer sein, je höher der Anteil zukünftiger Vermögenswerte am Gesamtvermögenswert des Unternehmens ist. Demgegenüber sollten Unternehmen mit nur geringen Wachstumsaussichten eher eine stärkere Verschuldung anstreben. Verfügt ein Unternehmen sowohl über gegenwärtige als auch zukünftige Vermögenswerte, so differenziert *Myers* da-

[320] Vgl. Myers (1977), S. 155.

hingehend, dass für das bestehende Vermögen eher die Fremdfinanzierung zu bevorzugen ist und zukünftige Investitionen eher durch Eigenkapital finanziert werden sollten.[321]

Myers kommt zu dem Fazit, dass die durch Agency-Kosten des Fremdkapitals induzierte Unterinvestitionsproblematik dazu beiträgt, zwei in der Finanzierungspraxis zu beobachtende Phänomene zu erklären. So liefert das Modell Hinweise, weshalb in Wachstumsbranchen eher Eigenkapitalfinanzierungen durchgeführt werden und beispielsweise Kreditfinanzierungen eine eher untergeordnete Rolle spielen.[322] Darüber hinaus bietet der Beitrag von *Myers* Erklärungsansätze für die in der Praxis zu beobachtende Fristenkongruenz, nach der langfristige Vermögenswerte auch langfristig finanziert werden, während eher kurzfristige Vermögenswerte durch Finanzierungsinstrumente mit entsprechend kurzer Frist wie beispielsweise Kontokorrentkredite abgedeckt werden.[323]

2.5.2.3 Lösungsmechanismen zur Reduzierung von Agency-Kosten des Fremdkapitals

Die aufgezeigten Anreizprobleme im Rahmen von Gläubigerbeziehungen können zu suboptimalen Investitionsentscheidungen führen, die eine Minderung des Unternehmenswerts zur Folge haben. Neben den im Zusammenhang mit der Trade-Off-Theorie erörterten Insolvenzkosten bietet die Agency-Theorie der Kapitalstruktur somit weitere Argumente, die gegen eine hohe Fremdkapitalquote sprechen. Zur Reduzierung der auf Interessenkonflikte zwischen Anteilseignern und Gläubigern zurückzuführenden Agency-Kosten des Fremdkapitals bieten sich neben der offenkundigen Verringerung des Verschuldungsgrads zahlreiche weitere Möglichkeiten.[324]

Analog der Lösungsmechanismen zur Reduzierung von Agency-Kosten des Eigenkapitals besteht auch im Rahmen von Gläubigerbeziehungen die Möglichkeit, Agency-Konflikte durch Kontroll- und Überwachungsmaßnahmen abzumildern. *Jensen/Meckling* diskutieren in diesem Zusammenhang den Einsatz von Covenants.[325] Mithilfe dieser Sicherungsklauseln in Kreditverträgen können Gläubiger ihre Schuldner zur Einhaltung bestimmter finanzieller

[321] Vgl. Myers (1977), S. 170 f. und Hermanns (2006), S. 57.
[322] Vgl. Drobetz/Pensa/Wöhle (2006), S. 263.
[323] Vgl. Myers (1977), S. 170.
[324] Siehe hierzu und im Folgenden Wenzel (2006), S. 73 ff.
[325] Covenants bezeichnen zusätzliche Vertragsvereinbarungen zwischen Kreditnehmer und Kreditgeber. Dabei lassen sich Financial Covenants und Affirmative Covenants unterscheiden. Financial Covenants gestatten es, einem Kreditgeber den Kreditvertrag zu kündigen oder einzelne Vertragsbedingungen wie etwa den Nominalzins zu seinen Gunsten anzupassen, falls der Kreditnehmer die Vorgaben bezüglich zuvor vereinbarter finanzieller Kennzahlen wie beispielsweise die Eigenkapitalquote oder die Gesamtkapitalrentabilität nicht einhält. Affirmative Covenants hingegen verpflichten den Kreditnehmer dazu, bestimmte Handlungen vorzunehmen oder zu unterlassen. Dazu können unter anderem Entscheidungen hinsichtlich der Dividendenpolitik oder Maßnahmen im Rahmen zukünftiger Finanzierungen gehören. Vgl. Smith/Warner (1979), S. 117 ff. und Perridon/Steiner/Rathgeber (2012), S. 426 f.

Kennzahlen verpflichten oder den Handlungsspielraum des Managements dahingehend einschränken, dass risikoreiche Investitionsprojekte nicht ohne Weiteres realisiert werden können.[326] Auch kann das opportunistische Verhalten der Eigentümer eines Unternehmens gegenüber den Fremdkapitalgebern durch Covenants zumindest eingeschränkt werden. Sollen jedoch jegliche Fehlanreize durch Covenants unterbunden werden, so ist eine äußerst detaillierte und kostspielige Ausarbeitung der Kreditvertragsklauseln notwendig. Neben der Ausarbeitung ist zudem die Überwachung der Einhaltung vereinbarter Klauseln mit Kosten verbunden. *Jensen/Meckling* führen des Weiteren die reduzierte Profitabilität des Unternehmens aufgrund des eingeschränkten Handlungsspielraums der Manager als weitere Agency-Kosten solcher Überwachungsmechanismen an.[327] Da diese Kosten von den Kreditgebern antizipiert werden, sind sie letztlich in Form eines reduzierten Emissionspreises von den Anteilseignern zu tragen. Sofern die von den Gesellschaftern eingesetzten Manager die von den Gläubigern verlangten Informationen kostengünstiger bereitstellen können, haben die Anteilseigner ein Interesse, durch das Reporting[328] die Überwachungsmaßnahmen der Fremdkapitalgeber zu unterstützen.

Eine weitere Möglichkeit Agency-Kosten des Fremdkapitals zu reduzieren, liegt in der Bereitstellung von Sicherheiten. Werden Vermögenswerte eines Unternehmens als Sicherheit für bestehende Verbindlichkeiten herangezogen, können die Kosten für Kontroll- und Überwachungsmaßnehmen reduziert werden. Auch wird die Problematik des Risikotransfers im Rahmen der Vermögenssubstitution durch die Begebung von Sicherheiten abgemildert, da risikoreiche Investitionsprojekte nicht den Wert der bereits existierenden besicherten Vermögenswerte reduzieren.[329] In diesem Zusammenhang lassen sich auch Leasing-Verträge als spezielle Form von Kreditsicherheiten auslegen. So können in Leasingverträgen ebenfalls Klauseln zur Beschränkung des unternehmerischen Handlungsspielraums verankert werden.[330]

Neben Überwachungs- und Kontrollmaßnahmen werden von einigen Autoren auch Reputationseffekte im Rahmen des Agency-Konflikts zwischen Anteilseignern und Fremdkapitalgebern eines Unternehmens diskutiert. So untersucht *Diamond*, inwiefern sich Unternehmen hinsichtlich ihrer Risikofreudigkeit bei Investitionen verhalten, wenn sie eine Reputation als guter Kreditnehmer im Rahmen langfristiger Gläubigerbeziehungen aufbauen bzw. erhalten

[326] Vgl. Jensen/Meckling (1976), S. 337 ff.
[327] Vgl. Jensen/Meckling (1976), S. 338.
[328] Siehe dazu Kap. 2.1.2.2.
[329] Vgl. Smith/Warner (1979), S. 127 ff.
[330] Vgl. Smith/Wakeman (1985), S. 899 ff.

wollen.[331] Der Autor kommt dabei zu der Erkenntnis, dass Unternehmen unter bestimmten Voraussetzungen auf riskante Investitionsprojekte zwecks Reputationserhalts verzichten.

In seiner Arbeit unterscheidet *Diamond* zwischen Unternehmen mit etablierten Gläubigerbeziehungen und jungen Unternehmen ohne Kredithistorie. In der Ausgangslage wird die Situation eines jungen Unternehmens diskutiert, dem zwei Investitionsmöglichkeiten zur Wahl stehen: ein wenig rentables mit geringem Risiko und ein riskantes Projekt, das jedoch eine hohe Rendite verspricht. Da die Fremdkapitalgeber die Risiken der Investitionsmöglichkeiten kaum einschätzen können und sie zudem über keine Erfahrung mit diesem Unternehmen verfügen, werden sie Kapital zu einem durchschnittlichen Zinssatz zur Verfügung stellen. In diesem Szenario unterstellt *Diamond*, dass sich junge Unternehmen, die in der Vergangenheit noch keine Gläubigerbeziehung hatten, für die risikoträchtige Investitionsmöglichkeit entscheiden, da sie kaum Reputation einbüßen können und überdies ohnehin Zinsen für durchschnittliche Risiken zahlen müssen.[332]

Kann das betrachtete Unternehmen die Anfangsinvestitionen erfolgreich gestalten, hat das Management einen Anreiz, in den Folgejahren zunehmend sicherere Investitionsprojekte zu realisieren, um die Wahrscheinlichkeit eines Kreditausfalls zu reduzieren. Hierdurch kann sich das Unternehmen eine Reputation als zuverlässiger Kreditnehmer aufbauen und von niedrigen Fremdkapitalzinssätzen profitieren. *Diamond* betrachtet die aufgebaute Reputation in der Kreditbeziehung als Vermögenswert. Daher werden Unternehmen mit etablierten Kreditbeziehungen zwecks Wertmaximierung weniger riskante Investitionsprojekte bevorzugen, selbst wenn diese eine geringere Rendite in Aussicht stellen.[333] *Diamond* identifiziert den Kreditmarkt daher als typischen Fall der Adverse Selection.[334]

Einer ähnlichen Argumentation folgen *Hirshleifer/Thakor* bei der Betrachtung von Reputationseffekten auf dem Arbeitsmarkt von Führungskräften zur Lösung von Unterinvestitions- und Vermögenssubstitutionsproblemen.[335] Hierbei steht die persönliche Reputation der Manager im Fokus der Betrachtung. Demnach vermeiden Geschäftsführer besonders risikoreiche

331 Vgl. Diamond (1989), S. 828 ff.
332 Vgl. Diamond (1989), S. 830 f.
333 Vgl. Diamond (1989), S. 831.
334 Vgl. Diamond (1989), S. 831. In diesem Zusammenhang betont Hartmann-Wendels ebenfalls die disziplinierende Funktion einer drohenden Vertragskündigung im Rahmen langfristiger Kreditbeziehungen. Hinzu kommt, dass das Ausmaß der zugrundeliegenden Informationsasymmetrien im Laufe der Zeit abnimmt. Vgl. Hartmann-Wendels (2001), S. 139 ff.
335 In ihrem Beitrag betrachten Hirshleifer/Thakor sowohl Agency-Kosten des Eigenkapitals als auch des Fremdkapitals. Dabei werden auch Interessenkonflikte zwischen Managern und Anteilseignern diskutiert. Aufgrund der Anknüpfung an die These zu Reputationseffekten wird der Beitrag von Hirshleifer/Thakor jedoch an dieser Stelle angeführt. Vgl. Hirshleifer/Thakor (1992), S. 437 ff.

Investitionsprojekte zur Wahrung ihres Rufs. Analog zum Beitrag von *Fama* kommt auch hier dem Arbeitsmarkt eine disziplinierende Wirkung zu.[336]

Die Autoren gehen davon aus, dass Unternehmen Investitionsmöglichkeiten mit verschiedenen Rendite-Risiko-Profilen zur Verfügung stehen. Nach *Hirshleifer/Thakor* präferieren die Anteilseigner von Unternehmen Projekte mit besseren Renditeaussichten und sind daher bereit größere Risiken einzugehen.[337] Jedoch ist das Management darum bemüht, sich eine hohe Reputation aufzubauen. Ist die vom Management erreichte Rendite durch externe Beobachter nur schwer zu beurteilen, so kann die Fähigkeit eines Managers gegebenenfalls nur danach beurteilt werden, ob er Investitionsprojekte erfolgreich abgeschlossen oder scheitern lassen hat. In diesem Fall hat die Unternehmensleitung verstärkt Anreize risikoarme Investitionsprojekte im Sinne der Gläubiger vorzuziehen, selbst wenn der Unternehmenswert hierdurch reduziert wird.[338]

Schließlich diskutieren einige Beiträge, wie komplexe Finanzierungsinstrumente als Lösungsmechanismus zur Reduzierung der Agency-Kosten des Fremdkapitals fungieren können.[339] So können hybride Finanzierungstitel, die sowohl Eigenkapital- als auch Fremdkapitalcharakter haben, Fehlanreize verringern. Insbesondere Interessenkonflikte im Rahmen der Risikoverteilung können durch Kontrakte wie Options- oder Wandelanleihen abgemildert werden, da die Gläubiger durch die Gestaltung hybrider Finanzierungsinstrumente an Erträgen risikobehafteter Investitionsprojekte beteiligt werden. Ebenso können vertraglich vereinbarte Kündigungs- oder Rückkaufrechte die Agency-Konflikte im Rahmen von Fremdkapitalfinanzierungen abschwächen.[340]

2.5.3 Optimale Kapitalstruktur nach der Agency-Theorie

Die in den obigen Abschnitten diskutierten Interessenkonflikte zwischen Anteilseignern und Managern bzw. zwischen Anteilseignern und Gläubigern führen zu Agency-Kosten der jeweiligen Kapitalform. Dabei ist deutlich geworden, dass die Agency-Kosten des Eigenkapitals mit steigendem Verschuldungsgrad geringer werden, während die Nachteile der Fremdfinanzierung zunehmen. Die Agency-Kosten setzen sich aus den auf die Interessenkonflikte zurückzuführenden Wertminderungen und aus den Kosten für Lösungsmechanismen wie bei-

---

336 Vgl. Fama (1980), S. 291 ff. sowie Kap. 2.5.1.
337 Vgl. Hirshleifer/Thakor (1992), S. 438 f.
338 Vgl. Hirshleifer/Thakor (1992), S. 438 f.
339 Vgl. Smith/Warner (1979), S. 140 ff.; Green (1984), S. 115 ff. und Hartmann-Wendels (2001), S. 135.
340 Vgl. Bodie/Taggart (1978), S. 1187 ff.; Barnea/Haugen/Senbet (1985), S. 86 ff.; Thatcher (1985), S. 549 ff. und Wenzel (2006), S. 74.

spielsweise Überwachungsmaßnahmen zusammen. Zur Bestimmung der optimalen Kapitalstruktur im Sinne der Agency-Theorie wird genau der Verschuldungsgrad gesucht, bei dem die Summe sämtlicher Agency-Kosten minimal ist.

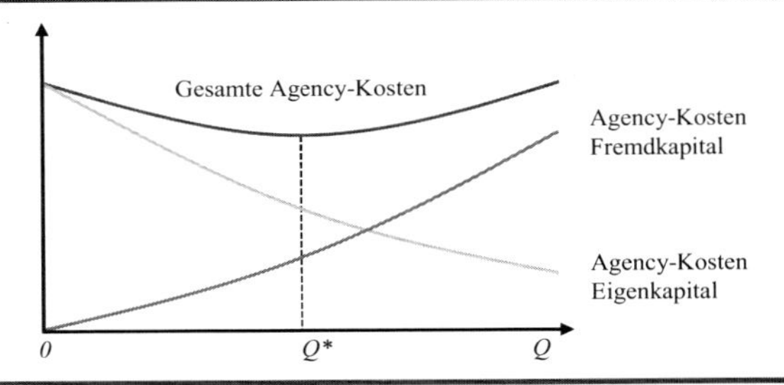

Abbildung 2.11: Optimale Kapitalstruktur nach Jensen/Meckling
Quelle: in Anlehnung an Jensen/Meckling (1976), S. 344.

Abbildung 2.11 verdeutlicht die Existenz einer optimalen Kapitalstruktur, sofern ein progressiver bzw. degressiver Agency-Kosten-Verlauf unterstellt wird.[341] Ausgehend von einem unverschuldeten Unternehmen mit hohen Agency-Kosten des Eigenkapitals wird der Verschuldungsgrad erhöht. Der Nachteil steigender Agency-Kosten des Fremdkapitals wird zunächst durch die sinkenden Agency-Kosten des Eigenkapitals überkompensiert. Dabei wird die Substitution von Eigen- durch Fremdkapital so lange durchgeführt, bis die Summe der gesamten Agency-Kosten minimal ist. Bei diesem optimalen Verschuldungsgrad wird zugleich der Unternehmenswert maximiert. Somit lässt sich eine optimale Kapitalstruktur auch aus agencytheoretischer Perspektive herleiten.

2.5.4 Kritische Würdigung

Die verschiedenen agency-theoretischen Modelle stellen einen wesentlichen Beitrag zur Fortentwicklung der Kapitalstrukturforschung dar, da sie umfangreiche Erkenntnisse hinsichtlich der mit Finanzierungsentscheidungen einhergehenden Interessenkonflikte und Anreize liefern. Sie bieten Hinweise auf die Relevanz von Finanzierungsmaßnahmen für den Unternehmenswert und stehen somit den Ausführungen von *M/M* entgegen, die für eine Irrelevanz der Finanzierung argumentieren. Die Agency-Theorie der Kapitalstruktur unterstellt die Existenz eines optimalen Verschuldungsgrads, ähnlich der Trade-Off-Theorie, geht jedoch über die ausschließliche Berücksichtigung der zwei Einflussfaktoren Steuern und Insolvenzkosten hin-

[341] Vgl. Jensen/Meckling (1976), S. 344 ff. Die unterstellten konvexen Kurvenverläufe stellen dabei eine notwendige Voraussetzung für die Existenz einer inneren optimalen Kapitalstruktur dar. Anderweitige Kurvenverläufe führen zu Randlösungen oder zur Irrelevanz der Kapitalstruktur. Eine umfangreiche Erörterung der Kurvenverläufe bieten Barnea/Haugen/Senbet (1985), S. 41 ff.

aus, indem sie die Auswirkungen von Agency-Konflikten auf den Wert von Unternehmen diskutiert.

Die Agency-Theorie der Kapitalstruktur kann entgegen den zuvor erörterten Theorien die Existenz zahlreicher institutioneller Regelungen im Rahmen von Finanzierungsbeziehungen erklären. Sie argumentiert, dass beispielsweise vereinbarte Kontrollrechte oder bestimmte Kreditvertragsklauseln zur Reduzierung der auf Interessenkonflikte zurückzuführenden Agency-Kosten beitragen. Jedoch lässt sich die absolute Höhe der Agency-Kosten im Rahmen von Finanzierungsbeziehungen nicht eindeutig beziffern.[342] So ist eine unmittelbare Operationalisierung der Agency-Kosten nicht möglich, da die Beziehungsgeflechte zwischen den Akteuren in der Regel zu vielschichtig sind.[343] Zwar wird die Existenz einer optimalen Kapitalstruktur hergeleitet, gleichwohl ist deren exakte Bestimmung kaum durchführbar. Die verschiedenen Vertreter der Agency-Theorie der Kapitalstruktur fokussieren sich daher auf die Analyse partieller Themenbereiche, in deren Rahmen charakteristische Einzelprobleme untersucht werden, denen hohe Agency-Kosten zugeschrieben werden.

Bei der Betrachtung von eigenkapitalinduzierten Agency-Kosten gehen die Interessenkonflikte zum einen auf die suboptimale Ressourcenallokation und zum anderen auf Fehlanreize beim unternehmerischen Arbeitseinsatz zurück. Bei letzterem resultieren die Konflikte daraus, dass Anteilseigner an den Erträgen aus der Anstrengung der Manager partizipieren, die Last der vermehrten Anstrengung aber ausschließlich von der Unternehmensführung zu tragen ist.[344] Die vor diesem Hintergrund diskutierten Möglichkeiten zur erfolgsabhängigen Vergütung können jedoch auch keine vollständige Interessenangleichung gewährleisten.[345]

Die im Zusammenhang mit der Emission von Forderungstiteln entstehenden Fehlanreize für unternehmerisches Verhalten bestehen, sofern die Forderungstitel ausfallgefährdet sind. In diesem Fall können aus der Perspektive der Anteilseigner Handlungsalternativen vorteilhaft sein, die aus der Sichtweise sämtlicher Beteiligter von Nachteil sind.[346] Dabei steht insbesondere eine zu Lasten der Gläubiger gestaltete Investitionspolitik im Zentrum der Betrachtung und konnte mehrfach empirisch nachgewiesen werden.[347] Auch hier bieten sich den benachteiligten Parteien zahlreiche Instrumente zur Wahrung ihrer Interessen. So können Gläubiger

[342] Einen modelltheoretischen Versuch zur Quantifizierung von Agency-Kosten zeigen Mello/Parsons (1992), S. 1887 ff.
[343] Vgl. Schneider (2010), S. 19.
[344] Vgl. Breuer (2008), S. 215.
[345] Vgl. Myers (2001), S. 96.
[346] Vgl. Breuer (2008), S. 239.
[347] Vgl. Asquith/Mullins (1986), S. 61 ff. und Alexander/Edwards/Ferri (2000), S. 23 ff.

die Ausfallrisiken ihrer Forderungen begrenzen, indem Covenants und Kreditsicherheiten vereinbart und Kredite im Rahmen einer restriktiven Kreditvergabepolitik limitiert werden.[348]

Die genannten Agency-Konflikte und ihre Lösungsmöglichkeiten lassen sich auch nach der Rechtsform der Unternehmen unterscheiden. Demnach werden in idealtypischen Personengesellschaften Eigentum und Verfügungsmacht nicht voneinander getrennt. Die Eigner haften mit ihrem Privatvermögen, so dass eine Vermögenssubstitution nicht ohne Weiteres möglich ist. Ebenso deutet die Möglichkeit der Kontrolle durch gleichgestellte Insider auf geringere Agency-Konflikte hin. Dagegen kann die in Publikumsgesellschaften meist starke Stückelung der Anteile in Verbindung mit der auf die Einlage beschränkten Haftung und der oft praktizierten Delegation der Geschäftsführung zu erheblichen Agency-Konflikten führen.[349]

Rechtsformspezifische Regelungen sowie weitere in der Praxis zu beobachtende institutionelle Regelungen stellen Lösungsmöglichkeiten zur Reduzierung von Agency-Kosten dar. Jedoch ist auch deren Effektivität häufig nicht ohne Weiteres zu bewerten. So lassen sich zwar modelltheoretisch optimale Kombinationen der beiden idealtypischen Finanzierungsformen ermitteln, allerdings gestaltet sich die praktische Anwendung solcher Kalküle in Anbetracht der starken Situationsabhängigkeit optimaler Finanzierungsentscheidungen schwierig.[350] Die Agency-Theorie der Kapitalstruktur gibt aber Aufschlüsse über die Funktionsweise verschiedener Finanzierungsformen und bietet qualitative Handlungsempfehlungen zur Reduktion unternehmerischer Fehlanreize.

Die Erkenntnisse der Agency-Theorie der Kapitalstruktur haben auch zur Weiterentwicklung bereits bestehender Erklärungsansätze beigetragen. So entwickelte sich bis Mitte der 1980er Jahre durch die Kombination der Erkenntnisse über die Wirkung von Steuervorteilen und Insolvenzkosten aus der klassischen Trade-Off-Theorie auf der einen Seite und den Beiträgen über Fehlanreize und Agency-Kosten im Rahmen der Agency-Theorie der Kapitalstruktur auf der anderen Seite die so genannte integrierte Trade-Off-Theorie.[351] Sie unterstellt ebenfalls die Existenz eines optimalen Verschuldungsgrads, der sich aus der Abwägung der Wirkungen von Steuervorteilen, Insolvenzkosten und Agency-Kosten ergibt. Mithilfe der integrierten Trade-Off-Theorie ließ sich die in der Praxis zu beobachtende Schwankungsbreite bei der Gestaltung der Kapitalstruktur erstmals fundiert erklären. Jedoch gestaltet sich die integrierte Trade-Off-Theorie sehr komplex, so dass sie eher als übergeordnetes Denkmodell fungiert.

---

[348] Vgl. Schmidt/Terberger (1997), S. 449.
[349] Vgl. Schmidt/Terberger (1997), S. 449 f.
[350] Vgl. Breuer (2008), S. 239.
[351] Vgl. Berens/Cuny (1995), S. 1187.

Aufgrund der Unbestimmtheit der zugrundeliegenden Agency-Theorie beschränken sich modelltheoretische Untersuchungen zumeist auf Teilaspekte der integrierten Trade-Off-Theorie.[352]

2.6 Weitere Theorien basierend auf asymmetrischer Information

Einige weitere Theorien zur Erklärung der Kapitalstruktur basieren wie die Agency-Theorie auf der Annahme, dass Informationen nicht bei allen Marktteilnehmern gleich verteilt sind.[353] Wird zudem unterstellt, dass sich Parteien in Finanzierungsbeziehungen opportunistisch verhalten, müssen schlechter informierte Vertragspartner davon ausgehen übervorteilt zu werden. Asymmetrisch verteilte Informationen können daher erhebliche Auswirkungen auf Finanzierungsentscheidungen haben. Die in diesem Abschnitt diskutierten Modelle fokussieren nicht auf die optimale Ausgestaltung des Verschuldungsgrads, sondern untersuchen die Konsequenzen asymmetrisch verteilter Informationen auf die Verhaltensweisen von Vertragspartnern sowie auf die Ausgestaltung und Durchsetzung von Verträgen. Dabei lassen sich die Signalisierungsansätze und die Pecking-Order-Theorie unterscheiden.

2.6.1 Signalisierungstheorie

Die verschiedenen Ansätze der Signalisierungstheorie untersuchen die Auswirkungen asymmetrisch verteilter Informationen auf unternehmerische Finanzierungsentscheidungen.[354] Bei diesen Beiträgen zur Kapitalstrukturforschung steht die Signalisierungsfunktion einzelner Kapitalformen im Zentrum der Betrachtung. Dabei entwickelte sich die Modellkategorie der Signalisierungsansätze aus der Kritik an der klassischen Trade-Off-Theorie.[355] Zwar postulieren die Vertreter der Signalisierungsansätze die Relevanz von Finanzierungsentscheidungen analog zu den Vertretern der Trade-Off-Theorie. Jedoch führen sie in ihrer Argumentation weder Steuervorteile der Fremdfinanzierung und Insolvenzkosten noch Agency-Kosten an.[356]

In den Signalisierungsansätzen wird die in der Realität zu beobachtende asymmetrische Informationsverteilung zwischen Management und Kapitalgebern hervorgehoben. In der Regel besitzt die Geschäftsführung eines Unternehmens einen Informationsvorsprung, der es ihr ermöglicht die Güte aktueller Investitionsmöglichkeiten sowie zukünftiger Ertragsaussichten des Unternehmens besser zu beurteilen als Außenstehende. Der Informationsvorsprung der

---

352 Vgl. Leland (1994), S. 1213 ff. und Schneider (2010), S. 21.
353 Siehe Kap. 2.1.2.
354 Vgl. Copeland/Weston/Shastri (2005), S. 596 ff.
355 Vgl. Schneider (2010), S. 22.
356 Ross hebt in diesem Zusammenhang die Unabhängigkeit seines Beitrags von der Argumentation der Agency-Theorie hervor. Vgl. Ross (1977), S. 24.

Manager impliziert, dass externe Eigenkapitalgeber und Gläubiger schlechter informiert sind. Dieses Informationsdefizit drückt sich in der Form aus, dass externe Kapitalgeber die Qualität von Unternehmen nicht präzise beurteilen und unterbewertete von überbewerteten Unternehmen nicht ohne Weiteres unterscheiden können.

Besteht ein solcher Informationsnachteil der Kapitalgeber, werden diese ein höheres Entgelt für die Überlassung von Kapital verlangen. Zudem kann die Ankündigung von Finanzierungsmaßnahmen seitens des Managements dazu führen, dass externe Kapitalgeber ihre Finanzierungstitel veräußern.[357] Vor diesem Hintergrund besteht der Kern der Signalisierungsansätze darin, dass sich Informationsasymmetrien durch Finanzierungsmaßnahmen reduzieren lassen.[358] Gelingt es der Geschäftsführung eines Unternehmens dem Kapitalmarkt glaubhaft zu signalisieren, dass eine Unterbewertung vorliegt, kann sie eine höhere Marktbewertung realisieren. Von zentraler Bedeutung ist in diesem Zusammenhang die Glaubwürdigkeit der vom Management ausgesendeten Signale, da Kapitalgeber davon ausgehen müssen, dass die Geschäftsführung auch bei schlechten Ertragsaussichten möglichst positive Signale abgeben wird. So ist anzunehmen, dass externe Kapitalgeber stets überprüfen, inwiefern das Management seinen eigenen überlegenen Informationsstand glaubhaft offenlegt. Demnach muss ein Signal von einem guten Unternehmen zu geringeren Signalisierungskosten erzeugt werden können als von einem schlechten Unternehmen. Zudem muss die Aussendung eines Signals von Unternehmen hoher Qualität einen positiven Nettoertrag haben, während es sich für Unternehmen geringerer Qualität nicht lohnen darf ein solches Signal zu imitieren.[359] Die verschiedenen Signalisierungsansätze argumentieren, dass die Gestaltung der Kapitalstruktur ein glaubwürdiges Signal hinsichtlich der Qualität eines Unternehmens darstellt.

Die bedeutendsten Beiträge bezüglich der Signalisierungsfunktion von Kapitalstrukturentscheidungen stammen von *Ross* und *Leland/Pyle*. Diese parallel entwickelten Modelle unterstellen eine asymmetrische Informationsverteilung auf einem sonst vollkommenen Kapitalmarkt.

---

[357] Zahlreiche empirische Studien belegen, dass Veränderungen in der Kapitalstruktur von Unternehmen zu Kursreaktionen an den Kapitalmärkten führen können. Vgl. dazu Masulis (1980), S. 139 ff.; Vermaelen (1981), S. 139 ff. und Asquith/Mullins (1986), S. 61 ff.

[358] Vgl. Drobetz/Pensa/Wöhle (2006), S. 267 f.

[359] Vgl. Spremann (1991), S. 649 ff. und Swoboda (1994), S. 197 f.

2.6.1.1 Signalisierung nach Ross

In seinem Modell differenziert *Ross* zwischen Unternehmen hoher Qualität mit positiven Zukunftsaussichten und Unternehmen geringer Qualität mit schlechten Ertragsaussichten.[360] Die Informationen, welcher Kategorie ein Unternehmen angehört, sind jedoch nur dem jeweiligen Management bekannt. Da die Akteure des Kapitalmarkts aufgrund asymmetrisch verteilter Informationen die Qualität der Unternehmen nicht beurteilen können, unterstellen sie im Rahmen ihrer Anlageentscheidung durchschnittliche Unternehmensqualitäten.[361] Hierdurch kann das Informationsdefizit potentieller Kapitalgeber zu einer restriktiven Kapitalvergabe führen, so dass Unternehmen hoher Qualität nicht ausreichend Kapital erhalten, um sämtliche wertsteigernde Investitionsmöglichkeiten zu realisieren. Da das Management eines solchen Unternehmens jedoch ein Interesse an der Maximierung des Unternehmenswerts hat, wird es versuchen, potentielle Kapitalgeber von den positiven Zukunftsaussichten des Unternehmens zu überzeugen.[362] Dabei unterstellt *Ross*, dass die Signalisierung der Unternehmensqualität durch das Management gegenüber Investoren ausschließlich durch Veränderung des Verschuldungsgrads vorgenommen werden kann.[363]

Die Signalisierung einer hohen Unternehmensqualität durch das Management hat aber zunächst keinen Erfolg, da qualitativ schlechtere Unternehmen jegliche Versuche imitieren werden, so dass der Kapitalmarkt kein glaubhaftes Signal erhält und nicht zwischen den Unternehmen der beiden Kategorien unterscheiden kann. Jedoch kann ein Signal dann glaubwürdig sein, wenn das Unternehmen die Vergütung des Managements in Abhängigkeit des Unternehmenswerts gestaltet und somit Anreize zu wertmaximierenden Verhaltensweisen und deren Signalisierung bietet.[364] Weiterhin muss die Entlohnung der Manager so vereinbart werden, dass sie mit zunehmender Insolvenzwahrscheinlichkeit geringer wird. Demnach lohnt es sich für die Unternehmensführung nicht, durch übermäßige Verschuldung einen hohen Unternehmenswert zu signalisieren, da gleichzeitig eine Insolvenz wahrscheinlicher wird und sich die Vergütung der Manager reduziert.[365] Daher orientiert sich das Vergütungssystem sowohl an dem aktuellen als auch an dem zukünftigen Unternehmenswert.

Durch die Vereinbarung einer erfolgsabhängigen Vergütung hat die Geschäftsführung eines Unternehmens von hoher Qualität den Anreiz sowie die Möglichkeiten, ein glaubwürdiges

---

[360] Vgl. Swoboda (1994), S. 198 f.
[361] Vgl. Ross (1977), S. 27.
[362] Vgl. Ross (1977), S. 28 ff.
[363] Vgl. Ross (1977), S. 31 ff.
[364] Der Handel von Wertpapieren des eigenen Unternehmens ist den Managern in diesem Modell untersagt, damit keine Anreize bestehen falsche Signale auszusenden. Vgl. Ross (1977), S. 28.
[365] Vgl. Ross (1977), S. 31 f.

Signal über die tatsächliche Rentabilität und zukünftige Ertragsaussichten gegenüber dem Kapitalmarkt abzugeben. So werden die Manager durch die Festlegung eines hohen Verschuldungsgrads eine positive Entwicklung zukünftiger Einzahlungsüberschüsse glaubwürdig signalisieren, da nur Unternehmen mit entsprechend guten Ertragsaussichten solche Maßnahmen ergreifen können, ohne sich einem übermäßigen Insolvenzrisiko auszusetzen. Unternehmen mit schlechten Zukunftsaussichten hingegen können die hohe Verschuldung aufgrund unzureichender Profitabilität und erwarteter niedriger Einzahlungsüberschüsse nur schwer realisieren, ohne dass damit eine erhöhte Insolvenzwahrscheinlichkeit einhergeht.[366] Um ihre Qualität zu signalisieren, können gute Unternehmen also einen hohen Verschuldungsgrad wählen, der von rational handelnden Managern schlechter Unternehmen nicht imitiert wird.[367]

Nach *Ross* wird die Geschäftsführung von schlechten Unternehmen genau dann von einer Imitationsstrategie absehen, wenn die Einkommenseinbußen durch die erhöhte Insolvenzwahrscheinlichkeit die Vorteile, als gutes Unternehmen zu gelten, übersteigen. So lassen sich im separierenden Kapitalmarktgleichgewicht gute und schlechte Unternehmen anhand ihres Verschuldungsgrads eindeutig voneinander unterscheiden.[368]

Im Hinblick auf die Kapitalstrukturforschung verdeutlicht der Beitrag von *Ross* die Signalwirkung, die von Finanzierungsentscheidungen ausgehen kann. So kann ein hoher Verschuldungsgrad als positives Signal an den Kapitalmarkt gewertet werden, da das Management aufgrund von erfolgversprechenden Zukunftsaussichten die Insolvenzwahrscheinlichkeit als gering und das Unternehmenswertsteigerungspotential als hoch einstuft.

2.6.1.2 Signalisierung nach Leland/Pyle

Das Modell von *Leland/Pyle* thematisiert ebenso die Signale, die von Kapitalstrukturentscheidungen ausgehen können, stellt dabei aber im Gegensatz zu *Ross* nicht die Verschuldung sondern die Eigenkapitalbeteiligung des Managements ins Zentrum der Betrachtung.[369] Die Autoren argumentieren, dass das Halten von Anteilen am eigenen Unternehmen auch eine Beteiligung am Unternehmensrisiko zur Folge hat. Das Ausmaß der Eigenkapitalbeteiligung lässt sich als Signal an den Kapitalmarkt interpretieren, das Rückschlüsse über die auf überlegen-

[366] Ross schlägt für diesen Fall vertraglich vereinbarte Strafzahlungen vor. Vgl. Ross (1977), S. 28 ff.
[367] Vgl. Schneider (2010), S. 23.
[368] Vgl. Ross (1977), S. 37.
[369] Vgl. Leland/Pyle (1977), S. 371 ff.

dem Informationsstand fußende Einschätzung des Managements bezüglich der Erfolgsaussichten zulässt.[370]

Ausgangspunkt des Modells von *Leland/Pyle* ist ein Investitionsprojekt, welches mit Mitteln des geschäftsführenden Gesellschafters und externem Beteiligungskapital vollständig eigenkapitalfinanziert werden soll. Aufgrund der asymmetrischen Informationsverteilung können die externen Investoren die Qualität des Projekts nur unzureichend beurteilen, während der Geschäftsführung eine präzise Einschätzung der Vorteilhaftigkeit möglich ist. Alternativ stehen dem geschäftsführenden Gesellschafter Möglichkeiten zur Investition in das Marktportfolio oder in eine risikofreie Anlage zur Verfügung. Somit ist eine Realisierung des betrachteten Investitionsprojekts nur dann rational, wenn es einen Vermögenszuwachs über die Alternativanlagen hinaus generiert.[371]

Vor diesem Hintergrund lässt sich die Signalisierungsfunktion der Eigenkapitalbeteiligung des Managements verdeutlichen. So ist davon auszugehen, dass sich die Geschäftsführung eines Unternehmens nur dann in substanziellem Umfang mit eigenem Eigenkapital an einem Investitionsprojekt beteiligt, wenn die Rendite des Projekts zum einen über den Opportunitätskosten liegt und zum anderen eine Prämie für die beschränkte Risikodiversifikation des Privatvermögens bietet.[372] *Leland/Pyle* zeigen in diesem Zusammenhang die positive Korrelation zwischen der Höhe der Eigenkapitalbeteiligung und der Renditeerwartung auf.[373]

Beteiligt sich das Management also in substanziellem Umfang am Eigenkapital des eigenen Unternehmens und ist gegebenenfalls bereit an einer Kapitalerhöhung zu partizipieren, können Investoren daraus Rückschlüsse über die Güte der gegenwärtigen und zukünftigen Ertragslage ziehen. Darüber hinaus kann auch der Verbleib substanzieller Unternehmensanteile bei geschäftsführenden Gesellschaftern im Rahmen eines Börsengangs als positives Signal interpretiert werden.[374] Jedoch können die von der Eigenkapitalbeteiligung des Managements ausgehenden Signale im gegensätzlichen Fall auch negativ ausgelegt werden. Ist die Geschäftsführung nicht oder nur in vernachlässigbarem Umfang an einem Unternehmen beteiligt, nimmt nicht an einer Kapitalerhöhung teil oder veräußert eigene Unternehmensanteile, so werten Kapitalmarktteilnehmer dies als schlechtes Zeichen bezüglich Rentabilität und Zukunftsaussichten des Unternehmens. Daher schließen *Leland/Pyle*, dass Eigenkapitalbeteili-

---

[370] Vgl. Leland/Pyle (1977), S. 376.
[371] Vgl. Schneider (2010), S. 24.
[372] Vgl. Schneider (2010), S. 24.
[373] Vgl. Leland/Pyle (1977), S. 372 ff.
[374] Vgl. Leland/Pyle (1977), S. 376.

gungen des Managements ein effizientes Signal an den Kapitalmarkt über die Güte des Unternehmens sein können, wobei die Glaubwürdigkeit der Signalisierungsfunktion vom Ausmaß der Beteiligung abhängt.[375]

Die Glaubwürdigkeit der Signalisierungsfunktion wird zudem maßgeblich davon beeinflusst, inwiefern schlechte Unternehmen einen Anreiz haben, die Signale der guten Unternehmen zu imitieren. Diese Fehlanreize entstehen, wenn die Kosten für die Aussendung eines falschen Signals unter den damit verbundenen Erträgen liegen. Reicht bereits eine geringe Beteiligungsquote aus, um das Signal guter Unternehmen zu imitieren, so ist die Glaubwürdigkeit sämtlicher Signale gering. Daher müssen sich Manager von Unternehmen hoher Qualität in substanziellem Umfang am Eigenkapital beteiligen, selbst wenn ihr Anteil dadurch über das in einer Welt ohne Informationsasymmetrien optimale Maß hinausgeht. In diesem Fall entstehen den Managern durch die suboptimale Allokation des Vermögens Kosten. Jedoch können durch die glaubwürdige Signalisierung der unterschiedlichen Unternehmensqualitäten Informationsasymmetrien nahezu vollständig abgebaut werden. Investoren am Kapitalmarkt werden ihre Mittel so zur Verfügung stellen, dass wertsteigernde Investitionsprojekte durchgeführt werden, während unrentable Projekte nicht realisiert werden.[376]

2.6.1.3 Kritische Würdigung

Die Signalisierungsansätze von *Ross* und *Leland/Pyle* erweitern die Diskussion über die Kapitalstruktur von Unternehmen um den Aspekt der asymmetrisch verteilten Informationen und zeigen entgegen dem *M/M-Theorem* die Relevanz von Finanzierungsentscheidungen auf.[377] Dabei können sie aufschlussreiche Erkenntnisse über die Signalisierungsfunktion einzelner Kapitalformen liefern, bieten jedoch aufgrund zahlreicher offener Fragen und der starken Abhängigkeit von den gesetzten Prämissen nur begrenzten Erklärungsgehalt. *Ross* selbst weist in seinem Beitrag auf den wenig entwickelten Stand und die schwierige empirische Überprüfbarkeit seines Ansatzes hin.[378] Auch ist es bisher nicht gelungen diese Schwierigkeiten gänzlich auszuräumen. So findet zwar die Idee der Signalisierungsfunktion einzelner Kapitalformen weitgehenden Zuspruch, gleichwohl wird ihr Nutzen für die Kapitalstrukturforschung

---

[375] Eine direkte Verkündung positiver Zukunftsaussichten stellt nach Ansicht von Leland/Pyle kein glaubhaftes Signal dar, da es von Managern schlechterer Unternehmen leicht imitiert werden könnte. Auch eine direkte Informationsweitergabe stellt keine effiziente Lösung zur Überwindung asymmetrischer Informationen dar, da sie mit hohen Kosten verbunden sein kann. Vgl. Leland/Pyle (1977), S. 383 ff.

[376] Vgl. Leland/Pyle (1977), S. 380 ff. und Hermanns (2006), S. 68 f.

[377] Für eine ausführliche Diskussion des M/M-Theorems vor dem Hintergrund asymmetrischer Informationen siehe Breuer (2008), S. 188 ff.

[378] Vgl. Ross (1977), S. 38.

aufgrund des fehlenden modelltheoretischen Bezugsrahmens von einigen Autoren bezweifelt.[379]

Insbesondere die teilweise unrealistischen Annahmen sind Gegenstand umfangreicher Kritik. Die Modelle gehen davon aus, dass die Unternehmen aus Sicht der externen Kapitalgeber zunächst keine Unterschiede aufweisen. Lediglich Insider können die Qualität demnach beurteilen. Jedoch ist davon auszugehen, dass sich auch Externe Informationen über die Güte eines Unternehmens aneignen können, ohne sich ausschließlich auf die Signalisierungsfunktion der Kapitalstruktur zu stützen.[380] Weiterhin ist die Annahme hinsichtlich der Präferenzstruktur von Managern kritisch zu sehen, da die Signalisierungsansätze keine einheitlichen Präferenzen und Risikoneigungen bei Managern unterstellen, so dass eine einheitliche Bewertung der Signalisierungsfunktion von Finanzierungsentscheidungen nicht möglich ist. Zudem werden lediglich Informationsasymmetrien zwischen zwei Parteien betrachtet. Darüber hinausgehende Informationsdefizite sind nicht Gegenstand der Analyse. Auch wird in den Signalisierungsansätzen vernachlässigt, dass neben der Gestaltung der Kapitalstruktur auch weitere Unternehmensentscheidungen Aufschlüsse über die Güte eines Unternehmens geben können. Des Weiteren wird bezweifelt, ob ein ausgesendetes Signal auch als solches von den Kapitalgebern wahrgenommen wird.[381] Die im Modell von *Ross* unterstellte Verknüpfung des Privatvermögens von Managern mit dem Unternehmenswert durch potentielle Strafzahlungen im Insolvenzfall wird zudem als wenig realistisch bewertet.

Neben diesen auf einzelne Aspekte fokussierenden Kritikpunkten wird auch die grundsätzliche Eignung der Signalisierungsansätze zur Erklärung der Kapitalstruktur in Frage gestellt. So ist die Argumentation der einzelnen Beiträge nicht widerspruchsfrei. In den Modellen müssen Manager nicht nur die Qualität des eigenen Unternehmens bestimmen, sondern auch dessen Güte in Relation zu einer weiteren Gesellschaft einordnen können, obwohl sie keine Insider des anderen Unternehmens sind. Besteht der Kapitalmarkt nicht nur aus zwei Unternehmen, sondern aus einer Vielzahl an Marktteilnehmern, müsste das Management einer jeden Firma die Qualität des eigenen und sämtlicher anderen Unternehmen in Relation zueinander kennen, um durch Kapitalstrukturentscheidungen entsprechende Signale auszusenden. Allerdings ist

---

[379] Vgl. Haugen/Senbet (1979), S. 671 ff.; Swoboda (1987), S. 49 ff. und Schuhmacher (2004), S. 1113 ff.

[380] Diesen Aspekt bezeichnet Ross selbst als wesentlichsten Schwachpunkt seines Modells. Vgl. Ross (1977), S. 39.

[381] Einige Autoren greifen diesen Punkt auf und diskutieren die Rollen von Kreditinstituten als Übermittler von Informationen. Weitere potentielle Kapitalgeber können anhand der Kreditkonditionen Rückschlüsse über die Qualität der Unternehmen ziehen. Vgl. dazu Campbell/Kracaw (1980), S. 863 ff.; Lee/Thakor/Vora (1983), S. 1507 ff. und Swoboda (1994), S. 199.

eine solche Einschätzung ohne entsprechendes Insiderwissen kaum möglich, so dass die Schlussfolgerungen der Signalisierungsansätze nicht ohne Widerspruch bleiben.[382]

Trotz der umfangreichen Kritik wurden zahlreiche weitere Signalisierungsansätze entwickelt.[383] Jedoch wird auch diesen Modellen nur eine geringe Bedeutung für die Erklärung von Kapitalstrukturentscheidungen zugeschrieben. Zudem stehen bei einigen Beiträgen weniger die Kapitalstruktur als vielmehr Investitionsentscheidungen, Risikopräferenzen oder die Dividendenpolitik im Zentrum der Betrachtung. Weiterhin sind auch die Ergebnisse empirischer Untersuchungen nicht eindeutig. So findet *Wanzenried* keine Hinweise auf die Signalisierungsfunktion der Kapitalstruktur.[384] Weiterhin zeigen *Luo/Brick/Frierman*, dass die von ihnen untersuchten Unternehmen mit positiven Ertragsaussichten trotz bestehender Informationsasymmetrien nur niedrige Verschuldungsgrade aufweisen.[385] *Schneider* kommt zu dem Schluss, dass die in der Realität beobachteten Verschuldungsgrade ebenfalls gegen die Gültigkeit der Signalisierungsansätze sprechen, da die Kapitalstrukturentscheidungen bei der ausschließlichen Orientierung an der Signalwirkung weitaus extremer ausfallen müssten, damit sich gute Unternehmen von schlechteren deutlich unterscheiden können.[386]

2.6.2 Pecking-Order-Theorie

Die Vielzahl der modelltheoretischen Beiträge zur Kapitalstrukturforschung aus den 1970er Jahren liefert zwar Hinweise auf die Relevanz von Finanzierungsentscheidungen, kann die Gestaltung des unternehmerischen Verschuldungsgrads jedoch nicht abschließend erklären. Während die Trade-Off-Theorie nur unter der Berücksichtigung unspezifischer agency- und signalisierungstheoretischer Aspekte Rückschlüsse auf die beobachteten Kapitalstrukturen zulässt und insgesamt zu widersprüchlichen empirischen Ergebnissen führt, bieten die auf die Signalfunktion gegenüber dem Kapitalmarkt fokussierenden Beiträge von *Ross* und *Leland/Pyle* keinen abgeschlossenen modelltheoretischen Rahmen.[387] So lag bis Mitte der 1980er Jahre keine allgemeingültige Kapitalstrukturtheorie vor. *Myers* fasste 1984 den unbefriedigenden Stand der Forschung in der eingangs dieser Arbeit zitierten Aussage zusammen, nach der die Kapitalstrukturforschung bisher nicht abschließend beantworten kann, anhand

---

382 Vgl. Schneider (2010), S. 25.
383 Vgl. z. B. Miller/Rock (1985), S. 1031 ff.; Hartmann-Wendels (1986), S. 176 ff.; Neus/Nippel (1991); Ravid/Sarig (1991), S. 165 ff.; Neus/Nippel (1992) und Heider (2002).
384 Vgl. Wanzenried (2002), S. 1 ff.
385 Vgl. Luo/Brick/Frierman (2002), S. 216.
386 Vgl. Schneider (2010), S. 26.
387 Vgl. Rajan/Zingales (1995), S. 1421 ff.; Breuer (2008), S. 144 ff. und Schneider (2010), S. 27.

welcher Kriterien Unternehmen ihre Kapitalstrukturentscheidungen treffen.[388] Als einen Gegenentwurf zu den bisherigen Kapitalstrukturtheorien entwickelte er gemeinsam mit *Majluf* die Pecking-Order-Theorie. Deren Grundgedanke, die Existenz einer Rangordnung der Finanzierungsformen, geht auf die Arbeit von *Donaldson* zurück.[389]

2.6.2.1 Rangordnung der Finanzierungsformen

Der Beitrag von *Myers/Majluf* thematisiert ähnlich wie die Signalisierungsansätze die Bedeutung von asymmetrisch verteilten Informationen im Hinblick auf die Kapitalstrukturentscheidungen in Unternehmen.[390] Auch in diesem Modell verfügt das Management über einen Informationsvorsprung gegenüber externen Investoren. Zudem verzichten *Myers/Majluf* analog der Modelle von *Ross* und *Leland/Pyle* in ihrer Argumentation auf Elemente der Trade-Off-Theorie. Jedoch grenzt sich das Modell von *Myers/Majluf* in seinem Aufbau deutlich von den Signalisierungsansätzen ab.

Während in den Modellen von *Ross* und *Leland/Pyle* das Investitionsprogramm als gegeben angenommen wurde, thematisieren *Myers/Majluf* die Interaktion zwischen Investitions- und Finanzierungsentscheidungen. Zentrale These der Pecking-Order Theorie ist, dass Unternehmen die verschiedenen Finanzierungsquellen in einer bestimmten Reihenfolge für die Aufnahme von Investitionskapital präferieren.[391] Diese Rangordnung (Pecking Order) bestimmt sich durch die Höhe der Unterbewertung, die aufgrund von Informationsasymmetrien zwischen den beteiligten Parteien bei verschiedenen Finanzierungsquellen entstehen kann. So erklärt die Pecking-Order-Theorie, warum Manager zur Realisierung von Investitionsprojekten zunächst die Innenfinanzierung bevorzugen, bevor auf externes Fremdkapital und zuletzt auf externes Eigenkapital zurückgegriffen wird. Der Verschuldungsgrad eines Unternehmens bestimmt sich aufgrund der Hierarchie der Finanzierungsquellen durch deren Verfügbarkeit und nicht durch die Abwägung gegenläufiger Effekte wie in der Trade-Off-Theorie. Somit existiert nach der Pecking-Order-Theorie auch keine optimale Kapitalstruktur.[392]

Myers/Majluf gehen in ihrem Drei-Perioden-Modell von einem anfänglich vollkommenen Kapitalmarkt aus, auf dem später Informationsungleichgewichte entstehen. Dabei betrachten sie ein unverschuldetes Unternehmen, dem sich eine Investitionsmöglichkeit bietet, das je-

---

388 Siehe dazu Kap. 1.1.

389 Vgl. Myers (1984), S. 581. Donaldson argumentiert in seinem Beitrag, dass das Management eines Unternehmens insbesondere die für die Investitionsfinanzierung zur Verfügung stehenden internen Mittel analysieren sollte, da diese gegenüber externen Finanzierungsquellen präferiert werden. Vgl. Donaldson (1961), S. 123 ff.

390 Vgl. Myers/Majluf (1984), S. 187 ff.

391 Vgl. hierzu auch die Arbeit von Martens (1996).

392 Vgl. Myers/Majluf (1984), S. 220.

doch nur über freie Mittel in begrenzter Höhe zu dessen Finanzierung verfügt. Um die Investitionsmöglichkeit wahrzunehmen, benötigt das Unternehmen zusätzliches Kapital. Im Zentrum der Analyse steht hierbei die Signalwirkung einer Kapitalerhöhung zur Investitionsfinanzierung. So sind sich potentielle Investoren bewusst, nicht über den gleichen Informationsstand wie die Unternehmensinsider zu verfügen, und ziehen aus der Wahl der Finanzierungsform durch das Management Rückschlüsse auf die Qualität des Unternehmens.[393]

Im Drei-Perioden-Modell von *Myers/Majluf* verfügen zum Zeitpunkt t_{-1} sowohl die Manager des Unternehmens als auch potentielle Kapitalgeber über den gleichen Informationsstand bezüglich des Unternehmens und des Investitionsprojekts. Es liegen keinerlei Informationsasymmetrien vor. Zum Zeitpunkt t_0 muss das Management entscheiden, ob die Investition durchgeführt wird. Dabei unterstellen *Myers/Majluf*, dass die Unternehmensleitung bereits in t_0 die Güte des Investitionsprojekts beurteilen kann. Externen Kapitalgebern wird die Vorteilhaftigkeit hingegen erst zum Zeitpunkt t_{+1} ersichtlich, so dass sie ein temporäres Informationsdefizit hinnehmen müssen.[394]

Zur Finanzierung der Investition reichen die im Unternehmen zum Zeitpunkt t_0 zur Verfügung stehenden Mittel annahmegemäß nicht aus. Daher wird im Modell die Aufnahme externen Kapitals notwendig, sollte das Management das Projekt realisieren wollen. In diesem Zusammenhang nehmen *Myers/Majluf* zudem an, dass das Management zum Zeitpunkt der Kapitalaufnahme stets im Interesse der Altaktionäre handelt.[395] Weiterhin wird die Anpassung der Privatportfolios der Aktionäre an Finanzierungsentscheidungen des Unternehmens ausgeschlossen. Neu emittierte Finanzierungstitel werden demnach von bisher nicht involvierten Investoren erworben. Letztere können das Unternehmen aufgrund ihres Informationsdefizits jedoch gegebenenfalls falsch bewerten. Unter diesen Voraussetzungen lässt sich zeigen, dass im Fall einer Unterbewertung des Unternehmens am Kapitalmarkt die neuen Anteilseigner mehr als den Kapitalwert der Investition abschöpfen und somit das Vermögen der Altaktionäre schmälern können.[396] Um den Wert der Anteile von Altaktionären zu wahren, kann das Management zum Zeitpunkt t_0 daher die aus Gesamtunternehmenssicht vorteilhafte Investition unterlassen, sofern keine alternativen Finanzierungsquellen verfügbar sind.

Formal zeigen *Myers/Majluf* die Abwägung der Investitionsentscheidung anhand eines Vergleichs der Vermögensposition von Altaktionären vor und nach einer eventuellen Kapitaler-

---

[393] Vgl. Myers/Majluf (1984), S. 188 f.
[394] Vgl. Myers/Majluf (1984), S. 190 f.
[395] Vgl. Myers/Majluf (1984), S. 188.
[396] Vgl. Harris/Raviv (1991), S. 206.

höhung.[397] Sie unterscheiden zwei gleich wahrscheinliche Umweltzustände, die Einfluss auf den Wert des ursprünglichen Vermögens und auf die Vorteilhaftigkeit der Investition haben. Zum Zeitpunkt t_{-1} ist die Eintrittswahrscheinlichkeit beider Umweltzustände gleich hoch. Tritt der erste Umweltzustand ein, so hat das Anlagevermögen des Unternehmens im Zeitpunkt t_{+1} den Wert a_1 und der Kapitalwert der Investition liegt bei b_1. Dem zweiten Umweltzustand wird das Wertepaar a_2/b_2 zugeordnet. Zur Finanzierung der Investition in Höhe von I ist eine Eigenkapitalerhöhung in Höhe von E notwendig, da die freien Mittel S (Financial Slack) im Unternehmen nicht ausreichen. Das Management muss vor diesem Hintergrund entscheiden, ob es die Investition realisiert und Eigenkapital emittiert oder auf die Durchführung des Projekts verzichtet. Jedoch kennt die Unternehmensleitung zum Zeitpunkt t_0 den eintretenden Umweltzustand und weiß somit, ob das Wertepaar a_1/b_1 oder das Paar a_2/b_2 eintritt. Als Zielfunktion verfolgen die Manager im Fall der Realisierung des besseren Umweltzustands die Maximierung der Vermögensposition der Altaktionäre V_{old}^{I}, die sich unter Berücksichtigung von P', dem Marktwert der Anteile zum Zeitpunkt t_0, wie folgt ergibt:

$$(2.22)\quad V_{old}^{I} = \frac{P\prime}{P'+E}(E + S + a_1 + b_1)$$

Der Verwässerungseffekt des Anteils der Altaktionäre ist durch den Quotienten $\frac{P\prime}{P'+E}$ dargestellt. Zur Ermittlung ihrer Vermögensposition wird der Verwässerungseffekt mit dem Gesamtunternehmenswert in der Klammer multipliziert. Dieser ergibt sich als Summe aus dem Wert des Anlagevermögens a_1, dem Kapitalwert der Investition b_1 sowie den freien Mitteln S und den Mitteln aus der der Kapitalerhöhung E.

Entscheidet sich die Unternehmensleitung gegen das Investitionsprojekt, so setzt sich der Wert der Anteile der Altaktionäre V_{old} beim besseren Umweltzustand aus den freien Mitteln S und dem Wert des Anlagevermögens a_1 zusammen, so dass gilt:

$$(2.23)\quad V_{old} = S + a_1$$

Zur Investitionsentscheidung können daher diese Positionen verglichen werden. Demnach ist die Realisierung des Investitionsprojekts aus Sicht der Altaktionäre nur dann vorteilhaft, wenn sich ihre Vermögensposition dadurch verbessert. Demnach muss ihr anteiliger Vermögenszuwachs aus der Investition mindestens dem Nachteil durch den teilweisen Verlust der ur-

[397] Vgl. Myers/Majluf (1984), S. 198 ff. und Schneider (2010), S. 29 f.

sprünglichen Vermögenswerte an die neuen Anteilseigner entsprechen. Durch die Kombination der Gleichungen 2.22 und 2.23 ergibt sich nach Umformungen:

$$(2.24)\quad \frac{P'}{P'+E}(E+b_1) \geq \frac{E}{P'+E}(S+a_1)$$

Aus Perspektive der Altaktionäre hängt die Vorteilhaftigkeit des betrachteten Investitionsprojekts neben seinem Kapitalwert auch von der Höhe der bisherigen Vermögenswerte ab. So ist eine Durchführung der Investition c. p. umso wahrscheinlicher, je höher der Kapitalwert b_I und je niedriger der Wert der Vermögensgegenstände a_I liegt. *Myers/Majluf* zeigen, dass selbst bei Eintreffen des besseren Umweltzustands Parameterkonstellationen mit a_I und b_I existieren, bei denen die Wahrnehmung der Investitionsmöglichkeit zu einer Reduktion des Werts der Altaktionärsanteile führt.[398] Die Anteilsverwässerung kann demnach nicht immer durch den anteiligen Vermögenszuwachs aufgrund der Investition kompensiert werden. Da die Unternehmensleitung annahmegemäß im Interesse der Altaktionäre handelt, kann in einem solchen Fall die Durchführung eines aus Gesamtunternehmensperspektive vorteilhaften Investitionsprojekts ausbleiben. Dieses Unterinvestitionsproblem besteht jedoch nur, wenn zur Finanzierung der Investition die Aufnahme externen Eigenkapitals notwendig ist. Die Pecking-Order-Theorie betont daher, dass die ausreichende Vorhaltung liquider Mittel im Unternehmen dazu führen kann, sämtliche Investitionen mit positivem Kapitalwert realisieren zu können.[399]

Alternativ zur Verwendung freier Finanzmittel kann das Unterinvestitionsproblem auch durch die Ausgabe von Forderungstiteln gelöst werden. Ist es dem Unternehmen möglich, risikofreies Fremdkapital zu begeben, so kann das Unterinvestitionsproblem gänzlich ausgeschlossen werden, da der Marktwert der Schulden nicht vom Unternehmenserfolg abhängt.[400] Emittiert das Unternehmen risikobehaftete Forderungstitel, kann das Unterinvestitionsproblem zumindest abgemildert werden. *Myers/Majluf* zeigen mithilfe der Optionspreistheorie, dass die Fremdkapitalemission der Aufnahme externen Eigenkapitals stets vorzuziehen ist.[401]

Die zentralen Thesen der Pecking-Order-Theorie lauten somit: Unternehmen bevorzugen zur Finanzierung ihrer Investitionen interne Mittel gegenüber externem Kapital. Ist dennoch eine Außenfinanzierung erforderlich, so präferieren Unternehmen zunächst risikofreies, dann risi-

[398] Vgl. Myers/Majluf (1984), S. 193.
[399] Zur Vorhaltung liquider Mittel in ausreichender Höhe schlagen Myers/Majluf eine restriktive Dividendenpolitik vor. Vgl. Myers/Majluf (1984), S. 220.
[400] Vgl. Myers (2001), S. 91 ff.
[401] Vgl. Myers/Majluf (1984), S. 207 ff.

kobehaftetes Fremdkapital.[402] Externes Eigenkapital wird nur dann aufgenommen, wenn die zuvor genannten Finanzierungsquellen nicht mehr ausreichend zur Verfügung stehen. In diesem Fall besteht ein hohes Risiko der Vermögensumverteilung von Altaktionären zu neuen Anteilseignern. Abbildung 2.12 verdeutlicht die Hierarchie der Finanzierungsformen.

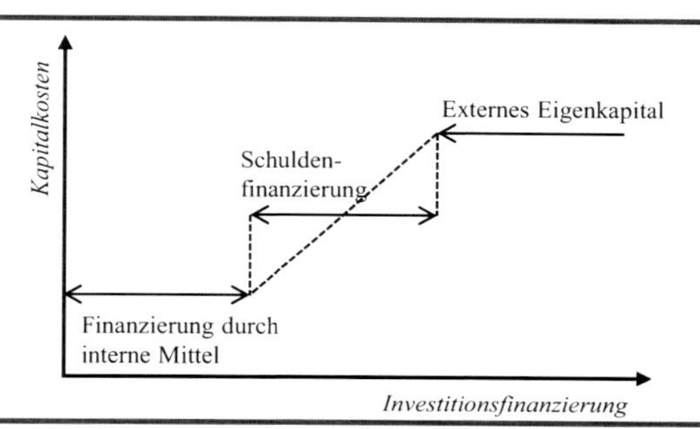

Abbildung 2.12: Pecking-Order-Theorie nach Myers/Majluf
Quelle: Wenzel (2006), S. 97.

Myers/Majluf gehen zudem auf die Auswirkungen der Finanzierungsentscheidungen auf die Marktbewertung eines Unternehmens ein. Die Unternehmensleitung wird ihren Informationsvorsprung gegenüber Externen dahingehend nutzen, dass die Vermögensposition der Altaktionäre maximiert wird. Jedoch sind sich potentielle Investoren auf dem Kapitalmarkt ihres Informationsdefizits bewusst und analysieren Finanzierungsmaßnahmen des Unternehmens im Hinblick auf deren Marktbewertung im Sinne der Adverse Selection-Problematik.[403] Kündigt ein Unternehmen eine Kapitalerhöhung an, so wird dies vom Kapitalmarkt als Hinweis auf eine Überbewertung gedeutet. Im Gegensatz kann die Ankündigung einer Investition ohne Kapitalerhöhung als positives Signal bezüglich der Unternehmensqualität interpretiert werden.[404] Dieser Zusammenhang wird auch in zahlreichen Studien empirisch bestätigt.[405]

2.6.2.2 Kritische Würdigung

Die Pecking-Order-Theorie gilt heute als eine der bedeutendsten Theorien zur Erklärung der Kapitalstruktur von Unternehmen. Zusammen mit der Trade-Off-Theorie prägt sie die aktuelle Diskussion über die Relevanz von Finanzierungsentscheidungen. So konnten bisher weder

---

[402] Vgl. Shyam-Sunder/Myers (1999), S. 224 ff.

[403] Vgl. dazu Akerlof (1970) sowie Kap. 2.1.2.2.

[404] Vgl. Myers/Majluf (1984), S. 203 ff.

[405] Insbesondere in den USA konnten Kursabschläge bei Aktien nach der Ankündigung von Kapitalerhöhungen nachgewiesen werden. Vgl. Asquith/Mullins (1986) und Masulis/Korwar (1986). Eine Übersicht hierzu bieten Myers (2001), S. 92 und Breuer (2008), S. 184.

theoretische noch empirische Arbeiten einen überlegenen Erklärungsansatz in der Kapitalstrukturforschung hervorbringen.[406]

Entgegen der Trade-Off-Theorie und der Agency-Theorie betont die Pecking-Order-Theorie im Rahmen der Auswahl von Finanzierungsquellen jedoch nicht den Abwägungsprozess der Vor- und Nachteile verschiedener Kapitalformen. Vielmehr verwirft sie die Vorstellung eines optimalen Verschuldungsgrads und interpretiert die Kapitalstruktur von Unternehmen als das Resultat kumulierter externer Finanzierungsbedarfe.[407] Die geringe Präferenz für externes Eigenkapital sowie die Bevorzugung interner Mittel durch große börsennotierte Unternehmen wurde in früheren Arbeiten meist auf die Trennung von Eigentum und Unternehmensleitung sowie den Willen des Managements, der Disziplinierung durch den Kapitalmarkt zu entgehen, zurückgeführt.[408] Die Pecking-Order-Theorie hingegen bietet einen schlüssigen Ansatz, dieses Verhalten durch asymmetrisch verteilte Informationen hinsichtlich des Unternehmenswerts zu erklären.[409]

Auch kann die Pecking-Order-Theorie zahlreiche in der Realität auftretende Finanzierungsentscheidungen auf asymmetrisch verteilte Informationen zurückführen. So besitzt sie hohen Erklärungsgehalt für das in der Praxis beobachtbare Außenfinanzierungsverhalten. In empirischen Studien konnte die Präferenz von Fremdkapital gegenüber externem Eigenkapital nachgewiesen werden.[410] Zudem können mit Finanzierungsmaßnahmen einhergehende Kursreaktionen durch die Pecking-Order-Theorie teilweise erklärt werden. Weiterhin bietet die Theorie eine schlüssige Begründung für die in der Realität vorzufindenden Kapitalstrukturunterschiede von Unternehmen innerhalb einer Branche. Sie unterstellt anders als die Trade-Off-Theorie keine Zielkapitalstruktur, sondern betrachtet den Verschuldungsgrad als Resultat der verschiedenen Finanzierungsbedarfe. Hierdurch können auch Unterschiede in der Finanzierungsstruktur von sonst ähnlichen Unternehmen erklärt werden. Weiterhin liefert die Pecking-Order-Theorie erstmals eine argumentative Grundlage für die empirisch häufig aufgezeigte geringe Verschuldung profitabler Unternehmen.[411]

---

406 Vgl. Schneider (2010), S. 31. Jedoch wurde die Pecking-Order-Theorie in der Folge hinsichtlich der getroffenen Annahmen noch erweitert. Vgl. dazu Krasker (1986) und Bradford (1987).

407 Vgl. Myers (2001), S. 93.

408 Vgl. Baumol (1965), S. 70.

409 Vgl. Myers (2001), S. 93.

410 So wird externes Eigenkapital von amerikanischen Unternehmen verhältnismäßig selten emittiert. Vgl. McDaniel/Madura/Akhigbe (1994), S. 417 ff. Myers stellt fest, dass Investitionen überwiegend durch interne Mittel finanziert werden. Sollte externes Kapital notwendig sein, kommt überwiegend Fremdkapital zum Einsatz. Vgl. Myers (2001), S. 82 und Hermanns (2006), S. 77.

411 Vgl. Myers (1989), S. 83.

Trotz der nachvollziehbaren Argumentation der Pecking-Order-Theorie kann auch sie reale Finanzierungsentscheidungen nur teilweise erklären. Eine abschließende, die Kapitalstruktur von Unternehmen gänzlich erklärende Theorie stellt auch die Finanzierungshierarchie nicht dar. So stellt *Myers* selbst fest, dass Anlässe, zu denen Unternehmen Eigenkapital emittieren, obwohl Alternativen verfügbar sind, gegen die Allgemeingültigkeit der Pecking-Order-Theorie sprechen.[412] Auch können fremdfinanzierte Aktienrückkaufprogramme mithilfe der Pecking-Order-Theorie nicht ohne Weiteres begründet werden.[413] Zudem werden in dem Modell ausschließlich börsennotierte Unternehmen betrachtet. Darüber hinaus zweifeln auch empirische Untersuchungen die Gültigkeit der Theorie an.[414] Nach der Finanzierungshierarchie ist davon auszugehen, dass die Präferenz für Fremdkapital gegenüber externem Eigenkapital besonders ausgeprägt ist bei Unternehmen, die sich einer hohen Informationsasymmetrie ausgesetzt sehen. Empirische Arbeiten kommen jedoch zu dem Schluss, dass eher große, zur Veröffentlichung der Geschäftszahlen verpflichtete Unternehmen verstärkt auf Fremdkapital zurückgreifen, während kleine, wachstumsstarke und nichtpublizitätspflichtige Unternehmen sich regelmäßig über externes Eigenkapital finanzieren. Diese Erkenntnisse folgen aber nicht dem Kerngedanken der Pecking-Order-Theorie.[415]

2.7 Neuere Theorien der Kapitalstruktur

Angesichts des begrenzten Erklärungsgehalts der zuvor diskutierten Theorien und des Umstands, dass sich bisher keines der Modelle als abschließende, allgemeingültige Kapitalstrukturtheorie durchsetzen konnte, hat sich eine Reihe neuerer Theorien entwickelt, die die Diskussion um die Relevanz von Finanzierungsentscheidungen erweitern.[416]

Zwei der im Folgenden vorgestellten Forschungsrichtungen verbinden im Rahmen einer interdisziplinierenden Vorgehensweise Erkenntnisse aus der Finanzierung mit weiteren wirtschaftswissenschaftlichen Fachrichtungen. So untersuchen die marktstrategischen Kapitalstrukturtheorien Verknüpfungen zwischen Finanzierungsentscheidungen und industrieökonomischen Überlegungen auf den Märkten für Produktionsfaktoren und Absatz. Dabei spielen

---

412 Vgl. Myers (1989), S. 87 und Schneider (2010), S. 32. Weitere Arbeiten zeigen auf, dass sich Unternehmen dem Unterinvestitionsproblem entziehen können, sofern sie über eine größere Auswahl von Finanzierungsalternativen verfügen. Vgl. dazu Brennan/Kraus (1987); Noe (1988) und Constantinides/Grundy (1989).

413 Vgl. Shyam-Sunder/Myers (1999), S. 225.

414 Vgl. Fama/French (2002), S. 30 und Frank/Goyal (2003b), S. 219.

415 Lemmon/Zender hingegen sehen darin keinen Widerspruch. Sie führen die zahlreichen Eigenkapitalemissionen eher auf die restriktive Fremdkapitalvergabe zurück. Vgl. Lemmon/Zender (2010), S. 1162.

416 Als neuere Kapitalstrukturtheorien werden in dieser Arbeit diejenigen Forschungszweige klassifiziert, die im Wesentlichen seit Mitte der 1980er Jahre entstanden sind. Jedoch ist aufgrund inhaltlicher Verknüpfungen und der Vielzahl an Veröffentlichungen eine eindeutige Abgrenzung nicht immer möglich.

wettbewerbspolitische Aspekte ebenso eine Rolle wie die Auswirkungen von Kapitalstrukturmaßnahmen auf die Beziehung zu Lieferanten und Kunden. Zudem analysieren die Ansätze der Lebenszyklus-Theorie der Kapitalstruktur das Finanzierungsverhalten entlang der verschiedenen Phasen der Unternehmensentwicklung.

Eine Orientierung der Finanzierungsmaßnahmen an den langfristigen Zielen eines Unternehmens schlagen die Autoren der strategischen Management-Theorie vor. Dieser Forschungszweig kritisiert die häufig sehr mathematisch geprägte Diskussion über Kapitalstrukturentscheidungen und bietet ein alternatives Modell. Schließlich werden die neueren, ausschließlich empirisch motivierten Arbeiten dargestellt und kritisch diskutiert. Diese Beiträge basieren weniger auf theoretischen Überlegungen, sondern argumentieren auf der Grundlage von Kapitalmarktbeobachtungen.[417]

2.7.1 Marktstrategische Kapitalstrukturtheorien

Marktstrategische Kapitalstrukturtheorien thematisieren die Verbindung von industrieökonomischen Überlegungen und Finanzierungsentscheidungen und gehen auf Beiträge aus den 1980er Jahren zurück. Durch die aufkommende Shareholder-Value-Diskussion wurden die zuvor getrennt betrachteten Forschungsfelder erstmals miteinander kombiniert.[418] Zwar fällt die Veröffentlichung der marktstrategischen Ansätze in eine ähnliche Zeit wie die der Pecking-Order-Theorie. Jedoch sind sie nicht aus der Kritik an der Trade-Off-Theorie entstanden, sondern ergänzen diese um industrieökonomische Aspekte. Zugleich grenzen sich die marktstrategischen Ansätze durch neue modelltheoretische Grundgedanken von der Trade-Off-Theorie ab. Sie lassen sich unterscheiden in eine Strömung, die Kunden- und Lieferantenbeziehungen thematisiert und in Forschungsarbeiten, die sich auf Wettbewerbsaspekte fokussieren.

2.7.1.1 Rolle der Kapitalstruktur in Kunden- und Lieferantenbeziehungen

Ein Teil der marktstrategischen Kapitalstrukturtheorien untersucht die Verbindung zwischen Finanzierungsentscheidungen sowie Kunden- und Lieferantenbeziehungen. Dabei werden im Einzelnen kundenseitige Abhängigkeiten bei spezifischen Produkten und bei der Produktqualität sowie Verhandlungspositionen bei Lieferantenverhältnissen vor dem Hintergrund der Kapitalstrukturgestaltung thematisiert.

---

417 Neben den in diesem Abschnitt diskutierten Modellen existiert eine Vielzahl weiterer Arbeiten, die aber aufgrund ihrer untergeordneten Bedeutung hier nicht weiter betrachtet werden.

418 Vgl. Hermanns (2006), S. 85.

Als einer der ersten Forscher befasste sich *Titman* mit der Frage, inwiefern kapitalstrukturbezogene Agency-Konflikte nicht nur zwischen Kapitalgebern und Unternehmensleitung bzw. zwischen Kapitalgebern untereinander, sondern auch zwischen Unternehmenseigentümern und Kunden entstehen können. So stellt *Titman* fest, dass neben den Kapitalgebern auch Kunden bei einer Liquidation im Rahmen einer Insolvenz Nachteile in Form von fehlendem Service und Produktlieferungen entstehen können.[419] Die hierdurch entstehenden Kosten werden von den Kunden antizipiert und beeinflussen ihr Nachfrageverhalten. Die resultierende Unternehmenswertminderung aufgrund geringerer durchsetzbarer Preise fällt letztlich auf die Anteilseigner zurück. Die Eigentümer des Unternehmens haben daher ein Interesse, sich an eine Liquidationspolitik zu binden, die die Interessen ihrer Kunden wahrt. Da bei einer Liquidation die Ansprüche der Fremdkapitalgeber vorrangig bedient werden, haben diese im Insolvenzfall ein höheres Interesse, das Unternehmen nicht fortzuführen. Jedoch können die Anteilseigner durch eine geeignete Kapitalstrukturgestaltung die Interessen der Kunden berücksichtigen und die Wahrscheinlichkeit einer Liquidation reduzieren. So sollten nach dem Modell von *Titman* Unternehmen, deren Kunden aufgrund von Spezifitäten im Fall einer Liquidation hohe Kosten entstehen, einen niedrigen Verschuldungsgrad anstreben.[420]

Ähnlich der Argumentation von *Titman* lassen sich auch Finanzierungsentscheidungen hinsichtlich der Reputation eines Unternehmens auf den Absatzmärkten analysieren. In einem weiteren Beitrag zeigen *Maksimovic/Titman* einen Zusammenhang zwischen der Kapitalstruktur eines Unternehmens und seinem Ruf als Hersteller von Qualitätsprodukten.[421] Dabei kann sich die Höhe des Verschuldungsgrads nachteilig auf die Reputation eines Unternehmens und letztlich auf seinen Marktwert auswirken. In ihrem Beitrag führen die Autoren als Beispiele Fluggesellschaften an, bei denen aufgrund finanzieller Engpässe Sicherheitsmängel festgestellt wurden.[422]

In ihrem Modell zeigen *Maksimovic/Titman*, dass die Strategie, hochqualitative Produkte herzustellen, für Unternehmen trotz teilweise erheblicher Fertigungskosten vorteilhaft sein kann, sofern sich hierdurch höhere Margen realisieren lassen. So sind Kunden bereit, für hochwertige Produkte entsprechende Preise zu zahlen. Jedoch können sie die Produktqualität annahmegemäß nicht unmittelbar beim Kauf, sondern erst zu einem späteren Zeitpunkt beurteilen.

[419] Vgl. Titman (1984), S. 137 ff. Hier bestehen Parallelen zur Trade-Off-Theorie, in deren Rahmen ebenfalls die Auswirkungen einer drohenden Insolvenz thematisiert werden. Siehe Kap. 2.4.2.
[420] Diese Argumentation lässt sich auf weitere Anspruchsgruppen des Unternehmens übertragen. Eine Übersicht bieten Istaitieh/Rodríguez-Fernándes (2006), S. 50.
[421] Vgl. Maksimovic/Titman (1991), S. 175 ff.
[422] Vgl. Maksimovic/Titman (1991), S. 176.

Demnach besteht für Unternehmen auf kurze Sicht der Anreiz die Qualität der Produkte zu verringern, um höhere Gewinne zu realisieren. Zwar besteht die Gefahr langfristig einen Reputationsverlust hinnehmen zu müssen. Allerdings können die Anreize, eine kurzfristige Strategie zu verfolgen, in bestimmten Situationen überwiegen. Im Fall einer Insolvenz haben insbesondere die Fremdkapitalgeber ein Interesse, die Gewinne kurzzeitig zu Lasten einer minderen Produktqualität zu steigern.[423] Auch können die Anteilseigner stark verschuldeter Unternehmen Anreize haben, die Gewinne kurzfristig zu steigern, um sich diese als Dividende ausschütten zu lassen, während die negativen Folgen einer Qualitätsreduktion langfristig auch von den Fremdkapitalgebern zu tragen sind. Da Kunden dieses Verhalten bei ihrer Kaufentscheidung berücksichtigen, schlussfolgern *Maksimovic/Titman*, dass Unternehmen, die hochwertige Produkte fabrizieren, deren Qualität durch die Kunden nicht unmittelbar beim Kauf festgestellt werden kann, geringe Verschuldungsgrade aufweisen sollten.

Die Auswirkungen von Finanzierungsentscheidungen auf die Verhandlungsposition gegenüber Lieferanten sind Gegenstand der Arbeit von *Sarig*.[424] In seinem Beitrag stellt der Autor fest, dass eine hohe Fremdkapitalquote die Verhandlungsmacht eines Unternehmens gegenüber seinen Geschäftspartnern steigern kann. Da Fremdkapitalgeber von erfolgreichen Verhandlungen nur bedingt profitieren, jedoch die Folgekosten eines Scheiterns voll mittragen müssten, lässt sich eine hohe Verschuldung als Argument in Verhandlungen nutzen. So kann das im Interesse der Anteilseigner agierende Management eine fremdkapitaldominierte Kapitalstruktur als Drohkulisse gegenüber Lieferanten verwenden, indem es auf die Verschuldung als Absicherung gegen nachteilige Verhandlungsresultate verweist. Diese Argumentation lässt sich auch auf Verhandlungen gegenüber Arbeitnehmern übertragen. Allerdings macht *Sarig* in einem späteren Beitrag deutlich, dass sich die Erhöhung des Verschuldungsgrads zum Zwecke einer stärkeren Verhandlungsmacht nur gegenüber unqualifizierten Arbeitskräften bzw. kaum spezialisierten Lieferanten auszahlt.[425] Unternehmen hingegen, die mit hochqualifiziertem Personal bzw. mit Geschäftspartnern verhandeln, zu denen es kaum Alternativen gibt, sollten eher Eigenkapital als Finanzierungsquelle nutzen, um hohe Kosten der Abwanderung zu vermeiden.

Die Modelle zur Kapitalstruktur in Kunden- und Lieferantenbeziehungen erweitern die Diskussion um die Relevanz von Finanzierungsentscheidungen um industrieökonomische Aspekte. Dabei liefern sie schlüssige Argumente, wie sich Maßnahmen der Finanzfunktion auf an-

423 Vgl. Maksimovic/Titman (1991), S. 189.
424 Vgl. Sarig (1988), S. 1 ff. und Wenzel (2006), S. 87.
425 Vgl. Sarig (1998), S. 1 ff.

dere Unternehmensbereiche auswirken können. Jedoch konnten die Schlussfolgerungen der verschiedenen Modelle bisher kaum empirisch nachgewiesen werden.[426] Auch bleibt die Operationalisierbarkeit gerade im Hinblick auf die Messung von Größen wie Produktqualität oder Spezifität begrenzt.

2.7.1.2 *Kapitalstruktur und Wettbewerb*

Als erster Beitrag, der die Verbindung von Finanzierungsentscheidungen und Wettbewerbsstrategie thematisiert, gilt die Arbeit von *Brander/Lewis*. Die Autoren zeigen, dass Unternehmen auf oligopolistischen Märkten über die Wahl der Kapitalstruktur glaubwürdige Signale bezüglich ihres Verhaltens gegenüber Konkurrenten aussenden können.[427] Dazu untersuchen sie zwei Unternehmen, die sich einem Mengenwettbewerb ausgesetzt sehen. Grundgedanke des Modells ist die Möglichkeit der Selbstbindung eines Unternehmens an eine aggressive Absatzstrategie mittels einer hohen Verschuldung.

Der Beitrag von *Brander/Lewis* baut dabei auf den agency-theoretischen Erkenntnissen von *Jensen/Meckling* auf, nach denen Manager eines Unternehmens die Marktwertmaximierung des Eigenkapitals im Sinne der Anteilseigner anstreben, selbst wenn den Gläubigern hierdurch ein Nachteil entsteht.[428] So können vor allem die Eigentümer von besonders riskanten Strategien profitieren, während die Insolvenzgefahr auch die Gläubiger betrifft. Im Modell von *Brander/Lewis* steigert das Management eines Unternehmens das Risiko durch die Erhöhung der Ausbringungsmenge. Diese wird von den beiden Unternehmen festgelegt, nachdem die jeweilige Kapitalstruktur bestimmt ist. In der Folge lässt sich zeigen, dass zunehmende Verschuldungsgrade auch zu steigenden Produktionsmengen führen. Die Insolvenzwahrscheinlichkeit nimmt mit wachsendem Verschuldungsgrad zu. Da sich Eigenkapitalgeber von hoch verschuldeten Unternehmen ohnehin der Gefahr eines Kapitalverlusts ausgesetzt sehen, streben sie eine riskante Strategie mittels einer hohen Ausbringungsmenge an, um im Erfolgsfall überproportional zu profitieren.[429]

Für den Erfolg einer solch aggressiven Strategie ist jedoch maßgeblich, wie die Reaktion des Wettbewerbers ausfällt. So kann das Unternehmen seine gesteigerte Ausbringungsmenge nur am Markt absetzen, wenn die Konkurrenz zeitgleich ihre Produktion zurückfährt. Um diese

[426] Einen Versuch, die Gültigkeit des Modells von Maksimovic/Titman empirisch nachzuweisen, unternimmt Rose, die den Zusammenhang zwischen Kapitalstruktur und Produktqualität in der Luftfahrtindustrie untersucht, dabei jedoch keine Wechselwirkung feststellen kann. Vgl. Rose (1990), S. 944 ff.

[427] Vgl. Brander/Lewis (1986), S. 956 ff.

[428] Siehe Kap. 2.5.2.1.

[429] Auf die Parallelen der Argumentation zum Problem der Vermögenssubstitution von Jensen/Meckling weisen die Autoren explizit hin. Vgl. Brander/Lewis (1986), S. 963 und Schneider (2010), S. 34.

passive Verhaltensweise des Wettbewerbers zu bewirken, ist eine glaubhafte, nach außen erkennbare Selbstbindung an die aggressive Absatzstrategie erforderlich. *Brander/Lewis* zeigen in ihrem Modell, dass die Wahl eines hohen Verschuldungsgrads diese Signalfunktion erfüllt.[430]

Schlussfolgerung des Beitrags von *Brander/Lewis* ist, dass Unternehmen, die den Verschuldungsgrad als strategisches Instrument zur Positionierung auf Absatzmärkten nutzen, einen höheren Marktwert haben als passive Wettbewerber. Somit bietet das diskutierte Modell eine alternative Erklärung für die Relation von Kapitalstrukturentscheidungen und Unternehmenswert. Gleichwohl wird dem Modell von *Brander/Lewis* kritisch entgegengehalten, dass ausschließlich die Kapitalstruktur als Instrument zur Selbstbindung an eine aggressive Strategie genutzt werden kann. So werden institutionelle Möglichkeiten, wie Verträge zwischen den Unternehmen, ausgeschlossen.[431] Auch konnte die Gültigkeit des Modells empirisch nicht nachgewiesen werden. Vielmehr wurde aufgezeigt, dass eine hohe Verschuldung eher zu sinkenden Marktanteilen führt und somit nachteilig für das Unternehmen sein kann.[432] *Maksimovic* zeigt in einem weiteren Beitrag, dass ein hoher Verschuldungsgrad auf oligopolistischen Märkten mit kooperierenden Unternehmen zu sinkenden Unternehmenswerten führen kann.[433]

Die Kritik der mangelnden empirischen Nachweise gilt letztlich für den Großteil der marktstrategischen Kapitalstrukturtheorien. So bieten die zahlreichen Beiträge zwar interessante Einblicke in Zusammenhänge zwischen Finanzierungsentscheidungen und industrieökonomischen Zusammenhängen, dennoch hat sich aus ihnen aufgrund der unzureichenden empirischen Evidenz sowie der häufig sehr spezifischen Fragestellungen keine ganzheitliche Kapitalstrukturtheorie entwickelt. Dies ist neben den bereits genannten Kritikpunkten auch auf die aufgezeigten, teilweise widersprüchlichen Erkenntnisse der unterschiedlichen Modelle zurückzuführen.

2.7.2 Lebenszyklus-Theorie

Ähnlich den marktstrategischen Theorien verbinden auch die Modelle der Lebenszyklus-Theorie der Kapitalstruktur die Analyse von Finanzierungsentscheidungen mit weiteren be-

---

430 Im Modell ist die Wahl der Kapitalstruktur als Signalfunktion geeignet, da zwar die Investitionsentscheidungen zeitgleich getroffen werden und somit nicht vom Wettbewerber beobachtet werden können, die Finanzierungsentscheidungen jedoch zuvor getroffen werden und somit Aufschluss über die Vorhaben des Konkurrenten geben können. Vgl. Brander/Lewis (1986), S. 957.

431 Vgl. Hubert (1998), S. 174 f.

432 Vgl. Hubert (1998), S. 171 und Hermanns (2006), S. 101.

433 Vgl. Maksimovic (1988), S. 404.

triebswirtschaftlichen Forschungsfeldern. Dieses erst seit Ende der 1990er Jahre bestehende Teilgebiet der Kapitalstrukturforschung stellt jedoch weniger eine abgeschlossene Theorie als vielmehr eine Gruppe verschiedener Arbeiten dar, die im Kern den Einfluss der verschiedenen Lebensphasen eines Unternehmens auf dessen Verschuldungsgrad analysieren.

Als eine dieser Studien untersucht der Beitrag von *Berger/Udell* den Zusammenhang zwischen dem Verschuldungsgrad eines Unternehmens und seinem Alter, seiner Größe und seiner Informationstransparenz.[434] Der Einfluss dieser unabhängigen Variablen wird anhand eines Lebenszyklus-Modells untersucht, das vier verschiedene Phasen der Unternehmung unterscheidet. Dabei gehen die Autoren auf die verschiedenen Eigen- und Fremdkapitalinstrumente ein, deren verfügbare Anzahl mit zunehmendem Entwicklungsstand des Unternehmens ansteigt. Nach Ansicht der Autoren existieren unterschiedliche optimale Kapitalstrukturen für die jeweiligen Phasen im Lebenszyklus von Unternehmen. *Berger/Udell* begründen den zunächst steigenden und später wieder sinkenden Verschuldungsgrad von Unternehmen entlang der Lebenszyklusphasen mit den geringer werdenden Informationsasymmetrien einerseits und den zunehmenden Möglichkeiten zur Innenfinanzierung andererseits.[435]

In einem weiteren Beitrag zeigen *Hovakimian/Opler/Titman* auf, wie Unternehmen ihre Kapitalstruktur in verschiedenen Wachstumsphasen anpassen sollten.[436] Aufbauend auf den Erkenntnissen der Trade-Off-Theorie besteht demnach ein optimaler Verschuldungsgrad, der sich aus der Abwägung der Vor- und Nachteile zunehmender Verschuldung ergibt und je nach Lebensphase eines Unternehmens variiert. Befindet sich ein Unternehmen in einer Wachstumsphase, sollte es eher Eigenkapital emittieren, um den Marktwert der Anteile bestehender Eigentümer zu maximieren.[437]

Eine Zusammenführung verschiedener Ansätze zur Erklärung der Kapitalstruktur von Unternehmen anhand ihres Lebenszyklus unternimmt *Damodaran*, der insgesamt fünf verschiedene Phasen von der Gründung bis zum Niedergang eines Unternehmens unterscheidet.[438] Demnach können Unternehmen in der Gründungsphase kaum auf interne Mittel zurückgreifen, so dass sie auf externe Finanzierungsquellen ausweichen. Aufgrund der hohen Agency-Kosten des Fremdkapitals nutzen sie zunächst Instrumente der externen Eigenfinanzierung. In späteren Phasen hingegen profitieren Unternehmen eher von günstigen Konditionen der Fremdfi-

[434] Vgl. Berger/Udell (1998), S. 613 ff.
[435] Vgl. Berger/Udell (1998), S. 660.
[436] Vgl. Hovakimian/Opler/Titman (2001), S. 1 ff.
[437] Dieser Zusammenhang entspricht der Argumentation der Market-Timing-Theorie, die die Ausnutzung temporärer Überbewertungen am Kapitalmarkt thematisiert. Siehe dazu Kap. 2.7.4.
[438] Vgl. Damodaran (2001), S. 511 f.

nanzierung und generieren zudem zunehmend Mittel aus dem Umsatzprozess, so dass die Relevanz von externem Eigenkapital abnimmt.

Insgesamt bieten die Modelle der Lebenszyklus-Theorie der Kapitalstruktur zwar eine schlüssige Erklärung von Unterschieden hinsichtlich der Verschuldung von Unternehmen in verschiedenen Phasen der Entwicklung. Allerdings können sie kaum einen eigenen theoretischen Ansatz begründen. Vielmehr leisten sie einen Beitrag, die Erkenntnisse bestehender Kapitalstrukturtheorien einzelnen Lebensabschnitten von Unternehmen zuzuordnen, indem sie deren Relevanz in den jeweiligen Phasen aufzeigen. Dabei liefern sie jedoch keine neuen Erkenntnisse bezüglich der Existenz eines optimalen Verschuldungsgrads. Zudem kommen empirische Untersuchungen insgesamt zu widersprüchlichen Ergebnissen hinsichtlich der Kapitalstrukturgestaltung in den einzelnen Phasen des Lebenszyklus von Unternehmen.[439]

2.7.3 Strategische Management-Theorie

Einen gegensätzlichen Ansatz zu den bisher aufgezeigten Kapitalstrukturtheorien bietet der Beitrag von *Barton/Gordon*, der die Wahl des Verschuldungsgrads in Abhängigkeit der langfristigen Strategie eines Unternehmens thematisiert. Dabei üben die Autoren umfangreiche Kritik an den etablierten Theorien zur Erklärung der Kapitalstruktur. Insbesondere die widersprüchlichen Erkenntnisse bezüglich zentraler Einflussfaktoren sowie die konkrete Ausgestaltung einer optimalen Kapitalstruktur sehen *Barton/Gordon* skeptisch.[440] Weiterhin wird die häufig sehr mathematisch geprägte Herangehensweise vor dem Hintergrund stark vereinfachender Prämissen kritisch betrachtet. Nach *Barton/Gordon* führt diese Vorgehensweise dazu, dass wesentliche Fortschritte in der Kapitalstrukturforschung ausbleiben.[441]

Aufbauend auf dem Strategiekonzept von *Andrews*[442] und unter der Berücksichtigung der dargelegten Kritik sowie erweiternder verhaltenstheoretischer Aspekte leiten *Barton/Gordon* eine strategische Management-Theorie der Kapitalstruktur ab. Diese bestimmt sich wesentlich durch die folgenden fünf Thesen:[443]

1. Die Kapitalstruktur wird durch die Risikoaffinität des Top-Managements beeinflusst.
2. Die vom Top-Management verfolgten Unternehmensziele sind maßgeblich für die Kapitalstruktur.

---

439 Vgl. Berger/Udell (1998), S. 620; La Rocca/La Rocca (2011), S. 107 ff. und Serrasqueiro/Maçãs Nunes (2012), S. 627 ff.
440 Vgl. Barton/Gordon (1987), S. 68.
441 Vgl. Barton/Gordon (1987), S. 69.
442 Vgl. Andrews (1980).
443 Vgl. Barton/Gordon (1987), S. 71 f. und Schneider (2010), S. 36 f.

3. Zur Finanzierung von Investitionen bevorzugen Topmanager interne Mittel vor externem Fremdkapital und externem Eigenkapital.
4. Die Risikoaffinität des Top-Managements und der unternehmensspezifische finanzielle Kontext beeinflussen die Kreditvergabebereitschaft von Gläubigern sowie die einhergehende Konditionengestaltung.
5. Der Handlungsspielraum des Topmanagements bei der Kapitalstrukturgestaltung wird von finanziellen Moderatorvariablen beeinflusst.

Dabei wird deutlich, dass die dritte These dem Ergebnis der Pecking-Order entspricht. Jedoch führen *Barton/Gordon* diese Reihenfolge der Finanzierungsformen nicht auf die Signalisierungsfunktionen einzelner Instrumente zurück.[444] Vielmehr argumentieren sie, dass die Bevorzugung interner Mittel auf die größere Flexibilität einbehaltener Gewinne zurückzuführen ist. Anhand der aufgestellten Thesen formulieren *Barton/Gordon* in einem weiteren Beitrag einige empirisch überprüfbare Hypothesen, die in Teilen den Aussagen der Pecking-Order-Theorie entsprechen.[445] So erwarteten die Autoren beispielsweise eine negative Korrelation von Profitabilität und Verschuldungsgrad. Damit argumentieren *Barton/Gordon* entgegen der der Trade-Off-Theorie. Dies wird zudem durch die Nichtberücksichtigung von Steuern als Einflussfaktor betont. Im Rahmen ihrer empirischen Untersuchung finden *Barton/Gordon* teilweise Bestätigung für ihre Hypothesen.[446]

Als Kapitalstrukturtheorie ohne modelltheoretische Fundierung nimmt die strategische Management-Theorie von *Barton/Gordon* eine Sonderstellung in der Diskussion um die Relevanz von Finanzierungsentscheidungen ein. Im Rahmen ihrer explorativen Beiträge berücksichtigen die Autoren dabei auch verhaltenstheoretische Aspekte, die sich allerdings nicht ohne Weiteres operationalisieren lassen.[447] Zudem verhindern das hohe Abstraktionsniveau des Modells sowie die inhaltliche Nähe zur Pecking-Order-Theorie, dass sich die strategische Management-Theorie als abgeschlossene Kapitalstrukturtheorie etablieren kann.[448] Zwar lassen sich einige der Hypothesen in späteren Studien bestätigen, wie beispielsweise der Einfluss von Wertvorstellungen der Unternehmer auf Kapitalstrukturentscheidungen[449], jedoch kom-

---

444 So wird auch der Aufsatz zur Pecking-Order-Theorie von Myers/Majluf nicht in der Thesenherleitung von Barton/Gordon erwähnt.

445 Vgl. Barton/Gordon (1988), S. 625 f.

446 Zur Überprüfung ihrer Hypothesen werten Barton/Gordon Daten von insgesamt 279 Unternehmen von der Fortune-500-Liste aus den Jahren 1970-1974 aus, die sie aus der Compustat-Datenbank entnommen haben. Vgl. Barton/Gordon (1988), S. 627. Die Klassifizierung der Daten erfolgt nach Rumelt. Vgl. Rumelt (1974) und Rumelt (1982).

447 Auf diese Limitation weisen die Autoren selbst explizit hin. Vgl. Barton/Gordon (1988), S. 624.

448 Vgl. Schneider (2010), S. 38.

449 Vgl. Chaganti/DeCarolis/Deeds (1995), S. 7.

men empirische Untersuchungen insgesamt eher zu widersprüchlichen Ergebnissen, insbesondere im Hinblick auf den Einfluss der Unternehmensstrategie auf die Kapitalstruktur.[450] So ist die Arbeit von *Barton/Gordon* weniger in der Begründung einer neuen Kapitalstrukturtheorie als vielmehr in dem Aufzeigen der Notwendigkeit zu würdigen, modelltheoretisch kaum erfassbare Einflussfaktoren zu erforschen.[451]

2.7.4 Market-Timing und Market-Inertia-Theorien

Die im folgenden Abschnitt dargelegten Beiträge zur Erklärung der Kapitalstruktur von Unternehmen stehen im starken Gegensatz zu den bisher diskutierten Theorien. Die empirisch abgeleiteten Modelle thematisieren weder Finanzierungsmaßnahmen zur Erreichung einer Zielkapitalstruktur noch die Präferenz hinsichtlich unterschiedlicher Finanzierungsformen. Vielmehr stehen einzig Schwankungen am Aktienmarkt im Zentrum der Betrachtung. Je nach aktivem bzw. passivem Umgang des betrachteten Unternehmens mit den Aktienmarktvolatilitäten lassen sich zwei Ausprägungen der Market-Timing-Theorie und die Market-Inertia-Theorie voneinander unterscheiden.

Gemäß der Market-Timing-Theorie bestimmt sich die Kapitalstruktur eines Unternehmens durch die Ausnutzung temporärer Schwankungen am Aktienmarkt. So kann das Management eines Unternehmens durch gezielte Eigenkapitalmaßnahmen den Marktwert der Anteile bestehender Eigentümer maximieren. Der Einfluss dieses Anpassungsverhaltens auf den Verschuldungsgrad von Unternehmen stellt den Kern der Market-Timing-Theorie dar und ist Gegenstand empirischer Untersuchungen. *Baker/Wurgler* können in ihrer Studie vier wesentliche Zusammenhänge aufzeigen:[452]

1. In Phasen temporärer Überbewertungen emittieren Unternehmen Aktien statt Forderungstitel, während in Zeiten niedriger Kurse eher Aktienrückkäufe getätigt werden.
2. Die Analyse langfristiger, überdurchschnittlicher Eigenkapitalrenditen als Resultat von Finanzierungsentscheidungen zeigt den tendenziellen Erfolg von Market-Timing-Strategien auf.
3. Manager nehmen Eigenkapitalemissionen in Zeiträumen vor, in denen Investoren die Zukunftsaussichten des Unternehmens optimistisch einschätzen.

---

450 Vgl. Lowe/Naughton/Taylor (1994), S. 255; Taylor/Lowe (1995), S. 411 f. und Jordan/Lowe/Taylor (1998), S. 13.
451 Vgl. Schneider (2010), S. 39.
452 Vgl. im Folgenden Baker/Wurgler (2002), S. 1 f. und Wenzel (2006), S. 121.

4. Temporäre Über- bzw. Unterbewertungen der eigenen Aktie am Kapitalmarkt stellen für Manager die größte Motivation dar Eigenkapitalmaßnahmen vorzunehmen.

Diese Schlussfolgerungen führen die Autoren nicht auf theoretische Überlegungen, sondern ausschließlich auf empirische Beobachtungen zurück. Dazu analysieren sie Börsengänge über einen Zeitraum von 30 Jahren und approximieren den Einfluss des Market-Timings anhand gewichteter Durchschnitte der Markt-Buchwert-Verhältnisse.[453] Nimmt dabei der Quotient aus dem Marktwert des Eigenkapitals und seinem bilanziellen Buchwert durch die Aufnahme externen Eigenkapitals in Zeiten erhöhter Kurse einen hohen Wert an, so wird dieses Verhalten als Market-Timing-Aktivität interpretiert. *Baker/Wurgler* folgern aus den Resultaten ihrer Untersuchung den langfristigen Einfluss von Veränderungen des historischen Markt-Buchwert-Verhältnisses auf die Kapitalstruktur von Unternehmen. Da nach Ansicht der Autoren mithilfe der bisher etablierten Theorien diese Zusammenhänge nicht nachvollzogen werden können, sprechen sie sich für die Market-Timing-Theorie als alternativen Erklärungsansatz aus.[454] Die empirisch beobachteten Zusammenhänge führen *Baker/Wurgler* auf irrationale Investoren am Kapitalmarkt zurück, die tatsächliche oder lediglich wahrgenommene Fehlbewertungen von Aktien vornehmen.

Eine alternative Begründung von Market-Timing-Strategien geht auf *Choe/Masulis/Nanda* zurück, die Fehlbewertungen am Aktienmarkt nicht durch die Irrationalität der handelnden Akteure, sondern durch asymmetrisch verteilte Informationen erklären.[455] Kernaussage ihres Beitrags ist, dass Eigenkapitalemissionen von Unternehmen in Zeiträumen durchgeführt werden, in denen nur geringe Informationsasymmetrien vorliegen, so dass Adverse Selection-Probleme eingedämmt werden können.[456] In diesem Zusammenhang betrachten die Autoren die Variation von Informationsasymmetrien im Konjunkturverlauf. Sie stellen die verstärkte Ausgabe von Beteiligungstiteln gegenüber Forderungstiteln während Konjunkturaufschwüngen empirisch fest. Anhand dieser Beobachtungen entwickeln *Choe/Masulis/Nanda* ein Modell, das in seiner Argumentation den zuvor diskutierten Signalisierungsansätzen und der Pecking-Order nahekommt, diese jedoch um den dynamischen Aspekt der Konjunkturzyklen erweitert.[457]

---

[453] Vgl. Baker/Wurgler (2002), S. 4 ff. und Schneider (2010), S. 49.
[454] Vgl. Baker/Wurgler (2002), S. 25 ff.
[455] Vgl. Choe/Masulis/Nanda (1993), S. 3 ff.
[456] Siehe dazu auch Kap. 2.1.2.2.
[457] Vgl. Drobetz/Pensa/Wöhle (2006), S. 274.

In der Ausgangslage des Modells werden zwei unverschuldete Unternehmen betrachtet, deren Manager die Maximierung der Vermögensposition bestehender Anteilseigner anstreben. Deren Wert setzt sich aus den bereits vorhandenen Vermögenswerten und einer weiteren Investitionsmöglichkeit zusammen. Während der Wert der Vermögenswerte sowohl von der seitens Externer nicht beobachtbaren Unternehmensqualität als auch von der für alle gleich gut einzuschätzenden Konjunkturentwicklung abhängt, bestimmt sich der Erfolg des Investitionsprojekts ausschließlich durch die gesamtwirtschaftliche Lage. Da zur Finanzierung der Investition nicht ausreichend interne Mittel zur Verfügung stehen, entscheiden die Manager des jeweiligen Unternehmens, welche externe Kapitalform vorteilhaft für die Vermögensposition bestehender Anteilseigner ist. Dabei wägen sie die Kosten des Vermögenssubstitutionsproblems[458] im Rahmen der Fremdkapitalfinanzierung gegen die Nachteile der Eigenkapitalemission ab, die aufgrund der Adverse Selection-Problematik bei der Ankündigung von Kapitalerhöhungen entstehen können.[459]

Choe/Masulis/Nanda schlussfolgern, dass Unternehmen, die sich hohen Informationsasymmetrien ausgesetzt sehen, zur Vermeidung der Adverse Selection-Problematik eher auf Fremdkapital setzen, während Unternehmen, deren tatsächliche Qualität gut dokumentiert ist, eher Eigenkapital aufnehmen. Die Variation des Konjunkturverlaufs wirkt sich in der Form aus, dass in Zeiten des Aufschwungs die steigende durchschnittliche Unternehmensqualität zu einer Verringerung der Adverse Selection-Problematik führt und somit die Aufnahme von Eigenkapital attraktiver macht.[460]

Die verschiedenen Ausprägungen der Market-Timing-Theorie untersuchen, wie die Kapitalstruktur von Unternehmen durch die Ausnutzung temporärer Aktienmarktschwankungen beeinflusst werden kann. Dabei bieten die Erklärungsansätze schlüssige Argumente zur Analyse von Finanzierungsentscheidungen börsennotierter Unternehmen. Jedoch liefert insbesondere das Modell von *Baker/Wurgler* keine Hinweise über die Kapitalstrukturgestaltung von nicht gelisteten Firmen, denen Market-Timing-Strategien in der Regel nicht zur Verfügung stehen. Weiterhin führen auch empirische Untersuchungen aufgrund uneinheitlicher Ergebnisse zu Zweifeln an der Market-Timing-Theorie. Zwar erhält der von *Baker/Wurgler* aufgezeigte langfristige Effekt von Market-Timing-Aktivitäten auf die Kapitalstruktur Unterstützung durch die Ergebnisse einiger Befragungsstudien.[461] Allerdings finden diese Untersuchungen

---

[458] Siehe Kap. 2.5.2.1.
[459] Siehe Kap. 2.6.2.1.
[460] Vgl. Choe/Masulis/Nanda (1993), S. 30 und Wenzel (2006), S. 122 f.
[461] Vgl. Graham/Harvey (2001), S. 187 ff.; Baker/Wurgler (2002) und Marques/dos Santos (2004), S. 28.

auch Hinweise auf die Gültigkeit weiterer Kapitalstrukturtheorien.[462] Darüber hinaus kommen zahlreiche weitere Erhebungen zu dem Schluss, dass die Market-Timing-Theorie keine empirische Relevanz hat.[463]

Die auf *Welch* zurückgehende Market-Inertia-Theorie (Theorie der Marktträgheit) basiert analog der Market-Timing-Theorie nicht auf einem theoretischen Modell, sondern auf den Erkenntnissen einer empirischen Erhebung.[464] Auch eint die beiden Theorien die Kritik an bisherigen Kapitalstrukturtheorien sowie die Fokussierung auf börsennotierte Unternehmen. Entgegen der Market-Timing-Theorie nehmen Unternehmen nach der Market-Inertia-Theorie jedoch eine passive Rolle bei der Kapitalstrukturgestaltung ein. Laut *Welch* bestimmt sich der Verschuldungsgrad eines Unternehmens ausschließlich durch den Kurs seiner Aktien. Die durch Kursveränderungen schwankende Marktkapitalisierung hat demnach den entscheidenden Einfluss auf den Anteil des Eigenkapitals am Gesamtkapital. *Welch* führt diesen Umstand darauf zurück, dass Unternehmen darauf verzichten, marktinduzierte Veränderungen des Verschuldungsgrads durch einzelne Finanzierungsmaßnahmen zu korrigieren.[465] Ist die unterstellte Passivität der Unternehmensleitung hinsichtlich der Finanzierungsmaßnahmen zutreffend, so sind nicht mehr die Manager selbst, sondern die Investoren durch ihr Nachfrageverhalten bezüglich der Aktien maßgeblich für die Höhe des Verschuldungsgrads.

Allerdings kann dieser Zusammenhang nur bei einer Betrachtung des marktwertbasierten Verschuldungsgrads gelten. Die Variation der Kapitalstruktur aufgrund der schwankenden Marktkapitalisierung lässt sich nicht anhand des bilanziellen Eigenkapitals nachvollziehen. *Welch* untersucht daher den marktwertbasierten Verschuldungsgrad börsennotierter US-Unternehmen und stellt dabei fest, dass dessen Variation zu 40 % durch Aktienkursschwankungen erklärt werden kann.[466]

Die Kritik an der Market-Inertia-Theorie entspricht in weiten Teilen der an der Market-Timing-Theorie. So werden auch in dem Beitrag von *Welch* lediglich börsennotierte Unternehmen betrachtet. Hinweise über die Kapitalstruktur nicht notierter Unternehmen bietet das Modell nicht. Auch kommen empirische Untersuchungen zu keinem einheitlichen Ergebnis. Zwar stellen einige Studien kurzfristige Abweichungen von Zielkapitalstrukturen fest, jedoch

---

[462] Vgl. Schneider (2010), S. 51.

[463] Vgl. Frank/Goyal (2003a), S. 7; Kayhan/Titman (2004), S. 32 und Leary/Roberts (2005), S. 2575 ff. Zu einem ähnlichen Ergebnis kommt Hermanns in ihrer Untersuchung deutscher börsennotierter Unternehmen. Vgl. Hermanns (2006), S. 276.

[464] Vgl. Welch (2004), S. 106 ff.

[465] Vgl. Welch (2004), S. 122 ff.

[466] Vgl. Welch (2004), S. 115.

führen sie diese auf Anpassungskosten zurück, die auch von dynamischen Varianten der Trade-Off-Theorie erklärt werden können.[467]

Insgesamt betrachtet leisten die Market-Timing-Theorie und Market-Inertia-Theorie einen Beitrag zur Erklärung des Einflusses von Schwankungen an Märkten für Beteiligungstitel und erweitern somit die Diskussion über die Relevanz von Finanzierungsentscheidungen. Gleichwohl verursachen die Vernachlässigung nicht börsennotierter Unternehmen sowie die widersprüchlichen empirischen Ergebnisse Zweifel an der Verallgemeinerbarkeit der Theorien.

2.7.5 Persistenz-Theorie

Die Persistenz-Theorie der Kapitalstruktur stellt mit der weitgehenden Unveränderlichkeit des Verschuldungsgrads von Unternehmen im Zeitablauf einen weiteren bisher kaum betrachteten Aspekt in den Fokus der Forschung. Wie die unmittelbar zuvor diskutierten Ansätze ist die unter anderem auf *Lemmon/Roberts/Zenker* zurückgehende Theorie rein empirisch motiviert und zweifelt die Relevanz etablierter Theorien an.[468]

Zentrale Aussage der Persistenz-Theorie ist die langfristige Beständigkeit der Kapitalstruktur, nachdem diese einmal durch ein Unternehmen festgelegt wurde. Der Verschuldungsgrad wird nach *Lemmon/Roberts/Zender* teilweise bereits vor dem Börsengang eines Unternehmens bestimmt und in der Folgezeit nicht mehr durch gezielte Kapitalstrukturmaßnahmen beeinflusst.[469] Hierdurch weist die Persistenz-Theorie Parallelen zur Market-Inertia-Theorie auf, unterscheidet sich jedoch zugleich von dieser, indem sie buchwertbasierte Verschuldungsgradmaße verwendet und somit Schwankungen der Marktkapitalisierung von Unternehmen keine Rolle spielen. Im Beitrag erfolgt zunächst eine deskriptive Analyse der Verschuldungsgradentwicklung im Zeitablauf.[470] Dabei werden die Unternehmen anhand ihres Verschuldungsgrads in vier Gruppen klassifiziert, deren durchschnittliche Fremdkapitalquote sich zwar über einen Zeitraum von 20 Jahren angenähert hat, sich aber auch langfristig signifikant voneinander unterscheidet. So finden die Autoren Hinweise auf kurzfristige Anpassungseffekte, werten den langfristigen, persistenten Effekt allerdings als Beleg für die Gültigkeit der Persistenz-Theorie.[471]

[467] Vgl. Leary/Roberts (2005), S. 2587 ff. und Strebulaev (2007), S. 1750.
[468] Vgl. Lemmon/Roberts/Zender (2008), S. 1575 ff.
[469] Vgl. Lemmon/Roberts/Zender (2008), S. 1602 ff.
[470] Als Daten verwenden die Autoren sämtliche vollständigen Compustat-Einträge zwischen 1965 und 2003. Vgl. Lemmon/Roberts/Zender (2008), S. 1578.
[471] Vgl. Lemmon/Roberts/Zender (2008), S. 1581.

Darüber hinaus führen *Lemmon/Roberts/Zender* eine Panel-Regression durch, in deren Rahmen sie auch etablierte Theorien empirisch überprüfen. Dabei kommen sie zu dem Ergebnis, dass die Aussagekraft bisheriger Erklärungsansätze begrenzt ist und die Kapitalstruktur vielmehr anhand des initialen Verschuldungsgrads erklärt werden kann.[472] Zudem wird in einer Varianzzerlegung ebendieser initiale Verschuldungsgrad durch eine firmenspezifische Konstante ersetzt, die bis zu 95 % der Varianz der Kapitalstruktur erklären kann. *Lemmon/Roberts/Zender* bewerten diese Erkenntnisse ebenfalls als Bestätigung ihrer Theorie.[473]

Der initiale Verschuldungsgrad als unabhängige Variable zur Erklärung des späteren Verschuldungsgrads stellt zugleich aufgrund der nicht auszuschließenden wechselseitigen Beeinflussung eine der Schwachstellen des Modells von *Lemmon/Roberts/Zender* dar. Diese Endogenitätsproblematik wird der Persistenz-Theorie neben weiteren empirischen Fehlspezifikationen kritisch entgegengehalten, so dass sich diese bisher nicht als ganzheitliche Kapitalstrukturtheorie etablieren konnte.[474]

2.8 Zusammenfassung

Den Ausgangspunkt der modernen Kapitalstrukturforschung bilden die Irrelevanztheoreme von *Modigliani/Miller*, die in ihrem Beitrag die Unabhängigkeit des Marktwerts eines Unternehmens von seiner Kapitalstruktur feststellen, sofern die strengen Modellannahmen erfüllt sind. Mittels Arbitragebeweis zeigen sie die Irrelevanz von Finanzierungsmaßnahmen auf vollkommenen Märkten ohne Steuern und Transaktionskosten auf. Diese Prämissen stehen jedoch im Widerspruch zu realen Märkten, so dass sich in der Folge eine Reihe von Theorien entwickelt hat, welche die von *Modigliani/Miller* ausgeschlossenen Marktimperfektionen systematisch in die Kapitalstrukturforschung integrieren.

Vor diesem Hintergrund werden zunächst die Wirkung von Steuern und die Konsequenzen einer möglichen Unternehmensinsolvenz in die Überlegungen einbezogen. Durch die Abwägung gegenläufiger Effekte von Steuervorteilen und erwarteten Insolvenzkosten leitet die Trade-Off-Theorie die Relevanz der Kapitalstruktur ab. Demnach existiert ein optimaler Verschuldungsgrad, in dem der marginale Steuervorteil der zunehmenden Verschuldung den erwarteten Grenzkosten der steigenden Insolvenzwahrscheinlichkeit entspricht. Damit bietet die Trade-Off-Theorie eine schlüssige Logik zur Erklärung realer Finanzierungsmaßnahmen. Jedoch werden ihr die geringe Operationalisierbarkeit der Insolvenzkosten sowie die ausschließ-

[472] Vgl. Lemmon/Roberts/Zender (2008), S. 1585 ff.
[473] Vgl. Lemmon/Roberts/Zender (2008), S. 1588 ff. und Schneider (2010), S. 58.
[474] Vgl. Baranchuk/Xu (2007), S. 1 ff. und Cook/Kieschnick (2008), S. 1 ff.

liche Betrachtung der beiden genannten Einflussfaktoren kritisch entgegengehalten. Schließlich sprechen abweichende empirische Ergebnisse gegen die Gültigkeit der Trade-Off-Theorie.

Weitere Marktunvollkommenheiten werden im Rahmen der informationsökonomisch geprägten Agency-Theorie der Kapitalstruktur aufgegriffen. Im Zentrum der Betrachtung stehen Interessenkonflikte zwischen Eigentümern, Management und Gläubigern von Unternehmen. Die daraus resultierenden Agency-Kosten des Eigen- bzw. Fremdkapitals können auf eine Reihe partieller Problemstellungen zurückgeführt werden und lassen sich über verschiedene Lösungsmechanismen teilweise verringern. Insgesamt führen die Agency-Kosten jedoch zu einer Reduzierung des Unternehmenswerts. Die Kapitalstruktur ist daher so zu gestalten, dass die Summe der Agency-Kosten minimiert wird. Der hieraus abgeleitete optimale Verschuldungsgrad lässt sich allerdings kaum quantifizieren. So kann die Agency-Theorie zwar zahlreiche institutionelle Regelungen im Rahmen von Finanzierungsbeziehungen begründen, bietet aber kein operationalisierbares Gesamtmodell zur Erklärung und quantitativen Bestimmung der Kapitalstruktur von Unternehmen.

Ebenso wie der Agency-Theorie der Kapitalstruktur beziehen sich auch die Signalisierungsansätze von *Ross* und *Leland/Pyle* nur auf Ausschnitte unternehmerischer Finanzierungsentscheidungen. Ausgehend von asymmetrisch verteilten Informationen heben sie die mit der Auswahl von Finanzierungsalternativen einhergehende Signalfunktion hervor. Demnach kann ein hoher Verschuldungsgrad bzw. eine Beteiligung des Managements am Unternehmen zu einer Reduzierung der Informationsasymmetrien beitragen. Trotz ihrer schlüssigen Argumentation werden die Signalisierungsansätze aufgrund ihrer Partialbetrachtung und der starken Abhängigkeit von den getroffenen Annahmen stark kritisiert.

Ungleich verteilte Informationen stellen auch die Grundlage der ebenfalls informationsökonomisch geprägten Pecking-Order-Theorie dar. Aufgrund der Signalwirkung von verschiedenen Finanzierungsmaßnahmen präferieren Manager die Kapitalformen in einer bestimmten Reihenfolge. Die Unternehmensführung bevorzugt zunächst interne Mittel vor externem Fremdkapital und greift nur zuletzt auf externes Eigenkapital zurück. Eine optimale Kapitalstruktur existiert demnach nicht. Vielmehr ergibt sich der Verschuldungsgrad als Ergebnis der Finanzierungsbedarfe eines Unternehmens. Zwar lassen sich mithilfe der Pecking-Order-Theorie einige in der Realität zu beobachtende Finanzierungsentscheidungen erklären. Gleichwohl stellt auch sie aufgrund empirischer Widersprüche keine abschließende Theorie der Kapitalstruktur dar. Zudem beschränkt sich ihre Argumentation auf börsennotierte Unternehmen.

Der Überblick über die etablierten Theorien zur Kapitalstruktur verdeutlicht, dass bisher kein Ansatz existiert, der das Finanzierungsverhalten sämtlicher Unternehmen vollständig erklären kann. Dies ist zum einen auf die teilweise restriktiven Prämissen der verschiedenen Theorien zurückzuführen. Zum anderen liegen die Gründe in den stellenweise widersprüchlichen empirischen Ergebnissen sowie in der mangelnden Operationalisierbarkeit einzelner Ansätze. Darüber hinaus ist die weitgehende Fokussierung auf börsennotierte Großunternehmen kritisch zu sehen. Inwiefern sich die Argumentationsketten auf Unternehmen übertragen lassen, die nur über einen eingeschränkten Kapitalmarktzugang verfügen, bleibt offen. Auch ist den erläuterten Theorien gemein, dass sie Kapitalstrukturmaßnahmen dahingehend untersuchen, inwiefern sie eine Steigerung des Unternehmenswerts zur Folge haben. Die Verfolgung alternativer Ziele im unternehmerischen Entscheidungsprozess ist bisher kaum Gegenstand der Kapitalstrukturforschung.

3 FINANZIERUNG KLEINER UND MITTLERER UNTERNEHMEN

Kleine und mittlere Unternehmen spielten lange Zeit keine gewichtige Rolle als Untersuchungsobjekt in der wirtschaftswissenschaftlichen Forschung.[475] Auch die neoklassische Finanzierungstheorie orientiert sich an großen Unternehmen mit uneingeschränktem Kapitalmarktzugang.[476] Zwar sind KMU in der jüngeren Vergangenheit stärker in das Interesse der Forscher gerückt.[477] Eine gegenüber Großunternehmen gleichgestellte Rolle als Untersuchungsobjekt nehmen sie allerdings weiterhin nicht ein.[478] Daher ist zu überprüfen, inwiefern eine gesonderte Betrachtung von KMU als Untersuchungsgegenstand gerechtfertigt ist.[479] So wird in diesem Kapitel untersucht, welche eigenen Charakteristika KMU neben dem Größenaspekt aufweisen. Im Hinblick auf die Eignung als Untersuchungsgegenstand für diese Arbeit wird zudem festgestellt, welche Relevanz dieser Gruppe von Unternehmen aus gesamtwirtschaftlicher Perspektive zukommt. Dazu erfolgt nach der begrifflichen Abgrenzung von KMU und der Erörterung der finanzierungsrelevanten Besonderheiten eine Analyse der gesamtwirtschaftlichen Bedeutung. Als Grundlage zur weiteren Untersuchung von Finanzierungsentscheidungen werden in diesem Kapitel zudem die Finanzierungsgewohnheiten von KMU sowie die Veränderungen in den diesbezüglichen Rahmenbedingungen überblicksartig dargestellt. Das Kapitel schließt mit einer Übersicht über die Entwicklung der Eigenkapitalausstattung deutscher KMU im internationalen Vergleich sowie einer Betrachtung der Auswirkungen auf die Unternehmensinsolvenzen.

3.1 Charakteristika von KMU

3.1.1 Abgrenzung von KMU

In diesem Abschnitt erfolgt eine Definition von kleinen und mittleren Unternehmen (KMU). Dabei soll eine Abgrenzung von anderen Unternehmen anhand bewährter Kriterien aus der Literatur vorgenommen werden. Allerdings hat sich bisher keine allgemeingültige Definition durchgesetzt, so dass eine Analyse der unterschiedlichen Abgrenzungskriterien erforderlich ist.[480]

---

475 Vgl. Brock/Evans (1989), S. 17; Julien (1993), S. 157 und Behringer (2009), S. 29.

476 Vgl. Rehkugler (1989), S. 402 f. und Behringer (2009), S. 29.

477 Vgl. Achleitner/Fingerle (2004), S. 6.

478 Vgl. Rehkugler (1989), S. 408 und Behringer (2009), S. 29.

479 Julien führt das geringe Ausmaß der Literatur zu KMU darauf zurück, dass sich seiner Ansicht nach KMU, abgesehen von der Unternehmensgröße, nicht wesentlich von Großunternehmen unterscheiden. Vgl. Julien (1993), S. 157. Eine gegensätzliche Meinung vertreten Welsh/White (1981), S. 18 ff.

480 Vgl. Neubauer/Lank (1998), S. 3 f.; Bornheim (2000), S. 13 und Hausch (2004), S. 12. Mugler stellt in diesem Zusammenhang fest, dass bisher keine allgemeingültige und weitgehend anerkannte Abgrenzung

In der Literatur erfolgt häufig eine Gleichsetzung des Begriffs der kleinen und mittleren Unternehmen mit dem des Mittelstands.[481] Die Vielfalt der Definitionen ist auch auf nationale Besonderheiten zurückzuführen. Außerhalb Deutschlands werden Großunternehmen und KMU üblicherweise anhand der Betriebsgröße[482] voneinander abgegrenzt. Hierzulande ist der Begriff des Mittelstands durch historisch-soziologische Sachverhalte entstanden. Der Begriff geht auf die Zeit des Mittelalters zurück, in der sich neben der Aristokratie und der unfreien Landbevölkerung ein mittlerer Stand der reichen und gebildeten Bürger entwickelt hat, dessen gesellschaftliche Stellung auf die eigene Leistung zurückzuführen ist.[483] Auch heute noch ist der Mittelstandsbegriff von seiner historisch-soziologischen Herkunft geprägt, bezeichnet aber neben der Person des Unternehmers auch kleine und mittlere Unternehmen, die von ebendiesen Unternehmern maßgeblich beeinflusst werden.[484] Daher lässt sich dem Mittelstandsbegriff neben der aufgezeigten soziologischen auch eine ökonomische Dimension zuordnen. Da im Rahmen dieser Arbeit aus einer rein ökonomischen Perspektive argumentiert wird, soll bei der Verwendung des Begriffs Mittelstand im Folgenden von der soziologischen Dimension des Mittelstandsbegriffs abstrahiert werden.[485]

Hinsichtlich der Abgrenzung von kleinen und mittleren Unternehmen ist eine Definition zweckdienlich, die eine eindeutige Zuordnung sowie möglichst homogene Gruppen gewährleistet.[486] Ist die Eindeutigkeit von besonderer Priorität, ermöglicht die Unterscheidung von Unternehmen anhand nur eines Kriteriums eine exakte Zuordnung. Erfolgt die Klassifizierung anhand von zwei oder mehr Kriterien, sind Fälle denkbar, in denen ein Unternehmen nicht klar klassifiziert werden kann. Allerdings weisen einige der gängigen mehrdimensionalen Abgrenzungen Regeln auf, nach denen Unternehmen klassizifiert werden können, die nicht alle Kriterien einheitlich erfüllen.[487] Die Eingruppierung von Unternehmen anhand nur eines einzigen Merkmals kann dazu führen, dass Branchenbesonderheiten sowie weitere spezifische Probleme nicht erfasst werden.[488] Zudem führt die Berücksichtigung mehrerer Kriterien zu einer erhöhten Homogenität innerhalb der Unternehmensgruppen. So scheint eine Anwen-

vorliegt. Vgl. Mugler (2008), S. 20. Als wegweisend ist hier auch die Arbeit von Gantzel zu nennen, der knapp 200 Definition klassifiziert. Vgl. Gantzel (1962), S. 293 ff.

481 Vgl. Zinell (1999), S. 23 und Kummert (2005), S. 7.

482 Der Begriff des Betriebs soll in dieser Arbeit im Sinne eines Wirtschaftsbetriebs verstanden werden und wird daher im Folgenden synonym zum Begriff des Unternehmens verwendet. Für eine Unterscheidung siehe Kolbeck (1980), S. 69.

483 Vgl. Hausch (2004), S. 12 f. und Pfohl (2006), S. 3 f.

484 Vgl. Bickel (1981), S. 181 und Hamer (1990), S. 24.

485 Dabei werden die Begriffe KMU, Mittelstand und mittelständische Unternehmen synonym verwendet. Zur soziologischen Dimension des Mittelstandsbegriffs siehe Hausch (2004), S. 12 ff.

486 Vgl. Behringer (2009), S. 30.

487 Vgl. hierzu beispielsweise die Abgrenzungen der Europäischen Kommission (2003) und des § 267 HGB.

488 Vgl. Günzel (1975), S. 29 ff. und Pfohl (2006), S. 15.

dung mehrerer Kriterien angemessen, um eine möglichst eindeutige Abgrenzung vorzunehmen, die zugleich die besonderen Wesensmerkmale von KMU berücksichtigt.

Als Kriterien zur Abgrenzung von KMU werden in der Literatur meist quantitative und qualitative Merkmale angeführt.[489] Als quantitative Merkmale werden in der Regel betriebswirtschaftliche Kennzahlen verwendet, die eine exakte Klassifizierung der Unternehmen ermöglichen. Allerdings ist eine Erfassung der Wesensmerkmale von KMU anhand von rein quantitativen Abgrenzungskriterien nur schwer möglich. So werden als Ergänzung häufig auch qualitative Merkmale zur Unterscheidung von Unternehmen einbezogen. Jedoch ist eine eindeutige Operationalisierung der qualitativen Kriterien nicht immer möglich.[490] Um eine zweckdienliche Abgrenzung von KMU vorzunehmen, werden zunächst quantitative und in Anschluss qualitative Kriterien erörtert, bevor eine Definition von KMU im Sinne dieser Arbeit erfolgt.

3.1.1.1 Quantitative Kriterien

Kleine und mittlere Unternehmen lassen sich anhand quantitativer Kriterien von großen Unternehmen abgrenzen. Dabei umfasst der Begriff der KMU sämtliche Unternehmen, die unabhängig ihrer Branche oder Rechtsform eine bestimmte Betriebsgröße nicht übersteigen.[491] *Busse von Colbe* definiert die Größe eines Betriebs in diesem Zusammenhang als das „Ausmaß seiner effektiven oder potentiellen wirtschaftlichen Tätigkeit".[492] Zudem findet die Eignung der Betriebsgröße als quantitatives Abgrenzungskriterium von Unternehmen weitgehende Anerkennung.[493] Jedoch ist der Begriff der Betriebsgröße ebenso wie der Begriff der KMU in der Literatur nicht eindeutig bestimmt.[494] Dies ist darauf zurückzuführen, dass die konkrete Ausgestaltung von quantifizierbaren Kriterien zur Betriebsgröße und die Festlegung eines einheitlichen Größenmaßes nicht ohne Weiteres möglich sind, da beim Vergleich mehrerer Unternehmen kaum deren vielschichtige Besonderheiten gänzlich berücksichtigt werden können.[495] Bereits die unterschiedliche Ausstattung mit Produktionsfaktoren von Unternehmen innerhalb einer Branche führt zu Verzerrungen.[496] Trotz der Schwierigkeiten, die mit der Konkretisierung des Begriffs Betriebsgröße verbunden sind, lassen sich einige wesentliche

489 Vgl. Achleitner/Fingerle (2004), S. 6 ff.; Hausch (2004), S. 14 ff.; Kummert (2005), S. 8 ff.; Behringer (2009), S. 30 ff. und Brüse (2011), S. 11 ff.
490 Vgl. Clasen (1992), S. 17 und Behringer (2009), S. 30.
491 Vgl. Hausch (2004), S. 18 und Pfohl (2006), S. 2 f.
492 Busse von Colbe (1976), Sp. 567. Vgl. auch Pfohl (2006), S. 3.
493 Vgl. dazu Günzel (1975), S. 29 ff.; Naujoks (1975), S. 28 und Hausch (2004), S. 19.
494 Vgl. Wetzel (1953), S. 36 ff.; Busse von Colbe (1964), S. 29 und Hausch (2004), S. 18.
495 Vgl. Fettel (1959), S. 61; Marwede (1983), S. 18 ff. und Pfohl (2006), S. 3.
496 Vgl. Busse von Colbe (1964), S. 32; Berger (1968), S. 33 und Schmelter (1977), S. 61.

Merkmale ausmachen, die zum einen eine möglichst repräsentative Abbildung der Betriebsgröße darstellen und sich zum anderen nach Möglichkeit objektiv messen lassen.[497]

So hat sich zur Bestimmung der Betriebsgröße eines Unternehmens anhand quantitativer Kriterien die Ausrichtung an input- und outputorientierten Größen etabliert, mithilfe derer die aus der Definition von *Busse von Colbe* abgeleitete, tatsächliche oder potentielle Leistungsfähigkeit eines Unternehmens gemessen werden kann.[498] Grundlage der Klassifizierung von Unternehmen anhand von Inputfaktoren ist die Arbeit von *Sombart*, nach der sich:

- personale Messgrößen (Anzahl der Mitarbeiter),
- reale Messgrößen (eingesetzte Rohstoffe, etc.),
- kapitale Messgrößen (eingesetztes Kapital)

unterscheiden lassen.[499] *Busse von Colbe* erweitert die Klassifizierung von *Sombart* um Outputfaktoren. Angelehnt an den betrieblichen Leistungsprozess unterscheidet er fünf Messgrößen zur quantitativen Abgrenzung von Unternehmen:[500]

- Einsatzmengen von Produktionsfaktoren, z. B. Arbeitsstunden oder Rohstoffmengen,
- Einsatzwerte, z B. Personalkosten oder Materialkosten,
- eingesetztes Kapital,
- Leistungsmengen, z. B. die Ausbringungsmenge oder Absätze,
- Leistungswerte, z. B. Umsatz.

Darüber hinaus sind noch weitere quantitative Abgrenzungskriterien denkbar. So lassen sich einige qualitative Merkmale quantifizieren.[501] Zwar kann die Berücksichtigung möglichst vieler verschiedener Kriterien zu einer hohen Präzision in der Klassifizierung von Unternehmen führen. Jedoch ist eine Einbeziehung sämtlicher vorstellbarer Merkmale zur Bestimmung der Betriebsgröße aufgrund der enormen Komplexität kaum sinnvoll.[502] Daher sind die Merkmale, anhand derer die Betriebsgröße bestimmt werden soll, sowie eine eventuelle Festlegung von Klassengrenzen unter dem Gesichtspunkt der Zweckmäßigkeit zu wählen.[503]

[497] Vgl. Zimmermann (1960), S. 159 und Pfohl (2006), S. 3.
[498] Vgl. Busse von Colbe (1964), S. 35 ff.; Wossidlo (1993b), Sp. 2892 und Hausch (2004), S. 19.
[499] Vgl. Sombart (1955), S. 539 f. und Hausch (2004), S. 19.
[500] Vgl. Busse von Colbe (1964), S. 35 ff.; Watkins-Mathys/Lowe (2005), S. 658 ff. und Pfohl (2006), S. 4.
[501] Beispielsweise kann die Arbeitsintensität einer Produktion durch die Relation von Personal- zu Kapitalkosten dargestellt werden. Vgl. Pfohl (2006), S. 4.
[502] Vgl. Schulz (1970), S. 46.
[503] Vgl. Gantzel (1962), S. 287 f.; Lücke (1967), S. 21 und Pfohl (2006), S. 5.

Vor diesem Hintergrund hat sich für die quantitative Abgrenzung von KMU die Verwendung der Inputgröße *Anzahl der Mitarbeiter* und der Outputgröße *Umsatz* sowie das Merkmal der *Bilanzsumme* etabliert.[504] Trotz der Reduzierung der Abgrenzungskriterien auf wenige Merkmale, liegen nach wie vor viele unterschiedliche Definitionen zur Größe von KMU vor. Auch hinsichtlich der Klassengrenzen, die KMU nicht überschreiten dürfen, um noch dieser Gruppe zu gehören, existieren vielfältige Vorschläge.[505]

Zur quantitativen Abgrenzung von KMU lassen sich ein- und mehrdimensionale Ansätze unterscheiden. Zu den letzteren gehört das Handelsgesetzbuch (HGB), das in § 267 Klein- Mittel- und Großunternehmen anhand von drei Kriterien voneinander abgrenzt (vgl. die nachfolgende Tabelle 3.1).

Unternehmensgröße	Zahl der Beschäftigten	Umsatz € / Jahr	Bilanzsumme € / Jahr
Klein	bis 50	bis 9,68 Mio.	bis 4,84 Mio.
Mittel	bis 250	bis 38,5 Mio.	bis 19,25 Mio.
Groß	mehr als 250	mehr als 38,5 Mio.	mehr als 19,25 Mio.

Tabelle 3.1: KMU-Definition des Handelsgesetzbuchs
Quelle: § 267 HGB; eigene Darstellung.

Nach § 267 HGB sind solche Unternehmen zu den jeweiligen Größenklassen zu zählen, die zwei der drei genannten Kriterien nicht überschreiten. Werden jedoch Wertpapiere eines Unternehmens auf dem organisierten Kapitalmarkt gehandelt oder hat ein Unternehmen dies beantragt, ist es immer den Großunternehmen zuzurechnen.[506] Dabei wird deutlich, dass diese Definition von KMU auch qualitative Elemente enthält.

Auf europäischer Ebene existiert eine weitere Definition von KMU, die ebenfalls mehrere Merkmale betrachtet. Tabelle 3.2 zeigt die seit 2005 geltende Empfehlung der Europäischen Kommission zur Abgrenzung der Kleinst-, Klein-, Mittel- und Großunternehmen, welche jene aus dem Jahr 1996 ersetzt.[507]

[504] Vgl. Wossidlo (1993b), Sp. 2893 und Hausch (2004), S. 20.
[505] Vgl. Vetter (2000), S. 40 und Hausch (2004), S. 20.
[506] § 267 Abs. 3 HGB.
[507] Die zuvor geltende Empfehlung der Kommission der Europäischen Gemeinschaften von 1996 klassifiziert die Unternehmen anhand lediglich eines Kriteriums. Maßgeblich zur Abgrenzung ist hierbei die Anzahl der Beschäftigten. Danach beschäftigen Kleinstunternehmen bis zu 9 Personen. Gesellschaften mit 10 bis 49 Beschäftigten werden als kleine Unternehmen klassifiziert. Werden zwischen 50 und 249 Personen beschäftigt, ist nach der Empfehlung von mittleren Unternehmen die Rede. Großunternehmen beschäftigen demnach 250 Personen und mehr. Vgl. Eurostat (2001).

Unternehmensgröße	Zahl der Beschäftigten	Umsatz € / Jahr	Bilanzsumme € / Jahr
Kleinst	bis 9	bis 2 Mio.	bis 2 Mio.
Klein	bis 49	bis 10 Mio.	bis 10 Mio.
Mittel	bis 249	bis 50 Mio.	bis 43 Mio.
Groß	250 und mehr	mehr als 50 Mio.	mehr als 43 Mio.

Tabelle 3.2: KMU-Definition der Europäischen Kommission
Quelle: Europäische Kommission (2003).

Demnach gehören Unternehmen mit maximal 50 Mio. Euro Jahresumsatz, 43 Mio. Euro Jahresbilanzsumme und 249 Beschäftigten zu den KMU. Jedoch wird auch die Definition von KMU durch die Europäische Kommission um qualitative Elemente ergänzt. So spielt auch die wirtschaftliche Unabhängigkeit eine Rolle. Demnach zählt ein Unternehmen, welches die obigen quantitativen Kriterien erfüllt, nur dann zu den KMU, sofern es nicht zu 25 Prozent oder mehr im Besitz eines oder mehrerer Unternehmen steht.[508] Zwar ist die Definition der KMU nicht verbindlich, allerdings findet sie häufige Verwendung in Deutschland. So ist sie unter anderem maßgeblich für die Einstufung von KMU durch die KfW Mittelstandsbank.

Gleicherweise einen Ansatz mit mehreren Kriterien verfolgt das Institut für Mittelstandsforschung (IfM), das sich dabei jedoch auf die Merkmale *Mitarbeiteranzahl* und *Umsatz* beschränkt (vgl. die nachfolgende Tabelle 3.3).

Unternehmensgröße	Zahl der Beschäftigten	Umsatz € / Jahr
Klein	bis 9	bis unter 1 Mio.
Mittel	10 bis 499	1 bis unter 50 Mio.
Groß	500 und mehr	50 Mio. und mehr

Tabelle 3.3: KMU-Definition des Instituts für Mittelstandsforschung
Quelle: Institut für Mittelstandsforschung (2012), S. 174.

[508] Jedoch gilt auch hier ein Ausnahmetatbestand. So kann ein Unternehmen als wirtschaftlich eigenständig gelten, selbst wenn der Schwellenwert von 25 % erreicht oder überschritten wird. Befindet sich dieser Anteil im Besitz von Institutionen oder Personen, die regelmäßig mit Risikokapital Investitionen tätigen, so ist das betrachtete Unternehmen den KMU zuzurechnen, sofern es die quantitativen Kriterien erfüllt. Vgl. Achleitner/Fingerle (2004), S. 6.

Nach der Definition des IfM, der in Deutschland ebenfalls allgemeine Anerkennung zugesprochen wird, beschäftigen kleine und mittlere Unternehmen maximal 499 Mitarbeiter und setzen pro Jahr weniger als 50 Mio. Euro um.[509]

Definitionen, die zwei oder mehr Kriterien berücksichtigen, sehen sich allerdings stets der Kritik ausgesetzt, dass eine präzise Klassifizierung von Unternehmen nicht immer möglich ist. So sind Fälle denkbar, in denen die unterschiedlichen Merkmalsausprägungen zu keiner eindeutigen Einordnung eines Unternehmens führen. Kommt die mehrdimensionale Einstufung zu keinem einheitlichen Ergebnis, gestaltet sich die Operationalisierung mitunter schwierig. Daher kommen zahlreiche Autoren zu der Erkenntnis, dass aufgrund der mit mehreren Kategorien verbundenen Schwierigkeiten die Bestimmung der Betriebsgröße anhand lediglich einer Dimension vorzuziehen ist.[510] So existieren etliche Definitionen, die zur quantitativen Abgrenzung von KMU gegenüber Großunternehmen nur ein Merkmal berücksichtigen. Dabei werden zumeist die Mitarbeiteranzahl oder der Jahresumsatz als Bezugsgröße herangezogen. Während bei Klassifizierungen aus Sicht von Kreditinstituten häufig die jährlich erwirtschafteten Umsatzerlöse als Unterscheidungsmerkmal entscheidend sind, hat sich in der betriebswirtschaftlichen Forschung die Anzahl der Mitarbeiter als maßgebliche Größe durchgesetzt, sofern eine eindimensionale Betrachtung erfolgt.[511] Jedoch gestalten sich die Bestimmung der Klassengrenzen und die Anzahl der verschiedenen Klassen uneinheitlich.[512] Eine geläufige Abgrenzung von Unternehmen anhand der Anzahl der Mitarbeiter stammt von *Aiginger/Tichy* (vgl. die nachfolgende Tabelle 3.4).

Unternehmens-Klassifikation	**Zahl der Beschäftigten**
Kleinbetrieb	bis 99
Kleinerer Betrieb	100 bis 499
Größerer Betrieb	500 bis 999
Großbetrieb	1.000 und mehr

Tabelle 3.4: KMU-Definition nach Aiginger/Tichy
Quelle: Aiginger/Tichy (1984), S. 13.

509 Vgl. Prätsch/Schikorra/Ludwig (2007), S. 132.
510 Vgl. Naujoks (1975), S. 32 f.
511 Insbesondere die gute Verfügbarkeit, die Aussagekraft in Bezug auf Industrieunternehmen sowie der Umstand, dass die Inflation bei der langfristigen Betrachtung keine Rolle spielt, haben zu einer Bevorzugung der Größe Beschäftigenzahl geführt. Vgl. dazu Wossidlo (1993b), Sp. 2893 und Hausch (2004), S. 22.
512 Vgl. Naujoks (1975), S. 35.

Die entscheidende Klassengrenze von 500 Mitarbeitern findet sich in zahlreichen Definitionen wieder und erfährt zur Abgrenzung von KMU gegenüber Großunternehmen in der Literatur weitgehende Zustimmung.[513] So dient diese Grenze neben den oben diskutierten Definitionen des IfM und *Aiginger/Tichy* auch der in Tabelle 3.5 dargestellten Klassifizierung nach *Kußmaul* und *Pfohl* als wesentliches Element zur Bestimmung des Begriffs der KMU. Auch der Definition von *Kußmaul* und *Pfohl* liegt mit der Anzahl der Beschäftigten lediglich ein Merkmal bezüglich der Betriebsgröße zugrunde, jedoch erfolgt die Einteilung der Unternehmen nur in drei Klassen.[514]

Unternehmensgröße	**Zahl der Beschäftigten**
Klein	bis 49
Mittel	50 bis 499
Groß	500 und mehr

Tabelle 3.5: KMU-Definition nach Kußmaul und Pfohl
Quelle: Hausch (2004), S. 24.

Die Unterschiede in den hier aufgeführten gängigen Abgrenzungen von KMU gegenüber Großunternehmen sind nicht zuletzt darauf zurückzuführen, dass die Verfasser der verschiedenen Definitionen abweichende Ziele verfolgen. So sind die Auswahl der betrachteten Merkmale und die Festlegung der Klassengrenzen abhängig vom jeweilig verfolgten Zweck.[515] Zur Gewährleistung der Vergleichbarkeit der Betriebsgröße in unterschiedlichen Unternehmen sind dabei gegebenenfalls betriebliche und branchenspezifische Eigenheiten zu berücksichtigen.[516] Insbesondere bei Unternehmen unterschiedlicher Branchen kann es erforderlich sein, die Klassengrenze für jede Branche einzeln zu bestimmen, so dass Unternehmen einer Größenklasse mit unterschiedlichen Branchenzugehörigkeiten als vergleichbar groß betrachtet werden können.[517] Eine solche Abgrenzung von Unternehmen anhand der Merkmale *Anzahl der Beschäftigten* und *jährlich erwirtschaftete Umsätze* nehmen *Pfohl* sowie *Thürbach/Menzenwerth* vor (vgl. die nachfolgende Tabelle 3.6).

513 Vgl. Hamer (1990), S. 32; Wossidlo (1993b), Sp. 2893 und Hausch (2004), S. 23.
514 Vgl. Kußmaul (1990), S. 12 und Pfohl (1997), S. 11.
515 Vgl. Hausch (2004), S. 24.
516 Vgl. Pfohl (2006), S. 9 f.
517 Vgl. Bayer (1963), S. 27 ff.; Bolton (1971), S. 3 und Pfohl (2006), S. 9.

Branche und Größenklasse	Zahl der Beschäftigten	Umsatz € / Jahr
Industrie		
Klein	bis 49	bis unter 1 Mio.
Mittel	50 bis 499	1 bis 12,5 Mio.
Groß	500 und mehr	mehr als 12,5 Mio.
Handwerk		
Klein	bis 2	bis unter 50.000
Mittel	3 bis 49	50.000 bis 1 Mio.
Groß	50 und mehr	mehr als 1 Mio.
Großhandel		
Klein	bis 9	bis unter 500.000
Mittel	10 bis 199	500.000 bis 25 Mio.
Groß	200 und mehr	mehr als 25 Mio.
Einzelhandel		
Klein	bis 2	bis unter 250.000
Mittel	3 bis 49	250.000 bis 5 Mio.
Groß	50 und mehr	mehr als 5 Mio.
Verkehr		
Klein	bis 2	bis unter 50.000
Mittel	3 bis 49	50.000 bis 1 Mio.
Groß	50 und mehr	mehr als 1 Mio.
Dienstleistungen		
Klein	bis 2	bis unter 50.000
Mittel	3 bis 49	50.000 bis 1 Mio.
Groß	50 und mehr	mehr als 1 Mio.

Tabelle 3.6: KMU-Definition des Instituts für Mittelstandsforschung unter Berücksichtigung der Branche
Quelle: Thürbach/Menzenwerth (1975), S. 7 und Pfohl (2006), S. 10.

Neben den zahlreichen in Deutschland gängigen Definitionen existieren auf internationaler Ebene zusätzlich zu der Definition der Europäischen Kommission weitere Ansätze zur Abgrenzung von KMU. Eine Übersicht hierzu bieten *Behringer* und *Kummert*, deren internationale Abgrenzungen von KMU in Tabelle 3.7 dargestellt werden.

Land	Abgrenzungsmerkmale
Frankreich	Unternehmen mit weniger als 500 Mitarbeitern
Großbritannien	Unternehmen zählen zu KMU, sofern sie zwei der folgenden drei Grenzen unterscheiden: ▪ Jahresumsatz von 11,2 Mio. Pfund ▪ Bilanzsumme von 5,6 Mio. Pfund ▪ 250 Mitarbeiter
USA	Unternehmen mit weniger als 500 Mitarbeitern
Japan	Je nach Branche haben KMU bis zu 300 Mitarbeiter und eine Bilanzsumme bis zu 300 Mio. Yen

Tabelle 3.7: Internationale Kriterien zur Abgrenzung von KMU
Quelle: in Anlehnung an Kummert (2005), S. 14 ff. und Behringer (2009), S. 33.

Auch bei der Betrachtung international gebräuchlicher Definitionen wird deren Mannigfaltigkeit deutlich. Die Diversität lässt sich vor allem auf kulturelle und volkswirtschaftliche Unterschiede zurückführen.[518] Jedoch ist auffällig, dass auch hier für KMU die Obergrenze von 500 Mitarbeitern Verbreitung findet.

3.1.1.2 Qualitative Kriterien

Neben den quantitativen Abgrenzungskriterien, mithilfe derer sich KMU von großen Unternehmen unterscheiden lassen, werden in der Literatur regelmäßig qualitative Merkmale hinzugezogen, um die Wesensunterschiede dieser Unternehmen zu berücksichtigen. Dabei existieren auch bei den Kriterien, die sich nicht anhand von Kennzahlen aufzeigen lassen, unterschiedliche Auffassungen, welche Merkmale im Einzelnen charakteristisch für KMU sind.[519]

Die Mehrzahl der qualitativen Abgrenzungen von KMU hat allerdings einige zentrale Aspekte gemein, die von *Kramer* zusammengefasst werden.[520] So liegt ein häufig angeführtes qualitatives Merkmal von KMU in der Einheit von Eigentum und Unternehmensführung.[521] Da ein Großteil der KMU inhabergeführt ist,[522] kommt der Person des Unternehmers eine zentrale

518 Vgl. Behringer (2009), S. 31.

519 Vgl. Naujoks (1975), S. 16 ff.; Kußmaul (1990), S. 14; Zinell (1999), S. 99; Kummert (2005), S. 17 und Pfohl (2006), S. 18.

520 Vgl. Kramer (2000), S. 18. Siehe dazu auch im Folgenden Gantzel (1962), S. 136 ff.; Naujoks (1975), S. 16 ff. und Wossidlo (1993b), Sp. 2890 f. Die finanzierungsrelevanten Besonderheiten von KMU werden ausführlicher in Kap. 3.1.2 erläutert.

521 Vgl. Bussiek (1996), S. 18; Kramer (2000), S. 18; Achleitner/Fingerle (2004), S. 9; Hamer (2006), S. 29 ff. und Behringer (2009), S. 35.

522 Ausgehend von der Definition des IfM kommt der Deutsche Sparkassen- und Giroverband zu der Erkenntnis, dass knapp 90 % der deutschen KMU inhabergeführt sind. Vgl. Achleitner/Fingerle (2004), S. 9.

Rolle zu.[523] Er prägt sowohl die Unternehmensstrategie als auch die Unternehmenskultur und hat maßgeblichen Einfluss auf die Entwicklung des Unternehmens.[524] Darüber hinaus lässt sich die Beziehung zu den Mitarbeitern oft als persönlich charakterisieren. Auch hat die hohe Bedeutung des Unternehmers häufig eine starke Überschneidung seiner persönlichen Ziele und der des Unternehmens zur Folge. So wirkt sich auch die persönliche Haftung des Unternehmers auf die Finanzierung des Unternehmens aus.[525] Die direkte Beteiligung an Risiko und Erfolg des Unternehmens führt jedoch zu einer Minderung der aus börsennotierten Publikumsgesellschaften bekannten Anreizproblematik.[526] Dabei muss das Unternehmen nicht zwangsweise vom Eigentümer selbst geführt werden, so lange er dennoch wichtige Entscheidungen maßgeblich beeinflusst.[527]

Als weiteres grundsätzliches qualitatives Merkmal wird regelmäßig die rechtliche und wirtschaftliche Unabhängigkeit von KMU genannt.[528] Dies trifft in Deutschland für den Großteil der nach quantitativen Maßstäben ermittelten Unternehmen zu.[529] Demnach zählen nur rechtlich unabhängige Unternehmen zu den KMU, wodurch unselbstständige Filialbetriebe ausgeschlossen werden. Auch zählen wirtschaftlich unselbstständige Unternehmen nicht zu den KMU, obwohl sie dieser Gruppe aufgrund ihrer Betriebsgröße zuzuordnen wären. Dieser Ausschluss ist darauf zurückzuführen, dass konzernabhängige Unternehmen durch die Einbindung in einen Konzern, beispielsweise durch Leistungsbeziehungen, Berichtswesen und Anweisungen durch die Muttergesellschaft, nicht mit unabhängigen KMU vergleichbar sind.[530] So sind zu den KMU unter diesem Aspekt diejenigen Unternehmen zu zählen, die sich zumindest im mehrheitlichen Besitz des Unternehmers befinden.[531] Einen Grenzfall stellen Franchise-Unternehmen[532] dar, die zwar rechtlich selbstständig sind, jedoch meist nur im Verbund erfolgreich agieren können.[533]

Neben diesen häufig angeführten qualitativen Merkmalen weisen einige Autoren auf weitere wesentliche Charakteristika von KMU hin. *Bickel* führt in seiner Definition gewerblicher mit-

---

523 Zum Einfluss der Inhaberführung auf KMU siehe auch Schlömer-Laufen/Kay/Werner (2012), S. 93 ff.

524 Vgl. Achleitner/Fingerle (2004), S. 9.

525 Vgl. Hausch (2004), S. 15 f.

526 Vgl. Achleitner/Fingerle (2004), S. 9. Siehe hierzu auch Kap. 2.5.1.

527 Dies ist beispielweise über ein Mandat als Aufsichtsrat möglich. Vgl. dazu Kramer (2000), S. 18.

528 Vgl. Gantzel (1962), S. 174 ff.; Naujoks (1975), S. 16; Wossidlo (1993b), Sp. 2890 und Hausch (2004), S. 15.

529 Nach einer Untersuchung des IfM sind knapp 95 % der nach quantitativen Kriterien abgegrenzten Unternehmen vollständig unabhängig. Vgl. Achleitner/Fingerle (2004), S. 10.

530 Vgl. Mugler (1995), S. 18 und Behringer (2009), S. 34.

531 Vgl. Naujoks (1975), S. 19 und Hausch (2004), S. 15.

532 Für eine ausführliche Diskussion des Franchisings siehe Hofer (2007).

533 Vgl. Schmidt (1996), S. 550 f. und Behringer (2009), S. 34.

telständischer Unternehmen neben der inhaberorientierten Führungsstruktur und der Einheit von Eigentum und Unternehmensführung zusätzliche Aspekte der spezifischen Unternehmenskultur an.[534] Demnach herrschen unter den Beschäftigten ein ausgeprägtes Zusammengehörigkeitsgefühl sowie eine hohe Identifikation mit der eigenen Arbeitsleistung. Darüber hinaus sind mittelständische Unternehmen nach *Bickel* nicht selten von Einzel- und Kleinserienproduktion gekennzeichnet.

In einem weiteren Beitrag zur Abgrenzung von KMU verweist *Kußmaul* ebenfalls auf den starken Personenbezug in diesen Unternehmen.[535] Dabei betont er neben den bereits genannten Aspekten die größere Entscheidungsfreiheit der Unternehmer und deren Streben nach Kontinuität. Weiterhin stellt er die Beteiligung der Unternehmensführung an allen wesentlichen Entscheidungen sowie Grenzen bei der Kapitalaufnahme heraus. Überdies führt *Mugler* einige zusätzliche qualitative Merkmale ergänzend an. So stellt er bei der Betrachtung der Person des Unternehmers, dessen Netz an persönlichen Kontakten zu Kunden, Lieferanten und weiteren unternehmensrelevanten Bezugspersonen heraus. Ferner bemerkt *Mugler*, dass KMU oft gering formalisiert sind und somit schnell auf Umweltveränderungen reagieren und Leistungen nach den individuellen Wünschen der Kunden erstellen können. Außerdem haben KMU in der Regel nur einen geringen Marktanteil.[536]

Weiterhin stellt die fehlende Emissionsfähigkeit ein gängies Charakteristikum von KMU dar.[537] Demnach kann diese Gruppe von Unternehmen in der Regel nicht auf den organiserten Kapitalmarkt zugreifen und ist in der Auswahl der Finanzierungsinstrumente gegenüber Großunternehmen eingeschränkt. *Merker* fasst darüber hinaus zahlreiche qualitative Kriterien zusammen und kommt zu dem Schluss, dass KMU häufig durch eine lohnintensive Produktion und eine hohe Traditionsverbundenheit gekennzeichnet sind.[538]Eine umfangreiche Übersicht über weitere qualitative Merkmale von KMU trägt *Pfohl* aus einer Vielzahl von Veröffentlichungen über betriebsgrößenbezogene Probleme zusammen.[539] Die umfassende Kontrastierung von KMU und Großunternehmen erfolgt anhand unternehmerischer Funktionsbereiche wie beispielsweise Produktion, Absatz und Personal. Eine Ergänzung nehmen *Pich-*

[534] Vgl. Bickel (1981), S. 182 und Hausch (2004), S. 16.
[535] Vgl. Kußmaul (1990), S. 14.
[536] Vgl. Kraus (2006), S. 12 ff. und Mugler (2008), S. 25 ff.
[537] Vgl. Völling (1979), S. 359; Wossidlo (1997), S. 295 f.; Geiseler (1999), S. 21 und Schulte (2006), S. 111.
[538] Vgl. Merker (1997), S. 24 und Kummert (2005), S. 22.
[539] Vgl. Pfohl (2006), S. 18 ff.

ler/Pleitner/Schmidt vor, die weitere betriebsgrößenabhängige Gegensätze in Bezug auf Aspekte wie Lobbyarbeit und Kundennähe aufzeigen.[540]

3.1.1.3 Abgrenzung von KMU in dieser Arbeit

Die bisherigen Ausführungen zur Abgrenzung von kleinen und mittleren Unternehmen verdeutlichen, dass bisher kaum eine konsistente Bestimmung des Begriffs der KMU in der betriebswirtschaftlichen Forschung vorliegt. Die vielfältigen Definitionen sind auch auf die unterschiedlichen Standpunkte ihrer Verfasser zurückzuführen.[541] Darüber hinaus haben die vorangegangenen Abschnitte gezeigt, dass sich KMU durch eine Vielfalt heterogener Erscheinungsformen auszeichnen. Um für den weiteren Gang der Untersuchung eine einheitliche Grundlage zu schaffen, soll an dieser Stelle eine Definition von KMU im Sinne dieser Arbeit erfolgen.

Dabei orientiert sich die vorliegende Arbeit sowohl an qualitativen als auch quantitativen Abgrenzungen des Begriffs der KMU. Im Rahmen der Untersuchung werden Unternehmen betrachtet, die bedeutende mittelständische Wesensmerkmale aufweisen und zudem eine bestimmte Betriebsgröße nicht überschreiten. Hinsichtlich der qualitativen Abgrenzung stützt sich diese Arbeit auf die pragmatische Definition von *Kramer*, nach der ein Unternehmen den KMU zuzurechnen ist, sofern es rechtlich und wirtschaftlich weitgehend unabhängig und im Besonderen von der Person des Unternehmers geprägt ist. Dabei müssen jedoch nicht sämtliche Anteile im Besitz des Unternehmers liegen. Auch ist die Identität von Eigentum und Unternehmensleitung nicht zwingend erforderlich, so lange der Unternehmer maßgeblichen Einfluss auf wesentliche Entscheidungen des Unternehmens nimmt.[542] *Mugler* betont in diesem Zusammenhang, dass hinsichtlich der qualitativen Abgrenzung von KMU weniger einzelne Kriterien als vielmehr das Gesamtbild der Merkmale entscheidend ist.[543]

Nach der Festlegung der qualitativen Kriterien, die zur Abgrenzung von KMU im Sinne dieser Arbeit herangezogen werden sollen, erfolgt eine Bestimmung quantitativer Maßstäbe zur Auswahl relevanter Unternehmen für den Gang der Untersuchung. Die Ergänzung um quantitative Abgrenzungskriterien erfolgt, da qualitative Merkmale teilweise nur schwer erfassbar sind. Insbesondere bei den nicht börsennotierten Unternehmen sind Angaben über Eigen-

---

[540] Vgl. Pichler/Pleitner/Schmidt (2000), S. 22 ff. und Kummert (2005), S. 21.
[541] Vgl. Haake (1987), S. 24.
[542] Hinsichtlich des Anteilbesitzes weist Kramer darauf hin, dass Unternehmen bereits dann den KMU zuzurechnen sind, wenn der Unternehmer lediglich über einen Großteil der Anteile verfügt. Vgl. Kramer (2000), S. 18. und Hausch (2004), S. 30.
[543] Vgl. Mugler (2008), S. 27.

tumsverhältnisse und Einflussmöglichkeiten einzelner Akteure nur schwer zu ermitteln.[544] Weiterhin ist davon auszugehen, dass die zuvor angeführten qualitativen Merkmale verstärkt für Unternehmen zutreffend sind, die eine bestimmte Betriebsgröße nicht überschreiten.[545] Für die im Rahmen dieser Arbeit zu beantwortenden Fragestellung werden daher zur Auswahl relevanter Unternehmen quantitative Maße herangezogen, die sich in der Literatur durchgesetzt haben.[546] Dabei ist für die vorliegende Arbeit die Definition von KMU durch das IfM maßgeblich hinsichtlich der quantitativen Abgrenzung von Unternehmen. Ein wesentlicher Grund für die Orientierung an den Kriterien des IfM liegt neben deren Bewährtheit in den weiter gefassten Klassengrenzen in Bezug auf die Beschäftigtenzahl gegenüber der Definition der Europäischen Kommission. So sind deutsche mittelständische Unternehmen in der Regel etwas größer als strukturell vergleichbare Unternehmen im europäischen Ausland.[547] Daher ist die maximale Betriebsgröße von KMU im Sinne dieser Arbeit anhand der Merkmale „Beschäftigtenanzahl“ und „jährlich erwirtschafteter Umsatz“ unter Zuhilfenahme der Klassengrenzen des IfM festgelegt.

Entsprechend den obigen Ausführungen sollen in dieser Arbeit unter dem Begriff KMU rechtlich und wirtschaftlich unabhängige Unternehmen mit maximal 50 Mio. Euro Jahresumsatz und weniger als 500 Beschäftigten verstanden werden, die besonders durch die Person des Unternehmers geprägt sind.

Demnach werden zur Auswahl von relevanten Unternehmen im Rahmen dieser Untersuchung sowohl quantitative als auch qualitative Maßstäbe angelegt. Da insbesondere die Finanzierungsentscheidungen von KMU im Zentrum der Betrachtung dieser Arbeit stehen, werden im Folgenden sich aus den ermittelten Abgrenzungskriterien von KMU ergebende finanzierungsrelevante Besonderheiten erläutert.

3.1.2 Finanzierungsrelevante Besonderheiten von KMU

Aus den in dieser Arbeit zugrunde gelegten Abgrenzungskriterien von KMU gegenüber anderen Unternehmen ergibt sich eine Reihe von finanzierungsrelevanten Besonderheiten. So können aus den quantitativen Unternehmensmerkmalen und den qualitativen Eigenschaften von KMU Aussagen hinsichtlich der Finanzierungsentscheidungen zugrunde liegenden Umwelt-

---

544 Vgl. hierzu Thürbach/Menzenwerth (1975).
545 Vgl. Hausch (2004), S. 31.
546 Vgl. Wossidlo (1993b), Sp. 2891.
547 Vgl. Kramer (2000), S. 17.

bedingungen getroffen werden. Erst diese Besonderheiten rechtfertigen die wissenschaftliche Auseinandersetzung mit KMU aus finanzwirtschaftlicher Sicht.[548]

Wesentliche, im Folgenden beschriebene Besonderheiten in der Finanzierung von KMU sind das aus Kapitalgebersicht höhere Risiko, der beschränkte Zugang zu den Kapitalmärkten und die vergleichsweise geringe Ressourcenausstattung. Des Weiteren sind die eher geringe Transparenz für externe Beobachter sowie die Interdependenz von Finanzierungs- und Investitionsentscheidungen von KMU aus finanzwirtschaftlicher Perspektive relevant.

Eine wesentliche finanzierungsrelevante Besonderheit kleiner und mittlerer Unternehmen liegt darin, dass sie aus Kapitalgebersicht ein höheres Risiko als Großunternehmen aufweisen. Dabei besteht aufgrund der oft geringen Diversifikation das Risiko sowohl auf Ebene des Unternehmens als auch auf Ebene des Kapitalgebers. Zum einen kann auf der Ebene des Unternehmens eine Besonderheit für die Finanzierung von KMU darin bestehen, dass diese häufig hinsichtlich ihrer Technologien, Produkte, Lieferanten und Kunden geringer diversifiziert sind als Großunternehmen.[549] In diesem Zusammenhang sind die Möglichkeiten, Eigenkapital aus dem erwirtschafteten Gewinn zu bilden, aufgrund des teilweise geringeren Diversifikationsgrads erschwert, da konjunkturelle Schwankungen weniger leicht ausgeglichen werden können.[550] Zum anderen liegt ein erhöhtes Risiko nicht nur in der geringen Diversifikation der Geschäfte des Unternehmens, sondern in der geringen Streuung des Unternehmerkapitals selbst, also auf Ebene des Kapitalgebers. So hat der typische mittelständische Unternehmer oft einen großen Teil seines Kapitals im eigenen Unternehmen gebunden.[551] Eine Insolvenz des Unternehmens wäre meist nicht nur mit dem Wegfall der Grundlage seines Lebensunterhalts, sondern auch mit langfristigen Zahlungsverpflichtungen verbunden.[552] Aus der Perspektive des Unternehmers als Eigenkapitalgeber ist somit sein Portfolio meist nicht oder nur geringfügig diversifiziert. Die von der Kapitalmarkttheorie unterstellte Reduzierung des Risikos durch breit gestreute Kapitalanlagen ist daher häufig nicht möglich.[553] Daher muss der Unternehmer neben dem systematischen Risiko oft ein erhebliches unsystematisches Risiko aufgrund der konzentrierten Anlage seines Kapitals tragen.[554] In der Konsequenz sind daher die Modelle der modernen Kapitalmarkttheorie, beispielsweise zur Ermittlung der Kapitalkosten,

---

548 Vgl. Schulte (2006), S. 108.
549 Vgl. Börner (2006), S. 299.
550 Vgl. von Tippelskirch (1971), S. 128 und Geiseler (1999), S. 20.
551 Vgl. Ang (1992b), S. 2; Mugler (1995), S. 381 und Behringer (2009), S. 45.
552 Vgl. Behringer (2009), S. 45.
553 Zur Portfoliotheorie von Markowitz siehe Kap. 2.1.1.2
554 Vgl. Neus (1995), S. 3 f.

nur begrenzt oder in modifizierter Form anwendbar.[555] So ist davon auszugehen, dass gering diversifizierte Unternehmen als Ausgleich für das höhere Risiko Renditen anstreben, die über der Marktrendite liegen. Dieser Zusammenhang konnte für US-amerikanische Großunternehmen bereits empirisch aufgezeigt werden.[556]

Neben dem höheren Risiko stellt der eingeschränkte Zugang zu den Kapitalmärkten eine weitere finanzierungsrelevante Besonderheit von KMU dar.[557] Zwar können kleine und mittlere Unternehmen zur Kapitalbeschaffung auf Kreditinstitute zurückgreifen, die in ihrer Funktion dem Kapitalmarkt zugerechnet werden können.[558] Jedoch werden KMU typischerweise in Rechtsformen geführt, die zur Finanzierung typischerweise keine Wertpapiere emittieren können.[559] So ist diesen Unternehmen die Ausgabe handelbarer Finanzierungstitel in der Regel nicht möglich. Auch kann die Einschränkung der verfügbaren Finanzierungsinstrumente darauf zurückgeführt werden, dass die unter anderem durch gesetzliche Auflagen erheblichen Fixkosten bei der Emission von Wertpapieren die Finanzierung über Beteiligungs- oder Forderungstitel bei geringen Emissionsvolumina untragbar machen.[560] Neben der Begrenzung der Palette an zur Verfügung stehenden Finanzierungsinstrumenten entfällt durch den eingeschränkten Zugang für KMU auch die Bewertungsfunktion des Kapitalmarkts.[561] Allerdings ist die Einschränkung des Kapitalmarktzugangs nach Ansicht einiger Autoren nicht für alle KMU gleichermaßen ausgeprägt. So haben sich die Rahmenbedingungen durch Veränderungen am Kapitalmarkt, wie die Einführung neuer Börsensegmente oder die Finanzierungsmöglichkeiten über Kapitalbeteiligungsgesellschaften, zumindest für Unternehmen mittlerer Größe gewandelt.[562] Demnach steht einem Teil der KMU eine größere Auswahl an Finanzierungsinstrumenten zur Verfügung.[563]

Weiterhin geht mit der geringen Unternehmensgröße in der Regel eine begrenzte Ressourcenausstattung einher. Diese führt zum einen zu der bereits im Rahmen der Risikobetrachtung diskutierten geringen Streuung der Ressourcen und somit zu einer erhöhten Insolvenzwahrscheinlichkeit. Als Konsequenz ergeben sich höhere Risikoprämien auf die von den Kapitalgebern geforderten Kapitalkosten. Zum anderen führen die vergleichsweise knappen Ressourcen häufig zu einer geringeren Marktmacht, wodurch die Verhandlungsposition gegenüber

---

[555] Vgl. Behringer (2009), S. 137 ff.
[556] Vgl. Müller (2011), S. 545 ff.
[557] Vgl. Bergmann/Crespo (2009), S. 10 und Franke/Hax (2009), S. 541 ff.
[558] Vgl. Perridon/Steiner/Rathgeber (2012), S. 173 ff.
[559] Vgl. Völling (1979), S. 359; Wossidlo (1997), S. 295 f.; Geiseler (1999), S. 21 und Schulte (2006), S. 111.
[560] Vgl. Börner (2006), S. 299.
[561] Zu den Funktionen des Kapitalmarkts siehe Franke/Hax (2009), S. 369 ff.
[562] Vgl. Hausch (2004), S. 233 ff.
[563] Das Spektrum umfasst jedoch weiterhin keine Eigenkapitaltitel. Vgl. Wossidlo (1993b), Sp. 2890.

Kapitalgebern geschwächt wird.[564] So müssen KMU selbst bei vergleichbarer Risikoexposition oft höhere Zinsen auf Kredite zahlen als Großunternehmen.[565] Zudem sind die Möglichkeiten zur Besicherung von Krediten aufgrund der begrenzten Ressourcen eingeschränkt.[566] Zwar können KMU Unternehmensrisiken durch die Ausweitung der Haftung auf private Vermögensmassen mindern. Jedoch stehen Haftungszusagen wie im Konzernverbund von Großunternehmen nicht zur Verfügung. Zuletzt können Restriktionen im Hinblick auf personelle Ressourcen in KMU bestehen. So begrenzt die regelmäßig geringere Arbeitsteilung der Leistungsprozesse häufig die Möglichkeiten des Unternehmens, den finanzwirtschaftlichen Bereich zu spezialisieren bzw. zu professionalisieren.[567]

Eine weitere aus finanzwirtschaftlicher Sicht relevante Besonderheit von kleinen und mittleren Unternehmen besteht in der geringen Transparenz gegenüber Externen. Diese steht einerseits im direkten Zusammenhang mit dem oben beschriebenen eingeschränkten Kapitalmarktzugang. Da KMU in der Regel nicht emissionsfähig sind, unterliegen sie auch geringeren Anforderungen hinsichtlich ihrer Rechnungslegung und Publizität von Geschäftszahlen.[568] Andererseits ist die Intransparenz auch auf weitere Spezifika von KMU zurückzuführen. So stehen die Unternehmen meist nur im begrenzten Maße in der Öffentlichkeit und bieten oft Leistungen an, die nur von einem limitierten Kundenkreis nachgefragt werden und weniger bekannt sind. Auch kann die mangelnde Transparenz darin begründet sein, dass dem potentiellen Unternehmenserfolg vergleichsweise viel implizites, in der Person des Unternehmers konzentriertes (vor allem technisches) Wissen zugrunde liegt. Während einzelne Akteure in großen Unternehmen aufgrund professioneller und gut dokumentierter Arbeitsabläufe vielfach leichter zu ersetzen sind, ist die Abhängigkeit von zentralen Entscheidungsträgern in KMU in der Regel größer.[569] Dies kann neben einem erhöhten Risiko auch zu einer geringen Transparenz für externe Kapitalgeber führen. Im Hinblick auf die Finanzierung können kleinen und mittleren Unternehmen dadurch Nachteile entstehen. Lässt sich die Qualität eines Unternehmens aufgrund mangelnder Transparenz nur schwer beurteilen, ist anzunehmen, dass das wahrgenommene Risiko der Kapitalüberlassung durch externe Investoren besonders ausgeprägt ist. In einem solchen Fall ist die Kapitalaufnahme für KMU in der Regel mit höheren Kosten verbunden.[570] Zwar können Unternehmen zur Reduzierung der Intransparenz den Ka-

[564] Vgl. Schulte (2006), S. 110.
[565] Vgl. Wossidlo (1982), S. 447.
[566] Vgl. Wossidlo (1997), S. 296.
[567] Vgl. Schulte (2006), S. 110.
[568] Vgl. Börner (2006), S. 299.
[569] Vgl. Börner (2006), S. 300.
[570] Vgl. Schulte (2006), S. 109.

pitalgebern Informationen zur Verfügung stellen bzw. können Investoren Informationen einholen.[571] Jedoch entstehen hierdurch wiederum Transaktionskosten,[572] denen gerade bei den oft geringen Finanzierungsvolumina von KMU eine hohe Bedeutung zukommen kann.

Aus den zuvor beschriebenen Aspekten der erhöhten Risikoexposition, der kleineren Marktmacht aufgrund der geringen Ressourcen sowie des eingeschränkten Kapitalmarktzugangs ergibt sich in der Konsequenz als weitere Besonderheit von KMU die Interdependenz von Finanzierungs- und Investitionsentscheidungen. Große Unternehmen orientieren sich bei Investitionsprojekten in der Regel ausschließlich am Kapitalwert der Investition und können ihre diesbezügliche Entscheidung losgelöst von Finanzierungsfragen treffen, da ihnen in der Regel umfangreiche Finanzierungsquellen zur Verfügung stehen.[573] KMU hingegen können grundsätzlich nicht auf sämtliche Finanzierungsinstrumente zurückgreifen. Durch die mangelnde Emissionsfähigkeit und die geringere Verhandlungsmacht gegenüber Kreditgebern, können KMU Investitionen nicht unabhängig ihrer Finanzierungssituation treffen.[574] Vielmehr sind Investitionsentscheidungen in KMU häufig direkt an Finanzierungsmaßnahmen gebunden. So kann zum einen die Vorteilhaftigkeit einer Investition wesentlich durch die Möglichkeiten zu deren Finanzierung bestimmt sein. Zum anderen beeinflusst der Zugang zu Kapital, inwiefern ein Investitionsprojekt zur Gänze durchgeführt werden kann.[575] Auch kann die langfristige Planung der Kapitalstruktur von KMU aufgrund des durch die eher geringe Anzahl von Investitionsgütern teilweise diskontinuierlichen Investitionsrhythmus mit Schwierigkeiten verbunden sein.[576] Innenfinanzierungspotentiale müssen oft langfristig im Unternehmen aufgebaut werden, damit sich zum Zeitpunkt der Realisierung einer Investition keine erheblichen Änderungen bei der Kapitalstruktur ergeben. Doch selbst wenn langfristig eine Thesaurierung der Gewinne möglich ist, können sich durch Investitionen Erfordernisse zur Aufnahme von Fremdkapital ergeben, die sich aufgrund der nicht gewahrten Bilanzkontinuität möglicherweise negativ auf die Bonitätseinschätzungen durch bisherige Kapitalgeber niederschlagen.[577]

---

571 Vgl. Neus/Nippel (1991), S. 150.
572 Siehe Kap. 2.1.2.3.
573 Siehe Kap. 2.1.1.2.
574 Vgl. Behringer (2009), S. 46.
575 Vgl. Schulte (2006), S. 111.
576 Vgl. Mackscheidt/Menzenwerth/Metzmacher-Helpenstell (1976), S. 73; Geiser (1980), S. 12 und Geiseler (1999), S. 21.
577 Vgl. Mackscheidt/Menzenwerth/Metzmacher-Helpenstell (1976), S. 73 und Zimmermann (1995), S. 157 ff.

3.2 Gesamtwirtschaftliche Bedeutung von KMU

Nachdem die kleinen und mittleren Unternehmen gegenüber Großunternehmen abgegrenzt wurden, hat die Darstellung der Besonderheiten in deren Finanzierung aufgezeigt, dass eine gesonderte Betrachtung von KMU in der Analyse von Finanzierungsentscheidungen gerechtfertigt sein kann. Jedoch ist bisher offen geblieben, welche Relevanz diese Gruppe von Unternehmen auf gesamtwirtschaftlicher Ebene besitzt. Daher wird im Folgenden die Bedeutung von KMU hinsichtlich verschiedener volkswirtschaftlicher Aspekte diskutiert.

3.2.1 Bedeutung für den Wettbewerb

Für die Funktionsweise eines marktwirtschaftlichen Systems ist eine Großzahl von Anbietern und Nachfragern erforderlich, um Vorteile des Wettbewerbs und der Arbeitsteilung zu gewährleisten.[578] So führt der Wettbewerb zu hoher Einzelanstrengung und Effizienz in einer Marktwirtschaft, wodurch in der Regel mehr Wohlstand entsteht.[579] Da es innerhalb einer Volkswirtschaft dennoch zu andauernden Monopolsituationen kommen kann, also Fällen, in denen nur ein Anbieter einer bestimmten Leistung existiert, werden staatliche Aufsichtsbehörden etabliert, um negative Auswirkungen auf das Angebotsverhalten einzudämmen.[580] In Konstellationen mit einigen wenigen Anbietern auf oligopolistischen Märkten kann es zwar kurzfristig zu positiven Effekten für die Nachfrager kommen, beispielsweise durch geringere Preise oder größeres Angebot. Werden jedoch die schwächeren Anbieter aus dem Markt gedrängt, kann dies erneut eine Monopolsituation mit den beschriebenen Nachteilen zur Folge haben.[581]

Vor diesem Hintergrund zeigt *Hamer* für Deutschland auf, dass das Bruttonationaleinkommen[582] in etwa zu 26 % von der öffentlichen Verwaltungswirtschaft und zu 24 % von Monopolen und Kartellen erwirtschaftet wird.[583] Demnach ist rund die Hälfte der gesamten deutschen Wirtschaftsleistung nicht marktwirtschaftlich gesteuert. Dass dennoch in Bezug auf Deutschland von einem marktwirtschaftlichen System gesprochen wird, führt *Hamer* auf die Vielzahl kleiner und mittlerer Unternehmen zurück. Ebenso betont *Albach* in diesem Zusam-

578 Vgl. Krämer (2003), S. 23 und Mugler (2008), S. 53.
579 Vgl. Hamer (2006), S. 33.
580 Vgl. Endres (2000), S. 80 ff. und Mankiw/Taylor (2008), S. 349 ff.
581 Vgl. Mugler (2008), S. 53.
582 Das Bruttonationaleinkommen (auch Bruttosozialprodukt) umfasst die Wertschöpfung einer Volkswirtschaft, die durch Produktionsfaktoren im Besitz von Inländern geschaffen wird. Vgl. Blanchard/Illing (2009), S. 18.
583 Vgl. Hamer (2006), S. 33.

menhang, dass insbesondere KMU das Funktionieren der Marktwirtschaft gewährleisten.[584] Welche Marktform sich auf lokalen Märkten einstellt, ist aber nicht allein von der Größe der Anbieter abhängig. Auch spielt das Ausmaß der Marktabdeckung hierbei eine Rolle. In Anbetracht der ansteigenden Dynamik von Marktgrenzen können kleine, lokal tätige Unternehmen kaum noch eine Monopolstellung erreichen, da Großunternehmen durch gute Infrastrukturbedingungen und neue Vertriebswege auch lokale Märkte erschließen.[585] So ist zwar die Vielzahl der Unternehmen für das Funktionieren einer Marktwirtschaft erforderlich, jedoch ist die geringe Größe eines Markts keine Gewähr für die Marktstellung kleiner, lokaler Unternehmen.

Auch lässt sich die hohe Bedeutung von KMU für den Wettbewerb in Deutschland anhand der unterschiedlichen Situation einzelner Branchen aufzeigen. So bestehen in Branchen, in denen die Marktstruktur durch kleine und mittlere Unternehmen geprägt ist, wettbewerbsbedingte Effizienzvorteile.[586] Beispielhaft sei hier auf die freien Berufe oder mittelständische Dienstleistungsbranchen verwiesen. Hingegen sind in Branchen, in denen KMU ihre Marktposition nicht erhalten konnten, Kartellstrukturen entstanden, beispielsweise im Lebensmitteleinzelhandel. *Hamer* zufolge sind diese Entwicklungen, die sich zunehmend auf weitere Branchen wie z. B. das Transportgewerbe übertragen, nicht auf eine überlegene Leistungsfähigkeit großer Unternehmen zurückzuführen, sondern vielmehr auf deren wohlfahrtmindernde Marktmacht.[587] Zudem werden weitere Branchen wie die Sozialsysteme grundlegend nicht dem freien Wettbewerb ausgesetzt, sondern durch staatlich eingesetzte Institutionen bestimmt. Da wie oben beschrieben ca. die Hälfte der deutschen Volkswirtschaft durch Monopole, Kartelle und die öffentliche Verwaltungswirtschaft geprägt ist, kommt kleinen und mittleren Unternehmen als Träger des freien Wettbewerbs zum Erhalt des marktwirtschaftlichen Systems eine entscheidende Bedeutung zu, indem sie mit ihren Leistungspotentialen den Monopolisierungs- und Konzentrationstendenzen der Volkswirtschaft entgegenwirken.[588]

3.2.2 Bedeutung für die Entwicklung von Innovationen

Der oben skizzierte Wettbewerbsdruck wirkt sich unabhängig davon, ob er auf wenige große oder eine Vielzahl kleiner und mittlerer Unternehmen zurückgeht, auch auf die Innovationskraft von Unternehmen aus. Insbesondere KMU sehen sich durch diese Rahmenbedingungen

[584] Vgl. Albach (1983), S. 877 und Behringer (2009), S. 50.
[585] Vgl. Mugler (2008), S. 54.
[586] Vgl. Hamer (2006), S. 33.
[587] Vgl. Hamer (2006), S. 33.
[588] Vgl. Bernet/Denk (2000), S. 22 und Kramer (2000), S. 20.

permanentem Druck ausgesetzt sich zu verbessern und Innovationen zu entwickeln, um am Markt zu bestehen, während sich für Großunternehmen oft erst durch die Verschärfung des internationalen Wettbewerbs vergleichbare Situationen ergeben. So entstehen durch KMU wesentliche Fortschritte hinsichtlich der Verbesserung und Erweiterung des Güterangebots sowie der Leistungsfähigkeit im Allgemeinen.[589] Zwar wird KMU teilweise eine geringere Neigung zur Entwicklung von Innovationen zugeschrieben, jedoch führen zahlreiche Autoren diesen Umstand darauf zurück, dass die von diesen Unternehmen entwickelten Innovationen vielfach nur unzureichend erfasst werden.[590] Entscheidend ist laut *Behringer* hierbei, dass nicht alle KMU aufgrund ihrer Struktur zur Entwicklung von Innovationen geeignet sind.[591] Liegt hingegen eine geeignete Unternehmensstruktur vor, kommen zahlreiche empirische Untersuchungen zu dem Schluss, dass KMU eine höhere Innovationsdynamik aufweisen als Großunternehmen.[592] So sind für ihre Innovationsdynamik bekannte junge Industriezweige häufig vor allem durch KMU geprägt, in denen sich im Zeitablauf besonders fortschrittliche Firmen zu Großunternehmen entwickeln. Unterstützt wird diese These vom Forschungsprogramm „Global Entrepreneurship Monitor“, das hohe Wachstumsraten von kleinen innovativen Unternehmen in unternehmerfreundlichen Ländern aufzeigt.[593] In diesem Zusammenhang ist auch der Begriff der *Hidden Champions* geläufig, der aufgrund ihrer Innovationskraft weltweit erfolgreiche und führende mittelständische Unternehmen bezeichnet, die wegen ihrer geringen Publizität aber oft nicht im Mittelpunkt des öffentlichen Interesses stehen.[594]

3.2.3 Bedeutung für die Beschäftigung

Die Bedeutung von KMU für die deutsche Volkswirtschaft zeigt sich im Besonderen anhand ihres Beitrags zur Beschäftigung.[595] Dieser wird regelmäßig im Rahmen der jährlichen Unternehmensgrößenstatistik des IfM dokumentiert. Auf Basis der eigenen KMU-Definition zeigt das IfM darin den Anteil an der Gesamtbeschäftigung sowie weitere relevante Kennzahlen auf:[596]

---

589 Vgl. Mugler (2008), S. 54 f.
590 Vgl. Acs/Audretsch (1992); Bass (2006), S. 11; Franke/Dömötör (2008), S. 139 und Mugler (2008), S. 55.
591 Vgl. Behringer (2009), S. 48.
592 Vgl. Pavitt/Robson/Townsend (1987), S. 297 ff. und Acs (1996), S. 52. Freeman hingegen kommt im Rahmen seiner Untersuchung britischer Patentanmeldungen im Zeitraum zwischen 1945 und 1980 zu der Erkenntnis, dass kleine und mittlere Unternehmen eher eine geringe Rolle bei der Entwicklung von Innovationen spielen, da nur lediglich gut ein Fünftel aller angemeldeten Patente auf KMU entfallen. Vgl. Freeman (1982), S. 140.
593 Vgl. Reynolds/Hay/Camp (1999) und Behringer (2009), S. 49.
594 Zum Begriff der Hidden Champions siehe Simon/Huber (2006), S. 51 ff.
595 Vgl. dazu grundlegend Kucera (1997), S. 57 f.
596 Vgl. Institut für Mittelstandsforschung (2012), S. 3 ff.

- KMU stellen 99,7 % aller umsatzsteuerpflichtigen Unternehmen,
- beschäftigen 60,8 % aller sozialversicherungspflichtigen Arbeitnehmer und
- erwirtschaften dabei 39,1 % sämtlicher Umsätze.

Aus der Unternehmensgrößenstatistik geht hervor, dass KMU einen Großteil der deutschen Arbeitnehmer beschäftigen und somit wesentlich zur Entwicklung der Volkswirtschaft beitragen. Bei genauerer Analyse der Beschäftigungsstruktur in Deutschland hinsichtlich regionaler Unterschiede wird deutlich, dass der Anteil der von KMU beschäftigten Arbeitnehmer in den im Rahmen der deutschen Wiedervereinigung neu hinzugekommenen Bundesländern verhältnismäßig größer ist als in den alten Bundesländern.[597]

Werden nicht nur die aktuellen absoluten Beschäftigungszahlen betrachtet, sondern deren Veränderungen im Zeitablauf, so wird die hohe Bedeutung von KMU als Arbeitgeber ebenso offenkundig. Der Anstieg der Beschäftigtenzahlen in den vergangenen Jahren ist auch auf kleine und mittlere Unternehmen zurückzuführen.[598] Untersuchungen von *Leicht* und *Welter*, die mithilfe langfristiger Analysen die letzten Jahrzehnte der Arbeitsmarktentwicklung erforschen, kommen zu dem Ergebnis, dass KMU kumuliert betrachtet mehr Arbeitsplätze geschaffen haben, während Großunternehmen heute weniger Menschen beschäftigen.[599] Dabei konnten die Arbeitsplatzverluste großer Gesellschaften durch das Beschäftigtenwachstum in KMU überkompensiert werden. Zu ähnlichen Erkenntnissen kommt auch das Institut der deutschen Wirtschaft, das die Arbeitsmarktentwicklung Mitte der 1990er Jahre analysiert.[600] Demnach haben insbesondere kleine Unternehmen Stellen geschaffen, während Großunternehmen Arbeitsplätze reduziert haben. Eine vergleichbare Entwicklung wird auch für andere Länder aufgezeigt.[601]

Die hohe Bedeutung von KMU für den Arbeitsmarkt zeigt sich auch bei der Qualifizierung von Arbeitnehmern, wenngleich der Anteil der KMU in der Ausbildung von jungen Men-

597 Vgl. Gruhler (1997), S. 3.
598 Vgl. Institut für Mittelstandsforschung (2012), S. 125.
599 Vgl. Leicht (1997); Welter (2005) und Mugler (2008), S. 56.
600 Nach der Studie des Instituts der deutschen Wirtschaft hat sich die Anzahl der Arbeitsplätze im Betrachtungszeitraum von 1994 bis 1996 insgesamt um 530.000 reduziert, wobei davon nur 4.600 Stellen von KMU abgebaut wurden. Bei der Betrachtung kleiner Unternehmen mit bis 100 Beschäftigten wird deutlich, dass diese im besagten Zeitraum sogar 192.000 Stellen geschaffen haben. Jedoch wird die Aussagekraft dieser Angaben dadurch eingeschränkt, dass der Studie Daten der Betriebsstatistik der Bundesagentur für Arbeit zugrunde liegen. Vgl. Gruhler (1997), S. 1 f. In diese Statistik fließen auch die Angaben von Betrieben mit ein, die nicht zur Gruppe der kleinen und mittleren Unternehmen zählen, da sie nicht rechtlich und wirtschaftlich unabhängig sind. So werden beispielsweise auch Filialbetriebe, Tochter- und Franchise-Unternehmen erfasst, die aber häufig alleine nicht existieren und dementsprechend in der Regel auch keine Arbeitnehmer beschäftigen könnten. Somit wird der Beitrag der KMU auf die Beschäftigung teilweise überschätzt. Vgl. dazu Schmidt (1996), S. 537 ff. und Behringer (2009), S. 51.
601 Vgl. Birch (1979) und Schreyer (1996), S. 10 ff.

schen den in der Weiterbildung übersteigt. So werden ca. 82 % der Auszubildenden in Unternehmen mit weniger als 500 Mitarbeitern ausgebildet. In einigen Wirtschaftszweigen wie dem Gastgewerbe, dem Baugewerbe, dem Handel und weiteren Bereichen liegt der Anteil der KMU hierbei über 95 %.[602] Dies ist zum einen darauf zurückzuführen, dass Großunternehmen angelernte Mitarbeiter oft nur für einige wenige Handgriffe benötigen, während KMU aufgrund der hohen Anforderungen hinsichtlich der Flexibilität beispielsweise im Handwerk eher auf umfassend ausgebildete Mitarbeiter angewiesen sind.[603] Zum anderen bedingt der oben skizzierte permanente Wettbewerbsdruck, dass KMU über gut ausgebildetes Personal verfügen müssen, um am Markt bestehen zu können.[604] So nehmen mittelständische Unternehmen durch die Ausbildung von jungen Menschen eine wichtige Rolle in der Gesellschaft ein. Allerdings bleibt auch festzuhalten, dass gut ausgebildete Arbeitnehmer verhältnismäßig häufig von KMU zu Großunternehmen wechseln.[605]

Ein weiterer durch KMU induzierter Aspekt besteht in der verbesserten Risikosituation einer Volkswirtschaft. Analog der Risikostreuung eines Wertpapierportfolios[606] werden ökonomische Risiken in Volkswirtschaften mit vielen kleinen Unternehmen teilweise besser ausgeglichen als in Situationen, in denen die gesamte Last von wenigen Marktteilnehmern getragen wird.[607] Zwar profitieren in konjunkturell guten Zeiten Volkswirtschaften mit annähernd homogenen Großunternehmen, jedoch sind die Auswirkungen eines Abschwungs ebenso stärker ausgeprägt. Dieser Effekt gilt für die Einkommensschwankungen der Unternehmen und für die Beschäftigten. So erhöht sich in konjunkturellen Hochphasen in der Regel auch das Arbeitnehmereinkommen, insbesondere in durch Großunternehmen geprägten Gesellschaften. Allerdings drohen hier auch höhere Arbeitslosenzahlen in Zeiten konjunktureller Schwäche, da aufgrund der mangelnden Flexibilität Lohnsenkungen nur sehr eingeschränkt vorzunehmen sind. Demzufolge sind durch mittelständische Wirtschaftsstrukturen geprägte Volkswirtschaften weniger konjunkturanfällig und somit durch eine höhere Stabilität gekennzeichnet. Allerdings können konjunkturelle Schwankungen lediglich abgemildert und nicht gänzlich verhindert werden.[608]

---

602 Vgl. Institut für Mittelstandsforschung (2013b).
603 Vgl. Hamer (2006), S. 35.
604 Vgl. Mugler (2008), S. 58.
605 Einen Überblick über mögliche Gründe für diese Entwicklung bietet Mugler (2000), S. 15.
606 Siehe dazu Kap. 2.1.1.2.
607 Vgl. hierzu grundlegend Mugler (2008), S. 55.
608 Zur Konjunkturanfälligkeit von KMU siehe auch Aßmann/Schmidt (1975); Chini (1985), S. 162 und Krämer (2003), S. 25.

Diese Stabilisierungswirkung von KMU für eine Volkswirtschaft ist neben der geringeren konjunkturellen Anfälligkeit auch auf den bereits zuvor diskutierten Wettbewerbsdruck zurückzuführen. So resultiert der Sanktionsmechanismus des Markts, dem sich insbesondere KMU kaum entziehen können, in einer höheren Leistungsorientierung für Unternehmer und Arbeitnehmer. *Mugler* argumentiert in diesem Zusammenhang, dass vor allem KMU eine positive Einstellung zur Ausrichtung am Leistungsprinzip und dem damit verbundenen Druck fördern.[609] Somit erfahren Arbeitnehmer in KMU eine direkte Verbindung ihrer Arbeitsleistung mit ihrer ökonomischen wie gesellschaftlichen Position. Demnach können KMU eine stabilisierende Wirkung auf Volkswirtschaften haben, da Beschäftigte eines Unternehmens ein unmittelbares Interesse an dessen Erfolg haben können.[610]

Neben den Argumenten, die die positiven Auswirkungen mittelständischer Unternehmen auf die Beschäftigung hervorheben, werden indessen auch Nachteile einer solchen Wirtschaftsstruktur diskutiert. So zeigt *Krämer* auf, dass KMU der effizienten Spezialisierung und Arbeitsteilung im Rahmen der Globalisierung im Wege stehen und somit hinderlich für die gesamtwirtschaftliche Entwicklung sind.[611] *Mugler* stimmt dem zwar grundlegend zu, weist jedoch zugleich darauf hin, dass insbesondere spezialisierte KMU aufgrund sinkender Transaktionskosten zunehmend global tätig sind und entkräftet damit *Krämers* Argumentation.[612]

3.2.4 Bedeutung für die Produktion

Der Erfolg von kleinen und mittleren Unternehmen in der Produktion von Gütern erschließt sich aus theoretischer Perspektive zunächst nicht ohne Weiteres. So können KMU in der Regel keine Skalen- und Verbundeffekte, auch *Economies of Scale* und *Economies of Scope*[613] genannt, erreichen. Darüber hinaus scheint die bereits im Rahmen der Beschäftigung diskutierte Globalisierung des Wirtschaftslebens die Perspektiven von KMU weiter zu verschlechtern.[614] Zusammen mit den Skalen- und Verbundeffekten können größere Unternehmen aufgrund niedriger werdender Marktbarrieren nicht nur kostengünstiger produzieren, sondern ihre Produkte auch auf immer neuen und größeren Märkten anbieten.[615] Hierdurch lassen sich weitere Skaleneffekte erzielen, die etwaige höhere Transaktionskosten überkompensieren können.

---

609 Vgl. Mugler (2000), S. 23.
610 Vgl. Mugler (2008), S. 57.
611 Vgl. Krämer (2003), S. 38.
612 Vgl. Mugler (2008), S. 55.
613 Zu diesen Begriffen siehe Ihde (1988), S. 13; Kuhner/Maltry (2006), S. 16 f. und Hutzschenreuter (2009), S. 390.
614 Vgl. Behringer (2009), S. 48.
615 Vgl. Mugler (2008), S. 52.

Trotz dieser gegenläufigen Argumente kommt KMU eine wichtige Rolle in der Produktion von Gütern zu. Dies ist zum einen auf die zahlreichen von Großunternehmen an Externe vergebenen Leistungsaufträge und Ausgründungen und zum anderen auf die individualisierte Nachfrage zurückzuführen. Der erstgenannte Aspekt ist auch darauf begründet, dass Großunternehmen häufig erst durch die Industrialisierung des vergangenen Jahrhunderts aus Handwerksbetrieben und kleingewerklichen Unternehmen entstanden sind.[616] Demnach sind viele heutige Großunternehmen in einem Umfeld von leistungsfähigen KMU gewachsen. So wurden bereits zu dieser Zeit Leistungen wie Wartungen, Reparaturen und ähnliche Tätigkeiten in Großunternehmen aufgrund von Kostenvorteilen und höherer Flexibilität von externen KMU erbracht. Diese Vorteile sowie die Entwicklung von Managementtrends, wie der Konzentration auf Kernkompetenzen und *Lean Management* bzw. *Lean Production*,[617] haben zu einer Welle der Vergabe von ursprünglich intern abgewickelten Prozessen an externe, meist mittelständische Produzenten geführt.[618] Diese auch als *Outsourcing*[619] bezeichnete Auslagerung interner Prozesse sowie die zunehmenden Ausgründungen bieten so eine neue Grundlage für die Produktion in KMU.[620] Eine dem Outsourcing ähnliche Entwicklung hat sich auch im öffentlichen Bereich vollzogen, indem zahlreiche ursprünglich öffentliche Aufgaben privatisiert wurden und nun häufig deutlich kostengünstiger von oft mittelständischen Unternehmen erbracht werden.[621]

Ein weiterer Grund für die wichtige Rolle von KMU bei der Güterproduktion liegt in der Bedienung der individualisierten Nachfrage. So können mittelständische Unternehmen bei der Produktion von standardisierten Massenprodukten kaum mit der von Skalen- und Verbundeffekten geprägten Kostenstruktur von Großunternehmen mithalten. Jedoch liegt die Chance für KMU in der Befriedigung individueller Bedürfnisse. Besteht eine Nachfrage nach solchen Produkten, die in Einzel- oder Kleinserien hergestellt werden, können insbesondere KMU davon profitieren.[622] Dieser Grundgedanke ist ebenso auf das Erbringen von Dienstleistungen übertragbar. Durch die Befriedigung individueller Nachfrage mit individuellen Dienstleistungen können sich insbesondere KMU neue Marktsegmente erschließen.[623] Diese in erster Linie auf den Konsumentenmarkt abzielende Argumentation schließt aber nicht aus, dass KMU als Anbieter solcher Nischenlösungen nicht auch gegenüber Großunternehmen als Kunden er-

---

616 Vgl. Hamer (2006), S. 36.
617 Zu diesen Begriffen siehe Pfeiffer/Weiß (1992); Kojima (1995) und Behringer (2009), S. 49.
618 Vgl. Harrison (1994), S. 150.
619 Zum Begriff des Outsourcings siehe Hermes/Schwarz (2005), S. 15 ff.
620 Vgl. Behringer (2009), S. 49.
621 Vgl. Hamer/Gebhardt (1992).
622 Vgl. Mugler (2008), S. 52.
623 Vgl. Hamer (2006), S. 36.

folgreich sein können. So führt der bereits angedeutete Druck der großen Unternehmen, Leistungen stetig kostengünstiger und in verbesserter Qualität zu erbringen, auch dazu, dass eine individualisierte Nachfrage danach besteht einen spezifischen Teilaspekt des Leistungserstellungsprozesses zu verbessern. Diese Nachfrage kann von hochspezialisierten KMU bedient werden.[624]

3.2.5 Bedeutung für die Staatsfinanzen

Als Beleg für die gesamtwirtschaftliche Relevanz von KMU wird schließlich deren Beitrag zur Finanzierung öffentlicher Aufgaben herausgestellt. So ist das von Unternehmen zu leistende Steueraufkommen zu großen Teilen auf KMU zurückzuführen. Um den Beitrag von mittelständischen Unternehmen am Steueraufkommen zu verdeutlichen, setzt *Hamer* deren Steuerquoten ins Verhältnis zur Anzahl der Beschäftigten und zeigt auf, dass insbesondere kleine Unternehmen eine erheblich höhere relative Last zu tragen haben.[625] Zwar gilt für sämtliche Unternehmen dieselbe Steuergesetzgebung, dennoch haben vor allem große Unternehmen umfangreiche Steuervermeidungs- und Steuerverlagerungsstrategien entwickelt, um ihre Belastung zu reduzieren. Diese Möglichkeiten stehen KMU jedoch oft nicht zur Verfügung. Sie können ihre steuerlichen Bemessungsgrundlagen nicht im gleichen Maße zum eigenen Vorteil gestalten oder ins steuerbegünstigte Ausland verlagern.[626] So entfällt ein Großteil der Unternehmensteuern auf KMU. *Hamer* zufolge kommen öffentliche Subventionen zu einem überwiegenden Anteil Großunternehmen zugute, so dass mittelständische Unternehmen eine wesentliche Quelle öffentlicher Finanzen bilden, während Großunternehmen Nettonehmer sind.[627]

Die Argumentation bezüglich der stabilisierenden Wirkung von KMU auf den Arbeitsmarkt lässt sich auch auf die Bedeutung dieser Unternehmen für das Steueraufkommen insgesamt übertragen. So steigt in konjunkturellen Hochphasen der Anteil der Großunternehmen am gesamten Steueraufkommen überproportional an. Allerdings sinkt dementsprechend während Konjunkturabschwüngen das gesamte Steuervolumen in von Großunternehmen geprägten Volkswirtschaften stärker ab. Zwar verändern sich auch die von KMU erhobenen Steuerein-

[624] Vgl. Wildemann (1992), S. 391 ff.

[625] Im Einzelnen liegt die relative Steuerlastquote laut Hamer bei Großunternehmen bei 9,1 %, bei mittleren Unternehmen bei 17,8 % und bei kleinen Unternehmen bei 40,8 %. Insgesamt tragen Hamer zufolge mittelständische Personengesellschaften 70 % aller Unternehmensteuern. Die Berechnungen beziehen sich jedoch noch auf das vor der Unternehmensteuerreform 2008 gültige Steuerrecht, so dass die darauf basierende Argumentation nicht mehr gänzlich zutreffend ist. Vgl. Hamer (2006), S. 37. Für eine Übersicht des deutschen Steuersystems für Unternehmen siehe Kap. 2.4.1.2.

[626] Vgl. Mugler (2008), S. 58.

[627] Demnach erhalten kleine und mittlere Personengesellschaften lediglich 5 % der öffentlichen Subventionen. Vgl. Hamer (2006), S. 38.

nahmen im Konjunkturzyklus regelmäßig, jedoch fallen die Schwankungen weniger stark aus.[628]

Zuletzt zeigt sich auch die Bedeutung von KMU für eine Volkswirtschaft anhand ihres Beitrags zur Finanzierung der Sozialsysteme. Dies wird bereits anhand der zuvor aufgezeigten Beschäftigungsstatistik deutlich. Die deutschen Sozialsysteme werden wesentlich über Belastungen des Faktors Arbeit finanziert.[629] Da KMU über 60 % der sozialversicherungspflichtigen Arbeitnehmer beschäftigen, kommt diesen Unternehmen auch eine wichtige Funktion zum Unterhalt der Sozialsysteme zu. So werden die in Deutschland vergleichsweise stark ausgebauten Sozialsysteme mit 30 Mio. Leistungsnehmern in erheblichem Maße von KMU und ihren Beschäftigten finanziert.[630]

Insgesamt wird die herausragende Bedeutung von kleinen und mittleren Unternehmen für die deutsche Volkswirtschaft deutlich. Sie beschäftigen nicht nur den Großteil der deutschen Arbeitnehmer. Auch hinsichtlich wesentlicher weiterer Aspekte spielen KMU eine entscheidende Rolle. So werden mittelständische Unternehmen regelmäßig von Forschungseinrichtungen wie dem IfM oder der Fraunhofer-Gesellschaft als „Rückgrat der deutschen Wirtschaft" bezeichnet.[631] Mit der enormen Bedeutung dieser Unternehmensgruppe geht auch der hohe Stellenwert von Finanzierungsentscheidungen von KMU einher. Die im weiteren Verlauf dieses Kapitels diskutierten Entwicklungen der Finanzierungsgewohnheiten und Veränderungen der Rahmenbedingungen werden die Relevanz von Kapitalstrukturentscheidungen für KMU noch weiter verdeutlichen.

3.3 Finanzierungsmöglichkeiten von KMU

Nachdem die Charakteristika von KMU sowie deren gesamtwirtschaftliche Bedeutung aufgezeigt wurden, erfolgt in diesem Abschnitt eine Diskussion der Finanzierungsgewohnheiten dieser Unternehmensgruppe. Dazu werden zunächst eine Systematisierung der Finanzierungsformen vorgenommen und empirische Erkenntnisse über deren Nutzung überblicksartig dargestellt. Im Anschluss folgt eine Erörterung der von KMU meistgenutzten und weiteren Finanzierungsinstrumenten sowie deren jeweiliger Relevanz für die Mittelstandsfinanzierung.

628 Vgl. Hamer (2006), S. 38.
629 Vgl. Breyer/Buchholz (2009), S. 8.
630 Vgl. Hamer (2006), S. 38.
631 Vgl. Belz/Warschat (2005); Institut für Mittelstandsforschung (2007), S. 1 und Goeke (2008), S. 20.

3.3.1 Überblick und Systematisierung der Finanzierungsformen

Zu Deckung ihres Kapitalbedarfs stehen KMU eine Vielzahl alternativer Finanzierungsformen zur Verfügung. Diese lassen sich nach verschiedenen Kriterien differenzieren und systematisieren.[632] Als gängige Systematisierungskriterien haben sich die Mittelherkunft und die Rechtsstellung der Kapitalgeber bewährt.[633]

Hinsichtlich der Mittelherkunft kann aus der Unternehmensperspektive zwischen Innen- und Außenfinanzierung unterschieden werden. Bei der Innenfinanzierung wird die Bereitstellung finanzieller Mittel entweder durch die Kapitalbildung im Rahmen einer Bilanzverlängerung, beispielsweise durch die Thesaurierung von Gewinnen, oder durch die Umschichtung bestehenden Vermögens mittels Aktivtausch vorgenommen. Bei Maßnahmen der Außenfinanzierung wird dem Unternehmen Kapital zugeführt, das die Kapitalgeber losgelöst von der laufenden Geschäftstätigkeit bereitstellen.[634] Handelt es sich um zusätzliche Mittel der Kapitalgeber, sei es durch die Bereitstellung von Einlagen durch die Eigentümer bzw. die Beteiligung von weiteren Gesellschaftern oder durch die Zuführung von Kreditkapital durch Gläubiger, verlängern die Finanzierungsmaßnahmen die Bilanz. Ein Passivtausch hingegen liegt vor, wenn die neuen Mittel lediglich zur Ablösung bisheriger Finanzierungsmaßnahmen dienen.[635]

Als weiteres Abgrenzungskriterium der Finanzierungsformen wird regelmäßig die Rechtsstellung der Kapitalgeber herangezogen. Danach lassen sich Maßnahmen der Eigen-, Fremd- und Hybridfinanzierung unterscheiden. Hier wird im Gegensatz zur Unterscheidung zwischen Innen- und Außenfinanzierung eine bilanzorientierte Perspektive eingenommen. Die Eigenfinanzierung erfolgt durch die Erhöhung des Eigenkapitals mittels einbehaltener Gewinne oder Einlagen der Gesellschafter. Als Eigentümer haften die Eigenkapitalgeber für die Verluste des Unternehmens.[636] Bei der Fremdfinanzierung hingegen wird dem Unternehmen zeitlich befristetes Fremdkapital zur Verfügung gestellt, welches grundsätzlich nicht für die Verluste des Unternehmens haftet. Als Geber von Fremdkapital haben die Gläubiger Verzinsungs- und

---

632 Vgl. Perridon/Steiner/Rathgeber (2012), S. 389 ff.; Wöhe u. a. (2009), S. 14 ff. und Pape (2011), S. 31.

633 Weitere etablierte Systematisierungskriterien der Finanzierungsformen sind der Finanzierungsanlass sowie die Kapitalüberlassungsdauer. Für den weiteren Verlauf dieser Arbeit haben diese Kriterien jedoch nur geringe Relevanz, so dass darauf an dieser Stelle nicht weiter eingegangen wird. Eine Übersicht hierzu bietet Pape (2011), S. 31 ff.

634 Vgl. Perridon/Steiner/Rathgeber (2012), S. 392 und Pape (2011), S. 32.

635 Auch staatliche Zuwendungen wie Subventionen werden zu den Formen der Außenfinanzierung gezählt. Vgl. Gräfer/Schiller/Rösner (2008), S. 173 f. und Perridon/Steiner/Rathgeber (2012), S. 391.

636 Dabei ist die Haftung der Eigenkapitalgeber je nach Rechtsform des Unternehmens entweder unbegrenzt oder auf die Höhe der Kapitaleinlage begrenzt. Zu den Funktionen des Eigenkapitals siehe Arndt (1995), S. 54 ff.; Kußmaul (2008), S. 254 und Pape (2011), S. 60.

Rückzahlungsansprüche gegenüber dem Schuldner.[637] Tabelle 3.8 zeigt eine Übersicht der Unterschiede von Eigen- und Fremdkapital hinsichtlich wesentlicher Kriterien.

Kriterium	Eigenkapital (EK)	Fremdkapital (FK)
Rechtliche Stellung der Kapitalgeber	Eigentümer	Gläubiger
Haftung für Verluste des Unternehmens	Haftung in voller Höhe; nachrangiger Anspruch der Kapitalgeber im Insolvenzfall	Keine Haftung; vorrangiger Anspruch der Kapitalgeber im Insolvenzfall
Partizipation in der Unternehmensleitung	Recht zur Geschäftsführung	Kein Recht zur Geschäftsführung
Zeitliche Verfügbarkeit	Unbefristete Laufzeit	Befristete Laufzeit
Beteiligung am Unternehmenserfolg	Unbegrenzte Beteiligung an variablem Gewinn bzw. Verlust	Fester Zinsanspruch; keine Gewinn- bzw. Verlustbeteiligung
Steuerliche Behandlung	Belastung des Gewinns mit Ertragssteuern	Steuerliche Entlastung durch Zinszahlungen
Belastung der Liquidität	Ausschüttung nur bei Gewinnerzielung	Gewinnunabhängige (feste) Zinszahlungen

Tabelle 3.8: Abgrenzung von Eigen- und Fremdkapital
Quelle: Pape (2011), S. 37.

Die Finanzierung aus Hybridkapital stellt eine Mischform der Eigen- und Fremdfinanzierung dar. Zu den hybriden Finanzierungsformen, auch Mezzanine-Kapital genannt, werden sämtliche Instrumente gezählt, die sowohl Eigenschaften von Eigen- als auch von Fremdkapital aufweisen und somit zwischen den beiden klassischen Finanzierungsformen stehen.[638]

Im Folgenden sollen die verschiedenen Finanzierungsformen, also die der Innen- und Außenfinanzierung sowie die der Eigen-, Fremd- und Hybridfinanzierung, entsprechend ihrer Bedeutung für KMU erörtert werden. Empirische Erkenntnisse verdeutlichen die dominierende Rolle der Innenfinanzierung und der Fremdfinanzierung durch Kreditinstitute (vgl. die nachfolgende Abbildung 3.1).

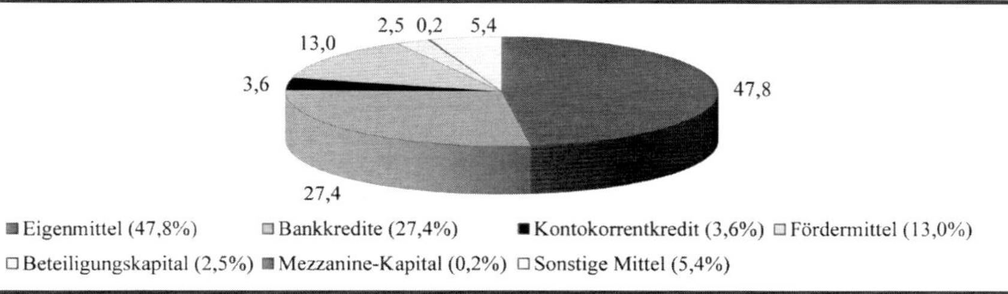

Abbildung 3.1: Quellen der Investitionsfinanzierung in KMU (in Prozent)
Quelle: in Anlehnung an KfW Bankengruppe (2011b), S. 1.

[637] Vgl. Perridon/Steiner/Rathgeber (2012), S. 415.
[638] Beispiele hierfür sind Wandel- und Optionsanleihen. Siehe hierzu Fox/Trost (2012), S. 213 ff.

Demnach wird fast die Hälfte der mittelständischen Investitionen durch die Innenfinanzierung realisiert. Weiterhin stellen Kredite von Banken[639] die wichtigste externe Finanzierungsquelle dar. Alternative Finanzierungsinstrumente wie externes Beteiligungskapital oder Mezzanine spielen hingegen nur eine untergeordnete Rolle bei der Investitionsfinanzierung von KMU. Zu ähnlichen Ergebnissen kommt auch die aktuelle Unternehmensbefragung der KfW Bankengruppe (vgl. die nachfolgende Abbildung 3.2).

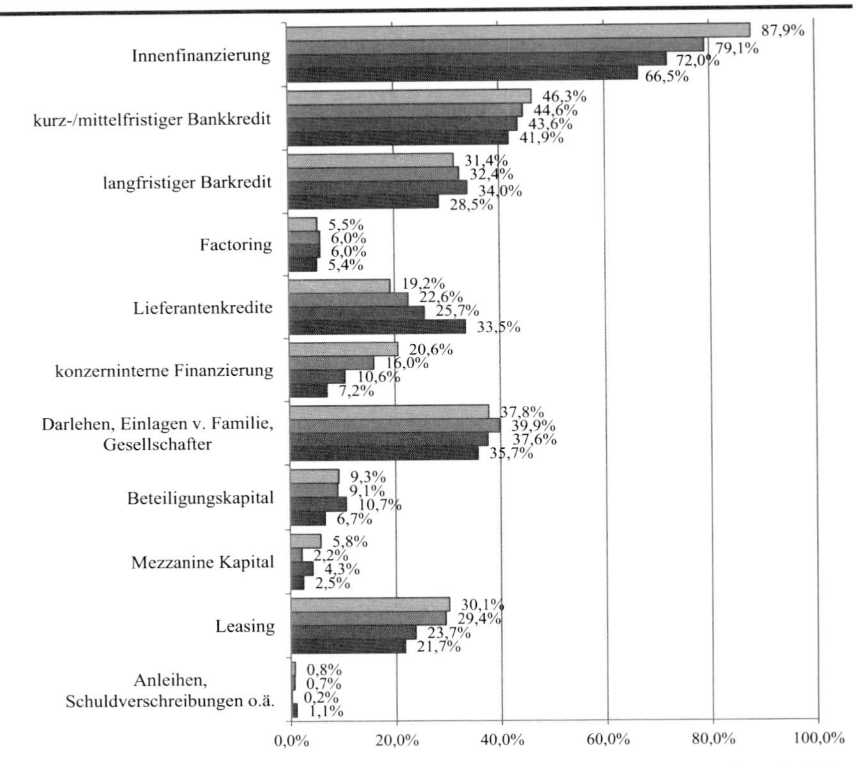

Abbildung 3.2: Bedeutung von Finanzierungsquellen nach Unternehmensgröße
Quelle: in Anlehnung an KfW Bankengruppe (2012), S. 65.

Aufgrund der dominierenden Bedeutung der Innenfinanzierung und der Finanzierung durch Bankkredite werden diese im Folgenden als Hauptinstrumente der Mittelstandsfinanzierung diskutiert, bevor auf die weiteren Instrumente der Finanzierung von KMU näher eingegangen wird.

[639] In der Folge werden die Begriffe Bank und Kreditinstitut synonym verwendet.

3.3.2 Hauptinstrumente der Finanzierung von KMU

3.3.2.1 Innenfinanzierung

Bei der Innenfinanzierung erfolgt die Freisetzung finanzieller Mittel im Rahmen der Geschäftstätigkeit des Unternehmens. Dabei wird im Unternehmen gebundenes Kapital in frei verfügbare Mittel umgewandelt, die zur Finanzierung von Investitionen genutzt werden können.[640] Die Innenfinanzierung kann zum einen aus dem Umsatzprozess und zum anderen durch Vermögensumschichtung erfolgen.

Die Innenfinanzierung aus dem Umsatzprozess kann realisiert werden, indem im Rahmen der Selbstfinanzierung liquiditätswirksame Umsatzerlöse über die Einbehaltung von Gewinnen im Unternehmen gebunden werden. Dabei kann noch zwischen der offenen und der stillen Selbstfinanzierung differenziert werden. Während im Rahmen der offenen Selbstfinanzierung aus dem Umsatzprozess generierte Gewinne einbehalten werden, erfolgt die stille Selbstfinanzierung mittels der Bildung stiller Reserven. Letztere sind auf eine Unterbewertung des Vermögens bzw. Überbewertung der Verbindlichkeiten zurückzuführen und erhöhen das wirtschaftliche, nicht jedoch das bilanzielle Eigenkapital.[641] Stille Reserven haben jedoch nur dann einen Finanzierungseffekt, wenn durch deren Bildung finanzielle Mittel im Unternehmen gebunden werden.[642]

Ebenfalls zu einer Bindung finanzieller Mittel im Unternehmen führt die Bildung von Rückstellungen.[643] Diese haben dann eine Finanzierungswirkung, wenn zwischen dem Zeitpunkt der Rückstellungsbildung und dem damit verbundenen Auszahlungsvorgang ein nennenswerter Zeitraum liegt. Während dieser Zeit stehen dem Unternehmen die finanziellen Gegenwerte von Rückstellungen für anderweitige Finanzierungen zur Verfügung.[644] So können beispielsweise Pensionsrückstellungen, die der betrieblichen Altersversorgung der Mitarbeiter dienen, zur Finanzierung von Investitionen herangezogen werden.[645]

Auch wird die Finanzierung aus Abschreibungen zur Innenfinanzierung gezählt. Dabei ermöglichen die in der Preisgestaltung berücksichtigten Abschreibungsbeträge bei Zahlungsmittelzufluss einen Finanzierungseffekt. So stehen die Mittel für einen bestimmten Zeitraum zur

---

640 Vgl. Pape (2011), S. 213 f.

641 Vgl. Perridon/Steiner/Rathgeber (2012), S. 505 ff.; Wöhe u. a. (2009), S. 397 ff. und Brüse (2011), S. 13.

642 Die Unterbewertung von Vermögen hat keinen Finanzierungseffekt.

643 Als Rückstellungen werden wirtschaftliche Verpflichtungen bezeichnet, deren Höhe, deren Fälligkeitszeitpunkt und/oder deren Grund zum Bilanzstichtag ungewiss sind. Sie werden daher bilanziell zum Fremdkapitalgezählt. Vgl. Perridon/Steiner/Rathgeber (2012), S. 515 und Wöhe u. a. (2009), S. 425 ff.

644 Vgl. Börner (2006), S. 305.

645 Vgl. Müller u. a. (2006), S. 262 und Wöhe u. a. (2009), S. 425 ff.

Verfügung, bis sie im Rahmen einer möglichen Reinvestition wieder zur Auszahlung kommen. Bei der Kapitalfreisetzung im Zusammenhang mit Abschreibungen kann es unter bestimmten Bedingungen zu einer Ausweitung der Kapazität kommen. Dieser Kapazitätserweiterungseffekt (auch Lohmann-Ruchti-Effekt) tritt ein, wenn die Abschreibungsgegenwerte laufend reinvestiert werden.[646] Auch hier gilt die Voraussetzung, dass die Mittel zunächst als Umsatzerlöse zugeflossen sein müssen.

Die Innenfinanzierung aus Vermögensumschichtungen wird durch Veränderungen auf der Aktivseite der Bilanz ermöglicht. So führen beispielsweise der Verkauf von nicht betriebsnotwendigem Vermögen oder die Verringerung der Umschlagsdauer des Umlaufvermögens durch das so genannte Working-Capital-Management zur Freisetzung von liquiden Mitteln.[647] Weiteres Potential zur Innenfinanzierung schafft auch das Sale-and-Lease-Back, eine Spezialform des Finanzierungsleasings,[648] bei der ein Unternehmen einen eigenen Vermögensgegenstand an eine Leasinggesellschaft verkauft und anschließend zurückmietet mit dem Ziel, die freien Finanzmittel im Unternehmen zu erhöhen.[649]

In kleinen und mittleren Unternehmen stellt die Innenfinanzierung das bedeutendste Finanzierungsinstrument dar. Laut der aktuellen KfW-Unternehmensbefragung bezeichnen 87,9 % der Unternehmen mit jährlichen Umsatzerlösen zwischen 10 Mio. und 50 Mio. Euro die Innenfinanzierung als wesentliche Finanzierungsquelle. Bei kleineren Unternehmen fällt die Bedeutung etwas geringer aus. Die Innenfinanzierung stellt aber auch hier die wichtigste Finanzierungsquelle dar.[650] Dabei sind vor allem die Einbehaltung von Gewinnen sowie die Finanzierung aus Abschreibungen relevant, da KMU in der Regel keine nennenswerten Pensionsrückstellungen bilden.[651] Allerdings ist die Gewinnthesaurierung stark von der Ertragslage der KMU abhängig, da in ertragsschwachen Zeiten kaum Gewinne einbehalten werden können. Auch haben äußere Rahmenbedingungen wie Konjunkturschwankungen oder steuerliche

646 Vgl. Perridon/Steiner/Rathgeber (2012), S. 511 ff. Brüse weist weiter darauf hin, dass ein erhöhter Abschreibungsanteil als Teil der stillen Selbstfinanzierung abzugrenzen ist. Dieser kann entstehen, wenn der Verlauf der Abschreibung durch die gewählte Abschreibungsmethode (linear oder degressiv) nicht dem tatsächlichen Verlauf der Wertminderung entspricht und somit zusätzliche Abschreibungsgegenwerte verfügbar sind. Vgl. Brüse (2011), S. 14. Allerdings ist die degressive Abschreibung nach der aktuellen Gesetzgebung unzulässig. Einen Überblick hierzu bieten Djanani/Friedrich/Weishaupt, die im Rahmen ihrer Untersuchung die Beeinflussung der Investitionstätigkeit mittelständischer Unternehmen durch die degressive Abschreibung analysieren. Vgl. Djanani/Friedrich/Weishaupt (2012), S. 265.

647 Vgl. Bieg/Kußmaul (2000), S. 439 f.; Gugglberger/König/Mayer (2004), S. 129; Perridon/Steiner/Rathgeber (2012), S. 517; Brüse (2011), S. 14 und Pape (2011), S. 236 ff.

648 Zum Leasing siehe Kap. 3.3.3.2.

649 Vgl. Pape (2011), S. 238 f.

650 Vgl. KfW Bankengruppe (2012), S. 87.

651 Vgl. Brüse (2011), S. 15.

Vorgaben Einfluss auf die Innenfinanzierungskraft von KMU.[652] Darüber hinaus beeinflussen auch unternehmerische Entscheidungen wie die Ausschüttungspolitik oder das Working-Capital-Management die Möglichkeiten zur Innenfinanzierung von kleinen und mittleren Unternehmen.[653]

3.3.2.2 Finanzierung durch Bankkredite

Neben der Innenfinanzierung stellen Bankkredite ein weiteres Hauptinstrument der Finanzierung von KMU dar. Als Bankkredit wird die „unverbriefte Überlassung von Fremdkapital durch ein Kreditinstitut"[654] bezeichnet. Dabei lassen sich verschiedene Formen der Kreditfinanzierung nach Laufzeit, Verwendungszweck und Besicherung unterscheiden. Bei den kurzfristigen Kreditformen ist für KMU insbesondere der Kontokorrentkredit relevant.[655] Letzterer wird dem Kreditnehmer auf seinem laufenden Konto zur Verfügung gestellt und kann vom Schuldner frei in Anspruch werden. Diese Kreditlinie dient vornehmlich der Finanzierung von Waren und der laufenden Produktion, wird jedoch insbesondere von KMU trotz der hohen Kosten auch teilweise für längerfristige Finanzierungszwecke verwendet.[656] Zu den mittel- und langfristigen Bankkrediten zählt vor allem das klassische Darlehen, einem meist fest terminierten Kredit zur Finanzierung von Investitions- oder Immobilienprojekten.[657] Die Besicherung erfolgt hierbei oft durch Grundpfandrechte.[658]

Insgesamt betrachtet stellen die kurz- und langfristigen Bankkredite die wichtigste Fremdfinanzierungsquelle von KMU dar. Laut KfW-Unternehmensbefragung überwiegen die kurzfristigen Bankkredite hinsichtlich ihrer Bedeutung für KMU.[659] Entgegen der Innenfinanzierung spielen hier jedoch Informationsasymmetrien zwischen den Kreditinstituten und den mittelständischen Unternehmen eine große Rolle.[660] So sind KMU aus Sicht der Kapitalgeber

---

652 Für den Einfluss der äußeren Rahmenbedingungen auf die Finanzierungen von KMU siehe Kap. 3.4. Eine Übersicht des deutschen Steuersystems zeigt Kap. 2.4.1.2.

653 Vgl. Brüse (2011), S. 19.

654 Börner (2006), S. 305.

655 Vgl. Hummel u. a. (2012), S. 46. Zu weiteren Kreditarten siehe Börner (2006), S. 306 und Pape (2011), S. 145 ff.

656 Vgl. Pape (2011), S. 145.

657 Auch können Unternehmen im Rahmen von Schuldscheindarlehen Fremdkapital von Kreditinstituten aufnehmen. Diese sind jedoch nicht zuletzt aufgrund der hohen Kreditvolumina eher nur für Großunternehmen erster Bonität geeignet. Vgl. Perridon/Steiner/Rathgeber (2012), S. 443 ff.

658 Dabei kann zwischen Hypothek und Grundschuld unterschieden werden. Vgl. Putnoki/Schwadorf/Then Bergh (2011), S. 155 f. Es können auch Vermögenswerte, die sich aus steuerlichen Gründen im Privatvermögen des Unternehmers befinden, zur Besicherung von Bankkrediten an Unternehmen herangezogen werden. Hier kann aufgrund der persönlichen Haftung eines Gesellschafters per Rechtsform oder selbstschuldnerischen Bürgschaft ein Zugriff auf die Vermögenswerte erfolgen. Vgl. Brüse (2011), S. 18. Diese Möglichkeit zur Besicherung von Krediten kann jedoch zu Verzerrungen in der Kapitalstruktur von KMU führen. Vgl. Emmerstorfer (2004), S. 142 ff.

659 Vgl. KfW Bankengruppe (2012), S. 87.

660 Siehe hierzu Kap. 2.1.2.1 und 2.6.

intransparent, da sie aufgrund ihrer mangelnden Emissionsfähigkeit geringeren Anforderungen bezüglich ihrer Rechnungslegung und Publizität von Geschäftszahlen unterliegen.[661] Diese Intransparenz ist insbesondere bei der Fremdkapitalaufnahme relevant, da hierbei die Kapitalgeber zwar am unternehmerischen Risiko, nicht jedoch an den über die Zinszahlungen hinaus gehenden Erfolgschancen partizipieren. So können die Informationsasymmetrien insbesondere bei den im Mittelstand typischen kleinen Finanzierungsvolumina eine erhebliche Hürde bei sonst vorteilhaften Finanzierungsbeziehungen darstellen.[662]

Zur Überwindung der auf Informationsasymmetrien basierenden Hemmnisse können Kreditinstitute Informationen über den Kreditnehmer einholen, wodurch allerdings Transaktionskosten entstehen. Daher kann sich der Aufbau einer langfristigen Beziehung eines Unternehmens zu einer so genannten Hausbank für beide Seiten als vorteilhaft erweisen. Beim vielfach noch existierenden Hausbankprinzip[663] übernimmt ein Kreditinstitut als Hausbank vom Zahlungsverkehr bis zur Kreditvergabe sämtliche finanzwirtschaftliche Aufgaben eines Unternehmens und bietet diesem somit Planungssicherheit und Stabilität in Finanzierungsangelegenheiten. Im Rahmen des Hausbankprinzips erhalten KMU zumeist einen gesicherten Zugang zu finanziellen Mitteln zu überwiegend einheitlichen Konditionen.[664] Dabei gelingt es in der Regel der Hausbank, durch die Dauer und Breite der Geschäftsbeziehung Informationsasymmetrien abzubauen. Nachteil des Hausbankprinzips ist aber eine erhöhte gegenseitige Abhängigkeit der beteiligten Parteien.[665]

Das Hausbankprinzip wurde in Deutschland jedoch unter anderem durch die Einführung der Eigenkapitalvorschriften des Basler Ausschusses für Bankenaufsicht (Basel II) teilweise abgelöst.[666] Demnach vergeben Kreditinstitute Darlehen nur nach der eingehenden Prüfung detaillierter Unternehmensdaten zur Verminderung der Informationsasymmetrien und gestalten die Kreditkonditionen in Abhängigkeit der Bonität des Schuldners. Dabei können KMU der Verteuerung von Fremdkapital durch den Aufbau einer guten Reputation sowie der Vereinbarung

[661] Siehe Kap. 3.1.2.
[662] Vgl. Börner (2006), S. 307.
[663] Zum Hausbankprinzip siehe ausführlich Niederöcker (2002), S. 193 ff. und de la Torre/Martinez Peria/Schmukler (2010), S. 2280 ff.
[664] Vgl. Brüse (2011), S. 16.
[665] So können Kreditinstitute im Rahmen von Hausbankbeziehungen oft für sie vorteilhafte Konditionen durchsetzen. Vgl. Börner (2006), S. 307. Hausbankbeziehungen dominierten die Finanzierungsgewohnheiten deutscher KMU vor allem gegen Ende des vergangenen Jahrhunderts. So kommen Harhoff/Körting zu dem Schluss, dass 75 % der jeweiligen gesamten Verschuldung eines KMU bei nur einem Kreditinstitut besteht. Weiterhin unterhalten 40 % der untersuchten KMU nur Geschäftsbeziehungen zu einer einzigen Bank. Vgl. Harhoff/Körting (1998), S. 1317 ff. Zu Abhängigkeiten im Hausbankprinzip siehe auch Kley (2003), S. 794.
[666] Vgl. Böllhoff (2004), S. 221 ff. Eine Erläuterung der Eigenkapitalvorschriften des Basler Ausschusses für Bankenaufsicht erfolgt in dieser Arbeit in Kap. 3.4.1.

anreizkompatibler zusätzlicher Kreditvertragsklauseln (Covenants) entgegenwirken.[667] Zudem lassen sich die Interessen der an der Kreditbeziehung beteiligten Parteien harmonisieren, indem neben der Bereitstellung von weiteren Sicherheiten und zusätzlichem Eigenkapital die persönliche Haftung des Unternehmers durch eine selbstschuldnerische Bürgschaft vereinbart wird, sofern sie nicht wie im Fall von Personengesellschaften bereits gegeben ist.[668] So bleibt der Bankkredit die wichtigste externe Finanzierungsquelle von KMU. Allerdings nimmt die Bedeutung der Finanzierung über klassische Bankkredite mit ansteigender Unternehmensgröße gegenüber der verstärkten Innenfinanzierung aus einbehaltenen Gewinnen und der Bildung von Pensionsrückstellungen sowie der Finanzierung mit alternativen Finanzierungsinstrumenten ab.[669]

3.3.3 Weitere Instrumente der Finanzierung von KMU

Trotz der herausragenden Bedeutung der Hauptinstrumente Innenfinanzierung und Bankkredite für die Finanzierung von KMU, werden in der Regel auch weitere Finanzierungsinstrumente zur Mittelbeschaffung von diesen Unternehmen genutzt. Im Folgenden werden daher diese Instrumente der Eigen-, Fremd- und Hybridfinanzierung sowie deren Relevanz für KMU dargestellt.

3.3.3.1 Instrumente der Eigenfinanzierung

Neben der bereits dargestellten Innenfinanzierung kann zur Eigenkapitalbeschaffung auch neues Kapital durch bisherige oder neue Gesellschafter bereitgestellt werden. Im Rahmen dieser so genannten Beteiligungs- bzw. Einlagenfinanzierung erfolgt die Bereitstellung von Mitteln unabhängig vom Umsatzprozess durch eine Kapitalzuführung. Dabei sind die Möglichkeiten der Aufnahme von zusätzlichem Eigenkapital abhängig von der Rechtsform eines Unternehmens.

So erfolgt die *Beteiligungs- bzw. Einlagenfinanzierung*[670] in einem Einzelunternehmen, indem der Alleineigentümer, der für die Verbindlichkeiten des Unternehmens persönlich und uneingeschränkt haftet, dem Unternehmen Eigenkapital aus seinem Privatvermögen zur Verfügung

[667] Vgl. Brüse (2011), S. 20.
[668] Vgl. Kamp/Solmecke (2005), S. 619 ff.; Koop/Maurer (2006), S. 124 und Brüse (2011), S. 20.
[669] Vgl. Koop/Maurer (2006), S. 32 f; Ahrweiler/Börner/Rühle (2007), S. 295; Börner/Glüder (2009), S. 948 und Brüse (2011), S. 16.
[670] Da in Einzelunternehmen sowie teilweise in Personengesellschaften die Beteiligungsfinanzierung durch Einlagen der Gesellschafter erfolgt, ist hierbei auch der Begriff der Einlagenfinanzierung geläufig. Im Interesse der besseren Lesbarkeit werden die Begriffe der Beteiligungs- und Einlagenfinanzierung in der Folge synonym verwendet.

stellt.[671] Das Außenfinanzierungsvolumen durch Eigenkapital ist durch das Vermögen des Gesellschafters begrenzt. Zudem ist das Eigenfinanzierungspotential eines Einzelunternehmens aufgrund der oft bereits bestehenden Verflechtungen zwischen Privat- und Betriebsvermögen sowie des Umstands, dass das Unternehmen in der Regel unter anderem dem Lebensunterhalt des Alleineigentümers dient, zumeist stark eingeschränkt. Auch wird ein Einzelunternehmer frei verfügbare Privatmittel aus Gründen der Risikodiversifikation nicht immer in sein Unternehmen einbringen.[672]

Bei Personengesellschaften ist ebenfalls die Einbringung privaten Vermögens der Gesellschafter zur Eigenkapitalerhöhung des Unternehmens möglich. Zwar führt die Zuführung weiteren Eigenkapitals durch bisherige Gesellschafter zu einer Erhöhung der für Investitionen verfügbaren Mittel. Eine Erhöhung des Verschuldungspotentials wird hierdurch allerdings in der Regel nicht erreicht, da zu dessen Ermittlung Fremdkapitalgeber regelmäßig Betriebs- und Privatvermögen der Gesellschafter kumuliert betrachten.[673] Auch kann die Kapitalerhöhung durch Altgesellschafter zu einer Veränderung der Gewinnansprüche und Stimmrechte führen, sofern nicht alle Eigentümer an der Finanzierungsmaßnahme gleichermaßen beteiligt sind. Eine Erhöhung des Eigenkapitals von Personengesellschaften ist durch die Aufnahme neuer Gesellschafter möglich. Allerdings hat eine solche Kapitalerhöhung aus Mitteln Dritter noch stärkeren Einfluss auf die Leitungsstruktur von KMU. So stehen neuen Gesellschaftern ebenso Kontroll-, Stimm- und Mitwirkungsrechte sowie Ansprüche hinsichtlich der Gewinnbeteiligung zu.[674] Neben der Problematik, geeignete Eigenkapitalinvestoren für KMU zu identifizieren, liegt darin eine der wesentlichen Hürden der Eigenkapitalerhöhung durch Dritte.

Bei Kapitalgesellschaften, die bei kleinen und mittleren Unternehmen insbesondere in Form der Gesellschaft mit beschränkter Haftung (GmbH) vorkommen, haftet ausschließlich das Gesellschaftsvermögen, sofern die Gesellschafter nicht selbstschuldnerisch bürgen. Auch einer GmbH kann Eigenkapital im Rahmen einer Kapitalerhöhung durch bisherige oder neue Gesellschafter zugeführt werden. Aufgrund der Beschränkung der Haftung auf das Gesellschaftsvermögen ist die Beteiligung von Investoren möglich, die nicht mit ihrem Privatvermögen für die Verbindlichkeiten des Unternehmens haften wollen.[675]

---

[671] Vgl. Pape (2011), S. 63 f.
[672] Vgl. Pape (2011), S. 65.
[673] Vgl. Börner (2006), S. 318.
[674] Vgl. Börner (2006), S. 319 und Perridon/Steiner/Rathgeber (2012), S. 394 ff.
[675] Eine solche Haftungsbeschränkung ist jedoch auch bei einer Kommanditgesellschaft möglich, die zu den Personengesellschaften gezählt wird. Dabei setzen sich die Gesellschafter aus voll haftenden Komplementären und aus Kommanditisten zusammen, deren Haftung auf die im Handelsregister eingetragene Summe

Als weitere Eigenkapitalgeber für KMU kommen verschiedene private und unternehmerische Investoren in Betracht. Neben Verwandten und Freunden, die ihr Kapital als neue Gesellschafter oder in Form einer stillen Teilhaberschaft zur Verfügung stellen, sind auch weitere Privatanleger wie Geschäftsfreunde, ehemalige Unternehmer oder andere unternehmensfremde Eigenkapitalgeber relevant, die neben ihrem Kapital häufig auch Managementkenntnisse und Erfahrung in die Unternehmen einbringen und für das vergleichbar hohe Risiko in der Regel eine entsprechend hohe Rendite erwarten.[676] Als weitere Kapitalgeber im Rahmen von Beteiligungsfinanzierungen kommen Beteiligungsgesellschaften (auch Private Equity-Gesellschaften) in Frage, die dadurch gekennzeichnet sind, dass sie Eigenkapital möglichst nur für einen begrenzten Zeitraum zur Verfügung stellen, um ihre Unternehmensanteile zu einem späteren Zeitpunkt gewinnbringend zu veräußern.[677] Dabei lassen sich Private Equity-Finanzierungen nach der Lebenszyklusphase des zu finanzierenden Unternehmens abgrenzen.[678] Bei Beteiligungen an Unternehmen in der Gründungs- und anschließenden Wachstumsphase ist meist von Venture Capital die Rede.[679] Private Equity i.e.S. bezeichnet die Eigenkapitalausstattung in späteren Phasen im Rahmen von Expansions-, Übernahme- und Nachfolgefinanzierungen.[680]

Eigenkapital im Rahmen einer *Private Equity-Finanzierung* wird oft in der Form einer offenen oder stillen Minderheitsbeteiligung realisiert.[681] Obwohl Eigenkapital Unternehmen grundsätzlich unbefristet zur Verfügung steht, streben Beteiligungsgesellschaften zumeist danach, ihr Engagement auf einen Zeitraum von vier und sechs Jahren zu begrenzen.[682] Die Desinvestition kann über einen Verkauf der Anteile an die Gründer, an ein Unternehmen bzw. eine weitere Beteiligungsgesellschaft oder über einen Börsengang erfolgen.[683]

Für KMU liegen die Vorteile einer Private Equity-Finanzierung neben dem zusätzlichen Eigenkapital in der Managementexpertise, die den Unternehmen in der Regel zuteil wird. Als nachteilig werden vielfach die geteilte Unternehmenskontrolle und die gestiegenen Transpa-

---

begrenzt ist und die von der Geschäftsführung ausgeschlossen sind. Vgl. Perridon/Steiner/Rathgeber (2012), S. 395.

676 Vgl. Ang (1992a), S. 187 und Niederöcker (2002), S. 74 f.

677 Vgl. Kaserer (2010), S. 28.

678 Vgl. Hess (2007), S. 25 f.

679 Vgl. Fueglistaller/Müller/Volery (2008), S. 326 ff. Unternehmen in der Gründungsphase sind aufgrund der besonderen Finanzierungsanforderungen nicht Gegenstand dieser Untersuchung. Zur Kapitalstruktur von Gründungs- und Wachstumsunternehmen siehe Kohn/Spengler (2008), S. 72 ff. und Grichnik/Schiereck/Wenzel (2009), S. 1 ff.

680 Vgl. Börner (2006), S. 320.

681 Siehe dazu auch Kap. 3.3.3.3 sowie Perridon/Steiner/Rathgeber (2012), S. 398.

682 Vgl. Börner (2006), S. 320 und Perridon/Steiner/Rathgeber (2012), S. 398.

683 Vgl. Perridon/Steiner/Rathgeber (2012), S. 398.

renzanforderungen gesehen, da externe Investoren eine offene Informationspolitik erwarten.[684] Weiterhin nachteilig aus Sicht der ursprünglichen Eigentümer bei Private Equity-Finanzierungen ist der Umstand, dass sie im Rahmen der Desinvestition durch die Beteiligungsgesellschaft insbesondere bei Börsengängen häufig die Abgabe der Kontrolle über das Unternehmen hinnehmen müssen.[685] Daher sind Private Equity-Finanzierungen für mittelständische Unternehmen zumeist nur punktuell relevant.[686] Dies trifft in besonderem Maße auch auf die Zuführung von Eigenkapital im Rahmen eines direkten Börsengangs zu. So bestehen für die Aufnahme neuer Gesellschafter über einen Börsengang in der Regel bestimmte rechtliche und wirtschaftliche Anforderungen und Mindestvolumina.[687] Aufgrund dieser hohen Anforderungen und der oft mangelnden Emissionsfähigkeit von KMU ist dieses Finanzierungsinstrument für mittelständische Unternehmen kaum bedeutsam.[688]

3.3.3.2 Instrumente der Fremdfinanzierung

Als Hauptquelle für Fremdkapital dient den KMU die kurz- und langfristige Finanzierung über Kreditinstitute. Jedoch bieten sich mittelständischen Unternehmen darüber hinaus einige weitere Instrumente der Fremdfinanzierung. Dazu gehören neben dem Lieferantenkredit und den Kreditsurrogaten Leasing und Factoring auch neuere Instrumente wie Private Debt oder Mittelstandsanleihen.

Ein *Lieferantenkredit* wird vom Verkäufer einer Ware (oder einer Dienstleistung) eingeräumt und steht in einem engen Zusammenhang mit dem entsprechenden Handelsgeschäft. Dabei erbringt der Verkäufer eine Leistung und gewährt dem Abnehmer ein Zahlungsziel. Somit muss der Käufer der Waren die dazugehörige Rechnung nicht sofort begleichen, sondern erst zum Ablauf der in den Zahlungsbedingungen bestimmten Frist. Diese Frist kann zwischen den beteiligten Parteien frei vereinbart werden, liegt aber in der Regel zwischen 30 und 60 Tagen.[689] Im Gegensatz zu den meisten anderen Finanzierungsformen werden im Rahmen von Lieferantenkrediten keine liquiden Mittel zur Verfügung gestellt. Die Einräumung kann sehr einfach beim Abschluss des entsprechenden Kaufvertrags erfolgen. Als Sicherheit dient in der Regel der Eigentumsvorbehalt an der gelieferten Ware. Die Vergütung erfolgt hier

---

684 Vgl. Wöhe u. a. (2009), S. 125 f.

685 Zu den Vor- und Nachteilen eines Börsengangs für mittelständische Unternehmen siehe Waschbusch/Staub/Karmann (2009), S. 689 ff.

686 Eine zunehmende Bedeutung von Private Equity zur Finanzierung von Innovationen beschreiben Böttcher/Linnemannn (2008), S. 167.

687 Vgl. Brüse (2011), S. 19.

688 Siehe auch Kap. 3.1.2. An dieser Stelle wird die Aufnahme zusätzlichen Eigenkapitals über die Emission von Aktien aufgrund der geringen Relevanz für mittelständische Unternehmen nicht detailliert erläutert. Eine Übersicht hierzu bietet von Rosen (2010), S. 101 ff.

689 Vgl. Müller u. a. (2006), S. 264.

nicht durch direkte Zinszahlungen, sondern über Opportunitätskosten in Form eines nicht in Anspruch genommenen Skontoabzugs.[690] Die Kosten der Inanspruchnahme des Lieferantenkredits liegen in der Regel deutlich über den Kosten einer kurzfristigen Bankfinanzierung und Ausnutzung des Skontos. Dennoch nutzen viele kleine und mittlere Unternehmen die Finanzierungsmöglichkeiten über Lieferantenkredite in erheblichem Umfang.[691] Dies ist unter anderem auf die einfache Erlangung des Lieferantenkredits und den Verzicht auf über den Eigentumsvorbehalt hinausgehende Kreditsicherheiten zurückzuführen.[692] Zudem werden die bei Kreditinstituten bestehenden Kreditlinien nicht belastet.[693]

Die Kreditsurrogate Leasing und Factoring werden ebenfalls zur Fremdfinanzierung gezählt.[694] Als *Leasing* wird die gewerbsmäßige Vermietung oder Verpachtung eines Objekts durch einen Leasinggeber an einen Leasingnehmer bezeichnet.[695] Dabei erfolgt die Finanzierung des Leasinggegenstandes durch den Leasinggeber, während der Nutzer des Objekts regelmäßige, vertraglich vereinbarte Leasingraten zu entrichten hat.[696] Das Leasing nimmt eine Zwischenform zwischen einem reinen Mietvertrag und einer Kreditfinanzierung ein. Als Leasingobjekte dienen vor allem Konsumgüter, Investitionsgüter und Immobilien. Das Leasing lässt sich hinsichtlich seiner verschiedenen Ausprägungen unter anderem anhand der Stellung des Leasinggebers zum Objekt unterscheiden. Beim direkten Leasing ist der Leasinggeber zugleich Hersteller und nutzt die Leasingvereinbarung hauptsächlich als Absatzinstrument, während beim indirekten Leasing eine eigenständige Leasinggesellschaft als Leasinggeber auftritt und somit die Finanzierungsfunktion im Mittelpunkt steht.[697]

Beim hier betrachteten Finanzierungsleasing wird in der Regel eine unkündbare Mietzeit zwischen 40 % und 90 % der betriebsgewöhnlichen Nutzungsdauer vertraglich vereinbart, so dass das Investitionsrisiko sowie weitere Risiken wie die Beschädigung oder Zerstörung des Leasingobjekts vom Leasingnehmer zu tragen sind.[698] Die Höhe der Leasingraten gestaltet sich in Abhängigkeit davon, ob es sich um einen Vollamortisationsvertrag, bei dem die vollständige

---

[690] Nimmt der Warenabnehmer das Zahlungsziel nicht in Anspruch, sondern begleicht die Rechnung innerhalb einer Skontofrist von oft sieben bis zehn Tagen, so darf er vom Rechnungsbetrag in der Regel zwei bis drei Prozent abziehen. Vgl. Müller u. a. (2006), S. 264 und Pape (2011), S. 140 ff.

[691] Vgl. Börner (2006), S. 312.

[692] Vgl. Neus (1995), S. 67.

[693] Vgl. Niederöcker (2002), S. 83.

[694] Vgl. Pape (2011), S. 185.

[695] Vgl. Gabele/Kroll (1992), S. 14 und Wöhe u. a. (2009), S. 318.

[696] Vgl. Müller u. a. (2006), S. 251. Von dem hier betrachteten Finanzierungsleasing ist noch das Operate Leasing zu unterscheiden, das im Wesentlichen einer kurzfristig kündbaren Miete gleichkommt und daher hier nicht weiter betrachtet wird. Vgl. dazu Börner (2006), S. 309.

[697] Vgl. Perridon/Steiner/Rathgeber (2012), S. 485.

[698] Vgl. Börner (2006), S. 310.

Amortisation des Leasinggegenstands zuzüglich einer risikoabhängigen Gewinnmarge über die Leasingraten realisiert wird, oder um einen Teilamortisationsvertrag handelt. Bei letzterem verbleibt nach Ablauf der Grundmietzeit ein nicht amortisierter Betrag, der üblicherweise aber auch von dem Leasingnehmer aufgrund vertraglicher Vereinbarungen zu zahlen ist.[699] Die Bilanzierung des Vermögensgegenstands erfolgt nach der 40/90-Regelung. So wird das Leasingobjekt im Rahmen eines Vollamortisationsvertrags dem Leasinggeber zugeschrieben, sofern die Grundmietzeit mindestens 40 % und höchstens 90 % der betriebsnotwendigen Nutzungsdauer beträgt und kein Optionsrecht eingeräumt wurde.[700] Werden hingegen Mietverlängerungs- oder Kaufoptionen vereinbart, kann bzw. muss eine Bilanzierung beim Leasingnehmer erfolgen, selbst wenn die Grundmietzeit in der oben genannten Spanne liegt.[701]

Hinsichtlich der Eignung von Leasing zur Finanzierung von KMU anstelle von klassischen Darlehen spielen verschiedene Aspekte eine Rolle. Zwar unterscheiden sich Kreditfinanzierung und Leasing in rechtlicher Hinsicht. Aus betriebswirtschaftlicher Sicht bestehen jedoch keine wesentlichen Unterschiede zwischen den Finanzierungsformen, so dass neben dem oben genannten Aspekt der Bilanzierung vor allem die Finanzierungskosten zu betrachten sind. So kann zur Feststellung der Vorteilhaftigkeit einer Leasingfinanzierung der Kapitalwert der Auszahlungen unter Berücksichtigung der Optionen des Leasingnehmers sowie steuerlicher Aspekte herangezogen werden.[702] Trotz teilweise bestehender steuerlicher Vorteile des Finanzierungsleasings ist der Kauf eines Vermögensgegenstands auf Basis einer Kreditfinanzierung für KMU in der Regel mit weniger Kosten verbunden, weshalb Leasing bei der Finanzierung von mittelständischen Unternehmen zwar ein wichtiges Finanzierungsinstrument darstellt, im Vergleich zu Bankkrediten aber nur eine untergeordnete Rolle mit allerdings steigender Tendenz spielt.[703] Die Vorteile des Leasings hingegen liegen in den festen Leasingraten, während Kreditfinanzierungen häufig einem Zinsänderungsrisiko unterliegen. Zudem ist mit Leasing in der Regel ein geringerer Verwaltungsaufwand verbunden.[704] Weiterhin werden Leasing-Finanzierungen in KMU nicht selten mit so genannten Full-Service-Vereinbarungen kombiniert, bei denen die Leasinggeber Wartung und Instandhaltung des Leasingobjekts überneh-

[699] So lässt sich der Leasinggeber im Rahmen eines Teilamortisationsvertrags in der Regel das Recht einräumen, dem Leasingnehmer nach Ablauf der Grundmietzeit den Leasinggegenstand zu einem festgelegten Betrag anzudienen. Vgl. Pape (2011), S. 187.

[700] Vgl. Schäfer (2002), S. 356.

[701] Vgl. Müller u. a. (2006), S. 253.

[702] Vgl. Börner (2006), S. 311 und Perridon/Steiner/Rathgeber (2012), S. 494.

[703] Zu Steuervorteilen des Leasings sowie der Vorteilhaftigkeit gegenüber Kreditfinanzierungen siehe Perridon/Steiner/Rathgeber (2012), S. 494 ff. Hinsichtlich der Relevanz bewerten in der Unternehmensbefragung der KfW Bankengruppe 30,1 % der Unternehmen mit Jahresumsätzen zwischen 10 Mio. und 50 Mio. Euro Leasing als wichtiges Finanzierungsinstrument. Siehe auch Abbildung 3.2. Zur Bedeutung von Leasing für KMU siehe auch Helfrich (2003), S. 229 ff. und Hommel/Schneider (2003), S. 57.

[704] Vgl. Perridon/Steiner/Rathgeber (2012), S. 495.

men.[705] Auch messen Leasinggesellschaften den Investitionsobjekten teilweise höhere Beleihungsgrenzen bei und verlangen oft keine zusätzlichen Sicherheiten, da sie als juristischer Eigentümer des Leasinggegenstands im Insolvenzfall sofortigen Zugriff haben. Allerdings führt Leasing in der Regel nicht zu einer Erhöhung des Verschuldungspotentials, da zumeist sämtliche bestehende Zahlungsverpflichtungen in einer Kreditwürdigkeitsprüfung berücksichtigt werden.[706]

Als weiteres Kreditsurrogat kann *Factoring* zur Finanzierung von KMU genutzt werden. Darunter versteht man den vertraglich festgelegten, regelmäßigen Verkauf von Forderungen eines Unternehmens aus Lieferungen und Leistungen (zumeist vor Fälligkeit) an eine Factoringgesellschaft (auch Factor).[707] So können Unternehmen illiquide Mittel im Rahmen eines Aktivtauschs veräußern, um freie Mittel zur Finanzierung von Investitionen zu erhalten. Dabei tritt das Unternehmen seine Forderungen an die Finanzdienstleister oder Kreditinstitute als Factoringgesellschaft gegen eine meist sofortige Zahlung ab.[708] Durch die Bevorschussung der Forderung gewährt die Factoringgesellschaft ihrem Klienten somit einen Kredit. Neben der Finanzierungsfunktion im Rahmen der Bevorschussung von Forderungen wird beim so genannten echten Factoring zudem das Delcredererisiko, also das Risiko des Zahlungsausfalls der Drittschuldner, übernommen.[709] Neben dieser Kreditversicherungsfunktion bieten Factoringgesellschaften darüber hinaus zahlreiche Servicedienstleistungen im Zusammenhang mit der Forderungsabtretung an. So werden teilweise die Debitorenbuchhaltung, das Mahnwesen und weitere Funktionen vom Factor gegen Entgelt übernommen.[710]

Die Kosten des Factorings orientieren sich an den marktüblichen Zinssätzen für Kontokorrentkredite von Kreditinstituten zuzüglich eventueller Zuschläge bei Übernahme von Ausfallrisiken und Dienstleistungen sowie für Bonitätsprüfungen.[711] Der Vorteil des Factorings liegt vor allem in der verbesserten Liquidität. Werden die freigewordenen Mittel zur Ablösung von Lieferantenverbindlichkeiten innerhalb der Skontofrist genutzt, können hierdurch die Factoringkosten reduziert und in Einzelfällen überkompensiert werden.[712] Auch kann durch die Nutzung der Mittel zum Schuldenabbau die Eigenkapitalquote eines Unternehmens erhöht

[705] Vgl. Müller u. a. (2006), S. 254.
[706] Vgl. Börner (2006), S. 312.
[707] Vgl. Perridon/Steiner/Rathgeber (2012), S. 474 und Wöhe u. a. (2009), S. 334.
[708] Dies wird auch als Standard Factoring bezeichnet. Beim Maturity Factoring hingegen erfolgt die Zahlung erst bei Fälligkeit der Forderung, so dass keine Kreditgewährung im engeren Sinne vorliegt. Vgl. Perridon/Steiner/Rathgeber (2012), S. 475 und Pape (2011), S. 193.
[709] Beim unechten Factoring hingegen liegt das Ausfallrisiko weiterhin beim Forderungsverkäufer. Vgl. Perridon/Steiner/Rathgeber (2012), S. 475 und Pape (2011), S. 193.
[710] Vgl. Wieland (2003), S. 221 f.
[711] Vgl. Pape (2011), S. 193.
[712] Vgl. Börner (2006), S. 314.

werden. Darüber hinaus dienen die weiteren Funktionen des Factorings der Realisierung von Kostenvorteilen, beispielsweise bei der Debitorenbuchhaltung, und der Erhöhung der unternehmerischen Planungssicherheit durch die Reduzierung des Delcredererisikos.

Trotz dieser zahlreichen für KMU relevanten Vorteile kommt dem Factoring für diese Unternehmensgruppe in Deutschland nur eine untergeordnete Bedeutung im internationalen Vergleich zu. Während KMU im europäischen Durchschnitt aufgrund niedriger Größenanforderungen die umfangreichste Gruppe an Factoring-Kunden stellen, führen höhere Anforderungen an Mindestvolumina und Kundenstruktur in Deutschland zu einer geringeren Relevanz des Factorings für den Mittelstand.[713] So kommt das Factoring insbesondere für produzierende Betriebe und Handelsunternehmen mit jährlichen Umsätzen von mehr als 2,5 Mio. Euro in Betracht, die zudem über eine breite und diversifizierte Kundenbasis mit stabilem Forderungsfluss verfügen.

Ähnlich dem Factoring ermöglichen *Asset Backed Securities-Transaktionen (ABS-Transaktionen)* den Verkauf eines Forderungsportfolios zur Verbesserung der Liquidität eines Unternehmens. Unter einer ABS-Transaktion versteht man die Bündelung und Verbriefung einzelner Forderungen oder anderer Vermögensgegenstände und deren Platzierung am Kapitalmarkt.[714] Dieses Vorhaben kann von Unternehmen selbst realisiert werden, indem sie beispielsweise Forderungen an Kunden aus der eigenen Bilanz verbriefen und am Kapitalmarkt offerieren. Der wesentliche Unterschied zum Factoring liegt hierbei darin, dass keine Factoringgesellschaft als Kapitalgeber auftritt, sondern Investoren am Kapitalmarkt.[715] Hierzu wird eine Zweckgesellschaft gegründet, die die Forderungen aufkauft, nach dem Risiko gestaffelte Wertpapiertranchen ausgibt sowie die Haftung übernimmt.[716] Ein solches Vorgehen ist aber mit hohen Fixkosten verbunden, so dass es in der Regel erst ab einem Forderungsvolumen von 20 Mio. Euro wirtschaftlich sinnvoll ist.[717] So wird ersichtlich, dass ABS-Transaktionen aufgrund der Mindestvolumina eher für große Unternehmen in Betracht kommen. Allerdings kann durch die Zusammenfassung von Forderungen aus verschiedenen Unternehmen das Instrument der ABS-Transaktion auch für KMU relevant sein. Solche Programme sind jedoch

---

713 Vgl. Hommel/Schneider (2003), S. 71 und Achleitner/Fingerle (2004), S. 23. So erachten nur 5,5 % der Unternehmen mit Jahresumsätzen zwischen 10 Mio. und 50 Mio. Euro Factoring als wichtige Quelle der Unternehmenfinanzierung. Siehe dazu Abbildung 3.2.

714 Vgl. Müller u. a. (2006), S. 272 und Pape (2011), S. 180.

715 Vgl. Müller u. a. (2006), S. 272.

716 Darüber hinaus existieren auch Formen der ABS-Transaktion, in denen statt des Verkaufs der Forderungen lediglich die Kreditrisiken veräußert werden. In diesem liegt jedoch keine unmittelbare Finanzierungsfunktion vor. Siehe Pape (2011), S. 181.

717 Vgl. Achleitner/Fingerle (2004), S. 24.

bisher kaum verfügbar.[718] Wird eine solche Transaktion hingegen nicht von den Unternehmen selbst, sondern von Banken auf eigene Rechnung durchgeführt, können KMU indirekt von dieser Fremdkapitalquelle profitieren. So können Banken verschiedene Kredite an KMU bündeln, verbriefen und am Kapitalmarkt anbieten. Da das Ausfallrisiko in diesem Fall nicht mehr bei der Bank, sondern beim Käufer der verbrieften Kredite liegt, akzeptiert die Bank im Rahmen solcher Transaktionen gegebenenfalls auch höhere Risiken und Kreditvolumina.[719] Die Vorteile einer solchen Transaktion liegen zum einen im indirekten Kapitalmarktzugang für KMU und zum anderen in der Risikodiversifikation der Kapitalgeber, da bei der Bündelung vieler Forderungen einzelne Unternehmensrisiken weniger stark ins Gewicht fallen.[720]

Fremdfinanzierungen, bei denen Kapital weder von Banken noch über den organisierten Kapitalmarkt zur Verfügung gestellt wird, werden als *Private Debt* bezeichnet.[721] Dabei treten insbesondere institutionelle Investoren wie Versicherungsgesellschaften und Pensionsfonds als Fremdkapitalgeber auf. Bei Private Debt-Finanzierungen in Deutschland wird häufig die Form des Schuldscheindarlehens verwendet, das als unverbrieftes Instrument durch seine Übertragbarkeit und Laufzeiten bis zu 15 Jahren gekennzeichnet ist.[722] Die Konditionen orientieren sich am Kapitalmarkt und an der in aller Regel erstklassigen Bonität des Schuldners.[723] Der Darlehensvertrag wird zumeist über ein Kreditinstitut abgewickelt, kann jedoch auch direkt zwischen Kapitalgeber und -nehmer abgeschlossen werden. Dabei sind gerade bei großen Kreditvolumina auch mehrere verschiedene Kapitalgeber denkbar. Als Sicherheiten dienen oft Grundpfandrechte oder Bürgschaften. Zudem werden in der Regel Covenants vereinbart.[724] Aufgrund dieser Sicherheiten, der hohen Bonität des Schuldners und entsprechend hoher Kreditvolumina liegen die Kosten von Schuldscheindarlehen in der Regel unter denen klassischer Darlehen.[725] Zugleich stellen die Bonitätsanforderungen und insbesondere die Mindestvolumina aber erhebliche Hürden für mittelständische Unternehmen dar. So liegt die

---

[718] Vgl. Müller u. a. (2006), S. 273.

[719] Solche Transaktionen mit Forderungen mittelständischer Unternehmen hat beispielsweise die KfW Bankengruppe durchgeführt. Vgl. dazu Müller u. a. (2006), S. 273.

[720] Vgl. Arntz/Schultz (1998), S. 697. Zu den Vorteilen von ABS-Transaktionen für KMU siehe auch Mortag/Coenen (2003), S. 339 f. Jedoch gilt die zunehmende Intransparenz im Rahmen der Bündelung und mehrfachen Weiterveräußerung von Forderungen als eine der Ursachen für die weltweite Finanz- und Wirtschaftskrise. Siehe dazu auch Kap. 3.4.3.

[721] Vgl. hierzu ausführlich Achleitner/Wahl (2004), S. 42 ff. Allerdings werden Lieferantenkredite sowie Darlehen von Mitarbeiten und Gesellschaftern in der Regel ebenfalls nicht dem Private Debt zugerechnet.

[722] Vgl. Börner (2006), S. 317.

[723] Die hohen Bonitätserfordernisse sind unter anderem den Anforderungen an die Anlagepolitik der institutionellen Anleger geschuldet. So müssen beispielsweise Versicherungsgesellschaften besonders sichere Anlagen tätigen, um diese dem maßgeblichen Sicherungsvermögen zurechnen zu dürfen. Vgl. Pape (2011), S. 160.

[724] Vgl. Markert (2010), S. 44.

[725] Vgl. Pape (2011), S. 160.

Mindestgröße von Unternehmen bei Private Debt-Finanzierungen nahe der in dieser Arbeit zugrundeliegenden Obergrenze von KMU, so dass diese Finanzierungsform zur Mittelstandsfinanzierung nur bedingt geeignet ist.[726]

Wie bereits beim Schuldscheindarlehen aufgezeigt, sind Situationen denkbar, in denen die Kapitalbereitstellung aufgrund des Kreditvolumens durch mehrere Kapitalgeber erfolgen soll. Zudem können unterschiedliche Anforderungen an die Kapitalüberlassungsdauer die Aufnahme von Fremdkapital erschweren.[727] Zur Lösung dieser Probleme kann unter bestimmten Voraussetzungen die Begebung einer *Unternehmensanleihe* zur Finanzierung dienen. Der wesentliche Unterschied zu einem Kredit besteht hierbei in der Verbriefung der Gläubigerrechte in einem Wertpapier.[728] Daraus geht der Anspruch des Gläubigers auf Rückzahlung des bereitgestellten Kapitals sowie Leistung der Zinszahlungen hervor. Die Vorteile der Unternehmensanleihe liegen darin, dass sie an der Börse gehandelt werden kann, so dass Gläubiger ihr Kapital bereits vor Fälligkeit freisetzen können. Zwar ist die Emission von Anleihen anders als die Aktienemission im Rahmen einer Eigenkapitalaufnahme nicht an eine bestimmte Rechtsform des Unternehmens gebunden, jedoch liegt auch hier eine Reihe von Anforderungen vor, die von vielen KMU nicht erfüllt wird.[729] So ist die Begebung einer Anleihe mit bestimmten Informationspflichten,[730] Bonitätsanforderungen und Mindestvolumina verbunden. Typischerweise lag das Emissionsvolumen bei Unternehmensanleihen in der Vergangenheit bei 100 Mio. Euro und mehr, so dass dieses Instrument von KMU kaum genutzt werden konnte.[731] Allerdings hat die jüngste Einführung neuer Mittelstandssegmente an der Börse Stuttgart und an weiteren Standorten Primär- und Sekundärplattformen für die Integration von Anleihen mittelständischer Unternehmen in den Börsenhandel konstituiert.[732] Durch die geringeren Mindestemissionsvolumina von teilweise 25 Mio. Euro und weniger ist die Aufnahme von Fremdkapital über Anleihen auch für größere mittelständische Unternehmen und somit eine Reduzierung der Abhängigkeit von einzelnen Fremdkapitalgebern möglich.[733] Jedoch gehen

---

726 In diesem Zusammenhang führt von Schröder aus, dass Private Debt-Finanzierungen zwar zumindest in Deutschland auch für Unternehmen mit Jahresumsätzen unter 50 Mio. Euro geeignet sind, der eigentliche Markt für solche Transaktionen jedoch bei Unternehmen mit jährlichen Umsätzen zwischen 50 Mio. und 100 Mio. Euro liegt. Vgl. von Schröder (2004), S. 116 f.

727 Vgl. Wöhe u. a. (2009), S. 273.

728 Vgl. Pape (2011), S. 161.

729 Vgl. Müller u. a. (2006), S. 268.

730 Insbesondere bei Zulassung einer Anleihe zum Börsenhandel müssen wesentliche Informationen in einem Börseneinführungsprospekt zusammengefasst sein.

731 Vgl. Bösl/Hasler (2012), S. 12.

732 So wurde mit *Bondm* an der Börse Stuttgart im Mai 2010 erstmals ein auf die Begebung von Anleihen durch KMU spezialisiertes Börsensegment geschaffen. Daraufhin erfolgte die Einführung ähnlicher Segmente an weiteren deutschen Wertpapierbörsen. Vgl. Bösl/Hasler (2012), S. 13.

733 Vgl. Mann (2012), S. 23 ff.

auch hier hohe Informationspflichten sowie regelmäßige Überprüfungen der Kreditwürdigkeit einher. So bleibt die Entwicklung der Anleihe als Finanzierungsquelle für KMU abzuwarten. In der Unternehmensbefragung der KfW Bankengruppe wird diesem Instrument derzeit nur eine geringe Bedeutung beigemessen.

3.3.3.3 *Hybride Finanzierungsinstrumente*

Zur Finanzierung von KMU existieren neben den Hauptinstrumenten der Innenfinanzierung und der Finanzierung durch Bankkredite weitere Instrumente, die, wie gezeigt, entweder dem Eigen- oder Fremdkapital zuzurechnen sind. Dabei ist der Zugang zu Fremdkapital in der Regel von der Bonität und somit auch wesentlich von der Eigenkapitalausstattung abhängig, da letzteres für die Verluste des Unternehmens haftet.[734] Aufgrund der vergleichsweise geringen Eigenkapitalquoten deutscher KMU ist die Aufnahme von ausreichend Fremdkapital zu günstigen Konditionen teilweise problematisch.[735] Die Einbringung von externem Eigenkapital durch bisherige oder neue Gesellschafter ist hingegen oft mit einer Veränderung der Kontroll-, Stimm- und Mitwirkungsrechte sowie der Ansprüche hinsichtlich der Gewinnverwendung verbunden.[736] Zur Lösung dieser Probleme können hybride Finanzierungsinstrumente eingesetzt werden.[737] Diese auch als Mezzanine[738] bezeichneten Finanzkontrakte lassen sich nicht in die klassischen Kategorien Eigen- oder Fremdkapital einordnen, da sie zwischen den beiden Kapitalformen stehen. Zu den hybriden Finanzierungsinstrumenten gehört eine Vielzahl verschiedener Finanzierungsvereinbarungen, bei denen im Einzelfall je nach Ausgestaltung des Kontrakts die Eigen- oder Fremdkapitalcharakteristika dominieren.[739] Daher ist auch eine Einteilung in fremdkapitalnahe Instrumente (Debt Mezzanine) und eigenkapitalnahe Instrumente (Equity Mezzanine) üblich (vgl. die nachfolgende Tabelle 3.9).

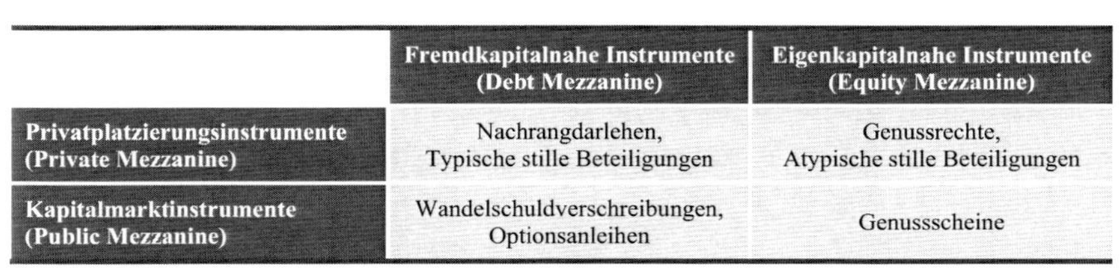

	Fremdkapitalnahe Instrumente (Debt Mezzanine)	Eigenkapitalnahe Instrumente (Equity Mezzanine)
Privatplatzierungsinstrumente (Private Mezzanine)	Nachrangdarlehen, Typische stille Beteiligungen	Genussrechte, Atypische stille Beteiligungen
Kapitalmarktinstrumente (Public Mezzanine)	Wandelschuldverschreibungen, Optionsanleihen	Genussscheine

Tabelle 3.9: Abgrenzung mezzaniner Finanzierungsinstrumente
Quelle: Pape (2011), S. 201.

734 Siehe Kap. 3.3.1.
735 Vgl. Fox/Trost (2012), S. 213.
736 Siehe Kap. 2.6.2.1 sowie 3.3.3.1.
737 Vgl. Dörscher/Hinz (2003), S. 606; Nelles/Klusemann (2003), S. 1; Harrer/Janssen/Halbig (2005), S. 1 und Fox/Trost (2012), S. 214.
738 Zum Begriff „Mezzanine“ siehe Müller-Känel (2009), S. 13 ff.
739 Vgl. Börner (2006), S. 321.

Zudem lassen sich Mezzanine danach differenzieren, ob es sich um Kapitalmarktinstrumente, die als standardisierte Kontrakte an einer Börse gehandelt werden können, oder um Privatplatzierungsinstrumente handelt, die individuell zwischen Kapitalgeber und -nehmer ohne Inanspruchnahme des organisierten Kapitalmarkts vereinbart werden können.[740] Bis auf wenige Ausnahmen sind Mezzanine-Finanzierungen dadurch gekennzeichnet, dass die Vergütung für die Kapitalüberlassung zumindest teilweise vom wirtschaftlichen Erfolg des Kapitalnehmers abhängig ist.[741] Die erfolgsabhängige Vergütung bei Mezzanine-Finanzierungen hat für die Kapitalgeber ein erhöhtes Risiko gegenüber einer reinen Fremdkapitalfinanzierung zur Folge. Demnach verlangen sie auch eine höhere, dem Risiko entsprechende Rendite. Aus Sicht der Kapitalnehmer liegen die Kosten für hybride Finanzierungsinstrumente zwischen den Kosten für Eigen- und Fremdkapital und orientieren sich an dem Risiko des Kontrakts (vgl. die nachfolgende Abbildung 3.3).

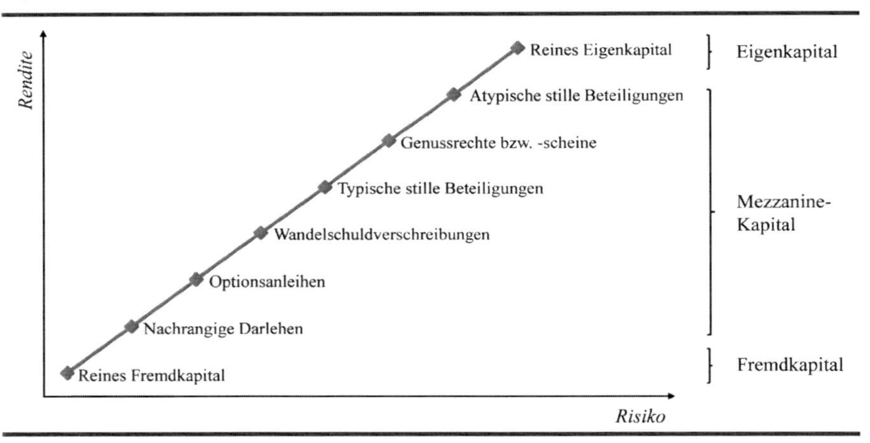

Abbildung 3.3: Rendite-Risiko-Profil von Finanzierungsinstrumenten
Quelle: in Anlehnung an Pape (2011), S. 200.

Neben der zumindest teilweise erfolgsabhängigen Vergütung sind hybride Finanzierungsinstrumente durch weitere gemeinsame Merkmale gekennzeichnet.[742] So ist die besondere Risikosituation bei Mezzanine-Finanzierungen auch auf die Nachrangigkeit von Ansprüchen der Kapitalgeber gegenüber Gläubigern im Insolvenz- oder Liquidationsfall zurückzuführen. Auch sind hybride Finanzkontrakte zumeist langfristig angelegt, in der Regel allerdings zeitlich begrenzt. Auf Sicherheiten wird meist verzichtet, jedoch ist die Vereinbarung von

[740] Vgl. Pape (2011), S. 201.
[741] Beim nachrangigen Darlehen erfolgt jedoch keine erfolgsabhängige Vergütung. Vgl. Fox/Trost (2012), S. 220.
[742] Vgl. dazu im Folgenden Börner (2006), S. 321; Wirth (2010), S. 17 und Fox/Trost (2012), S. 222.

Covenants bei der Vertragsgestaltung möglich. Weiterhin fallen bei Mezzanine-Finanzierungen typische Kosten für die Abwicklung, die erfolgsabhängige Vergütung sowie die erforderliche Kreditwürdigkeitsprüfung an.

Zur Reduzierung dieser Kosten hat in der Praxis ein hohes Maß an Standardisierung stattgefunden. So gab es insbesondere im vergangen Jahrzehnt zahlreiche Mezzanine-Programme durch große Kapitalsammelstellen mit einer Laufzeit zwischen fünf und acht Jahren.[743] Aktuell werden aber kaum Programme solcher standardisierten Mezzanine angeboten, da die Möglichkeiten für die erforderliche Refinanzierung der Kapitalgeber am Kapitalmarkt derzeit stark eingeschränkt sind.[744]

Im Folgenden werden einige typische hybride Finanzierungsinstrumente vorgestellt, die auch für KMU von Relevanz sind oder waren. Aufgrund der mangelnden Eignung für mittelständische Unternehmen wird auf eine Darstellung der Kapitalmarktinstrumente im Wesentlichen verzichtet und nur individuell zwischen den Kapitalgebern und -nehmern vereinbarte Instrumente wie stille Beteiligungen, Nachrangdarlehen und Genussrechte betrachtet.[745] Eine je nach Ausgestaltung eigenkapitalnahe oder fremdkapitalnahe Hybridfinanzierung stellt die *stille Beteiligung* dar. Dabei beteiligt sich ein Investor am Eigenkapital eines Unternehmens. Allerdings gilt die Beteiligung lediglich im Innenverhältnis und ist somit für Außenstehende nicht erkennbar.[746] Die Vermögenseinlage des stillen Gesellschafters geht in das Unternehmensvermögen über, so dass ein schuldrechtliches Verhältnis entsteht, bei dem der Kapitalgeber Ansprüche auf die Rückzahlung seiner nominellen Einlage und typischerweise eine Beteiligung am Gewinn des Unternehmens erwirbt.[747] Im Gegensatz zur eher fremdkapitalnahen typischen stillen Gesellschaft erfolgt bei der atypischen stillen Gesellschaft zusätzliche eine Beteiligung an der Wertentwicklung des Unternehmens, wodurch ein eigenkapitalnaher Charakter entsteht.[748] Zudem ist der stille Gesellschafter jeweils auch am Verlust des Unterneh-

---

[743] Einen Überblick über Programme von der IKB, der Deutschen Bank, der Commerzbank und der BayernLB bietet Wirth (2010), S. 17.

[744] Vgl. Wirth (2010), S. 17. Die Nutzung von Einzelinstrumenten wie Genussrechte oder stille Beteiligungen ist aber weiterhin möglich.

[745] Diese sind aufgrund der Anforderungen durch die Aufsicht der Bundesanstalt für Finanzdienstleistungsaufsicht (BaFin) und gesetzlicher Vorschriften oft mit hohen Fixkosten verbunden, so dass eine Finanzierung beispielsweise durch Options- oder Wandelanleihen für KMU in der Regel nicht wirtschaftlich ist. Vgl. Fox/Trost (2012), S. 225.

[746] Eine Ausnahme stellt die stille Beteiligung an einer Aktiengesellschaft dar, die als Unternehmensvertrag die Zustimmung durch die Hauptversammlung benötigt und über das Handelsregister offenkundig wird. Vgl. Pape (2011), S. 203.

[747] Vgl. Fox/Trost (2012), S. 232.

[748] Vgl. Link (2002), S. 20; Smerdka (2003), S. 29 f.; Blaurock (2010), S. 65 f. und Fox/Trost (2012), S. 232.

mens bis zum Betrag seiner Einlage beteiligt.[749] Diese Regelung kann aber ganz oder teilweise ausgeschlossen werden.[750]

Für KMU bietet die Kapitalaufnahme über eine stille Beteiligung aufgrund vielfacher Gestaltungsmöglichkeiten eine interessante Finanzierungsalternative.[751] Daher gehört die stille Gesellschaft auch zu den meistgenutzten Mezzanine-Finanzierungen im Mittelstand.[752] Den Einzelheiten der Vertragsgestaltung kommt dabei aufgrund geringer gesetzlicher Vorgaben eine große Bedeutung zu. So kann die Aussicht auf Wertzuwächse bei einer atypischen stillen Gesellschaft Investoren zur Kapitalüberlassung bewegen, so dass der teilweise erschwerte Zugang zu Kapital für mittelständische Unternehmen erleichtert wird. Jedoch reduziert sich hierdurch der Anteil der Eigentümer am Unternehmenserfolg. Mit der stillen Gesellschaft sind darüber hinaus Informations- und Kontrollrechte verbunden.[753]

Nachrangdarlehen sind unverbriefte Darlehen meist von Banken und institutionellen Investoren, die sich von herkömmlichen Bankdarlehen durch ihren nachrangigen Rückzahlungsanspruch im Insolvenzfall unterscheiden. So treten Kapitalgeber bei Nachrangdarlehen mittels einer Rangrücktrittserklärung hinter die Forderungen bestimmter Dritter aus erstrangigen Darlehen zurück.[754] Eine Besicherung erfolgt in der Regel nicht oder nur zweitrangig über die gleichen Vermögensgegenstände wie bei erstrangigen Darlehen. An laufenden Verlusten des Unternehmens sind die Kapitalgeber nicht beteiligt.[755] Als Vergütung für die Kapitalüberlassung erhalten sie meist eine feste Verzinsung, die aufgrund des höheren Risikos über der herkömmlicher Bankdarlehen liegt.[756] Eine Beteiligung am laufenden Gewinn ist allerdings nicht vorgesehen.[757]

Trotz der höheren Kapitalkosten stellen Nachrangdarlehen für KMU eine attraktive Finanzierungsquelle dar. Zum einen werden Nachrangdarlehen aufgrund ihres eigenkapitalähnlichen Charakters im Rahmen von Kreditwürdigkeitsprüfungen regelmäßig dem Eigenkapital zugerechnet, was ein erhöhtes Verschuldungspotential zur Folge hat.[758] Zum anderen führt der Fremdkapitalcharakter des Nachrangdarlehens dazu, dass die Anteile der Eigentümer eines

[749] Vgl. § 232 Abs. 2 HGB.
[750] Vgl. § 231 Abs. 2 HGB.
[751] Vgl. Oldenbourg/Preisenberger (2004), S. 139 ff.
[752] Vgl. Häger/Elkemann-Reusch (2007), S. 75.
[753] Von der Geschäftsführung sind stille Gesellschafter jedoch generell ausgeschlossen. Vgl. Wöhe u. a. (2009), S. 51 f.
[754] Vgl. Wirth (2010), S. 21.
[755] Vgl. Link/Reichling (2000), S. 267; Nelles/Klusemann (2003), S. 7 und Fox/Trost (2012), S. 228.
[756] Vgl. Fox/Trost (2012), S. 228.
[757] Beim partiarischen Darlehen hingegen ist der Kapitalgeber unmittelbar am laufenden Gewinn des Unternehmens beteiligt. Vgl. Börner (2006), S. 322.
[758] Vgl. Nelles/Klusemann (2003), S. 7 und Fox/Trost (2012), S. 229.

Unternehmens nicht verwässert werden und dass das Unternehmen Steuervorteile der Fremdfinanzierung ausnutzen kann. Auch stellt die einfache und schnelle Umsetzbarkeit von Nachrangdarlehen einen Vorteil für KMU dar. So können auch bestehende Darlehen durch eine Zusatzabrede in Nachrangdarlehen umgewandelt werden.[759] Aufgrund dieser Vorzüge ist das Nachrangdarlehen das bedeutendste mezzanine Finanzierungsinstrument in Deutschland.[760]

Ein weiteres hybrides Finanzierungsinstrument stellt das *Genussrecht* dar. Es bezeichnet einen schuldrechtlichen Vertrag, der einem Kapitalgeber ähnliche Vermögensrechte zuweist wie einem Eigentümer.[761] Zu diesen Vermögensrechten können eine Beteiligung am Gewinn des Unternehmens, am Liquidationserlös oder das Recht zum Bezug von Beteiligungstiteln gehören.[762] Dabei kommen den beteiligten Parteien bei der Vertragsgestaltung umfangreiche Spielräume zu, da für Genussrechte keine gesetzliche Definition vorliegt.[763] Die einzelnen Vereinbarungen des Genussrechts lassen sich auch in einer Urkunde verbriefen, die als Genussschein bezeichnet wird und in standardisierter Form an einer Wertpapierbörse gehandelt werden kann.[764] Als Vergütung wird in der Regel eine Gewinnbeteiligung vereinbart, die durch eine Mindestverzinsung für das überlassene Kapital ergänzt werden kann. Die Laufzeit ist frei verhandelbar, liegt aber meist zwischen fünf und acht Jahren.[765]

Die Kapitalaufnahme über Genussrechte bietet für KMU einige Vorteile. Bei entsprechender Ausgestaltung kann das Genussrechtskapital wirtschaftlich als Eigenkapital betrachtet werden, während es steuerlich wie Fremdkapital behandelt wird. Somit lässt sich die Verbesserung der Eigenkapitalbasis eines mittelständischen Unternehmens mit der Abzugsfähigkeit der Zinsen bei der Ermittlung der steuerlichen Bemessungsgrundlage kombinieren.[766] Dabei verbleibt die unternehmerische Leitungsfunktion in den Händen der Gesellschafter, wobei deren Vermögenssituation unverändert bleibt. Gleichwohl führt die Risikoverlagerung zu den neuen Kapitalgebern bei Genussrechten mitunter dazu, dass nicht ausreichend Kapital aufgenommen werden kann bzw. die Kapitalkosten recht hoch liegen.[767] Die hohe Flexibilität bei der Vertragsgestaltung führt zudem oft zu einer hohen Komplexität der Kontrakte, worin eine insbe-

[759] Vgl. Wirth (2010), S. 22.
[760] Vgl. Link/Reichling (2000), S. 267.
[761] Vgl. Harrer/Janssen/Halbig (2005), S. 1.
[762] Vgl. Müller u. a. (2006), S. 244.
[763] Vgl. Nelles/Klusemann (2003), S. 8; Harrer/Janssen/Halbig (2005), S. 1 f.; Werner (2007), S. 82 ff. und Fox/Trost (2012), S. 226.
[764] Vgl. Wirth (2010), S. 22 f.
[765] Vgl. Fox/Trost (2012), S. 226.
[766] Vgl. Börner (2006), S. 323.
[767] Vgl. Häger/Elkemann-Reusch (2007), S. 25.

sondere für KMU diffizile Rechtsunsicherheit begründet liegen kann.[768] Die vor allem für größere mittelständische Unternehmen aufgelegten Genussscheinfonds mit einem Volumen zwischen 1 Mio. und 50 Mio. Euro je Unternehmen erfreuten sich Mitte des vergangenen Jahrzehnts zunehmender Beliebtheit, kamen aber mit Ausbruch der Finanz- und Wirtschaftskrise[769] zum Erliegen, so dass diese Form der Mezzanine-Finanzierung derzeit nur eine untergeordnete Rolle bei der Finanzierung von KMU spielt.[770]

Eine schwankende Entwicklung ist für die Nutzung der hybriden Finanzierungsinstrumente insgesamt zu beobachten. So wurde Mezzanine-Kapital in der ersten Hälfte des vergangenen Jahrzehnts verstärkt angeboten und beworben.[771] Insbesondere die Verbesserung der Kredit- und Handlungsfähigkeit durch die Stärkung der Eigenkapitalbasis aufgrund der Nachrangigkeit von Mezzanine-Kapital führte bis 2007 im Rahmen von standardisierten Mezzanine-Programmen zu einem Anstieg der Volumina. Mit dem Ausbruch der Finanz- und Wirtschaftskrise kamen derlei Programme laut einer Studie im Auftrag des BMWi jedoch zum Erliegen.[772] Lediglich hybride Einzelinstrumente werden noch zur Finanzierung genutzt. Darüber hinaus erwartet in etwa die Hälfte der befragten Unternehmen Probleme bei der Anschlussfinanzierung.[773] So wird den hybriden Finanzierungsinstrumenten trotz ihres positiven Beitrags zur Erhöhung der Eigenkapitalquote derzeit auch nur eine geringe Bedeutung bei der Mittelstandsfinanzierung beigemessen.[774]

3.4 Veränderte Rahmenbedingungen der Finanzierung von KMU

Für die Finanzierung von KMU spielen neben den diesbezüglichen Entscheidungen durch die Unternehmen auch Rahmenbedingen eine Rolle, die nicht durch die Unternehmen direkt beeinflusst werden können.[775] Insbesondere im vergangen Jahrzehnt haben einige Veränderungen dieser Rahmenbedingungen die Kapitalaufnahme mittelständischer Unternehmen wesentlich beeinflusst. So haben die gesetzliche Verankerung der Vorgaben durch den Basler Ausschuss für Bankenaufsicht hinsichtlich der Kreditvergabe sowie strukturelle Veränderungen in der Bankenlandschaft die Versorgung der KMU mit finanziellen Mitteln geprägt. Weiterhin haben konjunkturelle Entwicklungen wie die Finanz- und Wirtschaftskrise die Finanzierung

---

768 Vgl. Sethe (1993), S. 297.
769 Siehe hierzu auch Kap. 3.4.3.
770 Vgl. Fox/Trost (2012), S. 227 f. Individuelle Kontrakte werden allerdings weiterhin vereinbart.
771 Vgl. Fox/Trost (2012), S. 235.
772 Vgl. PricewaterhouseCoopers AG (2011), S. 16.
773 Vgl. PricewaterhouseCoopers AG (2011), S. 73.
774 Siehe dazu Abbildung 3.2.
775 Zu den Rahmenbedingen innerhalb derer KMU insgesamt agieren siehe ausführlich Mugler (2008), S. 59 ff.

der Unternehmen beeinflusst. Diese veränderten Rahmenbedingungen werden im Folgenden hinsichtlich der Auswirkungen auf die Finanzierung von KMU analysiert.

3.4.1 Gesetzliche Rahmenbedingungen

Die Aufnahme von externem Kapital durch KMU steht unter dem Einfluss einer Reihe formaler Rahmenbedingungen. Dazu gehören neben der Steuergesetzgebung[776] vor allem die Vorgaben, nach denen Kreditinstitute Darlehen vergeben bzw. andere Finanzkontrakte mit den Unternehmen vereinbaren. So ist die Kreditvergabepraxis der deutschen Banken in den vergangenen Jahren starken Änderungen unterworfen gewesen.[777] Hierzu zählen die Anforderungen des Gesetzgebers an kreditvergebende Banken hinsichtlich der Eigenkapitalunterlegung der Kredite sowie der Mindestanforderungen an das Risikomanagement der Kreditinstitute.

Eine wesentliche Rolle kommt dem Basler Ausschuss für Bankenaufsicht[778] zu, der das Ziel verfolgt, durch Vorschriften bezüglich der Eigenkapitalausstattung von Kreditinstituten deren Stabilität zu sichern.[779] So hat der Ausschuss 1988 den *ersten Eigenkapitalakkord* (Basel I) verabschiedet, um somit eine adäquate Eigenkapitalquote der international tätigen Banken der wichtigsten Industrienationen zu gewährleisten.[780] Danach müssen Banken eine Mindest-Eigenkapitalquote von acht Prozent der risikogewichteten Aktivposten aufweisen. In Deutschland finden sich die Vorgaben des Basler Ausschusses im Kreditwesengesetz (KWG) wieder.[781] Da Basel I sich lediglich auf die Eigenkapitalausstattung von Banken bezieht und hierbei die Risikobemessung von Krediten pauschalisiert, ist der erste Basler Akkord hinsichtlich der unpräzisen Erfassung der ökonomischen Risiken von Kreditinstituten kritisiert worden.[782]

Als Reaktion auf die Kritik sowie die teilweise schwache Bonität von kreditnehmenden Unternehmen hat der Basler Ausschuss für Bankenaufsicht 2006 den *zweiten Eigenkapitalakkord*

[776] Auf steuerliche Rahmenbedingungen wird an dieser Stelle nicht näher eingegangen. Zum deutschen Steuersystem siehe Kap. 2.4.1.2.
[777] Vgl. Müller u. a. (2006), S. 4.
[778] Der Basler Ausschuss für Bankenaufsicht wurde 1975 als Ausschuss der Zentralbanken und Bankaufsichtsinstanzen der G10-Länder gegründet mit der Absicht das internationale Finanzsystem zu stabilisieren. Vgl. hierzu Wambach/Rödl (2001), S. 21 und Hausch (2004), S. 173.
[779] Vgl. Pape (2011), S. 246.
[780] Zwar bezieht sich Basel I lediglich auf international tätige Kreditinstitute. Jedoch haben sich die Vorgaben in der Praxis als Standard für sämtliche Kreditinstitute entwickelt. Vgl. Pape (2011), S. 246.
[781] Vgl. §§ 10 KWG und 10a KWG.
[782] So wird den Regelungen des ersten Basler Akkord entgegen gehalten, dass durch die pauschale Risikobemessung Unternehmen von hoher Bonität die Kreditkonditionen von bonitätsschwachen Unternehmen subventionieren. Vgl. Hausch (2004), S. 174; Cluse u. a. (2005), S. 19 ff. und Pape (2011), S. 247.

(Basel II) beschlossen.[783] Auch diese Vorschriften wurden im Kreditwesengesetz sowie in weiteren Verordnungen in Deutschland gesetzlich verankert. Eine Konkretisierung erfolgt durch die Mindestanforderungen an das Risikomanagement (MaRisk) der Bundesanstalt für Finanzdienstleistungsaufsicht (BaFin).[784] Durch Basel II wird die pauschale Risikobemessung des Kreditnehmers aus Basel I durch eine transparente und risikoadäquate Regelung ersetzt.[785] Dabei gründet sich der zweite Basler Akkord auf drei Säulen (vgl. die nachfolgende Abbildung 3.4).

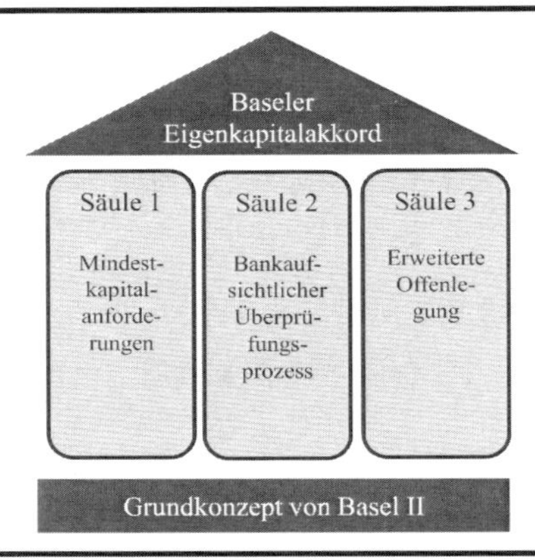

Abbildung 3.4: Die drei Säulen von Basel II
Quelle: in Anlehnung an Deutsche Bundesbank (2001), S. 17.

Die erste Säule novelliert die Mindestkapitalanforderungen an die Eigenkapitalausstattung für Kreditinstitute aus Basel I. Die Säulen zwei und drei sind hingegen neu hinzugekommen. Die zweite Säule regelt den bankenaufsichtlichen Überprüfungsprozess hinsichtlich der Risikosteuerung von Banken, während die dritte Säule verschärfte Offenlegungsanforderungen an Banken festlegt, wodurch aufgrund der höheren Transparenz eine Stärkung der Marktdisziplin erreicht werden soll.

Für die Finanzierung von KMU ist hierbei vor allem die erste Säule von Bedeutung.[786] Im Vergleich zum ersten Basler Akkord haben sich zwar weder die Eigenkapitaldefinition noch

---

[783] Zu den Auswirkungen der schwachen Bonität mittelständischer Unternehmen auf Kreditinstitute als Grund für die Entwicklung der zweiten Basler Eigenkapitalvereinbarungen siehe Hausch (2004), S. 173.

[784] So sind in den MaRisk, die die Umsetzung der zweiten Säule von Basel II aus Abbildung 3.4 ermöglichen sollen, die Mindestanforderungen an das Kreditgeschäft der Kreditinstitute (MaK) sowie weitere Anforderungen zusammengefasst und aktualisiert. Vgl. Heim (2006), S. 37 ff.; Dotzler/Schauff/Theileis (2007), S. 1 f.; Platzer/Sacher/Schmied (2004), S. 116 f. und Brüse (2011), S. 22.

[785] Zu den Unterschieden zwischen Basel I und Basel II siehe auch Stiefl (2008), S. 265 f.

[786] Auf eine weiterführende Erläuterung der anderen Säulen wird daher an dieser Stelle verzichtet. Für eine ausführliche Darstellung der drei Säulen siehe Basler Ausschuss für Bankenaufsicht (2004).

die aufsichtsrechtliche Eigenkapitalausstattung der Banken von mindestens acht Prozent der risikobehafteten Aktiva geändert. Allerdings wurden die Vorgaben zur Bemessung der risikogewichteten Positionen in Bezug auf das Risiko diversifiziert.[787] So setzt sich das mit einem Kredit verbundene Gesamtrisiko aus dem eigentlichen Kreditrisiko, dem Marktrisiko und dem operationellen Risiko zusammen. Das Marktrisiko beinhaltet beispielsweise konjunkturbedingte Risiken, während operationelle Risiken sich auf bankinterne Prozesse beziehen.[788] Zur Beurteilung des Kreditrisikos können nach der so genannten Standardmethode Risiken einzelner Positionen mithilfe von Einschätzungen der Bonität (Ratings) durch externe Prüfer (Ratingagenturen) gewichtet werden.[789] Die Eigenkapitalunterlegung erfolgt hier in Höhe von acht Prozent der gewichteten Risikoposition. Da für KMU in der Regel jedoch keine Bonitätseinschätzungen durch Ratingagenturen verfügbar sind, können Kreditinstitute auch einen internen Ratingansatz verfolgen, der allerdings von der Bankenaufsicht genehmigt werden muss.[790] Die Risikogewichtung erfolgt hierbei nicht mehr innerhalb vorgegebener Risikoklassen, sondern wird von den potentiellen Kreditgebern individuell hinsichtlich ihrer Kunden ermittelt.[791]

Für die Kreditvergabe an KMU ergeben sich durch die veränderte Art der Risikoerfassung und der resultierenden Eigenkapitalunterlegung erhebliche Konsequenzen. So führt die Orientierung am individuellen Kreditrisiko anstelle einer pauschalen Risikobemessung dazu, dass Kreditinstitute die Kredite an Schuldner mit geringer Bonität mit mehr Eigenkapital unterlegen müssen als bei Unternehmen mit hoher Bonität. Hierdurch entstehen den Banken bei geringen Bonitäten zum einen höhere Refinanzierungskosten. Zum anderen wird aufgrund des zusätzlich gebundenen Eigenkapitals das Kreditvolumen an andere Unternehmen begrenzt. Da die Kreditinstitute diese Aspekte bei der Konditionengestaltung für ihre Schuldner berücksichtigen, können KMU mit hoher Bonität von günstigen Zinssätzen profitieren, während sich die Konditionen für Unternehmen mit geringer Bonität verschlechtern, sofern eine Kreditge-

787 Vgl. Hausch (2004), S. 175.
788 Vgl. Pape/Seehausen (2012), S. 248.
789 Als Rating werden sowohl der Prozess zur Ermittlung der Kreditwürdigkeit als auch dessen Ergebnis bezeichnet. Für eine Diskussion des Ratingbegriffs sowie eine Beschreibung der Standardmethode siehe Heim (2006), S. 17 f. und S. 30 ff.
790 Der interne Ratingansatz wird auch als IRB-Ansatz (Internal Ratings Based Approach) bezeichnet. Zudem lassen sich noch der IRB-Basisansatz und der fortgeschrittene IRB-Ansatz unterscheiden. Während bei ersterem lediglich die Ausfallwahrscheinlichkeit des Kredits durch das Kreditinstitut ermittelt wird und weitere Faktoren wie das erwartete Kreditvolumen zum Ausfallzeitpunkt und die Restlaufzeit des Kredits von der Bankenaufsicht vorgegeben werden, ermittelt das Kreditinstitut beim fortgeschrittenen IRB-Ansatz auch die weiteren Parameter. Vgl. Grundke/Spörk (2003), S. 121 ff.; Brezski/Kinne (2004), S. 4 f.; Taistra (2005), S. 68 f.; Heim (2006), S. 32 ff.; Cluse/Göttgens (2007), S. 74 ff. und Pape (2011), S. 250.
791 Vgl. Taistra (2005), S. 65 f.

währung durch die Fremdkapitalgeber nicht gänzlich abgelehnt wird.[792] So liegt es im unmittelbaren Interesse der KMU, ihre Bonität bzw. das Ergebnis ihres Ratings positiv zu beeinflussen, um von günstigen Konditionen zur Fremdkapitalaufnahme zu profitieren.[793] Dabei sind neben quantitativen Faktoren wie der Vermögens-, Finanz- oder Ertragslage auch qualitative Elemente wie die Erfahrung des Managements und unternehmensinterne Prozesse relevant.[794]

Vor dem Hintergrund der aktuellen Finanz- und Wirtschaftskrise sehen sich die Vorschriften von Basel II hinsichtlich der Eigenkapitalunterlegung zahlreicher Kritik ausgesetzt. So wird eine Modifizierung der Richtlinien diskutiert.[795] Nicht zuletzt als Reaktion auf die Kritik sowie die gegenwärtige Krise hat der Basler Ausschuss für Bankenaufsicht eine Weiterentwicklung des Regelwerks angestoßen. Der *dritte Eigenkapitalakkord* (Basel III) wurde 2010 verabschiedet und soll ab 2014 schrittweise in Kraft treten. Dabei stehen insbesondere die im Rahmen der Finanz- und Wirtschaftskrise offengelegten Schwächen der Bankenregulierung im Mittelpunkt. So sollen die Vorschriften hinsichtlich der Eigenkapitalunterlegung von Krediten verschärft sowie neue Anforderungen an die Liquidität der Banken geschaffen werden. Neben der Stabilisierung des Finanzsystems verfolgt Basel III zwar zugleich das Ziel, eine Verknappung der Kreditvergabe an Unternehmen zu vermeiden.[796] Einige Autoren gehen jedoch davon aus, dass die Kreditaufnahme insbesondere für die KMU, die keine sehr gute Bonität aufweisen, durch Basel III weiter erschwert wird.[797]

3.4.2 Strukturelle Rahmenbedingungen

Mit den Veränderungen der gesetzlichen Rahmenbedingungen bei der Aufnahme externen Kapitals von KMU geht auch ein Wandel des strukturellen Umfelds, insbesondere der Fremdkapitalgeber, einher. So war das deutsche Finanzsystem lange Zeit durch seine Bankenorientierung gekennzeichnet, während beispielsweise das US-amerikanische Finanzsystem eher eine Marktorientierung aufweist.[798] Allerdings kann in Deutschland insbesondere in den vergangenen 20 Jahren eine zunehmende Kapitalmarktorientierung beobachtet werden, die nicht zuletzt auf die mit der Globalisierung einhergehende Kapitalmarktintegration, die europäische

---

[792] Vgl. Müller u. a. (2006), S. 7 ff.
[793] Für eine Übersicht des Ratings für mittelständische Unternehmen siehe Rödl (2006), S. 119 ff.
[794] Vgl. Everling (2003), S. 176 ff.
[795] Vgl. Hellwig u. a. (2009), S. 3 ff.; Neisen/Trummer/Dörflinger (2009), S. 166 ff.; Sachverständigenrat zur Begutachtung der gesamtwirtschaftlichen Entwicklung (2009), S. 55 und Brüse (2011), S. 23.
[796] Vgl. Müller/Brackschulze/Mayer-Friedrich (2011), S. 9 ff.
[797] Vgl. Angelkort/Stuwe (2011), S. 15 ff.; Götzl/Aberger (2011), S. 1 ff. und Parise/Von Nitzsch (2011), S. 37 ff.
[798] Vgl. Rudolf (2008), S. 1.

Harmonisierung und die Deregulierung der Kapitalmärkte zurückzuführen ist.[799] Diese Entwicklungen sowie erhebliche Fortschritte bei der Informations- und Kommunikationstechnologie haben zu einer erhöhten Transparenz auf den Finanzmärkten und somit einem verstärkten Wettbewerbsumfeld geführt.[800] Vor diesem Hintergrund rückte auch die vergleichsweise markante Ertrags- und Wachstumsschwäche deutscher Kreditinstitute zunehmend in den Mittelpunkt.[801] Als Gründe für die Schwäche konnte hierfür weniger das Wettbewerbsumfeld angeführt werden, als vielmehr die gestiegenen Ausfälle und geringeren Margen im Kreditgeschäft, zu hohe Aufwands-Ertrags-Relationen sowie mangelhaftes Risikomanagement und Kosten wiederholter Strategiewechsel.[802] Zudem hat der Wegfall der Anstaltslast und Gewährträgerhaftung bei Sparkassen und Landesbanken zu einer weiteren Umstrukturierung der Kreditinstitute beigetragen.[803]

Die erhöhte Markttransparenz in Verbindung mit kürzeren Reaktionszeiten und gestiegenen Ansprüchen der Anteilseigner hinsichtlich des Rendite-Risikoprofils führten zudem zu einem Umfeld, in dem die Kreditinstitute auch stärker um Anleger konkurrieren.[804] Um eine stärkere Orientierung am Shareholder Value[805] und eine Senkung der Refinanzierungskosten zu erreichen, erfolgte im Bankensektor bei sinkenden Erlösen im Kreditgeschäft eine Verlagerung der Aktivitäten in andere Geschäftsbereiche.[806] Dabei haben Kreditinstitute vor allem die Geschäftsbereiche ausgebaut, in denen die Rendite auf das eingesetzte Kapital am höchsten ist. In dem für KMU relevanten Kreditgeschäft haben jedoch die im vorherigen Abschnitt erläuterten Vorschriften zur Eigenkapitalunterlegung dazu geführt, dass den hohen Beträgen an gebundenem Eigenkapital nur eine unzureichende Verzinsung gegenüber steht.[807] Vor diesem Hintergrund weist *Brüse* darauf hin, dass einige Banken zumindest teilweise ihre Funktion als

---

799 Vgl. Ahrweiler/Börner (2003), S. 20 und Plattner/Skambracks/Tchouvakhina (2005), S. 18.

800 Vgl. Berger/Demsetz/Strahan (1999), S. 150 ff.; Heidebrecht (2003), S. 11 f.; KfW Bankengruppe (2006), S. 45 und Brüse (2011), S. 23.

801 Vgl. Brüse (2011), S. 23.

802 Vgl. Groß/Lohfing (2004), S. 156 f.; Plattner/Skambracks/Tchouvakhina (2005), S. 19 und Brüse (2011), S. 23.

803 Vgl. Ahrweiler/Börner (2003), S. 20; Plattner/Skambracks/Tchouvakhina (2005), S. 20 und Seikel (2011), S. 1 ff.

804 Vgl. Heidebrecht (2003), S. 11 f.; Mittendorfer/Zschockelt/Koppensteiner (2004), S. 101; Plattner/Skambracks/Tchouvakhina (2005), S. 19 und Brüse (2011), S. 24.

805 Zum Shareholder Value siehe grundlegend Pape (2010).

806 Vgl. Ahrweiler/Börner (2003), S. 20.

807 Vgl. Ahrweiler/Börner (2003), S. 20 und Hartmann-Wendels/Börner (2003), S. 74.

Kapitalsammelstelle eingebüßt haben und ihrer Rolle insbesondere bei der Finanzierung von KMU nicht mehr in vollem Umfang nachkommen.[808]

Die Auswirkungen für die Finanzierung von KMU werden in der aktuellen Unternehmensbefragung der KfW Bankengruppe deutlich, in der vor allem kleine Unternehmen auf erschwerte Bedingungen bei der Kreditaufnahme verweisen.[809] Die Substitution von Kredit- durch Wertpapierfinanzierungen der Kreditinstitute und weitere Kapitalmarktaktivitäten wie dem Investment Banking[810] haben vor dem Hintergrund der Basler Eigenkapitalakkorde zudem häufig zu einer Abkehr vom besonders für KMU relevanten Hausbankprinzip geführt.[811] So rückte weniger der teilweise langfristige Charakter der Geschäftsverbindung zwischen KMU und Kreditinstitut als vielmehr die Informationstransformation in den Mittelpunkt der Beziehung, die für die KMU oft einen erheblichen Mehraufwand nach sich zieht.[812]

Zugleich sehen sich neben den Banken auch die KMU selbst einem veränderten Wettbewerbsumfeld ausgesetzt, das nicht selten in erhöhten Ansprüchen gegenüber den Fremdkapitalgebern resultiert.[813] So ergeben sich durch die angesprochenen Entwicklungen der Globalisierung und des technischen Fortschritts zunehmend Änderungen im finanziellen Leistungsbedarf von KMU. Die umfassende Unterstützung von KMU in finanziellen Belangen setzt jedoch ein komplexes Leistungsspektrum auf Seiten der Kreditinstitute voraus, welches insbesondere für die Unternehmensgruppe der KMU nicht immer gegeben ist.[814]

---

808 Dieser Prozess wird auch als Disintermediation bezeichnet. Vgl. Brüse (2011), S. 24. Ahrweiler/Börner werfen in diesem Zusammenhang die Frage auf, ob das Firmenkundengeschäft von Banken überhaupt noch einen lohnenden Geschäftsbereich darstellt. Vgl. Ahrweiler/Börner (2003), S. 21.

809 Vgl. KfW Bankengruppe (2012), S. 8 ff. und S. 24. Auch ist die steigende Eigenkapitalquote von KMU unter anderem auf die höheren Anforderungen der Kreditinstitute zurückzuführen. Vgl. hierzu auch Waschbusch/Staub/Karmann (2009), S. 693 f. Für eine theoretische Betrachtung der Auswirkungen einer limitierten Kreditvergabe auf die Fremdfinanzierung von Unternehmen vgl. Jaffee/Russell (1976), S. 651 ff.

810 Unter dem Begriff Investment Banking werden die Aktivitäten von Banken in den Bereichen Handel von Finanzkontrakten, Unterstützung von Kunden bei der Emission von Wertpapieren und Vermittlungsleistungen im Rahmen von Fusionen und Übernahmen zusammengefasst. Siehe dazu Hartmann-Wendels/Pfingsten/Weber (2010), S. 16 f.

811 Vgl. Mittendorfer/Zschockelt/Koppensteiner (2004), S. 100 f.; Koop/Maurer (2006), S. 32 f.; Wolf (2006), S. 25 f. und Brüse (2011), S. 24.

812 Dabei hat sich die Orientierung von vergangenheitsbezogenen statischen Werten hin zu einer stärkeren Berücksichtigung zukunftsgerichteter Zahlungsstromgrößen gewandelt. Vgl. Detzel (2004), S. 534 f. und Brüse (2011), S. 24.

813 Vgl. Ahrweiler/Börner (2003), S. 21.

814 Ein solches Leistungsspektrum wird KMU oft nicht angeboten. Alternativ zum vollständigen Rückzug aus dem Firmenkundengeschäft diskutieren Ahrweiler/Börner die Strategie einiger Banken eine kosten- und zielgruppenorientierte Segmentierung der Firmenkunden vorzunehmen, mit denen die unterschiedlichen Ertragspotentiale der verschiedenen Kundengruppen erschlossen werden sollen. KMU werden demnach aufgrund der unterstellten homogenen Bedarfsstruktur nur noch standardisierte Produkte angeboten. Vgl. Ahrweiler/Börner (2003), S. 21 f.

3.4.3 Konjunkturelle Rahmenbedingungen

In einem engen Zusammenhang mit den Änderungen der strukturellen Rahmenbedingungen insbesondere bei den Banken stehen auch die Entwicklungen des konjunkturellen Umfelds der Mittelstandsfinanzierung. So hat im Besonderen die aktuelle Finanz- und Wirtschaftskrise erhebliche Auswirkungen auf die Finanzierungsbedingungen von KMU. Die Verbindung zum Strukturwandel in der Bankenlandschaft besteht in den verstärkten Kapitalmarktaktivitäten vieler Kreditinstitute. Bis zum Ausbruch der Krise haben die Banken in zunehmendem Maße Kreditrisiken strukturiert und weiterverkauft, um Risiken abzuwälzen und Liquidität aufzunehmen.[815] Somit wurden die vergebenen Kredite der Banken nicht mehr gänzlich bei den Instituten selbst bilanziert, sondern beispielsweise im Rahmen von ABS-Transaktionen gebündelt, verbrieft und am Kapitalmarkt platziert.[816] Die nicht immer vollständig ersichtliche Gestaltung solcher Liquiditäts- und Risikotransformationen und der Handel mit Kreditrisiken werden als wesentliche Ursachen der aktuellen Finanz- und Wirtschaftskrise gesehen.[817]

Wesentlich zum Tragen kamen diese Risiken beim Handel mit US-Hypothekenkrediten von Schuldnern mit schwacher Bonität. Bedingt durch die expansive Geldpolitik in der Form niedriger Zinsen in den USA und Europa führten günstige Konditionen für US-Hypothekenkredite sowie die Erwartung stetig steigender Immobilienpreise zu einer Immobilienblase in den USA und Teilen Europas.[818] Angetrieben wurde diese Entwicklung durch eine expansive Hypothekenkreditvergabe an Schuldner schwacher Bonität in den USA.[819] Die Vereinbarung, die Ver-

---

[815] Vgl. TSI Arbeitsgruppe (2008), S. 2 und Krassin/Tran/Lieven (2009), S. 79 ff. Zurückzuführen ist diese Entwicklung auch auf die Wettbewerbssituation im Bankenmarkt. Um die Renditeerwartungen der Anleger zu erfüllen, stieg in Zeiten niedriger Leitzinsen der Bedarf an aussichtsreichen Investitionsmöglichkeiten. Vgl. Huth (2009), S. 50 und Brüse (2011), S. 25.

[816] Siehe hierzu auch Kap. 3.3.3.2.

[817] Vgl. Bloss u. a. (2009), S. 67 ff.; Krassin/Tran/Lieven (2009), S. 89 ff.; Brunetti (2011), S. 40 ff. und Brüse (2011), S. 24. Zum Handel von Krediten siehe grundlegend Franke/Hax (2009), S. 419 ff. Einige Autoren gehen davon aus, dass die Investoren aufgrund mangelnder Sachkenntnis sowie fehlender Informationen bzw. durch hohen Zeit- und Wettbewerbsdruck keine eigene fundierte Analyse der einhergehenden Risiken vorgenommen haben, sondern überwiegend den positiven Einschätzungen der Ratingagenturen gefolgt sind. Vgl. Coval/Jurek/Stafford (2009), S. 3 ff.; Brüse (2011), S. 25; Giesecke/Kim (2011), S. 32 ff. und Purnanandam (2011), S. 1882 ff. Viele der Finanzinstrumente wurden mit einem erstklassigen Rating ausgestattet, obwohl ihnen risikobehaftete Hypothekenkredite zugrunde lagen. Dabei werden Versäumnisse bei der Beurteilung des Risikogehalts von Wertpapieren, mangelnder Wettbewerb sowie die eingeschränkte Haftung als Gründe für die Fehleinschätzungen der Ratingagenturen angeführt. Vgl. Bastürk (2009), S. 103 ff. und Bloss u. a. (2009), S. 98 ff. Darüber hinaus bestanden Interessenkonflikte, da die Ratingagenturen in der Regel im Auftrag der Investmentbank bzw. des Investors handelten. Vgl. Bastürk (2009), S. 108 und Brüse (2011), S. 25.

[818] Vgl. Czaykowski u. a. (2009), S. 36 ff. In der Folgezeit der geplatzten Internetblase ab 2001 haben sowohl die US-amerikanische Notenbank (Federal Reserve) als auch die Europäische Zentralbank (EZB) den jeweiligen Leitzins massiv gesenkt. Vgl. hierzu Rombach (2011), S. 89 ff.

[819] Vgl. Huth (2009), S. 47 ff.

briefung und der Weiterverkauf ebendieser Subprime-Kredite[820] im Rahmen so genannter *Mortgage Backed Securities-Transaktionen* (*MBS-Transaktionen*) sowie deren Ausfall aufgrund steigender Zinssätze bei variabler Verzinsung wird letztlich als der Auslöser für die weltweite Finanz- und Wirtschaftskrise betrachtet.[821]

Durch den Anstieg der Leitzinsen in den USA ab 2004 und kurze Zeit später in Europa sowie den in der Regel variabel gestalteten Zinsvereinbarungen konnten viele Hypothekenkreditnehmer den gestiegenen Zinsverpflichtungen in den Folgejahren nicht mehr nachkommen.[822] Zudem wurde durch die geringe Transparenz der finanziellen Verflechtungen und die damit einhergehende Unsicherheit bezüglich der Risiken der verbrieften und mehrfach weiterveräußerten Hypothekenkredite eine umfangreiche Neubewertung der Risiken seitens der Investoren vorgenommen. Es kam zu einem rapiden Preisverfall der Immobilien, wodurch die Zahlungsausfälle bei Hypothekenkrediten noch deutlich zunahmen.[823] In Bezug auf die Unternehmensfinanzierung kam es zu einer deutlichen Ausweitung der Credit Spreads.[824] Zwar hat die Krise des Immobilienmarkts in Deutschland nicht das Ausmaß wie in den USA, Spanien oder Großbritannien erreicht. Jedoch haben auch deutsche Kreditinstitute in hohem Umfang auf direktem oder indirektem Wege in US-Subprime-Kredite investiert.[825] Zudem gerieten durch die umfangreiche Neubewertung von Vermögenspositionen auch Kreditinstitute in Schwierigkeiten, die nicht oder nur geringfügig in den Subprime-Markt investiert haben.[826]

Zwar konnte ein Zusammenbruch der Kreditwirtschaft durch weltweite, umfangreiche Konjunkturprogramme und Rettungspakete für krisenbelastete Kreditinstitute verhindert werden.[827] Allerdings erhöhten die steigenden Staatsausgaben bei gleichzeitig krisenbedingt sinkenden Staatseinnahmen die bereits zuvor sehr hohen öffentlichen Schuldenstände, so dass

---

[820] Als Subprime wird das Segment der Kredite an bonitätsschwäche Schuldner bezeichnet. Vgl. Brunetti (2011), S. 44 ff. und Crawford/Rigoli/Crawford (2011), S. 1224.

[821] Vgl. Bloss u. a. (2009), S. 74 ff. und Krassin/Tran/Lieven (2009), S. 89 ff. Da zudem teilweise der kurzfristige Erfolg zu Lasten mittel- und langfristiger Risiken gesucht wurde, kauften insbesondere Investmentbanken Kredite von regionalen Instituten und Hypothekenbanken und bündelten sie zu neuen Anlageinstrumenten. Aus den verbrieften Hypothekenkrediten wurden in der Folge neue Finanzinstrumente wie Collateralized Mortgage Obligations (CMO) gebildet und an institutionelle Investoren weiterverkauft. Vgl. Bloss u. a. (2009), S. 78 ff.

[822] Vgl. Bloss u. a. (2009), S. 15 ff. und Guse (2009), S. 16 f.

[823] Vgl. Brüse (2011), S. 26. Da sich durch den Wertverfall der Immobilien auch die Werte der den Kreditverträgen zugrundeliegenden dinglichen Sicherheiten reduzierten, mussten viele Kreditnehmer weitere Sicherheiten stellen, bzw. schlechtere Konditionen in Form von erhöhten Zinsverpflichtungen akzeptieren. Da jedoch insbesondere in den USA viele Kreditnehmer mit schwacher Bonität diesen Forderungen nicht nachkommen konnten, wurden die Forderungen der Banken fällig gestellt und eine Zwangsversteigerung der Immobilie erfolgte. Dieses erhöhte Angebot und die aufgrund der mangelnden Finanzierungsmöglichkeiten sinkende Nachfrage beschleunigten den Preisverfall der Immobilien.

[824] Vgl. zu Credit Spreads ausführlich Schlecker (2009).

[825] Vgl. Hader/Bryazgin/Lieven (2009), S. 148 ff.

[826] Vgl. TSI Arbeitsgruppe (2008), S. 2 ff. und Brüse (2011), S. 26.

[827] Vgl. Boland (2009), S. 182 ff.

eine Staatsschuldenkrise in einigen Mitgliedsstaaten der Eurozone erfolgte.[828] Zur Eingrenzung dieser Krise betreibt unter anderem die Europäische Zentralbank (EZB) derzeit eine expansive Geldpolitik, um den Kreditinstituten in Europa Liquidität zur Verfügung zu stellen. Ziel dieser Maßnahme ist die Versorgung der europäischen Unternehmen mit günstigem Fremdkapital zur Belebung der Konjunktur. Obgleich die geringe Kreditvergabe der vergangenen Jahre teilweise auf nachfrageseitige Faktoren zurückzuführen ist, hat sich die Finanz- und Wirtschaftskrise auch in Deutschland in erheblichem Maße nachteilig auf die Finanzierungsbedingungen von KMU ausgewirkt.[829]

So stieg zum Höhepunkt der Finanz- und Wirtschaftskrise im Jahr 2008 die aufgrund eines fehlenden Angebots der Banken nicht realisierte Kreditnachfrage deutscher Unternehmen rapide an.[830] Diese Entwicklung ist bei kleinen Unternehmen besonders ausgeprägt.[831] Allerdings hat sich seitdem das Ausmaß der Kreditfinanzierungsrestriktionen wieder kontinuierlich gemindert. Dies wird unter anderem auf die reduzierten Liquiditätsprobleme der Banken zurückgeführt. So hat die expansive Geldpolitik der EZB die Kreditinstitute mit Liquidität versorgt und somit eine Verbesserung der Kreditvergabe an Unternehmen angeregt. Allerdings wird die Versorgung mit Fremdkapital gerade im Bereich der KMU nach wie vor kritisch betrachtet.[832]

Zwar begünstigt die expansive Geldpolitik der EZB die Refinanzierung der Kreditinstitute, jedoch werden die gestiegenen Anforderungen an die Eigenkapitalunterlegung von Krediten sowie die mangelnde Eigenkapitalausstattung einiger Banken als Engpassfaktoren bei der Kreditvergabe an Unternehmen betrachtet.[833] So ist davon auszugehen, dass der in Folge der Finanz- und Wirtschaftskrise entwickelte dritte Eigenkapitalakkord des Basler Ausschusses für Bankenaufsicht trotz anderslautender Ziele eine langfristige Erhöhung der Kreditkonditionen sowie eine Verknappung des Kreditangebots für mittelständische Unternehmen zur Folge haben wird. Dabei wirken sich die geplanten Eigenkapitalerhöhungen der Kreditinstitute negativ auf die Finanzierungsbedingungen für Unternehmen aus. So dürften die verschärften Vorschriften zur Eigenkapitalunterlegung und die gestiegenen Anforderungen im Rahmen des

[828] Vgl. Moch (2010), S. 260 ff. Brunetti (2011), S. 78 ff.
[829] Vgl. Sachverständigenrat zur Begutachtung der gesamtwirtschaftlichen Entwicklung (2008), S. 123 f.; Boland (2009), S. 191 und Brüse (2011), S. 27;.
[830] Während der Anteil 2007 für die Unternehmen insgesamt bei 5,4 % lag, betrug der in 2008 14,3 %. Vgl. KfW Bankengruppe (2011a), S. 58. Siehe dazu auch de la Torre/Martinez Peria/Schmukler (2010), S. 2290.
[831] Bei Unternehmen mit weniger als zehn Beschäftigten stieg der Anteil nicht realisierter Kreditnachfrage in diesem Zeitraum von 8,9 % auf 25,3 %. Vgl. KfW Bankengruppe (2011a), S. 58.
[832] Vgl. Waschbusch/Staub/Karmann (2009), S. 693 und Brüse (2011), S. 27.
[833] Vgl. Brüse (2011), S. 27.

bankeninternen Ratingprozesses die Versorgung von KMU mit Fremdkapital vielfach weiter erschweren.[834]

Zudem sind die Auswirkungen der europäischen Staatsschuldenkrise auf die Bilanzen der Banken nicht in Gänze absehbar. Der mit dem drohenden Zahlungsausfall einzelner Euro-Staaten verbundene Abschreibungsbedarf bei Staatsanleihen im Vermögensbestand der Kreditinstitute ist sowohl in der Höhe als auch in zeitlicher Perspektive unsicher. Die sich daraus ergebenden Risiken für die Banken, denen in ihrer Funktion als Hauptversorger der KMU mit externem Kapital eine entscheidende Rolle bei der Mittelstandsfinanzierung zukommt, sind somit bisher nicht abschließend zu beurteilen.

3.5 Kapitalstrukturentwicklung in KMU

3.5.1 Entwicklung der Eigenkapitalquote

Die Veränderungen der Rahmenbedingungen bei der Finanzierung von KMU machen deutlich, dass diese Unternehmen bei der Beschaffung von Finanzmitteln vor großen Herausforderungen stehen. Die schwierige Finanzierungssituation bei KMU zeigt sich auch an deren Kapitalstruktur.[835] Dabei sind die Probleme bei der Aufnahme von Fremdkapital unter anderem auf schwache Bonitäten durch geringe Risikopuffer zurückzuführen.[836] So werden die niedrigen Eigenkapitalquoten deutscher KMU auch in Literatur und Praxis wiederholt diskutiert.[837] Neben seiner Rolle als Bemessungsgrundlage für die Fremdkapitalgeber erfüllt das Eigenkapital wichtige Funktionen wie Finanzierung, Verlustausgleich und Haftung.[838] So kommt der adäquaten Ausstattung mit Eigenkapital eine wesentliche Rolle zur Sicherung des Bestands und der Entwicklung von Unternehmen zu.[839] Auch empirische Untersuchungen belegen, dass

834 Vgl. Angelkort/Stuwe (2011), S. 15 ff.

835 Vgl. Behringer (2009), S. 47.

836 Vgl. Brezski u. a. (2006), S. 14.

837 Vgl. Kruschwitz (1989), S. 209 f.; Bussiek (1996), S. 137; Kaufmann/Kokalj (1996), S. 1; Niederöcker (2002), S. 113 und Behringer (2009), S. 47.

838 Vgl. Hummel (1995), S. 11 f.; Zimmermann (1995), S. 155 f. und Geiseler (1999), S. 17. Zu den Funktionen des Eigenkapitals siehe auch Kap. 3.3.1 sowie Niederöcker (2002), S. 113.

839 Dabei soll an dieser Stelle nicht näher darauf eingegangen werden, welche Eigenkapitalquote letztlich als adäquat anzusehen ist. Es sei jedoch darauf verwiesen, dass teilweise Widersprüche bestehen zwischen den in Kapitel 2 diskutierten Kapitalstrukturtheorien, die je nach Ausgestaltung die Existenz einer optimalen Kapitalstruktur oder auch die Irrelevanz sämtlicher Finanzierungsentscheidungen herleiten, und Veröffentlichungen von politischen Gruppierungen oder Wirtschaftsverbänden, die eine mangelnde Eigenkapitalquote deutscher Unternehmen hervorheben. Vgl. dazu Geiseler (1999), S. 17. Mit der Frage, welche Eigenkapitalquote von Unternehmen optimal im Sinne der gesamtwirtschaftlichen Wohlfahrt ist, befasst sich Dehlwisch (1993), S. 53 ff. und 90 ff. und Geiseler (1999), S. 17.

die Eigenkapitalausstattung von großer Bedeutung bei der Durchsetzung von Unternehmenszielen ist.[840]

Obwohl die Bedeutung einer adäquaten Eigenkapitalausstattung für die Unternehmen bereits frühzeitig hervorgehoben wurde,[841] ist die durchschnittliche Eigenkapitalquote deutscher Unternehmen seit Mitte der 1960er Jahre bis zum Beginn der 1980er Jahre kontinuierlich von über 30 % auf ca. 18 % gesunken.[842] Dabei ist die Unternehmensgröße ein entscheidender Faktor. So verfügen Unternehmen mit zunehmender Größe auch über einen höheren Anteil von Eigenkapital am Gesamtkapital.[843] Jedoch konnte die Eigenkapitalquote deutscher Unternehmen insgesamt in den vergangenen Jahren wieder erhöht werden.[844] Bei deutschen KMU ist dieser Anstieg des Anteils der Eigenmittel besonders ausgeprägt (vgl. die nachfolgende Abbildung 3.5).

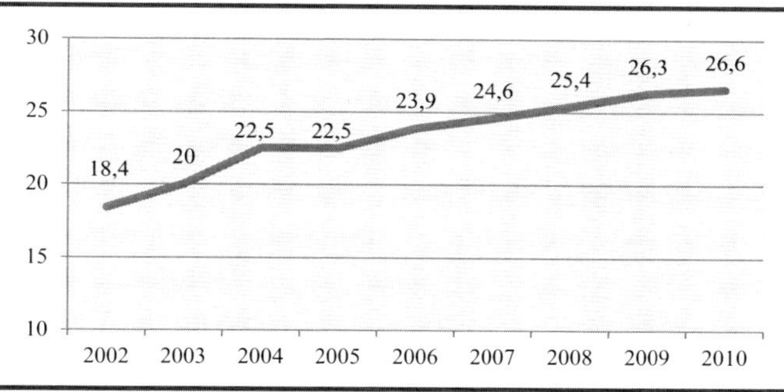

Abbildung 3.5: Entwicklung der Eigenkapitalquote deutscher KMU (in Prozent)
Quelle: in Anlehnung an KfW Bankengruppe (2011b), S. 2.

Demnach hat sich der Anteil des Eigenkapitals am Gesamtkapital von KMU seit 2002 um gut acht Prozentpunkte erhöht. Trotz dieser Entwicklung ist die Eigenkapitalausstattung deutscher KMU im internationalen Vergleich weiterhin als niedrig einzuschätzen. Allerdings hat sich die Differenz zur durchschnittlichen Eigenkapitalquote in weiteren europäischen Staaten deutlich verringert (vgl. die nachfolgende Tabelle 3.10).

840 Geiser stellt in diesem Zusammenhang die mangelnde Ausstattung mit Eigenkapital als wesentliches Hemmnis für das Unternehmenswachstum heraus. Vgl. Geiser (1983), S. 214 ff.

841 Vgl. dazu Geiser (1983), S. 214 ff.

842 Vgl. Geiseler (1999), S. 18 f. und Paul/Stein (2005), S. 29 f.

843 Dieser Zusammenhang ist zwar für Deutschland und weitere Staaten wie Österreich oder Spanien zutreffend, lässt sich jedoch im internationalen Vergleich nicht gänzlich aufrechterhalten. So liegt die Eigenkapitalquote von KMU in anderen Staaten über der von Großunternehmen. Hier sind eher Faktoren wie das Finanzsystem, die Kultur und die Tradition innerhalb des Staats und weniger einzelne Unternehmenscharakteristika wie die Größe, das Alter oder die Profitabilität relevant. Vgl. KfW Bankengruppe (2001), S. 7 ff. und Brüse (2011), S. 17.

844 Vgl. Brüse (2011), S. 17.

	Deutschland	Spanien	Frankreich	Italien
2001	28,0	44,7	35,8	27,5
2008	36,2	46,8	39,8	33,0

Tabelle 3.10: Eigenkapitalquoten im internationalen Vergleich bei mittleren Unternehmen (10 Mio. bis 50 Mio. EUR Umsatz) des verarbeitenden Gewerbes (in Prozent)
Quelle: KfW Bankengruppe (2011a), S. 38.

So hat sich beispielsweise die Eigenkapitalquote mittelgroßer Industrieunternehmen in Deutschland von 28 % in 2001 auf 36,2 % in 2008 erhöht, während im gleichen Zeitraum in Spanien und Frankreich nur geringe Zuwächse zu verzeichnen sind.[845]

Hier ist allerdings anzumerken, dass die Unterschiede bei der Eigenkapitalausstattung von KMU im internationalen Vergleich auch auf eine abweichende Methodik der verschiedenen Erhebungen zurückzuführen sind.[846] Zudem beeinflussen die in den betrachteten Ländern unterschiedlichen Bilanzierungsvorschriften die Ergebnisse.[847] Trotz dieser Unterschiede deutet die grundlegende Tendenz der Untersuchungen auf eine vergleichsweise niedrige Eigenkapitalausstattung deutscher KMU hin.[848]

3.5.2 Auswirkungen auf die Unternehmensinsolvenzen

Die geringe Eigenkapitalausstattung deutscher KMU wird zudem anhand der Entwicklung der Unternehmensinsolvenzen ersichtlich. Zwar werden geringe Eigenkapitalanteile nicht von

[845] Während in Europa also eine Annäherung der Eigenkapitalquoten von KMU zu verzeichnen ist, liegt der Anteil der Eigenmittel bei dieser Unternehmensgruppe in den USA weiterhin deutlich höher bei ca. 45 %. Vgl. hierzu Trautvetter (2011).

[846] So ist ein internationaler Vergleich der Eigenkapitalquoten mithilfe der BACH-Datenbank der EU-Kommission, die auch der Tabelle 3.10 zugrunde liegt, mit Schwierigkeiten verbunden, da die Unternehmensbilanzen zum Zweck des Vergleichs harmonisiert wurden und die herangezogenen Quellen divergierende Unternehmensgruppen verwenden. Vgl. Brüse (2011), S. 16. Auch ist die häufige Verwendung des Datenbestands der Deutschen Bundesbank nicht unproblematisch. So stützt sich diese Statistik auf Jahresabschlüsse von Unternehmen, die Wechsel zur Rediskontierung bei den jeweiligen Landesbanken einreichen. Neben einer Qualitätsselektion durch den Aufkauf von Wechseln ausschließlich von zahlungsfähigen Unternehmen führt der Umstand, dass KMU oft über keine rediskontfähigen Wechsel verfügen, zu Verzerrungen. Auch führen die ständigen Veränderungen bei der Datenbasis zu Schwierigkeiten hinsichtlich der Vergleichbarkeit von Jahresdaten. Vgl. Irsch (1985), S. 525 ff.; Bieg (1989), S. 28; Geiseler (1999), S. 18 und Niederöcker (2002), S. 113 f.

[847] Generell bestehen Probleme bei der Definition und Messung der Eigenkapitalquote, da die Abgrenzung von Eigen- und Fremdkapital häufig problematisch ist. So wird die Eigenkapitalquote häufig nur mithilfe von Buchwerten gemessen. Im Gegensatz zum Fremdkapital bestehen bei dem Markt- und Buchwert des Eigenkapitals jedoch oft erhebliche Differenzen, da sich beispielsweise selbst geschaffene immaterielle Wirtschaftsgüter wie Markennamen oder Patente nicht in der Bilanz niederschlagen. Vgl. dazu Kruschwitz (1989), S. 215 ff. und Behringer (2009), S. 47. Diese Problematik kann sich durch Mischformen der Finanzierung zusätzlich verstärken. Vgl. Lwowski (1989), S. 165 ff. Auch hinsichtlich der Bilanzierung von Rückstellungen liegen uneinheitliche Regelungen vor. Sie gelten als Fremdkapital, werden jedoch aufgrund der fehlenden Zinsänderungs- und Kündigungsrisiken teilweise dem Eigenkapital wirtschaftlich zugerechnet. Vgl. Wiendieck (1992), S. 9 ff.; Niederöcker (2002), S. 115 und Brüse (2011), S. 18.

[848] Vgl. Paul/Stein (2005), S. 41

allen Autoren gleichermaßen negativ betrachtet.[849] Jedoch findet die Argumentation, dass mangelndes Eigenkapital zumindest krisenverschärfend wirkt, weitgehende Anerkennung.[850]

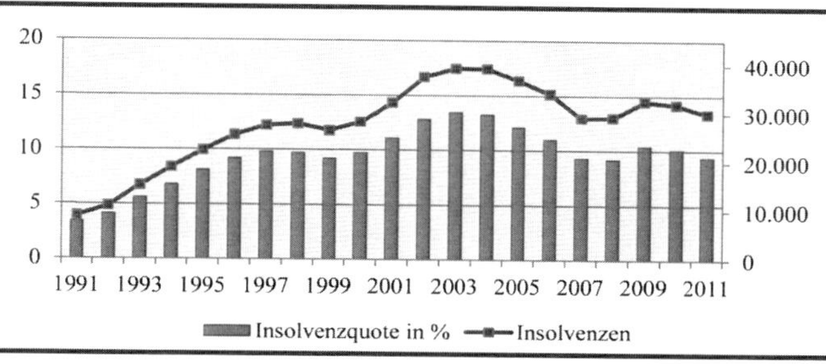

Abbildung 3.6: Insolvenzen und Insolvenzquote 1991 bis 2011 in Deutschland
Quelle: Institut für Mittelstandsforschung (2013a).

Die in Abbildung 3.6 dargestellte hohe Anzahl von Unternehmensinsolvenzen bis 2005 lässt sich laut *Brüse* unter anderem auf eine geringe Eigenkapitalbasis zurückführen.[851] So ist die Insolvenzquote in Branchen, deren Unternehmen durch eine niedrige Eigenkapitalquote gekennzeichnet sind, besonders hoch.[852] Auch Abbildung 3.7 zeigt, dass KMU und insbesondere die kleinen Unternehmen deutlich überproportional von Insolvenzen betroffen sind. Auch *Behringer* legt dar, dass ca. 90 % der Insolvenzanträge von Unternehmen mit weniger als 20 Mitarbeitern gestellt werden.[853]

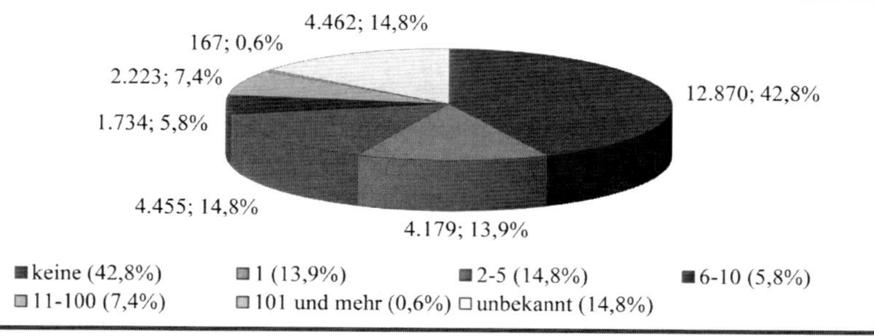

Abbildung 3.7: Insolvenzen von Unternehmen 2011 in Deutschland nach Beschäftigtengrößenklassen
Quelle: Institut für Mittelstandsforschung (2013a).

[849] So kann ein hoher Fremdkapitalanteil beispielsweise aufgrund von Steuervorteilen bzw. der Hebelwirkung auf die Eigenkapitalrentabilität durchaus ein Zeichen für gutes Finanzmanagement sein. Weitergehende Aspekte, die für eine hohe Verschuldung sprechen, diskutieren Paul/Stein (2005), S. 40. Siehe hierzu auch die Ausführungen zur Trade-Off-Theorie in Kap. 2.4.

[850] Vgl. Paul/Stein (2005), S. 39 ff.; Behringer (2009), S. 47 und Brüse (2011), S. 17.

[851] Vgl. Brüse (2011), S. 17.

[852] Vgl. Paul/Stein (2005), S. 41.

[853] Vgl. Behringer (2009), S. 47.

3.6 Zusammenfassung

Kleine und mittlere Unternehmen standen lange Zeit nicht im Fokus der Finanzierungsforschung. Für eine gesonderte Auseinandersetzung mit KMU als Untersuchungsgegenstand sprechen jedoch ihre spezifischen Charakteristika, die sie von Großunternehmen unterscheiden. Neben dem Größenaspekt, der typischerweise mittels ein- oder mehrdimensionaler quantitativer Kriterien erfasst wird, lassen sich auch qualitative Kriterien zur Abgrenzung von KMU heranziehen. In die Definition von KMU für die weitere Untersuchung dieser Arbeit werden daher zum einen gängige Größenmaße wie Jahresumsatz und Mitarbeiterzahl einbezogen. Zum anderen werden nur Unternehmen betrachtet, die rechtlich und wirtschaftlich weitgehend unabhängig sind sowie im Besonderen von der Person des Unternehmers geprägt werden.

Mit der Abgrenzung von KMU geht eine Reihe von finanzierungspezifischen Besonderheiten einher. Aufgrund der limitierten Größe und der regelmäßig damit verbundenen knappen Ressourcenausstattung sind die Unternehmen häufig geringer diversifiziert und somit einem erhöhten Risiko ausgesetzt. Darüber hinaus können Finanzierungs- und Investitionsentscheidungen oftmals nicht unabhängig voneinander getroffen werden. Zudem ist der Zugang zum Kapitalmarkt für KMU in der Regel beschränkt. Diese Einschränkung wird auch anhand der Finanzierungsmöglichkeiten der Unternehmen deutlich. So stehen kleinen und mittleren Unternehmen meist nicht alle Finanzierungsinstrumente zur Verfügung. Insbesondere der Kapitalmarkt wird von KMU kaum als Finanzierungsquelle genutzt. Als Hauptinstrumente verwenden die Unternehmen daher die Innenfinanzierung, beispielsweise einbehaltene Gewinne, und externes Fremdkapital. Weitere Finanzierungsquellen sind externes Eigenkapital sowie hybride Finanzierungsformen.

Neben den allgemeinen und finanzierungsspezifischen Besonderheiten von KMU spricht deren hohe gesamtwirtschaftliche Bedeutung für eine gesonderte Betrachtung dieser Unternehmensgruppe als Untersuchungsgegenstand. Mittelständische Unternehmen beschäftigen die Mehrheit der sozialversicherungspflichtigen Arbeitnehmer in Deutschland und leisten somit einen erheblichen Beitrag zur Finanzierung der öffentlichen Aufgaben. Ebenso stärken sie den Wettbewerb und treiben Innovationen voran. Überdies fallen in mittelständisch geprägten Volkswirtschaften Schwankungen bei den Staatseinnahmen und auf dem Arbeitsmarkt in der Regel schwächer aus.

Dennoch sehen sich KMU durch sich verändernde Rahmenbedingungen großen Herausforderungen bei der Finanzierung ausgesetzt. So haben sich die Anforderungen des Gesetzgebers an die Kreditvergabe von Banken unter anderem an mittelständische Unternehmen durch die Beschlüsse des Basler Ausschusses für Bankenaufsicht verschärft. Zudem führen strukturelle Reformen im Bankensektor zu einer erschwerten Kreditaufnahme vor allem für kleine Unternehmen. Des Weiteren haben konjunkturelle Entwicklungen wie die jüngste Finanz- und Wirtschaftskrise die Finanzierung von KMU beeinflusst. Die KMU in Deutschland sind daher angehalten, ihre im internationalen Vergleich niedrige Eigenkapitalquote weiter zu erhöhen.

Insgesamt wird deutlich, dass die besonderen Charakteristika von KMU sowie deren hohe gesamtwirtschaftliche Bedeutung eine gesonderte Rolle der Unternehmen als Untersuchungsgegenstand rechtfertigen. In Bezug auf die Finanzierung zeigen das eingeschränkte Spektrum an alternativen Instrumenten sowie die sich verändernden Rahmenbedingungen die hohe Relevanz, die der Gestaltung der Kapitalstruktur in KMU zukommt.

4 Kapitalstrukturtheorie und KMU

Die beiden vorangegangenen Kapitel bieten einen Überblick über etablierte Kapitalstrukturtheorien sowie Charakteristika und Finanzierungsgewohnheiten von KMU. In diesem Kapitel werden die Themenblöcke zusammengeführt, indem der Frage nachgegangen wird, inwiefern die etablierten Kapitalstrukturtheorien das Finanzierungsverhalten von KMU erklären können. Daher erfolgt zunächst eine Analyse von empirischen Studien, die den Erklärungsgehalt dieser Theorien explizit für KMU überprüfen. Die empirischen Beiträge werden kategorisiert und überblicksartig dargestellt. Im Rahmen einer kritischen Betrachtung der vorgestellen Arbeiten erfolgt eine Analyse der Anwendbarkeit der theoretischen Modelle auf KMU. Aufbauend auf den Ergebnissen wird schließlich ein heuristischer Bezugsrahmen für die im fünften Kapitel vorgenommene eigene empirische Untersuchung entwickelt und die dafür eingenommene entscheidungstheoretische Sichtweise erläutert.

4.1 Überblick über bisherige empirische Untersuchungen

Die bereits in Kapitel 2 dargestellten Theorien zur Kapitalstruktur von Unternehmen sind nicht erst seit dem „Capital Structure Puzzle" von *Myers* Gegenstand zahlreicher Studien.[854] Der überwiegende Teil der empirischen Untersuchungen bezieht sich dabei auf große börsennotierte Unternehmen, die sich auf organisierten Kapitalmärkten mit Eigen- und Fremdkapital versorgen.[855] Gleichwohl hat die Anzahl von Studien, die explizit die Kapitalstruktur von KMU empirisch untersuchen, in den vergangenen Jahren zugenommen.[856] In diesem Abschnitt erfolgt eine Darstellung der empirischen Literatur zur Kapitalstruktur von mittelständischen Unternehmen. Dazu wird zunächst der Gang der Recherche kurz dargestellt, bevor einzelne Arbeiten überblicksartig diskutiert werden.

4.1.1 Literaturrecherche

Die Auswahl der relevanten Literatur als Grundlage für die weiteren Ausführungen erfolgt anhand mehrerer Kriterien. So soll die Literaturabgrenzung repräsentativ für das Feld der Kapitalstrukturforschung bei KMU sein. Zugleich soll die Literaturauswahl die methodische

---

[854] Vgl. Myers (1984).

[855] Als wegweisende empirische Studien sind hier die Arbeiten von Rajan/Zingales und Fama/French zu nennen. Rajan/Zingales stellen in ihrer Untersuchung Ähnlichkeiten hinsichtlich der Kapitalstruktur von Unternehmen und ihrer Einflussfaktoren in verschiedenen Industriestaaten fest. Vgl. Rajan/Zingales (1995). Fama/French zeigen Zusammenhänge zwischen der Verschuldung eines Unternehmens, dessen Profitabilität und der Dividendenzahlungen auf. Vgl. Fama/French (2002). Eine systematische Zusammenfassung wesentlicher empirischer Untersuchungen zur Kapitalstruktur großer börsennotierter Unternehmen bieten Elsas/Florysiak (2008), S. 39 ff. und Schachtner (2009), S. 96 ff.

[856] Vgl. Börner/Grichnik/Reize (2010), S. 231 f.

Qualität der vorliegenden Studien berücksichtigen.[857] Die relevante Literatur umfasst hauptsächlich Artikel in englischsprachigen Fachzeitschriften. Beiträge in deutschsprachigen Fachzeitschriften sind aufgrund des noch jungen Forschungsfeldes in ihrer Anzahl stark begrenzt. Sie werden aufgrund der Fokussierung auf deutsche KMU in dieser Arbeit gesondert berücksichtigt. Vor dem Hintergrund von Vollständigkeit und Aktualität werden neben den Artikeln in Fachzeitschriften aktuelle Arbeitspapiere miteinbezogen, sofern sie noch nicht als überarbeitete Version in einer Fachzeitschrift erschienen sind. Zusätzlich zur Erfassung neuester Erkenntnisse bietet die Berücksichtigung von Arbeitspapieren eine Eindämmung des Publication Bias.[858]

Da die Beurteilung der methodischen Qualität nicht für jede einzelne Publikation direkt möglich ist,[859] erfolgt sie auf indirektem Wege anhand des VHB-Zeitschriften-Rankings JOURQUAL2 von 2008 und im Fall von Arbeitspapieren mittels der Downloadzahl des Social Science Research Networks (SSRN). Die Literaturrecherche konzentriert sich somit auf deutsch- und englischsprachige Artikel in Fachzeitschriften und Arbeitspapiere, die seit der Publikation der *M/M-Theoreme* 1958 veröffentlicht wurden. Da die Kapitalstrukturforschung erst in jüngerer Zeit KMU zum Gegenstand der Untersuchung hat, gehen die ältesten relevanten Beiträge auf die späten 1990er Jahre zurück.

Bei der Identifikation von relevanten, englischsprachigen Zeitschriftenbeiträgen wurde zunächst eine umfangreiche Stichwort- und Quellenverzeichnissuche in den gängigen Datenbanken EBSCO, ScienceDirect und JSTOR vorgenommen, wobei lediglich wissenschaftliche Zeitschriften Berücksichtigung fanden. Die so ermittelten Artikel wurden inhaltlich analysiert sowie deren Literaturverzeichnis hinsichtlich weiterer relevanter Veröffentlichungen untersucht. Auf diesem Wege identifizierte Beiträge wurden ebenfalls in Bezug auf Inhalt und Literaturverweise ausgewertet. Hingegen wurden Artikel aussortiert, die thematisch nicht der Kapitalstrukturforschung zu KMU zugeordnet werden können. Weiterhin fanden Beiträge aus Zeitschriften, die unterhalb der Stufe „D" des VHB-Zeitschriftenrankings liegen, keine Berücksichtigung, sofern sie nicht durch weitere Studien zitiert wurden und vergleichbaren wissenschaftlichen Ansprüchen genügen. Im Ergebnis konnten 18 Artikel aus englischsprachigen Journals als relevant eingeordnet werden.

---

[857] Die Vorgehensweise bei der Literaturrecherche orientiert sich an der Systematik von Schneider, der Literatur zur Kapitalstruktur von Unternehmen jedweder Größe zwecks einer Determinantenstudie untersucht. Vgl. Schneider (2010), S. 109.

[858] Der Publication Bias bezeichnet die Verzerrung durch die bevorzugte Veröffentlichung signifikanter Ergebnisse. Vgl. Schneider (2010), S. 109.

[859] Eine direkte, umfassende Überprüfung der methodischen Qualität einzelner Beiträge ist oft nicht möglich, da eine Veröffentlichung der methodenbegleitenden Tests oder Modifizierungen häufig nicht erfolgt.

Zur Identifikation von relevanten Arbeitspapieren wurde die Suchfunktion der SSRN-Datenbank mithilfe der bereits bei der Zeitschriftenrecherche genutzten Stichworte verwendet. Studien, die zu einem späteren Zeitpunkt in unveränderter oder überarbeiteter Form in Zeitschriften veröffentlicht wurden, fanden keine Berücksichtigung. Als Qualitätskriterium diente hier in Anlehnung an die Vorgehensweise von *Schneider* die bisherige Downloadzahl der Untersuchungen.[860] So fanden sämtliche Studien Berücksichtigung, die mindestens einhundertmal von anderen Nutzern heruntergeladen wurden und die zudem ähnliche wissenschaftliche Qualitätsstandards wie die Zeitschriftenartikel erfüllen. Studien, die nicht in der SSRN-Datenbank aufgeführt sind, jedoch durch andere Arbeiten zitiert werden und vergleichbare Kriterien erfüllen, sind ebenfalls Gegenstand des Literaturüberblicks. Auf diese Weise konnten sieben relevante Arbeitspapiere identifiziert werden.

Die Definition der relevanten deutschsprachigen Literatur erfolgte mithilfe der Suchfunktion in den Jahresinhaltsverzeichnisse folgender im VHB-Zeitschriften-Ranking gelisteter Fachzeitschriften: Zeitschrift für betriebswirtschaftliche Forschung (ZfbF), Zeitschrift für Betriebswirtschaft (ZfB), Kredit und Kapital, Die Betriebswirtschaft (DBW), Zeitschrift für KMU und Entrepreneurship (ZfKE), Betriebswirtschaftliche Forschung und Praxis (BFuP), Finanz Betrieb (FB). Auf diese Weise konnten zwei deutschsprachige empirische Untersuchungen in den Literaturüberblick aufgenommen werden. Zudem fand eine weitere Studie Berücksichtigung, die in anderen Arbeiten zitiert wurde.

4.1.2 Darstellung der empirischen Arbeiten

Die insgesamt 28 identifizierten empirischen Studien lassen sich anhand ihrer Schwerpunktsetzung klassifizieren. So werden zunächst Studien aufgezeigt, die der Frage nachgehen, welche der etablierten Theorien den höchsten Erklärungsgehalt hinsichtlich der Kapitalstruktur von KMU aufweist. Eine weitere Gruppe von Arbeiten überprüft, inwiefern die Argumentation einzelner Kapitalstrukturtheorien den zu beobachtenden Finanzierungsgewohnheiten von KMU entspricht. Weiterhin untersuchen einige internationale empirische Studien länderspezifische Einflussfaktoren. Zuletzt erfolgt eine Darstellung der Arbeiten mit Fokus auf die Kapitalstruktur deutscher KMU.

4.1.2.1 Studien zu mehreren Kapitalstrukturtheorien

Die in Tabelle 4.1 dargestellten Studien überprüfen den Erklärungsgehalt gleich mehrerer etablierter Kapitalstrukturtheorien für KMU und gehen der Frage nach, welche dieser Theo-

[860] Vgl. Schneider (2010), S. 111.

rien die Finanzierungsstruktur vom KMU am besten erklären kann. Dabei beziehen die Studien in der Regel die Pecking-Order-Theorie, die Trade-Off-Theorie und die Agency-Theorie mit ein.[861]

Untersuchung	Anzahl Unternehmen	Region	Zeitraum	Ergebnis
Sogorb-Mira (2005)	6.482 KMU	Spanien	1994-1998	Hinweise auf Gültigkeit der Pecking-Order-Theorie und steuerbasierter Modelle
López-Gracia/ Sogorb-Mira (2008)	3.569 KMU	Spanien	1995-2004	Hinweise auf Gültigkeit der Trade-Off-Theorie und der Pecking-Order-Theorie
Serrasqueiro/ Maçãs Nunes (2012)	1.845 KMU	Portugal	1999-2006	Kapitalstruktur richtet sich nach Unternehmensalter
Klapper/Sarria-Allende/ Zaidi (2006)	15.315 KMU	Polen	1998-2002	Historische bedingte Kapitalstrukturen und Hinweise auf Gültigkeit der Pecking-Order-Theorie
Bartholdy/Mateus (2008a)	1.416 KMU	Portugal	1990-1999	Ablehnung der Trade-Off-Theorie und der Pecking-Order-Theorie
Chittenden/Hall/ Hutchinson (1996)	3.480 privat gehaltene und börsennotierte KMU	United Kingdom	1989-1993	Starker Einfluss des Kapitalmarktzugangs
Michaelas/Chittenden/ Poutziouris (1999)	3.500 KMU	United Kingdom	1986-1995	Hinweise auf Gültigkeit der Trade-Off-Theorie, der Pecking-Order-Theorie und der Agency-Theorie
Cassar/Holmes (2003)	1.555 KMU	Australien	1995-1998	Hinweise auf Gültigkeit der Trade-Off-Theorie, der Pecking-Order-Theorie und auf den Einfluss des Kapitalmarktzugangs
Brighi/Torluccio (2007)	3.385 KMU	Italien	2001-2003	Hinweise auf Gültigkeit der Trade-Off-Theorie und der Pecking-Order-Theorie
Menèndez Requejo (2002)	1.425 KMU	Spanien	1998	Hinweise auf Gültigkeit der Trade-Off-Theorie, der Pecking-Order-Theorie und auf den Einfluss des Kapitalmarktzugangs
Mac an Bhaird/Lucey (2010)	299 KMU	Irland	k. A.	Hinweise auf Gültigkeit der Pecking-Order-Theorie

Tabelle 4.1: Übersicht über Studien zu mehreren Kapitalstrukturtheorien
Quelle: eigene Darstellung.

Gleich mehrere Arbeiten stützen ihre Erkenntnisse auf Daten aus der spanisch/portugiesischen SABI-Datenbank (Sistema de Balanços Ibéricos-Datenbank). *Sogorb-Mira* untersucht das Finanzierungsverhalten von 6.482 spanischen KMU zwischen 1994 und 1998 hinsichtlich der

[861] Weitere Kapitalstrukturtheorien werden in den Studien in der Regel nicht betrachtet, da diese nach Ansicht der Autoren nur begrenzt auf KMU anwendbar sind. Dazu sowie zu der Frage, inwiefern sich die Pecking-Order-Theorie und die Trade-Off-Theorie auf KMU anwenden lassen siehe Kap. 4.2.

Determinanten der Kapitalstruktur.[862] Dabei stellt der Autor einen signifikant negativen Zusammenhang zwischen dem Verschuldungsgrad und nichtfremdkapitalinduzierten Steuervorteilen sowie zwischen dem Verschuldungsgrad und der Profitabilität fest, worin er eine Bestätigung des Modells von *DeAngelo/Masulis* hinsichtlich abschreibungsbasierter Steuervorteile sieht.[863] Ein signifikant positiver Einfluss auf den Verschuldungsgrad wird hingegen für die Wachstumsaussichten und die Größe eines Unternehmens sowie für den Sicherungswert des Vermögens festgestellt. Zudem findet *Sogorb-Mira* Hinweise für die Fristenkongruenz der Verschuldung und der Vermögenswerte. Entgegen seinen Erwartungen stellt der Autor einen negativen Zusammenhang zwischen dem Steueraufwand und der Verschuldung fest, den er darauf zurückführt, dass einem hohen Steueraufwand ein hoher Gewinn zugrunde liegt und somit Unternehmen eher auf interne Mittel als auf externe Finanzierungen zurückgreifen können. Hinsichtlich der Kapitalstrukturtheorien findet *Sogorb-Mira* trotz der Bedeutung abschreibungsbasierter Steuervorteile eher Hinweise auf die Gültigkeit der Pecking-Order-Theorie, auch wenn er deren theoretische Argumentation anzweifelt.[864]

Eine weitere Studie von *López-Gracia/Sogorb-Mira*, die ebenfalls auf Daten aus der SABI-Datenbank basiert, findet eher Hinweise für die Gültigkeit der Trade-Off-Theorie.[865] Dabei stehen weniger die einzelnen Kapitalstrukturdeterminanten als vielmehr die Trade-Off-Theorie und die Pecking-Order-Theorie im Zentrum der Betrachtung. Für ihr Sample von 3.569 spanischen Unternehmen über einen zehnjährigen Zeitraum von 1995 bis 2004 stellen die Autoren im Einklang mit den theoretischen Hypothesen fest, dass die Unternehmen zu einer Zielkapitalstruktur tendieren, was als Nachweis der Trade-Off-Theorie interpretiert wird. Die teilweise sehr langen Zeiträume der Anpassung an die angestrebten Verschuldungsgrade führen die Autoren auf die damit verbundenen Transaktionskosten zurück. Allerdings finden *López-Gracia/Sogorb-Mira* auch Hinweise für die Gültigkeit der Pecking-Order-Theorie, der sie aber einen geringeren Erklärungsgehalt zusprechen. Hinsichtlich der Kapitalstrukturdeterminanten stellen die Autoren ähnliche Zusammenhänge wie bereits *Sogorb-Mira* fest, führen jedoch weiterhin an, dass sich diese sowohl aus Sicht der Pecking-Order-Theorie als auch aus der Perspektive der Trade-Off-Theorie interpretieren lassen.[866]

Ein Sample von insgesamt 1.845 portugiesischen KMU aus der SABI-Datenbank über den Zeitraum zwischen 1999 und 2006 analysieren *Serrasqueiro/Maçãs Nunes* in Bezug auf das

[862] Vgl. Sogorb-Mira (2005), S. 447 ff.
[863] Siehe Kap. 2.4.1.1.
[864] Vgl. Sogorb-Mira (2005), S. 455.
[865] Vgl. López-Gracia/Sogorb-Mira (2008), S. 117 ff.
[866] Vgl. López-Gracia/Sogorb-Mira (2008), S. 133.

Unternehmensalter mittels einer Kleinste-Quadrate-Regression vor dem Hintergrund bestehender Kapitalstrukturtheorien.[867] Dabei kommen sie zu unterschiedlichen Ergebnissen für junge und alte KMU.[868] Demnach hat das Alter erheblichen Einfluss auf die Finanzierung eines Unternehmens. Das Finanzierungsverhalten junger Unternehmen ist durch Schwierigkeiten bei der Aufnahme langfristigen Fremdkapitals gekennzeichnet und kann somit besser durch die Pecking-Order-Theorie erklärt werden. Die Präferenz für die Innenfinanzierung bei jungen Unternehmen führen die Autoren auf bestehende Informationsasymmetrien zurück und werten sie weniger als Versuch eine Zielkapitalstruktur anzustreben. Ältere Unternehmen hingegen können laut *Serrasqueiro/Maçãs Nunes* aufgrund der aufgebauten Reputation und entwickelten Vermögensstruktur die Vorteile der externen Fremdfinanzierung nutzen und verhalten sich eher entsprechend der Trade-Off-Theorie.

Zu gegensätzlichen Ergebnissen kommen *Klapper/Sarria-Allende/Zaidi*, die insgesamt 15.315 polnische Unternehmen aus der Amadeus-Datenbank für den Zeitraum 1998 bis 2002 hinsichtlich der Agency-Theorie und der Pecking-Order-Theorie untersuchen.[869] Entgegen den aus der Agency-Theorie abgeleiteten Erwartungen haben die älteren Unternehmen im Sample tendenziell niedrigere Verschuldungsquoten. Die Autoren führen dieses Ergebnis auf den Status Polens als Transformationsland des ehemaligen Ostblocks zurück, der dazu führt, dass das Alter eines Unternehmens nicht als Proxy für eine hohe Reputation am Kapitalmarkt gesehen werden kann.[870] Einen signifikant positiven Einfluss auf den Verschuldungsgrad stellen die Autoren für die Zugriffsmöglichkeiten auf das Sachanlagevermögen, das Unternehmenswachstum und die Branchenkonzentration fest. Sie erklären diesen Zusammenhang auf Kapitalangebotsseite mit der Fokussierung der Investoren auf junge Wachstumsunternehmen im Rahmen des Transformationsprozesses. Nachfrageseitige Ergebnisse weisen auf den Einfluss von Informationsasymmetrien hin, die auf ein Finanzierungsverhalten der KMU nach der Pecking-Order-Theorie schließen lassen.

Bartholdy/Mateus untersuchen das Finanzierungsverhalten von 1.416 mittelständischen Unternehmen aus den veröffentlichten Statistiken der portugiesischen Zentralbank.[871] Aufbauend auf dem Untersuchungsdesign von *Shyam-Sunder/Myers* überprüfen die Autoren das Sample hinsichtlich der Pecking-Order-Theorie, der Trade-Off-Theorie sowie einem eigenen Mo-

---

867 Vgl. Serrasqueiro/Maçãs Nunes (2012), S. 627 ff.

868 Als junge KMU gelten dabei die Unternehmen, die zum Ende des jeweiligen Jahres zehn Jahre alt oder jünger sind, während alle übrigen KMU in eine zweite Gruppe mit alten Unternehmen klassifiziert werden. Vgl. Serrasqueiro/Maçãs Nunes (2012), S. 631.

869 Vgl. Klapper/Sarria-Allende/Zaidi (2006), S. 1 ff.

870 Vgl. Klapper/Sarria-Allende/Zaidi (2006), S. 23.

871 Vgl. Bartholdy/Mateus (2008a), S. 6.

dell.[872] Sie kommen zu dem Schluss, dass das Finanzierungsverhalten der betrachteten Unternehmen im Wesentlichen von deren Vermögensstruktur abhängt. Zwar finden *Bartholdy/Mateus* auch Hinweise auf den Einfluss von Informationsasymmetrien auf die Finanzierung. Jedoch führen die Autoren weiter an, dass sowohl die Pecking-Order-Theorie als auch die Trade-Off-Theorie abzulehnen sind, da der Vermögensstruktur in beiden Theorien keine wesentliche Rolle zukommt. Weiterhin entwickeln die Autoren ein Modell zur Erklärung des Zusammenhangs zwischen der Vermögens- und der Kapitalstruktur und finden Hinweise auf dessen Gültigkeit in Bezug auf Lieferantenkredite und langfristige Bankkredite, nicht aber hinsichtlich kurzfristiger Bankkredite.

Ein gemischtes Sample aus privat gehaltenen und börsennotierten britischen KMU untersuchen *Chittenden/Hall/Hutchinson* hinsichtlich verschiedener theoretischer Ansätze.[873] Insgesamt besteht die Stichprobe aus 3.480 Unternehmen über einen Zeitraum von fünf Jahren aus der Datenbank „UK private+", die im Wesentlichen Bilanzdaten umfasst. Im Mittelpunkt der Untersuchung stehen die Identifikation von Kapitalstrukturdeterminanten sowie die Überprüfung der Pecking-Order-Theorie, der Agency-Theorie und lebenszyklusbasierender Modelle. Neben den gängigen erklärenden Variablen wie Profitabilität, Unternehmensgröße und -alter nutzen die Autoren Dummy-Variablen für Kapitalmarktzugang und besonders starkes Wachstum. Sie führen mehrere Kleinste-Quadrate-Regressionen mit der buchwertbasierten Fremdkapitalquote als abhängige Variable durch. Dabei finden sie zwar signifikante Zusammenhänge zwischen der Verschuldung und den Größen Profitabilität, Vermögensstruktur, Unternehmensgröße und Kapitalmarktzugang. Allerdings weisen die einzelnen Variablen in Bezug auf kurz- und langfristiges Fremdkapital uneinheitliche Vorzeichen auf. Entgegen den theoretischen Hypothesen hat der Sicherungswert des Vermögens einen negativen Einfluss auf die Fremdkapitalquote. Große Unterschiede stellen *Chittenden/Hall/Hutchinson* zwischen privat gehaltenen und börsennotierten KMU fest. Da nicht börsennotierte Unternehmen oft nur über begrenzte Sicherheiten verfügen und somit nur eingeschränkten Zugang zu langfristigem Fremdkapital haben, nutzen sie eher interne Mittel zur Finanzierung. *Chittenden/Hall/Hutchinson* werten dieses Verhalten als Hinweis auf die Gültigkeit der Pecking-Order-Theorie.[874] Für börsennotierte Unternehmen hingegen spielen die verfügbaren Sicherheiten nur eine untergeordnete Rolle, da sie über einen besseren Zugang zu langfristigem Fremdkapital verfügen. Insgesamt zeigt sich, dass der Kapitalmarktzugang nicht nur Einfluss

[872] Vgl. Shyam-Sunder/Myers (1999), S. 99.
[873] Vgl. Chittenden/Hall/Hutchinson (1996), S. 59 ff.
[874] Vgl. Chittenden/Hall/Hutchinson (1996), S. 67.

auf die Kapitalstruktur selbst, sondern auch auf den Zusammenhang zwischen den meisten Variablen und dem Verschuldungsgrad hat.

Aufbauend auf der Studie von *Chittenden/Hall/Hutchinson* analysieren *Michaelas/Chittenden/Poutziouris* ebenfalls britische KMU.[875] Das aus der Panel-Datenbank „Lotus One-Source" extrahierte Sample besteht aus 3.500 nicht börsennotierten Unternehmen für den Zeitraum zwischen 1986 und 1995. Die Autoren schätzen ein Regressionsmodell, das neben den wesentlichen Variablen aus der Studie von *Chittenden/Hall/Hutchinson* zusätzlich um die Variablen Unternehmensrisiko, Umlaufvermögen, effektive Steuerquote und nichtfremdkapitalinduzierte Steuervorteile ergänzt wird. Ein wesentliches Ergebnis hinsichtlich der Kapitalstrukturtheorien besteht in dem mangelnden Einfluss der Steuerquote auf die Verschuldung von KMU. So weisen die Daten darauf hin, dass steuerbasierte Überlegungen nur eine geringe Rolle bei Finanzierungsentscheidungen spielen. Der Einfluss der weiteren Variablen auf die Kapitalstruktur deckt sich im Wesentlichen mit den Erkenntnissen von *Chittenden/Hall/Hutchinson*. Nur der Sicherungswert des Vermögens hat hier abweichend zur vorherigen Studie einen positiven Einfluss auf die Fremdkapitalquote und steht somit im Einklang mit der Trade-Off-Theorie.[876] Ebenso finden die Autoren Hinweise auf die Gültigkeit der Pecking-Order-Theorie und der Agency-Theorie.

Ebenfalls Panel-Daten liegen der Studie von *Cassar/Holmes* zugrunde.[877] Datengrundlage bilden 1.555 australische mittelständische Unternehmen, die regelmäßig zwischen 1995 und 1998 an einer Umfrage des Australian Bureau of Statistics teilgenommen haben. Als Einflussgrößen auf den Verschuldungsgrad der Unternehmen überprüfen die Autoren Profitabilität, Unternehmensgröße, Vermögensstruktur, unternehmerisches Risiko und Wachstum mittels einer Kleinste-Quadrate-Regression. Die Ergebnisse deuten darauf hin, dass sowohl die Trade-Off-Theorie als auch die Pecking-Order-Theorie Teile des Finanzierungsverhaltens von KMU erklären können. Lediglich der Einfluss des unternehmerischen Risikos entspricht nicht den Erwartungen der Autoren. Weiterhin finden *Cassar/Holmes* Hinweise auf die Fristenkongruenz von Vermögen und Fremdkapital sowie auf den Einfluss des eingeschränkten Kapitalmarktzugangs auf die Finanzierungsgewohnheiten.[878]

---

875 Vgl. Michaelas/Chittenden/Poutziouris (1999), S. 114.

876 Nach der Trade-Off-Theorie vermindert ein höherer Sicherungswert des Vermögens die Insolvenzwahrscheinlichkeit und begünstigt so die Fremdfinanzierung. Siehe Kap. 2.4.2.

877 Vgl. Cassar/Holmes (2003), S. 123 ff.

878 Vgl. Cassar/Holmes (2003), S. 141.

Inwiefern die verschiedenen Kapitalstrukturtheorien den Finanzierungsmix von italienischen KMU erklären können, ist Gegenstand der Studie von *Brighi/Torluccio*.[879] Als Sample dienen den Autoren 3.385 Unternehmensdatensätze zwischen 2001 und 2003 aus einer Umfrage der Capitalia Bank, die später von der Unicredit-Bankengruppe übernommen wurde. Auf mögliche Verzerrungen aufgrund der Doppelrolle der Bank als Kapitalgeber und datenerhebendes Institut weisen die Autoren explizit hin.[880] Im Rahmen der Studie werden Hypothesen hinsichtlich der Pecking-Order-Theorie, der Trade-Off-Theorie sowie weiterer Modelle, wie den von *Ross* und *Leland/Pyle* über Informationsasymmetrien, getestet. Die Ergebnisse zeigen, dass die befragten KMU zwar generell interne Mittel zur Finanzierung bevorzugen. Doch selbst wenn ausreichend interne Mittel zur Verfügung stehen, greifen die Unternehmen auch auf externes Fremdkapital zurück, sofern sie eine langfristige Beziehung zu einem meist lokalen Kreditinstitut aufgebaut haben.[881] Die Präferenz für interne Mittel interpretieren die Autoren der Studie als Beleg für die Pecking-Order-Theorie. Jedoch finden sie auch Anhaltspunkte für die Gültigkeit der Trade-Off-Theorie.

Ein gemischtes Sample von insgesamt 1.425 mittelständischen und großen Industrieunternehmen aus einer Umfrage des spanischen Wirtschafts- und Energieministeriums für das Jahr 1998 ist Grundlage der Studie von *Menèndez Requejo*.[882] Im Rahmen eines Strukturgleichungsmodells überprüft die Autorin die Stichprobe hinsichtlich der Pecking-Order-Theorie, der Trade-Off-Theorie und der Rolle des eingeschränkten Kapitalmarktzugangs mittelständischer Unternehmen. Hinsichtlich der Kapitalstrukturtheorien stellt *Menèndez Requejo* fest, dass die Profitabilität einen signifikant negativen Einfluss auf die Fremdkapitalquote hat, und deutet dies als Hinweis für die Gültigkeit der Pecking-Order-Theorie. Für die Trade-Off-Theorie hingegen spricht nach Ansicht der Autorin das Streben der Unternehmen zu einem branchendurchschnittlichen Verschuldungsgrad. Jedoch wird aufgrund des gemischten Samples nicht deutlich, inwiefern diese Erkenntnisse bestehen bleiben, wenn mittelständische und große Unternehmen isoliert betrachtet werden. Bemerkenswert ist aber das Ergebnis bezüglich der Rolle des eingeschränkten Kapitalmarktzugangs. So stellt die Autorin fest, dass die Zugangsbeschränkungen erheblichen Einfluss auf die Finanzierungsgewohnheiten von Unternehmen haben.[883] Da die spanischen KMU kaum über Alternativen zu Bankkrediten bei der

[879] Vgl. Brighi/Torluccio (2007), S. 1 ff.
[880] Vgl. Brighi/Torluccio (2007), S. 2.
[881] Vgl. Brighi/Torluccio (2007), S. 15 f.
[882] Vgl. Menéndez Requejo (2002), S. 1 ff.
[883] Vgl. Menéndez Requejo (2002), S. 17.

Aufnahme externer Mittel verfügen, liegt ihre Fremdkapitalquote über den von großen Unternehmen.

Einen anderen Weg der Datenerhebung gehen *Mac an Bhaird/Lucey*, indem sie als Ausgangspunkt die auf öffentlichen Informationen aus Print- und Internetmedien sowie auf Datenbanken basierende Liste der „Next 1.500" des irischen Informationsdienstes Business World verwenden.[884] Mittels einer postalischen Befragung ermitteln die Autoren 299 Datensätze von Unternehmen, die zwischen 20 und 250 Mitarbeiter beschäftigen. Methodisch angelehnt an die Arbeit von *Zellner*[885] führen die Autoren umfangreiche Regressionsrechnungen durch mit den abhängigen Variablen eigene Mittel, Mittel von Freunden und Verwandten, einbehaltene Gewinne, kurz- und langfristige Bankkredite sowie externes Eigenkapital durch. Als Ergebnisse ermitteln *Mac an Bhaird/Lucey* signifikante Einflüsse auf die Kapitalstruktur durch das Alter und die umsatzbasierte Größe der Unternehmen, den Sicherungswert des Vermögens, die Eigentümerstruktur sowie den Wert der persönlichen Sicherheiten. Hinweise auf die Gültigkeit der Pecking-Order-Theorie bietet dabei der signifikant positive Zusammenhang zwischen dem Unternehmensalter und der Finanzierung durch einbehaltene Gewinne. Weiterhin stützen die Ergebnisse die Bedeutung der Unternehmerpersönlichkeit hinsichtlich seines Privatvermögens und seiner Risikobereitschaft, da ein signifikant positiver Zusammenhang zwischen dem Wert der bereitgestellten persönlichen Sicherheiten und dem Fremdkapitalvolumen festgestellt wird.[886] Zudem stellen die Autoren fest, dass Unternehmen mit hohem Aufwand für Forschung und Entwicklung verstärkt auf externes Eigenkapital zugreifen.

4.1.2.2 Studien zu einzelnen Kapitalstrukturtheorien

Im Gegensatz zu den im vorherigen Abschnitt dargestellten empirischen Untersuchungen überprüfen die in Tabelle 4.2 aufgezeigten Studien den Erklärungsgehalt einzelner etablierter Kapitalstrukturtheorien für das Finanzierungsverhalten von KMU.

---

884 Vgl. Mac an Bhaird/Lucey (2010), S. 357 ff.

885 Die Autoren verwenden ein verallgemeinertes Modell von Zellners Seemingly Unrelated Regression (SUR). Vgl. Zellner (1962).

886 Vgl. Mac an Bhaird/Lucey (2010), S. 371 f.

Untersuchung	Anzahl Unternehmen	Region	Zeitraum	Ergebnis
Frank/Goyal (2003b)	768 Groß-unternehmen und KMU	USA	1971-1990	Ablehnung der Pecking-Order-Theorie für KMU
de Jong/Verbeek/ Verwijmeren (2010)	22.197 Groß-unternehmen und KMU	USA	1971-2005	Ablehnung der Pecking-Order-Theorie für KMU
Aybar-Arias/ Casino-Martínez/ López-Gracia (2003)	5.831 KMU	Spanien	1995-2001	Hinweise auf Gültigkeit der Pecking-Order-Theorie
Degryse/de Goeij/ Kappert (2012)	103.217 Firmen-jahre	Niederlande	2002-2005	Hinweise auf Gültigkeit der Pecking-Order-Theorie
Heyman/Deloof/ Ooghe (2008)	1.132 KMU	Belgien	1996-2000	Hinweise auf Gültigkeit der Pecking-Order-Theorie
Hall/Hutchinson/ Michaelas (2000)	3.500 KMU	Großbritan-nien	1995	Hinweise auf Gültigkeit der Pecking-Order-Theorie je nach Branche
López-Gracia/ Aybar-Arias (2000)	461 KMU	Spanien	1995	Ablehnung der Pecking-Order-Theorie für KMU
Watson/Wilson (2002)	626 KMU	United Kingdom	1994	Hinweise auf Gültigkeit der Pecking-Order-Theorie
Michaelas/Chittenden/ Poutziouris (1998)	30 KMU	Großbritan-nien	1997	Hinweise auf Gültigkeit der Pecking-Order-Theorie und Einfluss der Unternehmer-persönlichkeit

Tabelle 4.2: Übersicht über Studien zu einzelnen Kapitalstrukturtheorien
Quelle: eigene Darstellung.

Eine vielzitierte Studie, die sich mit den Finanzierungsgewohnheiten von Unternehmen hinsichtlich einer einzelnen Kapitalstrukturtheorie auseinandersetzt, stammt von *Frank/Goyal*, die sowohl KMU als auch Großunternehmen vor dem Hintergrund der Pecking-Order-Theorie analysieren.[887] Dazu ermitteln sie ein gemischtes Sample von 768 US-amerikanischen, börsennotierten Unternehmen über einen 19-jährigen Zeitraum ab 1971 aus der Compustat-Datenbank. Angelehnt an die Methodik von *Shyam-Sunder/Myers* berücksichtigen die Autoren im Rahmen einer Differenzen-Regression die Profitabilität, die Unternehmensgröße, das Markt-Buchwert-Verhältnis sowie die Veränderungen des materiellen Anlagevermögens als erklärende Variablen.[888] Die Ergebnisse stehen den Aussagen der Pecking-Order-Theorie diametral gegenüber. So weisen die Daten darauf hin, dass zur Beseitigung des Finanzierungsdefizits aufgrund begrenzter interner Mittel eher Eigenkapitalemissionen als Nettoneuverschuldungen vorgenommen werden. Zudem kommt dem Finanzierungsdefizit insgesamt nur eine geringe Erklärungskraft hinsichtlich des Verschuldungsgrads im Vergleich zu den konventionellen Kapitalstrukturdeterminanten zu. Für die Erklärung der Finanzierungsgewohnheiten von KMU fällt diese Aussage noch deutlicher aus. Während die Pecking-Order-Theorie nach Ansicht von *Frank/Goyal* zumindest für einen Teil der eher jungen Großunternehmen Erklä-

[887] Vgl. Frank/Goyal (2003b), S. 217 ff.
[888] Vgl. Shyam-Sunder/Myers (1999).

rungen ermöglicht und mit zunehmenden Alter der Unternehmen an Erklärungskraft verliert, negieren die Autoren die Gültigkeit der Theorie für KMU gänzlich.[889]

Aufbauend auf der Studie von *Frank/Goyal* untersuchen *de Jong/Verbeek/Verwijmeren* ebenfalls mittelständische und große US-amerikanische Unternehmen hinsichtlich der Pecking-Order-Theorie.[890] Dabei erweitern sie das Sample aus der Compustat-Datenbank auf 22.197 Unternehmen über den Zeitraum von 1971 bis 2005. Hinsichtlich der Pecking-Order-Theorie kommen die Autoren zu ähnlichen Ergebnissen wie *Frank/Goyal*. Jedoch erweitern sie deren Erkenntnisse, indem sie die Theorie nicht nur hinsichtlich der Finanzierungsdefizite, sondern auch in Bezug auf die Finanzierungsüberschüsse überprüfen, also Situationen, in denen die internen Mittel zur Finanzierung von Investitionen ausreichen und darüber hinaus Rücklagen gebildet werden können. Liegen Finanzierungsüberschüsse vor, stellen *de Jong/Verbeek/Verwijmeren* ein Finanzierungsverhalten entsprechend der Pecking-Order-Theorie fest, da hier stets ausreichend interne Mittel zur Verfügung stehen. Liegen aber hohe Finanzierungsdefizite vor, folgen die Autoren den Erkenntnissen von *Frank/Goyal*, dass die Pecking-Order-Theorie die Finanzierungsgewohnheiten nicht erklären kann. Auch stimmen sie mit den früheren Ergebnissen überein, dass die Theorie den Finanzierungsmix von KMU in keiner Weise erklären kann, obwohl diese Unternehmensgruppe nach Ansicht der Autoren das höchste Potential für Informationsasymmetrien hat.[891] Sie führen diesen Umstand darauf zurück, dass kleine Unternehmen in der Regel hohe Finanzierungsdefizite zu verzeichnen haben.

Inwiefern unterschiedliche Abgrenzungen von KMU eine Auswirkung auf die Gültigkeit der Pecking-Order-Theorie für diese Unternehmensgruppe haben, ist Gegenstand der empirischen Studie von *Aybar-Arias/Casino-Martínez/López-Gracia*.[892]Ausgehend von der KMU-Definition der Europäischen Kommission variieren die Autoren die Klassengrenzen der verschiedenen Kriterien wie Beschäftigtenzahl oder Bilanzsumme und überprüfen die Auswirkungen auf das Finanzierungsverhalten. Das dazugehörige Sample setzt sich aus Daten von 5.831 Unternehmen zwischen 1995 und 2001 aus der SABI-Datenbank zusammen. Als unabhängige Variablen verwenden *Aybar-Arias/Casino-Martínez/López-Gracia* Unternehmensgröße und -alter, sowie Wachstumsmöglichkeiten und Profitabilität. Die Ergebnisse der dynamischen Regressionsanalyse stützen die Pecking-Order-Theorie. Die Variation der Stich-

[889] Vgl. Frank/Goyal (2003b), S. 236 ff.
[890] Vgl. de Jong/Verbeek/Verwijmeren (2010), S. 733 ff.
[891] Vgl. de Jong/Verbeek/Verwijmeren (2010), S. 755.
[892] Vgl. Aybar-Arias/Casino-Martínez/López-Gracia (2003), S. 1 ff.

probe durch unterschiedliche Klassengrenzen bei der KMU-Definition hat keine wesentlichen Auswirkungen auf die Koeffizienten.

Zu ähnlichen Ergebnissen kommen auch *Degryse/de Goeij/Kappert* für niederländische KMU.[893] Sie untersuchen insgesamt 103.217 Firmenjahre zwischen 2002 und 2005 aus einem Datensatz, der ihnen von der niederländischen Rabobank-Gruppe zur Verfügung gestellt wurde. Jedoch sind die Daten nicht repräsentativ für die Gesamtheit der niederländischen KMU, da einige Branchen nicht berücksichtigt sind. Als erklärende Variablen berücksichtigen die Autoren unter anderem Unternehmensgröße, Sicherungswert des materiellen Vermögens, immaterielles Vermögen, Profitabilität, Wachstum und effektive Steuerquote.[894] Die Ergebnisse stützen die Pecking-Order-Theorie. Sie zeigen einen signifikant negativen Zusammenhang zwischen der Profitabilität und der kurzfristigen Verschuldung sowie einen signifikant positiven Zusammenhang zwischen dem Wachstum und der langfristigen Verschuldung. Daraus schließen die Autoren, dass KMU ihre Profite nutzen, um die vermeintlich teure kurzfristige Verschuldung zu reduzieren und in Wachstumsphasen auf langfristiges externes Fremdkapital zurückgreifen, da die internen Mittel nicht ausreichen. Zugleich weisen die Autoren darauf hin, dass die Pecking-Order-Theorie ursprünglich die Informationsasymmetrien zwischen Managern und externen Eigenkapitalgebern ins Zentrum der Betrachtung stellt und daher für KMU modifiziert werden muss.[895] Sie fokussieren ihre Argumentation daher auf die ungleiche Informationsverteilung zwischen der Geschäftsführung und externen Fremdkapitalgebern. Zudem finden die Autoren Hinweise auf die Fristenkongruenz von Vermögen und Fremdkapital sowie auf Brancheneinflüsse auf die Kapitalstruktur von KMU.

Ein Sample von 1.132 belgischen KMU zwischen 1996 und 2000 aus der Belfirst-Datenbank, die Bilanzdaten von Unternehmen mit Konten bei der belgischen Zentralbank enthält, überprüfen *Heyman/Deloof/Ooghe* hinsichtlich des Finanzierungsverhaltens.[896] Dabei stehen sowohl die Kapitalstruktur in Bezug auf das Verhältnis von Eigen- und Fremdkapital als auch die Zusammensetzung der Verschuldung aus kurz- und langfristigem Fremdkapital im Mittelpunkt. Als Determinanten der Kapitalstruktur werden Profitabilität, Wachstum, Sicherungswert des materiellen Anlagevermögens sowie Unternehmensgröße in die Studie einbezogen. Im Einklang mit den theoretischen Hypothesen haben Unternehmen mit einem geringen Sicherungswert des materiellen Anlagevermögens und hohem Wachstum eine niedrige Fremd-

---

[893] Vgl. Degryse/de Goeij/Kappert (2012), S. 431 ff.
[894] Vgl. Degryse/de Goeij/Kappert (2012), S. 433 ff.
[895] Vgl. Degryse/de Goeij/Kappert (2012), S. 443.
[896] Vgl. Heyman/Deloof/Ooghe (2008), S. 301 ff.

kapitalquote. Zudem stellen die Autoren einen signifikant negativen Zusammenhang zwischen der Profitabilität und dem Verschuldungsgrad im Sinne der Pecking-Order-Theorie sowie eine Fristenkongruenz zwischen dem Vermögen und der Verschuldung fest. Für das Unternehmenswachstum kann kein signifikanter Einfluss auf die Laufzeit der Fremdfinanzierung festgestellt werden, wobei die Autoren einschränkend darauf hinweisen, zukünftige Wachstumsmöglichkeiten von dem bisherigen Wachstum abzuleiten.[897] Die Kreditausfallwahrscheinlichkeit und die Unternehmensgröße korrelieren hingegen negativ mit der Laufzeit der Fremdfinanzierung.

Inwiefern die Branche bei dem Finanzierungsverhalten von KMU hinsichtlich der Pecking-Order-Theorie eine Rolle spielt, untersuchen *Hall/Hutchinson/Michaelas*.[898] Für ihre Stichprobe entnehmen die Autoren Daten von 3.500 nicht börsennotierten britischen Unternehmen mit weniger als 200 Beschäftigten aus der Datenbank „Lotus One-Source". Als erklärende Variablen verwenden sie Profitabilität, Wachstum, Vermögensstruktur sowie Unternehmensgröße und -alter, während kurz- und langfristige Verschuldung als erklärte Variablen herangezogen werden. Die Ergebnisse der empirischen Studie stützen die Pecking-Order-Theorie. Demnach hat die Profitabilität einen signifikant negativen Einfluss auf die kurzfristige Verschuldung. Jedoch besteht kein signifikanter Zusammenhang mit der langfristigen Verschuldung. Hingegen besteht ein signifikant negativer Zusammenhang zwischen dem Unternehmensalter und der kurzfristigen und langfristigen Verschuldung. *Hall/Hutchinson/Michaelas* werten diese Ergebnisse als Hinweis auf die Bedeutung von Informationsasymmetrien.[899] Signifikant positive Zusammenhänge bestehen weiterhin zwischen einzelnen Komponenten der Verschuldung einerseits und Wachstum, Unternehmensgröße sowie den Anteilen des materiellen Anlagevermögens am Gesamtvermögen anderseits. Hinsichtlich der unterschiedlichen Branchen liegen zwar einige Abweichungen bei einzelnen Kapitalstrukturdeterminanten vor, allerdings bleibt die grundlegende Tendenz für die Gültigkeit der Pecking-Order-Theorie in der Untersuchung bestehen.

Einen in Hinblick auf die Methodik anderen Weg gehen *López-Gracia/Aybar-Arias* im Rahmen ihrer Untersuchung.[900] Anders als die meisten hier vorgestellten empirischen Studien, die Regressionskoeffizienten bestimmen, nehmen die Autoren eine Varianzanalyse vor und analysieren, inwiefern sich das Finanzierungsverhalten von einzelnen Subgruppen innerhalb der

---

[897] Vgl. Heyman/Deloof/Ooghe (2008), S. 312.
[898] Vgl. Hall/Hutchinson/Michaelas (2000), S. 297 ff.
[899] Vgl. Hall/Hutchinson/Michaelas (2000), S. 306 ff.
[900] Vgl. López-Gracia/Aybar-Arias (2000), S. 55 ff.

Gruppe der KMU voneinander unterscheidet. Dazu werten sie Bilanzdaten von 461 mittelständischen Unternehmen aus der spanischen Region Valencia aus, die sie aus dem lokalen Melderegister entnommen haben. Als theoretische Grundlage argumentieren *López-Gracia/Aybar-Arias* auf Basis der Pecking-Order-Theorie. Entgegen den Erwartungen der Autoren zeigt sich als Ergebnis der Varianzanalyse, dass eher die größeren Unternehmen innerhalb der Gruppe der KMU zur Finanzierung durch interne Mittel tendieren.[901] Sehr kleine Unternehmen hingegen finanzieren sich eher durch kurzfristiges Fremdkapital, obwohl bei Ihnen hohe Informationsasymmetrien vermutet werden. Hinsichtlich unterschiedlicher Finanzierungsmuster einzelner Branchen stellen die Autoren nur in einigen wenigen Fällen starke Abweichungen fest.

Watson/Wilson legen bei ihrer Überprüfung der Pecking-Order-Theorie Umfragedaten von insgesamt 626 britischen KMU zugrunde, die 1994 aus der Datenbank „UK Fame“ ermittelt und postalisch befragt wurden.[902] Im Rahmen ihrer Untersuchung unterscheiden sie zwischen KMU, bei denen die Geschäftsführung nicht von Gesellschaftern ausgeübt wird, und solchen mit Personalunion von Eigentum und Geschäftsführung. Während als abhängige Variablen verschiedene Größen der Kapitalstruktur wie langfristiges und kurzfristiges Fremdkapital fungieren, werden als unabhängige Variablen Profitabilität, Managemententlohnung, effektive Steuerquote und Dividenden verwendet. Analysiert werden die Daten im Hinblick auf die Pecking-Order-Theorie, auch wenn *Watson/Wilson* einige Aspekte der Theorie bezüglich der Anwendung auf KMU kritisch betrachten.[903] Dennoch finden die Autoren bei ihren Ergebnissen Hinweise auf eine Hierarchie der Finanzierungsformen, insbesondere für die Unternehmen mit Managern, die zugleich Eigentümer sind. Allerdings weisen sie ausdrücklich darauf hin, dass zahlreiche Aspekte, wie beispielsweise die Vermögensstruktur oder die Kapitalangebotsseite, nicht betrachtet werden.[904]

Einen methodisch gänzlich anderen Weg wählen *Michaelas/Chittenden/Poutziouris* bei ihrer Studie mit qualitativen und quantitativen Elementen.[905] Im Rahmen von persönlichen, 1997 durchgeführten Befragungen mit 30 britischen Unternehmern und Managern analysieren sie Finanzierungsentscheidungen von KMU vor dem Hintergrund der Pecking-Order-Theorie. Obgleich die Autoren ein qualitatives Forschungsdesign wählen, steht weniger der Entscheidungsprozess als vielmehr die Identifikation von Kapitalstrukturdeterminanten im Zentrum

[901] Vgl. López-Gracia/Aybar-Arias (2000), S. 62.
[902] Vgl. Watson/Wilson (2002), S. 557 ff.
[903] Vgl. Watson/Wilson (2002), S. 561 f.
[904] Vgl. Watson/Wilson (2002), S. 576.
[905] Vgl. Michaelas/Chittenden/Poutziouris (1998), S. 246 ff.

der Betrachtung. Dabei werden auch Persönlichkeitsmerkmale der Befragten wie Erfahrung, Wissen und Risikofreudigkeit berücksichtigt. Zudem lassen die Forscher verschiedene Finanzierungsformen hinsichtlich ihrer Bedeutung quantitativ bewerten. Neben Hinweisen auf die besonderen Finanzierungsbedürfnisse von Unternehmen in der Start-Up-Phase finden *Michaelas/Chittenden/Poutziouris* Anhaltspunkte für den Einfluss einiger bereits diskutierter Faktoren wie Profitabilität, Unternehmensalter und -größe.[906] Aufgrund des Untersuchungsdesigns werden jedoch keine signifikanten Zusammenhänge dokumentiert. Dennoch finden die Autoren in ihren Ergebnissen Hinweise auf ein Finanzierungsverhalten nach der Pecking-Order-Theorie. Hervorzuheben ist zudem die Erkenntnis, dass auch Persönlichkeitsmerkmale wie Überzeugungen und Einstellungen in Bezug auf bestimmte Finanzierungsformen eine Rolle spielen.

4.1.2.3 Internationale Vergleichsstudien

Insbesondere in den vergangen Jahren wurde eine Reihe von Studien veröffentlicht, die das Finanzierungsverhalten von KMU im internationalen Vergleich analysiert und auf den Erkenntnissen einer oder mehrerer Kapitalstrukturtheorien aufbaut bzw. diese in die Argumentation einbezieht (vgl. die nachfolgende Tabelle 4.3).

Untersuchung	Anzahl Unternehmen	Region	Zeitraum	Ergebnis
Beck/ Demirgüç-Kunt/Maksimovic (2008)	3.000 Groß-unternehmen und KMU	48 Länder	1999	Starker Einfluss institutioneller Rahmenbedingungen
Bell/Vos (2009)	3.458 KMU	5 europäische und 2 asiatische Länder	1999-2005	Ablehnung der Pecking-Order-Theorie
Bartholdy/Mateus (2008b)	19.752 nicht börsennotierte Unternehmen	16 west-europäische Länder	2004	Hinweise auf Gültigkeit der Trade-Off-Theorie
Daskalakis/Psillaki (2008)	16.290 Firmen-jahre	Griechenland, Frankreich	1998-2002	Hinweise auf Gültigkeit der Pecking-Order-Theorie
Hall/Hutchinson/ Michaelas (2004)	4.000	8 west-europäische Länder	1995	Hinweise auf Gültigkeit der Pecking-Order-Theorie

Tabelle 4.3: Übersicht über internationale Vergleichsstudien
Quelle: eigene Darstellung.

Als eine der am meisten beachteten Arbeiten aus dieser Kategorie gilt die Studie von *Beck/Demirgüç-Kunt/Maksimovic*, die Finanzierungsgewohnheiten von Unternehmen aus 48 Ländern untersucht.[907] Als Datenquelle dient hierbei eine Umfrage auf Unternehmensebene, die von der Weltbank 1999 durchgeführt wurde. Insgesamt beruht der Datensatz auf 3.000

[906] Vgl. Michaelas/Chittenden/Poutziouris (1998), S. 257.
[907] Vgl. Beck/Demirgüç-Kunt/Maksimovic (2008), S. 467 ff.

Unternehmen, wobei davon ca. 80 % den KMU zugerechnet werden können. Neben etwaigen Unterschieden zwischen großen und mittelständischen Unternehmen hinsichtlich der Finanzierung untersuchen die Autoren auch, inwiefern die rechtlichen und finanziellen Rahmenbedingungen in den jeweiligen Ländern Auswirkungen auf Finanzierungsmuster und die durchschnittliche Unternehmensgröße haben. Im Hinblick auf die Kapitalstruktur von KMU kommen *Beck/Demirgüç-Kunt/Maksimovic* zu dem Ergebnis, dass diese Unternehmen in geringerem Maße auf externe Mittel zurückgreifen.[908] Dies ist jedoch nach Ansicht der Autoren auch darauf zurückzuführen, dass KMU bei unzureichenden internen Mitteln oft nur zu erschwerten Bedingungen Kapital von außen aufnehmen können. Dabei hängen die Möglichkeiten zur externen Finanzierung stark von den institutionellen Rahmenbedingungen eines Landes ab. So profitieren in den unterschiedlichen Ländern insbesondere KMU vom Schutz der Verfügungsrechte.[909] Im Hinblick auf theoretische Implikationen stellen *Beck/Demirgüç-Kunt/Maksimovic* einen signifikant negativen Zusammenhang zwischen dem Anteil der finanziell schwach aufgestellten Unternehmen und dem Anteil von Firmen, die externes Eigenkapital aufnehmen, fest.[910] Sie sehen darin die Pecking-Order-Theorie gestützt, da die Mehrzahl der Unternehmen in finanzielle Schwierigkeiten geraten, bevor sie externes Eigenkapital begeben.

Eine Umfrage der Weltbank sowie der Europäischen Bank für Wiederaufbau und Entwicklung dient als Datenbasis der Studie von *Bell/Vos*.[911] Insgesamt fließen die Daten von 3.458 Unternehmen aus Deutschland, Griechenland, Irland, Portugal, Südkorea, Spanien und Vietnam ein, die zwischen 1999 und 2005 befragt wurden. Als mutmaßliche Determinanten der Kapitalstruktur verwenden die Autoren Unternehmensgröße und -alter, Profitabilität und Wachstum. Zwar kommen die Autoren hinsichtlich der Zusammenhänge einzelner Variablen zu ähnlichen Ergebnissen wie die zuvor diskutierten Studien und stellen ebenfalls eine Hierarchie der Finanzierungsformen fest. Allerdings lehnen sie die Gültigkeit der Pecking-Order-Theorie für das Finanzierungsverhalten von KMU strikt ab, da ihrer Ansicht nach die theoretische Fundierung der Theorie nicht auf KMU übertragbar ist.[912] Demnach ist die Präferenz für interne Mittel nicht auf Informationsasymmetrien zurückzuführen, sondern lässt sich mit dem Bestreben der Unternehmer nach Unabhängigkeit erklären. Dazu führen sie eine Reihe weiterer Variablen bezüglich des Unternehmers wie Geschlecht, Alter und Ausbildung an und stellen Zusammenhänge fest, die gegen die Pecking-Order-Theorie sprechen. So führen

[908] Vgl. Beck/Demirgüç-Kunt/Maksimovic (2008), S. 476.
[909] Zur Theorie der Verfügungsrechte siehe auch Kap. 2.1.2.2.
[910] Vgl. Beck/Demirgüç-Kunt/Maksimovic (2008), S. 479.
[911] Vgl. Bell/Vos (2009), S. 1 ff.
[912] Vgl. Bell/Vos (2009), S. 34.

Bell/Vos beispielsweise aus, dass nach der Theorie das Ausbildungsniveau des Unternehmers positiv mit dem Anteil der externen Finanzierung korrelieren müsste, da er aufgrund seines Bildungsstands Informationsasymmetrien besser eindämmen kann.[913] Jedoch finden die Autoren hier einen signifikant negativen Zusammenhang. Aufgrund dieser und weiterer Erkenntnisse lehnen die Autoren die Pecking-Order-Theorie für KMU ab.

Einen großzahligen Datensatz mit insgesamt 19.752 nicht börsennotierten Unternehmen aus 16 westeuropäischen Ländern, entnommen aus der Amadeus-Datenbank von 2004, legen *Bartholdy/Mateus* ihrer Studie zugrunde.[914] Sie untersuchen zum einen, ob sich die Finanzierungsgewohnheiten von großen und mittelständischen Unternehmen substanziell voneinander unterscheiden, und zum anderen, welchen Einfluss die verschiedenen Heimatländer der Unternehmen auf die Finanzierung haben. Dabei legen die Autoren den Schwerpunkt auf die Trade-Off-Theorie. Neben dem Einfluss von Steuern untersuchen *Bartholdy/Mateus* auch, welchen Effekt Insolvenzkosten, Agency-Kosten und weitere Aspekte auf die Verschuldung haben. Sie kommen zu dem Schluss, dass KMU nach einem optimalen Verschuldungsgrad streben und sowohl Steuern als auch Insolvenzkosten berücksichtigen, und werten dies als Beleg für die Trade-Off-Theorie.[915] Doch auch asymmetrische Informationen zwischen den Kapitalnehmern und -gebern spielen nach Ansicht von *Bartholdy/Mateus* eine Rolle, da signifikante Zusammenhänge zwischen der Vermögensstruktur, Profitabilität, Wachstum sowie Unternehmensgröße und -alter festgestellt werden. Als weiteres Ergebnis stellen die Autoren fest, dass auch institutionelle Rahmenbedingungen und makroökonomische Faktoren für die Kapitalstrukturgestaltung von KMU von Belang sind.

Auf Datensätze aus der Amadeus-Datenbank greifen auch *Daskalakis/Psillaki* im Rahmen ihrer Studie zurück.[916] Dabei untersuchen sie 6.260 griechische und 10.030 französische Firmenjahre mit dem Ziel Unterschiede und Gemeinsamkeiten in der Kapitalstrukturgestaltung von KMU in den beiden Ländern auszumachen und zu erklären. Als erklärende Variablen dienen Unternehmensgröße, Wachstum, Profitabilität und Vermögensstruktur, während der Verschuldungsgrad die erklärte Variable bildet. Im Ergebnis stellen die Autoren keine wesentlichen Unterschiede zwischen den beiden Ländern fest. So besteht in Griechenland und Frankreich ein signifikant positiver Zusammenhang zwischen der Unternehmensgröße und der Verschuldung. Einen signifikant negativen Einfluss auf den Verschuldungsgrad hat hin-

913 Vgl. Bell/Vos (2009), S. 35.
914 Vgl. Bartholdy/Mateus (2008b), S. 1 ff.
915 Vgl. Bartholdy/Mateus (2008b), S. 4.
916 Vgl. Daskalakis/Psillaki (2008), S. 87 ff.

gegen die Profitabilität. *Daskalakis/Psillaki* werten diesen Zusammenhang als Hinweis auf die Gültigkeit der Pecking-Order-Theorie, auch wenn sie diese eher für große Unternehmen als geeignet betrachten.[917] Die wenigen Abweichungen hinsichtlich der Kapitalstrukturdeterminanten in den beiden Ländern führen die Autoren eher auf firmen- statt auf länderspezifische Faktoren zurück.

Eine weitere Studie mit internationalem Fokus zur Kapitalstruktur von KMU stammt von *Hall/Hutchinson/Michaelas* und untersucht Bilanzdaten von KMU aus acht westeuropäischen Ländern.[918] Insgesamt werden die Angaben von 4.000 Unternehmen mit weniger als 200 Beschäftigten analysiert. Ziel der Untersuchung ist vor allem festzustellen, ob die Kapitalstruktur von KMU eher durch firmen- oder länderspezifische Faktoren bestimmt wird. Dazu untersuchen die Autoren Profitabilität, Wachstum, Vermögensstruktur sowie Unternehmensgröße und -alter als unabhängige Variablen und kurz- und langfristiges Fremdkapital als abhängige Variablen. Im Ergebnis sehen die Autoren ihre Hypothesen bestätigt und werten insbesondere den signifikant negativen Zusammenhang zwischen der Profitabilität und dem Verschuldungsgrad als Hinweis für die Gültigkeit der Pecking-Order-Theorie. Jedoch weisen *Hall/Hutchinson/Michaelas* auch darauf hin, dass die Kapitalstruktur von KMU von vielen weiteren Faktoren beeinflusst wird, die in ihrer Studie nicht erfasst werden.[919] Die festgestellten Unterschiede in den verschiedenen Ländern führen die Autoren beispielsweise auf nationale Gepflogenheiten und kulturelle Unterschiede zurück.

4.1.2.4 Studien zu deutschen KMU

Für den deutschen Mittelstand liegen bisher nur vereinzelte empirische Befunde vor (vgl. Tabelle 4.4). Neben einer kleinzahligen Befragung befassen sich zwei Studien mit der Kapitalstruktur von KMU, die sich auf Daten des KfW Mittelstandspanels beziehen. Das Panel dient der regelmäßigen Analyse von Struktur und Entwicklung des deutschen Mittelstands und wird von der KfW Bankengruppe erhoben.

Untersuchung	Anzahl Unternehmen	Zeitraum	Ergebnis
KfW Bankengruppe (2011)	13.308 KMU	2010	Hinweise auf Gültigkeit der Trade-Off-Theorie
Börner/Grichnik/Reize (2010)	10.692 KMU	2004	Keine Bestätigung etablierter Theorien
Börner/Grichnik (2003)	136 KMU	k. A.	Hinweise auf Gültigkeit der Pecking-Order-Theorie

Tabelle 4.4: Übersicht über Studien zu deutschen KMU
Quelle: eigene Darstellung.

917 Vgl. Daskalakis/Psillaki (2008), S. 95.
918 Vgl. Hall/Hutchinson/Michaelas (2004), S. 711 ff.
919 Vgl. Hall/Hutchinson/Michaelas (2004), S. 726.

Die jüngste Untersuchung zur Kapitalstruktur im deutschen Mittelstand geht auf die Veröffentlichung des Mittelstandspanels der KfW Bankengruppe selbst zurück. Dabei wird untersucht, welche der etablierten Kapitalstrukturtheorien die Finanzierungsgewohnheiten von KMU am besten erklären kann.[920] Insgesamt fließen Daten von 13.308 KMU in die empirische Studie ein. Als Kapitalstrukturtheorien werden die Pecking-Order-Theorie und die Trade-Off-Theorie berücksichtigt. Im Rahmen einer multivariaten Regressionsanalyse werden als unabhängige Variablen Profitabilität, Vermögensstruktur, Forschungsintensität, Branche, Rechtsform sowie Unternehmensgröße und -alter einbezogen. Dabei wird ein signifikant positiven Einfluss der Profitabilität und der Forschungsintensität auf die Eigenkapitalquote festgestellt, während eine steigende Sachanlagequote eine signifikant negative Auswirkung auf die Eigenkapitalquote hat. Zudem werden Hinweise gefunden, dass KMU eine optimale Kapitalstruktur anstreben. Der Studie zufolge ist das Finanzierungsverhalten deutscher KMU somit durch die Trade-Off-Theorie erklärbar.[921] Demnach erfolgt ein Anpassungsverhalten der Unternehmen hin zu einer Zielkapitalstruktur unabhängig von der realisierten Eigenkapitalausstattung.

Auch *Börner/Grichnik/Reize* nutzen das KfW-Mittelstandspanel als Datenquelle im Rahmen ihrer Analyse der Daten von 10.692 Unternehmen aus 2004.[922] Ziel der Studie ist die Identifikation von relevanten Einflussfaktoren auf das Finanzierungsverhalten deutscher KMU vor dem Hintergrund verschiedener Kapitalstrukturtheorien. Jedoch betonen die Autoren, dass sie nicht ein bestimmtes theoretisches Modell testen wollen, da ihrer Ansicht nach die mittelständischen Unternehmen keine selbstbestimmte Finanzierungspolitik verfolgen. Vielmehr überprüfen die Autoren den Zusammenhang zwischen der Kapitalstruktur und Größen wie Unternehmensalter und -größe, Rechtsform, Vermögensstruktur, Profitabilität und Wachstum. Im Ergebnis können einige der Hypothesen nicht bestätigt werden. So finden *Börner/Grichnik/Reize* keine Hinweise auf den Einfluss der Rechtsform oder des Unternehmenswachstums auf die Finanzierung von KMU. Hingegen stellen die Autoren signifikante Zusammenhänge zwischen der Verschuldung einerseits und Unternehmensgröße, Vermögensstruktur und der Profitabilität andererseits fest. Zwar werten die Forscher den positiven Einfluss der Rentabilität auf die Eigenkapitalquote als Hinweis auf die Gültigkeit der Pecking-Order-Theorie. Allerdings sehen *Börner/Grichnik/Reize* keine der etablierten Kapitalstrukturtheorien für deutsche KMU als bestätigt an. Um ein geschlossenes Bild des Finanzierungsver-

[920] Vgl. KfW Bankengruppe (2011a), S. 40 ff.
[921] Vgl. KfW Bankengruppe (2011a), S. 44 f.
[922] Vgl. Börner/Grichnik/Reize (2010), S. 227 ff.

haltens dieser Unternehmen zeichnen zu können, bedarf es nach Ansicht der Autoren einer Analyse des Kontexts, in dem sich deutsche KMU bewegen.[923]

Eine Befragung von Unternehmen und Kreditinstituten mit jedoch deutlich kleinerer Stichprobe dient als Datenbasis der Studie von *Börner/Grichnik*.[924] Durchgeführt haben die Forscher die Befragung in Zusammenarbeit mit dem Beratungsunternehmen Kienbaum Management Consultants. Die Stichprobe von 136 KMU und 131 Kreditinstituten stammt aus dem Kundenkreis von Kienbaum und bildet keinen repräsentativen Querschnitt, da nur bestimmte Branchen sowie nur Sparkassen und genossenschaftlich organisierte Kreditinstitute berücksichtigt wurden. Ausgangsbasis der Befragung bildet die Pecking-Order-Theorie, für deren Gültigkeit die Autoren bei den Ergebnissen Anhaltspunkte finden. So wird die Innenfinanzierung von den befragten Unternehmern auch mehrheitlich als wichtigste Finanzierungsquelle genannt, gefolgt von Bankkrediten.[925] Als Ergebnis der Befragung von Bankern ermitteln die Autoren Hinweise auf Probleme bei der Kreditversorgung von KMU.

4.2 Anwendbarkeit etablierter Kapitalstrukturtheorien für KMU

Die Anzahl empirischer Untersuchungen über die Kapitalstruktur von KMU ist in den vergangenen Jahren deutlich angestiegen. Dies ist nicht zuletzt auf die Vermutung zahlreicher Forscher zurückzuführen, dass aus verschiedenen Gründen wesentliche Unterschiede bei der Finanzierung von mittelständischen und großen börsennotierten Unternehmen bestehen.[926] Inzwischen liegen zumindest auf internationaler Ebene zahlreiche Studien vor, die das Finanzierungsverhalten von KMU vor dem Hintergrund der etablierten Kapitalstrukturtheorien untersuchen. Allerdings kommen diese empirischen Untersuchungen zu teilweise widersprüchlichen Ergebnissen, so dass sich nach wie vor die Frage stellt, inwiefern die bestehenden Kapitalstrukturtheorien auf das Finanzierungsverhalten von KMU übertragbar sind. Daher erfolgt in diesem Abschnitt eine Auseinandersetzung mit der Anwendbarkeit etablierter Kapitalstrukturtheorien auf das Finanzierungsverhalten von KMU vor dem Hintergrund der aus den dargestellten Studien gewonnenen Erkenntnisse sowie der Besonderheiten von KMU.

Die Theorie der Irrelevanz der Kapitalstruktur liefert wertvolle Erkenntnisse für die Finanzierungsforschung, kann aufgrund ihrer unrealistischen Prämissen jedoch kaum zur Erklärung

[923] Vgl. Börner/Grichnik/Reize (2010), S. 247.
[924] Vgl. Börner/Grichnik (2003), S. 681 ff.
[925] Vgl. Börner/Grichnik (2003), S. 685 f.
[926] Vgl. Pettit/Singer (1985), S. 47 ff.; Ang (1992a), S. 185 ff. und Schneider (2010), S. 145 sowie Kap. 3.1.2.

der Kapitalstruktur von KMU herangezogen werden.[927] Auch die Geltung der neueren Kapitalstrukturtheorien für mittelständische Unternehmen ist weitestgehend zu vernachlässigen. Da KMU in der Regel über einen eingeschränkten Kapitalmarktzugang verfügen, lässt sich ihr Verhalten nicht mit der auf Aktienpreisschwankungen aufbauenden Argumentation der Market-Timing-Theorie und der Market-Inertia-Theorie erklären. Die Persistenz-Theorie geht von der initialen Verschuldung als wesentliche Kapitalstrukturdeterminante aus, führt aber deren Zustandekommen nicht aus und kann somit ebenfalls kaum zur Erklärung des Finanzierungsverhaltens von KMU herangezogen werden. Weiterhin finden auch die marktstrategischen Kapitalstrukturtheorien kaum Anwendung bei KMU.[928] Zum einen gehen viele der Ansätze von einem oligopolistischen Absatzmarkt aus. Mittelständischen Unternehmen dürfte es allerdings in der Regel nicht gelingen, eine solche Marktmacht gegenüber den Wettbewerbern zu etablieren. Zum anderen ist es den KMU kaum möglich, erhebliche Abhängigkeitsverhältnisse zu Kunden und Lieferanten aufzubauen, so dass dementsprechende Erklärungsansätze ebenfalls zu vernachlässigen sind. Lediglich die Lebenszyklus-Theorie der Kapitalstruktur und die strategische Management-Theorie bieten eine plausible Argumentation zur Analyse des Finanzierungsverhaltens von Unternehmen unterschiedlichen Alters und Größe, können dabei aber keine eigenständige Theorie etablieren.

Trotz ihrer Berücksichtigung in einigen wenigen empirischen Studien ist auch die Agency-Theorie nicht uneingeschränkt auf die Finanzierungssituation von KMU übertragbar.[929] So sind insbesondere Agency-Konflikte zwischen Eigentümern und Geschäftsführung bei den oft inhabergeführten KMU zu vernachlässigen. Im Fall mehrerer Eigentümer hängen die Agency-Kosten des Eigenkapitals im Wesentlichen von der konkreten organisatorischen Ausgestaltung ab, dürften jedoch in der Regel unter denen von Großunternehmen liegen.[930] Dagegen können Agency-Konflikte zwischen Unternehmern und Fremdkapitalgebern aufgrund der bestehenden Informationsasymmetrien und der Anreize zu opportunistischem Verhalten ein bedeutendes Ausmaß annehmen.[931] Dabei können die Agency-Kosten des Fremdkapitals aber durch die bei KMU üblicherweise (und teilweise auch bei Großunternehmen) vereinbarte Besicherung der Forderungen von Fremdkapitalgebern reduziert werden.[932] Zudem führt die bei Personengesellschaften immanente und bei mittelständischen Kapitalgesellschaften im Regel-

927 Zu den Prämissen der Irrelevanztheoreme siehe Kap. 2.3.1.
928 Vgl. Schneider (2010), S. 146.
929 Vgl. Chittenden/Hall/Hutchinson (1996), S. 59 ff.; Michaelas/Chittenden/Poutziouris (1999), S. 114; Klapper/Sarria-Allende/Zaidi (2006), S. 1 ff. und Bartholdy/Mateus (2008b), S. 1 ff.
930 Vgl. Jordan/Lowe/Taylor (1998), S. 3; Cassar/Holmes (2003), S. 125 und Schneider (2010), S. 146.
931 Vgl. Chrisman/Chua/Litz (2004), S. 348.
932 Vgl. Michaelas/Chittenden/Poutziouris (1999), S. 115. Die Stellung von Sicherheiten ist jedoch auch für Großunternehmen möglich.

fall per selbstschuldnerischer Bürgschaft vertraglich vereinbarte persönliche Haftung des Eigentümers für die Verbindlichkeiten des Unternehmens zu einer weiteren Begrenzung der Agency-Konflikte mit Fremdkapitalgebern.[933] Insgesamt zeigt sich, dass die Festlegung der Kapitalstruktur bei KMU nicht durch das Abwägen von Agency-Kosten des Eigen- und Fremdkapitals erklärt werden kann, aber die Agency-Kosten des Fremdkapitals aufgrund bestehender Informationsasymmetrien Finanzierungsentscheidungen beeinflussen können. So bietet die Agency-Theorie einige wichtige Hinweise auf Erklärungsfaktoren für die Kapitalstruktur von KMU. Als geschlossene Theorie kann sie aber das Finanzierungsverhalten von KMU nicht abschließend erklären.

Hinsichtlich der Anwendbarkeit der auf asymmetrischer Information basierenden Theorien zur Kapitalstruktur ergibt sich ein uneinheitliches Bild. Während die Pecking-Order-Theorie, wie im Rahmen der Literaturauswertung deutlich wurde, zumindest von einigen Autoren zur Erklärung der Kapitalstruktur von KMU herangezogen wird, bleibt eine Berücksichtigung der Signalisierungsansätze fast gänzlich aus.[934] Die Begründung hierfür kann in der mangelnden Übertragbarkeit der Grundidee beider Signalisierungsansätze auf die Situation von KMU gesehen werden. So sind mittelständische Unternehmen in der Regel nicht auf den organisierten Kapitalmärkten vertreten, so dass ausgesendete Signale kaum einen breiten Investorenkreis erreichen können und wegen der geringen Informationsasymmetrien zwischen Management und Eigenkapitalgebern auch nicht nötig sind.[935] Zudem ist die persönliche Abhängigkeit vom Unternehmenserfolg meist ohnehin so groß, dass eine höhere finanzielle Beteiligung bzw. eine höhere Haftung des Unternehmers keine zusätzliche Signalwirkung entfacht. So ist weder das Modell von *Ross*, nach dem eine verschuldungsabhängige Vergütung der Geschäftsführung ein Qualitätssignal darstellt, noch das Modell von *Leland/Pyle*, in dem die Qualität eines Unternehmens durch eine Eigenkapitalbeteiligung des Managements signalisiert wird, ohne Weiteres auf den Mittelstand übertragbar.

Die Anwendbarkeit der Pecking-Order-Theorie auf die Finanzierungssituation von KMU ist in der Literatur umstritten. Einige Autoren betrachten die Theorie als relevant für mittelständische Unternehmen, da sie einen Erklärungsansatz für die oft beobachtete Präferenz für die

933 Vgl. Lehmann/Neuberger (2001), S. 343 und Schneider (2010), S. 146.

934 Eine Ausnahme bildet hierbei die Studie Brighi/Torluccio, die das Sample sowohl hinsichtlich des Modells von Ross als auch in Bezug auf den Ansatz von Leland/Pyle überprüft, dabei aber keine signifikanten Ergebnisse feststellen kann. Vgl. Brighi/Torluccio (2007), S. 7 ff.

935 Vgl. Schneider (2010), S. 145.

Finanzierung durch interne Mittel bietet.[936] Teilweise stellen Autoren überdies für KMU eine besonders strenge Hierarchie der Finanzierungsformen fest, da die mit der Emission von Eigenkapital einhergehenden Kosten bei diesen Unternehmen teilweise sehr hoch sind.[937] Zudem kommen einige Forscher zu dem Ergebnis, dass die Informationsasymmetrien zwischen KMU und Investoren besonders ausgeprägt sind.[938] Entgegen der ursprünglichen Argumentation der Pecking-Order-Theorie umfasst die Finanzierungshierarchie in den empirischen Arbeiten in der Regel jedoch nur ein stark eingeschränktes Spektrum an Finanzierungsinstrumenten.[939] So beinhaltet die Rangordnung der Finanzierungsformen bei den untersuchten KMU meist nur interne Mittel und Bankkredite. Dass die Pecking-Order-Theorie jedoch im Kern die Vor- und Nachteile der externen Eigenfinanzierung analysiert, wird von den meisten Studien vernachlässigt.[940]

In ihrer Entwicklung der Pecking-Order-Theorie 1984 führen *Myers/Majluf* die Präferenz für interne Mittel zum einen darauf zurück, dass die Aufnahme externen Eigenkapitals zu einem Unterinvestitionsproblem führen kann, da der Verwässerungseffekt für die Anteile der Alteigentümer gegebenenfalls nicht durch den Vermögenszuwachs eines Investitionsprojekts mit positiven Kapitalwert ausgeglichen wird.[941] Zum anderen betonen *Myers/Majluf* das Signal über die Unternehmensqualität an den Kapitalmarkt, das von der Ankündigung einer Kapitalerhöhung ausgehen kann. Demnach bezieht sich die Pecking-Order-Theorie im Wesentlichen auf asymmetrische Informationen, die zwischen Unternehmensinsidern und externen Eigenkapitalinvestoren bestehen, und zielt weniger auf die Erklärung der Präferenz interner Mittel gegenüber externem Fremdkapital ab.

Während einige der vorgestellten empirischen Studien die Existenz einer Rangordnung von Finanzierungsformen als Nachweis für Gültigkeit der Pecking-Order-Theorie interpretieren, obwohl die Begründung hierfür weitgehend losgelöst von den ursprünglichen theoretischen Argumentationsketten erfolgt, lehnen andere empirische Beiträge die Anwendung der Pecking-Order-Theorie auf das Finanzierungsverhalten von KMU vor diesem Hintergrund gänz-

---

936 Vgl. Chittenden/Hall/Hutchinson (1996), S. 59 ff.; Hall/Hutchinson/Michaelas (2000), S. 297 ff.; Aybar-Arias/Casino-Martínez/López-Gracia (2003), S. 1 ff.; Beck/Demirgüç-Kunt/Maksimovic (2008), S. 467 ff. und Mac an Bhaird/Lucey (2010), S. 357 ff.

937 Vgl. Michaelas/Chittenden/Poutziouris (1999), S. 116; Berger/Udell (2002), S. F36 und Schneider (2010), S. 146.

938 Vgl. Collins/Kothari/Rayburn (1987); Brennan/Hughes (1991).

939 Vgl. Schneider (2010), S. 147.

940 Vgl. Chittenden/Hall/Hutchinson (1996), S. 59 ff.; Hall/Hutchinson/Michaelas (2004), S. 297 ff.; Brighi/Torluccio (2007), S. 1 ff. und Degryse/de Goeij/Kappert (2012), S. 431 ff.

941 Vgl. Myers/Majluf (1984), S. 190 ff. Siehe hierzu auch Kap. 2.6.2.

lich ab.[942] Weitere Studien finden zwar Hinweise auf eine Hierarchie der Finanzierungsformen, halten eine Anwendung der Pecking-Order-Theorie vor dem Hintergrund der unzureichenden theoretischen Adaption zumindest für bedenklich.[943] Zudem wird auch der in empirischen Arbeiten oft gezogene Rückschluss, dass die negative Korrelation von Profitabilität und Verschuldungsgrad die Gültigkeit der Pecking-Order-Theorie belegt, für KMU angezweifelt, da die Bevorzugung interner Mittel nicht in jedem Fall auf asymmetrische Informationen zurückzuführen ist. So zeigen *Beck/Demirgüç-Kunt/Maksimovic* auf, dass die Finanzierungshierarchie auch kapitalangebotsbedingt sein kann und zudem vom jeweiligen Kontext abhängt, in dem sich KMU bewegen.[944] *Bell/Vos* verdeutlichen im Rahmen ihrer Studie, dass die Präferenz für interne Mittel eher auf die Erhaltung der Unternehmenskontrolle abzielt und weniger der Adverse Selection-Problematik zuzurechnen ist.[945] Demzufolge ist die Pecking-Order-Theorie trotz der empirisch nachgewiesenen Präferenz für interne Mittel aufgrund der unzureichenden Übertragbarkeit der theoretischen Argumentationsketten nur eingeschränkt auf KMU anwendbar.

Auch in Bezug auf die Trade-Off-Theorie besteht in der Literatur keine Einigkeit hinsichtlich der Relevanz für KMU. Zwar finden einige empirische Untersuchungen Hinweise auf ein Finanzierungsverhalten von mittelständischen Unternehmen gemäß der Theorie.[946] Jedoch finden sich auch Hinweise auf eine Verschiebung der relativen Bedeutung von Steuervorteilen und Insolvenzkosten im Mittelstandskontext.[947] So wird KMU regelmäßig ein höheres Risiko unterstellt, dass sich beispielsweise aufgrund der geringeren Diversifikation ergibt und anhand der höheren Insolvenzquoten ersichtlich ist.[948] Zudem werden die Steuervorteile der Fremdfinanzierung auch als weniger relevant für KMU eingeschätzt.[949] Als Konsequenz dieser Argumentation ergibt sich, dass mittelständische Unternehmen eher Eigenkapital als Fremdkapi-

---

942 Vgl. Frank/Goyal (2003b), S. 217 ff.; Bartholdy/Mateus (2008a), S. 1 ff. und de Jong/Verbeek/Verwijmeren (2010), S. 733 ff.

943 Vgl. Sogorb-Mira (2005), S. 455; Bell/Vos (2009), S. 1 ff. und Degryse/de Goeij/Kappert (2012), S. 443.

944 Vgl. Beck/Demirgüç-Kunt/Maksimovic (2008), S. 468.

945 Zudem weisen Bell/Vos auf empirische Erkenntnisse hin, die gegen die Relevanz der Pecking-Order-Theorie sprechen, beispielsweise hinsichtlich des Einflusses des Bildungsniveaus von Unternehmern auf das Ausmaß der Informationsasymmetrien. Vgl. Bell/Vos (2009), S. 5 und S. 35.

946 Vgl. Chittenden/Hall/Hutchinson (1996), S. 59 ff.; Cassar/Holmes (2003), S. 123 ff.; Bartholdy/Mateus (2008b), S. 4; López-Gracia/Sogorb-Mira (2008), S. 117 ff. und Serrasqueiro/Maçãs Nunes (2012), S. 627 ff. Allerdings können die empirischen Ergebnisse nicht immer eindeutig der Trade-Off-Theorie zugeordnet werden. So findet Menèndez Requejo Hinweise auf die Existenz einer angestrebten Zielkapitalstruktur und wertet diese als Indiz für die Trade-Off-Theorie. Zugleich stellt sie eine Hierarchie der Finanzierungsformen fest, die sie als Hinweis auf die Pecking-Order-Theorie interpretiert. Vgl. Menéndez Requejo (2002), S. 1 ff. Zu ähnlichen Ergebnissen kommen Brighi/Torluccio (2007), S. 1 ff. Siehe dazu auch Welch (2010).

947 Vgl. Schneider (2010), S. 147.

948 Vgl. Cassar/Holmes (2003), S. 127 und Hall/Hutchinson/Michaelas (2004), S. 715. Siehe hierzu auch Kap. 3.1.2 und 3.5.2.

949 Vgl. Michaelas/Chittenden/Poutziouris (1999), S. 117 und Sogorb-Mira (2005), S. 448.

tal aufnehmen, um ihre Investitionsmöglichkeiten zu realisieren, sofern sie ihre Finanzierungsentscheidung gemäß der Trade-Off-Theorie treffen. Ein solches Finanzierungsverhalten konnte jedoch bisher kaum empirisch nachgewiesen werden. Vielmehr wird lediglich aufgrund der Existenz eines angestrebten, aus Sicht der Unternehmen optimalen Verschuldungsgrads von der Gültigkeit der Trade-Off-Theorie ausgegangen. Inwiefern Steuervorteile und Insolvenzkosten bestimmend bei der Festlegung der Zielkapitalstruktur sind, ist oft nicht Gegenstand der Untersuchung.[950]

Die Auseinandersetzung mit den dargestellten empirischen Untersuchungen zum Finanzierungsverhalten von KMU vor dem Hintergrund etablierter Kapitalstrukturtheorien zeigt, dass für KMU keine der Theorien einwandfrei belegt werden kann. Dies ist vor allem darauf zurückzuführen, dass die genannten Studien zwar den Erklärungsgehalt der Theorien untersuchen, dabei aber die den Theorien zugrundeliegenden Annahmen als gegeben voraussetzen und KMU-spezifische Besonderheiten außer Acht lassen.

Insofern liegt der Hauptgrund für die begrenzte Anwendbarkeit der Kapitalstrukturtheorien auf KMU in der Diskrepanz zwischen den zugrundeliegenden Annahmen und den spezifischen Charakteristika von KMU. So unterstellen die gängigen Theorien einen uneingeschränkten Zugang zum Kapitalmarkt.[951] Mittelständischen Unternehmen steht jedoch in der Regel nicht die gesamte Palette der Finanzierungsformen zur Verfügung.[952] Aufgrund des eingeschränkten Zugangs kann der Kapitalmarkt darüber hinaus seine Bewertungsfunktion bei KMU nicht erfüllen. *Faulkender/Petersen* zeigen in diesem Zusammenhang auf, dass der eingeschränkte Zugang zum Anleihenmarkt einen starken Einfluss auf die Kapitalstruktur von Unternehmen hat.[953] Demnach führt diese Einschränkung nicht nur zu einer Erhöhung der Fremdkapitalkosten aufgrund der Intermediation von Kreditinstituten zwischen Unternehmen und Kapitalmarkt. Darüber hinaus kann die Zugangsbeschränkung auch in einer Verknappung des Kapitals resultieren, so dass KMU trotz der Bereitschaft, teilweise auch hohe Zinssätze zu akzeptieren, externe Mittel nur in unzureichender Höhe aufnehmen können. *Faulkender/Petersen* kritisieren die bestehenden Kapitalstrukturtheorien hinsichtlich der Nichtberücksichtigung dieses Aspekts.[954]

[950] Vgl. López-Gracia/Sogorb-Mira (2008), S. 117 ff. und KfW Bankengruppe (2011a), S. 40 ff.
[951] Siehe hierzu die Darstellung der jeweiligen Annahmen in Kap. 2.
[952] Vgl. Beck/Demirgüç-Kunt (2006), S. 2931 ff. sowie Kap. 3.1.2.
[953] Vgl. Faulkender/Petersen (2006), S. 46 ff.
[954] Vgl. Faulkender/Petersen (2006), S. 74.

Die Auswirkungen der Zugangsbeschränkungen am Kapitalmarkt sowie der Abhängigkeit von einzelnen Kapitalgebern auf die Kapitalstrukturgestaltung sind auch Gegenstand einiger weiterer Studien. So verdeutlicht der bereits diskutierte Beitrag von *Chittenden/Hall/Hutchinson*, dass große Unterschiede hinsichtlich der Kapitalstruktur von börsennotierten und nicht gelisteten Unternehmen bestehen und daher auch unterschiedliche Erklärungsansätze herangezogen werden müssen.[955] Zudem wird der eingeschränkte Kapitalmarktzugang als wesentliches Wachstumshemmnis bei KMU identifiziert.[956] *Beck/Demirgüç-Kunt/Maksimovic* kommen ebenso zu dem Schluss, dass KMU nur zu erschwerten Bedingungen auf externes Kapital zurückgreifen können.[957]

Eine hohe Bedeutung kommt dabei dem Verhältnis zwischen den KMU und Kreditinstituten zu, da die Unternehmen bei unzureichender Fremdkapitalversorgung durch die Banken in der Regel nicht die alternative Möglichkeit haben, Mittel über die Ausgabe von Anleihen aufzunehmen. So kommen einige Forscher zu dem Schluss, dass die Abhängigkeiten von Banken und deren Kreditvergabepolitik bei mittelständischen Unternehmen viel ausgeprägter sind als bei großen Unternehmen.[958] Entgegen den Annahmen der für große Unternehmen entwickelten Kapitalstrukturtheorien unterliegen KMU somit vielfältigen externen Restriktionen und Abhängigkeiten. *Börner/Grichnik/Reize* sprechen in diesem Zusammenhang von einer „nicht [...] selbstbestimmte[n] Finanzierungsstrategie."[959] Inwiefern die eingeschränkte Autonomie bei der Kapitalstrukturgestaltung Einfluss auf die Finanzierungsgewohnheiten von KMU vor dem Hintergrund bestehender Theorien hat, ist bisher jedoch kaum Gegenstand eingehender Untersuchungen.

Ein weiterer Aspekt bei der Erklärung mittelständischer Kapitalstrukturen ist die herausragende Bedeutung des Unternehmers und dessen Ziele für das Unternehmen. Interessenkonflikte und Signalisierungseffekte, die Grundlagen einiger der Kapitalstrukturtheorien sind, spielen für KMU angesichts der Personalunion von Geschäftsführer und Gesellschafter oft keine Rolle. Darüber hinaus hat die in der Regel geringere Risikoaffinität aufgrund mangelnder Diversifikation des Unternehmers Einfluss auf die Finanzierungsentscheidungen.[960] Ferner kommen *Michaelas/Chittenden/Poutziouris* zu dem Schluss, dass auch weitere Eigen-

[955] Vgl. Chittenden/Hall/Hutchinson (1996), S. 66 f.
[956] Vgl. Geiser (1983) und Beck/Demirgüç-Kunt (2006), S. 2931 ff.
[957] Vgl. Beck/Demirgüç-Kunt/Maksimovic (2008), S. 468. Siehe hierzu auch Cassar/Holmes (2003), S. 141.
[958] Vgl. Kley (2003), S. 794; Berger/Udell (2006), S. 2945 ff. und Carbó-Valverde/Rodríguez-Fernándes/Udell (2009), S. 310. Hinweise auf Probleme bei der Kreditversorgung von KMU finden auch Börner/Grichnik (2003), S. 686.
[959] Börner/Grichnik/Reize (2010), S. 228.
[960] Vgl. Berger/Udell (1998), S. 48.

schaften des Unternehmers wie Erfahrung und Wissen für Finanzierungsentscheidungen relevant sein können.[961] Während die etablierten Kapitalstrukturtheorien überwiegend vom Ziel der Unternehmenswertmaximierung ausgehen, orientieren sich KMU vielfach nicht ausschließlich an wertorientierten Zielen.[962]

Die aufgeführten Punkte zeigen die eingeschränkte Anwendbarkeit der etablierten Theorien auf die Kapitalstrukturentscheidungen in KMU, so dass auch die bisher vorliegenden empirischen Untersuchungen das Finanzierungsverhalten von KMU nicht abschließend erklären können. Anstatt zu untersuchen, welche der etablierten Kapitalstrukturtheorien die größten Überschneidungen mit den realen Finanzierungsbedingungen mittelständischer Unternehmen aufweisen, sollten daher zunächst die wesentlichen Aspekte der Mittelstandsfinanzierung und ihre spezifischen Besonderheiten für die Festlegung des Finanzierungsmixes herausgearbeitet werden, bevor daraus abgeleitete Hypothesen großzahlig getestet werden können.[963] So wird in der Literatur zwar immer wieder auf die Notwendigkeit hingewiesen, den spezifischen Kontext mittelständischer Unternehmen bei der Analyse des Finanzierungsverhaltens zu berücksichtigen.[964] Eine empirische Untersuchung, welche die Diskrepanz zwischen den genannten Annahmen bisheriger Theorien und den Charakteristika von KMU berücksichtigt, fehlt jedoch bislang. Auch wird die Kapitalstruktur von KMU bisher lediglich als deterministische Größe analysiert. Ihr Zustandekommen im Rahmen eines Entscheidungsprozesses ist bisher kaum Gegenstand der wissenschaftlichen Diskussion.

Daher wird im folgenden Abschnitt ein heuristischer Bezugsrahmen auf Basis der bisherigen Ausführungen und Erkenntnisse entwickelt, der sowohl die spezifischen Kontextbedingungen der Finanzierung von KMU berücksichtigt als auch dem entscheidungsorienterten Prozesscharakter der Kapitalstrukturfestlegung gerecht wird und als Fundament für die empirische Untersuchung dient.

---

961 Vgl. Michaelas/Chittenden/Poutziouris (1998), S. 246 ff. Zu ähnlichen Ergebnissen gelangt auch Geiseler, der einen Zusammenhang zwischen den Persönlichkeitsmerkmalen des Unternehmers und dem Finanzierungsverhalten feststellt. Vgl. Geiseler (1999), S. 298 ff.

962 Vgl. Pettit/Singer (1985), S. 58; Cressy (1995), S. 291 ff.; Börner (2006), S. 298; Müller u. a. (2006), S. 190; Vos/Shen (2007), S. 2 und Bell/Vos (2009), S. 2. Zur Wertorientierung siehe grundlegend Pape (2010).

963 Vgl. Watson/Wilson (2002), S. 576.

964 Vgl. Michaelas/Chittenden/Poutziouris (1998), S. 255 ff.; Grichnik (2003), S. 87; Bartholdy/Mateus (2008b), S. 4 und Börner/Grichnik/Reize (2010), S. 247.

4.3 Entwicklung eines heuristischen Bezugsrahmens zu Kapitalstrukturentscheidungen in KMU

Die bisherigen Ausführungen und Erkenntnisse zur Kapitalstrukturtheorie, deren Erklärungsgehalt hinsichtlich KMU sowie die besonderen Charakteristika dieser Unternehmen im Hinblick auf die Finanzierung bilden den Ausgangspunkt der im fünften Kapitel dargestellten empirischen Studie. Zwar wird als Untersuchungsdesign kein rein deduktiver Ansatz der quantitativen Forschung gewählt.[965] Jedoch ist die Definition der Rolle von Theorien auch bei der in dieser Arbeit gewählten Forschungsmethodik erforderlich.[966] So ist auch im Rahmen von eher induktivistisch angelegten Forschungsdesigns eine theoriegestützte Vorgehensweise angebracht, da ein von jeglichem theoretischen Vorwissen abstrahierendes Verfahren aufgrund der zu erwartenden unzusammenhängenden Einzelbeobachtungen bei der Datenerhebung wenig Erfolg verspricht.[967] Daher soll das dargestellte Vorwissen in der Form eines heuristischen Bezugsrahmens als Grundlage für den weiteren Gang der Untersuchung dienen. Dabei kommt dem Bezugsrahmen eine erkenntnisleitende Funktion bei der Festlegung der Stichprobe, der Formulierung des verwendeten Interviewleitfadens und der Datenauswertung zu.[968] Da die mit der Auswahl der Kapitalform verbundene Entscheidungsproblematik als zentrales Phänomen betrachtet werden soll, erfolgt zunächst eine kurze Darstellung der entscheidungsorientierten Perspektive, bevor der hieraus abgeleitete Prozess der Kapitalstrukturfestlegung in KMU und die sich daran orientierende konkrete Ausgestaltung des heuristischen Bezugsrahmens erläutert werden.

4.3.1 Entscheidungsorientierte Perspektive

Bei der Darstellung der empirischen Literatur zu Kapitalstrukturentscheidungen wird deutlich, dass die Studien vor allem das Ziel verfolgen, die Kapitalstruktur von KMU anhand identifizierter Determinanten zu überprüfen. Obwohl mittelständische Unternehmer in der Praxis vor der Herausforderung stehen, geeignete Finanzierungsformen für ihren Betrieb vor dem Hintergrund verschiedener Entscheidungsprämissen auszuwählen, ist das hiermit verbundene Entscheidungsproblem kaum Gegenstand der Untersuchungen. Die Analyse unternehmerischer Fragestellungen als Entscheidungsprobleme ist Kerngedanke der entscheidungsorientierten Betriebswirtschaftslehre.[969] Sie wird auch als (betriebswirtschaftliche) Entscheidungstheorie bezeichnet und befasst sich mit der Auswahl unternehmerischer Handlungsalternati-

---

[965] Eine ausführliche Erläuterung der Methodenindikation erfolgt in Kap. 5.1.1.1.
[966] Vgl. Wrona (2005), S. 19 ff.
[967] Vgl. Kelle/Kluge (1999), S. 16 f. und Wrona (2005), S. 19 f.
[968] Vgl. Wrona (2006), S. 198.
[969] Vgl. Heinen (1968), S. 1 ff. und Backhaus u. a. (2010), S. 6.

ven.[970] Dabei lässt sich zwischen der mathematisch ausgerichteten präskriptiven Entscheidungstheorie, die im Sinne einer normativen Entscheidungslogik Vorschläge für ein idealtypisches Verhalten von Akteuren ableitet, und der deskriptiven Entscheidungstheorie, die das Zustandekommen von Entscheidungen in der Realität analysiert, unterscheiden.[971] In der Folge orientiert sich die Argumentation dieser Arbeit an der deskriptiven Entscheidungstheorie, da sie einen Erklärungsansatz zu dem hier zentralen Problemlösungsverhalten einzelner Individuen bzw. Gruppen von Akteuren bietet. Sie verdeutlicht, dass menschliche Entscheidungen nicht zwangsläufig einer strengen Logik unterliegen, sondern teilweise aufgrund kognitiver Beschränkungen der Akteure einer „Sozio-Logik" bzw. „Psycho-Logik" folgen.[972]

Die begrenzten kognitiven Fähigkeiten einzelner Personen lassen sich in der Analyse als intervenierende Variable betrachten.[973] Anknüpfend am S-O-R-Paradigma[974] der kognitiven Psychologie entwickelt *Kirsch* hierzu ein Modell des individuellen Entscheidungsprozesses, bei dem die beschränkte Informationsverarbeitungskapazität zwischen dem Stimulus eines Entscheidungsprozesses und der hierdurch ausgelösten Reaktion steht.[975] Der Beitrag von *Kirsch* stellt einen der in der deutschsprachigen Literatur am meisten beachteten Systematisierungsversuche von Bestimmungsfaktoren der Entscheidungsfindung dar.[976] Der Zusammenhang zwischen der Theorie des individuellen Entscheidungsverhaltens und dem Erklärungsobjekt der Finanzierungsgewohnheiten von KMU besteht in der zentralen Stellung der Person des Unternehmers, der insbesondere im Rahmen von unternehmerischen Entscheidungen eine bedeutende Rolle zukommt.[977]

Der von *Kirsch* als offenes Modell der Individualentscheidung bezeichnete theoretische Bezugsrahmen betont die Subjektivität der wahrgenommenen Umwelt eines Entscheiders und hebt zugleich das menschliche Suchverhalten nach Informationen hervor.[978] Neben der Wahrnehmung von Eindrücken aus der Umwelt unterstellt *Kirsch* auch ein inneres Suchverhalten, das sich auf das menschliche Gedächtnis bezieht. Dabei unterscheidet er zwischen dem direkt am Entscheidungsprozess beteiligten Kurzzeitgedächtnis, welches im Wesentlichen die mo-

---

970 Vgl. Bank/Gerke (2005), S. 17 und Backhaus u. a. (2010), S. 6.
971 Vgl. Bank/Gerke (2005), S. 74 ff.; Büter (2010), S. 23 und Bamberger/Wrona (2012), S. 59 ff. Für eine ausführliche Darstellung der Geschichte und wesentlicher Merkmale der präskriptiven Entscheidungstheorie siehe Wolf (2011), S. 125 f.
972 Vgl. Kirsch/Bamberger (1976), Sp. 333; Kirsch (1998), S. 40 ff.; Büter (2010), S. 23; und Bamberger/Wrona (2012), S. 60.
973 Vgl. March/Simon (1958), S. 9 ff. und Kirsch (1998), S. 13 ff.
974 S-O-R steht hierbei für Stimulus-Organism-Response. Vgl. dazu auch Foscht/Swoboda (2007), S. 30.
975 Vgl. Kirsch (1998), S. 16 f.
976 Vgl. Geiseler (1999), S. 73 f.
977 Siehe Kap. 3.1.1.2.
978 Vgl. Kirsch (1998), S. 15.

mentane Einstellung eines Menschen prägt, und dem Langzeitgedächtnis, das die spezifische Persönlichkeit einer Person konstituiert.[979] Die aus dem Langzeitgedächtnis abgerufenen Informationen werden jedoch nur teilweise als Entscheidungsprämissen für die Definition der Situation durch ein Individuum berücksichtigt. Vielmehr geht *Kirsch* davon aus, dass die als Grundlage der Reaktion dienende Definition der Situation aufgrund der kognitiven Beschränkungen stark vereinfacht vorgenommen wird und nicht mit der objektiven Sachlage übereinstimmen muss.[980]

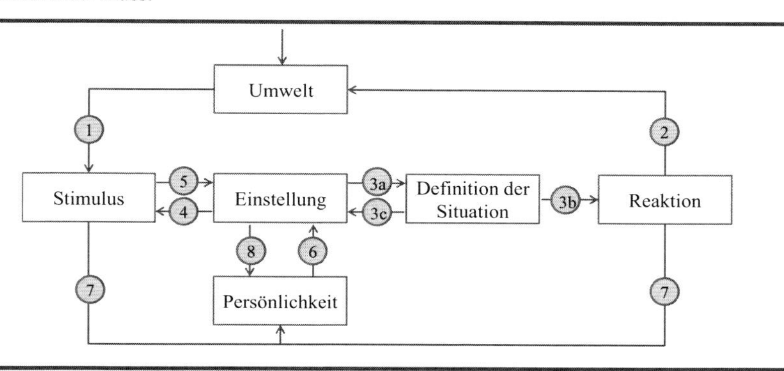

Abbildung 4.1: Offenes Entscheidungsmodell nach Kirsch
Quelle: Kirsch (1998), S. 17.

Abbildung 4.1 verdeutlicht, inwiefern der Entscheidungsprozess eines Individuums durch seine Einstellung und Persönlichkeit sowie durch seine spezifische Definition der Situation beeinflusst wird. Ein ausgesendetes Signal der Umwelt wirkt als Stimulus (1) eines Entscheidungsproblems, auf welches das Individuum reagiert (2). Die Reaktion wird durch Verarbeitungsprozesse im Kurzzeitgedächtnis ausgelöst, welches die temporäre Einstellung eines Menschen prägt. Letztere resultiert aus den von außen aufgenommenen Signalen (5) und aus der Persönlichkeit (6). Jedoch wirkt sich die Einstellung zugleich darauf aus, welche Signale wahrgenommen werden (4) und welche Informationen aus dem Langzeitgedächtnis abgerufen werden (8). Darüber hinaus wird deutlich, dass nicht sämtliche verarbeitete Informationen (3a) als Entscheidungsprämissen im Rahmen der Definition der Situation hinsichtlich der Reaktion (3b) fungieren und diese zudem Rückwirkungen auf die Einstellung haben (3c). Zuletzt zeigt die Abbildung, dass sich Stimuli und resultierende Reaktionen auch langfristige auf die Persönlichkeit auswirken (7).

---

[979] Vgl. Kirsch (1998), S. 16.
[980] Vgl. Kirsch (1998), S. 16.

Die Eignung von *Kirschs* Handlungsmodell zur Erklärung von Kapitalstrukturentscheidungen in KMU wird maßgeblich von der Frage bestimmt, inwiefern die Entscheidungsprozesse auf individueller Ebene getroffen werden. Zwar legt die hervorgehobene Bedeutung der Unternehmerpersönlichkeit in mittelständischen Betrieben eine Eignung nahe, jedoch werden Einflüsse von weiteren Akteuren im Modell nicht berücksichtigt. Hinweise auf derlei Abhängigkeiten der mittelständischen Unternehmer, beispielsweise von der Kreditvergabepolitik der Fremdkapitalgeber, wurden allerdings bereits aufgezeigt.[981] Neben den bereits genannten Aspekten spielt die Forderung der Fremdkapitalgeber nach der Bereitstellung von Sicherheiten vor allem für KMU eine große Rolle bei der Festlegung der Kapitalstruktur.[982] Werden Mittel von externen Eigenkapitalinvestoren zur Verfügung gestellt, können Restriktionen hinsichtlich weiterer Finanzierungsmaßnahmen bestehen.[983] So ist die Position etwaiger externer Eigenkapitalgeber zu berücksichtigen, da sie den Prozess von Kapitalstrukturentscheidungen wesentlich mitprägen kann. Neben Anhaltspunkten für den Einfluss von Kapitalgebern gibt es Hinweise, dass noch weitere Akteure prägend für Kapitalstrukturentscheidungen in KMU sind. Zwar gelten die Kreditinstitute weiterhin als erste Ansprechpartner der Unternehmen bei Fragen bezüglich der Finanzierung.[984] Gleichwohl haben durch die zunehmende Umstrukturierung des Bankensektors auch weitere Bezugsgruppen an Bedeutung gewonnen.[985] So werden neben auf den Mittelstand spezialisierten Finanzierungsberatern vor allem auch Steuerberater bei Finanzierungsentscheidungen hinzugezogen.[986]

Kirsch thematisiert Abhängigkeiten bei Entscheidungsproblemen im Rahmen der Diskussion um die Rolle von externen Informationen als Beschränkungen der Problemdefinition.[987] Demnach ist die Annahme bzw. Ablehnung solcher Informationen als Entscheidungsprämisse ein den eigentlichen Entscheidungsprozess überlagernder Prozess der Informationsverarbeitung.[988] Die Annahme einer solchen Entscheidungsprämisse hängt dabei auch von der Macht des Informationsabsenders ab, da er bei Nichtberücksichtigung möglicherweise Sanktionen verhängen kann oder eine Reputation als Sachverständiger bezüglich der konkreten Problemstellung genießt (vgl. die nachfolgende Abbildung 4.2).

---

981 Vgl. hierzu auch die Arbeiten von Berger/Udell (2006); Carbó-Valverde/Rodríguez-Fernándes/Udell (2009) und Börner/Grichnik/Reize (2010), S. 228.

982 Vgl. Chittenden/Hall/Hutchinson (1996), S. 67; Wossidlo (1997), S. 296 und Michaelas/Chittenden/Poutziouris (1999), S. 115.

983 Siehe Kap. 3.3.3.1.

984 Dies gilt insbesondere dann, wenn die Beziehung zum Kreditinstitut durch das Hausbankprinzip gekennzeichnet ist. Siehe dazu Kap. 3.3.2.2.

985 Siehe Kap. 3.4.2.

986 Vgl. Wöber/Siebenlist (2008), S. 46 und Volkmann (2009), S. 215 ff.

987 Vgl. Kirsch (1998), S. 81 ff.

988 Vgl. Kirsch/Seidl/van Aaken (2009), S. 146 ff.

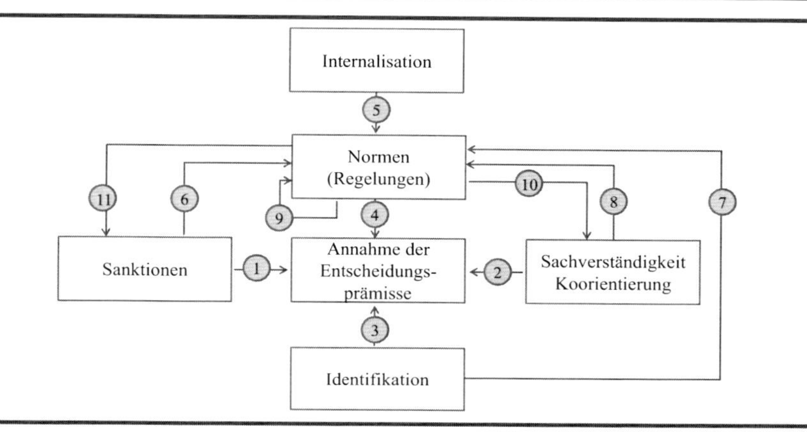

Abbildung 4.2: Annahme oder Ablehnung potentieller Entscheidungsprämissen
Quelle: Kirsch/Seidl/van Aaken (2009), S. 148.

Dabei wird deutlich, dass die Annahme einer Entscheidungsprämisse aus der Machtposition resultieren kann, Sanktionen (etwa Belohnungen oder Bestrafungen) verhängen zu können (1). Die Annahme bzw. Ablehnung einer Entscheidungsprämisse eines Sachverständigen (2) ist *Kirsch* zufolge auch davon abhängig, inwiefern eine Koorientierung der Akteure wahrgenommen wird. Oft liegt die Annahme von externen Informationen auch darin begründet, dass sich der Entscheidungsträger mit dem Absender identifiziert (3). Zudem gelten in sozialen Systemen in der Regel Normen und Regelungen, die die Annahme bestimmter Informationen als Entscheidungsprämisse zwingend vorschreiben (4). Im Laufe des sozialen Lernprozesses werden solche Normen auch durch den einzelnen Akteur internalisiert und als Entscheidungsprämisse akzeptiert (5), so dass sie nicht mehr mit dem ursprünglichen Initiator verbunden werden. Im Rahmen einer mehrstufigen Betrachtung können auch nicht-internalisierte Normen zur Annahme von Entscheidungsprämissen führen, etwa wenn sie aufgrund von Sanktionsmöglichkeiten (6), der Identifikation mit dem Absender von Informationen (7), seiner Sachverständigkeit (8) oder Normen höherer Ordnung (9) existieren. Auch können gegenläufige Kausalitäten bestehen, nach denen soziale Normen externen Personen Sachverstand attestieren (10) bzw. diese mit Sanktionsmöglichkeiten ausstatten (11).

In diesem Zusammenhang unterscheiden *Kirsch/Seidl/van Aaken* verschiedene Formen der Einflussnahme Dritter auf die Handlungen bzw. Entscheidungen von Akteuren wie etwa die Manipulation oder die Androhung von Sanktionen.[989] Inwiefern diese Aspekte im Rahmen von Kapitalstrukturentscheidungen auf Unternehmensebene eine Rolle spielen, etwa im Rah-

[989] Vgl. Kirsch/Seidl/van Aaken (2009), S. 150 ff.

men von Fremdkapitalaufnahmen, ist bisher aber kaum Gegenstand der Kapitalstrukturforschung.

Derartige Entscheidungsprozesse, die durch die Beteiligung mehrerer Akteure gekennzeichnet sind, lassen sich auch mithilfe verhaltenswissenschaftlicher Ansätze erklären.[990] Neben dem Aspekt, dass sich organisationale Entscheidungsprozesse oft als kollektive, soziale Prozesse charakterisieren lassen, spielt zudem eine Rolle, dass sich die Ziele eines Unternehmens nicht zwangsweise mit den individuellen Zielen der entscheidungsbeteiligten Akteure decken müssen und Konflikte entstehen können.[991] Die Betonung organisationaler Fragestellungen in den verhaltenswissenschaftlichen Ansätzen zur Entscheidungstheorie steht jedoch nicht im Widerspruch zu den individualistischen Erklärungsmodellen. Einerseits ist den verschiedenen Ansätzen das Konzept der eingeschränkten Rationalität beteiligter Akteure gemein.[992] Andererseits erfolgt eine Erweiterung der zuvor diskutierten Modelle, indem die personale Dimension mit ihren Konsequenzen für die verhaltenswissenschaftliche Dimension sowie das Erfordernis von Abstimmungsprozessen bezüglich der Zielbildung in den Vordergrund rücken.[993] Hinsichtlich der im Ansatz von *Cyert/March* zentralen Zielsetzung von Organisationen werden zwei Gruppen von Variablen als wesentliche Einflussfaktoren herausgestellt.[994] Während auf der einen Seite die Dimensionen der Ziele durch Variablen wie die Zusammensetzung des Entscheidungsgremiums bestimmt werden, orientiert sich auf der anderen Seite das Anspruchsniveau der Ziele vor allem an Vergleichsmaßstäben wie etwa bisherige Leistungen.[995]

Im Hinblick auf die Relevanz der verhaltenswissenschaftlichen Entscheidungsmodelle für die Erklärung der Kapitalstrukturentscheidungen in KMU sind vor allem die Zusammensetzung des Entscheidungsgremiums sowie die verfolgten Ziele von Belang. Zwar deuten die bisherigen Erkenntnisse an, dass der mittelständische Unternehmer eine zentrale Rolle in Entscheidungssituationen einnimmt, jedoch liegen, wie zuvor beschrieben, auch Hinweise darauf vor, dass gegebenenfalls weitere Akteure an der Entscheidungsfindung beteiligt sind. Auch hinsichtlich der Zielbildung können die verhaltenswissenschaftlichen Entscheidungsmodelle Hinweise auf Kapitalstrukturentscheidungen in KMU geben. So ist nicht zwangsweise anzunehmen, dass sämtliche am Entscheidungsprozess beteiligte Akteure dieselben Ziele verfolgen. Zudem hat die Literaturanalyse gezeigt, dass KMU teilweise heterogene Präferenzstruk-

990 Vgl. Cyert/March (1995), S. 1963.
991 Vgl. Geiseler (1999), S. 80 und Bamberger/Wrona (2012), S. 60. Zu Gruppenentscheidungen siehe auch Meyer (1999), S. 135 ff.
992 Vgl. Heinen (1971) und Cyert/March (1995).
993 Vgl. Backhaus u. a. (2010), S. 7.
994 Vgl. Cyert/March (1995), S. 156.
995 Vgl. Geiseler (1999), S. 80 f.

turen bei der Zielbildung zugrunde legen, während etablierte Kapitalstrukturtheorien einheitliche und übergeordnete wertorientierte Ziele unterstellen.[996]

Während die bisher betrachteten entscheidungsorientierten Ansätze eher allgemeiner Natur sind und hinsichtlich der Anwendbarkeit auf finanzierungsspezifische Entscheidungsprobleme überprüft werden müssen, zielt das Modell von *Kirsch/Bamberger* explizit auf finanzwirtschaftliche Entscheidungsprozesse in Organisationen ab.[997] Dazu entwickeln die Autoren Merkmale zu deren Beschreibung und veranschaulichen den Hergang solcher Entscheidungsprozesse (vgl. die nachfolgende Abbildung 4.3).

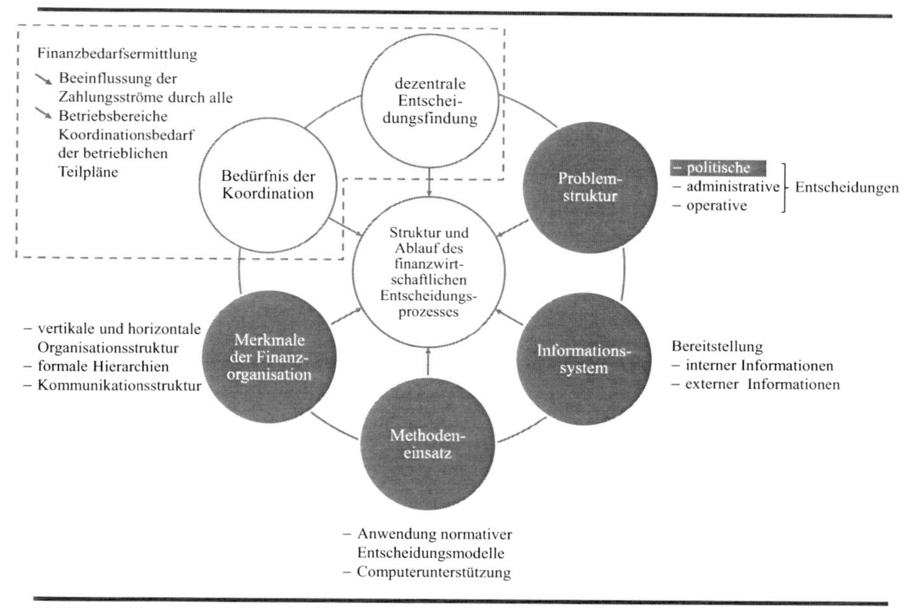

Abbildung 4.3: Merkmale finanzwirtschaftlicher Entscheidungsprozesse in Organisationen nach Kirsch/Bamberger
Quelle: Geiseler (1999), S. 83.

Zunächst weisen *Kirsch/Bamberger* auf die dezentrale Entscheidungsfindung als Merkmal des finanzwirtschaftlichen Entscheidungsprozesses hin, die sich aufgrund der Interdependenzen unterschiedlicher Funktionsbereiche ergibt. Ebenso wie die daraus resultierende Notwendigkeit von Koordinationsleistungen ist das Merkmal der dezentralen Entscheidungsfindung jedoch eher der Finanzbedarfsplanung als der Entscheidungsfindung hinsichtlich Finanzie-

[996] Siehe Kap. 4.2.
[997] Vgl. Kirsch/Bamberger (1976), Sp. 328 ff. und Geiseler (1999), S. 82.

rungsalternativen zuzurechnen.[998] Relevanter für Kapitalstrukturentscheidungen ist hingegen der institutionelle Rahmen des Entscheidungsprozesses, der sich vor allem in der Organisationsstruktur und in formalen Hierarchien ausdrückt. Hierbei greifen *Kirsch/Bamberger* die bereits von *Kirsch* im Rahmen der Abhängigkeiten bei Entscheidungsproblemen diskutierten Auswirkungen von Machtpositionen wieder auf.[999] Ein weiteres Merkmal stellt das Ausmaß der Methodenunterstützung dar, das sich durch den Einsatz computergestützter Modelle der normativen Entscheidungstheorie ergibt. *Kirsch/Bamberger* nehmen in diesem Zusammenhang an, dass sich methodengestützte Entscheidungsprozesse grundsätzlich von solchen ohne Methodeneinsatz unterscheiden.[1000] Ebenso gehen sie davon aus, dass die Intensität der Verarbeitung von internen sowie extern verfügbaren Informationen im Rahmen eines institutionalisierten Informationssystems von Belang ist für den Ablauf von Entscheidungsprozessen. Ein weiteres Merkmal stellt die Problemstruktur im Modell dar. Hierbei unterscheiden die Autoren zwischen politischen, administrativen und operativen Finanzierungsentscheidungen.

Die Darstellung der Merkmale finanzwirtschaftlicher Entscheidungsprozesse von *Kirsch/Bamberger* lässt sich zumindest in Teilen auf die Situation in KMU übertragen. So ist aufgrund der geringeren Größe beispielsweise von einer weniger strukturierten Finanzorganisation und einer geringeren Anwendung normativer Entscheidungsmodelle auszugehen. Zudem geben *Kirsch/Bamberger* Hinweise über den Ablauf finanzpolitischer Entscheidungen, die auch für KMU relevant sein können.[1001] Wie bereits im allgemeinen Modell von *Cyert/March* werden auch hier eher kollektive Entscheidungsprozesse analysiert. Dabei werden von den Autoren formal in der Organisation verankerte Personen oder Gruppen als Entscheidungsträger betrachtet. Daneben spielen aber auch Akteure der inner- und außerorganisationalen Umwelt eine Rolle bei der Entscheidungsfindung. Beispielsweise können auch nicht zur Finanzfunktion eines Unternehmens gehörende Subsysteme wie Produktionsbereiche und unternehmensexterne Parteien Einfluss auf den Zielbildungsprozess nehmen.[1002] Auf diesem Wege verdeutlichen *Kirsch/Bamberger*, dass die oft als Gruppenentscheidungen charakterisierten Prozesse wesentlich durch die Struktur der Entscheidungsgremien sowie die damit verbundenen Machtrelationen und Konfliktpotentiale geprägt sind.[1003]

---

[998] Vgl. Geiseler (1999), S. 82.
[999] Vgl. Kirsch/Bamberger (1976), Sp. 336.
[1000] Vgl. Kirsch/Bamberger (1976), Sp. 337.
[1001] Vgl. Kirsch/Bamberger (1976), Sp. 340 ff.
[1002] Vgl. Geiseler (1999), S. 85.
[1003] Vgl. Kirsch/Bamberger (1976), Sp. 343 ff.

Die entscheidungsorientierte Sichtweise findet in der bisherigen Kapitalstrukturforschung kaum Berücksichtigung. Vielmehr wird die Kapitalstruktur als Ergebnis des Entscheidungsprozesses ins Zentrum der Betrachtung gerückt. Die Entscheidungsfindung, die dazugehörige Zielbildung sowie die Rolle der beteiligten Akteure sind nur von untergeordneter Bedeutung. Jedoch haben die bisherigen Ausführungen gezeigt, dass diese Aspekte gerade bei KMU vor dem Hintergrund bestehender Abhängigkeiten der Akteure und möglicher abweichender Zielfunktionen relevant sein können.

4.3.2 Kapitalstrukturentscheidungen als Prozess

Den skizzierten entscheidungstheoretischen Ansätzen ist die Betonung des Prozesscharakters von Entscheidungsfindungen gemein. Dies ist unter anderem darauf zurückzuführen, dass Entscheidungen nicht zeitlos sind, sondern insbesondere das Geschehen in Unternehmen „durch einen Strom von Handlungen einer Vielzahl von Akteuren gekennzeichnet“[1004] ist. *Kirsch/Seidl/van Aaken* analysieren Entscheidungsprozesse in Organisationen daher im Rahmen einer dynamischen Episodenbetrachtung, nach der einzelne, teilweise nur schwer differenzierbare Episoden kollektiver Entscheidungsprozesse voneinander abgegrenzt untersucht werden.[1005]

Das bestehende Vorwissen bezüglich Kapitalstrukturentscheidungen in KMU wird daher im Folgenden mittels eines prozessorientierten heuristischen Bezugsrahmens dargestellt. Dessen Gestaltung orientiert sich am oben diskutierten Ansatz zu finanzwirtschaftlichen Entscheidungsprozessen von *Kirsch/Bamberger* und an bewährten Bezugsrahmen für die strategische Entscheidungsprozessforschung.[1006] So werden neben den Merkmalen bzw. Eigenschaften des Entscheidungsprozesses auch dessen Einflussgrößen (Kontext), die beteiligten Akteure sowie die prozessualen und ökonomischen Ergebnisse berücksichtigt.

Die inhaltliche Ausgestaltung des in Abbildung 4.4 dargestellten heuristischen Bezugsrahmens soll im Folgenden kurz erläutert werden. Ein wesentliches Element des Entscheidungsprozesses bilden seine *Eigenschaften*, die sich aus dem Grad der Rationalität, dem Grad der

---

[1004] Kirsch/Seidl/van Aaken (2009), S. 155. Vgl. dazu auch Backhaus u. a. (2010), S. 7.

[1005] Vgl. Bamberger/Wrona (2012), S. 61.

[1006] Vgl. Rajagopalan/Rasheed/Datta (1993), S. 352; Papadakis/Lioukas/Chambers (1998), S. 121 und Bamberger/Wrona (2012), S. 483 ff.

Formalität, der Problemstruktur sowie dem Ausmaß der Konflikte und Hierarchien zusammensetzen.[1007]

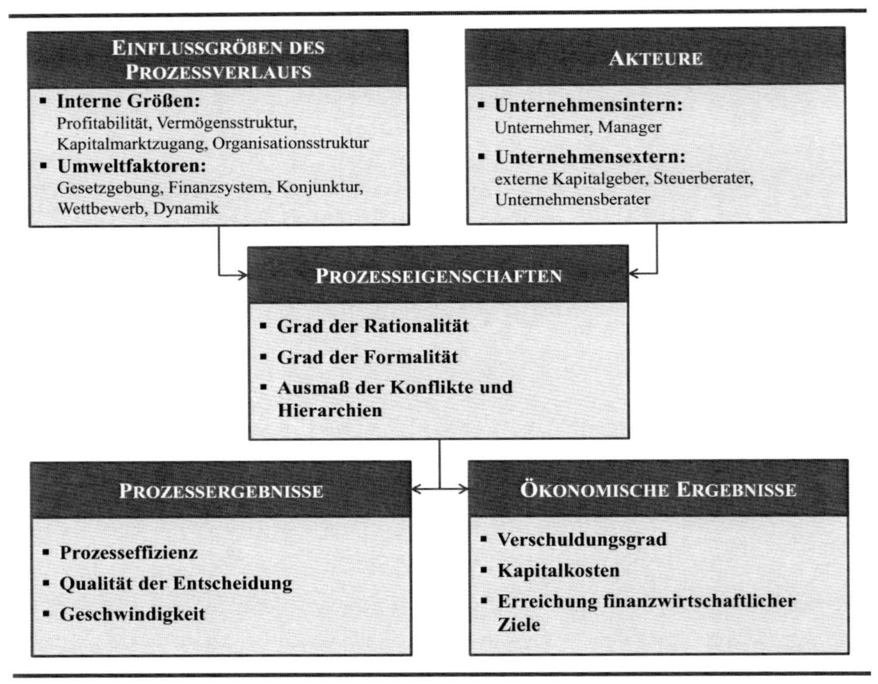

Abbildung 4.4: Heuristischer Bezugsrahmen zu Kapitalstrukturentscheidungen in KMU
Quelle: in Anlehnung an Bamberger/Wrona (2012), S. 486 und S. 488.

Da die Diskrepanz zwischen den Annahmen der Theorien und dem charakteristischen Umfeld, in dem sich KMU bei ihren Finanzierungsentscheidungen bewegen, trotz der Relevanz bisher kaum Gegenstand empirischer Studien ist, sollen die unterschiedlichen *Einflussgrößen des Prozessverlaufs* besondere Berücksichtigung im Rahmen dieser Untersuchung finden. Sie können auch als Kontextfaktoren aufgefasst werden und lassen sich in interne Größen und Umweltfaktoren unterscheiden.[1008] Erstere waren bereits Gegenstand zahlreicher Untersuchungen. So haben vor allem die bereits diskutierten quantitativen Studien Hinweise darüber gegeben, inwiefern Determinanten wie beispielsweise die Profitabilität oder die Vermögensstruktur die Finanzierungsstruktur von mittelständischen Unternehmen beeinflussen.[1009] In-

[1007] Vgl. Kirsch/Bamberger (1976), Sp. 339 f. und Sp. 344 ff.; Rajagopalan/Rasheed/Datta (1993), S. 352 und Papadakis/Lioukas/Chambers (1998), S. 121.

[1008] Vgl. Bamberger/Wrona (2012), S. 484.

[1009] Vgl. hierzu die Arbeiten von Frank/Goyal (2003b), S. 217 ff.; Sogorb-Mira (2005), S. 447 ff. und Beck/Demirgüç-Kunt/Maksimovic (2008), S. 467 ff.

wiefern der Entscheidungsprozess selbst von diesen Größen beeinflusst wird, ist jedoch kaum untersucht worden. Zudem finden weitere interne Größen wie das Ausmaß des Kapitalmarktzugangs oder die Organisationsstruktur bisher kaum Berücksichtigung in der theoretischen Diskussion.[1010] Die externen Umweltfaktoren, die den Prozessverlauf bei Kapitalstrukturentscheidungen in KMU beeinflussen, werden teilweise vom Staat geprägt. Dies ist nicht zuletzt auf die Rolle als Gesetzgeber hinsichtlich der Besteuerung von Unternehmen zurückzuführen. Die diesbezügliche Diskussion in Wissenschaft und Praxis zeigt die Relevanz der Steuergesetzgebung auf.[1011] Darüber hinaus hat der Gesetzgeber durch die formale gesetzliche Verankerung der Basler Eigenkapitalakkorde den Kontext der Mittelstandsfinanzierung wesentlich mitbestimmt.[1012] Zudem kommt dem Staat teilweise eine weitere Rolle als Kapitalgeber über die Vergabe von Fördermitteln zu. So wurden 2010 ca. 13% der mittelständischen Investitionen durch öffentliche Fördermittel finanziert.[1013] Dabei werden neben öffentlich geförderten Beteiligungsprogrammen insbesondere zinsgünstige Darlehen durch spezielle Förderbanken begeben, die die Fremdkapitalfinanzierung über nicht-öffentliche Kreditinstitute ergänzen bzw. ersetzen.[1014]

Weitere Umweltfaktoren für Kapitalstrukturentscheidungen in KMU stellen die Struktur des Finanzsystems und die konjunkturellen Bedingungen dar. So haben die bisherigen Ausführungen gezeigt, dass die zunehmende Kapitalmarktorientierung der Kreditinstitute und die damit einhergehende Abkehr vom Hausbankprinzip erhebliche Konsequenzen für die Mittelstandsfinanzierung haben. Ebenso führt das zunehmend globale Wettbewerbsumfeld der KMU zu Veränderungen des finanziellen Leistungsbedarfs der Unternehmen.[1015] Der Einfluss der konjunkturellen Veränderungen auf die Kapitalstrukturgestaltung von KMU wird vor allem anhand der aktuellen Finanz- und Wirtschaftskrise deutlich, die die Aufnahme von Kapital für diese Unternehmen erheblich erschwert hat.[1016] Als weiterer Umweltfaktor wird im heuristischen Bezugsrahmen die zeitliche Entwicklung in Form einer Dynamisierung bei Kapitalstrukturentscheidungen berücksichtigt. Dies ist nicht zuletzt darauf zurückzuführen, dass

[1010] Vgl. Beck/Demirgüç-Kunt (2006), S. 2931 ff. und Faulkender/Petersen (2006), S. 46 ff. Neben den Ausführungen zur kritischen Betrachtung bisheriger Untersuchungen in Kap. 4.2 siehe hierzu auch die finanzierungsrelevanten Besonderheiten von KMU in Kap. 3.1.2.
[1011] Siehe Kap. 2.4.1.
[1012] Siehe Kap. 3.4.1.
[1013] Siehe hierzu Abbildung 3.1.
[1014] Vgl. Lagemann (2002), S. 85 und Hermann (2007), S. 101 ff.
[1015] Siehe Kap. 3.4.2.
[1016] Siehe Kap. 3.4.3.

sich Hinweise auf eine Dynamisierung im Rahmen der verschiedenen Lebenszyklusphasen von Unternehmen finden lassen.[1017]

Des Weiteren erscheint es aufgrund der aufgezeigten Beziehungen und Abhängigkeiten sinnvoll, die *am Entscheidungsprozess beteiligten Akteure* mit ihren Zielvorstellungen gesondert zu betrachten. Hierbei lassen sich unternehmensinterne Manager und Unternehmer sowie unternehmensexterne prozessbeteiligte Akteure wie Kapitalgeber und Berater unterscheiden, die sich durch die Ausprägung ihrer Finanzierungskenntnisse und die Formulierung ihrer Zielfunktionen beschreiben lassen. Das dokumentierte Vorwissen deutet auf eine hohe Bedeutung der unternehmensexternen Akteure hin, die an Finanzierungsentscheidungen mittelständischer Unternehmen beteiligt sind.[1018] So wurde im vorherigen Abschnitt beispielsweise aufgezeigt, dass Hinweise auf Abhängigkeiten der KMU von Kreditinstituten und deren Kreditvergabepolitik bestehen.[1019]

Die Wirkungen des Entscheidungsprozesses werden ebenfalls im heuristischen Bezugsrahmen erfasst. Dabei werden sowohl die *Prozessergebnisse* als auch die inhaltlichen, ökonomischen Ergebnisse berücksichtigt.[1020] Erstere beziehen sich vor allem auf die Prozesseffizienz und betreffen die Qualität der Entscheidungen vor dem Hintergrund bestehender Ziele. *Ökonomische Folgen* des Entscheidungsprozesses beinhalten zum einen die Auswahl der verschiedenen Kapitalquellen. Gemäß den bisherigen Ausführungen kommen sowohl einbehaltene interne Mittel als auch externes Eigen-, Fremd- und Hybridkapital in Betracht.[1021] Zum anderen wirkt sich der Prozess inhaltlich auch auf Größen wie die Rentabilität oder Liquidität aus.

4.4 Zusammenfassung

Die Erforschung der Kapitalstruktur von Unternehmen hat verschiedene theoretische Modelle hervorgebracht, deren Erklärungsgehalt in zahlreichen empirischen Studien überprüft wurde. Obwohl die Mehrzahl der Untersuchungen große börsennotierte Gesellschaften in das Zentrum der Betrachtung stellt, analysieren einige Beiträge auch das Finanzierungsverhalten von kleinen und mittleren Unternehmen.

[1017] Siehe Kap. 2.7.2.

[1018] Für die Bedeutung der Fremdkapitalgeber siehe Kap. 3.3.2.2.

[1019] Vgl. hierzu auch die Arbeiten von Berger/Udell (2006); Carbó-Valverde/Rodríguez-Fernándes/Udell (2009) und Börner/Grichnik/Reize (2010), S. 228 sowie Kap. 4.3.1.

[1020] Vgl. dazu beispielhaft den Bezugsrahmen in Rajagopalan/Rasheed/Datta (1993), S. 352 sowie Bamberger/Wrona (2012), S. 484 ff.

[1021] Siehe dazu Kap. 3.3.1.

Der Großteil der betrachteten empirischen Arbeiten überträgt die Argumentationslogik der etablierten Kapitalstrukturtheorien auf das Finanzierungsverhalten von KMU, ohne die Anwendbarkeit der theoretischen Modelle für diese Unternehmen explizit zu überprüfen. Dabei finden die Autoren der Studien teilweise Hinweise auf die Gültigkeit der Trade-Off-Theorie, der Pecking-Order-Theorie bzw. der Agency-Theorie. Bei näherer Betrachtung wird jedoch deutlich, dass die Schlussfolgerungen dieser Beiträge häufig nicht der Argumentation der theoretischen Erklärungsmodelle folgen, sondern vielmehr lediglich einzelne Aspekte der Theorien herausgreifen, um ihnen das Finanzierungsverhalten von KMU zuzuordnen. So wird die bloße Existenz einer angestrebten Zielkapitalstruktur als Hinweis auf die Gültigkeit der Trade-Off-Theorie interpretiert. Mögliche gegenläufige Effekte werden jedoch kaum thematisiert. Zudem wird die oft beobachtete Präferenz für interne Mittel als Beleg für ein Finanzierungsverhalten nach der Pecking-Order-Theorie gedeutet. Die Rolle externer Eigenkapitalgeber, auf die sich die Argumentation der Theorie im Kern fokussiert, wird in den Studien jedoch weitgehend ignoriert. Auch in Bezug auf die Agency-Theorie lassen sich nur Teilaspekte in den empirischen Beiträgen aufzeigen. So finden einige Autoren zwar Hinweise auf Anreizprobleme zwischen Anteilseignern und Fremdkapitalgebern, Agency-Konflikte des Eigenkapitals können aufgrund der regelmäßigen Personalunion von Eigentum und Geschäftsführung in KMU jedoch nicht festgestellt werden.

Insgesamt wird deutlich, dass die bestehenden Kapitalstrukturtheorien das Finanzierungsverhalten von KMU nicht in Gänze erklären können. Dies ist nicht zuletzt auf die erhebliche Diskrepanz zwischen den Annahmen, die den Theorien zugrunde liegen, und den spezifischen Charakteristika von KMU zurückzuführen. Während sich die Theorien überwiegend auf große börsennotierte Unternehmen beziehen und einen uneingeschränkten Zugang zum Kapitalmarkt unterstellen, sind die Finanzierungsmöglichkeiten von mittelständischen Unternehmen in der Regel eingeschränkt. In diesem Zusammenhang kommen weitere Studien zu dem Schluss, dass hinsichtlich des Verschuldungsgrads große Unterschiede zwischen börsennotierten und nicht gelisteten Unternehmen bestehen und der Kapitalmarktzugang die Kapitalstruktur von Unternehmen maßgeblich beeinflussen kann. Weiterhin unterstellen die diskutierten Kapitalstrukturtheorien, dass Unternehmen ihre Finanzierungsstrategie weitgehend autonom bestimmen können. Die bei KMU in der Regel bestehenden Abhängigkeiten, insbesondere von Kreditinstituten, werden in den Modellen weitgehend ignoriert. Zuletzt wird deutlich, dass die besondere Bedeutung der Unternehmerpersönlichkeit in mittelständischen Unternehmen weitgehend unbeachtet bleibt, obwohl Hinweise darauf vorliegen, dass Kapitalstrukturentscheidungen hiervon beeinflusst werden können.

Die bestehende Diskrepanz weist auf die eingeschränkte Anwendbarkeit und den begrenzten Erklärungsgehalt der etablierten Kapitalstrukturtheorien für KMU hin. So kommen einige empirische Beiträge zu dem Schluss, dass die Anwendung der gängigen Theorien auf das Finanzierungsverhalten dieser Unternehmen gänzlich abzulehnen ist. Andere Autoren gehen nur von einer eingeschränkten Eignung der Theorien für KMU aus. Daher wird mehrfach eine tiefergehende, auf das Verstehen abzielende Auseinandersetzung mit Kapitalstrukturentscheidungen von KMU gefordert, bevor deren Finanzierungsverhalten weiter in bestehende Erklärungsmuster eingeordnet werden kann. In diesem Zusammenhang weisen einige Autoren auch auf die Notwendigkeit hin, den spezifischen Kontext der Mittelstandsfinanzierung zu berücksichtigen.

Anknüpfend an diese Forschungslücke wird in der vorliegenden Arbeit die Auswahl geeigneter Finanzierungsinstrumente als Entscheidungsproblem analysiert und der Prozesscharakter der Entscheidungsfindung in das Zentrum der Betrachtung gestellt. Die entscheidungsorientierte Perspektive bietet den Vorteil, den spezifischen Kontext der Mittelstandsfinanzierung und die an der Entscheidungsfindung beteiligten Akteure in der weiteren Untersuchung berücksichtigen zu können. Bewährte Modelle zur Entscheidungsfindung von Individuen und in Organisationen bilden daher die Grundlage eines heuristischen Bezugsrahmens zu Kapitalstrukturentscheidungen in KMU. Der Bezugsrahmen setzt sich aus den bisherigen Ausführungen zur Kapitalstruktur von Unternehmen sowie den Erkenntnissen zur Finanzierung von KMU zusammen und stellt somit das bestehende Vorwissen zu Kapitalstrukturentscheidungen in KMU überblicksartig dar. Zugleich betont er den Prozesscharakter der Entscheidungsfindung. Für die weitere Untersuchung dient der Bezugsrahmen als Ausgangspunkt der im folgenden Kapitel dargestellten eigenen empirischen Erhebung. Darin werden im Rahmen einer qualitativen Studie Hypothesen aus Interviewdaten generiert, um einen Beitrag zur Theoriebildung im Hinblick auf Kapitalstrukturentscheidungen in KMU zu leisten.

5 Empirische Untersuchung des Entscheidungsprozesses zur Kapitalstruktur in KMU

Aufbauend auf dem zuvor dargestellten Vorwissen in Form des heuristischen Bezugsrahmens erfolgt in diesem Kapitel die Darstellung der empirischen Untersuchung, die auf das Verstehen des Entscheidungsprozesses zur Kapitalstruktur in KMU unter Berücksichtigung der spezifischen Besonderheiten dieser Unternehmen abzielt. Im Folgenden werden zunächst methodologische Grundlagen und einzelne Aspekte des gewählten Forschungsdesigns aufgezeigt. Die anschließende Erörterung der Untersuchungsergebnisse gliedert sich in drei Teilbereiche, die auf die im Rahmen der Datenauswertung identifizierten Schlüsselkategorien des Kapitalstrukturentscheidungsprozesses zurückgehen. Zuerst werden die im Entscheidungsprozess verfolgten finanzwirtschaftlichen Ziele von KMU diskutiert. Danach stehen die Eigenschaften des unternehmerischen Entscheidungsprozesses im Mittelpunkt der Betrachtung. Als drittes wird die Rolle der unternehmensexternen Prozessbeteiligten bei Kapitalstrukturentscheidungen analysiert. Die im Rahmen der Datenauswertung ermittelten Kategorien sowie die Erkenntnisse über deren Beziehungen werden als Hypothesen formuliert. Das Kapitel schließt mit einer Zusammenfassung des Theoriebeitrags der Untersuchung.

5.1 Grundlagen und Methodik

5.1.1 Methodologische Grundüberlegungen

5.1.1.1 Paradigmen der empirischen Sozialforschung und deren Indikation

In der empirischen Sozialforschung lassen sich zwei grundlegende Richtungen der Erkenntnismethodologie unterscheiden, denen verschiedene Paradigmen als forschungsleitende Denkmodelle zugrunde liegen.[1022] Diese werden im Folgenden voneinander abgegrenzt, bevor die dieser Arbeit zugrunde liegende Forschungskonzeption näher erläutert wird.

Bei der systematischen Erhebung und Analyse von Daten wird zwischen Konzeptionen der qualitativen und der quantitativen Sozialforschung differenziert.[1023] Dabei ist jedoch zu betonen, dass diese beiden gegensätzlichen Begriffe nicht einzelne Verfahren selbst bezeichnen, sondern vielmehr die jeweiligen Hyperonyme einer Reihe von Forschungsmethoden bilden.[1024]

[1022] Vgl. Mayring (2002), S. 9 ff.
[1023] Vgl. Mayring (2002), S. 9 ff.; Wrona (2005), S. 2 ff. und Flick (2007), S. 39 ff.
[1024] Vgl. Wrona (2005), S. 2.

Die Methodern der *quantitativen Sozialforschung* befassen sich mit der möglichst genauen, zahlenmäßigen Erfassung und Überprüfung von empirisch messbaren Gesetzmäßigkeiten und Kausalzusammenhängen.[1025] Diese Methoden orientieren sich an der Exaktheit der Naturwissenschaften, um durch die Operationalisierung von theoretischen Überlegungen sowie durch die Separation von Ursache und Wirkung verallgemeinerbare Ergebnisse mit Gesetzescharakter zu erzielen.[1026] Die quantitative Sozialforschung basiert auf dem *deduktiv-nomothetischen Paradigma*, wonach Forschungsvorhaben eine allgemeine Theorie zugrunde liegt, aus der jeweils eine spezielle Aussage abgeleitet wird.[1027] Auf diesem Wege entwickelte Untersuchungshypothesen sind mithilfe repräsentativer Stichproben empirisch zu überprüfen, um unabhängig von den konkret untersuchten Fällen allgemeingültige Zusammenhänge zu bestimmen.[1028] Die Umweltbedingungen, bei denen die zu untersuchenden Phänomene auftreten, werden zwecks eindeutiger Erfassung der Kausalzusammenhänge in der Regel genau kontrolliert. Die Einflüsse des Forschers sollen dabei ebenso wie die Subjektivität der Untersuchungsobjekte weitgehend ausgeschlossen werden.[1029]

Der Wert einer deduktiv-nomothetischen Erklärung ergibt sich aus deren empirischer Bestätigung.[1030] Da die Verifikation einer Theorie bzw. einer Hypothese in den Sozialwissenschaften aufgrund der begrenzten Anzahl von möglichen Beobachtungen in der Regel jedoch nicht abschließend durchführbar ist, bedienen sich Forschungskonzeptionen der quantitativen Sozialforschung des Falsifikationsprinzips. Dem kritischen Rationalismus *Poppers* folgend besteht der wissenschaftliche Erkenntnisfortschritt demnach in der systematischen Eliminierung ungültiger oder bezweifelbarer Theorien bzw. Hypothesen mittels Falsifikation.[1031] Neue theoretische Erkenntnisse können somit nur durch logisches Ableiten von bestehendem Wissen und anschließende empirische Überprüfung gewonnen werden, nicht aber durch ausschließlich empirische Beobachtungen ohne theoretische Grundlage.[1032]

Dementgegen steht die Methodologie der *qualitativen Sozialforschung*, die die Beschreibung komplexer Phänomene und Interpretation sozialer Sachverhalte umfasst.[1033] Hier wird nicht dem oben gezeigten methodischen Monismus gefolgt, sondern vielmehr ein Dualismus von

[1025] Vgl. Gläser/Laudel (2006), S. 24 und Flick (2007), S. 24.
[1026] Vgl. Wrona (2005), S. 3 und Flick (2007), S. 23 f.
[1027] Vgl. Hempel/Oppenheim (1948), S. 135 ff.; Kromrey (2002), S. 83 ff. und Wrona (2006), S. 191 f.
[1028] Vgl. Wrona (2005), S. 3 und Flick (2007), S. 24.
[1029] Vgl. Flick (2007), S. 24.
[1030] Vgl. Bortz/Döring (2003), S. 21.
[1031] Vgl. Popper (1989), S. 82 ff. und Bortz/Döring (2003), S. 22.
[1032] Vgl. Wrona (2005), S. 3.
[1033] Vgl. Brosius/Koschel (2001), S. 18 und Gläser/Laudel (2006), S. 24.

Methoden der Natur- und Sozialwissenschaften genutzt.[1034] Während die quantitative Sozialforschung eher das Erkenntnisprinzip des Erklärens verfolgt, zielen qualitative Ansätze primär darauf ab, komplexe Ereignisse und soziale Handlungen zu verstehen, wobei sie jedoch nicht auf Erklärungen verzichten.[1035] Darüber hinaus unterscheiden sich die Methodologien hinsichtlich der Rolle der Umwelt, in der sich die zu untersuchenden Handlungen ereignen. So sind die Forschungskonzeptionen der qualitativen Sozialforschung derart gestaltet, dass soziale Phänomene in ihrer komplexen Ganzheit und in ihrem natürlichen Kontext erfasst werden können. Dabei wird die Abhängigkeit des sozialen Handelns von seinen kontextuellen Bedingungen explizit betont, da es sich unabhängig von der wissenschaftlichen Analyse nicht von diesen lösen kann.[1036]

Forschungsleitendes Denkmodell der qualitativen Methoden ist das *interpretative Paradigma*.[1037] Es beruht auf der Annahme, dass soziale Realitäten nicht als objektive Fakten erforscht werden können, sondern vom Forscher konstruiert werden und somit der Interpretation bedürfen.[1038] Soziale Sachverhalte haben demnach nicht immer einen eindeutigen Bedeutungsgehalt, sondern werden erst im Rahmen eines interdependenten Prozesses interpretiert und gedeutet.[1039] Dem Forscher kommt hierbei nicht die Rolle des objektiven Beobachters zu. Vielmehr ist er Teilnehmer des sozialen Handelns, auf das er realitätsverändernd einwirkt.[1040] Die Theoriebildung gestaltet sich in der qualitativen Sozialforschung ebenfalls als interpretativer Prozess.[1041] Aufbauend auf ideographischen Verfahren, die einzelne Fälle in ihrer Ganzheit und unter Berücksichtigung des Kontexts untersuchen, erfolgt die Theorieentwicklung über die Interpretation der sozialen Realität.[1042] Die Theorieentwicklung ist in der qualitativen Sozialforschung demnach primär induktiv geprägt, weist aber in der Regel auch deduktive Elemente auf.[1043]

Die Bewertung des Verhältnisses von quantitativer zu qualitativer Sozialforschung fällt in der Literatur uneinheitlich aus. So sprechen einige Autoren vom „Krieg der Paradigmen“[1044] und

---

[1034] Vgl. Wrona (2005), S. 4.
[1035] Vgl. Bortz/Döring (2003), S. 301.
[1036] Vgl. Wrona (2005), S. 4.
[1037] Vgl. Wilson (1970); Mayring (2002), S. 10 und Wrona (2006), S. 192.
[1038] Vgl. Kieser/Ebbers (2006), S. 36 und Lamnek (2008), S. 66.
[1039] Vgl. Rosenthal (2011), S. 14 f. und Schnell/Hill/Esser (2011), S. 86. Zum Bedeutungsgehalt sozialer Sachverhalte in Organisationen siehe Froschauer/Lueger (2002), S. 224.
[1040] Vgl. Kromrey (2009), S. 61.
[1041] Vgl. Lamnek (2008), S. 66.
[1042] Vgl. Lamnek (1993), S. 129 und Wrona (2005), S. 5.
[1043] Vgl. Wrona (2005), S. 19. Siehe hierzu auch die Entwicklung eines heuristischen Bezugsrahmens für die weitere Untersuchung in Kap. 4.3.
[1044] Kelle (2007), S. 26.

führen als Grund für die Diskussion der beiden Lager die Inkompatibilität der methodologischen Grundideen an.[1045] Dabei wird die zunehmende Bedeutung der interpretativen Methodologie seit den 1980er Jahren von einigen Vertretern des Positivismus kritisch betrachtet.[1046] Sie sehen quantitative Methoden nach wie vor als überlegen an und messen qualitativen Erhebungen bestenfalls eine Nebenrolle bei, beispielsweise im Rahmen einer Vorstudie, deren Ergebnisse nur als vorläufig betrachtet werden.[1047] Teilweise wird qualitativen Resultaten zudem ausschließlich illustrativer Stellenwert zugeschrieben.[1048] Dementgegen steht die Ansicht von Anhängern des interpretativen Paradigmas, dass quantitative Verfahren lediglich „forschungsökonomische Abkürzungen des Datenerzeugungsprozesses"[1049] sind und tatsächliche wissenschaftliche Erkenntnisse eher mit qualitativen Methoden erzeugt werden können.[1050] Zudem wird festgestellt, dass auf quantitativem Wege ermittelte Ergebnisse der Sozialwissenschaften weniger oft als vermutet politische und alltägliche Entscheidungen beeinflusst haben.[1051] Auch heben Forscher hervor, dass durch qualitative Methoden entwickelte Theorien aufgrund der Erfassung der sozialen Realität realistischer sind und differenziertere Erkenntnisse liefern.[1052]

Eine Lösung dieses Konflikts wird in dem gleichberechtigten Nebeneinander der Paradigmen gesehen. Auch Verknüpfungen quantitativer und qualitativer Forschung in einem Untersuchungsdesign sind möglich.[1053] Demnach lassen sich Schwächen einer der methodologischen Grundkonzeptionen im Rahmen eines integrativen methodologischen Programms durch Stärken der jeweils anderen Konzeption teilweise ausgleichen.[1054] Auch hat sich die zuvor eher philosophisch geprägte Debatte hin zu einer forschungspragmatischen Frage der Angemessenheit der Methodik hinsichtlich des Forschungsgegenstands entwickelt.[1055] Demnach ist die Auswahl des Forschungsdesigns weniger anhand der erkenntnistheoretischen Grundüberzeugung als vielmehr unter Berücksichtigung des konkreten Forschungsgegenstands und des Forschungsziels zu gestalten.[1056]

[1045] Vgl. Becker (1996); Flick (2007), S. 40 und Atteslander (2010), S. 12.
[1046] Mayring hingegen spricht von einer „qualitativen Wende" und führt die zunehmende Verbreitung qualitativer Methoden auf die Grenzen quantitativen Denkens zurück. Vgl. Mayring (2002), S. 9. Zur Geschichte qualitativer Forschung siehe Bortz/Döring (2003), S. 301 ff. und Flick (2007), S. 30 ff.
[1047] Vgl. Wrona (2005), S. 3.
[1048] Vgl. Flick (2007), S. 41.
[1049] Oevermann u. a. (1979), S. 16.
[1050] Vgl. Flick (2007), S. 41.
[1051] Vgl. Bonß/Hartmann (1985) und Flick (2007), S. 25.
[1052] Vgl. Lamnek (1993), S. 129 und Wrona (2005), S. 5.
[1053] Vgl. Kelle/Erzberger (2005), S. 299 ff. und Flick (2007), S. 42.
[1054] Vgl. Kelle (2007), S. 296 und Atteslander (2010), S. 13.
[1055] Vgl. Wilson (1982), S. 501 und Flick (2007), S. 53.
[1056] Vgl. Kelle (2007), S. 293 ff. und Atteslander (2010), S. 13.

So ist auch in dieser Arbeit die Sachangemessenheit in Bezug auf die Forschungsfrage maßgeblich für die Indikation der Methodologie. Die Nutzung eines qualitativen Untersuchungsdesigns wird daher im Folgenden anhand der Merkmale Zielsetzung, Rolle des Kontexts und der beteiligten Akteure, Stand der wissenschaftlichen Forschung und zu untersuchendes Phänomen begründet.

Die *Zielsetzung der Untersuchung* liegt in der Erweiterung theoretischer Erkenntnisse und umfasst explizit nicht die Überprüfung theoretischer Überlegungen mittels Hypothesentests.[1057] Die Zielsetzung ist auf den Entdeckungszusammenhang gerichtet. Konkret zielt die Untersuchung nicht auf die Quantifizierung des Einflusses einzelner Faktoren auf die Kapitalstruktur, sondern vielmehr darauf, ein tieferes Verständnis für die Motive bei der Festlegung der Kapitalstruktur von KMU vor dem Hintergrund der besonderen Charakteristika dieser Unternehmen zu erzeugen. Um dabei auch Raum für bisher nicht beachtete Aspekte sowie überraschende Beobachtungen zu lassen, bietet sich eine offene Herangehensweise durch qualitative Methoden an.[1058]

Die bisherigen Ausführungen zeigen, dass dem *Kontext*, in dem mittelständische Unternehmen Kapitalstrukturentscheidungen fällen, besonderes Gewicht zukommt.[1059] So liegen erste Hinweise auf die besonders ausgeprägten Auswirkungen von Veränderungen der kontextuellen Einflussfaktoren vor wie beispielsweise die Strukturveränderungen im Finanzsystem.[1060] Während quantitative Methoden grundsätzlich vom Kontext des Untersuchungsgegenstands abstrahieren, ermöglichen qualitative Forschungskonzeptionen die Berücksichtigung des Kontexts eines sozialen Phänomens im Untersuchungsdesign.

Darüber hinaus verdeutlichen die bisherigen Erkenntnisse die hervorgehobene Bedeutung unternehmensinterner und -externer *Akteure* für den Entscheidungsprozess. Eindeutige Kausalitäten lassen sich jedoch bisher nicht ausmachen. Im Rahmen dieser Arbeit soll daher neben dem Standpunkt des mittelständischen Unternehmers auch die Rolle weiterer am Entscheidungsprozess involvierter Akteure studiert werden. Dabei können Untersuchungsobjekte mittels entsprechender Erhebungstechniken in ihrem natürlichen Umfeld analysiert werden.[1061]

Der bereits ausführlich diskutierte *Stand der Literatur* zur Kapitalstrukturgestaltung in KMU zeigt angesichts der widersprüchlichen Ergebnisse deutlich die Notwendigkeit einer tieferen

---

[1057] Eine Übersicht über mögliche Ziele qualitativer Forschung zeigt Wrona (2005), S. 9.
[1058] Vgl. Wrona (2006), S. 197.
[1059] Siehe hierzu Kap. 4.3.2.
[1060] Siehe Kap. 3.4.
[1061] Vgl. Tomkins/Groves (1983), S. 364.

Auseinandersetzung mit der Thematik auf.[1062] So werden in der Mehrzahl der empirischen Untersuchungen lediglich die etablierten Kapitalstrukturtheorien für Großunternehmen auf KMU übertragen und mittels quantitativer Methoden überprüft. Auf die Diskrepanzen zwischen den Annahmen der Theorien und den spezifischen Charakteristika von KMU sowie auf den Prozesscharakter der Entscheidungen wird dabei allerdings kaum eingegangen. Eine Begründung der teilweise festgestellten Unterschiede hinsichtlich des Verschuldungsgrads von KMU und Großunternehmen erfolgt zumeist nur unzureichend. Zudem werden die Motive der Akteure sowie ihr Verhalten hinsichtlich der Interaktion untereinander im Rahmen des Entscheidungsprozesses kaum erfasst.[1063] Vor diesem Hintergrund erscheint eine weitere quantitative Studie zum Verständnis der Kapitalstrukturgestaltung von KMU derzeit wenig erfolgversprechend. So fordern auch einige Autoren quantitativ geprägter Studien eine tiefergehende qualitative Auseinandersetzung.[1064]

Das Forschungsinteresse dieser Arbeit gilt dem Prozess der Kapitalstrukturgestaltung von KMU als *zu untersuchendes Phänomen*.[1065] In diesem Zusammenhang stehen nicht nur die Prozessergebnisse, sondern auch deren Zustandekommen im Zentrum der Betrachtung. Zusätzlich sollen insbesondere die Rollen der involvierten Akteure und deren Motive analysiert werden. Für die Untersuchung solcher prozessualer Phänomene bieten sich vor allem qualitative Forschungsdesigns an, da sie auf ein tieferes Verständnis sozialer Interaktionsprozesse abzielen.[1066]

5.1.1.2 Kennzeichen der qualitativen Sozialforschung

Die Verfahren der qualitativen Sozialforschung haben zwar einen gemeinsamen Ausgangspunkt in den Grenzen quantitativer Forschungsmethoden, basieren jedoch nicht auf einer einheitlichen theoretischen Grundposition.[1067] Vielmehr wird die Diskussion von unterschiedlichen Forschungsperspektiven bestimmt, die hinsichtlich der theoretischen Annahmen, ihres Gegenstandsverständnisses und des methodischen Schwerpunkts differieren.[1068] Dabei lassen sich drei Hauptströmungen unterscheiden.[1069]

[1062] Siehe Kap. 4.1.

[1063] Eine Ausnahme bildet hierbei die Studie von Michaelas/Chittenden/Poutziouris (1998), S. 246 ff.

[1064] Vgl. z. B. Watson/Wilson (2002), S. 576 und Grichnik (2003), S. 83.

[1065] Vgl. hierzu den heuristischen Bezugsrahmen in Abbildung 4.4. Corbin/Strauss betonen den Nutzen eines solchen Bezugsrahmens zur Indikation der Forschungsmethodologie. Vgl. Corbin/Strauss (2008), S. 40.

[1066] Locke betont in diesem Zusammenhang insbesondere die Eignung der Grounded Theory für die Untersuchung von prozessualen Phänomenen. Vgl. Locke (2001), S. 41 ff.

[1067] Vgl. Flick (2007), S. 23 ff. und S. 81 ff.

[1068] Vgl. Flick/von Kardorff/Steinke (2005b), S. 18.

[1069] Vgl. Wrona (2006), S. 193.

Der *symbolische Interaktionismus* befasst sich als Handlungstheorie mit den subjektiven Deutungen, die soziale Akteure ihrer Umwelt beimessen.[1070] Dagegen stehen bei der *Ethnomethodologie* die soziale Ordnung alltäglicher Situationen sowie deren Strukturierung durch die handelnden Personen im Mittelpunkt.[1071] Als dritte Hauptströmung qualitativer Forschung gehen die *strukturalistischen Ansätze* von unbewusst funktionierenden Mechanismen aus, die einen Rahmen zur Wahrnehmung sozialer Wirklichkeit bilden.[1072]

Aufgrund dieser unterschiedlichen Grundpositionen ergibt sich auch ein breites Spektrum an qualitativen Methoden, die unterschiedliche Ziele verfolgen.[1073] Trotz der Heterogenität weisen sie aber auch einige einheitliche theoretische Grundannahmen bezüglich der Rolle sozialer Wirklichkeit auf, die von *Flick/von Kardorff/Steinke* wie folgt zusammengefasst werden:[1074]

- Soziale Wirklichkeit kann als Ergebnis gemeinsam hergestellter Bedeutungen verstanden werden.
- Daraus resultieren der Prozesscharakter und die Reflexivität sozialer Wirklichkeit.
- Objektive Lebensumstände werden durch subjektive Deutungen verstehbar.
- Die hohe Relevanz der Kommunikation für soziale Wirklichkeit und qualitative Forschung führt dazu, dass qualitative Methoden als Rekonstruktion der sozialen Konstruktion „Wirklichkeit" betrachtet werden.

Mayring macht zudem in der geisteswissenschaftlichen Tradition der Hermeneutik „eine Wurzel qualitativen Denkens"[1075] aus, die sich nach *Lamnek* von einer Technik des Auslegens von Texten zu einer universalen Theorie des Verstehens entwickelt hat.[1076] Somit ist im Verstehen auch das primäre Erkenntnisprinzip qualitativer Forschung zu sehen, das durch Sinn-Rekonstruktionen und dem Durchbrechen des oberflächlichen Scheins der Realität zu erreichen ist.[1077] Darüber hinaus stellt *Mayring* fünf Postulate als Grundgerüst qualitativer Sozialforschung auf:[1078]

- Die Subjektbezogenheit der Forschung ergibt sich aus dem Forschungsgegenstand. Der Mensch ist Ausgangspunkt und Ziel der Analyse.

[1070] Vgl. Denzin (2005), S. 136 ff.
[1071] Vgl. Garfinkel (1967); Bergmann (2005) und Wrona (2005), S. 5 f.
[1072] Vgl. Flick (2007), S. 90.
[1073] Vgl. Lamnek (2005), S. 28 ff. und Flick (2007), S. 29 f.
[1074] Vgl. dazu im Folgenden Flick/von Kardorff/Steinke (2005b), S. 20 ff.
[1075] Mayring (2002), S. 13.
[1076] Vgl. Lamnek (2005), S. 59.
[1077] Vgl. Wrona (2005), S. 6.
[1078] Vgl. Mayring (2002), S. 19 ff. und Wrona (2005), S. 6.

- Zu Beginn einer Untersuchung erfolgt eine genaue Deskription des Gegenstandsbereichs.
- Der Forschungsgegenstand muss durch Interpretation erschlossen werden, da er nie völlig offen liegt.
- Der Forschungsgegenstand muss in seinem alltäglichen Umfeld studiert werden, nicht in Laborsituationen.
- Die Verallgemeinerung von Forschungsergebnissen erfolgt aufgrund der Situationsgebundenheit sozialer Handlungen nicht unweigerlich durch Methoden mit statistischer Repräsentativität, sondern muss immer im Einzelfall aufgezeigt werden.

Aufbauend auf diesen fünf Postulaten entwickelt *Mayring* neben weiteren Autoren Leilinien für qualitative Forschungsarbeiten.[1079] So spielt das Prinzip der *Offenheit* eine gewichtige Rolle sowohl in theoretischer als auch in methodischer Hinsicht. Theoretische Offenheit ermöglicht die Berücksichtigung neuer, erst während des Untersuchungsverlaufs entdeckter Phänomene und bietet somit Vorteile gegenüber festgelegten, hypothesengeleiteten Forschungsdesigns. Die methodische Offenheit bezieht sich auf den Einsatz unterschiedlicher Instrumente, um Daten umfassend erheben und analysieren zu können. Die aus der Offenheit ableitbare Möglichkeit auch überraschende Beobachtungen zu tätigen, steht in unmittelbarem Zusammenhang mit der *induktiv geprägten Vorgehensweise*, die als weiteres Merkmal qualitativer Arbeiten gilt.[1080] So ist eine Entdeckung neuer Perspektiven und Kontexte mittels klassischer deduktiver Verfahren nur schwer erreichbar. Induktive Verfahren, im Rahmen derer Hinweise bezüglich allgemeingültiger Zusammenhänge anhand einzelner Beobachtungen erlangt werden können, haben somit eine erkenntniserweiternde Funktion.[1081] Hierbei wird auch die *Einzelfallbezogenheit* qualitativer Forschung deutlich.[1082] Während *Mayring* zufolge bei quantitativen Forschungskonzeptionen die Gefahr besteht, dass Forscher eine zu große Distanz zum Ausgangsmaterial einnehmen, um tatsächlich bestehende Zusammenhänge zu erkennen, können im Rahmen qualitativer Verfahren einzelne Fälle umfassend und unter Berücksichtigung verschiedener *Perspektiven* der handelnden Personen eingehend analysiert werden.[1083] Die Unterschiedlichkeit der Sichtweise beteiligter Akteure ist zudem vor dem Leitgedanken der *Kontextualität* in qualitativen Untersuchungen zu beachten. Danach werden

---

1079 Vgl. auch im Folgenden Mayring (2002), S. 23 und Flick/von Kardorff/Steinke (2005b), S. 22 ff. Einen Überblick zu den genannten Merkmalen bietet Wrona (2005), S. 7 ff.

1080 Vgl. Lamnek (2005), S. 249 ff.

1081 Vgl. Bortz/Döring (2003), S. 299.

1082 Vgl. Wrona (2006), S. 193.

1083 Vgl. Mayring (2002), S. 25 ff.

Daten in ihrem natürlichen Umfeld erhoben und vor dem Hintergrund des Kontexts analysiert.[1084]

5.1.1.3 Forschungsprozess

Der qualitative Forschungsprozess lässt sich nicht nur anhand der Methodenauswahl von quantitativen Designs abgrenzen. Qualitativen Konzeptionen liegt auch ein anderes Verständnis von Forschung hinsichtlich des Verhältnisses von Gegenstand sowie Erhebungs- und Auswertungsinstrumenten zugrunde.[1085] Während quantitative Forschungsvorhaben in der Regel durch eine lineare Abfolge einzelner Schritte gekennzeichnet sind, die teilweise auch unabhängig voneinander durchgeführt werden können, liegt bei qualitativer Forschung zumeist eine wechselseitige Abhängigkeit der einzelnen Komponenten vor.[1086] Diese Verzahnung der einzelnen Bestandteile des Forschungsprozesses ist bei der in dieser Arbeit genutzten Methodik der Grounded Theory besonders ausgeprägt.[1087]

Die Grounded Theory als Verfahren der sozialwissenschaftlichen Hermeneutik geht zurück auf das Werk von *Glaser/Strauss* aus dem Jahr 1967 und hat insbesondere in den vergangenen Jahren zunehmend an Popularität in den unterschiedlichen Fachdisziplinen der Sozialwissenschaften gewonnen.[1088] Durch ihr Ziel der Theoriebildung und Entwicklung von Konzepten „auf der Basis von Erfahrungsdaten aus alltagsweltlichen Kontexten“[1089] weist sie einen induktiven Charakter auf. Sie dient nicht der Erkenntnisgewissheit, sondern dem tieferen Verstehen von Einzelfällen und kann in der Generierung von Hypothesen resultieren.[1090] Eine auf diesem Weg entwickelte Theorie bezüglich eines sozialen Phänomens wird als *gegenstandsbezogen* (grounded) bezeichnet.[1091] Dabei ist die Grounded Theory auch als Anleitung für Forschende hinsichtlich der Datenerhebung und -auswertung zu verstehen.[1092] Sie ist insbesondere für die Untersuchung subkultureller Felder unter Berücksichtigung der Perspektiven der Beteiligten geeignet.[1093]

1084 Vgl. Flick/von Kardorff/Steinke (2005b), S. 23. Zur Kontextualität siehe auch Kap. 5.1.1.
1085 Vgl. Becker (1996), S. 53 ff. und Flick (2007), S. 122 sowie die Ausführungen in Kap. 5.1.1.
1086 Vgl. Wrona (2005), S. 13 und Flick (2007), S. 122 f.
1087 Vgl. Glaser/Strauss (1967); Flick (2007), S. 124 ff. und Corbin/Strauss (2008).
1088 Vgl. Mruck (2000) und Breuer (2010), S. 40.
1089 Breuer (2010), S. 39.
1090 Vgl. Lamnek (2005), S. 100 ff.
1091 Vgl. Mayring (2002), S. 103 ff. Geläufig sind auch die Begriffe *gegenstandsbegründete* oder *datenbasierte Theorie*. Vgl. Breuer (2010), S. 39 bzw. Lamnek (2005), S. 100.
1092 Vgl. Denscombe (2007), S. 88 ff.
1093 Vgl. Breuer (2010), S. 39. Anwendungsbeispiele finden sich in Strauss/Corbin (1997) und Osann (2010).

Die Vorgehensweise im Rahmen der Grounded Theory erfolgt keinem starren linearen Muster. Vor dem Hintergrund der Theoriebildung als Zielsetzung ist der Forschungsprozess eher zirkulär angelegt (vgl. die nachfolgende Abbildung 5.1).

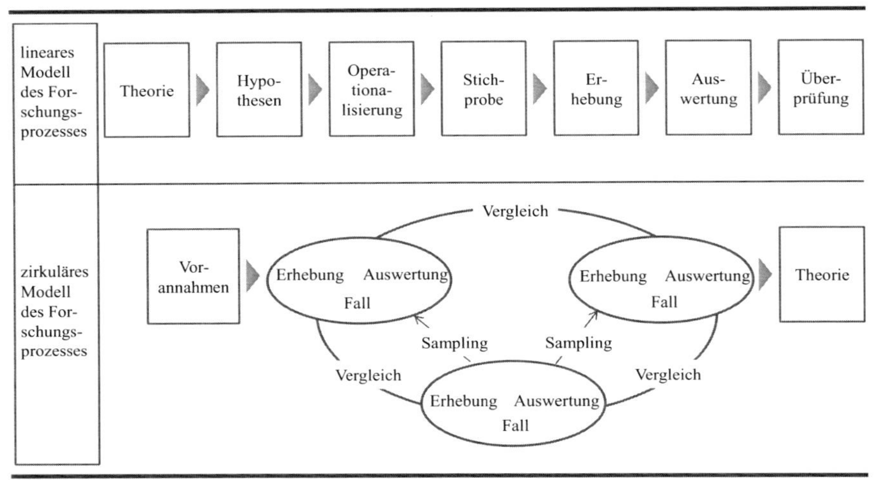

Abbildung 5.1: Prozessmodelle und Theorie
Quelle: Flick (2007), S. 128.

Die einzelnen Schritte des Forschungsprozesses sind demnach teilweise wiederholt durchzuführen. Der Prozess lässt sich somit nicht mehr eindeutig in unterschiedliche Abschnitte untergliedern. Zwar kann die Verzahnung der einzelnen Komponenten zu einer erhöhten Komplexität des Forschungsprozesses führen, jedoch stellt die hierdurch erlangte Möglichkeit der permanenten Reflexion des Forschungsvorhabens eine wesentliche Stärke der zirkulären Vorgehensweise dar.[1094] Sie ähnelt einem hermeneutischen Zirkel, der ein Wechselspiel von der Erweiterung des Wissens, seiner Überprüfung, neuerlicher Analyse und dem Verstehen beschreibt.[1095]

Als wesentliche Bestandteile beinhaltet das Prozessmodell die theoretische Fallauswahl (theoretisches Sampling), die Datenerhebung, das theoretische Kodieren und das Schreiben der Theorie.[1096] Das Sampling erfolgt bei der Grounded Theory nicht nach den Maßstäben der Repräsentativität quantitativer Methoden, sondern anhand theoretischer Überlegungen. Um die leitende Forschungsfrage umfassend zu beantworten, schließt die Fallauswahl anfangs verschiedene Personen und Situationen mit ein, bevor sie anhand der bereits gewonnenen Er-

[1094] Vgl. Lamnek (2005), S. 109 f. und Flick (2007), S. 126 f.
[1095] Vgl. Haussmann (1991), S. 152; Heinze (2001), S. 314 und Lamnek (2005), S. 62 ff.
[1096] Vgl. Wrona (2006), S. 95 ff. und Flick (2007), S. 125.

kenntnisse schrittweise weitergeführt wird.[1097] Die Datenerhebung selbst kann sich dabei unterschiedlicher Quellen bedienen, wird jedoch in der Regel im natürlichen Umfeld des Untersuchungsgegenstands vorgenommen.[1098] Sie wird so lange fortgeführt, bis sich nach dem Konzept der theoretischen Sättigung keine neuen theoretisch relevanten Erkenntnisse mehr generieren lassen.[1099] Zur Auswertung werden die erhobenen Daten im Rahmen eines mehrstufigen Kodierprozesses interpretiert, bei dem die Verdichtung von entwickelten und fortlaufend überprüften Kategorien zu einer Theorie im Vordergrund steht, die anschließend ausformuliert wird.

Der Forschungsprozess unterliegt dem Prinzip der komparativen Analyse. Diese auf soziale Einheiten jeder Größe anwendbare Methode zielt auf die Theoriegenerierung ab und umfasst das permanente Vergleichen von Daten, Begriffen und Kategorien entlang des Forschungsprozesses.[1100] Die Logik der komparativen Analyse kommt zum einen in der zirkulären Vorgehensweise durch das ständige Vergleichen einzelner Fälle zum Ausdruck. Zum anderen wird das Prinzip auch bei Betrachtung der verschiedenen Prozessbestandteile deutlich. Bereits das theoretische Sampling wird nach der Maßgabe vorgenommen, möglichst viele verschiedene Vergleichsgruppen einzubeziehen.[1101] Auch beim Kodieren im Rahmen der Datenauswertung sowie der damit verbundenen Theoriebildung liegt das Prinzip der komparativen Analyse zugrunde. Dabei können durch permanentes Vergleichen Kategorien anhand von Gemeinsamkeiten und Unterschieden aus den Daten entwickelt werden.[1102]

Bezüglich der Rolle von theoretischem Vorwissen im Forschungsprozess besteht unter den Anhängern der Grounded Theory keine einheitliche Position. Bereits die als Begründer der Grounded Theory geltenden *Glaser* und *Strauss* sind in unterschiedlichen Forschungstraditionen verankert. Während *Glaser* an der University of Columbia eher methodisch rigorose und kritisch-rationalistische Forschung betrieb, entstammt *Strauss* der eher empirisch-qualitativen Chicagoer Schule, die weniger formalisierte Ansätze verfolgt.[1103] Daher wird die Arbeit von *Glaser/Strauss* zur Grounded Theory auch als Synthese ihrer beiden unterschiedlichen Grundpositionen verstanden.[1104] In der Folge entwickelten sich jedoch unterschiedliche Strö-

---

[1097] Vgl. Böhm (2005), S. 476.
[1098] Vgl. Wrona (2005), S. 15 und Corbin/Strauss (2008), S. 27.
[1099] Vgl. Corbin/Strauss (2008), S. 148 f.
[1100] Vgl. Locke (2001), S. 45 ff.; Froschauer/Lueger (2003), S. 164; Lamnek (2005), S. 103; Glaser/Strauss (2008), S. 31 und Strübing (2008), S. 18 ff.
[1101] Vgl. Lamnek (2005), S. 106.
[1102] Vgl. Corbin/Strauss (2008), S. 73 ff. und Glaser/Strauss (2008), S. 197 ff.
[1103] Vgl. Strübing (2008), S. 66 ff.
[1104] Vgl. Strübing (2008), S. 68.

mungen der Grounded Theory.[1105] In einer Weiterentwicklung verfolgt *Strauss* das Ziel einer pragmatisch orientierten didaktischen Aufbereitung.[1106] *Glaser* hingegen vertritt weiterhin eine konsequent empirische Vorgehensweise. In seinem 1978 erschienenen Werk „Theoretical Sensitivity" spricht er sich für eine orthodoxe Anwendung der Grounded Theory aus, die rein induktiv, unbelastet von theoretischem Vorwissen forscht.[1107] Er wirft *Strauss* vor, die ursprüngliche Idee des freien Emergierens von Theorie aus Daten (emergence) aufgegeben zu haben und stattdessen ein Erzwingen theoretischer Strukturen (forcing) zu verfolgen.[1108] Im Gegensatz zur Grounded Theory Glaserscher Prägung vertritt *Strauss* gemeinsam mit *Corbin* einen pragmatisch-interaktionistischen Ansatz, nach dem die Theoriebildung unter Berücksichtigung des theoretischen Vorwissens erfolgt.[1109] Die Variante von *Corbin/Strauss* bietet dem Forscher den Vorteil einer Reihe praktischer Hinweise zur Durchführung des Forschungsvorhabens. Aus diesem Grund sowie durch die Vorteile der Existenz und der Nutzung des dokumentierten Vorwissens wird daher der Forschungsprozess im Rahmen dieser Arbeit entsprechend der Grounded Theory nach *Corbin/Strauss* gestaltet.

5.1.1.4 Gütekriterien

Bei empirischen Studien stellt sich die Frage nach der Qualität der Ergebnisse.[1110] Um den Untersuchungserfolg einer Arbeit beurteilen zu können, werden daher grundsätzlich Gütekriterien als Qualitätsstandards herangezogen. Hinsichtlich der Auswahl einzelner Kriterien zur Bewertung quantitativer Arbeiten besteht weitgehende Einigkeit.[1111] In Bezug auf qualitative Studien liegen jedoch drei unterschiedliche Positionen vor, wie dem im Rahmen des bestehenden Paradigmenstreits häufig aufkommenden Vorwurf der Beliebigkeit qualitativer Forschung begegnet werden soll.[1112]

Als *erste Position* lehnen z. B. Anhänger des radikalen Konstruktivismus die Verwendung von Gütekriterien generell ab. Ihrer Ansicht nach ist die Wirklichkeit sozial konstruiert und somit aufgrund der Subjektivität der Wahrnehmung des Forschers nicht mit standardisierten Bewertungskriterien vereinbar.[1113] Dieser Ansatz erscheint für die vorliegende Arbeit aller-

---

1105 Vgl. Charmaz (2003b), S. 250.
1106 Vgl. Böhm (2005), S. 484.
1107 Vgl. Glaser (1978).
1108 Vgl. Glaser (1992). Siehe hierzu auch Böhm (2005), S. 484; Kelle (2005b) und Strübing (2008), S. 65 ff.
1109 Vgl. Corbin/Strauss (2008), S. 35 ff.
1110 Vgl. Silverman (2001), S. 219 ff. und Himme (2006), S. 383.
1111 Vgl. Bortz/Döring (2003), S. 192 ff.
1112 Vgl. Steinke (2005), S. 319 und Wrona (2005), S. 39. Zum Paradigmenstreit siehe Kap. 5.1.1.
1113 Vgl. Shotter (1990), S. 69; Steinke (2005), S. 321 und Wrona (2005), S. 39.

dings wenig zielführend, da er die Gefahr der Beliebigkeit und Willkürlichkeit birgt und zudem keine Evaluation der Forschung zulässt.[1114]

Demgegenüber bekräftigen die Vertreter der *zweiten Position* die Notwendigkeit einer kritischen Bewertung empirischer Arbeiten und leiten dazu eigene Gütekriterien ab, um den spezifischen Charakteristika qualitativer Forschung gerecht zu werden. Für diesen Weg plädieren auch *Corbin/Strauss* in ihrer Variante der Grounded Theory.[1115] Sie sehen insbesondere die Beurteilung von qualitativen Forschungsarbeiten anhand von Gütekriterien, die für quantitative Arbeiten entwickelt wurden, kritisch. Sie schlagen daher vor, empirische Studien nach dem Kriterium der Glaubwürdigkeit zu bewerten.[1116] Dazu entwickeln sie eine Reihe von Fragen, deren Beantwortung Forschern helfen soll die Güte ihrer Arbeit einzuschätzen.[1117] Gleichwohl weisen einige der Fragen Ähnlichkeiten mit den aus der quantitativen Forschung bekannten Gütekriterien auf.

Kennzeichnend für die Befürworter der *dritten Position* ist, dass sie die Übertragung der Qualitätsstandards quantitativer Sozialforschung auf qualitative Untersuchungsdesigns verfolgen. Sie gehen ebenfalls von der Unerlässlichkeit verschiedener Gütekriterien aus. Ihrer Ansicht nach lassen sich die zentralen Kriterien Validität, Reliabilität und Objektivität aus der hypothesenprüfenden Forschung übernehmen und an die spezifischen Anforderungen qualitativer Studien anpassen. Dieser Ansatz bietet den Vorteil, die Qualität der Forschungsleistung auch den Anhängern quantitativer Verfahren leichter zu verdeutlichen und vereinfacht zudem die Kombination quantitativer und qualitativer Erhebungsmethoden. Überdies zeigt eine Reihe von Autoren, inwiefern die Anpassung etablierter Gütekriterien an die Spezifika qualitativer Sozialforschung mit einfachen Mitteln erreicht werden kann.[1118] Daher wird im Rahmen der vorliegenden Arbeit diesem Ansatz gefolgt. Als wesentliche Gütekriterien werden hier interne und externe Validität, Reliabilität und Objektivität diskutiert und deren Erfüllung im Rahmen dieser Arbeit überblicksartig dargestellt.[1119]

Die Validität betrifft die Gültigkeit einer Messung und beschreibt, inwiefern das eingesetzte Verfahren misst, was es zu messen beabsichtigt.[1120] Die *interne Validität* befasst sich dabei mit Fragen nach der Gültigkeit eingesetzter Variablen und nach der Operationalisierbar-

[1114] Vgl. Steinke (2005), S. 321 f.
[1115] Ebenfalls eigene Gütekriterien qualitativer Forschung entwickelt Mayring (2002), S. 140 ff.
[1116] Vgl. Corbin/Strauss (2008), S. 301.
[1117] Vgl. Corbin/Strauss (2008), S. 307 ff.
[1118] Vgl. Lamnek (2005), S. 142 ff.; Wrona (2006); S. 202 ff. und Flick (2007), S. 487 ff.
[1119] Vgl. dazu auch im Folgenden Lamnek (2005), S. 142 ff.; Wrona (2005), S. 39 ff.; Wrona (2006), S. 204 ff. und Flick (2007), S. 487 ff.
[1120] Vgl. Kromrey (2002), S. 193 ff. und Himme (2006), S. 383.

keit.[1121] In Bezug auf die qualitative Sozialforschung liefert die interne Validität Aufschluss über das Verhältnis zwischen untersuchten Phänomenen und der Version, die der Forscher konstruiert.[1122] Sie weist somit bei qualitativen Erhebungen weniger einen messtechnischen als vielmehr einen interpretativ-kommunikativen Charakter auf.[1123] Die Sicherstellung der internen Validität ergibt sich daraus, dass Schlussfolgerungen im Material begründed sind und dies für Dritte nachvollziehbar ist.[1124] Im Rahmen dieser Arbeit wurden verschiedene Techniken zur Wahrung der internen Validität entlang des Forschungsprozesses eingesetzt. Hinsichtlich der Datenerhebung förderte die Zusicherung einer vollständigen Anonymisierung sämtlicher persönlicher und unternehmensspezifischer Daten die Offenheit der befragten Personen und reduzierte den Anreiz, Falschaussagen hinsichtlich der sensiblen Thematik der Unternehmensfinanzierung zu machen. Im Rahmen der Datenkodierung wurde durch die teilweise Verwendung von In-Vivo-Codes[1125] eine enge Orientierung am Datenmaterial und damit eine Verringerung von Interpretationsspielräumen erreicht. Zudem wurde die Kodierung computergestützt vorgenommen, um ein engeres Arbeiten am Text sowie eine der Komplexität des Phänomens gerecht werdende Vorgehensweise zu gewährleisten. Weiterhin wurden bei der Auswahl von Gesprächspartnern verschiedene Perspektiven bezüglich des zu untersuchenden Entscheidungsprozesses einbezogen. Darüber hinaus wurden den interviewten Personen im Rahmen der kommunikativen Validierung bei zweifelhaften Fällen die erstellten Transkripte zur inhaltlichen Überprüfung vorgelegt.[1126] Zuletzt bietet die bereits skizzierte komparative Analyse als Grundprinzip der Grounded Theory durch die Methode des ständigen Vergleichens eine Falsifizierungslogik, nach der die Daten permanent hinsichtlich Gegenevidenzen überprüft werden.

Die *externe Validität* bezieht sich auf die Generalisierbarkeit der Befunde empirischer Studien. Dieses Gütekriterium gilt als erfüllt, wenn die Ergebnisse einer Forschungsarbeit auch in anderen Untersuchungssituationen mit divergierendem Datenmaterial ihre Gültigkeit behalten.[1127] Ist beispielsweise eine untersuchte Stichprobe repräsentativ, lassen sich von den empirischen Ergebnissen Rückschlüsse auf die Grundgesamtheit ziehen.[1128] Durch die mangelnde Replizierbarkeit spezifischer Untersuchungssituationen ist das Prinzip der externen Validität

[1121] Vgl. Wrona (2006), S. 205 f. Zur Unterscheidung von interner und externer Validität siehe Volmerg (1983), S. 124.
[1122] Vgl. Flick (2007), S. 493.
[1123] Vgl. Lamnek (2005), S. 165.
[1124] Vgl. Wrona (2005), S. 40.
[1125] Mit In-Vivo-Codes werden Konzepte direkt mit Begriffen aus den jeweiligen Textpassagen benannt. Vgl. Böhm (2005), S. 478; Wrona (2005), S. 29 und Corbin/Strauss (2008), S. 65.
[1126] Vgl. dazu Wrona (2005), S. 41.
[1127] Vgl. Wrona (2005), S. 41.
[1128] Vgl. Lamnek (2005), S. 180 f.

jedoch grundsätzlich nicht mit der qualitativen Sozialforschung vereinbar.[1129] In diesem Zusammenhang ist allerdings zu betonen, dass die Generalisierbarkeit empirischer Befunde kein primäres Ziel der qualitativen Sozialforschung darstellt.[1130] Dennoch lässt sich die hinter der Generalisierung stehende Idee auf qualitative Forschungsarbeiten übertragen und kommt daher auch in dieser Arbeit zur Anwendung. So wird im Rahmen des theoretischen Samplings der mit der Generalisierung verbundene Grundgedanke über eine maximale Kontrastierung der Fälle verwirklicht, bei denen das zu untersuchende Phänomen in unterschiedlichen Situationen studiert werden kann.[1131] Im Rahmen dieser Vorgehensweise leiten die ersten Ergebnisse die Auswahl der nächsten Fälle.[1132] Durch die Analyse weiteren Materials werden Ergebnisse fortlaufend verifiziert und kritisch hinterfragt. Im Sinne einer argumentativen Generalisierung kann so die Analyse weniger Fälle, die als Beispiel für zahlreiche weitere Fälle dienen, zu verallgemeinerbaren Aussagen führen. Dazu schlägt *Mayring* eine Ex-Post-Strategie vor, nach der im Nachhinein abgewogen wird, welche Erkenntnisse verallgemeinerbar sind.[1133] Er bezieht sich dabei zum einen auf *Terhart*, dem zufolge sich bestimmte Forschungsergebnisse hinsichtlich ausgesuchter, zukünftiger Situationen verallgemeinern lassen.[1134] Zum anderen verweist er auf *Metcalfe*, der den Standpunkt des „Argument View" anführt, nach dem Verallgemeinerungen auf der Basis einer abwägenden Debatte unter Anwendung von Heuristiken vorgenommen werden.[1135]

Die *Reliabilität* gibt Aufschluss über die Zuverlässigkeit und Genauigkeit einer Messung und liegt umso höher, je kleiner der Fehleranteil eines Messwerts ist.[1136] Sie wird auch als das Ausmaß bezeichnet, in dem wiederholte Messvorgänge eines Untersuchungsobjekts mit demselben Messinstrument die gleichen Ergebnisse erzielen.[1137] Gegen eine solche mehrfache Datenerhebung in der qualitativen Sozialforschung spricht neben praktischen Hindernissen, beispielsweise bei der Wiederholung von Interviews, die geforderte Stabilität des Untersuchungsgegenstands, die der Logik qualitativer Methodologie entgegensteht.[1138] Dennoch ist auch die hier zugrundeliegende Idee im Sinne einer prozeduralen Reliabilität auf qualitative Studien übertragbar.[1139] So werden in dieser Arbeit Maßnahmen ergriffen, um die Reliabilität

[1129] Vgl. Wrona (2006), S. 206.
[1130] Siehe hierzu die Grundlagen in Kap. 5.1.2.
[1131] Vgl. Lamnek (2005), S. 184 f.
[1132] Vgl. Glaser/Strauss (2008), S. 53 ff.
[1133] Vgl. Mayring (2007).
[1134] Vgl. Terhart (1981), S. 291 ff.
[1135] Vgl. Metcalfe (2005).
[1136] Vgl. Kromrey (2002), S. 250 ff. und Bortz/Döring (2003), S. 195.
[1137] Vgl. Lamnek (2005), S. 167 und Schnell/Hill/Esser (2011), S. 143.
[1138] Vgl. Wrona (2006), S. 207.
[1139] Vgl. Flick (2007), S. 490 ff.

von Daten und Interpretationen zu erhöhen. Die intersubjektive Nachvollziehbarkeit des Vorgehens wird durch die detaillierte Dokumentation des Forschungsprozesses und durch die Regelgeleitetheit an der Grounded Theory gesteigert.[1140] Dies beinhaltet insbesondere die umfangreiche Offenlegung des Vorwissens und die genaue Darstellung der Erhebungsmethoden.[1141] Zudem wurde die Reliabilität durch mehrfaches Kodieren gesteigert.

Neben der Validität und der Reliabilität wird schließlich die *Objektivität* als zentrales Gütekriterium empirischer Sozialforschung genannt.[1142] Während bei quantitativen Messungen eine Anwenderunabhängigkeit regelmäßig durch die Nutzung standardisierter Verfahren angestrebt wird, ist die Unabhängigkeit der Ergebnisse qualitativer Arbeiten von subjektiven Einflüssen des Forschers nicht zu leisten.[1143] Nicht zuletzt stellt die Subjektivität eines der wesentlichen Kennzeichen der interpretativen Methodologie dar.[1144] So ist das Gütekriterium der Objektivität auch nur in sehr geringem Maße auf die qualitative Sozialforschung übertragbar.[1145] Im Rahmen dieser Arbeit wird eine Güte der Untersuchung insoweit angestrebt, als dass die erkenntnistheoretische Position offengelegt und, wie bereits ausgeführt, der Forschungsprozess dokumentiert wird.

5.1.2 Datenerhebung

5.1.2.1 Problemzentriertes Interview

Die kodifizierte Methodik der Grounded Theory nach *Corbin/Strauss* schreibt kein bestimmtes Verfahren zur Datenerhebung vor, sondern verweist auf ein breites Spektrum von Instrumenten zur Gewinnung von empirischem Ausgangsmaterial.[1146] Dabei ist die Vielfalt der Erhebungsmethoden auch den unterschiedlichen Teildisziplinen der Sozialwissenschaften geschuldet.[1147] Häufig verwendete Datenquellen sind direkte und indirekte Beobachtungen, Interviews und unterschiedliche Arten von Dokumenten wie Aufzeichnungen, Briefe und Zeitungen.[1148] Differenzieren lassen sich die verschiedenen Quellen unter anderem danach, ob das Datenmaterial bereits verfügbar ist, beispielsweise in Archiven, oder ob es erst durch den

[1140] Vgl. Wrona (2005), S. 43. Zur Regelgeleitetheit siehe auch Mayring (2002), S. 145 f. und Lamnek (2005), S. 147.
[1141] Vgl. Kirk/Miller (1986), S. 72 f. und Wrona (2006), S. 207.
[1142] Vgl. Bortz/Döring (2003), S. 195 ff.
[1143] Vgl. Wrona (2005), S. 43. Zum Dilemma der Objektivität grundsätzlich siehe Kromrey (2002), S. 42 ff.
[1144] Siehe Kap. 5.1.2.
[1145] Einen Ansatz zur Objektivierung des Forschungsprozesses innerhalb der qualitativen Sozialforschung bietet Mayring im Rahmen der qualitativen Inhaltsanalyse. Vgl. Mayring (1997) und Wrona (2006), S. 207.
[1146] Vgl. Corbin/Strauss (2008), S. 27 ff.
[1147] Vgl. Strauss (1998), S. 27.
[1148] Vgl. den Überblick in Flick/von Kardorff/Steinke (2005a), S. 332 f.

Forschungsprozess generiert wird, wie im Fall von Interviews, Beobachtungsprotokollen und Videoaufzeichnungen.[1149]

In der deutschsprachigen qualitativen Sozialforschung werden vor allem Interviews zur Datenerhebung genutzt.[1150] Im Gegensatz zu Beobachtungen gewähren sie dem Forscher in der Regel den Vorteil direkt zu überprüfen, ob ein Sachverhalt richtig verstanden wurde.[1151] Darüber hinaus bieten Interviews die Möglichkeit, im Rahmen einer diskursiven Verständigung Situationsdeutungen und Handlungsmotive offen zu erheben.[1152] Zu diesem Zweck können verschiedene Interviewtechniken verwendet werden. Sie lassen sich zum einen nach der Struktur der Interviewpartner (Einzel- bzw. Gruppeninterviews) und zum anderen nach dem Standardisierungsgrad unterscheiden.[1153] Während hochgradig standardisierte Interviews, die einer strikten Struktur folgen, eher im Rahmen quantitativer Erhebungen eingesetzt werden, sind teil- und nicht-standardisierte Interviews in qualitativen Studien durch die Möglichkeit der situativen Anpassungen der Fragen unter anderem bezüglich ihrer Anordnung gekennzeichnet.[1154] Unabhängig von der konkret gewählten Interviewform ist mit der Datenerhebung in der Regel die Nutzung von Audioaufnahmen und deren Transkription verbunden.[1155]

Methodologische Prämissen	**Narratives Interview**	**Problem-zentriertes Interview**	**Fokussiertes Interview**	**Tiefen-interview**	**Rezeptives Interview**
Offenheit	völlig	weitgehend	nur bedingt	kaum	völlig
Kommunikation	erzählend	zielorientiert fragend	Leitfaden	fragend/ erzählend	erzählend/ beobachtend
Prozesshaftigkeit	gegeben	gegeben	nur bedingt	gegeben	gegeben
Flexibilität	hoch	relativ hoch	relativ gering	relativ hoch	hoch
Explikation	ja	ja	ja	ja	bedingt
theoretische Voraussetzungen	relativ ohne	Konzept vorhanden	weitgehendes Konzept	Konzept vorhanden	relativ ohne; nur Vorverständnis
Hypothesen	Generierung	Generierung; Prüfung	eher Prüfung; auch Generierung	eher Prüfung; auch Generierung	Generierung; Prüfung
Perspektive der Befragten	gegeben	gegeben	bedingt	bedingt	absolut

Tabelle 5.1: Formen und Merkmale qualitativer Interviews
Quelle: Wrona (2005), S. 25.

[1149] Vgl. Strauss (1998), S. 27.
[1150] Vgl. Mruck (2000).
[1151] Vgl. Corbin/Strauss (2008), S. 30.
[1152] Vgl. Hopf (2005), S. 350.
[1153] Vgl. Atteslander (2010), S. 139 ff.
[1154] Vgl. Lamnek (2005), S. 330 ff. und Wrona (2005), S. 24 f.
[1155] Vgl. Mruck (2000) und Mayring (2002), S. 70.

Aus dem in Tabelle 5.1 dargestellten Spektrum qualitativer Interviewformen werden in der Forschung besonders häufig das narrative, in der Regel auf die Biographie des Befragten abzielende und das problemzentrierte Interview genutzt.[1156] Letztere Interviewform umfasst alle Varianten der offenen, halbstrukturierten Befragung und kombiniert eine offene Herangehensweise mit der Fokussierung auf eine bestimmte Problemstellung, die in Regel vom Forscher im Vorfeld der Erhebung bereits eruiert wurde.[1157] Aufgrund des vom Forscher offenzulegenden Vorwissens eignet sich das problemzentrierte Interview besonders für theoriegeleitete Forschungsarbeiten, die nicht ausschließlich explorativ angelegt sind, wie im Fall dieser Arbeit.[1158] Daher wird in dem hier genutzten Forschungsdesign die Form des problemzentrierten Interviews verwendet, das sich an dem zuvor entwickelten heuristischen Bezugsrahmen orientiert.[1159] Zudem wird dem Vorschlag *Witzels* gefolgt, direkt im Anschluss an die Erhebung eines problemzentrierten Interviews ein Postskriptum zu erstellen, in dem verschiedene Kontextinformationen, wie Eindrücke über die Person des Interviewteilnehmers und sein Verhalten festgehalten werden.[1160]

Beim problemorientierten Interview kommt dem Interviewleitfaden eine wichtige Rolle zu, da er für die theoriegeleiteten Forschungsfragen eine Orientierungshilfe bietet und zudem die Vergleichbarkeit der geführten Interviews erleichtert.[1161] Ein solcher Leitfaden wurde auf Basis des heuristischen Bezugsrahmens entwickelt und im Rahmen der Datenerhebung eingesetzt. Er diente in den Interviews jedoch nur als grober Rahmen zur Strukturierung der Gespräche, die dadurch weiterhin einen offenen Charakter aufwiesen.[1162] Um auch überraschende Erkenntnisse zu ermöglichen, wurde regelmäßig von den Fragen des Leitfadens abgewichen und den Argumentationsketten der Interviewpartner gefolgt.

5.1.2.2 Gestaltung des Interviewleitfadens

Das problemzentrierte Interview sieht aufgrund seines Charakters als teilstandardisierte Interviewform die Verwendung eines Interviewleitfadens vor, der sich aus Fragen und Erzählan-

[1156] Vgl. Mruck (2000).
[1157] Vgl. Mayring (2002), S. 67 ff. und Wrona (2005), S. 25. Neben der Problemzentrierung ist diese Interviewform durch eine Gegenstandsorientierung, nach der die Methode gegebenenfalls entsprechend den Anforderungen des Untersuchungsgegenstandes zu modifizieren ist, und eine Prozessorientierung gekennzeichnet. Vgl. Flick (2007), S. 210.
[1158] Vgl. Mayring (2002), S. 70 und Wrona (2005), S. 26 f.
[1159] Siehe dazu den heuristischen Bezugsrahmen in Abbildung 4.4.
[1160] Vgl. Witzel (1985), S. 227 ff. und Flick (2007), S. 211.
[1161] Vgl. Wrona (2005), S. 26. Zum Einsatz von Interviewleitfäden in der Grounded Theory siehe Corbin/Strauss (2008), S. 152 f.
[1162] Vgl. Mayring (2002), S. 72.

reizen zusammensetzt.[1163] Der Leitfaden erfüllt allerdings lediglich die Funktion eines Anhaltspunkts für den Gesprächsverlauf und ist demnach nicht als starres Muster im Hinblick auf den Inhalt und die Struktur der Fragen zu verstehen.[1164]

Der Leitfaden umfasst sieben Abschnitte und wurde auf Basis des heuristischen Bezugsrahmens entwickelt.[1165] *Corbin/Strauss* betonen die besondere Bedeutung des Einstiegs in ein Interview und empfehlen daher, den Gesprächsbeginn möglichst locker und angenehm für den Interviewpartner zu gestalten.[1166] Diesem Vorschlag folgend wurden die Interviewten im *ersten Abschnitt* zunächst gebeten ein typisches Beispiel einer zurückliegenden Finanzierungsentscheidung zu beschreiben, um im Anschluss weitere Fragen zum Entscheidungsprozess als zu untersuchendes Phänomen zu ermöglichen.

Der *zweite Abschnitt* des Leitfadens beinhaltet erste Fragen zu den Kontextfaktoren der Kapitalstrukturentscheidungen und befasst sich zudem mit den Motiven der Entscheidungsträger. Der inhaltliche Fokus bezieht sich auf die den Kapitalstrukturtheorien zugrundeliegenden Ideen, ist aber nicht im Sinne einer deduktiven Überprüfung zu interpretieren, sondern zielt vielmehr auf das Verstehen von unternehmerischen Entscheidungen ab.

Im Zentrum des *dritten Abschnitts* stehen ebenfalls die Motive der Akteure. Jedoch gehen die Fragen eher darauf ein, inwiefern die ermittelten KMU-spezifischen Besonderheiten eine Rolle spielen. So wurden die Interviewpartner in diesem Gesprächsabschnitt gebeten, von den finanziellen Unternehmenszielen und den diesbezüglichen Hintergründen zu berichten.

Der *vierte Abschnitt* des Interviewleitfadens befasst sich vor allem mit der Rolle unternehmensexterner Prozessbeteiligter. So zielen die Fragen zum einen auf die Bedeutung von externen Kapitalgebern und deren Vergabepolitik ab. Zum anderen bezieht sich dieser Abschnitt auf die Beteiligung weiterer Intermediäre am Entscheidungsprozess, wie beispielsweise Steuerberater.

Im Fokus des *fünften Abschnitts* stehen die identifizierten Umweltfaktoren, wie der Einfluss des Staats, des Finanzsystems und der konjunkturellen Bedingungen. Die Interviewpartner wurden gebeten zu berichten, wie die Unternehmensfinanzierung in Boom- und Schwächephasen variiert wird und welchen Einfluss die Umstrukturierungen in der Bankenlandschaft

---

[1163] Vgl. Wrona (2005), S. 26 und Flick (2007), S. 210.

[1164] Hopf bezeichnet den fälschlichen Einsatz eines Leitfadens in diesem Zusammenhang auch als „Leitfadenbürokratie". Vgl. Hopf (2005), S. 358.

[1165] Siehe hierzu die Abbildung A.1 im Anhang.

[1166] Vgl. Corbin/Strauss (2008), S. 28.

aus ihrer Sicht haben. Zudem wurde nach der Bedeutung des Staats bei Kapitalstrukturentscheidungen in Unternehmen gefragt.

Als weiterer Kontextfaktor wird die Bedeutung der Dynamisierung bei Entscheidungsprozessen im *sechsten Abschnitt* des Leitfadens hinterfragt. Vor dem Hintergrund lebenszyklusbasierter Kapitalstrukturmodelle wurden die Befragten gebeten, Auskunft über die zeitliche Veränderung der Kapitalstruktur und die diesbezüglichen Entscheidungen zu geben.

Zuletzt umfasst der *siebte Abschnitt* Fragen zu den im heuristischen Bezugsrahmen als Wirkungen erfassten ökonomischen Ergebnissen des Entscheidungsprozesses. In diesem Zusammenhang wurden Meinungen und Einschätzungen zu den sich als Konsequenz des Prozesses ergebenden gegenwärtig verwendeten und zukünftig geplanten Finanzierungsmaßnahmen erbeten und Erfahrungswerte bezüglich vergangener Transaktionen abgefragt.

Losgelöst von den inhaltlichen Schwerpunkten orientiert sich die Gestaltung des Interviewleitfadens an den Empfehlungen der sozialwissenschaftlichen Methodenliteratur. Neben dem bereits genannten Hinweis zum Einstieg wird auch der Vorschlag von *Strauss/Corbin* aufgegriffen, konkrete Nachfragen aufzunehmen, falls der Gesprächspartner keine oder nur sehr kurze Antworten gibt.[1167] Zudem wird der Vorgabe von *Mayring* gefolgt, neben den eigentlichen Fragestellungen weitere Formulierungsvorschläge und Formulierungsalternativen in Form von Aufrechterhaltungsfragen zu berücksichtigen.[1168] *Wronas* Einstufung eines Interviewleitfadens als Gedächtnisstütze für den Forscher wird durch die stichpunktartige Auflistung inhaltlicher Kernthemen der jeweiligen Abschnitte Rechnung getragen.[1169]

5.1.2.3 Fallauswahl

Die auch als Sampling bezeichnete Fallauswahl ist bei der qualitativen Sozialforschung und insbesondere bei der Grounded Theory von gehobener Bedeutung, da im Vergleich zu quantitativen Studien verhältnismäßig wenige Fälle untersucht werden und Stichprobenfehler somit sehr starke Auswirkungen haben können.[1170] Auch hinsichtlich der Zielsetzung grenzt sich das Sampling im Rahmen qualitativer Forschungsdesigns von dem quantitativer Arbeiten ab. So steht nicht die repräsentative Abbildung der Grundgesamtheit im Fokus, sondern die Fle-

[1167] Vgl. Corbin/Strauss (2008), S. 28.
[1168] Vgl. Mayring (2002), S. 69.
[1169] Vgl. Wrona (2005), S. 26.
[1170] Vgl. Wrona (2005), S. 23.

xibilität in der Auswahl möglichst erkenntnissteigernder Fälle vor dem Hintergrund der Theoriefindung.[1171]

Dabei liegt der Fallauswahl in der Grounded Theory das zuvor beschriebene zirkuläre Prozessmodell zugrunde.[1172] Die Verzahnung von Datenerhebung und -analyse sowie Theoriebildung wirkt sich derart auf die Auswahl der Fälle aus, dass sie nicht durch einen im Vorfeld der Untersuchung festgelegten Plan organisiert werden kann, sondern systematisch anhand des fortlaufenden Stands der Theoriebildung hinsichtlich der konkreten Forschungsfrage erfolgt.[1173] Dieses auch als theoretisches Sampling bezeichnete Vorgehen definieren *Glaser/Strauss* als „den auf die Generierung von Theorie zielenden Prozess der Datenerhebung, währenddessen der Forscher seine Daten parallel erhebt, kodiert und analysiert sowie darüber entscheidet, welche Daten als nächste erhoben werden sollen und wo sie zu finden sind. Dieser Prozess der Datenerhebung wird durch die im Entstehen begriffene [...] Theorie kontrolliert“.[1174] So ist das theoretische Sampling als eine Reihe sukzessiver Auswahlentscheidungen zu verstehen, deren Kriterien entlang des Forschungsprozesses zunehmend eindeutiger werden.[1175]

Zu Beginn des Auswahlprozesses liegt eine eigene empirisch begründete Theorie naturgemäß noch nicht vor, so dass die Analyse mit der Auswahl eines ersten Falls auf Basis des theoretischen und praktischen Vorwissens des Forschers erfolgt.[1176] Die weiteren Auswahlentscheidungen werden anschließend auf der Grundlage erster Erkenntnisse aus der Analyse des Falls und der daraus resultierenden gegenstandsbezogenen theoretischen Konzepte vorgenommen.[1177] Bei der Frage, welchem Fall sich der Forscher beim theoretischen Sampling als nächstes zuwendet, ist die Kontrolle von Ähnlichkeiten und Unterschieden unabdingbar für die Entdeckung von Kategorien.[1178] So können Untersuchungseinheiten verglichen werden, die entweder nahezu gleichartige oder sehr uneinheitliche Daten versprechen. Während eine minimale Kontrastierung der Fälle die Wahrscheinlichkeit erhöht, durch ähnliche Daten zu einer bestimmten Kategorie deren theoretische Relevanz zu verdeutlichen, können durch eine

[1171] Vgl. Lamnek (2005), S. 187 f. und Corbin/Strauss (2008), S. 156.
[1172] Siehe dazu Abbildung 5.1.
[1173] Vgl. Strübing (2008), S. 30.
[1174] Glaser/Strauss (2008), S. 53.
[1175] Vgl. Wiedemann (1991), S. 443 und Strübing (2008), S. 30.
[1176] Vgl. Wrona (2005), S. 23.
[1177] Vgl. Strübing (2008), S. 31.
[1178] Vgl. Glaser/Strauss (2008), S. 62.

maximale Kontrastierung mögliche abweichende Ausprägungen des sozialen Phänomens aufgezeigt werden.[1179]

Die Auswahl neuer Fälle wird fortgeführt, bis sich aus den Daten keine neuen Erkenntnisse im Hinblick auf die Theoriebildung mehr gewinnen lassen. *Glaser/Strauss* zufolge bezeichnet der in diesem Zusammenhang verwendete Begriff der theoretischen Sättigung den Zustand, in dem „keine zusätzlichen Daten mehr gefunden werden können, mit deren Hilfe der Soziologe weitere Eigenschaften der Kategorie entwickeln kann".[1180] Demnach bildet die theoretische Sättigung ein Abbruchkriterium für die Auswahl weiterer Fälle, welches sich jedoch nicht nur auf einzelne Kategorien, sondern auch auf ganze theoretische Konzepte und schließlich auf gegenstandsbezogene Theorien im Sinne der Grounded Theory anwenden lässt.[1181] Vor diesem Hintergrund kommt dem Forscher bei der Auswahl zusätzlicher Fälle auf Basis des erreichten Theoriestands eine hohe Verantwortung zu, so dass von *Glaser/Strauss* eine hohe Sensibilität bei der Konzeptualisierung der Theorie gefordert wird.[1182]

Im Rahmen dieser Arbeit beginnt die Auswahl in Bezug auf unternehmensinterne Prozessbeteiligte mit einem typischen, für die Forschungsfrage passenden Fall. Letzterer erfüllt hinsichtlich des betrachteten Unternehmens sowohl die Größenmerkmale des Instituts für Mittelstandsforschung als auch die zugrunde gelegten qualitativen Kriterien und hat zudem finanzierungsrelevante Vorgänge zu verzeichnen.[1183] Der Interviewpartner ist ein mittelständischer Unternehmer, der zugleich Eigenkapitalgeber ist. Er finanziert sein Unternehmen überwiegend aus intern generierten Mitteln und greift nur in geringem Maße auf externe Fremdfinanzierung zu. Die Auswertung dieses Falls diente in der Folge als Grundlage für die weitere Fallauswahl. Nach dem Prinzip der maximalen Kontrastierung wurde überprüft, inwiefern die Relevanz der ersten entwickelten Kategorien auch in Fällen besteht, in denen wesentliche Variablen abweichen.[1184] In dem konkreten Fall stellte sich heraus, dass die Kapitalstrukturentscheidungen wesentlich durch die persönlichen Ziele des Unternehmers in seiner Funktion als Eigentümer beeinflusst werden. Daher wurde als nächstes ein KMU ausgewählt, dessen Geschäftsführer nicht zugleich Gesellschafter des Unternehmens ist, allerdings ebenfalls überwiegend auf interne Mittel zur Finanzierung zurückgreift. Hier zeichnete sich die persönliche Aversion gegen Fremdkapitalgeber als wichtige Kategorie ab, so dass in der Folge ein

[1179] Vgl. Lamnek (2005), S. 191; Wrona (2005), S. 23 und Strübing (2008), S. 32.
[1180] Glaser/Strauss (2008), S. 69.
[1181] Vgl. Flick (2007), S. 161; Corbin/Strauss (2008), S. 143 ff. und Strübing (2008), S. 33.
[1182] Vgl. Glaser/Strauss (2008), S. 54.
[1183] Siehe hierzu Kap. 3.1.
[1184] Siehe hierzu das Beispiel in Wrona (2005), S. 23.

Unternehmen mit Präferenz zur Verschuldung untersucht wurde. Die weitere Fallauswahl, in deren Rahmen auch ein Unternehmen mit Finanzinvestoren als externen Eigenkapitalgebern untersucht wurde, verlief ebenfalls nach dem Muster der maximalen Kontrastierung, jedoch immer unter Berücksichtigung der Charakteristika von KMU. Aufgrund der Vorgabe finanzierungsrelevanter Vorgänge wurden ausschließlich Unternehmen in das Sample aufgenommen, die dem industriellen Sektor zugeordnet werden können.

Die Interviews wurden grundsätzlich mit den Geschäftsführern der KMU durchgeführt, wobei in einem Fall aufgrund der Unternehmensgröße mit zwei weiteren Finanzierungsverantwortlichen gesprochen wurde. In jedem Fall wurde sichergestellt, dass die befragten Personen an den Kapitalstrukturentscheidungen maßgeblich beteiligt sind. Tabelle 5.2 bietet einen Überblick über die Interviewpartner.

Fallname	Unternehmen	Interviewpartner	Anzahl Mitarbeiter
A1	Industrieunternehmen	Geschäftsführer	< 50
A2	Industrieunternehmen	Geschäftsführer	< 500
A3	Industrieunternehmen	Geschäftsführer und zwei weitere Finanzierungs-verantwortliche	< 500
A4	Industrieunternehmen	Geschäftsführer	< 10
A5	Industrieunternehmen	Geschäftsführer	< 50
B1	Regionalbank	Firmenkundenbetreuer	< 10.000
B2	Großbank	Leiter Firmenkundengeschäft	< 100.000
B3	Öffentliche Förderbank	Volkswirt	< 10.000
C1	Wirtschaftsprüfungsgesellschaft	Wirtschaftsprüfer	< 5.000
C2	Selbstständiger Steuerberater	Inhaber	< 25
C3	Selbstständiger Finanzierungsberater	Inhaber	< 5

Tabelle 5.2: Fallauswahl
Quelle: eigene Darstellung.

Zur Erfassung der Perspektive unternehmensexterner Prozessbeteiligter dienen die Interviews mit (Finanz-)Intermediären. Als wesentliche Bezugsgruppen für die Mittelstandsfinanzierung wurden diesbezüglich Kreditinstitute und (Steuer-)Beratungen identifiziert.[1185] Die Auswahl der Befragten erfolgte ebenfalls prozessbegleitend. Um auch hier eine möglichst große Heterogenität der Befragten sicherzustellen, wurden Finanzierungsexperten einer Großbank, einer regional tätigen Sparkasse sowie eines staatlichen Kreditinstituts interviewt. Bei der Auswahl der Gesprächspartner wurde darauf geachtet, dass sie jeweils mehrjährige Erfahrungen in der Mittelstands- und Kreditfinanzierung haben. Ergänzt wurde die Datengrundlage durch Inter-

[1185] Siehe Kap. 4.3.

views mit zwei Steuerberatern, die ihre Mandanten explizit auch in Finanzierungsfragen beraten, sowie einem auf die Mittelstandsfinanzierung spezialisiertem Unternehmensberater.

Aufgrund der Anforderung, ausschließlich mit Geschäftsführern auf der Seite der Unternehmen und Personen mit fundierter Expertise bei den Intermediären zu sprechen sowie der oft als sehr sensibel eingestuften Thematik der Unternehmensfinanzierung war die Gewinnung geeigneter Gesprächspartner vor dem Hintergrund der theoretischen Fallauswahl mit erheblichen Komplikationen verbunden. Daher wurden gemäß dem „convenient sampling" nach *Corbin/Strauss* auch Interviewpartner über persönliche Kontakte akquiriert.[1186] Allerdings wurden einige der auf diesem Wege ermittelten Möglichkeiten vom Forscher nicht wahrgenommen, da sie nicht den Anforderungen der theoretischen Fallauswahl entsprochen hätten. So wurde stets darauf geachtet, den nächsten Fall nach theoretischen Gesichtspunkten zu bestimmen.

5.1.2.4 Durchführung und Transkription

Nachdem durch die oben beschriebene theoretische Fallauswahl mögliche Interviewpartner identifiziert wurden, erfolgte die Kontaktaufnahme zunächst meist per E-Mail oder Telefon. Dabei wurden potenzielle Interviewpartner um Teilnahme gebeten und ihnen zugleich übersichtsartige Informationen zu der Studie zur Verfügung gestellt. Die Informationen setzen sich aus Angaben zu Relevanz und Zielsetzung der Untersuchung, Hinweisen zur Durchführung sowie einer Zusicherung des vertraulichen Umgangs mit Unternehmensdaten zusammen. Sofern die angesprochenen Personen eine grundsätzliche Bereitschaft zur Teilnahme an der Studie signalisierten, erhielten sie in der Regel weitere schriftliche Informationen zu den Interviews, beispielsweise über die voraussichtliche Gesprächsdauer, und einen Hinweis, dass die Gespräche aufgezeichnet werden.

Sämtliche Interviews wurden durch den Autor persönlich in den Geschäftsräumen der jeweiligen Gesprächspartner durchgeführt und folgten einem einheitlichen Ablauf. Nach der Begrüßung und Vorstellung gab der Interviewer nochmals einen kurzen Überblick zur Themenstellung und zum Forschungsvorhaben. Zudem wurde die Zusicherung der Anonymität schriftlich festgehalten sowie die Erlaubnis zur Aufnahme und Verschriftlichung des Gesprächs eingeholt. Dem stimmten sämtliche Teilnehmer zu. Im Anschluss erfolgte das Interview, welches sich an dem zuvor erläuterten Leitfaden orientierte.

[1186] Vgl. Corbin/Strauss (2008), S. 153 f. Eine ähnliche Vorgehensweise beschreibt auch Osann (2010), S. 92.

Das Aufnahmegerät blieb während des gesamten Interviewverlaufs eingeschaltet, so dass alle in den Gesprächen gegebenen Informationen festgehalten wurden. Jedoch sind in einigen Fällen nach Beendigung des Interviews weitere Informationen zum Thema durch den Interviewten gegeben worden. *Corbin/Strauss* zufolge kann dies insbesondere in den Bedenken der Teilnehmer begründet sein, sehr sensible Informationen trotz der zugesicherten Anonymität auf Tonband aufgezeichnet zu haben.[1187] Dem Vorschlag von *Corbin/Strauss*, diese Informationen dennoch in Form von Notizen durch den Interviewer zu berücksichtigen und dem späteren Transkript hinzuzufügen, wurde im Rahmen dieser Arbeit gefolgt.

Die Audioaufnahmen der Interviews haben eine Länge zwischen 26 und 61 Minuten. Das arithmetische Mittel liegt bei 43 Minuten. Die Aufnahmen wurden wörtlich transkribiert, so dass für sämtliche Gespräche wortgetreue Abschriften vorliegen. Dabei wurden lediglich verbal kommunizierte Inhalte festgehalten.[1188] Das so verschriftlichte Material wurde im Anschluss erneut mit der Audioaufzeichnung vollständig abgeglichen. Nach der Sicherstellung der korrekten Übertragung der Audiodaten in die Schriftform wurden die Transkripte in der Form anonymisiert, dass sämtliche Personen- und Unternehmensnamen durch differenzierbare Platzhalter ersetzt wurden. Entsprechend der getroffenen Datenschutzvereinbarung konnten die Interviewpartner die anonymisierten Transkripte einsehen sowie ihre Aussagen abändern oder streichen. Diese Möglichkeit wurde aber von keinem der Teilnehmer wahrgenommen. In einem Fall ergänzte ein Gesprächspartner eine Passage durch zusätzliche Informationen zwecks besseren Verständnisses.

5.1.3 Datenauswertung

Die Auswertung von Interviews wird üblicherweise mit Hilfe von spezieller Software vorgenommen, die zur Unterstützung bei Textanalysen dient. Der Einsatz von computergestützten Systemen in der qualitativen Forschung ist nicht unumstritten. So verweist *Kelle* auf die kritischen Anmerkungen einiger Autoren, wonach dem Einsatz computergestützter Auswertungsverfahren in der qualitativen Forschung enge Grenzen gesetzt sind.[1189] *Flick* verdeutlicht in diesem Zusammenhang jedoch die unterschiedlichen Rollen der EDV-Systeme in den jeweiligen Forschungsmethodologien. Während eingesetzte Software in quantitativen Arbeiten oft eigenständige Berechnungen durchführt, dient sie in qualitativen Arbeiten in der Regel gerade

---

1187 Vgl. Corbin/Strauss (2008), S. 28 f.

1188 Für Regeln zur Transkription siehe Mayring (2002), S. 89 ff.; Kowal/O'Connell (2005) und Lamnek (2005), S. 402 ff.

1189 Vgl. Kelle (2005a), S. 488 f.

nicht der statistischen Analyse, sondern der Strukturierung und Organisation von Texten.[1190] So kann der Einsatz von QDA-Software (Qualitative-Daten-Analyse-Software) insbesondere bei großen Mengen von Textdaten vorteilhaft sein, unter anderem hinsichtlich der Effizienz und der Nachvollziehbarkeit von Analyseschritten.[1191] Eine hohe Bedeutung kommt der Auswahl der geeigneten Software für das jeweilige Forschungsvorhaben zu.[1192] Dabei lassen sich unter anderem reine Textverwaltungsprogramme und komplexe Programme zur Unterstützung der Kodierung und Theoriebildung unterscheiden.[1193] In der vorliegenden Arbeit wurde die Software MAXQDA verwendet. Sie erscheint aufgrund ihrer vielfältigen Funktionen hinsichtlich der Methode des ständigen Vergleichens nach *Glaser/Strauss* besonders geeignet für die Analyse von Unterschieden, Ähnlichkeiten und Beziehungen zwischen Textpassagen und die Entwicklung von Theorien.[1194] Sie weist somit einen Bezug zur Grounded Theory auf und kann als Werkzeug zur Auffüllung des empirischen Gehalts eines entwickelten heuristischen Bezugsrahmens durch Informationen aus dem Datenmaterial dienen.[1195]

Somit bilden die Interviewtranskripte die Grundlage der Datenanalyse. Sie werden als Beschreibungen einer sozialen Welt durch die Gesprächspartner betrachtet.[1196] Jedoch müssen die Daten interpretiert werden, da sie zunächst nur in Form einer „geschlossenen Oberfläche“ vorliegen.[1197] Diese zu erschließen, also den Daten einen Sinn beizumessen, bezeichnen *Glaser/Strauss* als *Kodieren* und zeigen zugleich unterschiedliche Möglichkeiten der Vorgehensweise auf.[1198] Falls eine Untersuchung auf die Hypothesenüberprüfung abzielt, kann der Forschungsprozess derart gestaltet sein, dass Daten in voneinander getrennten Vorgängen zunächst kodiert und anschließend in einem weiteren Schritt analysiert werden.[1199] Verfolgt ein Forscher hingegen den Zweck der Hypothesen- bzw. Theoriegenerierung wie in der Grounded

---

[1190] Vgl. Flick (2007), S. 452.

[1191] Zu den Vorteilen computergestützter Methoden in der qualitativen Sozialforschung siehe Kelle (2005a), S. 489 und S. 499 f.

[1192] Weitzman/Miles und Weitzman entwickeln hierzu eine Reihe von Schlüsselfragen, die die Auswahl einer geeigneten Software erleichtern sollen. Vgl. Weitzmann/Miles (1995) und Weitzmann (2000). Flick bietet darüber hinaus einen Leitfaden zum Vergleich von Programmen in der qualitativen Forschung. Vgl. Flick (2007), S. 459 f.

[1193] Einen Überblick über gängige Programme in der qualitativen Sozialforschung bieten Mayring (2002), S. 137 ff. und Flick (2007), S. 462 ff. Die Darstellungen sind jedoch aufgrund der schnellen technologischen Weiterentwicklungen der Programme und Neuerscheinungen teilweise überholt.

[1194] Vgl. Kelle (2005a), S. 491 ff. und Glaser/Strauss (2008), S. 107 ff.

[1195] Vgl. Kuckartz (1999), S. 17 und Kelle (2005a), S. 494 und S. 500 f.

[1196] Demgegenüber steht der Ansatz, die Transkripte selbst als Untersuchungsgegenstand zu betrachten. Diese Herangehensweise wird teilweise in stark konstruktivistischen Forschungsarbeiten verfolgt und hier nicht weiter beachtet. Vgl. dazu Wrona (2005), S. 27.

[1197] Vgl. Strübing (2008), S. 19.

[1198] Vgl. Glaser/Strauss (2008), S. 107 f.

[1199] Vgl. hierzu beispielsweise die qualitative Inhaltsanalyse von Mayring, in deren Rahmen Daten schrittweise anhand eines teilweise zuvor festgelegten Kategoriesystems analysiert werden. Vgl. Mayring (2002), S. 114 ff. und Strübing (2008), S. 19.

Theory, erscheint eine solche Separierung von Kodierung und Analyse weniger sinnvoll, da theoretische Begriffe (auch als Konzepte bezeichnet) erst im laufenden Forschungsprozess erarbeitet werden und somit eine Zuordnung der Daten zu bestehenden Konzepten anfangs nicht möglich ist.[1200] Hier stellt die Interpretation der erhobenen Daten den zentralen Aspekt des Forschungsvorhabens dar.[1201] In der Grounded Theory benennt das Kodieren somit den „Prozess der Entwicklung von Konzepten in Auseinandersetzung mit dem empirischen Material."[1202] Es kann auch als „Verschlüsseln oder Übersetzen von Daten bezeichnet werden und umfasst die Benennung von Konzepten wie auch ihre nähere Erläuterung".[1203] Vor diesem Hintergrund wird die Datenanalyse im Rahmen der Grounded Theory auch als theoretisches Kodieren beschrieben und hat sich durch die Arbeit von *Corbin/Strauss* zu einem mehrstufigen Kodierprozess entwickelt.[1204] Die drei Stufen, die als offenes Kodieren, axiales Kodieren und selektives Kodieren bezeichnet werden, stellen aber weniger eindeutig voneinander getrennte Phasen der Datenanalyse als vielmehr unterschiedliche, jedoch miteinander kombinierbare Typen des Kodierens dar.[1205]

Zunächst erfolgt im Rahmen der Datenanalyse bei der Grounded Theory das *offene Kodieren*, bei dem die Daten so zerlegt werden, dass Aussagen in einzelne Sinneinheiten gegliedert und mit Codes versehen werden.[1206] In diesem Zusammenhang wird auch vom „Aufbrechen" der Daten gesprochen, bei dem zunächst Textpassagen Zeile für Zeile nach möglichst vielen Phänomenen untersucht werden.[1207] Die Offenheit bei dieser Kodierstufe drückt sich darin aus, dass der Text als Ausgangsmaterial möglichst umfassend und ergebnisoffen interpretiert wird. Um den Rückgriff auf existierende Denkschemata zu beschränken, empfiehlt *Böhm* die Verwendung so genannter W-Fragen an den Text.[1208] Zwar spielt das Vorwissen des Forschers auch im Rahmen der Datenanalyse eine Rolle. Um die Kodierung aber nicht im Sinne vorgegebener Muster durchzuführen, sollte die Verwendung von Begriffen existierender Theorien zunächst vermieden werden.[1209] Daher bietet sich der teilweise Gebrauch von In-Vivo-Codes an, mit deren Hilfe Konzepte direkt mit Begriffen aus den jeweiligen Textpassagen benannt

---

1200 Vgl. Wrona (2005), S. 28; Glaser/Strauss (2008), S. 107 f. und Strübing (2008), S. 19.
1201 Vgl. Flick (2007), S. 386.
1202 Strübing (2008), S. 19.
1203 Böhm (2005), S. 476.
1204 Vgl. Corbin/Strauss (2008), S. 159 ff.
1205 Vgl. Flick (2007), S. 387 f. und Strübing (2008), s. 19 f.
1206 Vgl. Wrona (2005), S. 28 und Flick (2007), S. 388.
1207 Vgl. Charmaz (2003a), S. 94; Böhm (2005), S. 477 und Corbin/Strauss (2008), S. 195.
1208 Beispielsweise können Fragen nach dem *Was*, *Wer*, *Wie*, *Wann*, *Warum* und *Wozu* die Offenheit beim Kodieren fördern. Vgl. dazu Böhm (2005), S. 477 f. und Wrona (2005), S. 30.
1209 Vgl. Böhm (2005), S. 478.

werden.[1210] Sie erlauben einen zumindest in Teilen unmittelbaren, nur bedingt vom theoretischen Vorwissen verzerrten Zugang zu den Perspektiven der Akteure.[1211]

Durch das offene Kodieren können leicht Hunderte von Konzepten entstehen, die in einem weiteren Schritt zu Kategorien zusammengefasst werden. Dazu werden für die Fragestellung besonders relevante Daten unter Konzepten höherer Ordnung gruppiert und wiederum mit (abstrakteren) Codes versehen.[1212] In der Folge sind die aus dem Untersuchungsmaterial emergierten Kategorien dahingehend weiterzuentwickeln, dass ihre Eigenschaften und Merkmale expliziert und dimensionalisiert und damit entlang eines Kontinuums beschrieben werden.[1213]

Im Rahmen dieser Arbeit wurden beim offenen Kodieren die Interviewtranskripte hinsichtlich relevanter Phänomene der Kapitalstrukturentscheidungen in KMU untersucht. Dabei stand vor allem die Bestimmung und Weiterentwicklung von Konzepten und Kategorien bezüglich der in den Prozess involvierten Akteure und ihrer Motive sowie der dazugehörigen Kontextfaktoren und Prozessergebnisse im Mittelpunkt. Die nächste Kodierstufe diente in der Folge der Verfeinerung und Differenzierung der identifizierten Kategorien.

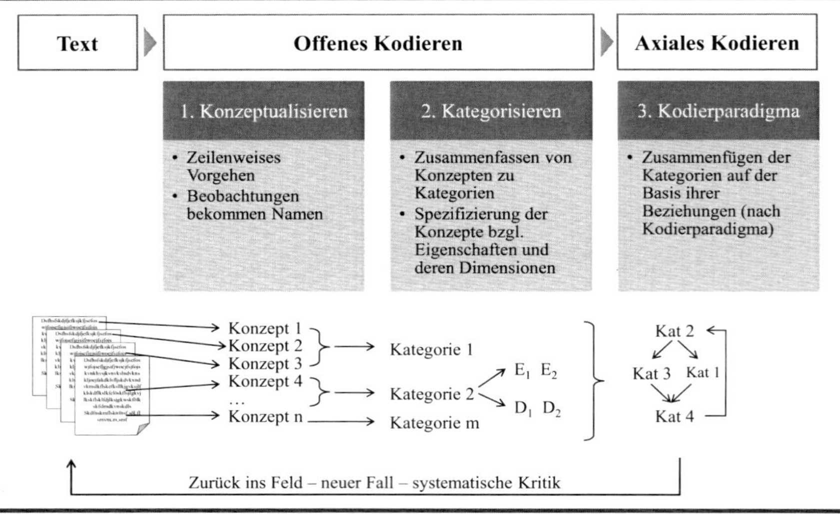

Abbildung 5.2: Prozess des Kodierens in der Grounded Theory
Quelle: Wrona (2005), S. 33.

[1210] Vgl. Böhm (2005), S. 478; Wrona (2005), S. 29 und Corbin/Strauss (2008), S. 65. Die Verwendung von In-Vivo-Codes erfolgt typischerweise nur bei besonders aussagekräftigen Textpassagen.
[1211] Vgl. Kuckartz (1999), S. 79.
[1212] Vgl. Flick (2007), S. 391 und Corbin/Strauss (2008), S. 199.
[1213] Vgl. Kuckartz (1999), S. 80 f. und Lamnek (2005), S. 111.

Wie in Abbildung 5.2 deutlich wird, unterstützt das *axiale Kodieren* den Forscher auch darin, die Beziehungen der Kategorien zu analysieren. Typischerweise rückt das axiale Kodieren nicht gleich zu Beginn der Datenauswertung in den Vordergrund, sondern erst dann, wenn sich das offene Kodieren in einem fortgeschritten Stadium befindet.[1214] Dabei werden einzelne Kategorien in den Mittelpunkt gestellt und intensiv analysiert.[1215] Um sie herum wird ein Beziehungsnetz ausgearbeitet, indem sie mit möglichst vielen weiteren Textbelegen angereichert werden.[1216] Als Ausgangspunkt für die Bestimmung der Relationen zwischen den einzelnen Kategorien dient in dieser Arbeit der heuristische Bezugsrahmen.[1217] Er unterstützt die Identifizierung und Entwicklung von Beziehungen zwischen Phänomenen und Konzepten. Diese Verbindungen werden laufend am Text im Sinne des kontinuierlichen Vergleichens überprüft und verifiziert. Diese Kombination aus der Entwicklung von Konzepten, Kategorien und Beziehungen auf der einen Seite und deren fortwährender Überprüfung am Text auf der anderen Seite verdeutlicht, dass der Prozess des axialen Kodierens sowohl induktive als auch deduktive Elemente aufweist.[1218]

Durch allmähliche Festlegung einer oder mehrerer Schlüsselkategorien erreicht der Analyseprozess eine abstraktere Ebene und geht in das *selektive Kodieren* über. Es zielt auf die Integration der bisher entwickelten Konzepte in diese wenigen auch als Kernkategorien bezeichneten zentralen Phänomene ab.[1219] Dazu fokussiert sich der Forscher auf die Konzepte, die einen bedeutsamen Bezug zu einer Schlüsselkategorie aufweisen, um letztere aufzufüllen und möglichst vollständig abzubilden.[1220]

In der vorliegenden Arbeit hat sich die Bedeutung der unternehmensexternen Prozessbeteiligten für die Kapitalstrukturentscheidungen als eine von drei Schlüsselkategorien im Rahmen des Kodierprozesses herausgebildet. Durch den Bezug zu großen Teilen der weiteren Kategorien stellt sie ein zentrales Element der analysierten Daten dar. Die Schlüsselkategorie trat während des Kodierens nahezu ständig auf. So konnten Muster und Subkategorien stark verfeinert und aufgefüllt werden. Die Festlegung als Schlüsselkategorie hat zudem die laufende Fallauswahl im Rahmen der Datenerhebung beeinflusst, indem gezielt Interviewpartner selektiert wurden, die umfangreiche Informationen zur Funktion von Intermediären bei Finanzie-

[1214] Siehe hierzu auch Strauss (1998), S. 63.
[1215] Vgl. Strauss (1998), S. 63.
[1216] Vgl. Böhm (2005), S. 479 und Flick (2007), S. 393.
[1217] Zur Verwendung eines heuristischen Bezugsrahmens als Grundlage der Auswertung von Interviewtranskripten siehe Wrona (2005), S. 20.
[1218] Vgl. Flick (2007), S. 394.
[1219] Vgl. Strübing (2008), S. 20.
[1220] Vgl. Strauss (1998), S. 63 und Kuckartz (1999), S. 82.

rungsentscheidungen von KMU erwarten ließen. In der Folge hat sich die Ausdifferenzierung dieser Schlüsselkategorie derart ausgewirkt, dass sich auf Basis der erhobenen Daten die Charakterisierung der Intermediäre als den Entscheidungsprozess lediglich in hierarchisch untergeordneter Position begleitende Akteure nicht aufrechterhalten lässt. Stattdessen kommt den Intermediären eine den Prozess teilweise dominierende Stellung zu.

Als weitere Schlüsselkategorien emergierten aus den Daten die Bedeutung der Prozesseigenschaften wie etwa der Grad der Rationalität und der Grad der Professionalität sowie die spezifischen Unternehmensziele der mittelständischen Betriebe. Daher werden in den folgenden Abschnitten diese Schlüsselkategorien konzeptualisiert und näher erläutert. Die Beobachtungen werden zudem vor dem Hintergrund der etablierten Kapitalstrukturtheorien analysiert. Zum Nachweis der empirischen Verankerung abgeleiteter Forschungsergebnisse sowie zur Offenlegung der Interpretationsleistung werden die dargestellten Erkenntnisse anhand von Zitaten aus den durchgeführten Interviews diskutiert.[1221] Dazu wurden insbesondere Textbelege ausgewählt, die die jeweiligen Kategorien und Konzepte möglichst eingehend illustrieren.

Im Hinblick auf das Forschungsziel der Theorieentwicklung in der vorliegenden Arbeit werden die mithilfe der Textbelege abgeleiteten Zusammenhänge als Hypothesen formuliert. Die Bildung von Hypothesen stellt einen ersten Schritt zur Entwicklung von Theorien dar. Theorien werden definiert als Systeme aus Begriffen und Definitionen, die über einzelne Aussagen in Verbindung gesetzt werden.[1222] Vor diesem Hintergrund sind Hypothesen als Aussagen über kausale Zusammenhänge zu verstehen, deren Wahrheitsgehalt empirisch getestet werden kann.[1223] Entgegen quantitativen Untersuchungsdesigns, in denen Hypothesen regelmäßig aus der Literatur abgeleitetet werden, um anschließend empirisch getestet zu werden, steht in der vorliegenden Arbeit somit die Generierung von Hypothesen im Mittelpunkt. Im Anschluss an die Ableitung der Hypothesen in den folgenden Abschnitten erfolgt eine Erörterung des Theoriebeitrags dieser Arbeit, indem die aufgestellten Hypothesen im Gesamtzusammenhang diskutiert werden.

[1221] Vgl. Locke (2001), S. 116 ff. und Osann (2010), S. 113.
[1222] Vgl. Rudner (1966), S. 10; Zelewski (2008), S. 26 und Osann (2010), S. 239.
[1223] Vgl. Eder (2008), S. 97 ff.

5.2 Analyse der finanzwirtschaftlichen Unternehmensziele im Entscheidungsprozess

5.2.1 Zielbegriff

Als eine der zentralen Schlüsselkategorien emergierte aus den Interviewdaten die besondere Bedeutung spezifischer Unternehmensziele von KMU. Die Analyse der Unternehmensziele ist in Bezug auf den Entscheidungsprozess zur Kapitalstruktur vor allem hinsichtlich der ökonomischen Prozessergebnisse relevant. Die Definition von Unternehmenszielen gilt als notwendiger Bestandteil der Unternehmensführung, da die Existenz von Zielen zwingende Voraussetzung für eine erfolgreiche unternehmerische Tätigkeit ist.[1224] Der Zielbegriff lässt sich dabei anhand der Zieldimensionen Zielinhalt, Zielerreichungsniveau und Hierarchie der Ziele von anderen Ausdrücken abgrenzen.[1225] Hinsichtlich des Zielinhalts kann zwischen Sach-, Sozial- und Formalzielen unterschieden werden. Während die beiden erstgenannten Zielkategorien die Festlegung des Leistungsangebots bzw. die soziale Verantwortung eines Unternehmens betreffen, sind für die Beurteilung der hier zentralen unternehmerischen Entscheidungen vor allem die Formalziele relevant, da sie unter anderem den angestrebten finanziellen Erfolg eines Unternehmens in Mengenbegriffen beschreiben. Als weitere Zieldimensionen bezieht sich das Zielerreichungsniveau auf den Grad der Zielerfüllung. Zuletzt bestimmt die Hierarchie eines Ziels seinen Rang in Bezug auf Ober-, Zwischen- und Unterziele bzw. Haupt- und Nebenziele.

Hinsichtlich der Finanzfunktion eines Unternehmens wird in der Literatur regelmäßig eine Reihe von Zielen hervorgehoben. Als wesentliche finanzwirtschaftliche Ziele gelten hierbei Unabhängigkeit, Liquidität, Sicherheit, Rentabilität und Wachstum.[1226] Diese Ziele werden jedoch dem finanzwirtschaftlichen Oberziel der langfristigen Unternehmenswertsteigerung untergeordnet. Teilweise besteht zwischen den einzelnen finanzwirtschaftlichen Zielen ein Spannungsverhältnis. So führt beispielsweise die simultane Maximierung der Rentabilität und der Liquidität zu einem Zielkonflikt, da beide konkurrierende Ziele sind.[1227]

[1224] Vgl. Pape (2011), S. 13 und Bamberger/Wrona (2012), S. 99 ff.

[1225] Vgl. Heinen (1966), S. 49 ff. und Schierenbeck/Wöhle (2012), S. 107.

[1226] Die Schwerpunktsetzung ist in der Literatur uneinheitlich. So nennen Perridon/Steiner/Rathgeber beispielsweise Wachstum nicht in diesem Zusammenhang. Vgl. Perridon/Steiner/Rathgeber (2012), S. 10 ff.

[1227] Vgl. Pape (2011), S. 20. Weitere Ziele wie Macht, Marktanteil oder Prestige werden im Zusammenhang mit finanzwirtschaftlichen Analysen in der Regel nicht betrachtet, können aber über das allgemeine Zielkriterium der Nutzenmaximierung einbezogen werden. Vgl. Perridon/Steiner/Rathgeber (2012), S. 11. Diese werden hier jedoch nicht weiter berücksichtigt, da sich die vorliegende Arbeit nur auf finanzwirtschaftliche Ziele bezieht.

5.2.2 Unabhängigkeit

Das finanzwirtschaftliche Ziel der Unabhängigkeit bezieht sich auf die Erhaltung der unternehmerischen Dispositionsfreiheit. Es wird vorwiegend im Zusammenhang mit der Kapitalaufnahme genannt, da diese in der Regel mit der Gewährung von Rechten an die Kapitalgeber verbunden ist.[1228] Vor allem bei der Aufnahme von Eigenkapital werden den Investoren grundsätzlich Mitspracherechte eingeräumt. Doch auch Gläubiger verlangen für die Kapitalüberlassung Informations- und Kontrollrechte sowie gegebenenfalls die Stellung von Sicherheiten. Das Ziel der Unabhängigkeit wird in der wissenschaftlichen Literatur eher als Nebenbedingung denn als Maximierungsproblem gesehen.[1229] Im Vordergrund steht das Ziel der Unternehmenswertmaximierung. In der Kapitalstrukturtheorie wird das Ziel der Unabhängigkeit im Rahmen der Agency-Theorie sowie der auf Informationsasymmetrien aufbauenden Theorien diskutiert.[1230] Hierbei steht jedoch im Zentrum, inwiefern die Aufgabe von Freiheitsgraden Einfluss auf den Unternehmenswert haben kann. Zudem werden vorrangig große börsennotierte Unternehmen betrachtet.

Aus der Auswertung der Interviewdaten geht hervor, dass dem Ziel der Unabhängigkeit in den betrachteten KMU ein deutlich größerer Stellenwert beigemessen wird als von der wissenschaftlichen Literatur zur Kapitalstruktur dargestellt.[1231] So weisen einige der Unternehmer darauf hin, nur in Ausnahmesituationen auf externe Kapitalgeber zurückgreifen zu wollen und anschließend möglichst schnell deren Einbindung wieder zu beenden. Sämtliche befragte Unternehmer geben an, gegebenenfalls auf eine Steigerung des Unternehmenswerts zu verzichten, beispielsweise durch eine Reduzierung der Kapitalkosten, sofern sie hierdurch ihre Unabhängigkeit erhalten können:

> *„[...] also unternehmerische Unabhängigkeit ist mir wichtiger als die Rendite, also as simple as that." (Fall A2)*

> *„Wenn ich da [...] aus irgendeinem Grund eine lange Durststrecke habe, dann kann es durchaus auch notwendig sein, dass ich dort, um zu überleben, eben Fremdkapital aufnehmen muss." (Fall A5)*

1228 Vgl. Perridon/Steiner/Rathgeber (2012), S. 11 f.

1229 Vgl. Perridon/Steiner/Rathgeber (2012), S. 12.

1230 Vgl. Jensen (1986), S. 324 sowie Kap. 2.5.1.2.

1231 Zur Berücksichtigung weiterer Unternehmensziele neben der Wertmaximierung siehe Pettit/Singer (1985), S. 58; Cressy (1995), S. 291 ff.; Börner (2006), S. 298; Müller u. a. (2006), S. 190; Vos/Shen (2007), S. 2 und Bell/Vos (2009), S. 2.

„Ja, das wird nicht gehen auf Dauer. Man wird immer irgendwie also noch Geld brauchen. Aber dann würde ich gegebenenfalls überlegen, ob ich dann nicht, was weiß ich, selber eine Bank gründe." (Fall A5)

„Völlig ausgeschlossen ist es nicht. Also wir versuchen es zu vermeiden." (Fall A4)

„Also immer unter der Basis, kein Geld von der Bank." (Fall A4)

„Ich gehe nicht zur Bank, wenn ich kein Geld habe." (Fall A4)

„Das haben wir getan, haben aber wirklich das Ziel verfolgt, so schnell wie möglich die Bankverbindung auch wirklich dann wieder loszuwerden." (Fall A1)

„Aber das operative Geschäft weiß ich, bei vielen läuft das ganz einfach aus dem Cash raus, das operative Geschäft, normale Investitionen, also Geschäftsinvestition. Ich denke mal, das ist schon der richtige Weg. Das muss auch so sein." (Fall A1)

Diese Übergewichtung des Unabhängigkeitsziels seitens der KMU wird auch von den Kapitalgebern und Intermediären bestätigt. Demzufolge präferieren die Unternehmer in hohem Maße die Einbringung von Eigenmitteln, auch wenn dies nicht nur mit Vorteilen verbunden ist:

„Der kleinere Unternehmer möchte ganz gerne maximal Eigenkapital einbringen, weil er wahrscheinlich der Meinung ist, so ist meine Erfahrung, so wenig Bank wie möglich. Dann muss ich da nicht rumdiskutieren und mir kann keiner vorschreiben, was ich tun muss oder auch nicht." (Fall B1)

„Ein Unternehmer sagt uns: ‚Ja, ich bin bereit, ein halbes oder einen Prozentpunkt mehr zu bezahlen, wenn ich mein Ziel erreichen kann, das Exposure von meiner Bankfinanzierung zu reduzieren.'" (Fall C1)

„[...] die einfache Erklärung ist letzten Endes dieses Hahn-im-Haus-Prinzip. Also, das was man auch [...] lange Zeit für den deutschen Mittelstand vermutet hat, dass eben der typische Mittelständler, der Familienbetrieb [...] die Fäden in der Hand halten will." (Fall B3)

„Das heißt, Eigenmittel spielen einfach eine große Rolle. [...] Und da gibt es auch [...] Verharrungstendenzen. Das heißt, es gibt sicher Unternehmen, die versuchen [...] ihre Finanzierungsentscheidung strategisch auszurichten. Und andere Unternehmen, [...] die haben halt andere Präferenzen, indem sie[...] die Entscheidungsfreiheit höher be-

werten und [...] versuchen dann, auch wenn es vielleicht strategisch ungünstiger ist, sich stark über Eigenmittel zu finanzieren." (Fall B3)

„Die kleineren Unternehmen möchten in der Regel alles alleine finanzieren aus Eigenkapital. Nur da muss man halt auch mal schauen wie die Renditenverhältnisse sind, ob jetzt die Eigenkapitalrendite seitens des Unternehmens der entspricht, [...] der Termingeldanlage am Kapitalmarkt. Ja oder Nein, und meistens ist das halt nicht der Fall. Insofern ist Fremdfinanzierung teilweise sinnvoll, aber der Unternehmer hat da eine andere, ich denke mal, Bauchmeinung. Das ist immer so eine sehr, sehr psychologisch getriebene und weniger wirtschaftlich getriebene Sichtweise." (Fall B1)

Insbesondere aus den beiden letztgenannten Textstellen geht hervor, dass die Ablehnung externen Kapitals auch mit Nachteilen verbunden sein kann. So spricht der Banker B1 den Unterschied in den Kosten der verschiedenen Kapitalformen an. Der bereits im Rahmen der Rationalität des Entscheidungsprozesses diskutierte Zusammenhang zwischen der Auswahl der Kapitalformen und ihren Kapitalkosten wird auch in Bezug auf die Gewichtung des Unabhängigkeitsziels deutlich. So lehnen die Unternehmen eine Fremdkapitalaufnahme trotz der teilweise erheblich geringeren Kapitalkosten ab, um ihre Unabhängigkeit zu bewahren. Die hiermit verbundene Reduzierung des Unternehmenswerts wird dabei akzeptiert. Darüber hinaus kann das Unabhängigkeitsstreben von KMU auch mit weiteren Nachteilen verbunden sein.[1232] *Oelschläger* zufolge liegt hierin ein Risikofaktor, der „in bedrohlicher Weise die Entwicklung des Unternehmens hemmen kann. Kann sich ein Unternehmer nicht rechtzeitig dazu durchringen, zur Wahrnehmung von Wachstumschancen oder zur Erhaltung seiner Wettbewerbsfähigkeit zu kooperieren oder Beteiligungskapital aufzunehmen, also ein Quentchen seiner Selbstständigkeit aufzugeben, so kann das als geringsten Preis Wachstums- und Gewinneinbußen und als höchsten Preis den Verlust seiner unternehmerischen Existenz bedeuten."[1233] *Wossidlo* überträgt diesen Nachteil des Unabhängigkeitsstrebens auch auf die externe Fremdfinanzierung und hebt hervor, dass die mangelnde Bereitschaft der Unternehmer zur Aufnahme neuer Kapitalgeber eine hohe Bedeutung in der Finanzierung von KMU einnimmt.[1234]

Hinsichtlich der Motive für das Unabhängigkeitsstreben wird in der Literatur regelmäßig der Erhalt der unternehmerischen Dispositionsfreiheit genannt.[1235] Diese bezieht sich nicht nur

[1232] Zu den Nachteilen des Verzichts auf Fremdkapital siehe auch Behringer (2009), S. 46.
[1233] Oelschläger (1971), S. 172.
[1234] Vgl. Wossidlo (1993a), S. 469 und Geiseler (1999), S. 31.
[1235] Vgl. Perridon/Steiner/Rathgeber (2012), S. 11 f. und Pape (2011), S. 21 f.

auf Einschränkungen in der Geschäftsführung der Unternehmen. Laut Gesprächspartner A2 ist auch in den Transparenzanforderungen der Kapitalgeber ein Grund für die Ablehnung externer Einflüsse insbesondere bei Unternehmen in ländlichen Regionen zu sehen:

„[...] das ist eine ganz klassische traditionelle Unternehmerscheu. In einem steuerdominierten Land, wie wir das sind, wollen Sie sich nicht in die Unterwäsche gucken lassen.“ (Fall A2)

„Also, der typische Mittelständler hier im ländlichen Bereich, [...] der scheut diese Transparenz.“ (Fall A2)

Zu diesem Schluss kommt auch die von der KfW Bankengruppe 2012 veröffentlichte Unternehmerbefragung. Demzufolge ist in den Anforderungen an die Offenlegung ein wesentlicher Grund für die Verschlechterung der Kreditaufnahme mittelständischer Unternehmen zu sehen.[1236] Weiterhin können wie im Fall A4 auch Schwierigkeiten im persönlichen Umgang mit Vertretern der kapitalgebenden Institute Hintergrund der Präferenz für interne Mittel sein:

„Ich bin nicht gerne abhängig. Nehmen Sie es mir nicht übel. Das ist jetzt nicht irgendwo persönlich gemeint. Ich sage immer, ich möchte mich nicht von einem Herrn in Ihrem Alter belehren lassen, wie ich meine Geschäfte zu führen habe.“ (Fall A4)

Hinzu kommen Zweifel an der Integrität der Fremdkapitalgeber. So haben im Fall A1 negative Erfahrungen mit Kreditinstituten zu einer Abkehr von externen Kapitalgebern geführt:

„Wenn es einem schlecht geht und man braucht die Bank, dann ist das damals Gesagte alles nicht mehr wahr. Deswegen, muss ich sagen, versuchen wir das einfach ohne Bank.“ (Fall A1)

„Banken versprechen viel.“ (Fall A1)

Die Dominanz des Unabhängigkeitsziels gilt allerdings den Interviewpartnern zufolge nicht für alle Unternehmen gleichermaßen. Einen Zusammenhang sieht wie schon der Unternehmer A2 auch der Berater C3 zwischen der Zielgestaltung und der ruralen bzw. urbanen Verortung von KMU:

„Es mag auch Mentalitätssache sein, wenn recht ländliche Unternehmen sagen: ‚Ja, wir möchten eigentlich nicht gerne zur Bank. Wir möchten gerne alles aus eigener Tasche finanzieren.‘“ (Fall C3)

[1236] Vgl. KfW Bankengruppe (2012), S. 17.

Die hohe Priorität der Unabhängigkeit im Zielsystem der befragten Unternehmer wird anhand der oben zitierten Aussagen deutlich. Diese Einschätzung wird von den unternehmensexternen Interviewpartnern geteilt. Die Präferenz für das Ziel der Unabhängigkeit steht Berater C3 zufolge in Abhängigkeit der Verortung eines Unternehmens. Dieser Zusammenhang wird als Hypothese formuliert:

H1: DIE RURALE BZW. URBANE VERORTUNG EINES KMU BEEINFLUSST DIE PRIORITÄT DER UNABHÄNGIGKEIT IM ZIELKATALOG DES UNTERNEHMENS.

Daneben sieht der Banker B1 auch eine Beziehung zwischen dem Unabhängigkeitsstreben eines Unternehmens und seiner Größe:

„Der kleinere mittelständische Unternehmer ist dann eher für die Unabhängigkeit, der größere ist dann für die Renditeerwartung." (Fall B1)

„Also da glaube ich auch, dass sich da so ein bisschen die Sichtweisen ändern, je nach Größenordnung." (Fall B1)

Dieser Zusammenhang zwischen der Unternehmensgröße und der Priorität, die Unternehmer der Unabhängigkeit im Zielkatalog des Unternehmens einräumen, wird ebenfalls als Hypothese festgehalten:

H2: DIE UNTERNEHMENSGRÖẞE BEEINFLUSST DIE PRIORITÄT DER UNABHÄNGIGKEIT IM ZIELKATALOG VON KMU.

5.2.3 Liquidität

Der Begriff der Liquidität findet in Theorie und Praxis keine einheitliche Verwendung.[1237] Vielmehr wird ihm eine Reihe von Tatbeständen zugeordnet. Im Zusammenhang mit Kapitalstrukturentscheidungen bezeichnet die Liquidität zum einen die jederzeitige Zahlungsfähigkeit eines Unternehmens und zum anderen die in der Bilanz ausgewiesenen liquiden Mittel.[1238] Erstere wird im Rahmen der finanzwirtschaftlichen Ziele von Unternehmen als strenge Nebenbedingung des Rentabilitätsstrebens betrachtet, da die Nichteinhaltung der ständigen Zahlungsfähigkeit in der Regel zur Beendigung der unternehmerischen Existenz führt.[1239] In der Kapitalstrukturtheorie stellt die Liquidität eher einen Nebenaspekt dar. Lediglich in der

[1237] Vgl. Weber (1998), S. 120 f.; Wöhe u. a. (2009), S. 25 f. und Pape (2011), S. 19.
[1238] Darüber hinaus wird der Liquiditätsbegriff auch für das Ausmaß der Geldnähe eines Vermögensgegenstandes verwendet. Vgl. Pape (2011), S. 19.
[1239] Vgl. Marx (1993), S. 51 und Perridon/Steiner/Rathgeber (2012), S. 13.

Trade-Off-Theorie wird die Zahlungsunfähigkeit eines Unternehmens im Zusammenhang mit den damit verbundenen Insolvenzkosten diskutiert. Entsprechend der Argumentation der Trade-Off-Theorie, erhöht sich mit steigendem Verschuldungsgrad eines Unternehmens c. p. auch die Anzahl der Umweltzustände, in denen ein Unternehmen zahlungsunfähig ist.[1240]

Dieser Zusammenhang kommt auch im Rahmen des Entscheidungsprozesses von KMU zum Tragen. Nach Ansicht der Gesprächspartner ist die Bedeutung der Liquidität bei Kapitalstrukturentscheidungen in KMU besonders hoch, da diesen Unternehmen in Relation zu Großunternehmen nur ein begrenztes Spektrum an Finanzierungsinstrumenten zur Verfügung steht. So haben KMU beispielsweise im Fall einer Kündigung ihrer Kreditlinie durch den Gläubiger aufgrund der großen Abhängigkeit kaum Alternativen zur Aufrechterhaltung der Zahlungsfähigkeit, während große Unternehmen ihre Liquidität aufgrund der größeren Bandbreite an Finanzierungsinstrumenten eher gewährleisten können. Zudem sehen sich KMU in Bezug auf ihre Zahlungsfähigkeit angesichts des oft geringen Diversifikationsgrads größeren Risiken ausgesetzt als Großunternehmen, die Rückgänge von Zahlungsströmen in einzelnen Geschäftsbereichen eher durch andere Bereiche zumindest temporär ausgleichen können.[1241] Vor diesem Hintergrund sind auch die Aussagen der Interviewpartner hinsichtlich der Liquidität zu interpretieren. Die Präferenz interner Mittel ist demnach auch darauf zurückzuführen, dass die laufende fixe Belastung durch Zinszahlungen auf externes Fremdkapital begrenzt bleiben soll, um die Liquidität nicht zu gefährden:

„Früher haben wir immer gesagt, Rentabilität geht vor Liquidität, heute sagen wir, Liquidität ist alles, weil die Liquidität ist für den kleinen und mittleren Unternehmer heutzutage total wichtig. [...] so wie früher, dass sie den Banker angerufen haben und gesagt haben: ‚Du, ich brauche mal für zwei Monate Hunderttausend mehr', das gibt's ja alles nicht mehr, oder ist ganz, ganz schwer." (Fall C2)

Diese Argumentation wird auch im Zusammenhang mit der jüngsten Finanz- und Wirtschaftskrise vorgetragen. So ist den Unternehmern das Ziel der Liquidität im Hinblick auf vergangene und zukünftige Krisen besonders wichtig bei Finanzierungsentscheidungen:

„[Die Kreditlinie], die haben wir Ende 2008 gezogen und haben uns die Kasse umgelegt aus Gründen der Finanzkrise damals. [...] das tun wir [...] von Anbeginn, dass wir relativ hohe Liquidität behalten. Und das würde ich in der nächsten Finanzkrise [...] wieder so tun, also das finde ich eine sehr beruhigende Geschichte." (Fall A2)

[1240] Siehe dazu Kap. 2.4.2.
[1241] Siehe Kap. 3.1.2.

„Also die Liquidität ist viel, viel wichtiger geworden." (Fall C2)

„Liquidität wird auf der anderen Seite geschont für zum Beispiel schlechtere Zeiten. Oder eben halt auch bei der Festlegung der Kontokorrente, mehr oder minder nicht immer den komplett ausgeschöpft zu haben. Es ist einfach ein gutes Gefühl für die Unternehmer, einfach freie Liquidität zu haben, auch für die Verhandlungspositionen." (Fall C3)

Die hohe Priorität der Liquidität im Zielkatalog von KMU ist demnach auch auf die bestehenden Abhängigkeiten gegenüber Kapitalgebern zurückzuführen Daher werden interne Mittel präferiert. Der Einfluss dieser in Bezug auf die Liquidität bestehenden Abhängigkeit von KMU auf Kapitalstrukturentscheidungen wird als Hypothese formuliert:

H3: DIE HINSICHTLICH DER LIQUIDITÄT BESTEHENDE ABHÄNGIGKEIT VON KMU GEGENÜBER KAPITALGEBERN BEEINFLUSST DIE PRÄFERENZ FÜR INTERNE MITTEL ZUR UNTERNEHMENSFINANZIERUNG.

5.2.4 Sicherheit

In engem Zusammenhang mit der Liquidität steht das Finanzziel der Sicherheit, das die Begrenzung des mit finanzwirtschaftlichen Maßnahmen einhergehenden Risikos umfasst. Dabei lässt sich in der wissenschaftlichen Literatur zwischen den Risiken bei der Kapitalanlage und -aufbringung unterscheiden.[1242] Während das Sicherheitsstreben bei Anlageentscheidungen darauf abzielt, das Risiko im Zusammenhang mit schwankenden und unsicheren Zahlungsströmen zu begrenzen, gilt es bei der Kapitalaufbringung Kapitalstrukturentscheidungen so zu fällen, dass die Risiken aus der Verschuldung nicht zu groß werden.[1243] Somit weist das in der Literatur diskutierte Ziel der Sicherheit in Bezug auf die Kapitalaufbringung eine Überschneidung mit dem Ziel der Aufrechterhaltung der Liquidität auf. Dabei kann eine Reduzierung des Verschuldungsgrads sowohl zur Gewährleistung der Liquidität, als auch zur Erhöhung der Sicherheit beitragen. Dieser Aspekt wird auch von Unternehmer A1 angesprochen:

„Man hat [...] keine Pflicht oder überschaubare Pflichten, nicht zittern in Zeiten schwacher Konjunkturen, dann hat man einfach diese schwere Last nicht zu tragen." (Fall A1)

[1242] Vgl. Perridon/Steiner/Rathgeber (2012), S. 15.
[1243] Vgl. Perridon/Steiner/Rathgeber (2012), S. 15.

Darüber hinaus wird das Ziel der Sicherheit auch in Bezug auf die Planung von Finanzierungsmaßnahmen genannt. So sind mittelständische Unternehmen dem Banker B2 zufolge bereit höhere Kapitalkosten zu tragen, wenn im Ausgleich die Planungssicherheit bezüglich ihrer Finanzierungsmaßnahmen gesteigert werden kann:[1244]

> *„Also es wird sicherlich heute sehr […] genau abgewogen. Um bei dem konkreten Beispiel zu bleiben, [für] eine Konsortialfinanzierung […] kriegt der Kunde ja eine Zusage für einen bestimmten Zeitraum. Er […] weiß worauf er sich einlässt, er hat verbindliche Zusagen, er kann fest planen, hat Planungssicherheit. Das hat aber seinen Preis, weil er gibt, für diese Sicherheit gibt er etwas auf.“ (Fall B2)*

> *„Die Bereitschaft, eben auch für die Sicherheit etwas zu bezahlen, nimmt auch zu. Also wir haben zwei […] große Transaktionen gemacht, bei der wir sehr […] zufrieden sein können. […] wo wir auch Preise bekommen haben, die sicherlich auch damit zusammenhingen, dass der Kunde wusste, wenn wir was strukturieren und arrangieren, dann weiß er, dass wir das hinbekommen.“ (Fall B2)*

5.2.5 Rentabilität

Das finanzwirtschaftliche Ziel der Rentabilität beschreibt die Relation von Unternehmensergebnis zu eingesetztem Kapital.[1245] Je nachdem, welche Ergebnis- und Kapitaleinsatzgröße betrachtet wird, lassen sich unterschiedliche Rentabilitätsbegriffe gegeneinander abgrenzen.[1246] Während zur Ermittlung der Gesamtkapitalrentabilität in der Regel der Gewinn vor Zinsen in Relation zur Summe aus Eigen- und Fremdkapital betrachtet wird, erfolgt die Berechnung der Eigenkapitalrentabilität meist durch den Quotienten aus dem Gewinn nach Zinsen und dem Eigenkapital eines Unternehmens.[1247] Das Ziel der Rentabilität stellt einen zentralen Aspekt der etablierten Kapitalstrukturtheorien dar, da das Ziel der Unternehmenswertsteigerung nur erreicht werden kann, wenn die Rentabilität der eingesetzten Mittel über den Kapitalkosten liegt.[1248]

Bei der Betrachtung der für die Eigenkapitalgeber maßgeblichen Eigenkapitalrentabilität wird deutlich, dass deren Höhe bei konstantem Kapitaleinsatz über einen Zuwachs des Gewinns

---

[1244] Die Diskussion der Finanzplanung erfolgt in der wissenschaftlichen Literatur teilweise auch im Zusammenhang mit dem Finanzziel der Liquidität. Vgl. Pape (2011), S. 19 f.

[1245] Vgl. Weber (1998), S. 19 ff.

[1246] Vgl. Marx (1993), S. 53 und Perridon/Steiner/Rathgeber (2012), S. 617 f.

[1247] Abweichend hiervon sind auch Rentabilitätsberechnungen auf der Basis von Zahlungsstromgrößen anstelle des jeweiligen Gewinns möglich. Vgl. Perridon/Steiner/Rathgeber (2012), S. 617 f.

[1248] Vgl. Pape (2011), S. 16.

nach Zinsen und nach Steuern gesteigert werden kann. Hierzu kann c. p. auch die Reduzierung der Zinssätze auf das Fremdkapital beitragen. Zudem kann durch die Ausnutzung des Leverage-Effekts die Erhöhung des Verschuldungsgrads eine Steigerung der Eigenkapitalrentabilität zur Folge haben.[1249] So verweist auch der Berater C3 auf die Vorteile der Fremdfinanzierung:

„[...] weil ich im Grunde nachher eigentlich dann auch davon ausgehe, klassischerweise letztlich den Leverage-Effekt dann auch ausnutze. Das heißt also, die Gesamtkapitalrendite wird wesentlich größer sein als der FK-Zins, und dann spricht das natürlich auch für die Eigenkapitalrendite, die dann sozusagen mitgezogen wird." (Fall C3)

Demnach sollten Unternehmer zur Steigerung der Eigenkapitalrendite den Leverage-Effekt ausnutzen, indem sie bei entsprechenden Voraussetzungen ihren Verschuldungsgrad erhöhen. Dies ist den Interviewpartnern zufolge aber in der Unternehmenspraxis oft nicht der Fall. Wie bereits im Zusammenhang mit den weiteren Finanzzielen diskutiert, wird den in der Theorie eher als Nebenbedingungen betrachteten Zielen der Unabhängigkeit und Liquidität teilweise ein größeres Gewicht beigemessen als der Rentabilität:

„Je größer das Unternehmen, desto professioneller [...] gehen die Unternehmen auch an die Finanzierung heran, um zu schauen, also Leverage-Effekt hatte ich ja schon genannt, wie kann ich da einen guten Hebel ansetzen [...]. Der kleinere Unternehmer möchte ganz gerne maximal Eigenkapital einbringen, weil er wahrscheinlich der Meinung ist, so ist meine Erfahrung, so wenig Bank wie möglich." (Fall B1)

„Der kleinere mittelständische Unternehmer ist dann eher für die Unabhängigkeit, der größere ist dann für die Renditeerwartung." (Fall B1)

„Das ist sicherlich ein Punkt, wo Unternehmen einfach sagen: ‚Die Rendite oder [...] meine Kapitalkosten, die ich aufwenden muss, da kommt es mir im Zweifel am Ende des Tages nicht so sehr darauf an, ob ich da jetzt zehn oder fünfzehn Basispunkte mehr zahlen muss.' Das ist in der Tat ein Punkt, den wir auch bemerkt haben, also die Bereitschaft, mehr zu bezahlen, ist da vorhanden." (Fall B2)

„Ein Unternehmer sagt uns: ‚Ja, ich bin bereit, ein halbes oder einen Prozentpunkt mehr zu bezahlen, wenn ich mein Ziel erreichen kann, das Exposure von meiner Bankfinanzierung zu reduzieren.'" (Fall C1)

[1249] Nach dem Leverage-Effekt erhöht sich durch zunehmende Verschuldung die Eigenkapitalrentabilität, sofern die Gesamtkapitalrentabilität über dem Fremdkapitalzinssatz liegt. Siehe hierzu auch Kap. 2.2.3.

Vor diesem Hintergrund kritisieren die Kapitalgeber und Intermediäre die unzureichende Gewichtung des Ziels der Rentabilität bei Finanzierungsentscheidungen. Ihrer Ansicht nach besteht hierin ein Risiko hinsichtlich des Fortbestands der Unternehmen:

„Und da ist zumindest mein Eindruck, […], dass ein Mittelständler zum Beispiel nicht auf seine Eigenkapitalrendite achtet." (Fall B3)

„[…] wenn Sie nur noch Geld drehen, können Sie dicht machen. Und das muss man ja mal ganz klar sagen, wenn Sie kein Geld am Ende verdienen, dann raten wir hier den Mandanten: ‚Abschließen, dichtmachen, und, und, und.' Weil man geht nicht arbeiten, um Geld zu wechseln." (Fall C2)

5.2.6 Wachstum

In engem Zusammenhang mit der Rentabilität steht das finanzwirtschaftliche Ziel des Wachstums. So ist Wachstum nur in solchen Unternehmensbereichen vorteilhaft, in denen die Rentabilität die Kapitalkosten übersteigt. Andernfalls führt Wachstum zu einer Reduzierung des Unternehmenswerts.[1250] Die Finanzierungsfunktion eines Unternehmens hat im Zusammenhang mit dem Wachstumsziel die Aufgabe, Finanzierungspotentiale zu erschließen, um für Wachstumsprozesse im Unternehmen ausreichend Mittel zur Verfügung zu stellen. So können Unternehmen durch erschlossene Potentiale schnell und flexibel auf Marktveränderungen und sich ergebende Chancen reagieren.[1251] Wie bereits die Rentabilität steht jedoch auch das Wachstum in einem Spannungsverhältnis zu den Zielen Liquidität und Sicherheit. So kann beispielsweise durch die Aufnahme zusätzlichen Fremdkapitals Wachstum im Unternehmen angeregt werden. Allerdings steigt auch mit zunehmender Verschuldung die Wahrscheinlichkeit der Zahlungsunfähigkeit. Diesen Zielkonflikt sieht auch der Banker B2 als Grund für ausbleibendes Wachstum bei KMU:

„Was wir aber sehen, ist, dass […] in den letzten Jahren, insbesondere seit 2008 bei den Unternehmen schon die Erkenntnis gewachsen ist, dass eben eine solide Finanzierungsstruktur eben nur einen bestimmten Fremdkapitalanteil zulässt und ich eben dann im Zweifel schauen muss, wachse ich dann eben weiter oder bleibe ich so wie ich bin, wenn ich eben nicht genug Eigenkapital [zur Aufnahme weiteren Fremdkapitals] habe?" (Fall B2)

[1250] Vgl. Pape (2011), S. 21.
[1251] Vgl. Pape (2011), S. 21.

Die bereits im Zusammenhang mit der Unabhängigkeit diskutierte Aversion gegen die Aufnahme von externem Fremdkapital führt daher teilweise zu einer Begrenzung des Wachstums. Der Unternehmer A4 geht auf diesen Zusammenhang ein und hebt hervor, dass seine Kapitalstrukturentscheidungen auch zur Verschiebung bzw. Ablehnung von Wachstumsprojekten im Unternehmen führt:

„Ich muss natürlich sehen, dass ich das Geld zur Verfügung habe. Das heißt, ich muss dann auch mal Entscheidungen eventuell schieben, um jetzt mal auf das [Investitionsprojekt A] zurück zu kommen. Das geht schon seit zwei Jahren. Und jetzt hatten wir die entsprechenden Mittel zur Verfügung. [...] Man muss die Entscheidung so schieben, wie man das Geld zur Verfügung hat." (Fall A4)

„[...] kein Geld von der Bank und keine großen Sprünge, die wir uns nicht leisten können." (Fall A4)

Dem Steuerberater C1 zufolge stellt in diesem Zusammenhang die Aufnahme externen Eigenkapitals eine Alternative zur Fremdfinanzierung dar. Demnach können sich insbesondere schnell wachsende Unternehmen finanzieren, ohne eine Belastung der Liquidität durch fixe Zinszahlungen hinzunehmen:

„Wird es sehr schnell wachsen,[...] wird man wahrscheinlich nicht drumherum kommen, neben Fremdkapital auch Eigenkapital aufzunehmen, da kommen Punkte wie keine fixe Vergütung, das heißt, je nach Risiko auch des Wachstums hat man natürlich durch Eigenkapital sehr viel mehr Flexibilität, Dividenden sind nicht verpflichtend, es haftet. Das sind so Überlegungen Fremdkapital oder Eigenkapital." (Fall C1)

Die Aufnahme externer Eigenkapitalgeber steht aber im Widerspruch zum Unabhängigkeitsstreben der mittelständischen Unternehmer, da den neuen Gesellschaftern in der Regel umfangreiche Mitspracherechte eingeräumt werden.[1252]

5.2.7 Unternehmenswertsteigerung

Die langfristige Steigerung des Unternehmenswerts ist heute als finanzwirtschaftliches Oberziel erwerbswirtschaftlicher Unternehmen weitgehend anerkannt.[1253] Dabei geht die Ausrichtung der unternehmerischen Tätigkeiten auf die Unternehmenswertsteigerung aus Sicht der

[1252] Siehe Kap. 3.3.3.1.
[1253] Vgl. Ross u. a. (2008), S. 11 ff.; Perridon/Steiner/Rathgeber (2012), S. 16 und Pape (2011), S. 14.

Anteilseigner auf das Konzept des *Shareholder Value* zurück.[1254] Das aus den USA stammende Konzept hat sich nach ausführlicher Diskussion auch in Deutschland als maßgeblich für die Unternehmenspolitik etabliert.[1255] Shareholder-Value-Konzepte beziehen sich in der Regel auf große börsennotierte Unternehmen und heben die Steigerung des Aktienwerts als zentrale Zielgröße hervor. Jedoch lässt sich der Grundgedanke auch auf Unternehmen übertragen, die nicht als börsennotierte Aktiengesellschaft firmieren, indem als generell formuliertes Ziel die Maximierung des Marktwerts der Anteile bestehender Eigentümer angestrebt wird.[1256]

Wenn die Steigerung des Unternehmenswerts als finanzwirtschaftliches Oberziel ausgegeben wird, sind sämtliche finanzwirtschaftliche Maßnahmen danach zu beurteilen, inwiefern sie den Unternehmenswert erhöhen.[1257] Wie die theoretische Diskussion zur Relevanz von Finanzierungsmaßnahmen gezeigt hat, besteht aufgrund der Existenz von Steuern, Insolvenzkosten, Transaktionskosten und Informationsasymmetrien ein Zusammenhang zwischen der Kapitalstruktur und dem Marktwert eines Unternehmens.[1258] So sind auch Entscheidungen bezüglich der Kapitalstruktur anhand des Kriteriums der Wertsteigerung zu treffen. Nach der Argumentation der Trade-Off-Theorie sinkt der gewichtete Gesamtkapitalkostensatz zunächst mit zunehmender Verschuldung, bis die steigenden erwarteten Insolvenzkosten aufgrund des zunehmenden Risikos den Vorteil der Verschuldung aufwiegen bzw. überkompensieren.[1259] Demnach lassen sich durch die Abwägung der Vor- und Nachteile zunehmender Verschuldung die gewichteten durchschnittlichen Kapitalkosten minimieren, wodurch die Maximierung des Unternehmenswerts erreicht wird.[1260] Anhand der Datenauswertung wird jedoch deutlich, dass eine ausschließliche Ausrichtung an wertorientierten Zielen gemäß der Argumentation der Trade-Off-Theorie in den untersuchten KMU nicht erfolgt. So findet insbesondere die Berücksichtigung von Unternehmenswertsteigerungen durch Steuervorteile der Fremdfinanzierung kaum Anwendung in den untersuchten Unternehmen:

> *„Also, ich habe es jetzt in meinen sechseinhalb Jahren, die ich dieses Thema betreue[...] noch kein Mal gehört, dass [ein Steuervorteil] ein wesentlicher Punkt war als Entscheidungskriterium Fremdkapital oder Eigenkapital." (Fall C1)*

[1254] Zum Konzept des Shareholder Value siehe grundlegend Rappaport (1986) und Pape (2010).

[1255] Vgl. Pape (2011), S. 14. Die zunehmende Orientierung der Unternehmenspolitik an der Zielgröße des Unternehmenswerts ist dabei auch auf die in Kap. 3.4 diskutierten Veränderungen der Rahmenbedingungen bei Unternehmensfinanzierungen zurückzuführen. Siehe dazu auch Pape (2010), S. 36 ff.

[1256] Vgl. Ross u. a. (2008), S. 12 f.

[1257] Vgl. Perridon/Steiner/Rathgeber (2012), S. 16.

[1258] Siehe hierzu die ausführliche Darstellung der Kapitalstrukturtheorien in Kap. 2 sowie Pape (2010), S. 246 ff.

[1259] Siehe Kap. 2.4.3.

[1260] Vgl. Brealey/Myers/Allen (2011), S. 468 ff.

Gleichwohl ist die geringe Beachtung steuerlicher Aspekte den Gesprächspartnern zufolge auch auf ihre gesunkene Bedeutung vor dem Hintergrund des niedrigen Zinsniveaus für Forderungstitel zurückzuführen. Demnach fallen Steuervorteile der Verschuldung aufgrund der niedrigen Fremdkapitalzinssätze weniger stark ins Gewicht als vor einigen Jahren:

„Wenn man sechs, sieben, acht Prozent an Zinsen zahlt, dann fällt es natürlich steuerlich schon ein Stück weit ins Gewicht. Wenn heute drei oder vier Prozent Zinsen gezahlt werden, ist es eigentlich ungeachtet der Finanzierungsform schon so, dass dem Unternehmer bewusst ist, es geht in die Kostenrechnung ein. Zinsen sind abzugsfähig. Aber daraus erwächst noch keine Strategie." (Fall C3)

„Das mag bei dem ein oder anderen noch eine Rolle spielen. Aber ich glaube, auch heutzutage ist die Bedeutung eben dieser steuerlichen Komponente eben durchaus in den Hintergrund getreten nach meiner Wahrnehmung. Im Zweifel sagt man sich, es geht mehr um die Stabilität des Unternehmens und dann guck ich da nicht so sehr auf die steuerliche Komponente am Ende des Tages." (Fall B2)

Auch nach der Argumentation der Pecking-Order-Theorie, der wie auch der Trade-Off-Theorie ein hoher Erklärungsgehalt in der theoretischen Diskussion beigemessen wird, streben Unternehmen nach der Maximierung des Marktwerts der Anteile bestehender Eigentümer.[1261] In der Ausgangssituation der theoretischen Argumentation liegt einem Unternehmen eine Möglichkeit zur Realisierung eines Investitionsprojekts mit positivem Kapitalwert vor. Nach der Pecking-Order-Theorie wird das Unternehmen die Investition immer dann realisieren, wenn trotz der Nachteile durch die Aufnahme externen Kapitals eine Vermögenssteigerung für bestehende Anteilseigner erreicht werden kann.[1262] Die Erkenntnisse der im Rahmen dieser Arbeit durchgeführten empirischen Untersuchung hinsichtlich der finanzwirtschaftlichen Ziele von KMU bei Kapitalstrukturentscheidungen haben jedoch verdeutlicht, dass die Unternehmer teilweise Zielen wie Unabhängigkeit und Sicherheit einen höheren Stellenwert beimessen als der Steigerung des Unternehmenswerts und daher teilweise von vermögenssteigernden Investitionen absehen. So ist der Unternehmer A5 beispielsweise bereit auf rentable Investitionsprojekte zu verzichten, wenn er hierdurch sein finanzwirtschaftliches Risiko verringern und so auch die Interessen der Arbeitnehmer wahren kann. Auch der Unternehmer A1

[1261] Vgl. Brealey/Myers/Allen (2011), S. 488 ff.
[1262] Siehe Kap. 2.6.2.

verdeutlicht, dass die Maximierung des Eigenkapitalwerts in seinem Unternehmen nicht wichtiger als die Interessen der Arbeitnehmer eingestuft wird:[1263]

> *„Und es gibt im Sommer und zum Jahresende, sage ich mal, quasi eine Gewinnbeteiligung. Wir sind ein kleines Unternehmen. Und wir können nur das verteilen, was wir verdienen. [...] Und wir als [...] die drei Unternehmer sagen, okay, wir möchten uns nicht schlechter und nicht besser als unser Mitarbeiter stellen. Wir sind dann auch mit [...] in dieser Verteilungsrunde drin." (Fall A1)*

Aufgrund der aus den Daten gewonnenen Erkenntnisse ist in den hier untersuchten Unternehmen nicht von einer ausschließlichen Ausrichtung des Entscheidungsprozesses bezüglich der Kapitalstruktur am Konzept des Shareholder Value auszugehen. Insbesondere für kleine Unternehmen gelten demnach auch andere Ziele neben der Steigerung des Unternehmenswerts. Der Zusammenhang zwischen der Unternehmensgröße und dem Grad der Berücksichtigung des Shareholder-Value-Konzepts bei Kapitalstrukturentscheidungen wird als Hypothese formuliert:

H4: JE GRÖßER EIN UNTERNEHMEN IST, DESTO STÄRKER IST DIE AUSRICHTUNG DER KAPITALSTRUKTURENTSCHEIDUNGEN AM ZIEL DER UNTERNEHMENSWERTSTEIGERUNG.

Die Gleichgewichtung weiterer Anspruchsgruppen neben den Eigenkapitalgebern in der Unternehmenspolitik ist Gegenstand von Stakeholder-Ansätzen.[1264] Danach werden die Interessen sämtlicher Gruppen und Einzelpersonen, die die Zielformulierung von Unternehmen beeinflussen können, in unternehmerische Entscheidungsprozesse integriert. Diese Ansätze sehen sich jedoch der Kritik ausgesetzt, dass sie durch die Gleichgewichtung der verschiedenen Anspruchsgruppen der elementaren Funktion der Eigenkapitalgeber mit der Finanzierung und Haftung nicht gerecht werden.[1265]

5.3 Analyse der Prozesseigenschaften

Neben den Hinweisen bezüglich der Unternehmensziele bei Kapitalstrukturentscheidungen gibt die Auswertung der Interviewdaten Aufschluss über die Eigenschaften des Entschei-

[1263] Dabei ist die Orientierung an der Unternehmenswertmaximierung jedoch nicht mit der ausschließlichen Berücksichtigung von Eigenkapitalgeberinteressen gleichzusetzen. Vielmehr dient die Steigerung des Unternehmenswerts auch der langfristigen Befriedigung der Ansprüche weiterer beteiligter Gruppen wie der Arbeitnehmer. Vgl. Pape (2011), S. 14 f.

[1264] Vgl. Freeman (1984).

[1265] Vgl. Brealey/Myers/Allen (2011), S. 39 f. und Pape (2010), S. 147 ff.

dungsprozesses. Hierbei emergierten aus den Daten Kategorien bezüglich der Professionalität und der Rationalität der Entscheidungsprozesse sowie hinsichtlich der dem Prozess beigemessenen Priorität.

5.3.1 Professionalität des Entscheidungsprozesses

Die Professionalität von Finanzierungsentscheidungen in Unternehmen wird in der bestehenden Literatur zur Kapitalstruktur kaum thematisiert. So gehen die etablierten Kapitalstrukturtheorien weitgehend von Entscheidungen innerhalb großer und professionell organisierter Unternehmen aus. Auch die Auswertung der Untersuchungen zur Kapitalstruktur mittelständischer Unternehmen liefert kaum Aufschlüsse zu den Eigenschaften und zum Ablauf der Entscheidungsprozesse.[1266] Lediglich *Michaelas/Chittenden/Poutziouris* weisen in ihrer Studie darauf hin, dass auch die Einstellung und die Erfahrungen der Unternehmer Einfluss auf Kapitalstrukturentscheidungen haben können, ohne dabei jedoch auf den Entscheidungsprozess im Detail einzugehen.[1267]

Aus den im Rahmen dieser Arbeit erhobenen Interviewdaten ergibt sich bezüglich des Grades der Professionalität bei Finanzierungsentscheidungen in KMU ein heterogenes Bild. Während die befragten Unternehmer ihren Entscheidungsprozess als weitgehend professionell einstufen, sehen Kapitalgeber und Intermediäre teilweise erheblichen Verbesserungsbedarf. Die Unternehmer betonen in den Gesprächen insbesondere ihre Planungsprozesse:

> *„Also wir wissen [...] für das nächste Jahr und auch für das übernächste Jahr schon ziemlich genau, was wir tun wollen." (Fall A3)*

> *„Wir planen die nächsten Jahre. Wir sehen unsere Entwicklung. Wir sehen wo wir Investitionen [...] nötig haben und entscheiden dann, was wir tun. Wir machen natürlich eins. Wir wägen genau ab." (Fall A1)*

> *„Also wir planen schon solche Investitionen. Wir tragen uns mit dem Gedanken, wir holen entsprechende Angebote ein." (Fall A1)*

Kapitalgeber und Intermediäre hingegen kritisieren die Entscheidungsfindung in KMU als unflexibel und wenig professionell. Ihrer Ansicht nach mangelt es den Unternehmern regelmäßig an Erfahrung und Struktur in ihrem Vorgehen:

[1266] Siehe Kap. 4.1.
[1267] Vgl. Michaelas/Chittenden/Poutziouris (1998), S. 258. Siehe dazu auch Matthews u. a. (1994), S. 349 ff.

„[...] je kleiner das Unternehmen ist, desto [...] unflexibler ist der Unternehmer." (Fall C1)

„[...] kleinere Unternehmen tendenziell haben natürlich nicht so die Erfahrung mit Kreditinstituten, mit der Materie Finanzierung überhaupt." (Fall C3)

„Also, was festzustellen ist, in der Vergangenheit und auch jetzt noch aktuell, ist schon nahezu eine abenteuerliche Unwissenheit des Mittelstandes, was den Umgang mit Finanzierungsdingen anbelangt. Sie gehen wenig strukturiert vor, und es wird wenig geplant auf dem Sektor. Eher geht es eben halt nur um das Ob der Finanzierung und nicht um das Wie." (Fall C3)

„Also, normal würde ich unterstellen, ab einer gewissen Größenordnung und mit einer gewissen Verantwortung aufgrund der Mitarbeiterzahl, dass die Professionalität, auch was Betriebswirtschaft anbelangt, die ist hoch. Ist sie nicht." (Fall B1)

Neben der aus Sicht der Gesprächspartner unzureichenden Flexibilität und Struktur in den Handlungen der Unternehmer steht die oft kurzfristige Vorgehensweise in der Kritik. Demnach werden insbesondere die Kapitalgeber teilweise nicht früh genug in die Planungen zu Finanzierungsentscheidungen eingebunden:

„Ich möchte schon fast sagen, die gehen also vielfach an die Finanzierung heran, sehr debütantisch und spontan. Belegen beispielsweise auch unter anderem Studien [...], dass eben halt sehr viele Unternehmen ihre Investitionen sehr spontan finanzieren." (Fall C3)

„Also, nach dem Motto: Vier Wochen bevor die Investition getätigt werden soll, wird der Banker angerufen: ‚Mach uns doch bitte mal ein Angebot!'" (Fall C3)

Diese eher kurzfristige Vorgehensweise bei Finanzierungsentscheidungen ist nach Ansicht des Finanzierungsberaters C3 insbesondere bei kleinen Unternehmen zu beobachten. Ihm zufolge steigen die Planungshorizonte mit der Unternehmensgröße an. Auch werden Kapitalgeber von größeren Unternehmen früher in die Planungen einbezogen. Dieser Zusammenhang wird als Hypothese festgehalten:

H5: JE GRÖßER EIN UNTERNEHMEN IST, DESTO FRÜHER WERDEN KAPITALGEBER IN FINANZIERUNGSENTSCHEIDUNGEN UND -PLANUNGEN EINGEBUNDEN.

Weiterhin sehen sich die mittelständischen Unternehmen der Kritik ausgesetzt, nicht ausreichend Plausibilitätsprüfungen bei Kapitalstrukturentscheidungen vorzunehmen. Dieses auch bereits im Zusammenhang mit dem teilweise uneingeschränkten Vertrauen der Unternehmer im vorherigen Abschnitt diskutierte Phänomen bezieht sich zum einen auf die im Rahmen von Finanzierungsverhandlungen zu erstellenden Unterlagen:

> *„Also Beispiel Steuerberater oder Wirtschaftsprüfer, dass halt Zahlen dann ungeprüft zur Bank gleich weitergeleitet werden, also ohne dass der Unternehmer selber mal drauf schaut auf Quartalsabschlüsse, wenn die überhaupt erstellt werden, [...] die gehen dann halt einfach per E-Mail raus direkt vom Steuerberater." (Fall B1)*

> *„[...] wenn ich Unternehmer wäre, würde ich da vorher nochmal drauf schauen, ob das alles so plausibel ist, was passiert." (Fall B1)*

> *„Aber das ist schon eine Tendenz oder ein Indikator dafür, dass vielleicht das Verständnis auch gar nicht da ist, um eine Plausibilitätsprüfung vorzunehmen, dass man halt die Unterlagen abgibt und das wird schon richtig sein, was dann zurückkommt." (Fall B1)*

> *„Er kann's ja vorher lesen. Macht er natürlich auch nicht." (Fall C2)*

Zum anderen sollten die Unternehmen den Bankern und Intermediären zufolge auch in Verhandlungen selbst die Ausführungen der Gesprächspartner stärker hinterfragen. Die Überprüfung der Plausibilität von Vorschlägen und Konzepten ist demnach nicht ausreichend:

> *„Da darf man aber auch kritische Fragen stellen und auch hinterfragen, was da an Konzepten vorgelegt wird und das, finde ich, passiert zu selten." (Fall B1)*

> *„[...] wenn ich ihm jetzt was ganz [...] anderes vorschlage als er ursprünglich wollte, dann wird's hinterfragt, wenn er aber normalerweise sagt irgendwie, er will jetzt die Wohnung kaufen und so und so stellt er sich das vor, dann rechnen wir ja eher aus, ob eins, zwei oder drei Prozent Tilgung möglich sind, und dann erarbeitet man das ja sozusagen gemeinsam und dann wird das natürlich nicht so hinterfragt." (Fall C2)*

Inwiefern solche Plausibilitätschecks von KMU durchgeführt werden, sieht der Finanzierungsberater C3 in Abhängigkeit der Unternehmensgröße. Seiner Auffassung nach hinterfragen große Unternehmen häufiger Konzepte und Ideen als kleine:

„Also, es ist schon so, dass letztlich die Vorteilhaftigkeit des Konzeptes hinterfragt wird. Auch hier möchte ich sagen, umso größer die Unternehmen, umso mehr wird es hinterfragt. Weil die selbst letztlich auch schon, zumindest vergleichsweise zu den kleinen Unternehmen, […] ein Finanzierungs-know-how haben." (Fall C3)

Demnach spielt die Größe eines Unternehmens eine Rolle im Hinblick auf die Intensität der Auseinandersetzung mit Finanzierungsfragen. Der Zusammenhang zwischen der Unternehmensgröße und dem Ausmaß, in dem Dokumente und Aussagen beteiligter Akteure im Rahmen des Entscheidungsprozesses kritisch geprüft werden, ist Gegenstand einer weiteren Hypothese:

H6: JE GRÖßER EIN UNTERNEHMEN IST, DESTO INTENSIVER WERDEN BEI KAPITALSTRUKTURENTSCHEIDUNGEN RELEVANTE DOKUMENTE GEPRÜFT UND AUSSAGEN DRITTER HINTERFRAGT.

Der Zusammenhang zwischen der Größe eines Unternehmens und der Professionalität der Entscheidungsprozesse wird von einigen Gesprächspartnern nicht nur anhand des Ausmaßes von Plausibilitätsüberprüfungen diskutiert. Sie sehen einen generellen Zusammenhang zwischen den beiden Größen:

„[…] je größer das Unternehmen, desto professioneller, wenn man das so ausdrücken darf, gehen die Unternehmen auch an Finanzierung heran." (Fall B1)

„Großunternehmen widmen sich dem Finanzmanagement, insbesondere dem Finanzierungsmanagement mehr." (Fall C3)

„Also, wenn mehrere Gesellschafter einer größeren GmbH verortet sind, dann […] ist […]die Scheu, Finanzierunsmittel insgesamt in Anspruch zu nehmen oder sich diesem Thema zu widmen, nicht so groß, und auch die Offenheit für alternative Finanzierungsformen sicherlich eher gegeben. […]und die haben natürlich auch einen eher professionelleren Umgang mit dieser Materie." (Fall C3)

„Sie haben ja sehr kapitalintensive Betriebe, […] die denken über Finanzierungen nach und gucken und […] da ist aber dann auch einer in der Firma, der sich um so was kümmert. […] Und bei den Kleinen, die haben ihre Hausbank […]. Das war's." (Fall C2)

Zusätzlich zur Unternehmensgröße sieht der Banker B3 weitere Faktoren, die die Professionalität der Entscheidungsfindung in Unternehmen beeinflussen. Seiner Ansicht nach spielen auch die Branche mit dem dazugehörigen Wettbewerbsumfeld sowie die Rechtsform der Unternehmen eine Rolle:[1268]

„Mag vielleicht ein bißchen mit der Größe zusammenhängen, [...] ist es schon insgesamt auch die Unternehmensaufstellung. Also, in welchem Wettbewerb stehen die Unternehmen. Wenn man halt an den typisch deutschen Maschinenbauer denkt, der steht dann auch natürlich in internationaler Konkurrenz und ist dann wahrscheinlich auch gezwungen, in allen seinen Entscheidungen [...] weniger vielleicht persönliche Präferenzen in den Vordergrund zu stellen, als das was [...] für die Performance des Unternehmens entscheidend ist. Ein Unterschied [besteht] zu [...]Kapitalgesellschaften. [...] klar, dass die eher auch sich im Bereich optimale Kapitalstruktur verhalten." (Fall B3)

„Einzelunternehmen oder dann auch gerade BGB-Gesellschaften, bei denen sieht man das eben weniger. Hängt wahrscheinlich auch damit zusammen dann wieder, [...] dass das dann eher tendenziell Unternehmen sind, die vielleicht auch ein professionelles Finanzmanagement haben." (Fall B3)

Die Zusammenhänge zwischen diesen drei Größen und der Professionalität von Kapitalstrukturentscheidungsprozessen werden als Hypothesen festgehalten:

H7: JE GRÖßER EIN UNTERNEHMEN IST, DESTO HÖHER IST DER GRAD DER PROFESSIONALITÄT IM ENTSCHEIDUNGSPROZESS ZUR KAPITALSTRUKTUR.

H8: DIE BRANCHE BEEINFLUSST DEN GRAD DER PROFESSIONALITÄT BEI KAPITALSTRUKTURENTSCHEIDUNGEN IN KMU.

H9: DIE RECHTSFORM BEEINFLUSST DEN GRAD DER PROFESSIONALITÄT BEI KAPITALSTRUKTURENTSCHEIDUNGEN IN KMU.

Die Kritik an der mangelnden Professionalität bei Kapitalstrukturentscheidungen in KMU geht einher mit der Forderung nach Verbesserungen. Anpassungsbedarf besteht dabei hinsichtlich der strategischen Aufstellung der Unternehmen und der systematischen Marktbeobachtung:

[1268] In diesem Zusammenhang ist jedoch zu beachten, dass zwischen der Rechtsform und der Größe deutscher Unternehmen ein Zusammenhang besteht. Beispielsweise firmieren als Aktiengesellschaft überwiegend große Unternehmen. Vgl. dazu Vollmer (2008), S. 60.

„Es wäre sehr, sehr gut, wenn sich die Unternehmen als solche mehr, wesentlich intensiver mit der Materie auseinandersetzen." (Fall C3)

„[...] wie ist eigentlich so die Kompetenz der Unternehmen? Da muss auch das Unternehmen oder der einzelne Unternehmer sich jetzt wirklich Gedanken machen, ‚wie stellen wir uns kaufmännisch auf?'" (Fall B1)

„[...] da muss dann halt der Unternehmer jetzt in die Zukunft projizieren: ‚Wie ist meine Vision, mein Weg, meine Strategie?'" (Fall B1)

„Unternehmen müssen finanzstrategisch denken." (Fall B2)

„Und da ist bei Unternehmen Professionalisierung nötig, weil das kann am Ende des Tages eben der Geschäftsführer ganz oben, der noch zehn andere Sachen macht, nicht mehr nur aus dem Bauch heraus entscheiden." (Fall B2)

„Also von daher glaube ich, [...] da muss sich auch was ändern und da wird sich auch was ändern, das muss sicherlich auch professionalisiert werden." (Fall B2)

„Also, dieses Thema, dass Unternehmen sich sehr genau die Bankenlandschaft ansehen müssen und sehr genau abwägen müssen, wie sie finanzieren, mit wem sie was machen, das Timing treffen [...]." (Fall B2)

„[...] man muss in diesem, sich extrem volatilen Marktumfeld und schnell verändernden Marktumfeld, muss man eben auch die zeitliche Komponente im Auge behalten." (Fall B2)

So fordern die Gesprächspartner eine bewusste Finanzierungsstrategie der Unternehmen, die die Finanzierungsfunktion langfristig und vorausschauend interpretiert. Demnach sollten Finanzierungsentscheidungen nicht erst unmittelbar vor dem Zeitpunkt, an dem neues Kapital benötigt wird, oder beim Erreichen von Krisensituationen getroffen werden, sondern frühzeitig unter Einbezug der Finanzierungspartner. Die Forderung nach einem solchen ganzheitlichen Finanzmanagement in KMU wird auch in der wissenschaftlichen Diskussion wiederholt aufgegriffen.[1269] Dabei wird regelmäßig darauf hingewiesen, dass die systematische Ausei-

[1269] Vgl. Börner/Grichnik (2003), S. 687 f.; Grichnik (2003), S. 108 f. und Börner/Grichnik/Reize (2010), S. 248.

nandersetzung mit Fragen der Finanzierung sowohl der Kapitalkosten reduzieren als auch die Versorgung mit neuem Kapital erleichtern kann.[1270]

5.3.2 Priorität des Entscheidungsprozesses

In enger Verbindung mit der Professionalität des Entscheidungsprozesses steht die Priorität, die ihm seitens der beteiligten Akteure beigemessen wird. Während Kapitalgeber und Intermediäre aufgrund ihrer Profession der Unternehmensfinanzierung naturgemäß einen sehr hohen Stellenwert zuschreiben, ist die Bedeutung für die befragten Unternehmer nicht eindeutig.[1271] In der theoretischen Diskussion stellt die Relevanz der Finanzierungsentscheidungen von Unternehmen eine der ältesten Fragestellungen der Finanzierungsforschung dar. Während in der klassischen Finanzierungtheorie die Finanzierung lediglich als Hilfsfunktion betrachtet wurde, die den Leistungsbetrieb nicht zu beeinträchtigen hat, zeigt spätestens die mit der Veröffentlichung der Irrelevanztheoreme *Modigliani/Millers* aufgekommene Diskussion die Bedeutung von Finanzierungsentscheidungen auf.[1272] Moderne Ansätze wie die wertorientierte Unternehmensführung verdeutlichen überdies den Beitrag, den die Finanzierungsfunktion zur Wertsteigerung der Unternehmen leisten kann.[1273]

Nichtsdestotrotz messen die im Rahmen dieser Arbeit befragten Unternehmer Finanzierungsentscheidungen nur teilweise eine hohe Bedeutung bei. Den Textbelegen zufolge stehen für sie ihre Produkte bzw. Absatzmärkte deutlich im Vordergrund:

> *„Bei denen steht im Vordergrund: ‚Ist das Teil für mein Automobil, ich bin Automobilzulieferer, […] wie ist das innovativ einzuordnen? Wie sind meine Folien am Markt platziert und wie kann ich die Rezeptur noch verbessern, wie kann ich meine Bekleidung noch besser verkaufen?‘ […] Die Finanzierung […] spielt eine gewisse untergeordnete Rolle und das ist, über die Bandbreite ist das so[…].“ (Fall C2)*

> *„[…] unsere Mittelständler […] sind noch sehr auf ihr Geschäft, auf ihr Produkt und auf den eigentlichen Kern ihres Unternehmens fokussiert. Finanzierungsthemen spielen häufig eine eher untergeordnete Rolle.“ (Fall B2)*

Mitunter wird die Auseinandersetzung mit Fragen der Finanzierung seitens der Unternehmer auch als lästig empfunden. Insbesondere die Beschäftigung mit Kreditunterlagen und be-

---

[1270] Vgl. Müller/Brackschulze/Mayer-Friedrich (2011), S. 21 ff.

[1271] Die hohe Priorität, die Intermediäre Finanzierungsentscheidungen beimessen, ist aber in der Regel nicht zutreffend für Steuerberater, da sie betriebswirtschaftliche Fragen bestenfalls am Rande erörtern.

[1272] Siehe Kap. 2.

[1273] Vgl. Pape (2010), S. 241 ff.

triebswirtschaftlichen Auswertungen ist für die Unternehmer teilweise wenig relevant. Dies führt teilweise zu Diskrepanzen zwischen den am Prozess beteiligten Parteien:

> *„Das ist für die leider weniger ein Thema. Es ist ihnen nicht bewusst. Sie lesen die Kreditverträge in der Regel nicht wirklich. Sie kennen die Sicherheitenabsprachen nicht und die Tilgungsmodalitäten nicht." (Fall C3)*

> *„Tendenz eher immer noch negativ, also im Sinne von: es ist Arbeitsaufwand, der Grund ist nicht ersichtlich." (Fall B1)*

> *„[...] dann ist halt auch das Unverständnis, wenn der Banker kommt und die und die Unterlagen fordert und das klingt dann im ersten Moment immer so nach einem großen Wunschkonzert, was dann halt ausgebreitet wird." (Fall B1)*

Teilweise ist den Textbelegen zufolge jedoch ein Wandel in der Priorisierung von Fragen der Unternehmensfinanzierung festzustellen. Demnach haben vor allem exogene Einflüsse wie die Diskussion um die Basler Eigenkapitalanforderungen oder die Anpassungen der Geschäftsmodelle der Kreditinstitute zu einer höheren Gewichtung der Finanzthemen auf der Agenda von Unternehmern geführt. Angesichts der teilweise erschwerten Bedingungen der Kapitalaufnahme nimmt die Relevanz von Finanzierungsentscheidungen automatisch zu:[1274]

> *„Es wurde in den letzten zwei, drei Jahren ein immer wichtigeres Thema. Das konnte man sicher beobachten und die aktuellen Diskussionen, Basel III, Änderungen der Geschäftsmodelle der Banken und damit implizit auch der Kreditvergabemöglichkeiten, wieder verstärkter Fokus auf die Eigenkapitalquote, In-Bank-Ratings und so weiter, das merkt man schon, dass die Unternehmer da diese Fragestellungen sich auch verstärkt stellen." (Fall C1)*

> *„Durch Informationen, durch Finanzmarktkrisen werden die natürlich mehr und mehr sensibilisiert und [...] es besteht auch eine Tendenz, sich dem Thema ernsthaft zu widmen. Aber es ist absolut nach wie vor unterrepräsentiert." (Fall C3)*

Der bereits im Rahmen der Professionalität des Entscheidungsprozesses angesprochene Anpassungsbedarf bei den KMU lässt sich auch auf die Priorität des Themas Finanzierung übertragen. So fordern Kapitalgeber und Intermediäre eine intensivere Auseinandersetzung seitens der Unternehmen. Laut dem Banker B2 sollten Finanzierungsentscheidungen und die damit in

[1274] Zu den veränderten Rahmenbedingungen der Kapitalaufnahme von KMU siehe Müller/Brackschulze/Mayer-Friedrich (2011), S. 12 f. sowie Kap. 3.4.

Verbindung stehende Kapitalbeschaffung einen ebenso großen Stellenwert einnehmen wie die Versorgung mit weiteren Produktionsfaktoren:

„[...] sie müssen sich darüber Gedanken machen, mit wem arbeite ich zukünftig zusammen und wie muss ich mich aufstellen als Unternehmen, um zukünftig meinen Partner, Bankpartner, Finanzierungspartner, der auch langfristig sein sollte oder muss, sozusagen davon zu überzeugen, mir Kredit zu geben. Und das ist genauso wichtig, wie mein Lieferant für Rohware oder Material oder meine strategische Personalbeschaffung, und so weiter." (Fall B2)

5.3.3 Rationalität des Entscheidungsprozesses

Der Rationalitätsbegriff ist in der wissenschaftlichen Forschung von hoher Bedeutung. Vor allem in der Betriebswirtschaftslehre nimmt er eine zentrale Position ein, da sie unter anderem rationale Handlungen von Akteuren in Unternehmen untersucht.[1275] Zwar liegt eine Vielzahl von Definitionen des Rationalitätsbegriffs vor, jedoch nimmt die Zweck-Mittel-Rationalität nach *Weber* in den Wirtschaftswissenschaften eine vorherrschende Stellung ein:[1276] „Zweckrational handelt, wer sein Handeln nach Zweck, Mittel und Nebenfolgen orientiert und dabei sowohl die Mittel gegen die Zwecke, wie die Zwecke gegen die Nebenfolgen, wie endlich auch die verschiedenen möglichen Zwecke gegeneinander rational abwägt: also jedenfalls weder affektuell (und insbesondere nicht emotional) noch traditional handelt."[1277] Bei gegebenen Zwecken bemisst sich Rationalität demnach an der effizienten Mittelverwendung. Dienen die gegebenen Zwecke wiederum einem höheren Zweck, so zielt die Zweckrationalität letztlich auf die Effektivität und Effizienz im Handeln der Akteure im Hinblick auf eine optimale Input-Output-Relation nach dem ökonomischen Prinzip.[1278] Dessen Realisierung setzt rational handelnde Menschen voraus, die als *homo oeconomicus* ein Eigeninteresse verfolgen und bei gegebenen Präferenzen unter Abwägung der ihnen zur Verfügung stehenden Handlungsalternativen diejenige Güter- oder Faktorkombination wählen, die dem ökonomischen Prinzip am ehesten entspricht.[1279] Um jedoch vor dem Hintergrund sämtlicher bestehender Handlungsalternativen stets eine optimale Entscheidung zu treffen, muss der handelnde Ak-

---

1275 Vgl. Schanz (1979), S. 469; Götzelmann (1991) und Irle (2011), S. 66.

1276 Vgl. Kappler (1993), Sp. 3653 und Weber/Schäffer (2006), S. 42.

1277 Weber (1980), S. 12 f.

1278 Vgl. Götzelmann (1991), S. 573 und Weber/Schäffer (2006), S. 42. Das ökonomische Prinzip besagt, dass entweder ein bestimmter Output mit minimalem Mitteleinsatz (Minimalprinzip) oder mit gegebenen Mitteleinsatz ein möglichst hoher Zielerreichungsgrad (Maximalprinzip) anzustreben ist. Vgl. dazu Neus (2013), S. 5.

1279 Vgl. Natrop (2012), S. 6. Zum Konzept der individuellen Nutzenmaximierung sowie zum Begriff des homo oeconomicus siehe Rolle (2005), S. 164 ff. und Erlei/Leschke/Sauerland (2007), S. 2.

teur den gesamten Alternativenraum kennen und immer die mit den größten Vorteilen verbundene Auswahl vornehmen.[1280] Allerdings lässt sich die Annahme, dass sich Entscheidungsträger in jeder Situation als *homo oeconomicus* verhalten, aufgrund der Komplexität der Realität nicht aufrechterhalten.[1281]

Das Phänomen der begrenzten Rationalität wurde Mitte des vergangenen Jahrhunderts von *Simon* aufgegriffen, der den Ansatz der bounded rationality entwickelte.[1282] Er nimmt dabei an, dass Wirtschaftssubjekte vor dem Hintergrund bestehender Unsicherheit und unzureichender Informationen nur bedingt optimale Entscheidungen treffen können.[1283]

Entsprechend der begrenzten Fähigkeit zur Informationsverarbeitung des menschlichen Gehirns bestehen unterschiedliche kognitive Beschränkungen bei der Beurteilung von Entscheidungsalternativen.[1284] Die Beschränkungen sind hinsichtlich einzelner Personen in beschränkte Wahrnehmungsfähigkeiten, beschränktes Wissen, Wahrnehmungsverzerrungen und Verzerrungen bei der Problemidentifizierung und -strukturierung zu unterscheiden.[1285] Zudem können in den in dieser Arbeit betrachteten Gruppenentscheidungen Koordinationsprobleme entstehen.

Im Hinblick auf die Kapitalstruktur von Unternehmen unterstellen die etablierten Theorien weitgehend rationale Entscheidungen der beteiligten Akteure. Lediglich in Bezug auf die Kenntnis sämtlicher Informationen unterstellen die Agency-Theorie, die Theorien basierend auf asymmetrischer Informationsverteilung und einige der neueren Kapitalstrukturtheorien beschränkte kognitive Fähigkeiten, beispielsweise im Hinblick auf die Beurteilung der Qualität von Unternehmen. Im Rahmen der Auswertung der Interviews zeigen aber zahlreiche Textbelege, dass der Kapitalstrukturentscheidungsprozess in KMU teilweise in starkem Maße durch nicht rationales Verhalten gekennzeichnet ist. So wird bei Aufnahme externen Fremdkapitals der bestehende Wettbewerb unter den Kapitalgebern teilweise kaum ausgenutzt. Bedingt durch das teilweise noch bestehende Hausbankprinzip verzichten einige der befragten Unternehmer auf den Konditionenvergleich, obwohl dieser eine erhebliche Reduzierung der Kapitalkosten zur Folge haben kann.[1286] Zwar entwickelt sich dem Steuerberater C1 zufolge

---

[1280] Vgl. Lindenberg (1991), S. 56 und Irle (2011), S. 76.
[1281] Endres schlägt daher einen pragmatischeren Umgang mit den Annahmen des homo oeconomicus in den Wirtschaftswissenschaften vor. Vgl. Endres (2000), S. 9 ff.
[1282] Vgl. Simon (1959), S. 3 ff.
[1283] Vgl. Natrop (2012), S. 7.
[1284] Vgl. Lindenberg (1991), S. 56 und Irle (2011), S. 76.
[1285] Ausführlich hierzu Rullkötter (2008), S. 30 f. und Irle (2011), S. 76 ff.
[1286] Zu den Vor- und Nachteilen des Hausbankprinzips siehe Kley (2004), S. 171 sowie Kap. 3.3.2.2.

bei den Unternehmen langsam ein Bewusstsein für die hiermit verbundenen Einsparpotentiale, jedoch wird davon bisher nur unzureichend Gebrauch gemacht:

„Aber sehr häufig ist es so, dass es ein oder zwei Hausbanken gibt, aber ich merke mittlerweile, die Bereitschaft, sich andere Bankangebote einzuholen, ist sehr stark gewachsen. [...] Aber jetzt von professionellem also von Expertenwissen zu sprechen und zu sagen, das ist gang und gäbe, dass man sich verschiedene Bankangebote holt, würde ich jetzt nicht unterschreiben." (Fall C1)

„Also wir gehen auch nicht zu einer anderen Bank, um irgendwo da eine 0,5 Prozent bessere Kondition zu erwirtschaften." (Fall A1)

„Ich rede nur noch mit einer, mit der Sparkasse vor Ort." (Fall A5)

Hinsichtlich nicht vollständig rationaler Entscheidungen bei der Finanzierung durch Fremdkapital lassen sich auch Textbelege ausmachen, laut derer die mittelständischen Unternehmen deutlich höhere Fremdkapitalzinssätze akzeptieren als hinsichtlich ihrer Risikoposition angemessen ist:

„Es gibt viele Unternehmen, die haben sogar Förderdarlehen, und zahlen beispielsweise jetzt noch sechs oder sieben Prozent für Förderdarlehen, nichtwissend um die Tatsache, dass diese Förderdarlehen, ohne Vorfälligkeitsentschädigung zu zahlen, jederzeit kündbar sind. Also, in einer Frist von einem halben Jahr. Und das bedeutet, wenn die diese Darlehen umswitchen, dann haben sie vielleicht keine Belastung mehr von 6,5 Prozent sondern nur noch eine von 3,5. Und das macht sich natürlich, das macht natürlich Sinn." (Fall C3)

„Wir haben geliefert, wir waren schnell und für diesen Punkt ist er auch bereit dazu, etwas zu bezahlen und zumindest in dem einen Fall war aus meiner Sicht überraschend viel. Der Kunde hat deutlich mehr bezahlt, als ich eigentlich erwartet hätte." (Fall B2)

Dabei wird deutlich, dass die den Fällen zugrundeliegende begrenzte Rationalität durch mangelnde Kenntnisse bezüglich der aktuellen Situation an den Kapitalmärkten hervorgerufen wird. Unzureichende Finanzierungskenntnisse werden auch hinsichtlich der Eigenkapitalfinanzierung deutlich. Den Unternehmern fehlt teilweise das Bewusstsein, dass auch die Finanzierung durch Eigenkapital mit einer Renditeforderung der Kapitalgeber einhergeht. So entstehen auch in Fällen, in denen ein Unternehmer eigene Mittel in seine Firma einbringt, Opportunitätskosten, da das Kapital alternativ am Kapitalmarkt angelegt werden kann und somit eine Rendite erwirtschaften sollte. Dieser Zusammenhang ist aber nicht immer bekannt:

„[...] eigenes Kapital ist immer noch günstiger als günstiges Geld von der Bank.“ (Fall A4)

„Ich muss trotzdem immer noch Zinsen zahlen für mein Kapital. Auf das Eigenkapital muss ich keine Zinsen zahlen.“ (Fall A4)

„Und da ist zumindest mein Eindruck, [...], dass ein Mittelständler zum Beispiel nicht auf seine Eigenkapitalrendite achtet.“ (Fall B3)

Im Fall A3 wird zudem deutlich, dass nicht nur unternehmensinterne, sondern auch -externe Eigenkapitalgeber teilweise keine adäquate Rendite ihres Kapitals erwarten. Dieser Verzicht wird mit der bereits ausreichenden Ausstattung der Eigenkapitalgeber mit finanziellen Mitteln begründet, steht jedoch im Widerspruch zu den Annahmen des homo oeconomicus:

„[...] da ist nichts, nichts Nennenswertes, was hier rausgezogen wird, weil die einfach sagen, das Unternehmen steht hier über den privaten Ansprüchen und deswegen passiert das weder bei der [weiteren Firma im Portfolio der Eigentümer] noch bei uns.“ (Fall A3)

„Das hat natürlich was mit finanzieller Unabhängigkeit der Gesellschafter zu tun, das heißt, die sind auf diese Einlagen, die sie bei uns haben und auf die Gewinne, die daraus erzielt werden, nicht angewiesen.“ (Fall A3)

Neben dem Verzicht auf Rendite bzw. auf eine Reduzierung der Kapitalkosten lassen sich die Kapitalstrukturentscheidungen in einigen Fällen auch als intuitiv geprägt charakterisieren. So sind die Überlegungen teilweise emotional motiviert und weniger rational:

„Insofern ist Fremdfinanzierung teilweise sinnvoll, aber der Unternehmer hat da eine andere, ich denke mal, Bauchmeinung. Das ist immer so eine sehr, sehr psychologisch getriebene und weniger wirtschaftlich getriebene Sichtweise.“ (Fall B1)

Solche intuitiven Entscheidungen sind kaum begründbar und lassen sich somit auch nicht in Bezug auf rationale Gesichtspunkte kritisieren. Auch lassen sich aus Fehlern in Folge intuitiver Entscheidungen keine Konsequenzen ableiten.[1287] Sie werden daher auch als willkürliche, irrationale Entscheidungen bezeichnet.[1288]

Diesen teilweise emotionalen bzw. anderweitig irrationalen Entscheidungsprämissen liegt oft eine mangelnde Kenntnis der Kapitalmärkte und Finanzierungsusancen zugrunde, die überdies auch anhand weiterer Interviewpassagen deutlich wird.[1289] In diesem Zusammenhang sehen die interviewten Intermediäre und Kapitalgeber erheblichen Anpassungsbedarf auf Seiten der Unternehmer und kritisieren deren Unwissenheit teilweise sehr deutlich:

„Bei Förderdarlehen sind manchmal die Unternehmen sehr erschrocken, weil man hatte vielfach zwei Jahre Tilgungsfreiheit. Und dann kommt die Tilgung sehr brachial, weil innerhalb von zehn Jahren oft die Zahlung zurückgeführt werden muss, […] sodass sich also vielfach auch Förderdarlehen als Bumerang erweisen können. Dadurch, dass eben halt eine abenteuerliche Unwissenheit auf diesem Sektor herrscht." (Fall C3)

„Wie finanzieren sich Banken selbst? Wie sind die Kapitalmarktzinsen? Wie sind, was sind die Refinanzierungssätze. Bonität und Beleihungswert? Oder aus eigener Perspektive mal ein Rating zu erstellen und mal zu schauen, was für ein Risiko stelle ich eigentlich für das Kreditinstitut dar. Das sind […] vielfach böhmische Dörfer für den Mittelstand. Das heißt, es besteht nach wie vor in Deutschland […] bei den mittelständischen Unternehmen[…] wenig Einsicht und wenig Problembewusstsein, was die Finanzierung anbelangt." (Fall C3)

„Der Mittelstand [ist] sehr unwissend, was die Finanzierungsmaterie anbelangt." (Fall C3)

„Häufig ist es so, dass die Unternehmer bei Themen wie Refinanzierung, insbesondere welche Instrumente gibt es und welche Voraussetzungen gibt es für die einzelnen Instrumente und mit welchen Konsequenzen habe ich zu rechnen, […] dass da sehr viel Beratungsbedarf besteht." (Fall C1)

[1287] Vgl. Raab/Unger/Unger (2009), S. 15 f.
[1288] Vgl. dazu Krasser (1995), S. 28 ff.
[1289] Den Einfluss von mangelnden Fachkenntnissen auf Finanzierungsentscheidungen thematisieren auch Michaelas/Chittenden/Poutziouris. Sie heben in diesem Zusammenhang die Bedeutung der Unternehmerpersönlichkeit für die Kapitalstrukturpolitik von KMU hervor. Vgl. Michaelas/Chittenden/Poutziouris (1998), S. 258.

„Nehmen Sie das nicht übel. […] normalerweise kennen wir ja die Zahlen. Wenn ich sage, wir kennen die Zahlen besser als der Unternehmer, dann hört sich das blöd an.“ (Fall C2)

„Der [Banker] ist froh, dass [mit dem Berater] wenigstens einer dabei ist, der versteht, was er sagt. Nein, das hört sich jetzt böse an.“ (Fall C2)

„Also ein gewisses Grundverständnis ist erforderlich, aber daran mangelt es teilweise wirklich sehr oft.“ (Fall B1)

„[…] also da verstehen die Unternehmer den Mehrwert nicht […].“ (Fall B1)

Während einige Interviewte ihre Aussagen nicht explizit auf mittelständische Unternehmen beziehen, sehen andere Gesprächspartner einen Zusammenhang zwischen der Unternehmensgröße und dem Grad der Rationalität des Entscheidungsprozesses. Demnach wird der Entscheidungsprozess zur Kapitalstruktur in großen Unternehmen eher auf der Basis rationaler Überlegungen strukturiert. Dieser Zusammenhang wird als Hypothese formuliert:

H10: JE GRÖßER EIN UNTERNEHMEN IST, DESTO HÖHER IST DER GRAD DER RATIONALITÄT DES ENTSCHEIDUNGSPROZESSES.

5.4 Analyse der Rolle unternehmensexterner Prozessbeteiligter

5.4.1 Fremdkapitalgeber

Die Ausführungen zur Entwicklung des heuristischen Bezugsrahmens, die kritische Betrachtung bisheriger Untersuchungen sowie die aufgezeigte dominierende Stellung im Finanzierungsmix von KMU haben die Bedeutung der Fremdkapitalgeber für die Gestaltung der Kapitalstruktur in Ansätzen aufgezeigt.[1290] Die Auswertung der erhobenen Daten liefert zudem Hinweise darauf, dass den Fremdkapitalgebern eine wesentliche Rolle im Entscheidungsprozess zukommt. Dies steht in direktem Zusammenhang mit ihren Möglichkeiten zur Gestaltung ihrer Beziehung zu KMU. Überdies nehmen die Fremdkapitalgeber über ihre Kreditvergabepolitik indirekt Einfluss auf den Entscheidungsprozess.

5.4.1.1 Funktion im Entscheidungsprozess

Für die Stellung der Fremdkapitalgeber im Prozess der Kapitalstrukturentscheidung von KMU sind vor dem Hintergrund der oben diskutierten entscheidungstheoretischen Ansätze mehrere Varianten denkbar. Dabei können die zuvor skizzierten Wechselbeziehungen der

[1290] Siehe dazu die Kap. 4.2, 4.3 und 3.3.1.

mittelständischen Unternehmen und Fremdkapitalgeber im offenen Entscheidungsmodell von *Kirsch* unter der Berücksichtigung von Abhängigkeiten bei Entscheidungsproblemen abgebildet werden.[1291] Darüber hinaus bieten der verhaltenswissenschaftliche Ansatz von *Cyert/March* sowie das finanzierungsspezifische Modell von *Kirsch/Bamberger* Möglichkeiten, kollektive Entscheidungsprozesse zu beschreiben.[1292]

Im Modell von *Kirsch* werden Abhängigkeiten unter anderem über die Möglichkeit der Verhängung von Sanktionen thematisiert.[1293] Als einen Sanktionsmechanismus seitens der Fremdkapitalgeber bewerten mehrere Interviewpartner die vertragliche Einbindung von Covenants, die eine Veränderung der Kapitalstruktur zum Nachteil der Fremdkapitalgeber untersagen bzw. mit erheblichen nachteiligen Folgen für das Unternehmen verbinden:

> *„Die Banken sind passiv, aber sofern es vom geplanten Weg abweicht, wird das zu einem echten Thema. Also die Bankendiskussion, gerade bei strategischen Entscheidungen, spielt eine entscheidende Rolle." (Fall A2)*

> *„Wenn man ein Thema hat, [...] wo sie abweichen von dem, was vereinbart ist, dann brauchen Sie einen Waiver und dieser Waiver, der wird inhaltlich nach Risikogesichtspunkten diskutiert, [...] und der kostet sein Geld. Die Banken lassen sich den Waiver bezahlen. Und das führt dann schon teilweise zu Irritationen, weil man einfach schlicht eine andere Sicht auf die Dinge hat, ja. Also, da ist man als Unternehmer sicherlich anders gestrickt als die Bankenwelt. Das hat Konfliktpotential, keine Frage." (Fall A2)*

> *„Sie haben Schulden bei der Bank. Es läuft irgendwas mal schief. Sie kriegen einen drauf. Sie müssen bis zu einer halben Million Strafe zahlen für irgendwas [...] und haben dann plötzlich kein Geld mehr. Ich schlafe viel ruhiger, wenn ich die Schulden nicht habe [...]." (Fall A4)*

> *„[...] die Covenants in den Kreditverträgen, die haben stark angezogen während der Krise, im Moment verspürt man so einen leichten Stopp dieses Anstiegs der harten Covenants, aber sie sind im Vergleich zu zur Zeit vor 2007 um einiges höher." (Fall C1)*

Insbesondere der Textbeleg des Falls A4 weist darauf hin, dass die Sanktionsmöglichkeiten, die sich durch die Vereinbarung von Covenants ergeben, zu einer Ablehnung der Fremdkapi-

[1291] Vgl. Kirsch (1998), S. 81 ff.
[1292] Vgl. Kirsch/Bamberger (1976), Sp. 328 ff. und Cyert/March (1995).
[1293] Vgl. Kirsch/Seidl/van Aaken (2009), S. 150 ff.

talaufnahme und somit zu einer Präferenz für Eigenkapital führen können, da eine alternative Fremdkapitalaufnahme über die Ausgabe von Anleihen für KMU in der Regel nicht möglich ist.[1294] Dieser kausale Zusammenhang kommt in der folgenden Hypothese zum Ausdruck:

> H11: WENN DIE AUFNAHME VON FREMDKAPITAL MIT DER VEREINBARUNG VON COVENANTS VERBUNDEN IST, PRÄFERIEREN KMU DIE FINANZIERUNG DURCH EIGENKAPITAL.

Die Hypothese formuliert den vermuteten Zusammenhang zwischen Fremdfinanzierungsmaßnahmen und damit einhergehenden Covenants. Doch die Auswertung der Interviewdaten liefert darüber hinaus auch Hinweise über den Einfluss bereits bestehender Kreditvertragsklauseln zurückliegender Fremdkapitalaufnahmen auf zukünftige Kapitalstrukturentscheidungen in KMU:

> *„Nicht nur, dass er dafür bezahlen muss, dass er diese Zusage bekommt - er muss auch akzeptieren, dass die Banken natürlich dafür, dass sie sich binden über einen gewissen Zeitraum, natürlich dem Kunden auch gewisse Vorschriften machen. [...] sie haben üblicherweise in solchen Strukturen dann Covenants, Financial Covenants, an die er sich halten muss, die er vielleicht in bilateralen Verhältnissen nicht hat." (Fall B2)*

> *„Sie haben Beschränkungen, [...] er kann dann nicht mehr so ohne Weiteres [...] Fremdmittel aufnehmen, einfach so weiter investieren, weil natürlich die Banken sagen: ‚Wenn ich mich binde, dann möchte ich natürlich auch irgendwo das Gefühl haben, oder mein Sicherheitsgefühl oder meine Risiken dadurch mitigieren, dass ich die Dinge im gewissen Sinne in der Hand habe und wenn es eben überhaupt nicht mehr geht, auch die Möglichkeit habe, während der Laufzeit Mitspracherechte zu nutzen.'" (Fall B2)*

> *„Bei Covenants ist ja dann immer so die Frage, wie weit greift man auch in die Unternehmensführung ein. Bei weichen oder non-financial Covenants kann das ja schon so sein, und insofern je differenzierter man da unterwegs ist und die Rahmenbedingungen für einen Kredit aufbaut, desto höher ist sicherlich auch der indirekte Einfluss auf die Geschäftsführung, das ist sicherlich so." (Fall B1)*

> *„Gut, man kann natürlich Kreditverträge mit entsprechenden Covenants belegen, wo auch die Mitspracherechte oder auch die Kündigungsrechte oder auch sonstige Dinge, wenn sich die Eigenkapitalquote verändert, dass die Konditionen angehoben werden.*

[1294] Siehe dazu Kap. 3.1.2.

All das, in der Liga spielen wir in der Regel nur dann, wenn Unternehmen, na ja, so, ich denke mal, so ab 20, 30 Millionen Jahresumsatz, wenn man das mal so beziffern darf." (Fall C3)

Ergänzend weisen der Steuerberater C2 und der Banker B2 darauf hin, dass den KMU zudem teilweise von den Fremdkapitalgebern vorgegeben wird, dass anfallende Gewinne nicht ausgeschüttet werden dürfen, sondern zur Reduzierung des Verschuldungsgrads thesauriert werden müssen:

„Da entscheidet dann sozusagen der Banker, ob der Unternehmer seinen Gewinn entnehmen darf. Aber wenn der Unternehmer das unterschreibt, dann unterschreibt er's. Ende." (Fall C2)

„[...] wir kriegen inzwischen die Darlehensverträge mit Gewinn-Stehlassverpflichtung der Mandanten, bis die und die Eigenkapitalquoten erreicht sind." (Fall B2)

Die dargelegten Textstellen deuten an, dass die Vereinbarung von Covenants in Kreditverträgen auch zukünftige Finanzierungsentscheidungen beinträchtigen können. So kann die zukünftige Aufnahme weiterer Fremdkapitalgeber wie zum Beispiel in der Aussage aus Fall B2 per Vertragsklausel ausgeschlossen werden. Die Verletzung solcher Vereinbarungen ist wiederum mit Sanktionen verbunden. Diese Wirkungsbeziehung wird in folgender Hypothese dokumentiert:

H12: EXISTIERENDE COVENANTS BEEINFLUSSEN KÜNFTIGE KAPITALSTRUKTURENTSCHEIDUNGEN IN KMU.

Vor dem Hintergrund der theoretischen Diskussion zeigen die genannten Textstellen auf, dass die Vereinbarung solcher Kreditvertragsklauseln teilweise deutlich über die Möglichkeit, Sanktionen zu verhängen, hinausgehen. Hier verdeutlichen die Verweise auf Mitspracherechte und Eingriffe in die Unternehmensführung in den Fällen B1, B2, C2 und C3, dass das Bild einer autonomen Entscheidungsfindung durch den Unternehmer, wie von den etablierten Kapitalstrukturtheorien unterstellt, nicht immer aufrecht erhalten werden kann.[1295] Vielmehr weisen die Aussagen der Interviewpartner auf kollektive Entscheidungsfindungen im Sinne der Beiträge von *Cyert/March* und *Kirsch/Bamberger* hin. Vor allem das Modell von

[1295] Die Möglichkeit Covenants zu vereinbaren wird im Rahmen der Kapitalstrukturtheorien lediglich von Jensen/Meckling in der Agency-Theorie aufgegriffen. Sie thematisieren ebenfalls die Sanktionsmöglichkeiten für Fremdkapitalgeber. Ihre Argumentation konzentriert sich jedoch vornehmlich auf das Eindämmen von opportunistischem Verhalten des Kreditnehmers zur Reduzierung der Agency-Kosten. Vgl. Jensen/Meckling (1976), S. 337 ff.

Kirsch/Bamberger berücksichtigt dabei explizit die Rolle[1296] unternehmensexterner Prozessbeteiligter.[1297] Auch *Börner/Grichnik/Reize* deuten im Rahmen ihrer empirischen Untersuchung an, dass KMU keine selbstbestimmte Finanzierungsstrategie verfolgen, ohne allerdings auf den Umfang der Fremdbestimmung einzugehen.[1298] Dieses Ausmaß kann laut Aussagen einiger Interviewpartner erheblich ausfallen, so dass den Fremdkapitalgebern im Entscheidungsprozess teilweise eine sehr dominante Rolle zukommt:

> *„Ich möchte hier eine Investition von 500.000 Euro tätigen, [da] wird zwangsläufig die Bank sagen, okay, begleiten wir mit, aber mit so und so viel, mit 40 Prozent Eigenkapital. Das sind Spielregeln, die die Bank auch meist vorgibt." (Fall A1)*

> *„Also ich würde es dann […] nicht so machen, dass man sagt okay, so wenig wie möglich. Das kann man nicht so pauschal sagen. […] wir haben zwar immer die Situation gehabt. Hat beides Mal die Bank die Zahlen vorgegeben." (Fall A1)*

> *„Die haben gesagt so und so viel Eigenkapital, so viel dies, so und so viel das. Also diese Struktur hat die Bank vorgegeben." (Fall A1)*

> *„Weil normalerweise die mittleren Unternehmen, […] die kriegen von der Bank vorgegeben, wie es ist. Da ist ja nicht Verhandlungsspielraum bis zum Geht-nicht-mehr." (Fall C2)*

In diesen Fällen sowie im Fall C3 wird deutlich, dass die Fremdkapitalgeber wesentlich über die Ausgestaltung der Kapitalstruktur entscheiden. Den Unternehmern kommt hierbei eine eher passive Rolle zu. Dieser Zusammenhang wird als Hypothese festgehalten:

H13: WENN EIN INVESTITIONSPROJEKT ZU TEILEN MIT FREMDKAPITAL FINANZIERT WIRD, BESTIMMT DER FREMDKAPITALGEBER DIE KAPITALSTRUKTUR.

Zudem wird das Bemühen der Fremdkapitalgeber, Einfluss auf die Finanzierung eines KMU zu nehmen, auch in Abhängigkeit der Bonität des Unternehmens gesehen. So sind laut Steuerberater C1 Fremdkapitalgeber immer vor allem dann um Einfluss bemüht, wenn sie die Kreditwürdigkeit der Unternehmen positiv bewerten.

[1296] Zum Rollenbegriff siehe Fischer (1992), Sp. 2224; Neuberger (2002), S. 313 ff.; Abels (2004) und Osann (2010), S. 97.

[1297] Vgl. dazu Geiseler (1999), S. 85.

[1298] Vgl. Börner/Grichnik/Reize (2010), S. 228 sowie Kap. 4.2.

„Aber natürlich, [...] die Banken versuchen, sehr stark Einfluss zu nehmen auf die Finanzierung und zwar insbesondere dort, wo sie unter Risikogesichtspunkten ein gutes Geschäft wittern, das ist dann bei guten Bonitäten der Fall." (Fall C1)

Diese Aussage liefert auch Hinweise darauf, dass die Fremdkapitalgeber und -nehmer nicht zwangsläufig die gleichen Ziele verfolgen. Dies wird vor allem bei der Konditionengestaltung deutlich:

„Wir haben geliefert, wir waren schnell und für diesen Punkt ist er auch bereit dazu, etwas zu bezahlen und zumindest in dem einen Fall war [das] aus meiner Sicht überraschend viel. Der Kunde hat deutlich mehr bezahlt, als ich eigentlich erwartet hätte." (Fall B2)

Während für ein Unternehmen beispielsweise seine Rentabilität im Vordergrund steht,[1299] betonen Fremdkapitalgeber neben der Preisgestaltung insbesondere die Begrenzung ihres Risikos als wesentlichen Aspekt.

„Wahrscheinlich tendiert der Unternehmer auch dahin seinen möglichen Leverage-Effekt zu optimieren, das können wir uns dann aber aufgrund der Risikostruktur nicht vorstellen, natürlich kann ich den Unternehmer auch verstehen, aber wir müssen ja auch unsere Kreditrisikostrategie einhalten." (Fall B1)

Die im Fall B1 angesprochene Risikostrategie der Kreditinstitute sowie die damit verbundene Kreditvergabepolitik der Fremdkapitalgeber sind insgesamt allerdings nicht konstant. Inwiefern diese Veränderungen Kapitalstrukturentscheidungen von KMU beeinflussen, ist Gegenstand des folgenden Abschnitts.

5.4.1.2 Einfluss der Kreditvergabepolitik

Das von den etablierten Kapitalstrukturtheorien gezeichnete Bild der autonomen Entscheidungsfindung durch das Unternehmen wird neben der direkten Einflussnahme von Fremdkapitalgebern auf den Entscheidungsprozess auch indirekt über die Abhängigkeit der Unternehmen von der Kreditvergabepolitik der Banken beeinflusst.[1300] So können die beispielsweise in der Trade-Off-Theorie dargelegten inhaltlichen Vorteile einer Fremdkapitalaufnahme in der Realität kaum realisiert werden, wenn die Aufnahme von Fremdkapital aufgrund einer restriktiven Kreditvergabepolitik nicht möglich ist. Allerdings erfolgt eine Diskussion der Vergabe-

[1299] Zu den Zielen der Unternehmen im Kapitalstrukturentscheidungsprozess siehe auch Kap. 5.2.
[1300] Für eine theoretische Betrachtung der Auswirkungen einer limitierten Kreditvergabe auf die Fremdfinanzierung von Unternehmen siehe Jaffee/Russell (1976), S. 651 ff.

politik der Kapitalgeber lediglich am Rande einiger theoretischer Ansätze. So wird im Rahmen der Agency-Theorie der Kapitalstruktur die restriktive Kreditvergabe als Instrument zur Eindämmung von Fehlanreizen genannt, deren Auswirkungen auf den Entscheidungsprozess nicht weiter erläutert werden.[1301] Der Signalisierungsansatz von *Ross* thematisiert die Möglichkeit von Unternehmen, Signale an den Kapitalmarkt auszusenden, um einer restriktiven Kapitalvergabe entgegenzuwirken.[1302] Das Modell bezieht sich allerdings primär auf den organisierten Kapitalmarkt und ist nur bedingt auf die Situation von KMU übertragbar.[1303] Die strategische Management-Theorie der Kapitalstruktur von *Barton/Gordon* greift ebenfalls die Kreditvergabebereitschaft der Kapitalgeber auf und sieht diese in Abhängigkeit der Risikoaffinität des Top-Managements eines Unternehmens und des unternehmensspezifischen finanziellen Kontexts.[1304] Ihre Argumentation bezieht sich ebenfalls auf große, börsennotierte Unternehmen, lässt sich aber zumindest in Teilen auf mittelständische Unternehmen übertragen.[1305]

Die im Rahmen der Interviews getätigten Aussagen weisen jedoch darauf hin, dass die Einstellung der Unternehmer kaum und die konkrete Situation der jeweiligen Unternehmen nur teilweise von Belang sind. Nach Ansicht der Interviewpartner schwankt die Kreditvergabe vielmehr aufgrund veränderter konjunktureller und gesetzlicher Rahmenbedingungen sowie angepasster Geschäftsmodelle der Finanzinstitute.

Der konjunkturelle Einfluss auf die Kreditvergabe an KMU wird von den Interviewpartnern nicht einheitlich bewertet. So weist die Mehrheit der Interviewten darauf hin, dass die Möglichkeiten der Fremdkapitalaufnahme insbesondere in der jüngsten Finanz- und Wirtschaftskrise erheblich eingeschränkt wurden:

> *„Und wenn wir konjunkturelle Probleme haben, […] sind die Kreditinstitute auch zurückhaltender. Ganz deutlich.“ (Fall C3)*

> *„Zum anderen ist es aber eben auch die Erfahrung, dass sich eben Banken in schwierigen Situationen mitunter dann auch sehr defensiv oder sehr zurückziehen können und damit Unternehmen natürlich auch in Schwierigkeiten geraten können.“ (Fall B2)*

> *„[…] aber ich habe also auch selbst erfahren von anderen Firmen, dass da doch restriktiver gehandelt wurde, als es vor der Wirtschaftskrise gewesen ist.“ (Fall A3)*

[1301] Vgl. Schmidt/Terberger (1997), S. 449.
[1302] Vgl. Ross (1977), S. 28 ff.
[1303] Vgl. Schneider (2010), S. 145 und Kap. 4.2.
[1304] Vgl. Barton/Gordon (1987), S. 71 f.
[1305] Siehe Kap. 4.2.

„Das denke ich mal schon, dass es schwieriger ist, wenn die Konjunktur sich verändert, dass es natürlich auch schwierig ist, Geld zu bekommen.“ (Fall A1)

„Na, ich bin der Meinung, das ist viel restriktiver geworden.“ (Fall C2)

„Aber das wird in Zukunft immer mal wieder passieren, dass halt ein Zyklus eintritt, wo die Vergabepolitik[...] eher zurückhaltend ist.“ (Fall B1)

Der Fall B3 weist jedoch auf ein differenziertes Bild hin. Der Gesprächspartner verdeutlicht, dass in diesem Zusammenhang nicht das absolute Kreditangebot, sondern vielmehr das Verhältnis von Angebot und Nachfrage entscheidend ist:

„Aber es war nichtsdestotrotz so, dass man weit davon entfernt war, eine Kreditklemme zu haben. Es war immer noch in einem Bereich, wenn man den langfristigen Durchschnitt ansieht, und jetzt [...] normales Kreditablehnungsverhalten sich anguckt, dann war das im Jahr 2009 marginal über dem Durchschnitt.“ (Fall B3)

„Aber [...] die Erfahrung, die wir jetzt gemacht haben über die letzten acht Jahre, [...]ist, dass [...] in diesem Konjunkturverlauf dieses restriktive Angebotsverhalten zwar vorhanden ist bei einer schlechten Konjunktur. Aber dass es eigentlich letzten Endes nicht maßgeblich ist, wenn man jetzt an eine Kreditklemme denkt, weil eben [...] die Kreditnachfrage entsprechend auch zurückgeht.“ (Fall B3)

Im Höhepunkt der jüngsten Finanz- und Wirtschaftskrise ist allerdings das Kreditangebot dem Interviewpartner zufolge im stärkeren Maße zurückgegangen:

„2008 [...] war es tatsächlich so, dass, [...] diese angebotsseitigen Restriktionen die zurückgehende Nachfrage noch mal übertroffen haben.“ (Fall B3)

Diese Aussage deckt sich zudem mit den in Kapitel 3 diskutierten Daten des KfW Mittelstandspanels, nach denen die nicht realisierte Kreditnachfrage deutscher Unternehmen konjunkturellen Schwankungen unterlegen ist.[1306] Allerdings wird die Meinung, dass selbst zum Höhepunkt der Krise keine Kreditklemme[1307] vorlag, auch von Gesprächspartner B1 geteilt:

[1306] Eine Kreditklemme lag jedoch nicht vor. Vgl. KfW Bankengruppe (2011a), S. 58 und S. 65 ff. sowie Kap. 3.4.3.

[1307] Zum Einfluss von Finanzmarktfriktionen auf die Finanzierung von mittelständischen Unternehmen siehe auch Kley (2003), S. 788 ff.

„[...] wann eine Kreditklemme herrscht und wann nicht, das wäre für mich die Situation, wo gar keine Kredite mehr ausgegeben werden, und das kann ich nicht beobachten am Markt.“ (Fall B1)

Eine Situation, in der KMU insgesamt keinerlei Fremdkapital aufnehmen können, liegt demnach erwartungsgemäß nicht vor. Jedoch finden sich auch in der Literatur Hinweise auf die Existenz von Kreditzyklen.[1308] Ein Interviewpartner weist zudem auf Fälle hin, in denen einzelne Institute ihre Kreditvergabe stark einschränken:

„Es gab ja auch die Fragen auch auf höchster politischer Ebene: Gibt es einen Credit Crunch oder gibt es keinen? In der Breite gab es keinen, das haben auch die Daten von der Bundesbank und von der EZB [...] gezeigt. Punktuell gab es diesen Credit Crunch hundertprozentig. Es gibt Mandanten, die sagen: ‚Ich bekomme kein Geld mehr von meiner Bank. Was kann ich tun?‘“ (Fall C1)

Demnach orientiert sich der unternehmerische Entscheidungsprozess zur Kapitalstruktur auch an konjunkturellen Schwankungen. Dieser Zusammenhang zwischen der gesamtwirtschaftlichen Entwicklung und Finanzierungsentscheidungen in mittelständischen Unternehmen wird in folgender Hypothese dokumentiert:

H14: KONJUNKTURELLE SCHWANKUNGEN BEEINFLUSSEN KAPITALSTRUKTURENTSCHEIDUNGEN IN KMU.

Neben konjunkturellen Einflüssen auf die Vergabepolitik der Fremdkapitalgeber werden von den Interviewpartnern auch die Auswirkungen der Basler Eigenkapitalvorschriften und deren gesetzliche Verankerung als maßgeblich bewertet. Interviewpartner B3 zufolge ist deren Einfluss als sehr bedeutend einzustufen:

„Also, was wirklich einschneidender war, war sozusagen der exogene Schock Basel II. Das hat deutlich mehr [...] zu einem restriktiveren Verhalten geführt als alles, was man anschließend an konjunkturellen Einflüssen gesehen hat.“ (Fall B3)

Die Bedeutung von Basel II für die Kreditvergabepolitik der Kapitalgeber wird auch von den Interviewpartnern A3 und B1 hervorgehoben. Hier ergibt sich ein weitgehend einheitliches Bild, welches sich mit den Erkenntnissen wissenschaftlicher Untersuchungen deckt.[1309] In Bezug auf die Einführung der dritten Basler Eigenkapitalvereinbarung fallen die Einschätzun-

[1308] Vgl. Cunningham/Rose (1994), S. 301 ff.
[1309] Vgl. Müller u. a. (2006), S. 7 ff. und Rödl (2006), S. 119 ff.

gen hingegen teilweise unterschiedlich aus. Der Gesprächspartner aus der Bank B3 betont, dass aus seiner Sicht noch unklar ist, wie sich die erhöhten Eigenkapitalanforderungen der Banken auf deren Kreditvergabepolitik auswirken wird:

„Aber [...] es ist so ein bißchen das Damoklesschwert, das aber über den [...] Unternehmen schwebt. Es ist eine große Unsicherheit, weil man ganz schwer beurteilen kann: a: Wie die Banken reagieren werden, und b: Inwieweit sich das dann auch auf die KMU letzten Endes durchschlägt." (Fall B3)

„Die große Unbekannte ist halt, was die Banken letzten Endes machen, um diese Eigenkapitalanforderung zu erfüllen. Zuführung von Eigenkapital ist eine Option. Oder es ist auch eine Option, Aktivpositionen abzubauen. Das heißt dann, einfach die Kreditvergabe einzuschränken. Es ist halt, man weiß es nicht." (Fall B3)

Demnach herrscht auf den Kapitalmärkten Unsicherheit bezüglich der genauen Auswirkungen des neuen Basler Akkords. Die Wahrscheinlichkeit einer weiter eingeschränkten Kreditvergabe durch Basel III wird von den weiteren Interviewpartnern jedoch teilweise deutlich höher eingeschätzt:

„Also Basel III wird die Kreditvergabemöglichkeiten der Banken einschränken." (Fall A2)

„Und das lässt auch die Banken mehr und mehr unter Druck geraten. Von daher gesehen wird es auch mit der Ausschüttung der Kreditinstitute, mit den Möglichkeiten, selbst Kredite zu vergeben, irgendwann wird das endlich sein." (Fall C3)

„Basel III kommt, die Banken werden restriktiver." (Fall C1)

Die Veränderungen in der Kreditvergabepolitik der Banken drücken sich im Detail nach Ansicht der befragten Personen in den Kapitalkosten und den Anforderungen an die potentiellen Kreditnehmer in der Kreditwürdigkeitsprüfung aus. Hier sehen sie Herausforderungen in der Finanzierung, die sich durch die Weiterentwicklung von Basel II zu Basel III ergeben:

„Und es hat sicherlich auch den Effekt, dass der Kredit eben, was die Kosten angeht, [...] für den Kunden [...] überall sicherlich teurer wird, dass die Preise steigen." (Fall B2)

„[...] Basel II, ich glaube, jetzt gibt's Basel III demnächst, die Eigenkapitalkriterien, die die Banken fordern, müssen einfach höher sein, und wir kriegen inzwischen die Dar-

lehensverträge mit Gewinn-Stehlassverpflichtung der Mandanten, bis die und die Eigenkapitalquoten erreicht sind." (Fall C2)

„[...] weil die Themen Basel III, höhere Anforderungen des Bankenmarkts an Kreditnehmer zum Beispiel in der Kreditwürdigkeitsprüfung sehr hoch sind im Moment und tendenziell weiter steigen werden." (Fall C1)

„Wir glauben, dass das nochmal eine Verschärfung der Situation bedeutet." (Fall B1)

Demnach wird von den zitierten Interviewpartnern eine Verschlechterung der Finanzierungssituation mittelständischer Unternehmen erwartet. Sie gehen davon aus, dass die Möglichkeiten Fremdkapital aufzunehmen für KMU durch Basel III weiter eingeschränkt werden. Diese Ansicht wird auch in bisher veröffentlichten wissenschaftlichen Beiträgen geteilt.[1310] Eine abschließende Beurteilung ist bisher aber nicht möglich. Der aus den Textbelegen abgeleitete Zusammenhang zwischen den Implikationen von Basel III und den Möglichkeiten der Fremdkapitalaufnahme von KMU kommt in der folgenden Hypothese zum Ausdruck:

H15: DIE GESTIEGENEN EIGENKAPITALANFORDERUNGEN DER KREDITINSTITUTE DURCH BASEL III BEEINFLUSSEN KAPITALSTRUKTURENTSCHEIDUNGEN IN KMU.

Die Entwicklung neuer bankenrechtlicher Vorschriften zur Kreditvergabe wirkt sich nach Ansicht der Interviewpartner jedoch nicht für alle mittelständischen Unternehmen gleichermaßen aus. So passen die Kreditinstitute ihr Geschäftsmodell unter anderem den veränderten Rahmenbedingungen an. Da nach der dritten Basler Eigenkapitalvereinbarung die den Krediten zugrundeliegende Risikoposition noch stärker die Anforderungen an die Eigenkapitalunterlegung der Banken beeinflusst und die Eigenkapitalkosten der Kreditinstitute selbst deutlich über deren Fremdkapitalkosten liegen, suchen die Kreditinstitute verstärkt nach risikoarmen Aktivpositionen.[1311] Vor diesem Hintergrund wird die Kreditvergabe stärker denn je in Abhängigkeit der Bonität der Kreditnehmer gesehen:

„Jede Bank freut sich, wenn sie bonitätsstarke Kreditnehmer hat, denen sie neue Kredite vergeben kann. Im Moment ist es auf dem Markt nun mal so, dass der Wettbewerb um wirklich gute Bonitäten sehr groß ist. Die Banken versuchen, ihre Geschäftsmodelle zu optimieren, indem sie beispielsweise lieber risikoärmere Geschäfte eingehen, das ist beispielsweise bei guten Bonitäten im deutschen Mittelstand der Fall." (Fall C1)

[1310] Vgl. Götzl/Aberger (2011), S. 1 ff.; Müller/Brackschulze/Mayer-Friedrich (2011), S. 12 f. und Parise/Von Nitzsch (2011), S. 37 ff.

[1311] Siehe hierzu Kap. 3.4.2 und 3.4.3.

Demnach haben KMU mit einer hohen Kreditwürdigkeit trotz der zuvor dargestellten restriktiven Rahmenbedingungen weiterhin kaum Probleme Fremdkapital aufzunehmen und können ihre Kapitalstrukturentscheidungen zumindest im Hinblick auf die Vergabepolitik der Kreditinstitute weitgehend unabhängig treffen. Dieser Zusammenhang wird auch in weiteren Interviews deutlich:

„Wenn tatsächlich die Banken ihr Verhalten deutlich restriktiver gestalten, dann ist [...] Bonität ein entscheidender Faktor. Unternehmen mit guter Bonität werden weiterhin Kredite bekommen." (Fall B3)

„Wenn Sie eine gute Bonität haben, kriegen Sie nach wie vor eine Finanzierung. Zwar mit erhöhten Sicherheiten-Anforderungen, aber die Mandanten, klar, kein Problem." (Fall C2)

„[...] das ist sehr stark bonitätsabhängig. Wenn Sie eine gute Bonität haben, werden Sie auch jetzt keine Probleme haben, Kredite zu bekommen." (Fall C1)

„Also, ich denke, dass die Banken insgesamt schon sehr darauf achten werden, insbesondere gute Bonitäten zu begleiten." (Fall C3)

Die bonitätsabhängige Kreditvergabe mithilfe von Ratings wird bereits seit der Einführung von Basel II vorgenommen. Dies wirkte sich in erheblichem Maße auf die Konditionengestaltung bei Kreditverträgen aus.[1312] Den Aussagen der Interviewpartner zufolge bezieht sich die aktuelle Fremdfinanzierungsproblematik der KMU von mittlerer und schlechter Bonität jedoch weniger auf unvorteilhafte Konditionen, sondern vielmehr auf die Frage, ob eine Möglichkeit zu Aufnahme von Fremdkapital besteht:

„[...] als Unternehmen mit guter Bonität haben sie deutlich höhere Chancen, also überhaupt einen Zugang zur Finanzierung, zur Kreditfinanzierung zu haben." (Fall B3)

„[...] weil ich glaube schon, dass die Banken dann noch selektiver vorgehen werden und sich überlegen: Wem geben sie Kredit?" (Fall B2)

„Und wer [in] diesem Sub-Investment Grade landet, der wird zukünftig es schwieriger haben, als heute eben oder in der Vergangenheit Kredit zu bekommen." (Fall B2)

„[Großbank A], [Großbank B] und, und, und, die sehen zu, dass sie sich aus diesem ganzen Bereich [zurückziehen und] nur noch Eins-a-Sachen machen." (Fall C2)

[1312] Vgl. Müller u. a. (2006), S. 7 ff. sowie Kap. 3.4.1.

„[...] und je mehr dann sozusagen genauso ticken, [desto eher] wird sicherlich das Angebot dann knapper an Kredit für Unternehmen mit schlechtem Rating.“ (Fall B2)

„Das kann jetzt unterschiedliche Gründe haben, das kann damit zusammenhängen, dass die bestehenden Banken sagen, aufgrund der Bonität: ‚Such dir mal noch einen anderen Partner‘, oder ‚Ich möchte nicht prolongieren.‘ Dann ist der Unternehmer gezwungen, andere Partner zu suchen.“ (Fall C1)

Den Textbelegen zufolge sind die Möglichkeiten, über die Gestaltung der Kapitalstruktur zu entscheiden, in erheblichem Maße von der Bonität eines Unternehmens abhängig. Dieser Zusammenhang wurde zwar bereits vor dem Hintergrund der Einführung von Basel II diskutiert.[1313] Jedoch deuten die Aussagen der Interviewpartner auf eine erhebliche Intensivierung der Kausalität hin. Dieser Zusammenhang wird als Hypothese festgehalten:

H16: DIE BONITÄT EINES KMU BEEINFLUSST DEN ENTSCHEIDUNGSPROZESS ZUR KAPITALSTRUKTUR.

Die Veränderung der Geschäftsmodelle der Kreditinstitute im Hinblick auf das Kreditrisiko ist allerdings nicht auf die Präferenz bonitätsstarker Unternehmen beschränkt. So spielen laut Interviewpartner A1 auch portfoliotheoretische Überlegungen der Risikostreuung eine Rolle bei der Kreditvergabe:

„Und wenn sie dann kommen, ‚ja Eure Zahlen sind super und wir machen mit Euch die Finanzierung‘, dann kommt auf einmal, ‚wir haben mal geguckt in unserem Portfolio. Wir haben [...] in dieser Branche schon drei Finanzierungen. Wir müssen Risikostreuung betreiben. Wir können die Finanzierung nicht machen.‘“ (Fall A1)

Der Argumentation folgend, werden in Aussicht gestellte Kreditengagements aufgrund der Branchenkonzentration widerrufen. Gleichwohl ist diese branchenbezogene Vorgehensweise nicht ausschließlich auf Motive der Diversifikation zurückzuführen. So weist der Interviewpartner B1 darauf hin, dass Kreditinstitute ganze Branchen aufgrund einer Strategieänderung nicht mehr finanzieren:

„Es gibt aber immer mal wieder Zyklen, wo auch Banken ihre Kreditstrategie ändern und wo dann halt vielleicht auch einzelne Branchen betroffen sind.“ (Fall B1)

[1313] Vgl. Müller u. a. (2006), S. 7 ff.

Konkretisiert wird diese Vorgehensweise am Beispiel der Autohäuser:

„[...] es werden Branchen ausgeklammert, [...] Beispiel Autohäuser, kriegen einfach ein Kündigungsschreiben, bitte suchen Sie sich eine andere Bank." (Fall B1)

Als weiteres Beispiel nennt Steuerberater C2 die Gastronomiebranche, die unabhängig von der konkreten Situation einzelner Unternehmen erhebliche Schwierigkeiten bei der Fremdkapitalaufnahme verzeichnet:

„Die Banken werfen nicht unbedingt mit Geld um sich. Also [...] Gastronomie ist so eine Branche, die machen ganz viele gar nicht mehr. Also [Großbank A] brauchen Sie nicht hinzugehen." (Fall C2)

Demnach hängen die Möglichkeiten zur Aufnahme von externem Fremdkapital auch der Branchenzugehörigkeit eines Unternehmens ab. Der Einfluss der branchenabhängigen Kreditvergabe[1314] auf Finanzierungsentscheidungen in KMU wird als Hypothese formuliert:

H17: DIE BRANCHE EINES KMU BEEINFLUSST DIE MÖGLICHKEITEN DER FREMDKAPITALAUFNAHME.

Während bezüglich der bisher dargestellten Aspekte zur Fremdkapitalaufnahme von KMU zumindest in großen Teilen Einigkeit unter den Interviewpartnern besteht, wird der Einfluss der Unternehmensgröße auf die Kapitalstrukturentscheidung unterschiedlich beurteilt. So geht aus dem Gespräch mit den Vertretern des Unternehmens A3 hervor, dass große Unternehmen c. p. eher Fremdkapital aufnehmen können als KMU. Diese Ansicht wird auch vom Steuerberater C2 geteilt.

„Wenn wir jetzt gleiche Voraussetzungen nehmen, angenommen gleiche Eigenkapitalquote und sowas, beim kleineren und beim größeren [Unternehmen], dann kriegt der größere sicherlich eher den Kredit noch als der kleine." (Fall A3)

„[...], dass Kleine das schwerer haben als Große, das ist grundsätzlich so." (Fall A3)

„Sie haben ja teilweise das Problem, dass sie es überhaupt finanziert kriegen müssen. Wenn's ihnen nicht so gut geht. Also [deutsches Großunternehmen] kriegt alles finanziert." (Fall C2)

[1314] Zum Einfluss der Branche auf den konkreten Verschuldungsgrad von Unternehmen siehe die Übersicht in Copeland/Weston/Shastri (2005), S. 612.

Hingegen vertreten der Finanzierungsberater C3 und Banker B3 eine entgegengesetzte Meinung. Sie sehen KMU gegenüber großen Unternehmen zumindest temporär im Vorteil:

> *„Umso größer die Unternehmen sind, also, umso mehr wir Richtung [...] 50 Millionen Euro Jahresumsatz kommen, umso mehr ist da nicht mehr die Frage, wie finanziert wird, sondern ob finanziert wird. Das ist also ein richtiges Phänomen." (Fall C3)*

> *„Die Renditen bei Margen bei Mittelstandskrediten sind vielleicht nicht überragend, aber sie sind stabil. Und das heißt, wenn die Banken jetzt gezwungen sind, ihre Aktivpositionen zum Beispiel abzubauen, um die entsprechende Eigenkapitalquote zu erreichen, dann [...] trifft es [entweder] alle gleich. Aber ich glaube, dass es sogar Tendenzen gibt, dass sich der Mittelstand relativ zu den größeren besser darstellen kann." (Fall B3)*

> *„[...] momentan gibt es so Tendenzen dafür, dass die Banken sich vor allem scheuen, sehr großvolumige, langfristige Finanzierungen auszureichen. Also, dort sind momentan, wenn, dann eher Schwierigkeiten. Ich würde mal sagen, die Banken haben vielleicht sogar den Mittelstand wieder entdeckt." (Fall B3)*

Die konträren Aussagen bezüglich der Unternehmensgröße lassen keinen eindeutigen Schluss auf die Richtung der Kausalität zu. Zwar wird der Einfluss der Unternehmensgröße auf die Kapitalstruktur bereits in zahlreichen empirischen Studien untersucht.[1315] Dabei steht allerdings der konkrete inhaltliche Zusammenhang zwischen der Größe eines Unternehmens und seinem Verschuldungsgrad im Zentrum der Betrachtung. Eine prozessuale Perspektive wird nicht eingenommen. In dieser Arbeit wird jedoch das Ziel verfolgt, den Einfluss der Unternehmensgröße auf den Entscheidungsprozess, nicht aber die Kapitalstruktur selbst zu eruieren. Daher wird die Hypothese wie folgt formuliert:

H18: DIE UNTERNEHMENSGRÖẞE BEEINFLUSST DIE MÖGLICHKEITEN VON KMU, FREMDKAPITAL VON KREDITINSTITUTEN AUFZUNEHMEN.

5.4.1.3 Gestaltung der Beziehung zu KMU

Die Auswertung der Interviewdaten liefert Hinweise darauf, dass die Rolle der Fremdkapitalgeber im Entscheidungsprozess zur Kapitalstruktur von KMU neben ihrer Prozessfunktion und Vergabepolitik auch maßgeblich durch die Ausgestaltung der Beziehung zwischen Gläubiger und Schuldner bestimmt wird. Dabei soll an dieser Stelle weniger auf die bereits zuvor

[1315] Siehe Kap. 4.1.

geschilderte konkrete Beteiligung der Fremdkapitalgeber am Entscheidungsprozess eingegangen werden, sondern vielmehr die Frage erörtert werden, inwiefern der Prozess durch ein vertrauensvolles Verhältnis der Parteien gekennzeichnet ist.[1316]

Im Rahmen der Datenanalyse ist deutlich geworden, dass sowohl die befragten Unternehmer als auch die Fremdkapitalgeber einer vertrauensvollen gegenseitigen Beziehung bei bisherigen Transaktionen einen hohen Wert beigemessen haben:

„Und die Bank, da ist ein gewisses Vertrauensverhältnis da. Die sehen unsere Zahlen. Die wissen, was bei uns dahinter steht. Und mit denen machen wir dann auch die Finanzierung. Also wir gehen auch nicht zu einer anderen Bank, um irgendwo da eine 0,5 Prozent bessere Kondition zu erwirtschaften." (Fall A1)

„Das ist natürlich auch das Ziel der Bank und [...] wenn ich so an meine Transaktionen in der Vergangenheit denke, dann haben wir unsere schönsten und besten Transaktionen gemeinsam mit dem Kunden immer dort gemacht, wo wir genau in so Situationen waren, wo wir uns halt über Jahre sozusagen beim Kunden Ansehen [und] Vertrauen erarbeitet haben." (Fall B2)

„Also die [...] die harten bilanziellen Verhältnisse sind maßgeblich. Sie schauen aber trotzdem anders auf die Bilanz und auf das gesamte Unternehmen, wenn Sie das schon länger kennen, wenn Sie den Unternehmer länger kennen, das machen Sie wirklich schon anders, als wenn ein neues Unternehmen auf Sie zukommt." (Fall B1)

Durch die bereits diskutierten Änderungen in Folge der Basler Eigenkapitalvorschriften wurde jedoch die pauschale Risikobemessung der Kreditnehmer durch eine risikoadäquate Regelung ersetzt.[1317] Neben dieser aufsichtsrechtlich begründeten Verlagerung hin zu einer objektiveren Einschätzung des jeweiligen Kreditrisikos hat dem Gesprächspartner B3 zufolge auch die Umstrukturierung des Bankensektors zu einer Abkehr der Fremdkapitalgeber vom Vertrauensprinzip geführt:[1318]

„Dann hat halt der Bankberater weniger, vielleicht tatsächlich auf die harten Fakten geschaut, sondern eher das, was er an persönlicher Erfahrung mit diesem Unternehmen gemacht hat. Und das hat sich natürlich durch die zunehmende Globalisierung des Bankenwettbewerbs schon verändert." (Fall B3)

[1316] Zur Beziehung zwischen Kapitalgebern und KMU siehe die Studien von Eitler (2006), S. 177 ff. und Flacke/Segbers (2008), S. 21 ff.

[1317] Siehe Kap. 3.4.1.

[1318] Siehe hierzu auch Eitler (2006), S. 177 sowie Kap. 3.4.2.

Weitere Textbelege weisen in diesem Zusammenhang auf die zunehmende Zentralisierung der Entscheidungskompetenzen innerhalb der Kreditinstitute hin. Demzufolge liegt der Aufbau eines Vertrauensverhältnisses nicht immer im Interesse der Fremdkapitalgeber:

> *„Die Ansprechpartner werden anonymer, das heißt, man kommt nicht mehr so zusammen, wie es früher gewesen ist, das ist der Nachteil, wenn eben die Zentralisierung ist [...]." (Fall A3)*

> *„[...] das ist ja auch gewollt. Machen wir uns ja nichts vor. Ja, Sie sollen ja zu keinem mehr ein Vertrauenverhältnis aufbauen können und so wie früher kurz anrufen und sagen: ‚Ich hätte gerne Geld.' Das will man ja nicht mehr." (Fall C2)*

> *„[...] das Verhältnis Unternehmer zur Bank ist verbesserungswürdig. Oder überhaupt eine Kommunikation, wie man miteinander redet, weil die leben in verschiedenen Welten. Und zwar in komplett verschiedenen Welten." (Fall C2)*

Trotz der eingangs zitierten Textbelege, die eine vertrauensvolle Zusammenarbeit zwischen den handelnden Akteuren für beide Seiten als wünschenswert aufzeigen, verdeutlichen die letztgenannten Aussagen eine gegenteilige Entwicklung.[1319] Insbesondere der Steuerberater C2 sieht hierin eine Belastung des Verhältnisses und sieht neben dem Vertrauensverlust auch eine zunehmende Entfremdung der Parteien. Seiner Ansicht nach hat die Abgabe von Entscheidungskompetenzen vom lokalen Bankberater an zentrale Instanzen die Beziehung der Parteien nachhaltig gestört. Der Zusammenhang zwischen den veränderten Entscheidungswegen im Kreditwesen und dem Verhältnis zu den Unternehmen wird in der folgenden Hypothese dargestellt:

H19: JE HÖHER DER GRAD DER ZENTRALISIERUNG BEI KREDITENTSCHEIDUNGEN EINER BANK IST, DESTO WENIGER NEHMEN MITTELSTÄNDISCHE UNTERNEHMER DIE BEZIEHUNG ZU IHRER BANK ALS VERTRAUENSVERHÄLTNIS WAHR.

5.4.2 Eigenkapitalgeber

Obgleich die Rolle der Gläubiger im Entscheidungsprozess zur Kapitalstruktur in mittelständischen Unternehmen in den Interviews einen deutlich größeren Raum einnahm, liefert die Datenauswertung auch Hinweise über die Position externer Eigenkapitalgeber als Prozessbeteiligte. Dabei bieten die Aussagen der Gesprächspartner Erkenntnisse sowohl hinsichtlich des

[1319] Zur Kommunikation zwischen mittelständischen Unternehmen und ihren Kreditinstituten siehe auch Segbers/Siemes (2005), S. 229 ff.

Einflusses der Eigenkapitalgeber auf konkrete Finanzierungsentscheidungen als auch in Bezug auf die generelle Finanzpolitik der Unternehmen.

In der theoretischen Diskussion wird die Position externer Eigenkapitalgeber insbesondere in der Agency-Theorie, in der Signalisierungstheorie und in der Pecking-Order-Theorie thematisiert. Die Agency-Theorie der Kapitalstruktur geht insbesondere auf die Interessenkonflikte zwischen den Eigenkapitalgebern und der Unternehmensführung ein und zeigt in diesem Zusammenhang verschiedene Lösungsmöglichkeiten zur Reduzierung der Fehlanreize auf.[1320] Demzufolge kann unter anderem eine Eigenkapitalbeteiligung des Managements zu einer Angleichung der Interessen führen. In dem im Rahmen dieser Arbeit betrachteten Fall eines mittelständischen Unternehmens mit externen Eigenkapitalgebern ist demnach aufgrund der Beteiligung des Managements von einer höchstens eingeschränkten Interessendivergenz auszugehen.[1321]

Die Pecking-Order-Theorie diskutiert die Rolle externer Eigenkapitalgeber im Zusammenhang mit investitionsinduzierten Kapitalerhöhungen. *Myers/Majluf* argumentieren, dass bereits bestehende Eigentümer auf in der Gesamtbetrachtung vorteilhafte Investitionen gegebenenfalls verzichten, um sich einer Übervorteilung durch neue Eigentümer zu entziehen.[1322] Zwar beziehen sich die Ausführungen im Wesentlichen auf börsennotierte Unternehmen, jedoch ist ihr Gedankengang zumindest teilweise auf KMU übertragbar.[1323] Die in den theoretischen Ansätzen verfolgte Argumentation bleibt dabei allerdings weitgehend inhaltlich auf die Kapitalstruktur selbst bezogen. Eine in Bezug auf prozessuale Aspekte fokussierte Analyse der Finanzierungsentscheidungen erfolgt nicht oder nur in geringem Maße. Im Mittelpunkt steht stets die Optimierung der Position bestehender Eigentümer eines Unternehmens. Inwiefern neue externe Eigenkapitalgeber aber direkt an Finanzierungsentscheidungen beteiligt sind und den Prozess mitgestalten, ist bisher nicht Gegenstand der Untersuchung.

Im Fall des KMU mit externen Eigenkapitalgebern wird der Einfluss der Investoren auf den Entscheidungsprozess deutlich. Zum einen stehen ihnen dem Prozessmodell von *Kirsch* folgend erhebliche Sanktionsmöglichkeiten über eingeräumte Zustimmungsrechte zur Verfügung:

[1320] Siehe Kap. 2.5.1. Ampenberger u. a. heben in diesem Zusammenhang die Bedeutung der Agency-Theorie zur Erklärung des Finanzierungsverhaltens von Familienunternehmen hervor. Vgl. Ampenberger u. a. (2009), S. 4.

[1321] Zum Sampling siehe Kap. 5.1.2.3.

[1322] Siehe Kap. 2.6.2.

[1323] In empirischen Studien zur Gültigkeit der Pecking-Order-Theorie in KMU wird in der Regel jedoch die Möglichkeit einer externen Eigenkapitalfinanzierung außer Acht gelassen und lediglich zwischen der Innenfinanzierung und der externen Fremdfinanzierung unterschieden. Siehe Kap. 4.2.

„[...] so lange wir den Finanzinvestor an Bord hatten, war der auch bei jeder Beiratssitzung dabei als Zuhörer und hatte natürlich sehr starke Minderheitenschutzrechte mit weitgehenden Zustimmungsrechten zu Budget, zu Investitionen, zu strategischen Dingen, also konnte de facto ja oder nein sagen, obwohl er vom Start weg in der Minderheit war. Selbst als er nur noch zwanzig Prozent hatte, konnte er sämtliche Dinge blockieren." (Fall A2)

Zum anderen wird die Geschäftspolitik, gerade auch im Hinblick auf Kapitalstrukturentscheidungen, maßgeblich durch die externen Eigenkapitalgeber bestimmt, da ihnen durch ihre Funktion als Kapitalgeber eine hohe Bedeutung bei Finanzierungsfragen zukommt:

„Auch in Bezug auf die Finanzierung. [...] aber so sind diese Verträge strukturiert, wenn Sie einen Buy-out machen, dann ist der Investor nicht nur derjenige, der das Geld mitbringt, weil das Management das in der Regel nicht tut, zumindest nicht die Masse, und wer das Geld bringt, der sagt auch an." (Fall A2)

Jedoch wird die starke Einflussnahme externer Eigenkapitalinvestoren trotz teilweise anderslautender Aussagen der Unternehmer durchaus positiv bewertet. Insbesondere die fachliche Expertise, die nicht selten mit einer Beteiligung von Finanzinvestoren verbunden ist, kann Gesprächspartner B1 zufolge einen erheblichen Mehrwert für die Unternehmen bedeuten:

„[...] also da verstehen die Unternehmer den Mehrwert nicht, sondern sehen dann eher die Gefahr einer Einflussnahme Dritter, die halt schädlich ist fürs Unternehmen. Aber das ist ja überhaupt nicht so, weil ein Kapitalgeber ja das Interesse hat, seine Renditeerwartungen auch a: zu erfüllen und b: den Exit auch erfolgreich umzusetzen." (Fall B1)

„Da hat er aber auf der anderen Seite [...] auch diesen Mehrwert der Quasi-Unternehmensberatung frei Haus. Also da brauche ich mir dann keine große Strategieberatung ins Haus holen." (Fall B1)

Im Fall A2 teilt der Unternehmer ausdrücklich diese Sichtweise. Seiner Ansicht nach hat insbesondere der persönliche Austausch mit externen Eigenkapitalgebern einen Zusatznutzen gestiftet:

„Also, wir haben eine sehr, sehr gute Erfahrung damit gemacht. Kontroverse Diskussionen mit professionellen Industriebeiräten, aber auch mit Finanzinvestoren, die die Welt aus ihrer Warte beurteilen und sehr viele Unternehmen von innen sehen, sind außerordentlich hilfreich." (Fall A2)

Allerdings ist die Beteiligung von externen Investoren am Eigenkapital den Gesprächspartnern zufolge auch mit Nachteilen verbunden. Vor allem die Vertreter der Kreditinstitute weisen in diesem Zusammenhang neben der Einflussnahme auf die Geschäftspolitik auf die mit dieser Finanzierungsform verbundenen hohen Kapitalkosten hin:

„Das Kapital ist natürlich teurer weil Risikokapital und da werden dann natürlich auch Renditen im zweistelligen Bereich bis 15 Prozent erzielt." (Fall B1)

„[Bei] Beteiligungskapital hat man das Problem, dass eben Gesellschafter mit dazukommen, die dann eventuell in das Geschäft mit eingreifen. Das ist die eine Seite. Die andere Seite ist natürlich, gerade speziell [...] Beteiligungskapital ist [...] teuer. Und, deshalb scheuen natürlich wahrscheinlich auch gerade viele Mittelständler diese Art der Finanzierung." (Fall B3)

Darüber hinaus kann der Einfluss der externen Eigenkapitalgeber auf die Finanzierungsentscheidungen auch weitere nachteilige Aspekte aufweisen. Während die Beteiligung der Investoren im Fall A2 als nutzbringend beurteilt wird, kann die Aufnahme solcher neuen Gesellschafter bei weniger erfolgreichen Geschäftsverläufen auch mit erheblichen Nachteilen verbunden sein. Der Finanzierungsberater C3 weist in diesem Zusammenhang darauf hin, dass Finanzinvestoren in Krisensituationen aufgrund der nachrangigen Besicherung ihrer Investitionen gegebenenfalls einen zu diesem Zeitpunkt nachteiligen Verkauf des Unternehmens forcieren könnten:

„Aus Perspektive der typischen Finanzinvestoren, was keine Banken sind und keine strategischen Investoren, [besteht] einfach dann das Interesse, letztlich ihren Anteil, den sie erworben haben, bestmöglich wieder zu verkaufen. Und wenn eine Situation eintritt, wo ein Unternehmen ins Wanken gerät, [...] haben die schon rein menschlich gesehen eine Motivation, dann so schnell wie möglich das Geld zurück zu bekommen, um nicht hinterher das Nachsehen zu haben. Schon allein aufgrund deren Sicherheitensituation. Die sind nachrangig besichert." (Fall C3)

So geht mit der Aufnahme externer Eigenkapitalgeber auch eine Disziplinierungsfunktion einher, um Krisensituationen zu vermeiden. Hierin ist nach Ansicht des Unternehmers A2 jedoch auch ein Vorteil zu sehen. Der Einfluss eines externen Eigenkapitalinvestors bietet demnach große Anreize erfolgreich zu wirtschaften:

> *„Also in dem Zusammenhang ein spannendes Spannungsverhältnis zwischen unternehmerischer Handlungsfähigkeit und Finanzierungsstruktur und [...] so arbeiten wir seit fünf Jahren, immer in diesem Spannungsfeld und das hat auch tatsächlich eine ganz erhebliche disziplinierende Funktion, also es hat mal ein schlauer Buy-out-Manager gesagt: ‚Unter der Akquisitionsfinanzierung zu arbeiten, ist wie das Arbeiten unterm Kettenhemd', also das hat auch einen Trainingseffekt, Sport mit Gewichts-Bleiweste, das trainiert." (Fall A2)*

Dieser Argumentation folgend ist die Aufnahme externer Eigenkapitalgeber zwar ein einschränkender Faktor im Hinblick auf die Freiheitsgrade in Entscheidungsprozessen bezüglich der Kapitalstruktur. Zugleich können über die Disziplinierungsfunktion des Risikokapitals aber bessere Kapitalstrukturentscheidungen getroffen werden. Als Hypothese wird festgehalten:

H20: DIE AUFNAHME EXTERNER EIGENKAPITALINVESTOREN UND DIE DAMIT VERBUNDENE DISZIPLINIERUNGSFUNKTION FÜHREN ZU EFFIZIENZVERBESSERUNGEN IM ENTSCHEIDUNGSPROZESS IN KMU.

5.4.3 Steuer- und Finanzierungsberater

Auf Seiten der unternehmensexternen Beteiligten wird der Entscheidungsprozess hinsichtlich der Kapitalstruktur in KMU wesentlich durch die Kapitalgeber geprägt. Darüber hinaus können jedoch auch weitere externe Akteure am Prozess beteiligt sein. Insbesondere für mittelständische Unternehmen wurden in diesem Zusammenhang Steuerberater sowie Finanzierungsberater als bedeutend identifiziert und in das Sampling der Untersuchung einbezogen.[1324] In der theoretischen Diskussion wird die Rolle solcher Intermediäre bei Kapitalstrukturentscheidungen bisher nicht explizit berücksichtigt.[1325] Dabei gelten neben den Kapitalgebern gerade Steuerberater regelmäßig als erste Ansprechpartner in Finanzierungsfragen:[1326]

[1324] Siehe Kap. 4.3.2 und 5.1.2.3.
[1325] Siehe dazu den Literaturüberblick in Kap. 4.1.
[1326] Vgl. Volkmann (2009), S. 215 ff.

„[...] der Steuerberater ist eine der wichtigsten, wenn nicht sogar die wichtigste Person für die Unternehmer, auch in wirtschaftlichen Entscheidungen.“ (Fall C3)

Losgelöst von der finanzwirtschaftlichen Perspektive thematisiert *Kirsch* in seinem offenen Entscheidungsmodell unter der Berücksichtigung von Abhängigkeiten die Einflüsse externer Sachverständiger als Entscheidungsprämisse.[1327] Demnach findet die Meinung externer Experten insbesondere dann Bachtung in der Entscheidungsfindung, wenn eine gewisse Koorientierung mit dem Unternehmer wahrgenommen wird. Da den Intermediären in den Interviews oft eine neutrale Position ohne eigene Interessen hinsichtlich eines bestimmten Ausgangs des Entscheidungsprozesses zugesprochen wird, ist von einer solchen Koorientierung zumindest teilweise auszugehen:

„[...] der Mittelständler wird ja immer den Rat annehmen, von dem er glaubt, dass er kompetent ist, dass er ein hohes Maß an Unabhängigkeit hat und dass es im besten Sinne des Unternehmens passiert.“ (Fall B2)

„Wir aus unserem Hause sind da ergebnis- und produktunabhängig, das heißt, unser Ziel ist es, unseren Mandanten eine neutrale Beratung zur Verfügung zu stellen.“ (Fall C1)

„Prinzipiell wenden sich die Unternehmen an Berater oder Sachverständige [...], um neutralen Rat zu bekommen. Das heißt also, um neutral und unabhängig begleitet zu werden.“ (Fall C3)

Zwar wird die Neutralität der Beratung naturgemäß vor allem von den Intermediären selbst hervorgehoben. Jedoch interpretieren in den Interviews auch die Unternehmer die Rolle der Berater als neutral. Deutlich wird dabei über die verschiedenen Fälle hinweg der große Einfluss, den die Gesprächspartner den Beratern attestieren. Demnach wird die Kapitalstrukturentscheidung teilweise ausschließlich von den Intermediären getroffen:

„Wenn die Unternehmer sich [...] Hilfe holen, zumindest sich begleiten lassen durch Berater, dann [...] geben in der Regel die Berater die Struktur vor.“ (Fall C3)

„Ja, ich denke mal, dass ich weitgehendst dort diese Dinge vorgebe. Also, [...] eigentlich gebe ich es zu 100 Prozent vor.“ (Fall C3)

[1327] Vgl. Kirsch (1998), S. 85.

„[...] also beispielsweise in der Finanzierung war die Frage: ‚Wie viel mache ich über Kredit? Tilgendes Darlehen, und wie viel mache ich über einen klassischen Schuldschein?' Und da entsprechende Verhältnisse festzulegen und zu sagen: ‚Okay, 60:40-Verhältnis,' da endeten wir dann. Es ist eine sinnvolle Struktur für dich, die kannst du gut bedienen, da hast du noch genug Sicherheit drin. Also, da nimmt er drauf Einfluss." (Fall B2)

„Debt Advisor, die dann im Zweifel auf die Struktur Einfluss nehmen, auf die Instrumente, die auch Einfluss nehmen auf die anzufragenden Banken." (Fall B2)

„Der Steuerberater hat dazu eine Meinung. Der hat dazu [...] auch noch mal einen anderen Blickwinkel auf die gesamte Situation, auf die ganze Sache. Und der gibt dann auch seinen Segen dazu. Das ist uns dann auch schon wichtig." (Fall A1)

Demnach nehmen externe Berater bei Kapitalstrukturentscheidungen eine teilweise dominante Rolle im Entscheidungsprozess ein, sofern sie von KMU hinzugezogen werden. Dieser starke Einfluss der Berater wird als Hypothese festgehalten:

H21: WENN BEI KAPITALSTRUKTURENTSCHEIDUNGEN IN KMU STEUER- UND/ODER FINANZIERUNGSBERATER EINGEBUNDEN WERDEN, BESTIMMEN DIESE DIE KAPITALSTRUKTUR.

Weiterhin bestehen nach Ansicht der Interviewpartner teilweise Unterschiede zwischen der Beratung durch Steuerberater und explizite Finanzierungsexperten. Während letztere die Unterstützung von Unternehmen bei finanzwirtschaftlichen Themen als Hauptaufgabe wahrnehmen, stellt die betriebswirtschaftliche Beratung bei Steuerberatern eher eine Nebenfunktion dar. Jedoch nimmt auch hier die Finanzierungsberatung einen gewissen Raum ein:[1328]

„[...] die betriebswirtschaftlichen Sachen gehören heutzutage dazu, [...] sodass wir schon viel Sachen auch in Sachen Finanzierung, betriebswirtschaftliche Beratung machen." (Fall C2)

„[...] wir machen ein Konzept, gehen damit mit dem Mandanten zur Bank, oder er geht zu seiner Bank, und dann lassen wir uns einen Vorschlag machen für die Finanzierung und dann gucken wir, ob wir damit einverstanden sind." (Fall C2)

[1328] Zur Übernahme von betriebswirtschaftlichen Beratungsmandaten durch Steuerberater siehe Volkmann (2009), S. 215 ff.

So werden Steuerberater bei Kapitalstrukturentscheidungen eingebunden, obwohl die Unternehmensfinanzierung nicht in ihrem originären Aufgabenbereich liegt. Diese Vorgehensweise wird daher auch teilweise in den Interviews kritisiert. Nach Ansicht des Finanzierungsberaters C3 und des Bankers B2 kann die Konsultation eines Steuerberaters an Stelle eines expliziten Finanzierungsexperten zu suboptimalen Ergebnissen führen:

„Steuerberater haben auch noch nicht das Know-how, diese [...] Finanzierungsberatungen quasi [...] so in ihr Beratungsangebot übernehmen können.“ (Fall C3)

„[...] ein Steuerberater sieht es nicht als primäre Aufgabe, würde aber auf Wunsch der Unternehmen die Finanzierung begleiten, das erschöpft sich aber in der Regel in einer Plausibilitätsprüfung, in einer Unterlagenaufbereitung und vielleicht auch in einer Rentabilitätsprognose für die Zukunft. Weniger wie genau sozusagen die Finanzierung geplant werden muss.“ (Fall C3)

„Allerdings existiert bei den meisten Steuerberatern noch nicht so die Affinität zu dem Thema Finanzierung.“ (Fall C3)

„Wer diese Rolle auch wahrnimmt bei den kleineren Unternehmen sind sicherlich Wirtschaftsprüfer, vielleicht auch mal Steuerberater, das dann allerdings in so einer Gesamtlösung und da ist es dann mitunter manchmal sehr schwierig, weil der Wirtschaftsprüfer ist eben ein Wirtschaftsprüfer und wenn er sich dann versucht, auch noch eine Finanzierung zu strukturieren, das ist manchmal eben nicht so [...] richtig glücklich.“ (Fall B2)

Den Aussagen zufolge ist die Expertise von Steuerberatern bezüglich der Auswahl von Finanzierungsinstrumenten teilweise begrenzt. Die vermuteten Nachteile der Einbindung von Steuerberatern gegenüber der Konsultation expliziter Finanzierungsberater werden als Hypothese formuliert:

H22: DIE EINBINDUNG EXPLIZITER FINANZIERUNGSBERATER IN DEN ENTSCHEIDUNGSPROZESS FÜHRT ZU BESSEREN KAPITALSTRUKTURENTSCHEIDUNGEN ALS DIE EINBINDUNG VON STEUERBERATERN.

Unabhängig davon, ob Steuer- oder Finanzierungsberater in den Entscheidungsprozess eingebunden werden, weisen die Interviewpartner in diesem Zusammenhang auf das große Vertrauen hin, das den Intermediären bei der Entscheidungsfindung entgegengebracht wird. So betonen nahezu sämtliche nichtunternehmerische Interviewpartner, dass die Vorgaben der

Intermediäre oft kaum hinterfragt werden. Einige Textbelege weisen in diesem Zusammenhang auf annähernd uneingeschränktes Vertrauen der Unternehmer hin.

> *„Bei den kleinen Unternehmen bleibt es in der Regel aus. Die vertrauen mir blind." (Fall C3)*

> *„Also im Zweifel holt man sich ein Angebot ein, vielleicht zwei, wenn man gut ist, und dann vertraut man auch darauf, ohne dann vielleicht mit einem Dritten nochmal darüber zu sprechen, und das gilt auch für Unternehmensberatungen, im Sinne von, ich engagiere den vielleicht für ein etwas größeres Projekt [...] und da wird dann auch blind drauf vertraut." (Fall B1)*

Einerseits wird das nahezu blinde Vertrauen einiger Unternehmer durch einzelne Gesprächspartner kritisiert. Andererseits wird jedoch auch auf die Vorteile der Beratung sowie die eingangs erwähnten geringen Interessenkonflikte hingewiesen, die das gesetzte Vertrauen nach Ansicht der Interviewten zumindest in Teilen rechtfertigen. So können KMU von der Expertise der Berater beispielsweise hinsichtlich der Reduzierung von Kapitalkosten profitieren. Insbesondere Unternehmen mit guter Bonität können den Wettbewerb der Kapitalgeber um dieses Segment ausnutzen. Während den Unternehmern häufig die Marktkenntnis fehlt, um beispielsweise aus der Konkurrenzsituation bei den Banken einen Vorteil zu ziehen, können Berater Bietwettbewerbe unter den Kapitalgebern erzeugen, um die aus Unternehmenssicht günstigsten Kreditkonditionen zu erhalten:

> *„Damit man auch einfach mal einen Wettbewerb unter den Kreditinstituten selbst entfachen kann." (Fall C3)*

> *„[...] wir werden von irgendeinem Berater angerufen, der einen Biet-Wettbewerb macht und im Zweifel nur die besten Konditionen haben will." (Fall B2)*

Eine solche Marktlösung kommt den Gesprächspartnern zufolge jedoch vielfach nur durch die Berater zustande. Letztere können somit einen Mehrwert für KMU erreichen. Die aus Sicht der Unternehmen positive Auswirkung der Einbindung von Intermediären auf die Kapitalkosten wird als Hypothese festgehalten:

H23: JE INTENSIVER STEUER- UND/ODER FINANZIERUNGSBERATER IN DEN KAPITALSTRUKTURENTSCHEIDUNGSPROZESS EINGEBUNDEN WERDEN, DESTO GERINGER WERDEN DIE KAPITALKOSTEN EINES KMU.

Bei der Betrachtung der neben den Unternehmern beteiligten Akteure an Entscheidungsprozessen wird deutlich, dass diese den Textbelegen zufolge teilweise erheblichen Einfluss auf die Entscheidungsfindung ausüben. In manchen Fällen dominieren die Kapitalgeber bzw. die beteiligten Intermediäre die Entscheidungen in sehr ausgeprägter Form. Während dabei zumindest bei den Intermediären eine weitgehende Interessenkongruenz unterstellt werden kann, ist davon auszugehen, dass insbesondere die Kapitalgeber auch ihre eigenen Interessen verfolgen.[1329]

Im folgenden Abschnitt erfolgt eine Diskussion des Theoriebeitrags der gewonnen Erkenntnisse. Dazu werden die im Rahmen der Datenauswertung entwickelten Hypothesen in einer Gesamtbetrachtung zusammengeführt und vor dem Hintergrund bestehender Kapitalstrukturtheorien erörtert.

5.5 Theoriebeitrag

Die Auswertung der Interviewdaten und die dabei entwickelten Hypothesen leisten einen Erklärungsbeitrag zum Verständnis des Entscheidungsprozesses in KMU zur Gestaltung der Kapitalstruktur. Die aus dem empirischen Material ermittelten kausalen Zusammenhänge spiegeln sich in den aufgestellten Hypothesen wider und bieten einen ersten Schritt zu dem in dieser Arbeit verfolgten Ziel der Theorieentwicklung.

Die aufgestellten Hypothesen setzen sich aus den im Kodierprozess entwickelten Kategorien und Annahmen über deren Beziehungen zusammen.[1330] Sie geben Hinweise über die bei den Kapitalstrukturentscheidungen verfolgten Ziele, die Eigenschaften des Entscheidungsprozesses und die Rolle der am Prozess beteiligten unternehmensexternen Akteure. Mit der Entwicklung von Hypothesen wird ein wesentlicher Teil der Theoriebildung geleistet.[1331] Die Theoriebildung weist einen induktiven Charakter auf, da sie nach der Methodik der Grounded Theory anhand des tieferen Verständnisses von Einzelfällen erfolgt. Zugleich beinhaltet die Vorgehensweise jedoch auch deduktive Elemente. Das offengelegte Vorwissen, welches bereits bei der Problemdefinition miteinbezogen wurde, findet auch im Rahmen der Theoriebildung Berücksichtigung, indem Verbindungen der neu gewonnenen Erkenntnisse zu bestehenden Theorien aufgezeigt werden.

[1329] Eine Modellierung der Interessenkonflikte wird insbesondere in der Agency-Theorie vorgenommen. Danach ist die Kapitalstruktur so zu gestalten, dass die Summe der aus Konflikten resultierenden Kosten minimal ist. Eine Betrachtung des Entscheidungsprozesses selbst erfolgt jedoch nicht.

[1330] Vgl. dazu Wrona (2005), S. 37.

[1331] Vgl. Van de Ven (1989), S. 486; Whetten (1989), S. 491; Sutton/Staw (1995), S. 378 und Osann (2010), S. 239.

Vor dem Hintergrund etablierter theoretischer Argumentationen ist auch der Theoriebeitrag dieser Arbeit zu beurteilen. Dazu werden die zuvor entwickelten Hypothesen im Folgenden überblicksartig dargestellt und im Gesamtzusammenhang diskutiert. Hierbei ist zunächst zu betonen, dass bisherige theoretische Ansätze in der Regel Einflussgrößen auf die Kapitalstruktur von großen börsennotierten Unternehmen analysieren.[1332] Eine Reihe von empirischen Studien untersucht zudem, welche dieser etablierten Theorien den größten Beitrag zur Erklärung der Kapitalstruktur von KMU leistet, kommt dabei aber nur zu uneinheitlichen Ergebnissen.[1333] Die spezifischen Besonderheiten von KMU werden in der Regel nicht berücksichtigt. Zudem ist der mit der Kapitalstrukturentscheidung verbundene Entscheidungsprozess bisher kaum Gegenstand von bisherigen Untersuchungen. Auch stehen auch die an Kapitalstrukturentscheidungen beteiligten Akteure in der Regel nicht im Zentrum der theoretischen Argumentation. Die Auswertung der Interviewdaten liefert jedoch Hinweise darauf, dass die drei Schüsselkategorien die Entscheidungsfindung bei der Festlegung der Kapitalstruktur in KMU maßgeblich beeinflussen.

Die erste Gruppe der entwickelten Hypothesen bezieht sich auf die im Entscheidungsprozess verfolgten Ziele der Unternehmensfinanzierung. Während in den Interviews Zielen wie Unabhängigkeit, Liquidität und Sicherheit eine hohe Gewichtung seitens der Unternehmer beigemessen wird, unterstellt die theoretische Literatur zur Kapitalstruktur fast ausschließlich eine Verfolgung wertorientierter Ziele. So stehen gemäß den etablierten Kapitalstrukturtheorien vor allem die Maximierung des Unternehmenswerts sowie die damit verbundene Minimierung der Kapitalkosten im Zentrum der unternehmerischen Überlegungen. Demnach wird eine eher holistische Perspektive angenommen, nach der die Unternehmen danach streben eine bestimmte Größe (die des Unternehmenswerts) zu maximieren. Demgegenüber steht eine behavioristische Betrachtungsweise, nach der Organisationsteilnehmer individuelle Ziele verfolgen und sich teilweise mit befriedigenden Zielerreichungsgraden begnügen, da eine optimale Zielverwirklichung in der Realität oft nicht erreichbar bzw. messbar ist.[1334] Auch zeigen die bereits herangezogenen verhaltenswissenschaftlichen Ansätze, dass Akteure bei Gruppenentscheidungen unterschiedliche Ziele verfolgen können. Vor diesem Hintergrund haben insbesondere die befragten Unternehmer deutlich gemacht, nicht ausschließlich wertorientierte Ziele zu verfolgen. Dabei ist die konkrete Ausgestaltung und Gewichtung des Zielkatalogs jedoch nicht einheitlich. Vielmehr lassen sich Zusammenhänge zwischen den Zielen der betrachteten Unternehmen und verschiedenen Unternehmenscharakteristika feststellen.

[1332] Siehe Kap. 2.8.
[1333] Siehe Kap. 4.1.
[1334] Vgl. Perridon/Steiner/Rathgeber (2012), S. 11.

H1: DIE RURALE BZW. URBANE VERORTUNG EINES KMU BEEINFLUSST DIE PRIORITÄT DER UNABHÄNGIGKEIT IM ZIELKATALOG DES UNTERNEHMENS.

H2: DIE UNTERNEHMENSGRÖßE BEEINFLUSST DIE PRIORITÄT DER UNABHÄNGIGKEIT IM ZIELKATALOG VON KMU.

H3: DIE HINSICHTLICH DER LIQUIDITÄT BESTEHENDE ABHÄNGIGKEIT VON KMU GEGENÜBER KAPITALGEBERN BEEINFLUSST DIE PRÄFERENZ FÜR INTERNE MITTEL ZUR UNTERNEHMENSFINANZIERUNG.

H4: JE GRÖßER EIN UNTERNEHMEN IST, DESTO STÄRKER IST DIE AUSRICHTUNG DER KAPITALSTRUKTURENTSCHEIDUNGEN AM ZIEL DER UNTERNEHMENSWERTSTEIGERUNG.

Die prozessuale Betrachtung von Kapitalstrukturentscheidungen in KMU grenzt diese Arbeit weitgehend von bisherigen theoretischen und empirischen Beiträgen ab. Dabei werden in dieser Arbeit die Prozesseigenschaften als zweite Schlüsselkategorie näher untersucht. Durch die Auswertung der Interviewdaten wird eine Reihe von Hypothesen bezüglich der Professionalität und der Rationalität der Entscheidungsprozesse in KMU entwickelt. Darüber hinaus erfolgt eine Analyse, welche Priorität dem Entscheidungsprozesses im Rahmen der Unternehmensführung eingeräumt wird. Der Grad der Professionalität von Entscheidungen bzw. Entscheidungsprozessen wird in der bestehenden Literatur zur Kapitalstruktur von Unternehmen kaum thematisiert. So gehen die etablierten Theorien von systematischen und fundierten Entscheidungen in Großunternehmen aus, die über Kenntnisse hinsichtlich sämtlicher notwendiger Entscheidungsprämissen verfügen bzw. auf der Basis bestehender Informationen optimale Entscheidungen treffen. Darüber hinaus gehen etablierte Theorien von rationalen Entscheidern aus. Die Auswertung der Interviewdaten hat jedoch ergeben, dass der Entscheidungsprozess zur Kapitalstruktur von KMU in den betrachteten Fällen oft durch kurzfristige und weniger systematische Überlegungen gekennzeichnet ist. Zudem wird deutlich, dass der Grad der Rationalität in den Entscheidungsprozessen den Aussagen der Interviewpartner nach begrenzt ist.[1335] So führt unter anderem die unzureichende Auseinandersetzung mit der Finanzierungsthematik zu suboptimalen Entscheidungen und steht somit nicht immer im Einklang mit den etablierten Kapitalstrukturtheorien.

H5: JE GRÖßER EIN UNTERNEHMEN IST, DESTO FRÜHER WERDEN KAPITALGEBER IN FINANZIERUNGSENTSCHEIDUNGEN UND -PLANUNGEN EINGEBUNDEN.

[1335] Zur Rationalität in Entscheidungsprozessen siehe auch Eisenführ/Weber (2002), S. 4 ff. und Irle (2011).

H6: JE GRÖßER EIN UNTERNEHMEN IST, DESTO INTENSIVER WERDEN BEI KAPITALSTRUKTURENTSCHEIDUNGEN RELEVANTE DOKUMENTE GEPRÜFT UND AUSSAGEN DRITTER HINTERFRAGT.

H7: JE GRÖßER EIN UNTERNEHMEN IST, DESTO HÖHER IST DER GRAD DER PROFESSIONALITÄT IM ENTSCHEIDUNGSPROZESS ZUR KAPITALSTRUKTUR.

H8: DIE BRANCHE BEEINFLUSST DEN GRAD DER PROFESSIONALITÄT BEI KAPITALSTRUKTURENTSCHEIDUNGEN IN KMU.

H9: DIE RECHTSFORM BEEINFLUSST DEN GRAD DER PROFESSIONALITÄT BEI KAPITALSTRUKTURENTSCHEIDUNGEN IN KMU.

H10: JE GRÖßER EIN UNTERNEHMEN IST, DESTO HÖHER IST DER GRAD DER RATIONALITÄT DES ENTSCHEIDUNGSPROZESSES.

Anhand der Hypothesen wird deutlich, dass aufgrund der Ergebnisse Zusammenhänge zwischen den Eigenschaften des Entscheidungsprozesses und der Unternehmensgröße sowie weiterer Unternehmenscharakteristika vermutet werden. Insbesondere der Einfluss der Unternehmensgröße auf die Prozesseigenschaften weist darauf hin, dass die Kapitalstrukturentscheidungsprozesse in KMU und Großunternehmen voneinander abweichen. Hierin kann auch einer der Gründe für die begrenzte Erklärungskraft etablierter Kapitalstrukturtheorien für mittelständische Unternehmen gesehen werden.

Auch der Einbezug sämtlicher am Entscheidungsprozess in KMU beteiligter Akteure erfolgt in den etablierten Kapitalstrukturtheorien nur in geringem Maße. Zwar werden in der Agency-Theorie der Kapitalstruktur und in den weiteren auf Informationsasymmetrien basierenden Theorien die unterschiedlichen Interessen der verschiedenen Anspruchsgruppen thematisiert. Allerdings beschränkt sich die Argumentation meist darauf zu erklären, wie bestehende Anteilseigner ihre Interessen wahren können. Dabei haben die im Rahmen dieser Arbeit durchgeführten Interviews gezeigt, dass insbesondere Kapitalgeber und Intermediäre Kapitalstrukturentscheidungen in KMU mitgestalten und teilweise auch dominieren können. Eine autonome Entscheidungsfindung durch die Eigenkapitalgeber bzw. das Management eines Unternehmens ist demnach nicht gegeben. In der theoretischen Diskussion wird aber weitgehend von einer autonomen Entscheidungsfindung ausgegangen. Zwar weisen einzelne Beiträge darauf hin, dass diese Annahme der Autonomie insbesondere bei KMU oft nicht zutreffend ist.[1336] Der konkrete Einfluss weiterer Prozessbeteiligter wird jedoch nicht weiter thematisiert.

Die im Rahmen der Datenauswertung entwickelte dritte Schlüsselkategorie hingegen liefert Hinweise darauf, welche Anspruchsgruppen neben den Unternehmern selbst Einfluss nehmen und in welchem Ausmaß bzw. in welcher Form dies geschieht. Der Entscheidungsprozess wird demnach wesentlich durch die Fremdkapitalgeber geprägt. Insbesondere die Kreditinstitute dienen den Unternehmern vielfach als erste Ansprechpartner bei Fragen der externen Finanzierung. Sie beeinflussen den Entscheidungsprozess über die Vereinbarung von Covenants und die direkte Bestimmung der Kapitalstruktur bei Finanzierungsvorhaben. Darüber hinaus prägen sie den Entscheidungsprozess über ihre Kreditvergabepolitik, die wiederum konjunkturellen Einflüssen und den Folgen von Änderungen in der Bankenlandschaft unterliegt.[1337] Vor dem Hintergrund veränderter Rahmenbedingungen und angepasster Geschäftspraktiken der Kreditinstitute spielt im Hinblick auf die Fremdfinanzierung auch eine Reihe von Unternehmenscharakteristika eine Rolle im Entscheidungsprozess. Im Folgenden ist die Argumentationskette in Hypothesen zusammengefasst.

H11: WENN DIE AUFNAHME VON FREMDKAPITAL MIT DER VEREINBARUNG VON COVENANTS VERBUNDEN IST, PRÄFERIEREN KMU DIE FINANZIERUNG DURCH EIGENKAPITAL.

H12: EXISTIERENDE COVENANTS BEEINFLUSSEN KÜNFTIGE KAPITALSTRUKTURENTSCHEIDUNGEN IN KMU.

H13: WENN EIN INVESTITIONSPROJEKT ZU TEILEN MIT FREMDKAPITAL FINANZIERT WIRD, BESTIMMT DER FREMDKAPITALGEBER DIE KAPITALSTRUKTUR.

H14: KONJUNKTURELLE SCHWANKUNGEN BEEINFLUSSEN KAPITALSTRUKTURENTSCHEIDUNGEN IN KMU.

H15: DIE GESTIEGENEN EIGENKAPITALANFORDERUNGEN DER KREDITINSTITUTE DURCH BASEL III BEEINFLUSSEN KAPITALSTRUKTURENTSCHEIDUNGEN IN KMU.

H16: DIE BONITÄT EINES KMU BEEINFLUSST DEN ENTSCHEIDUNGSPROZESS ZUR KAPITALSTRUKTUR.

[1336] Vgl. Börner/Grichnik/Reize (2010), S. 228 sowie Kap. 4.2.

[1337] Den Einfluss temporärer Schwankungen auf die Kapitalstruktur thematisieren auch die Market-Timing und Market-Inertia-Theorien. Sie beziehen sich jedoch auf Volatilitäten am Aktienmarkt und nehmen dabei zudem keine prozessuale Perspektive ein. Siehe dazu Kap. 2.7.4.

H17: DIE BRANCHE EINES KMU BEEINFLUSST DIE MÖGLICHKEITEN DER FREMDKAPITALAUFNAHME.

H18: DIE UNTERNEHMENSGRÖßE BEEINFLUSST DIE MÖGLICHKEITEN VON KMU, FREMDKAPITAL VON KREDITINSTITUTEN AUFZUNEHMEN.

H19: JE HÖHER DER GRAD DER ZENTRALISIERUNG BEI KREDITENTSCHEIDUNGEN EINER BANK IST, DESTO WENIGER NEHMEN MITTELSTÄNDISCHE UNTERNEHMER DIE BEZIEHUNG ZU IHRER BANK ALS VERTRAUENSVERHÄLTNIS WAHR.

Neben den Fremdkapitalgebern sind vielfach noch weitere unternehmensexterne Akteure in den Entscheidungsprozess eingebunden und gestalten diesen aktiv mit. So kann mit der Aufnahme externer Eigenkapitalgeber eine Disziplinierungsfunktion einhergehen. Wird ein Steuerberater bzw. ein expliziter Finanzierungsberater hinzugezogen, übernehmen diese in den untersuchten Fällen weitgehend die Entscheidungsfindung und können teilweise eine Reduzierung der Kapitalkosten erreichen. Dabei deuten die Aussagen in den Interviews darauf hin, dass explizite Finanzierungsberater hierbei erfolgreicher sind. Die Argumentationskette bezüglich weiterer unternehmensexterner Akteure ist im Folgenden dargestellt.

H20: DIE AUFNAHME EXTERNER EIGENKAPITALINVESTOREN UND DIE DAMIT VERBUNDENE DISZIPLINIERUNGSFUNKTION FÜHREN ZU EFFIZIENZVERBESSERUNGEN IM ENTSCHEIDUNGSPROZESS IN KMU.

H21: WENN BEI KAPITALSTRUKTURENTSCHEIDUNGEN IN KMU STEUER- UND/ODER FINANZIERUNGSBERATER EINGEBUNDEN WERDEN, BESTIMMEN DIESE DIE KAPITALSTRUKTUR.

H22: DIE EINBINDUNG EXPLIZITER FINANZIERUNGSBERATER IN DEN ENTSCHEIDUNGSPROZESS FÜHRT ZU BESSEREN KAPITALSTRUKTURENTSCHEIDUNGEN ALS DIE EINBINDUNG VON STEUERBERATERN.

H23: JE INTENSIVER STEUER- UND/ODER FINANZIERUNGSBERATER IN DEN KAPITALSTRUKTURENTSCHEIDUNGSPROZESS EINGEBUNDEN WERDEN, DESTO GERINGER WERDEN DIE KAPITALKOSTEN EINES KMU.

Insgesamt kann vor dem Hintergrund des Einflusses von Kapitalgebern und Intermediären in den betrachteten Fällen nicht von einer autonomen Bestimmung der Kapitalstruktur durch den Unternehmer gesprochen werden. In Einzelfällen werden die Finanzierungsentscheidungen vollständig durch unternehmensexterne Akteure getroffen. Zudem ist teilweise die Kreditvergabepolitik der Banken relevant. Aufgrund der hohen Abhängigkeit von Kreditinstituten und der eingeschränkten Auswahl an Finanzierungsinstrumenten können KMU im Fall einer restriktiven Kreditvergabe nicht ohne Weiteres auf alternative Kapitalquellen ausweichen. So können die etablierten Kapitalstrukturtheorien, die eine selbstbestimmte Finanzierungspolitik unterstellen, das Finanzierungsverhalten nicht vollständig erklären. Wird jedoch wie in dieser Arbeit weniger die Kapitalstruktur selbst, sondern vielmehr der diesbezügliche Entscheidungsprozess in das Zentrum der Betrachtung gestellt, so kann sich dem Phänomen der Kapitalstrukturentscheidungen in KMU mithilfe entscheidungstheoretischer Überlegungen genähert werden.[1338]

[1338] Vgl. Kirsch/Bamberger (1976) und Kirsch (1998).

6 SCHLUSSBETRACHTUNG

Die Zielsetzung der vorliegenden Arbeit bestand darin, Kapitalstrukturentscheidungen von KMU vor dem Hintergrund etablierter Kapitalstrukturtheorien und finanzierungsrelevanter Besonderheiten dieser Unternehmen zu untersuchen. Im Unterschied zu bisher veröffentlichten Beiträgen wurden dabei das mit der Auswahl geeigneter Finanzierungsmaßnahmen einhergehende Entscheidungsproblem sowie der diesbezügliche Entscheidungsprozess in den Mittelpunkt der Analyse gestellt.

Den Ausgangspunkt der Arbeit bildet die Darstellung und kritische Würdigung der grundlegenden finanztheoretischen Modelle zur Erklärung der Kapitalstruktur von Unternehmen. Nach der traditionellen Sichtweise der Finanzierungsfunktion erfolgt die Erläuterung der Irrelevanztheoreme von *Modigliani/Miller* aus dem Jahr 1958, die die Diskussion über die Relevanz von Finanzierungsentscheidungen begründeten. Sie zeigen die Irrelevanz der Verschuldung für den Marktwert eines Unternehmens mittels Arbitragebeweis auf einem vollkommenen Kapitalmarkt unter strengen Bedingungen auf. Die nachfolgend erläuterte Trade-Off-Theorie hebt die restriktiven Prämissen des vollkommenen Kapitalmarkts auf und leitet die Existenz einer optimalen Kapitalstruktur aus den gegenläufigen Konsequenzen von Steuervorteilen und Insolvenzkosten ab. Demnach können bei zunehmender Verschuldung Steuervorteile realisiert werden, die jedoch mit steigenden Kosten aufgrund der zunehmenden Insolvenzwahrscheinlichkeit einhergehen. Die agency-theoretischen Ansätze analysieren Konflikte zwischen Eigentümern, Management und Gläubigern von Unternehmen. Aufgrund der daraus resultierenden Agency-Kosten sind Finanzierungsentscheidungen so zu treffen, dass die negativen Auswirkungen der Konflikte auf den Unternehmenswert minimiert werden. Weitere Ansätze unterstellen eine ungleiche Informationsverteilung zwischen dem Management und den Kapitalgebern eines Unternehmens und leiten daraus unternehmenswertsteigernde Finanzierungsmaßnahmen ab. Nach der auf Informationsasymmetrien basierenden Pecking-Order-Theorie besteht eine Hierarchie der Finanzierungsformen, nach der Unternehmen zunächst interne Mittel präferieren, bevor auf externes Fremdkapital und zuletzt auf externes Eigenkapital zurückgegriffen wird. Schließlich liegt eine Reihe neuerer Theorien der Kapitalstruktur vor, die Finanzierungsentscheidungen in Abhängigkeit marktstrategischer Überlegungen betrachten bzw. ausschließlich empirisch motiviert sind.

Die angeführten theoretischen Beiträge beziehen sich in der Regel auf börsennotierte Unternehmen. Die Theorien unterstellen üblicherweise einen uneingeschränkten Kapitalmarktzugang und die Steigerung des Unternehmenswerts als dominierendes Ziel. So bezieht sich auch der Großteil der empirischen Literatur zur Kapitalstruktur auf große Publikumsgesellschaften. Aufgrund ihrer hohen gesamtwirtschaftlichen Bedeutung sind in der jüngsten Vergangenheit jedoch auch KMU Gegenstand empirischer Untersuchungen zur Kapitalstruktur geworden. In diesen Studien wird das Finanzierungsverhalten der KMU zumeist ebenfalls vor dem Hintergrund bestehender Kapitalstrukturtheorien analysiert. Dabei kann aber keine der Theorien die Verschuldung der Unternehmen gänzlich erklären.

Im Rahmen dieser Arbeit wird deutlich, dass diese uneinheitlichen Ergebnisse vor allem auf die bestehenden Widersprüche zwischen den strengen Annahmen, die den Theorien zugrunde liegen, und den finanzierungsrelevanten Besonderheiten mittelständischer Unternehmen zurückzuführen sind. Neben dem eingeschränkten Kapitalmarktzugang und den damit einhergehenden größeren Abhängigkeiten von einzelnen Kapitalgebern bestehen die spezifischen Charakteristika von KMU auch in der nicht selten geringeren Risikodiversifikation und in der zentralen Rolle der Person des Unternehmers. Die hohe Bedeutung der Unternehmerpersönlichkeit wirkt sich aufgrund der oft starken Überschneidungen von persönlichen und unternehmerischen Zielen auch auf Fragen der Finanzierung aus.

Neben der bestehenden Diskrepanz zwischen den Annahmen der gängigen Kapitalstrukturtheorien und den spezifischen Charakteristika von KMU betrifft ein weiterer Kritikpunkt an den bestehenden empirischen Studien die primäre Untersuchung quantitativ erfassbarer Einflussgrößen auf die Kapitalstruktur. So schließen einzelne Beiträge auf die Gültigkeit bestimmter Erklärungsmodelle für das Finanzierungsverhalten von KMU, obwohl die aufgezeigten Zusammenhänge nicht immer eindeutig einzelnen Theorien zugeordnet werden können und überdies teilweise nicht den Annahmen dieser Theorie entsprechen. In diesem Zusammenhang fordern einige Autoren eine tiefergehende Auseinandersetzung mit Finanzierungsentscheidungen in KMU, bevor diese mithilfe bestehender Argumentationsmuster erklärt werden können.

An dieser Forderung setzt der empirische Teil dieser Arbeit an, indem auf Basis der bestehenden Erkenntnisse hinsichtlich des Finanzierungsverhaltens von KMU ein heuristischer Bezugsrahmen für die weitere Untersuchung entwickelt wird. Die Auswahl geeigneter Finanzierungsalternativen zur Mittelbeschaffung für Investitionen wird als unternehmerisches Entscheidungsproblem erforscht. Die Argumentation aus entscheidungstheoretischer Perspektive ermöglicht die Analyse der prozessbeteiligten Akteure unter der Berücksichtigung von Abhängigkeiten und divergierenden Zielen. Diese Vorgehensweise schafft auch die Voraussetzung dafür, den spezifischen Kontext der Mittelstandsfinanzierung ausreichend in das Forschungsvorhaben einzubeziehen.

Im Rahmen eines qualitativen Forschungsdesigns nach der Grounded Theory werden Interviews mit den am Entscheidungsprozess zur Kapitalstruktur in KMU beteiligten Akteuren durchgeführt. Zur Auswertung der erhobenen Interviewdaten dient ein mehrstufiger Kodierprozess. Schließlich werden Hypothesen bezüglich des Entscheidungsprozesses abgeleitet. Somit wird ein erster Schritt der Theoriebildung hinsichtlich der Weiterentwicklung bestehender Ansätze von einer über Determinanten des Verschuldungsgrads erfolgenden Argumentation hin zu einer prozessbasierten Analyse von Kapitalstrukturentscheidungen in Unternehmen geleistet. Dabei werden Hypothesen über kausale Zusammenhänge in Bezug auf drei aus den Daten emergierten Schlüsselkategorien aufgestellt.

Die erste Schlüsselkategorie umfasst die im Rahmen von Kapitalstrukturentscheidungen verfolgten Zielsetzungen von mittelständischen Unternehmen. So weichen die in den betrachteten Fällen verfolgten finanziellen Unternehmensziele von der den Theorien zugrundeliegenden Orientierung an der Unternehmenswertmaximierung ab. In diesem Zusammenhang spielen Steuervorteile des Fremdkapitals beispielsweise kaum eine Rolle bei der Entscheidungsfindung. Vielmehr geben die befragten Unternehmer die finanzielle Unabhängigkeit und die Begrenzung des finanzwirtschaftlichen Risikos als oberste Ziele an, obwohl diese in der Finanzierungstheorie eher als Nebenbedingungen der langfristigen Steigerung des Unternehmenswerts gelten. Auch wird in den Unternehmen die Finanzierungsfunktion eher als Hilfsmittel zur Kapitalbeschaffung betrachtet und weniger als Instrument zur Minimierung der Kapitalkosten bzw. zur Maximierung des Unternehmenswerts. Hierbei zeigt sich die Erfordernis einer rationalen Finanzierungsstrategie.

Als zweite Schlüsselkategorie stellen die Eigenschaften des Entscheidungsprozesses den Bezugspunkt für eine Reihe von Hypothesen dar. Während bestehende Kapitalstrukturtheorien weitgehend auf der Basis des homo oeconomicus argumentieren, wird in der vorliegenden Arbeit deutlich, dass gerade in KMU vielfach suboptimale Entscheidungen getroffen werden, die teilweise durch begrenzte Rationalität und mangelnde Professionalität des Entscheidungsprozesses erklärt werden können. So scheint mittelständischen Unternehmern teilweise die hohe Bedeutung des Entscheidungsprozesses nicht bewusst zu sein, mit dem sich der unternehmensspezifische Finanzierungsmix gestalten lässt. Eine fundierte und systematische Auseinandersetzung mit Fragen der Finanzierung erfolgt in den betrachteten Fällen oft nur unzureichend. Jedoch wird die Notwendigkeit einer aktiven Befassung mit der Kapitalstrukturgestaltung in der Untersuchung deutlich.

Die dritte Schlüsselkategorie bezieht sich auf die unternehmensexternen Beteiligten am Kapitalstrukturentscheidungsprozess. Diesbezüglich geht aus den erhobenen Interviews hervor, dass die von den etablierten Theorien unterstellte autonome Bestimmung der Kapitalstruktur durch die Unternehmensführung in den betrachteten Fällen nicht aufrechterhalten werden kann. Vielmehr ist die Entscheidungsfindung durch erhebliche Abhängigkeiten von unternehmensexternen Prozessbeteiligten geprägt. Teilweise nehmen Kapitalgeber und Intermediäre wie Steuerberater oder Finanzierungsberater eine dominierende Rolle bei der Entscheidungsfindung ein und handeln nicht immer ausschließlich im Interesse des Unternehmers. Zudem spielen auch weitere Faktoren wie Schwankungen in der Kreditvergabe sowie Veränderungen in der Geschäftspolitik der Banken eine Rolle bei der Entscheidungsfindung.

Insgesamt zeigt sich im Rahmen der empirischen Studie, dass der Entscheidungsprozess zur Kapitalstruktur in KMU durch eine hohe Komplexität gekennzeichnet ist. Demnach erscheint eine Entscheidungsfindung anhand einiger weniger Parameter, wie von den verschiedenen Theorien vorgeschlagen, unrealistisch. Vielmehr wird in den betrachteten Fällen eine Vielzahl an unterschiedlichen Zielen, Wertvorstellungen und Kenntnisständen bezüglich der geeigneten Finanzierungsmaßnahmen bei der Entscheidungsfindung berücksichtigt. Das Menschenbild des homo oeconomicus, welches in den bisherigen theoretischen Betrachtungen den Ausführungen teilweise zugrunde gelegt wird, entspricht hierbei nicht der Realität. Zwar treffen einige Verhaltensannahmen dieses Menschenbilds auf die an Entscheidungsprozessen beteiligten Akteure zu, jedoch sprechen die divergierenden Ziele der zudem kognitiv eingeschränkten Akteure für die Berücksichtigung verhaltenswissenschaftlicher Ansätze sowie für tiefergehende Analysen des Entscheidungsprozesses.

Für Untersuchungen des Entscheidungsprozesses eignen sich qualitative Forschungsdesigns mit explorativem Charakter. Die offene Herangehensweise an den Untersuchungsgegenstand ermöglicht auch überraschende Beobachtungen, da die untersuchten Phänomene nicht ausschließlich in bestehende Erklärungsmuster eingeordnet werden. Zugleich geht mit der überwiegend induktiven Vorgehensweise eine Reihe von Limitationen einher. Zwar wurden in dieser Arbeit Maßnahmen zur Erhöhung der Validität der gewonnenen Erkenntnisse ergriffen, beispielsweise durch die systematisch vorgenommene Datenauswertung nach der Grounded Theory. Dennoch beziehen sich die gewonnenen Erkenntnisse vorrangig auf die untersuchten Fälle und lassen sich nicht ohne eingängige quantitative Überprüfung auf die Grundgesamtheit aller KMU übertragen. Gleichwohl können verallgemeinerbare Aussagen im Sinne einer argumentativen Generalisierung aus der Analyse einiger sorgfältig ausgewählter Fälle abgeleitet werden, die als Beispiele für weitere Fälle dienen.

Weiterhin kann durch die gewählte Methodik ein verzerrtes Bild der Kapitalstrukturentscheidungen in KMU wiedergegeben werden. Durch die begrenzte Anzahl der Fälle kann das qualitative Forschungsdesign zu systematische Fehlern in der Fallauswahl führen. Zudem sind Limitationen in dem subjektiven Charakter der Datenerhebung und deren Interpretation zu sehen. Letztlich liegt aber gerade in dem für die Finanzierungsforschung ungewöhnlichen qualitativen Forschungsdesign ein Beitrag dieser Arbeit. So ist die Erkenntniserweiterung hinsichtlich unternehmerischer Kapitalstrukturentscheidungen auch auf die methodologische Vorgehensweise zurückzuführen.

Ausgehend von den gewonnenen Erkenntnissen ergeben sich diverse Ansatzpunkte für die zukünftige Forschung. So bietet diese Arbeit mit der Einführung der Prozessperspektive einen neuen Ansatz zur Analyse von Kapitalstrukturentscheidungen. Ein abschließendes Bild des Entscheidungsprozesses kann aufgrund des explorativen Charakters der Arbeit und der offenen Forschungsmethodik nicht gegeben werden. Hieraus ergeben sich zahlreiche Fragen für weitere qualitative Forschungsdesigns bezüglich der detaillierten Ausgestaltungen des unternehmerischen Kapitalstrukturentscheidungsprozesses, beispielsweise hinsichtlich der Rolle der unternehmensinternen Prozessbeteiligten oder der Umweltfaktoren.

Überdies wird im Rahmen der qualitativen Studie durch die entwickelten Hypothesen eine Reihe von Faktoren erfasst, denen ein Einfluss auf den Entscheidungsprozess unterstellt wird. Deren Verifizierung wäre vor dem Hintergrund der gewählten Prozessperspektive von großem wissenschaftlichem Interesse. Die eindeutige Bestimmung der Kausalitäten ist daher mithilfe einer quantitativen Überprüfung zu leisten. Weiterhin kann der in dieser Arbeit entwickelte heuristische Bezugsrahmen dazu genutzt werden, die bestehenden Widersprüche und uneinheitlichen Ergebnisse bisheriger Forschungsbeiträge zur Kapitalstruktur von KMU näher zu beleuchten. Beispielsweise kann die Bevorzugung interner Mittel trotz fehlender Signalisierungsanreize durch die Präferenz für bestimmte Unternehmensziele erklärt und somit ein Beitrag zur kritischen Betrachtung bestehender empirischer Arbeiten zur Pecking-Order-Theorie bezüglich KMU geleistet werden.

Eine weitere Implikation für zukünftige Forschungsarbeiten liegt in der prozessualen Betrachtung von Kapitalstrukturentscheidungen. So wird im Rahmen dieser Arbeit deutlich, dass durch die Einnahme einer Prozessperspektive neue Erkenntnisse hinsichtlich des Finanzierungsverhaltens von KMU gewonnen werden können. Dies ist unter anderem auf die spezifischen Charakteristika dieser Unternehmen zurückzuführen. So legen unter anderem die bestehenden Abhängigkeiten von unternehmensexternen Parteien sowie die herausragende Bedeutung einzelner teilweise kognitiv beschränkter Akteure eine prozessuale Forschungsperspektive nahe. Auch die entwickelten Hypothesen weisen durch ihre inhaltliche Gestaltung darauf hin, dass die Unternehmensgröße starken Einfluss auf den Entscheidungsprozess hat. Hierbei bleibt offen, inwiefern die Betrachtung der Auswahl geeigneter Finanzierungsalternativen als Entscheidungsprozess auch hinsichtlich börsennotierter Großunternehmen neue Erkenntnisse generiert. Zwar ist davon auszugehen, dass nicht sämtliche aufgedeckten Kausalzusammenhänge in gleichem Maße für Großunternehmen gelten. Jedoch kann die Überprüfung der Übertragbarkeit eines prozessorientierten Kapitalstrukturmodells im Rahmen quantitativer Untersuchungsdesigns auch für diese Unternehmen zu neuen Erkenntnissen führen. Insbesondere vor dem Hintergrund, dass bisher keine der etablierten Kapitalstrukturtheorien das Finanzierungsverhalten von Unternehmen abschließend erklären kann, erscheint eine Perspektivenerweiterung durch alternative Erklärungsmodelle sinnvoll.

Dabei ist allerdings davon auszugehen, dass zukünftige Forschungsbeiträge wie auch die vorliegende Arbeit und bisherige Untersuchungen zu der Erkenntnis gelangen werden, dass die von *Myers* 1984 aufgeworfene Frage nach den Motiven für unternehmerische Kapitalstrukturentscheidungen nicht durch eine einzige, allgemeingültige Theorie beantwortet werden kann. So tragen die enorme Komplexität unternehmerischer Entscheidungen sowie die ausgeprägte Dynamik der prozessrelevanten Umweltfaktoren auch künftig zur hohen Relevanz der Kapitalstrukturforschung bei.

Anhang

Leitfrage 1 - ***Wie sieht der Entscheidungsprozess zur Kapitalstruktur in Ihrem Unternehmen aus?***		
(Einleitung über Erzählung, was über Unternehmen bekannt ist) **Können Sie mir bitte zunächst berichten, wie sich Ihr Unternehmen aktuell finanziert und ein Beispiel erläutern, wie Sie zuletzt eine Entscheidung bez. einer Finanzierung getroffen haben?**		
Inhalt	Aufrechterhaltungsfrage	Konkrete Nachfrage
• Grundlagen • Aktuelle Situation • Prozessablauf • Beteiligte • Tragweite der Entscheidung	• Können Sie den Entscheidungsprozess genauer beschreiben? • Können Sie bitte erläutern wie in ihren Unternehmen generell über die Finanzierung entschieden wird?	1. **Welche Personen/Parteien/Hierarchien sind bei der Festlegung der Kapitalstruktur beteiligt?** 2. Entscheiden Sie für jedes Investitionsprojekt einzeln oder projektübergreifend? 3. Wie wichtig ist der Verschuldungsgrad für Ihr Unternehmen?

Leitfrage 2 - ***Von welchen Einflussfaktoren ist die Kapitalstruktur abhängig?***		
(Ich möchte nun auf die konkreten Einflussfaktoren des Verschuldungsgrads eingehen) **Können Sie mir bitte sagen, welche Einflussfaktoren Sie bei der Festlegung des Verschuldungsgrads berücksichtigen, bzw. welche Kriterien Sie beachten?**		
Inhalt	Aufrechterhaltungsfrage	Konkrete Nachfrage
• Harte Faktoren - Kostenminimierung - Steuern - Konjunktur • Weiche Faktoren - Unabhängigkeit - Interessenkonflikte - Signalling • Reihenfolge der Finanzierungsformen	• Warum berücksichtigen Sie gerade diese Einflussfaktoren? • Welche Faktoren sind Ihnen besonders wichtig?	4. **Welche Rolle spielen harte Faktoren wie der aktuelle Steuersatz oder die Kosten für das Kapital?** 5. **Inwiefern legen Sie bei der Kapitalbeschaffung eine bestimmte Reihenfolge der Kapitalformen fest?** 6. Mit welchen Beteiligten können bei der Festlegung Konflikte entstehen?

Leitfrage 3 - ***Wie wirken sich die besonderen Eigenschaften von KMU auf die Kapitalstruktur aus?***		
Ich würde nun gerne auf eventuelle Besonderheiten in der Finanzierung von KMU eingehen. Inwiefern unterscheidet sich die Finanzierung von großen und kleinen bzw. mittelgroßen Unternehmen?		
Inhalt	Aufrechterhaltungsfrage	Konkrete Nachfrage
• Unternehmensziele • Unternehmerpersönlichkeit • Kapitalmarktzugang • Diversifikation • Informationskosten	• Welche Ziele verfolgt Ihr Unternehmen im Allgemeinen und im Besonderen bei der Finanzierung? • Wie gehen Sie vor, wenn Sie eine Finanzierung brauchen?	7. Welche verschiedenen Quellen nutzen Sie bei der Kapitalbeschaffung? 8. **Welche Rolle spielt für Sie die finanzielle Unabhängigkeit des Unternehmens?** 9. Wie informieren Sie sich über Konditionen bei neuen Finanzierungen?

Leitfrage 4 - ***Welchen Einfluss haben Dritte auf die Kapitalstrukturentscheidung und deren Umsetzung?***		
Bei der Finanzierung sind neben den Unternehmen selbst häufig noch andere Parteien eingebunden. Beschreiben Sie mir bitte, welche Rolle diese weiteren Beteiligten bei der Finanzierung Ihres Unternehmens spielen!		
Inhalt	Aufrechterhaltungsfrage	Konkrete Nachfrage
• Kreditfinanzierung • Rating • Kapitalmarktzugang • Steuerberatung • Unternehmensberatung • Signalling	• Warum wenden Sie sich gerade an diese Personen/Institute bzw. schließen andere aus? • Welche Erfahrungen haben Sie mit der Einbindung von Dritten in Finanzierungen gemacht?	**10.** Wie lässt sich das Verhältnis zu Ihrer Bank am besten beschreiben? **11. Inwiefern nehmen Kapitalgeber Einfluss auf den Verschuldungsgrad ihres Unternehmens?** **12. Welchen Einfluss hat die Kreditvergabepolitik der Banken auf die Finanzierung von KMU?** **13. Inwiefern wird Ihr Steuerberater oder weitere Berater in Finanzierungsfragen eingebunden?** **14.** Unter welchen Umständen können Sie sich die Aufnahme weiterer Gesellschafter vorstellen?

Leitfrage 5 - ***Welchen Einfluss haben die rechtlichen und volkswirtschaftlichen Rahmenbedingungen?***		
In den Medien ist regelmäßig zu hören, dass die gesamtwirtschaftlichen Rahmenbedingungen stimmen müssen, damit Unternehmen erfolgreich investieren können. Können Sie mir bitte berichten, welche Rolle die Rahmenbedingungen bei der Investition in neue Projekte und deren Finanzierung spielen?		
Inhalt	Aufrechterhaltungsfrage	Konkrete Nachfrage
• Konjunktur • Basel II und III • Politik	• Inwiefern unterscheidet sich die Finanzierung in Boom- und Schwächephasen? • Wie sind Ihre Erfahrungen mit den Ratings der Banken?	**15.** Inwiefern berücksichtigen Sie die konjunkturelle Lage bei der Finanzierung neuer Projekte? **16. Welchen Einfluss haben die neuen Bankenvorschriften (Basel II) und die damit verbundenen Ratings auf die Finanzierung?** **17.** Wie würden Sie die Einführung eines Sollwerts für Eigenkapital durch die Politik bewerten?

Leitfrage 6 - ***Unterliegt die Kapitalstruktur einer Dynamik?***		
Bitte beschreiben Sie mir, inwiefern sich die Finanzierung des Unternehmens mit der Zeit verändert!		
Inhalt	Aufrechterhaltungsfrage	Konkrete Nachfrage
• Market Timing • Lebenszyklus • Internationalität	• Wie hat sich die Finanzierung mit dem Wachstum des Unternehmens geändert?	**18.** Inwiefern passen Sie die Finanzierung den Veränderungen am Markt an? **19. Zu welchen Anlässen hat sich der Verschuldungsgrad des Unternehmens verändert bzw. wird er sich verändern?** **20.** Wie finanzieren Sie internationales Wachstum?

Leitfrage 7 - ***Wie erfolgt die Umsetzung und Ausgestaltung der Kapitalstruktur?***		
Welche generellen Empfehlungen können Sie für die Finanzierung von KMU geben?		
Inhalt	Aufrechterhaltungsfrage	Konkrete Nachfrage
• Praktische Implikationen • Best Practice • Alternative Finanzierungsformen	• Welche Formen der Finanzierung haben sich aus Ihrer Sicht besonders bewährt?	**21.** Welche Finanzierungsformen sind aus Ihrer Sicht besonders geeignet zur Finanzierung von KMU? **22. Welche alternativen Finanzierungsformen kommen für Sie in Betracht?**

Abbildung A.1: Interviewleitfaden
Quelle: eigene Darstellung.

LITERATURVERZEICHNIS

Abels, Heinz (2004): Einführung in die Soziologie: Band 2: Die Individuen in ihrer Gesellschaft. 2. Aufl., Wiesbaden.

Achleitner, Ann-Kristin/Fingerle, Christian H. (2004): Finanzierungssituation des deutschen Mittelstands. In: Private Debt - alternative Finanzierung für den Mittelstand. Hrsg.: Achleitner, Ann-Kristin/von Einem, Christoph/von Schröder, Benedikt. Stuttgart, S. 5-40.

Achleitner, Ann-Kristin/Wahl, Simon (2004): Private Debt als alternative Finanzierungsform für mittelständische Unternehmen. In: Private Debt - alternative Finanzierung für den Mittelstand. Hrsg.: Achleitner, Ann-Kristin/von Einem, Christoph/von Schröder, Benedikt. Stuttgart, S. 41-80.

Acs, Zoltan J. (1996): Small Firms and Economic Growth. In: Small Business in the Modern Economy. Hrsg.: Admiral, Piet H., Oxford, S. 1-62.

Acs, Zoltan J./Audretsch, David B. (1992): Innovation durch kleine Unternehmen. Berlin.

Agrawal, Anup/Knoeber, Charles R. (1996): Firm Performance and Mechanisms to Control Agency Problems between Managers and Shareholders. In: Journal of Financial and Quantitative Analysis, 31, 3, S. 377-397.

Ahrweiler, Sonja/Börner, Christoph J. (2003): Neue Finanzierungswege für den Mittelstand: Ausgangssituation, Notwendigkeit und Instrumente. In: Neue Finanzierungswege für den Mittelstand. Hrsg.: Kienbaum, Jochen/Börner, Christoph J., Wiesbaden, S. 3-73.

Ahrweiler, Sonja/Börner, Christoph J./Rühle, Jörg (2007): Auswirkungen von Basel II auf die Finanzierungssituation mittelständischer Unternehmen in Deutschland. In: Basel II und MaRisk - Regulatorische Vorgaben, bankinterne Verfahren, Risikomanagement. Hrsg.: Hofmann, Gerhard. Frankfurt am Main, S. 291-313.

Aiginger, Karl/Tichy, Gunther (1984): Die Größe der Kleinen. Die überraschenden Erfolge kleiner und mittlerer Unternehmungen in den achtziger Jahren. Wien.

Akerlof, George A. (1970): The Market for "Lemons": Quality Uncertainty and the Market Mechanism. In: Quarterly Journal of Economics, 84, S. 488-500.

Albach, Horst (1983): Die Bedeutung mittelständischer Unternehmen in der Marktwirtschaft. In: Zeitschrift für Betriebswirtschaft, 53, S. 870-887.

Alchian, Armen A./Demsetz, Harold (1972): Production, Information Costs, and Economic Organization. In: American Economic Review, 62, 5, S. 777-795.

Alexander, Gordon J./Edwards, Amy K./Ferri, Michael G. (2000): What Does Nasdaq´s High-Yield Bond Market Reveal About Bondholder-Stockholder Conflicts? In: Financial Management, 29, 1, S. 23-39.

Altman, Edward I. (1984): A Further Empirical Investigation of the Bankruptcy Cost Question. In: Journal of Finance, 39, S. 1067-1089.

Ampenberger, Markus/Schmid, Thomas/Achleitner, Ann-Kristin/Kaserer, Christoph (2009): Capital Structure Decisions in Family Firms – Empirical Evidence From a Bankbased Economy. Working Paper.

Andrews, Kenneth R. (1980): The Concept of Corporate Strategy. Homewood.

Ang, James S. (1992a): On the Theory of Finance for Privately Held Firms. In: Journal of Small Business Finance, 1, 3, S. 185-203.

Ang, James S. (1992b): Small Business Uniqueness and the Theory of Financial Management. In: Journal of Small Business Finance, 1, S. 1-13.

Angelkort, Asmus/Stuwe, Alexander (2011): Basel III und Mittelstandsfinanzierung. Managerkreis der Friedrich-Ebert-Stiftung, Bonn.

Arndt, Wolfgang (1995): Die Bedeutung der Eigenkapitalausstattung und Managementqualifikation für die Kapitalversorgung mittelständischer Unternehmen. Hamburg.

Arntz, Thomas/Schultz, Florian (1998): Bilanzielle und steuerliche Überlegungen zu Asset-Backed Securities. In: Die Bank, 11, S. 694-697.

Arrow, Kenneth J. (1985): The Economies of Agency. In: The Structure of Business. Hrsg.: Pratt, John/Zeckhauser, Richard. Boston, S. 37-51.

Asquith, Paul/Mullins, David W. (1986): Equity Issues and Offering Dilution. In: Journal of Financial Economics, 15, S. 61-89.

Aßmann, Klaus/Schmidt, Karl H. (1975): Die Konjunkturabhängigkeit der Klein- und Mittelbetriebe. Göttingen.

Atteslander, Peter (2010): Methoden der empirischen Sozialforschung. 13. Aufl., Berlin.

Aybar-Arias, Cristina/Casino-Martínez, Alejandro/López-Gracia, José (2003): Capital structure and sensitivity in SME definition: a panel data investigation. Working Paper.

Backhaus, Klaus/Herbst, Uta/Voeth, Markus/Wilken, Robert (2010): Allgemeine Betriebswirtschaftslehre - Koordination betrieblicher Entscheidungen. 4. Aufl., Berlin, Heidelberg.

Baker, Malcolm/Wurgler, Jeffrey (2002): Market Timing and Capital Structure. In: Journal of Finance, 57, 1, S. 1-32.

Bamberger, Ingolf/Wrona, Thomas (2012): Strategische Unternehmensführung. Strategien, Systeme, Methoden, Prozesse. 2. Aufl., München.

Bank, Matthias/Gerke, Wolfgang (2005): Finanzierung II - Grundlegende Theorien, Modelle und Konzepte der neoklassischen Finanzierungstheorie. Stuttgart.

Baranchuk, Nina/Xu, Yexiao (2007): On the Persistence of Capital Structure - Reinterpretating What We Know. Working Paper, University of Texas.

Barnea, Amir/Haugen, Robert A./Senbet, Lemma W. (1985): Agency Problems and Financial Contracting. Englewood Cliffs.

Bartholdy, Jan/Mateus, Cesario (2008a): Financing of SME's: An Asset Side Story. Working Paper.

Bartholdy, Jan/Mateus, Cesario (2008b): Taxes and Corporate Debt Policy: Evidence for unlisted firms of sixteen European Countries. Working Paper.

Barton, Sidney L./Gordon, Paul J. (1987): Corporate Strategy: Useful Perspective for the Study of Capital Structure. In: Academy of Management Review, 12, 1, S. 67-75.

Barton, Sidney L./Gordon, Paul J. (1988): Corporate Strategy and Capital Structure. In: Strategic Management Journal, 9, S. 623-632.

Basler Ausschuss für Bankenaufsicht (2004): Internationale Konvergenz der Kapitalmessung und Eigenkapitalanforderungen: Überarbeitete Rahmenvereinbarung. Basel.

Bass, Hans-Heinrich (2006): KMU in der deutschen Volkswirtschaft: Vergangenheit, Gegenwart, Zukunft. Berichte aus dem Weltwirtschaftlichen Colloqium der Universität Bremen. Bremen.

Bastürk, Buket (2009): Rating-Agenturen, ihre Methoden und Risikobewertungen. In: Der Werdegang der Krise - Von der Subprime- zur Systemkrise. Hrsg.: Elschen, Rainer/Lieven, Theo. Wiesbaden, S. 97-114.

Baumol, William J. (1965): The Stock Market and Economic Efficiency. New York.

Baxter, Nevins D. (1967): Leverage, Risk of Ruin and Cost of Capital. In: Journal of Finance, 22, 3, S. 395-403.

Bayer, Hans (1963): Das mittlere personengeprägte Unternehmen als Wirtschaftsstabilisator. Köln-Opladen.

Beck, Thorsten/Demirgüç-Kunt, Asli (2006): Small and medium-size enterprises: Access to finance as a growth constraint. In: Journal of Banking & Finance, 30, S. 2931-2943.

Beck, Thorsten/Demirgüç-Kunt, Asli/Maksimovic, Vojislav (2008): Financing patterns around the world: Are small firms different? In: Journal of Financial Economics, 89, S. 467-487.

Becker, Howard S. (1996): The Epistemology of Qualitative Research. In: Ethnography and Human Development. Hrsg.: Jessor, Richard/Colby, Anne/Shweder, Richard A., Chicago, S. 53-72.

Behringer, Stefan (2009): Unternehmensbewertung der Mittel- und Kleinbetriebe. 4. Aufl., Berlin.

Bell, Kenny/Vos, Ed (2009): SME Capital Structure: The Dominance of Demand Factors. Working Paper.

Belz, Joachim/Warschat, Joachim (2005): Das Rückgrat der deutschen Wirtschaft - motivieren, bewegen, stärken. Stuttgart.

Berens, James L. /Cuny, Charles J. (1995): The Capital Structure Puzzle Revisited. In: The Review of Financial Studies, 8, 4, S. 1185-1208.

Berger, Allen N./Demsetz, Rebecca/Strahan, Philip E. (1999): The consolidation of the financial services industry: Causes, consequences, and implication for the future. In: Journal of Banking & Finance, 23, S. 135-194.

Berger, Allen N./Udell, Gregory F. (1998): The Economics of Small Business Finance: The Roles of Private Equity and Debt Markets in the Financial Growth Cycle. In: Journal of Banking and Finance, 22, S. 613-673.

Berger, Allen N./Udell, Gregory F. (2002): Small Business Credit Availability in Relationship Lending: The Importance of Bank Organisational Structure. In: Economic Journal, 116, 477, S. F32-F53.

Berger, Allen N./Udell, Gregory F. (2006): A more complete conceptual framework for SME finance. In: Journal of Banking & Finance, 30, S. 2945-2966.

Berger, Karl-Heinz (1968): Unternehmensgröße und Leistungsaufbau. Berlin.

Bergmann, Jörg R. (2005): Ethnomethodologie. In: Qualitative Forschung - Ein Handbuch. Hrsg.: Flick, Uwe/von Kardorff, Ernst/Steinke, Ines. Hamburg, S. 118-135.

Bergmann, Lars/Crespo, Isabel (2009): Herausforderungen kleiner und mittlerer Unternehmen. In: Modernisierung kleiner und mittlerer Unternehmen. Ein ganzheitliches

Konzept. Hrsg.: Dombrowski, Uwe/Hermann, Christoph/Lacker, Thomas/Sonnentag, Sabine. Berlin, S. 5-29.

Berk, Jonathan/DeMarzo, Peter (2011): Corporate Finance: The Core. 2. Aufl., Bosten u. a.

Bernet, Beat/Denk, Christoph L. (2000): Finanzierungsmodelle für KMU. Bern, Stuttgart, Wien.

Bickel, Walter (1981): Der gewerbliche Mittelstand heute - Definition und Einordnung. In: Zeitschrift für Organisation, 4, S. 181-184.

Bieg, Hartmut (1989): Zur Eigenkapitalausstattung der Unternehmen in der Bundesrepublik Deutschland. In: Besteuerung und Unternehmenspolitik. Hrsg.: John, Gerd. München, S. 23-48.

Bieg, Hartmut/Kußmaul, Heinz (2000): Investitions- und Finanzierungsmanagement. Band 2. Finanzierung. München.

Bimberg, Mathias (2009): Unternehmensübernahmen und Erwerbsangebote in Deutschland: Eine empirische Analyse. Wiesbaden.

Birch, David L. (1979): The Job Generation Process. Cambridge.

Black, Fischer/Cox, John C. (1976): Valuing Corporate Securities: Some Effects of Bond Indenture Provisions. In: Journal of Finance, 31, 2, S. 351-367.

Blanchard, Oliver/Illing, Gerhard (2009): Makroökonomie. 5. Aufl., München.

Blaufus, Kay/Lorenz, Daniela (2009): Wem droht die Zinsschranke? Eine empirische Untersuchung zur Identifikation der Einflussfaktoren. In: Zeitschrift für Betriebswirtschaft, 79, 4, S. 503-526.

Blaurock, Uwe (2010): Handbuch der Stillen Gesellschaft. 7. Aufl., Köln.

Bloss, Michael/Ernst, Dietmar/Häcker, Joachim/Eil, Nadine (2009): Von der Subprime-Krise zur Finanzkrise. Immobilienblase: Ursachen, Auswirkungen, Handlungsempfehlungen. München.

Blum, Ulrich/Dudley, Leonard/Leibbrand, Frank/Weiske, Andreas (2005): Angewandte Institutionenökonomik - Theorien, Modelle, Evidenz. Wiesbaden.

Bodie, Zvi /Taggart, Robert A. (1978): Future Investment Opportunities and the Value of the Call Provision on a Bond. In: Journal of Finance, 33, 4, S. 1187-1200.

Böhm, Andreas (2005): Theoretisches Codieren: Textanalyse in der Grounded Theory. In: Qualitative Forschung - Ein Handbuch. Hrsg.: Flick, Uwe/von Kardorff, Ernst/Steinke, Ines. Hamburg, S. 475-485.

Boland, Tobias (2009): Die Auswirkungen der Finanzkrise auf die Unternehmensfinanzierung und das Kreditvergabeverhalten deutscher Banken - Eine Ursache-Wirkungsanalyse. In: Der Werdegang der Krise - Von der Subprime- zur Systemkrise. Hrsg.: Elschen, Rainer/Lieven, Theo. Wiesbaden, S. 165-196.

Böllhoff, Christian G. (2004): Alternative Finanzierungsformen: Verabschiedung der Hausbanken? In: Management von industriellen Familienunternehmen. Von der Gründung bis zum Generationenübergang. Festschrift für den Unternehmer Wolfgang Böllhoff zu seinem 70. Geburtstag. Hrsg.: Böllhof, Christian G./Böllhoff, Michael W./Böllhof, Wilhelm A./Ebert, Marili. Stuttgart, S. 221-228.

Bolton, John E. (1971): Report of the Committee of Inquiry on Small Firms. London.

Bonß, Wolfgang/Hartmann, Heinz (1985): Konstruierte Gesellschaft, rationale Deutung - Zum Wirklichkeitscharakter soziologischer Diskurse. In: Entzauberte Wissenschaft - Zur Realität und Geltung soziologischer Forschung. Hrsg.: Bonß, Wolfgang/Hartmann, Heinz. Göttingen, S. 9-48.

Boquist, John A./Moore, William T. (1984): The Inter-Industry Leverage Difference and the DeAngelo-Masulis Tax Shield Hypothesis. In: Financial Management, 13, 1, S. 5-10.

Börner, Anton F./Glüder, Dieter (2009): Mittelstandsfinanzierung und Verbriefung - Phasen der Finanzkrise. In: Zeitschrift für das gesamte Kreditwesen, 19, S. 946-951.

Börner, Christoph J. (2006): Finanzierung. In: Betriebswirtschaftslehre der Mittel- und Kleinbetriebe. Hrsg.: Pfohl, Hans-Christian. 4. Aufl., Berlin, S. 297-330.

Börner, Christoph J./Grichnik, Dietmar (2003): Von der Pecking Order zur strategischen Mittelstandsfinanzierung – Ergebnisse einer Kombinationsstudie. In: Finanz Betrieb, 11, S. 681-689.

Börner, Christoph J./Grichnik, Dietmar/Reize, Frank (2010): Finanzierungsentscheidungen mittelständischer Unternehmen – Einflussfaktoren auf die Kapitalstruktur deutscher KMU In: Schmalenbachs Zeitschrift für betriebswirtschaftliche Forschung, 62, März, S. 227-250.

Bornheim, Stefan (2000): The organizational form of family business. Boston, Dordrecht, London.

Bortz, Jürgen/Döring, Nicola (2003): Forschungsmethoden und Evaluation für Human- und Sozialwissenschaftler. 3. Aufl., Berlin, Heidelberg, New York.

Bösl, Konrad/Hasler, Peter Thilo (2012): Mittelstandsanleihen: Überblick und Weiterentwicklungspotenziale. In: Mittelstandsanleihen - Ein Leitfaden für die Praxis. Hrsg.: Bösl, Konrad/Hasler, Peter Thilo. Wiesbaden, S. 11-22.

Böttcher, Barbara/Linnemannn, Carsten (2008): Erfolgsmodell Mittelstand - Fakten und Irrtümer. In: Finanz Betrieb, 2, S. 163-168.

Bradford, William D. (1987): The Issue Decision of Manager-Owners Under Information Asymmetry. In: Journal of Finance, 42, 5, S. 1245-1260.

Brander, James A./Lewis, Tracy R. (1986): Oligopoly and Financial Structure: The Limited Liability Effect. In: American Economic Review, 76, S. 956-970.

Brealey, Richard A./Myers, Stewart C./Allen, Franklin (2011): Principles of Corporate Finance. 10. Aufl., Boston u. a.

Brennan, Michael J. (1970): Taxes, Market Valuation and Corporate Financial Policy. In: National Tax Journal, 23, S. 417-427.

Brennan, Michael J. (1995): Corporate Finance over the Past 25 Years. In: Financial Management, 24, 2, S. 9-22.

Brennan, Michael J./Hughes, Patricia J. (1991): Stock Prices and the Supply of Information. In: Journal of Finance, 46, 5, S. 1665-1691.

Brennan, Michael J./Kraus, Alan (1987): Efficient Financing under Asymmetric Information. In: Journal of Finance, 42, 5, S. 1225-1243.

Breuer, Franz (2010): Reflexive Grounded Theory. 2. Aufl., Wiesbaden.

Breuer, Wolfgang (2008): Finanzierung: Eine systematische Einführung. 2. Aufl., Wiesbaden.

Breyer, Friedrich/Buchholz, Wolfgang (2009): Ökonomie des Sozialstaats. Berlin.

Brezski, Eberhard/Böge, Holger/Lübbehüsen, Thomas/Rohde, Thilo/Tomat, Oliver (2006): Mezzanine-Kapital für den Mittelstand - Finanzierungsinstrumente, Prozesse, Rating, Bilanzierung, Recht. Stuttgart.

Brezski, Eberhard/Kinne, Konstanze (2004): Finanzmanagement und Rating kompakt - Leitfaden für mittelständische Unternehmen. Stuttgart.

Brighi, Paola/Torluccio, Giuseppe (2007): Evidence on Funding Decisions by Italian SMEs: A Self-Selection Model? Working Paper, University of Bologna.

Brock, William A./Evans, David S. (1989): Small business economics. In: Small Business Economics, 1, S. 7-20.

Brosius, Hans-Bernd/Koschel, Friederike (2001): Methoden der empirischen Kommunikationsforschung. Eine Einführung. Wiesbaden.

Brunetti, Aymo (2011): Wirtschaftskrise ohne Ende? Bern.

Brüse, Markus (2011): Mezzanine-Kapital für den Mittelstand. Lohmar, Köln.

Bühner, Rolf (2004): Betriebswirtschaftliche Organisationslehre. München.

Büschgen, Hans E./Börner, Christoph J. (2003): Bankbetriebslehre. 4. Aufl., Stuttgart.

Busse von Colbe, W. (1976): Stichwort: "Betriebsgröße und Unternehmensgröße". In: Handwörterbuch der Betriebswirtschaft, Band I. Hrsg.: Grochla, Erwin/Wittmann, Waldemar. 4. Aufl., Stuttgart, Sp. 566-579.

Busse von Colbe, Walther (1964): Die Planung der Betriebsgröße. Wiesbaden.

Bussiek, Jürgen (1996): Anwendungsorientierte Betriebswirtschaftslehre der Klein- und Mittelunternehmen. 2. Aufl., München.

Büter, Clemens (2010): Internationale Unternehmensführung. München.

Campbell, Tim S./Kracaw, William A. (1980): Information Production, Market Signalling, and the Theory of Financial Intermediation. In: Journal of Finance, 35, S. 863-881.

Carbó-Valverde, Santiago/Rodríguez-Fernándes, Francisco/Udell, Gregory F. (2009): Bank Market Power and SME Financing Constraints. In: Review of Finance, 13, 2, S. 309-340.

Cassar, Gavin/Holmes, Scott (2003): Capital structure and financing of SMEs: Australian evidence. In: Journal of Accounting and Finance, 43, S. 123-247.

Castanias, Richard (1983): The Bankruptcy Risk and Optimal Capital Structure. In: Journal of Finance, 38, S. 1617-1635.

Chaganti, Rajeswararao/DeCarolis, Donna M./Deeds, David (1995): Predictors of Capital Structure in Small Ventures. In: Entrepreneurship Theory & Practice, 20, 2, S. 7-18.

Charmaz, Kathy (2003a): Grounded Theory. In: Qualitative Psychology - A Practical Guide to Research Methods. Hrsg.: Smith, Jonathan A., London, S. 81-110.

Charmaz, Kathy (2003b): Grounded Theory. Objectivist and Constructivist Methods. In: Strategies of Qualitative Inquiry. Hrsg.: Denzin, Norman K./Lincoln, Yvonna S., 2. Aufl., Thousand Oaks, S. 249-291.

Chini, Leo W. (1985): Überlegungen zum Verhalten klein- und mittelbetrieblicher Kunden während alternativer Konjunkturverläufe. In: Führung kleiner und mittlerer Unternehmen. Strategische Ausrichtung auf sich wandelnde Erfolgsfaktoren. Festschrift für Klaus Laub zum 60. Geburtstag. Hrsg.: Pleitner, Hans J./Sertl, Walter. München, S. 163-178.

Chittenden, Francis/Hall, Graham/Hutchinson, Patrick (1996): Small Firm Growth, Access to Capital Markets and Financial Structure: Review of Issues and an Empirical Investigation. In: Small Business Economics, 7, S. 59-67.

Choe, Hyuk/Masulis, Ronald W./Nanda, Vikram K. (1993): Common Stock Offerings Across the Business Cycle: Theory and Evidence. In: Journal of Empirical Finance, 1, 1, S. 3-31.

Chrisman, James J./Chua, Jess H./Litz, Reginald A. (2004): Comparing the Agency Costs of Family and Non-Family Firms: Conceptual Issues and Exploratory Evidence. In: Entrepreneurship Theory & Practice, 28, 4, S. 335-354.

Clasen, Jan P. (1992): Turnaroundmanagement für mittelständische Unternehmen. Wiesbaden.

Cluse, Michael/Dernbach, Alexander/Engels, Jörg/Lellmann, Peter (2005): Einführung in Basel II. In: Basel II: Handbuch zur praktischen Umsetzung des neuen Bankenaufsichtsrechts. Hrsg.: Cluse, Michael/Engels, Jörg. Berlin, S. 19-44.

Cluse, Michael/Göttgens, Michael (2007): Rating und Kreditrisikounterlegung nach Basel II. In: Handbuch Rating. Hrsg.: Büschgen, Hans E./Everling, Oliver. 2. Aufl., Wiesbaden, S. 67-93.

Coase, Ronald H. (1937): The Nature of the Firm. In: Economica, 4, 16, S. 386-405.

Coase, Ronald H. (1960): The Problem of Social Cost. In: Journal of Law and Economics, 3, S. 1-44.

Collins, Daniel W./Kothari, Shyam P./Rayburn, Judy D. (1987): Firm Size and the Information Content of Prices with Respect to Earnings. In: Journal of Accounting and Economics, 9, S. 111-138.

Constantinides, George M./Grundy, Bruce D. (1989): Optimal Investment with Stock Repurchase and Financing as Signals. In: Review of Financial Studies, 2, 4, S. 445-466.

Cook, Douglas O./Kieschnick, Robert (2008): On the Nature of Corporate Capital Structure Persistence. Working Paper, University of Alabama.

Copeland, Thomas E./Weston, John F./Shastri, Kuldeep (2005): Financial Theory and Corporate Policy. 4. Aufl., Boston u. a.

Corbin, Juliet/Strauss, Anselm L. (2008): Basics of Qualitative Research: Techniques and Procedures for Developing Grounded Theory. 3. Aufl., Thousand Oaks.

Coval, Joshua/Jurek, Jakub/Stafford, Erik (2009): The Economics of Structured Finance. In: Journal of Economic Perspectives, 23, 1, S. 3-25.

Crawford, Constance/Rigoli, Raymond/Crawford, Corinne (2011): Fair Valuation Issues and the Subprime Mortgage Debacle: Could Generally Accepted Accounting Principles Underlying the Historical Cost Method Have Prevented the Crisis? In: Journal of Modern Accounting and Auditing, 7, 11, S. 1223-1228.

Cressy, Robert (1995): Business Borrowing and Control: A Theory of Entrepreneurial Types. In: Small Business Economics, 7, S. 291-300.

Cunningham, Donald/Rose, John T. (1994): Bank Risk Taking and Changes in the Financial Condition of Banks Small and Midsized Commercial Customers, 1978-1988 and 1988-1991. In: Journal of Financial Services Research, 8, 4, S. 301-310.

Cyert, Richard M./March, James G. (1995): A Behavioral Theory of the Firm. 2. Aufl., Englewood Cliffs.

Czaykowski, Mario/Wink, Kerstin/Theiselmann, Thomas/Gehring, Hermann (2009): Konsumverhalten und Hypothekenmarkt in den USA. In: Der Werdegang der Krise - Von der Subprime- zur Systemkrise. Hrsg.: Elschen, Rainer/Lieven, Theo. Wiesbaden, S. 29-46.

Damodaran, Aswath (2001): Corporate Finance. 2. Aufl., Hoboken.

Daskalakis, Nikolaos/Psillaki, Maria (2008): Do Country or Firm Factors Explain Capital Structure? Evidence From SMEs in France and Greece. In: Applied Financial Economics, 18, S. 87-97.

Davenport, Michael (1971): Leverage and the cost of capital: Some tests using British data. In: Economica, 38, S. 136-162.

de Jong, Abe/Verbeek, Marno /Verwijmeren, Patrick (2010): The Impact of Financing Surpluses and Large Financing Deficits on Tests of the Pecking Order Theory. In: Financial Management, 39, 2, S. 733-756.

de la Torre, Augusto/Martinez Peria, Maria S./Schmukler, Sergio L. (2010): Bank involvement with SMEs: Beyond relationship lending. In: Journal of Banking & Finance, 34, S. 2280-2293.

DeAngelo, Harry/Masulis, Ronald W. (1980): Optimal Capital Structure Under Corporate and Personal Taxation. In: Journal of Financial Economics, 8, S. 3-29.

Degryse, Hans/de Goeij, Peter /Kappert, Peter (2012): The Impact of Firm and Industry Characteristics on Small Firms' Capital Structure. In: Small Business Economics, 38, S. 431-447.

Dehlwisch, Johannes W. (1993): Eigenkapitalausstattung und Besteuerung. Eine betriebswirtschaftliche Analyse am Beispiel von Aktiengesellschaften und Ausgangsüberlegungen zu einer leistungsorientierten Steuerreform für Kapitalgesellschaften. Göttingen.

Demsetz, Harold/Lehn, Kenneth (1985): The Structure of Corporate Ownership: Causes and Consequences. In: Journal of Political Economy, 93, 6, S. 1155-1177.

Denscombe, Martyn (2007): The Good Research Guide for small-scale social research projects. 3. Aufl., Berkshire.

Denzin, Norman K. (2005): Symbolischer Interaktionismus. In: Qualitative Forschung - Ein Handbuch. Hrsg.: Flick, Uwe/von Kardorff, Ernst/Steinke, Ines. Hamburg, S. 136-150.

Detzel, Martin (2004): Die Bedeutung von Kreditinstituten als Finanzintermediäre bei der Mittelstandsfinanzierung unter der Beachtung der Auswirkungen von Basel II. In: Finanzintermediation - Theoretische, wirtschaftspolitische und praktische Aspekte aktueller Entwicklungen im Bank- und Börsenwesen, Festschrift von Professor Dr. Wolfgang Gerke zum sechzigsten Geburtstag. Hrsg.: Bank, Matthias. Stuttgart, S. 529-544.

Deutsche Bundesbank (2001): Monatsbericht April 2001. Frankfurt am Main.

Diamond, Douglas W. (1989): Reputation Acquisition in Debt Markets. In: Journal of Political Economy, 97, 4, S. 828-862.

Djanani, Christiana/Friedrich, Theresa/Weishaupt, Georg (2012): Beeinflussung der Investitionstätigkeit mittelständischer Unternehmen durch die degressive Abschreibung - eine empirische Untersuchung. In: Besteuerung, Finanzierung und Unternehmensnachfolge in kleinen und mittleren Unternehmen. Hrsg.: Brähler, Gernot/Trost, Ralf. Ilmenau, S. 265-287.

Donaldson, Gordon (1961): Corporate Debt Capacity: A Study of Corporate Debt Policy and the Determinants of Corporate Debt Capacity. Boston.

Dörscher, Martin/Hinz, Holger (2003): Mezzanine Capital - Ein flexibles Finanzierungsinstrument für KMU. In: Finanz Betrieb, 5, S. 606-610.

Dotzler, Florian/Schauff, Joachim/Theileis, Ulrich (2007): MaRisk - Mindestanforderungen an das Risikomanagement.

Drobetz, Wolfgang/Pensa, Pascal/Wöhle, Claudia B. (2006): Kapitalstrukturpolitik in Theorie und Praxis: Ergebnisse einer Fragebogenuntersuchung. In: Zeitschrift für Betriebswirtschaft, 76, 3, S. 253-285.

Drukarczyk, Jochen/Schüler, Andreas (2007): Unternehmensbewertung. 5. Aufl., München.

Ebers, Mark/Gotsch, Wilfried (1993): Institutionenökonomische Theorien der Organisation. In: Organisationstheorien. Hrsg.: Kieser, Alfred. 6. Aufl., Stuttgart, S. 247-308.

Eder, Anselm (2008): Was ist Soziologie? Wien.

Eisenführ, Franz/Weber, Martin (2002): Rationales Entscheiden. Berlin.

Eitler, Bernhard (2006): Relationshipmanagement - Beziehungen zu Kapitalgebern. In: Relationship-Management. Mit Beiträgen aus Wissenschaft und Praxis. Hrsg.: Rössl, Dietmar. Wien, S. 177-194.

Elsas, Ralf/Florysiak, David (2008): Empirical Capital Structure Research: New Ideas, Recent Evidence, and Methodological Issues. In: Zeitschrift für Betriebswirtschaft, 6, S. 39-71.

Emmerstorfer, Herwig (2004): Die rechtlichen Rahmenbedingungen. In: Die neue Unternehmensfinanzierung - Strategisch Finanzieren mit bank- und kapitalmarktorientierten Instrumenten. Hrsg.: Stadler, Wilfried. Frankfurt am Main, S. 133-152.

Endres, Alfred (2000): Moderne Mikroökonomik - erklärt in einer einzigen Nacht. München.

Erlei, Mathias/Leschke, Martin/Sauerland, Dirk (2007): Neue Institutionenökonomik. 2. Aufl., Stuttgart.

Europäische Kommission (2003): Commission Recommendation of 6 May 2003 concerning the definition of micro, small and medium-sized enterprises. In: Official Journal of the European Union.

Eurostat (2001): Unternehmen in Europa. Luxemburg.

Everling, Oliver (2003): Rating für den Mittelstand. In: Neue Finanzierungswege für den Mittelstand. Hrsg.: Kienbaum, Jochen/Börner, Christoph J., Wiesbaden, S. 165-187.

Fama, Eugene F. (1980): Agency Problems and the Theory of the Firm. In: Journal of Political Economy, 88, 2, S. 288-307.

Fama, Eugene F./French, Kenneth R. (2002): Testing Trade-Off and Pecking Order Predictions About Dividends and Debt. In: Review of Financial Studies, 15, 1, S. 1-33.

Farrar, Donald E./Selwyn, Lee L. (1967): Taxes, Corporate Financial Policy and Return to Investors. In: National Tax Journal, 20, S. 444-454.

Faulkender, Michael/Petersen, Mitchell A. (2006): Does the Source of Capital Affect Capital Structure? In: Review of Financial Studies, 19, S. 45-79.

Fettel, Johannes (1959): Die Betriebsgröße (Versuche sie zu messen - Faktoren, die sie beeinflussen). In: Betriebsgröße und Unternehmenskonzentration. Nürnberger Hochschulwoche 16.-20. Februar 1959. Hrsg.: Linhardt, Hans. Berlin, S. 61-71.

Fischer, Lorenz (1992): Rollentheorie. In: Handwörterbuch der Organisation. Hrsg.: Frese, Erich. Stuttgart, Sp. 2224-2234.

Fisher, Irving (1930): The Theory of Interest. New York.

Flacke, Klaus/Segbers, Klaus (2008): Agency and Creditor Relationships in SMEs - An empirical analysis of German SME. In: Zeitschrift für Betriebswirtschaft, 2, S. 21-44.

Flick, Uwe (2007): Qualitative Sozialforschung: Eine Einführung. 4. Aufl., Reinbek.

Flick, Uwe/von Kardorff, Ernst/Steinke, Ines (2005a): Qualitative Forschung - Ein Handbuch. 4. Aufl., Hamburg.

Flick, Uwe/von Kardorff, Ernst/Steinke, Ines (2005b): Was ist qualitative Forschung? Einleitung und Überblick. In: Qualitative Forschung - Ein Handbuch. Hrsg.: Flick, Uwe/von Kardorff, Ernst/Steinke, Ines. Hamburg, S. 13-29.

Foscht, Thomas/Swoboda, Bernhard (2007): Käuferverhalten: Grundlagen - Perspektiven - Anwendungen. Wiesbaden.

Fox, Alexander/Trost, Ralf (2012): Finanzierungsalternativen für KMU. In: Besteuerung, Finanzierung und Unternehmensnachfolge in kleinen und mittleren Unternehmen. Hrsg.: Brähler, Gernot/Trost, Ralf. Ilmenau, S. 213-244.

Franck, Egon (1992): Körperliche Entscheidungen und ihre Konsequenzen für die Entscheidungstheorie. In: Die Betriebswirtschaft, 52, S. 631-647.

Frank, Murray Z./Goyal, Vidhan K. (2003a): The Effect of Market Conditions on Capital Structure Adjustment. Working Paper, University of British Columbia.

Frank, Murray Z./Goyal, Vidhan K. (2003b): Testing the Pecking Order Theory of Capital Structure. In: Journal of Financial Economics, 67, 2, S. 217-248.

Franke, Günter (1981): Information, Property Rights, and the Theory of Corporate Finance. In: Readings in Strategy for Corporate Investment. Hrsg.: Derkinderen, Frans G. J./Crum, Roy L., Boston, S. 63-83.

Franke, Günter/Hax, Herbert (2009): Finanzwirtschaft des Unternehmens und Kapitalmarkt. 6. Aufl., Berlin/Heidelberg.

Franke, Nikolaus/Dömötör, Rudolf (2008): Innovativität von Klein- und Mittelbetrieben (KMB): Gestaltungsvariablen, Konfigurationen und Erfolgswirkungen. In: Beiträge zur Betriebswirtschaftslehre der Klein- und Mittelbetriebe. Hrsg.: Frank, Hermann/Neubauer, Herbert/Rössl, Dietmar. St. Gallen, S. 139-158.

Freeman, Chris (1982): The Economics of Industrial Innovation. Cambridge.

Freeman, Edward R. (1984): Strategic Management: A Stakeholder Approach. Boston.

Froschauer, Ulrike/Lueger, Manfred (2002): ExpertInnengespräche in der interpretativen Organisationsforschung. In: Das Experteninterview. Theorie, Methode, Anwendung. Hrsg.: Bogner, Alexander/Littig, Beate/Menz, Wolfgang. Opladen, S. 223 - 240.

Froschauer, Ulrike/Lueger, Manfred (2003): Das qualitative Interview. Zur Praxis interpretativer Analyse sozialer Systeme. Wien.

Fueglistaller, Urs/Müller, Christoph A./Volery, Thierry (2008): Entrepreneurship - Modelle - Umsetzung - Perspektiven - Mit Fallbeispielen aus Deutschland, Österreich und der Schweiz. 2. Aufl., Wiesbaden.

Gabele, Eduard/Kroll, Michael (1992): Leasing als Finanzierungsinstrument. Wiesbaden.

Galai, Dan/Masulis, Ronald W. (1976): The Option Pricing Model and the Risk Factor of Stock. In: Journal of Financial Economics, 3, S. 53-81.

Gantzel, Klaus J. (1962): Wesen und Begriff der mittelständischen Unternehmung. Köln.

Garfinkel, Harold (1967): Studies in Ethnomethodology. Engelwood Cliffs.

Geiseler, Christoph (1999): Das Finanzierungsverhalten kleiner und mittlerer Unternehmen - Eine empirische Untersuchung. Wiesbaden.

Geiser, Josef (1980): Zum Investitionsverhalten mittelständischer Industriebetriebe - unter besonderer Berücksichtigung von Sprunginvestitionen. Göttingen.

Geiser, Josef (1983): Wachstumshemnisse mittelständischer Industriebetriebe. Göttingen.

Giesecke, Kay/Kim, Baeho (2011): Risk Analysis of Collateralized Debt Obligations. In: Operations Research, 59, 1, S. 32-49.

Glaser, Barney M. (1978): Theoretical sensitivity: Advances in the methodology of grounded theory. Mill Valley.

Glaser, Barney M. (1992): Emergence vs Forcing: Basics of Grounded Theory. Mill Valley.

Glaser, Barney M./Strauss, Anselm L. (1967): The Discovery of Grounded Theory. Chicago.

Glaser, Barney M./Strauss, Anselm L. (2008): Grounded Theory. Strategien qualitativer Forschung. 2. Aufl., Bern.

Gläser, Jochen/Laudel, Grit (2006): Experteninterviews und qualitative Inhaltsanalyse. 2. Aufl., Wiesbaden.

Göbel, Elisabeth (2002): Neue Institutionenökonomik - Konzeption und betriebswirtschaftliche Anwendungen. Stuttgart.

Goeke, Manfred (2008): Der deutsche Mittelstand - Herzstück der deutschen Wirtschaft. In: Praxishandbuch Mittelstandsfinanzierung. Hrsg.: Goeke, Manfred. Wiesbaden, S. 9-22.

Götzelmann, Frank (1991): Rationalität in betriebswirtschaftlichen Ansätzen. In: Das Wirtschaftsstudium, 19, 9, S. 573-575.

Götzl, Stephan/Aberger, Alexander (2011): Volksbanken und Raiffeisenbanken im Kontext der internationalen Finanzarchitektur - Ein Plädoyer für sektoradäquate Regulierung in Europa. In: Zeitschrift für das gesamte Genossenschaftswesen, Sonderheft, S. 1-36.

Gräfer, Horst/Schiller, Bettina/Rösner, Sabrina (2008): Finanzierung - Grundlagen, Institutionen, Instrumente und Kapitalmarkttheorie. 6. Aufl., Berlin.

Graham, John R./Harvey, Campbell R. (2001): The Theory and Practice of Corporate Finance: Evidence from the Field. In: Journal of Financial Economics, 60, 2-3, S. 187-243.

Green, Richard (1984): Investment Incentives, Debt and Warrants. In: Journal of Financial Economics, 13, S. 115-136.

Grichnik, Dietmar (2003): Finanzierungsverhalten mittelständischer Unternehmen im internationalen Vergleich. In: Neue Finanzierungswege für den Mittelstand. Hrsg.: Kienbaum, Jochen/Börner, Christoph J., Wiesbaden, S. 75-111.

Grichnik, Dietmar/Schiereck, Dirk/Wenzel, Andreas (2009): Venture Capital Financing and Capital Structure Choice: A Panel Study of German Growth Companies. In: Zeitschrift für Betriebswirtschaft, 5, S. 1-23.

Grochla, Erwin (1976): Begriff der Finanzierung. In: Handwörterbuch der Finanzwirtschaft. Hrsg.: Büschgen, Hans E., Stuttgart, S. 414-431.

Groß, Thomas/Lohfing, Anja (2004): Kreditinstitute im Strukturwandel. In: Basel II - Auswirkungen auf die Finanzierung - Unternehmen und Banken im Strukturwandel. Hrsg.: Übelhör, Matthias/Warns, Christian. Heidenau, S. 149-185.

Grossman, Sanford J./Hart, Oliver D. (1982): Corporate Financial Structure and Managerial Incentives. In: The Economics of Information and Uncertainty. Hrsg.: McCall, John. Chicago.

Gruhler, Wolfram (1997): Beschäftigung in Mittelständischen Betrieben Ost- und Westdeutschlands. In: IW-Trends: Vierteljahresschrift zur empirischen Wirtschaftsforschung aus dem Institut der Deutschen Wirtschaft Köln, 2, S. 55-66.

Grundke, Peter/Spörk, Wolfgang (2003): Basel II - Struktur und Auswirkungen auf das Kreditgeschäft. In: Neue Finanzierungswege für den Mittelstand. Hrsg.: Kienbaum, Jochen/Börner, Christoph J., Wiesbaden, S. 113-140.

Gugglberger, Klaus/König, Markus/Mayer, Thomas (2004): Finanzierungsinstrumente im Überblick. In: Die neue Unternehmensfinanzierung - Strategisch Finanzieren mit bank- und kapitalmarktorientierten Instrumenten. Hrsg.: Stadler, Wilfried. Frankfurt am Main, S. 128-132.

Günzel, Dieter (1975): Das betriebswirtschaftliche Größenproblem kleiner und mittlerer industrieller Unternehmen. Göttingen.

Gürtler, Marc (1998): Die Lebesguesche Optionspreistheorie. Wiesbaden.

Guse, Tatjana (2009): Die Politik des Federal Reserve Systems - Das Fundament der Krise. In: Der Werdegang der Krise - Von der Subrime- zur Systemkrise. Hrsg.: Elschen, Rainer/Lieven, Theo. Wiesbaden, S. 3-28.

Gutenberg, Erich (1987): Grundlagen der Betriebswirtschaftslehre. Band III: Die Finanzen. 8. Aufl., Berlin.

Guthmann, Harry G./Dougall, Herbert E. (1956): Corporate Financial Policy. 3. Aufl., Englewood Cliffs.

Haake, Klaus (1987): Strategisches Verhalten in europäischen Klein- und Mittelunternehmen. St. Gallen.

Hader, Jan/Bryazgin, Kyrill/Lieven, Theo (2009): Folgen der Krise für die internationale Finanzwirtschaft. In: Der Werdegang der Krise - Von der Subprime- zur Systemkrise. Hrsg.: Elschen, Rainer/Lieven, Theo. Wiesbaden, S. 143-164.

Häger, Michael/Elkemann-Reusch, Manfred (2007): Mezzanine Finanzierungsinstrumente: Stille Gesellschaft - Nachrangdarlehen - Genussrechte - Wandelanleihen. 2. Aufl., Berlin.

Hall, Graham/Hutchinson, Patrick/Michaelas, Nicos (2000): Industry Effects on the Determinants of Unquoted SMEs' Capital Structure. In: International Journal of the Economics of Business, 7, 3, S. 297-312.

Hall, Graham/Hutchinson, Patrick/Michaelas, Nicos (2004): Determinants of the Capital Structures of European SMEs. In: Journal of Business Finance & Accounting, 31, 5,6, S. 711-728.

Hamer, Eberhard (1990): Mittelständische Unternehmen: Gründung, Führung, Chancen, Risiken. Landsberg am Lech.

Hamer, Eberhard (2006): Volkswirtschaftliche Bedeutung von Klein- und Mittelbetrieben. In: Betriebswirtschaftslehre der Mittel- und Kleinbetriebe. Hrsg.: Pfohl, Hans-Christian. 4. Aufl., Berlin, S. 25-50.

Hamer, Eberhard/Gebhardt, Rainer (1992): Privatisierungspraxis. Hannover.

Harhoff, Dietmar/Körting, Timm (1998): Lending Relationship in Germany - Empirical Evidence from Survey Data. In: Journal of Banking and Finance, 22, 10, S. 1317-1354.

Harrer, Herbert/Janssen, Ulli/Halbig, Uwe (2005): Genussscheine - Eine interessante Form der Unternehmensfinanzierung. In: Finanz Betrieb, 7, S. 1-7.

Harris, Milton/Raviv, Artur (1990): Capital Structure and the Informational Role of Debt. In: Journal of Finance, 45, 2, S. 321-349.

Harris, Milton/Raviv, Artur (1991): The Theory of Capital Structure. In: Journal of Finance, 46, 1, S. 297-355.

Harrison, Bennett (1994): The Small Firms Myth. In: California Management Review, 4, S. 142-156.

Hart, Oliver (1995): Firms, Contracts, and Financial Structure. Oxford.

Hartmann-Wendels, Thomas (1986): Dividendenpolitik bei asymmetrischer Informationsverteilung. Wiesbaden.

Hartmann-Wendels, Thomas (2001): Finanzierung. In: Die Prinzipal-Agenten-Theorie in der Betriebswirtschaftslehre. Hrsg.: Jost, Peter-Jürgen (Hrsg.). Stuttgart, S. 117-146.

Hartmann-Wendels, Thomas/Börner, Christoph J. (2003): Strukturwandel im deutschen Bankenmarkt. In: Handbuch Institutionelles Asset Management. Hrsg.: Leser, Hartmut/Rudolf, Markus. Wiesbaden, S. 61-90.

Hartmann-Wendels, Thomas/Pfingsten, Andreas/Weber, Martin (2010): Bankbetriebslehre. 5. Aufl., Berlin, Heidelberg.

Haugen, Robert A./Senbet, Lemma W. (1978): The Insignificance of Bankruptcy Costs to the Theory of Optimal Capital Structure. In: Journal of Finance, 33, 2, S. 383-393.

Haugen, Robert A./Senbet, Lemma W. (1979): New Perspectives on Informational Asymmetry and Agency Relationships. In: Journal of Financial and Quantative Analysis, 14, 4, S. 671-694.

Haugen, Robert A./Senbet, Lemma W. (1981): Resolving the Agency Problems of External Capital through Options. In: Journal of Finance, 36, 3, S. 629-647.

Haugen, Robert A./Senbet, Lemma W. (1988): Bankruptcy and Agency Costs: Their Significance to the Theory of Optimal Capital Structure. In: Journal of Financial and Quantitative Analysis, 23, 1, S. 27-38.

Hausch, Kerstin T. (2004): Corporate Governance im deutschen Mittelstand. Wiesbaden.

Haussmann, Thomas (1991): Erklären und Verstehen: Zur Theorie und Pragmatik der Geschichtswissenschaft. Frankfurt am Main.

Hax, Karl (1966): Handbuch der Wirtschaftswissenschaft: 1. Band Betriebswirtschaft. 2. Aufl., Köln.

Heidebrecht, Joachim (2003): Herausforderungen und Innovationen in der Mittelstandsfinanzierung. In: Finanzmanagement im Wandel - Innovative Praxiskonzepte für Herausforderungen von morgen. Hrsg.: Schäfer, Henry. Bonn, S. 10-23.

Heider, Florian (2002): Signalling Risk and Value: A Unifying Approach. New York.

Heim, Gerhard (2006): Rating-Handbuch für die Praxis - Basel II als Chance für Mittel- und Kleinbetriebe. Berlin.

Heinen, Edmund (1966): Grundlagen betriebswirtschaftlicher Entscheidungen. Das Zielsystem der Unternehmung. Wiesbaden.

Heinen, Edmund (1968): Einführung in die Betriebswirtschaftslehre. Wiesbaden.

Heinen, Edmund (1971): Grundlagen betriebswirtschaftlicher Entscheidungen. 2. Aufl., Wiesbaden.

Heinze, Thomas (2001): Qualitative Sozialforschung: Einführung, Methodologie und Forschungspraxis. München.

Helfrich, Karl-Heinz (2003): Mittelstandsfinanzierung in Deutschland im Umbruch: Leasing gewinnt weiter an Attraktivität. In: Neue Finanzierungswege für den Mittelstand. Hrsg.: Kienbaum, Jochen/Börner, Christoph J., Wiesbaden, S. 229-248.

Hellwig, Martin/Faust, Martin/Burghof, Hans-Peter/Ohoven, Mario/Schalast, Christoph (2009): Drohende Kreditklemme: sollten die Basel-II-Regeln überholt oder zeitweise ausgesetzt werden? In: Ifo-Schnelldienst, 62, 15, S. 3-18.

Hempel, Carl G./Oppenheim, Paul (1948): Studies in the Logic of Explanation. In: Philosophy of Science, 15, 2, S. 135-175.

Hermann, Ralf (2007): Unternehmensnachfolge mittelständischer Unternehmen. Herausforderungen und Chance für die Hausbank. In: Wismarer Schriften zu Management und Recht. Hrsg.: Kramer, Jost/Neumann-Szyszka, Julia/Nitsch, Karl Wolfhart/Prause, Gunnar/Weigand, Andreas/Winkler, Joachim. Bremen.

Hermanns, Julia (2006): Optimale Kapitalstruktur und Market Timing: Empirische Analyse börsennotierter deutscher Unternehmen. Wiesbaden.

Hermes, Heinz-Josef/Schwarz, Gerd (2005): Outsourcing: Chancen und Risiken, Erfolgsfaktoren, rechtssichere Umsetzung. München.

Hess, Rolf (2007): Private Equity - Finanzierungsalternative für den Mittelstand. Berlin.

Heyman, Dries/Deloof, Marc/Ooghe, Hubert (2008): The Financial Structure of Private Held Belgian Firms. In: Small Business Economics, 30, S. 301-313.

Himme, Alexander (2006): Gütekriterien der Messung: Reliabilität, Validität und Generalisierbarkeit. Wiesbaden.

Hirshleifer, David /Thakor, Anjan V. (1992): Managerial Conservatism, Project Choice, and Debt. In: The Review of Financial Studies, 5, 2, S. 437-470.

Hirth, Hans (2012): Grundzüge der Finanzierung und Investition. 3. Aufl., München.

Hofer, Sandra (2007): Zukunftstrend Franchising - Von der Idee zum eigenen System. Saarbrücken.

Hommel, Ulrich/Schneider, Hilmar (2003): Financing the German Mittelstand. Working Paper.

Hopf, Christel (2005): Qualitative Interviews - ein Überblick. In: Qualitative Forschung - Ein Handbuch. Hrsg.: Flick, Uwe/von Kardorff, Ernst/Steinke, Ines. Hamburg, S. 349-360.

Hovakimian, Armen/Opler, Tim/Titman, Sheridan (2001): The Debt-Equity Choice. In: Journal of Financial and Quantitative Analysis, 36, S. 1-24.

Hubert, Franz (1998): Kapitalstruktur und Wettbewerbsstrategie. In: Zeitschrift für Betriebswirtschaft, 2, S. 167-184.

Hummel, Detlev/Effenberg, Manuel/Karcher, Boris/Richter, Arno (2012): Mittelstands- und Innovationsfinanzierung in Deutschland: Ergebnisse und Hintergründe einer bundesweiten Unternehmensbefragung. Potsdam.

Hummel, Marlies (1995): Kapitalbeteiligungen in den neuen Bundesländern. München.

Huth, Tobias (2009): Aggressives Marketing von Banken und Finanzvermittlern. In: Der Werdegang der Krise - Von der Subprime- zur Systemkrise. Hrsg.: Elschen, Rainer/Lieven, Theo. Wiesbaden, S. 47-66.

Hutzschenreuter, Thomas (2009): Allgemeine Betriebswirtschaftslehre: Grundlagen mit zahlreichen Praxisbeispielen. Wiesbaden.

Ihde, Gösta B. (1988): Die relative Betriebstiefe als strategischer Erfolgsfaktor. In: Zeitschrift für Betriebswirtschaft, 58, 13-23.

Irle, Christof (2011): Rationalität von Make-or-buy-Entscheidungen in der Produktion. Wiesbaden.

Irsch, Norbert (1985): Die Eigenkapitalausstattung mittelständischer Unternehmen. In: Wirtschaftsdienst, 10, S. 525-530.

Istaitieh, Abdulaziz/Rodríguez-Fernándes, José M. (2006): Factor-Product Markets and Firm´s Capital Structure: A Literature Review. In: Review of Financial Studies, 15, 1, S. 49-75.

Institut für Mittelstandsforschung (2007): Die volkswirtschaftliche Bedeutung der Familienunternehmen. Bonn.

Institut für Mittelstandsforschung (2012): Unternehmensgrößenstatistik – Unternehmen, Umsatz und sozialversicherungspflichtig Beschäftigte 2004 bis 2009 in Deutschland, Ergebnisse des Unternehmensregisters. Bonn.

Institut für Mittelstandsforschung (2013a): Insolvenzen und Insolvenzquote 1991 bis 2011 in Deutschland. http://www.ifm-bonn.org/statistiken/insolvenzen/. Datum des Zugriffs: 27.03.2013.

Institut für Mittelstandsforschung (2013b): Kennzahlen nach KMU-Definition des IfM-Bonn. http://www.ifm-bonn.org/statistiken/schluessel-und-kennzahlen/#accordion=0&tab=3. Datum des Zugriffs: 18.03.2013.

Jaffee, Dwight M./Russell, Thomas (1976): Theory of the Firm: Managerial Behavior, Agency Costs and Capital Structure. In: Quarterly Journal of Economics, 90, S. 651-666.

Jensen, Michael C. (1986): Agency Costs of Free Cash Flow, Corporate Finance and Takeovers. In: American Economic Review, 76, 2, S. 323-329.

Jensen, Michael C. (1989): Eclipse of the Public Corporation. In: Harvard Business Review, 67, S. 61-74.

Jensen, Michael C./Meckling, William H. (1976): A Theory of the Firm: Managerial Behavior, Agency Costs and Ownership Structure. In: Journal of Financial Economics, 3, 4, S. 305-360.

Jordan, Judith/Lowe, Julian/Taylor, Peter (1998): Strategy and Financial Policy in UK Small Firms. In: Journal of Business Finance & Accounting, 25, 1/2, S. 1-27.

Jost, Peter-Jürgen (2001): Die Prinzipal-Agenten-Theorie im Unternehmenskontext. In: Die Prinzipal-Agenten-Theorie in der Betriebswirtschaftslehre. Hrsg.: Jost, Peter-Jürgen. Stuttgart, S. 11-43.

Julien, Pierre-André (1993): Small Business As A Research Subject: Some Reflections on Knowledge of Small Business and its Effects on Economic Theory. In: Small Business Economics, 5, S. 157-166.

Kamp, Andreas/Solmecke, Henrick (2005): Mezzanine-Kapital: Ein Eigenkapitalsubstitut für den Mittelstand? In: Finanz Betrieb, 10, S. 618-625.

Kane, Alex/Marcus, Alan J./McDonald, Robert L. (1984): How Big is the Tax-Advantage to Debt? In: Journal of Finance, 39, 3, S. 841-853.

Kappler, Ekkehard (1993): Rationalität und Ökonomik. In: Handwörterbuch der Betriebswirtschaft. Hrsg.: Kern, Werner/Köhler, Richard/Wittmann, Waldemar. 5. Aufl., Stuttgart, Sp. 3648-3664.

Kaserer, Christoph (2010): Private Equity goes Mittelstand. Die Rolle von Finanzinvestoren in der Finanzierung von KMUs. In: Alternative Finanzierung für den Mittelstand. Hrsg.: Leible, Stefan/Schäfer, Klaus. Jena, S. 27-56.

Kaufmann, Friedrich/Kokalj, Ljuba (1996): Risikokapitalmärkte für mittelständische Unternehmen. Stuttgart.

Kayhan, Ayla/Titman, Sheridan (2004): Firms' Histories and Their Capital Structures.

Kelle, Udo (2005a): Computergestützte Analyse qualitativer Daten. In: Qualitative Forschung - Ein Handbuch. Hrsg.: Flick, Uwe/von Kardorff, Ernst/Steinke, Ines. Hamburg, S. 485-502.

Kelle, Udo (2005b): Emergence vs. Forcing of Empirical Data? A Crucial Problem of Grounded Theory Reconsidered. In: Forum Qualitative Sozialforschung, 6, 2, S. Art 27.

Kelle, Udo (2007): Die Integration qualitativer und quantitativer Methoden in der empirischen Sozialforschung: Theoretische Grundlagen und methodologische Konzepte. Wiesbaden.

Kelle, Udo/Erzberger, Christian (2005): Qualitative und quantitative Methoden: kein Gegensatz. In: Qualitative Forschung - Ein Handbuch. Hrsg.: Flick, Uwe/von Kardorff, Ernst/Steinke, Ines. Hamburg, S. 299-309.

Kelle, Udo/Kluge, Susann (1999): Vom Einzelfall zum Typus - Fallvergleich und Fallkontrastierung in der qualitativen Sozialforschung. Opladen.

KfW Bankengruppe (2001): Unternehmensfinanzierung im Umbruch - die Finanzierungsperspektiven deutscher Unternehmen im Zeichen von Finanzmarktwandel und Basel II. Auswertung der Unternehmensbefragung 2001. Frankfurt am Main.

KfW Bankengruppe (2006): Entwicklung und Determinanten des Zugangs zu Bankkrediten - Die Auswirkungen der Veränderungen auf den Finanzmärkten auf die Kreditvergabe. Beiträge zur Mittelstandes- und Strukturpolitik. Frankfurt am Main.

KfW Bankengruppe (2011a): KfW-Mittelstandspanel 2011. Frankfurt am Main.

KfW Bankengruppe (2011b): Steckbrief Mittelstand - Der Mittelstand in Deutschland. Frankfurt am Main.

KfW Bankengruppe (2012): Unternehmensbefragung 2012. Frankfurt am Main.

Kieser, Alfred/Ebbers, Mark (2006): Organisationstheorien. Stuttgart.

Kim, E. Han (1978): A Mean-Variance Theory of Optimal Capital Structure and Corporate Debt Capacity. In: Journal of Finance, 33, 1, S. 45-63.

Kirk, Jerome/Miller, Marc L. (1986): Reliability and Validity in Qualitative Research. Newbury Park.

Kirsch, Werner (1998): Die Handhabung von Entscheidungsproblemen 5. Aufl., München.

Kirsch, Werner/Bamberger, Ingolf (1976): Finanzwirtschaftliche Entscheidungsprozesse. In: Handwörterbuch der Finanzwirtschaft. Hrsg.: Büschgen, Hans E., Stuttgart, Sp. 328-349.

Kirsch, Werner/Seidl, David/van Aaken, Dominik (2009): Unternehmensführung. Eine evolutionäre Perspektive. Stuttgart.

Klapper, Leora/Sarria-Allende, Virginia/Zaidi, Rida (2006): A Firm-Level Analysis of Small and Medium Size Enterprise Financing in Poland. Working Paper Nr. 3984, World Bank Policy Research.

Kley, Christoph R. (2003): Finanzierungsprobleme von mittelständischen Unternehmen. In: Finanz Betrieb, 12, S. 788-795.

Kley, Christoph R. (2004): Inwieweit können Hausbankbeziehungen die Finanzierungsprobleme von mittelständischen Betrieben mindern? In: Finanz Betrieb, 3, S. 169-178.

Kohn, Karsten/Spengler, Hannes (2008): Finanzierungsstruktur von Existenzgründungen in Deutschland. In: Finanz Betrieb, 1, S. 72-76.

Kojima, Takeshi (1995): Die zweite Lean Revolution. Landsberg.

Kolbeck, Rosemarie (1980): Unternehmen I: Unternehmen und Betrieb. In: Handwörterbuch der Wirtschaftswissenschaft. Hrsg.: Albers, Willi. 8. Aufl., Stuttgart, S. 65-71.

Koop, Michael J./Maurer, Klaus (2006): Mittelstandsfinanzierung in Deutschland - Finanzierungskonzepte im Zeitalter von Basel II. Saarbrücken.

Kowal, Sabine/O'Connell, Daniel C. (2005): Zur Transkription von Gesprächen. In: Qualitative Sozialforschung. Ein Handbuch. Hrsg.: Flick, Uwe/von Kardorff, Ernst/Steinke, Ines. Hamburg, S. 437-447.

Krahnen, Jan P. (1991): Sunk Costs und Unternehmensfinanzierung. Wiesbaden.

Kräkel, Matthias (1999): Organisation und Management. Tübingen.

Kramer, Karl-Heinz (2000): Die Börseneinführung als Finanzierungsinstrument deutscher mittelständischer Unternehmen. Ein praxisnahes Handlungskonzept. Wiesbaden.

Krämer, Werner (2003): Mittelstandsökonomik. Grundzüge einer umfassenden Analyse kleiner und mittlerer Unternehmen. München.

Krasker, William S. (1986): Stock Price Movements in Response to Stock Issues under Asymmetric Information. In: Journal of Finance, 41, 1, S. 93-105.

Krasser, Nikolaus (1995): Kritisch-rationales Management: Gestaltungserfordernisse fehlerarmer Entscheidungsprozesse. Wiesbaden.

Krassin, Annika/Tran, Thi M. Y./Lieven, Theo (2009): Asset Backed Securities (ABS) und ihr Einfluss auf die Entwicklung der Finanzkrise. In: Der Werdegang der Krise - Von der Subprime- zur Systemkrise. Hrsg.: Elschen, Rainer/Lieven, Theo. Wiesbaden, S. 67-96.

Kraus, Alan/Litzenberger, Robert H. (1973): A State-Preference Model of Optimal Financial Leverage. In: Journal of Finance, 28, 4, S. 911-922.

Kraus, Sascha (2006): Strategische Planung und Erfolg junger Unternehmen. Wiesbaden.

Kromrey, Helmut (2002): Empirische Sozialforschung. 10. Aufl., Opladen.

Kromrey, Helmut (2009): Empirische Sozialforschung. 12. Aufl., Stuttgart.

Kruschwitz, Lutz (1989): Probleme der Ermittlung und Beurteilung von Eigenkapitalquoten. In: Elemente erfolgreicher Unternehmenspolitik in mittelständischen Unternehmen: Unternehmenskultur, Kundennähe, Quasi-Eigenkapital (Ergebnis des Lüneburger Mittelstands-Symposiums 1988). Hrsg.: Albers, Sönke/Herrmann, Harald. Stuttgart, S. 207-234.

Kruschwitz, Lutz/Husmann, Sven (2012): Finanzierung und Investition. 7. Aufl., München.

Kucera, Gustav (1997): Der Beitrag des Mittelstandes zur volkswirtschaftlichen Humankapitalbildung unter besonderer Berücksichtigung des Handwerks. In: Gesamtwirtschaftliche Funktionen des Mittelstandes. Band 1. Hrsg.: Ridinger, Rudolf. Berlin, S. 57-72.

Kuckartz, Udo (1999): Computergestütze Analyse Qualitativer Daten - Eine Einführung in Methoden und Arbeitstechniken. Opladen.

Kuhner, Christoph (2005): Interessenkonflikte aus der Sicht der Betriebswirtschaftslehre. In: Zeitschrift für Wirtschafts- und Unternehmensethik, 6, 2, S. 138-154.

Kuhner, Christoph/Maltry, Helmut (2006): Unternehmensbewertung. Berlin, Heidelberg.

Kummert, Börge (2005): Controlling in kleinen und mittleren Unternehmen. Wiesbaden.

Kußmaul, Heinz (1990): Finanzwirtschaftliche und steuerliche Aspekte mittelständischer Unternehmen. In: Aktuelle Aspekte mittelständischer Unternehmen. Hrsg.: Kußmaul, Heinz. Bad Homburg, S. 11-58.

Kußmaul, Heinz (2008): Betriebswirtschaftslehre für Existenzgründer: Grundlagen mit Fallbeispielen und Fragen der Existenzgründungspraxis. München.

Kußmaul, Heinz (2010): Betriebswirtschaftliche Steuerlehre. 6. Aufl., München.

La Rocca, Maurizio/La Rocca, Tiziana (2011): Capital Structure Decisions During a Firms Life Cycle. In: Small Business Economics, 37, S. 107-130.

Lagemann, Bernhard (2002): Deutsche Mittelstandsfinanzierung im Umbruch - Aufbruch in ein neues System? In: Wirtschaftlicher Strukturwandel und Wirtschaftspolitik auf dem Wege in die wissensbasierte Ökonomie. Festschrift für Paul Klemmer. Hrsg.: Lagemann, Bernhard/Löbbe, Klaus/Schrumpf, Heinz. Berlin, S. 65-88.

Lamnek, Siegfried (1993): Qualitative Sozialforschung. Band I: Methodologie. 2. Aufl., Weinheim.

Lamnek, Siegfried (2005): Qualitative Sozialforschung. 4. Aufl., Weinheim, Basel.

Lamnek, Siegfried (2008): Theorien abweichenden Verhaltens II. Moderne Ansätze. Paderborn.

Leary, Mark T./Roberts, Michael R. (2005): Do Firms Rebalance Their Capital Structures? In: Journal of Finance, 60, 6, S. 2575-2619.

Lee, Wayne L./Thakor, Anjan V./Vora, Gautam (1983): Screening, Market Signalling, and Capital Structure Theory. In: Journal of Finance, 38, S. 1507-1518.

Lehmann, Erik/Neuberger, Doris (2001): Do Lending Relationships Matter? Evidence from Bank Survey Data in Germany. In: Journal of Economic Behavior & Organization, 45, 4, S. 339-359.

Leicht, René (1997): Der Beschäftigungsbeitrag kleiner Betriebe in längerfristiger Sicht. In: Gesamtwirtschaftliche Funktion des Mittelstandes. Hrsg.: Ridinger, R., Berlin, S. 41-56.

Leland, Hayne E. (1994): Corporate Debt Value, Bond Covenants, and Optimal Capital Structure. In: Journal of Finance, 49, 4, S. 1213-1252.

Leland, Hayne E./Pyle, David H. (1977): Informational Asymmetries, Financial Structure, and Financial Intermediation. In: Journal of Finance, 32, 2, S. 371-387.

Lemmon, Michael L./Roberts, Michael R./Zender, Jamie F. (2008): Back to the Beginning: Persistence and the Cross-Section of Corporate Capital Structure. In: Journal of Finance, 63, 4, S. 1575-1608.

Lemmon, Michael L./Zender, Jamie F. (2010): Debt Capacity and Tests of Capital Structure Theories. In: Journal of Financial and Quantitative Analysis, 45, 05, S. 1161-1187.

Lev, Baruch/Pekelman, Dov (1975): A Multiperiod Adjustment Model for the Firm's Capital Structure. In: Journal of Finance, 30, 1, S. 75-91.

Lindenberg, Siegwart (1991): Die Methode der abnehmenden Abstraktion: Theoriegesteuerte Analyse und empirischer Gehalt. In: Modellierung sozialer Prozesse. Hrsg.: Esser, Hartmut/Troitzsch, Klaus G., Bonn, S. 29-78.

Link, Gerson (2002): Anreizkompatible Finanzierung durch Mezzanine-Kapital. Frankfurt am Main.

Link, Gerson/Reichling, Peter (2000): Mezzanine Money - Vielfalt in der Finanzierung. In: Die Bank, S. 266-269.

Lintner, John (1965a): Security Prices, Risk, and Maximal Gains from Diversification. In: Journal of Finance, 20, 4, S. 587-615.

Lintner, John (1965b): The Valuation of Risk Assets and the Selection of Risky Investments in Stock Portfolios and Capital Budgets. In: Review of Economics and Statistics, 47, 1, S. 13-37.

Locke, Karen (2001): Grounded Theory in Management Research. London, Thousand Oaks, New Delhi.

Loitlsberger, Erich (1971): Zur Theorie und Verifikation der "typischen" Kapitalstruktur (=optimalen Finanzierung). In: Der Österreichische Betriebswirt, 21, S. 6-52.

López-Gracia, José/Aybar-Arias, Cristina (2000): An Empirical Approach to the Financial Behaviour of Small and Medium Sized Companies. In: Small Business Economics, 14, S. 55-63.

López-Gracia, José/Sogorb-Mira, Francisco (2008): Testing trade-off and pecking order theories financing SMEs. In: Small Business Economics, 31, S. 119-136.

Lowe, Julian/Naughton, Tony/Taylor, Peter (1994): The Impact of Corporate Strategy on the Capital Structure of Australian Companies. In: Managerial & Decision Economics, 15, 3, S. 245-257.

Lücke, Wolfgang (1967): Betriebs- und Unternehmensgröße. Stuttgart.

Luo, Guo Ying/Brick, Ivan/Frierman, Michael (2002): Strategic Decision Making of the Firm Under Asymmetric Information. In: Review of Quantitative Finance and Accounting, 19, 2, S. 215-238.

Lwowski, Hans-Jürgen (1989): Erscheinungsformen des Quasi-Eigenkapitals in der Unternehmenspraxis. In: Elemente erfolgreicher Unternehmenspolitik in mittelständischen Unternehmen: Unternehmenskultur, Kundennähe, Quasi-Eigenkapital (Ergebnis des Lüneburger Mittelstands-Symposiums 1988). Hrsg.: Albers, Sönke/Herrmann, Harald. Stuttgart, S. 165-185.

Mac an Bhaird, Ciarán/Lucey, Brian M. (2010): Determinants of capital structure in Irish SMEs. In: Small Business Economics, 35, S. 357-375.

Mackscheidt, Klaus/Menzenwerth, Heinz-Hermann/Metzmacher-Helpenstell, Jessica (1976): Die Kapitalstruktur kleiner und mittlerer Unternehmen - Ansatzpunkte für eine Verbesserung der Kapitalstrukturanalysen. Göttingen.

Maksimovic, Vojislav (1988): Capital Structure in Repeated Oligopolies. In: Rand Journal of Economies, 19, 3, S. 389-407.

Maksimovic, Vojislav/Titman, Sheridan (1991): Financial Policy and Reputation for Product Quality. In: Review of Financial Studies, 4, 1, S. 175-200.

Mankiw, Nicholas Gregory/Taylor, Mark P. (2008): Grundzüge der Volkswirtschaftslehre. 4. Aufl., Stuttgart.

Mann, Gerald (2012): Die Stellung der Anleihe im Finanzierungsmix mittelständischer Unternehmen. In: Mittelstandsanleihen - Ein Leitfaden für die Praxis. Hrsg.: Bösl, Konrad/Hasler, Peter Thilo. Wiesbaden, S. 23-30.

March, James G./Simon, Herbert A. (1958): Organizations. New York.

Markert, Karsten (2010): Mezzanine-Fonds im Aufsichtsrecht. Frankfurt am Main.

Markowitz, Harry M. (1952): Portfolio Selection. In: Journal of Finance, 7, 1, S. 77-91.

Markowitz, Harry M. (1959): Portfolio Selection - Efficient Diversification of Investments. New Haven.

Marques, Manuel O./dos Santos, Mário João Coutinho (2004): Capital Structure Policy and Determinants: Theory and Managerial Evidence.

Marsh, Paul (1982): The Choice between Equity and Debt: An Empirical Study. In: Journal of Finance, 37, 1, S. 121-144.

Martens, Knuth (1996): Ankündigungseffekte von Aktienemissionen: Der Myers/ Majluf-Effekt. In: Wirtschaftswissenschaftliches Studium, 25, 299-303.

Marwede, Eberhard (1983): Die Abgrenzungsproblematik mittelständischer Unternehmen - Eine Literaturanalyse. Augsburg.

Marx, Marita (1993): Finanzmanagement und Finanzcontrolling im Mittelstand. Berlin.

Maßbaum, Alexandra (2011): Der Einfluss von Thin Capitalization Rules auf unternehmerische Kapitalstrukturentscheidungen. Wiesbaden.

Masulis, Ronald W. (1980): The Effects of Capital Structure Change on Security Prices: A Study of Exchange Offer. In: Journal of Financial Economics, 8, 2, S. 139-178.

Masulis, Ronald W./Korwar, Ashok N. (1986): Seasoned Equity Offering: An Empirical Investigation. In: Journal of Financial Economics, 15, 1-2, S. 91-118.

Matthes, Alexandra (2006): Die Wirkung von Vertrauen auf die Ex-Post-Transaktionskosten in Kooperation und Hierarchie. Wiesbaden.

Matthews, Charles H./Vasudevan, Damayanti P./Barton, Sidney L./Apana, Rati (1994): Capital Structure Decision Making in Privately Held Firms: Beyond the Finance Paradigm. In: Family Business Review, 7, S. 349-367.

Mayring, Philipp (1997): Qualitative Inhaltsanalyse. Grundlagen und Techniken. 6. Aufl., Weinheim.

Mayring, Philipp (2002): Einführung in die Qualitative Sozialforschung. 5. Aufl., Weinheim.

Mayring, Philipp (2007): Generalisierung in qualitativer Forschung. In: Forum Qualitative Sozialforschung, 8, 3, S. Art 26.

McDaniel, William R./Madura, Jeff/Akhigbe, Aigbe (1994): The Valuation Effects of Frequent Common Stock Issuances. In: Journal of Financial Research, 17, S. 417-426.

Mehnert, Dieter (2010): Steueroptimale Gestaltung alternativer Mittelstandsfinanzierung. In: Alternative Finanzierung für den Mittelstand. Hrsg.: Leible, Stefan/Schäfer, Klaus. Jena, S. 189-214.

Mellewigt, Thomas (2003): Management von Strategischen Kooperationen. Wiesbaden.

Mello, Antonio S./Parsons, John E. (1992): Measuring the Agency Cost of Debt. In: Journal of Finance, 37, 5, S. 1887-1904.

Menéndez Requejo, Susana (2002): SME vs. Large Enterprise Leverage: Determinants and Structural Relations. Berlin.

Merker, Richard (1997): Organisatorische Erscheinungsformen von Klein- und Mittelunternehmen - Ansätze einer Organisationstypologie von KMU. Bochum.

Merton, Robert C. (1977): On the pricing of contingent claims and the Modigliani-Miller theorem. In: Journal of Financial Economics, 5, 2, S. 241-249.

Metcalfe, Mike (2005): Generalisation: Learning Across Epistemologies. In: Forum Qualitative Sozialforschung, 6, 1, S. Art 17.

Meyer, Roswitha (1999): Entscheidungstheorie. Wiesbaden.

Michaelas, Nicos/Chittenden, Francis/Poutziouris, Panikkos (1998): A model of capital structure decision making in small firms. In: Journal of Small Business and Enterprise Development, 5, 3, S. 246-260.

Michaelas, Nicos/Chittenden, Francis/Poutziouris, Panikkos (1999): Financial Policy and Capital Structure Choice in U.K. SMEs: Empirical Evidence from Company Panel Data. In: Small Business Economics, 12, S. 113-130.

Miller, Merton H. (1977): Debt and Taxes. In: Journal of Finance, 32, 2, S. 261-275.

Miller, Merton H. (1988): The Modigliani-Miller Propositions After Thirty Years. In: Journal of Economic Perspectives, 2, 4, S. 99-120.

Miller, Merton H./Modigliani, Franco (1961): Dividend Policy, Growth, and the Valuation of Shares. In: Journal of Business, 34, 4, S. 411-433.

Miller, Merton H./Rock, Kevin (1985): Dividend Policy under Asymmetric Information. In: Journal of Finance, 40, 4, S. 1031-1051.

Mittendorfer, Roland/Zschockelt, Ingolf/Koppensteiner, Barbara (2004): Unternehmensbeurteilung und bankinternes Rating. In: Die neue Unternehmensfinanzierung - Strategisch Finanzieren mit bank- und kapitalmarktorientierten Instrumenten. Hrsg.: Stadler, Wilfried. Frankfurt am Main, S. 100-113.

Moch, Nils (2010): Die Kreditversorgung des Mittelstands während der aktuellen Wirtschafts- und Finanzmarktkrise – eine empirische Überprüfung. In: Kleine und mittlere Unternehmen: Herausforderungen und Innovationen. Hrsg.: Schöning, Stefan/Richter, Jörg/Wetzel, Heike/Nissen, Dirk. Frankfurt am Main, S. 259-289.

Modigliani, Franco/Miller, Merton H. (1958): The Cost of Capital, Corporation Finance and the Theory of Investment. In: American Economic Review, 48, 3, S. 261-297.

Modigliani, Franco/Miller, Merton H. (1963): Corporate Income Taxes and the Cost of Capital: A Correction. In: American Economic Review, 53, 3, S. 433-443.

Modigliani, Franco/Miller, Merton H. (1966): Some Estimates of the Cost of Capital to the Electric Utility Industry, 1954-57. In: American Economic Review, 56, 3, S. 333-391.

Mortag, Jürgen/Coenen, Markus (2003): EuReFin - ABS für den europäischen Mittelstand. In: Neue Finanzierungswege für den Mittelstand. Hrsg.: Kienbaum, Jochen/Börner, Christoph J., Wiesbaden, S. 329-347.

Mossin, Jan (1966): Equilibrium in a Capital Asset Market. In: Econometrica, 34, 4, S. 768-783.

Mruck, Katja (2000): Qualitative Sozialforschung in Deutschland. In: Forum Qualitative Sozialforschung, 1, 1, Art. 4.

Mugler, Josef (1995): Betriebswirtschaftslehre der Klein- und Mittelbetriebe. 2. Aufl., Wien.

Mugler, Josef (2000): Bestimmungsfaktoren der Attraktivität der Arbeit in Klein- und Mittelbetrieben. In: Kleine und mittlere Unternehmen im Strukturwandel - Arbeitsmarkt und Strukturpolitik. Hrsg.: Bögenhold, Dieter. Frankfurt am Main, S. 15-32.

Mugler, Josef (2008): Grundlagen der BWL der Klein- und Mittelbetriebe. 2. Aufl., Wien.

Müller-Känel, Oliver: (2009): Mezzanine Finance: Neue Perspektiven in der Unternehmensfinanzierung. 3. Aufl., Bern/Stuttgart/Wien.

Müller, Elisabeth (2011): Returns to Private Equity - Idiosyncratic Risk Does Matter! In: Review of Finance, 15, 3, S. 545-574.

Müller, Stefan/Brackschulze, Kai/Mayer-Friedrich, Matija Denise (2011): Finanzierung mittelständischer Unternehmen nach Basel III. 2. Aufl., München.

Müller, Stefan/Brackschulze, Kai/Mayer-Friedrich, Matija Denise/Ordemann, Tammo (2006): Finanzierung mittelständischer Unternehmen - Selbstrating, Risikocontrolling, Finanzierungsalternativen. München.

München, Markus (2010): Die Zinsschranke - eine verfassungs-, europa- und abkommensrechtliche Würdigung. Frankfurt am Main.

Myers, Stewart C. (1977): Determinants of Corporate Borrowing. In: Journal of Financial Economics, 5, S. 147-175.

Myers, Stewart C. (1984): The Capital Structure Puzzle. In: Journal of Finance, 39, 3, S. 575-592.

Myers, Stewart C. (1989): Still Searching for Optimal Capital Structure. In: Are the Distinctions Between Debt and Equity Disappearing? Hrsg.: Kopcke, Richard W./Rosengren, Eric S., Boston, S. 80-95.

Myers, Stewart C. (2001): Capital Structure. In: Journal of Economic Perspectives, 15, 2, S. 81-102.

Myers, Stewart C./Majluf, Nicolas S. (1984): Corporate Financing and Investment Decisions when Firms have Information that Investors do not have. In: Journal of Financial Economics, 13, S. 187-221.

Natrop, Johannes (2012): Grundzüge der Angewandten Mikroökonomie. München.

Naujoks, Wilfried (1975): Unternehmensgrößenbezogene Strukturpolitik und gewerblicher Mittelstand - Zur Lage und Entwicklung mittelständischer Unternehmen in der Bundesrepublik Deutschland. Göttingen.

Neisen, Martin/Trummer, Stefan/Dörflinger, Marco (2009): Der Baseler Ausschuss reagiert auf die Finanzmarktkrise. In: Bank-Praktiker, 4, S. 166-173.

Nelles, Michael/Klusemann, Markus (2003): Die Bedeutung der Finanzierungsalternative Mezzanine-Kapital im Kontext von Basel II für den Mittelstand. In: Finanz Betrieb, 5, S. 1-10.

Neubauer, Frank/Lank, Alden G. (1998): The Family Business: Its Governance for Sustainability. Houndsmills, London.

Neuberger, Oswald (2002): Führen und führen lassen. 6. Aufl., Stuttgart.

Neus, Werner (1995): Zur Theorie der Finanzierung kleinerer Unternehmungen. Wiesbaden.

Neus, Werner (2013): Einführung in die Betriebswirtschaftlehre. 8. Aufl., Tübingen.

Neus, Werner/Nippel, Peter (1991): Investitionsvolumen und Risikoallokation. In: Kredit und Kapital, 24, S. 85-106.

Neus, Werner/Nippel, Peter (1992): Investitionsvolumen und Risikoallokation: Einige Anmerkungen. In: Kredit und Kapital, 25, S. 406-415.

Niederöcker, Bettina (2002): Finanzierungsalternativen in kleinen und mittleren Unternehmen. Wiesbaden.

Noe, Thomas H. (1988): Capital Structure and Signaling Game Equilibria. In: Review of Financial Studies, 1, 4, S. 331-355.

Oelschläger, Klaus (1971): Das Finanzierungsverhalten in der Klein- und Mittelindustrie: Eine empirische Analyse. Köln.

Oevermann, Ulrich/Allert, Tilman/Konau, Elisabeth/Krambeck, Jürgen (1979): Die Methodologie einer objektiven Hermeneutik und ihre allgemeine forschungslogische Bedeutung in den Sozialwissenschaften. In: Interpretative Verfahren in den Sozial- und Textwissenschaften. Hrsg.: Soeffner, Hans-Georg. Stuttgart, S. 352-433.

Oldenbourg, Andreas/Preisenberger, Simon (2004): Stille Beteiligungen als traditionelle Form der Mezzanine-Finanzierung im deutschen Mittelstand. Stuttgart.

Opler, Tim/Titman, Sheridan (1994): Financial Distress and Corporate Performance. In: Journal of Finance, 49, 3, S. 1015-1040.

Osann, Mathias (2010): Freiwillige Berichterstattung über immaterielle Ressourcen. Lohmar, Köln.

Papadakis, Vassilis M./Lioukas, Spyros/Chambers, David (1998): Strategic decision-making processes. The role of management and context. In: Strategic Management Journal, 19, 2, S. 115-147.

Pape, Ulrich (2009): Kapitalmärkte, asymmetrische Informationsverteilung und unternehmerisches Finanzmanagement. In: Gesellschaft im Wandel: Aktuelle ökonomische Herausforderungen. Hrsg.: Weber, Lars/Lubk, Claudia/Mayer, Annette. Wiesbaden, S. 149-167.

Pape, Ulrich (2010): Wertorientierte Unternehmensführung. 4. Aufl., Sternenfels.

Pape, Ulrich (2011): Grundlagen der Finanzierung und Investition. Mit Fallbeispielen und Übungen. 2. Aufl., München.

Pape, Ulrich/Seehausen, Sven (2012): Kapitalstrukturentscheidungen in KMU. In: Besteuerung, Finanzierung und Unternehmensnachfolge in kleinen und mittleren Unternehmen. Hrsg.: Brähler, Gernot/Trost, Ralf. Ilmenau, S. 245-264.

Parise, Raffaele/Von Nitzsch, Rüdiger (2011): Auswirkung der europäischen Basel III-Umsetzung auf die Kreditvergabe deutscher Genossenschaftsbanken. In: Zeitschrift für das gesamte Genossenschaftswesen, Sonderheft, S. 37-70.

Paul, Stephan/Stein, Stefan (2005): Eigenkapitallücke und Eigenkapitalstrategien im Mittelstand. In: Mittelstandsfinanzierung, Basel II und die Wirkung öffentlicher sowie privater Kapitalhilfen. Hrsg.: Engel, Dirk. Berlin, S. 39-64.

Pavitt, Keith/Robson, Michael/Townsend, Joe (1987): The Size Distribution of Innovating Firms in the UK: 1945-1983. In: Journal of Industrial Economics, 45, S. 297-306.

Perridon, Louis/Steiner, Manfred/Rathgeber, Andreas W. (2012): Finanzwirtschaft der Unternehmung. 16. Aufl., München.

Pettit, R. Richardson/Singer, Ronald F. (1985): Small Business Finance: A Research Agenda. In: Financial Management, 14, 3, S. 47-59.

Pfeifer, Andreas (2009): Praktische Finanzmathematik: Mit Futures, Optionen, Swaps und anderen Derivaten. Frankfurt.

Pfeiffer, Werner/Weiß, Enno (1992): Lean Management - Grundlagen der Führung und Organisation industrieller Unternehmen. Berlin.

Pfohl, Hans-Christian (1997): Betriebswirtschaftslehre der Klein- und Mittelbetriebe: Größenspezifische Probleme und Möglichkeiten zu ihrer Lösung. 3. Aufl., Berlin.

Pfohl, Hans-Christian (2006): Abgrenzung der Klein- und Mittelbetriebe von Großbetrieben. In: Betriebswirtschaftslehre der Mittel- und Kleinbetriebe. Hrsg.: Pfohl, Hans-Christian. 4. Aufl., Berlin, S. 1-24.

Pichler, Johann H./Pleitner, Hans J./Schmidt, Karl-Heinz (2000): Management in KMU: Die Führung von Klein- und Mittelunternehmen. 3. Aufl., Bern.

Picot, Arnold/Dietl, Helmut/Franck, Egon (2008): Organisation - Eine ökonomische Perspektive. 5. Aufl., Stuttgart.

Plattner, Dankwart/Skambracks, Daniel/Tchouvakhina, Margarita (2005): Mittelstandsfinanzierung im Umbruch. In: Mittelstandsfinanzierung, Basel II und die Wirkung öffentlicher sowie privater Kapitalhilfen. Hrsg.: Engel, Dirk. Berlin, S. 13-38.

Platzer, Angela/Sacher, Monika/Schmied, Claudia (2004): Zusammenarbeit von Unternehmen und Banken im Zeichen von Basel II. In: Strategisch Finanzieren mit bank- und kapitalmarktorientierten Instrumenten. Hrsg.: Stadler, Wilfried. Frankfurt am Main, S. 114-125.

Popper, Karl (1989): Falsifizierbarkeit, zwei Bedeutungen von. In: Handlexikon zur Wissenschaftstheorie. Hrsg.: Radnitzky, Gerard/Seiffert, Helmut. München, S. 82-85.

Prätsch, Joachim/Schikorra, Uwe/Ludwig, Eberhard (2007): Finanzmanagement. Berlin.

Pratt, John/Zeckhauser, Richard (1985): Principals and Agents: An Overview. In: Principals and Agents: The Structure of Business. Hrsg.: Pratt, John/Zeckhauser, Richard. Boston, S. 1-35.

PricewaterhouseCoopers AG: Fälligkeit Standard-Mezzanin: Herausforderungen für den Mittelstand. http://www.bmwi.de/BMWi/Navigation/Service/publikationen,did=378126.html. Datum des Zugriffs: 01.03.2013.

Purnanandam, Amiyatosh (2011): Originate-to-distribute Model and the Subprime Mortgage Crisis. In: Review of Financial Studies, 24, 6, S. 1881-1915.

Putnoki, Hans/Schwadorf, Heike/Then Bergh, Friedrich (2011): Investition und Finanzierung. München.

Raab, Gerhard/Unger, Alexander/Unger, Fritz (2009): Methoden der Marketing-Forschung: Grundlagen und Praxisbeispiele. Wiesbaden.

Rajagopalan, Nandini/Rasheed, Abdul A./Datta, Deepak K. (1993): Strategic decision processes. Critical review and future directions. In: Journal of Management, 19, 2, S. 349-384.

Rajan, Raghuram G./Zingales, Luigi (1995): What Do We Know about Capital Structure? Some Evidence from International Data. In: Journal of Finance, 50, 5, S. 1421-1460.

Rappaport, Alfred C. (1986): Creating Shareholder Value. New York.

Raßhofer, Martin (2010): Der Einfluss von Ertragsteuern auf die Kapitalstruktur von personenbezogenen Kapitalgesellschaften: Tax Shield und Tax Drivers in einer quantitativen Modelluntersuchung. Lohmar, Köln.

Ravid, S. Abraham/Sarig, Oded H. (1991): Financial Signalling by Committing to Cash Outflows. In: Journal of Financial and Quantative Analysis, 26, 2, S. 165-180.

Rehkugler, Heinz (1989): Unternehmensgröße als Klassifikationsmerkmal in der Betriebswirtschaftslehre oder Brauchen wir eine "Betriebswirtschaftslehre mittelständischer Unternehmen"? In: Betriebswirtschaftslehre im Spannungsfeld zwischen Generalisierung und Spezialisierung: Edmund Heinen zum 70. Geburtstag. Hrsg.: Kirsch, Werner/Picot, Arnold. Wiesbaden, S. 397-412.

Reynolds, Paul D./Hay, Michael/Camp, S. Michael (1999): Global Entrepreneurship Monitor 1999. Kansas City.

Richter, Rudolf/Furubotn, Eirik G. (2003): Neue Institutionenökonomik - Eine Einführung und kritische Würdigung. 3. Aufl., Tübingen.

Robichek, Alexander A./McDonald, John G./Higgins, Robert C. (1967): Some estimates of the cost of capital to electric utility industry, 1954-57: Comment. In: American Economic Review, 57, S. 1278-1288.

Robichek, Alexander A./Myers, Stewart C. (1966): Problems in the Theory of Optimal Capital Structure. In: Journal of Financial and Quantative Analysis, 1, 2, S. 1-35.

Rödl, Helmut (2006): Externes Rating für den Mittelstand. In: Rating nach Basel II. Hrsg.: Reichmann, Thomas/Pyszny, Udo. München, S. 107-134.

Rolle, Robert (2005): Homo oeconomicus: Wirtschaftsanthropologie in philosophischer Perspektive. Würzburg.

Rombach, Tobias (2011): Preisblasen auf Wohnimmobilienmärkten: Eine theoretische und empirische Analyse der internationalen Märkte. Köln.

Rose, Gerd (1997): Die Substanzsteuern. 10. Aufl., Wiesbaden.

Rose, Nancy L. (1990): Profitability and Product Quality: Economic Determinants of Airline Safety Performance. In: Journal of Economic Economy, 98, 5, S. 944-964.

Rosenthal, Gabriele (2011): Interpretative Sozialforschung: Eine Einführung. Weinheim, München.

Ross, Stephen A. (1976): The Arbitrage Theory of Capital Asset Pricing. In: Journal of Economic Theory, 13, 3, S. 341-360.

Ross, Stephen A. (1977): The Determination of Financial Structure: The Incentive Signalling Approach. In: Bell Journal of Economics, 8, 1, S. 23-40.

Ross, Stephen A./Westerfield, Randolph W./Jaffe, Jeffrey/Jordan, Bradford D. (2008): Modern Financial Management. 8. Aufl., Boston u. a.

Rothschild, Michael/Stiglitz, Joseph E. (1976): Equilibrium in Competitive Insurance Markets: An Essay on the Economics of Imperfect Information. In: Quarterly Journal of Economics, 90, 4, S. 630-649.

Rudner, Richard S. (1966): Philosophy of Social Science. Englewood Cliffs.

Rudolf, Stefan (2008): Entwicklungen im Kapitalmarkt Deutschland. In: Unternehmensfinanzierung am Kapitalmarkt. Hrsg.: Habersack, M./Mülbert, P. O./Schlitt, M., Köln, S. 1-39.

Rudolph, Bernd (2006): Unternehmensfinanzierung und Kapitalmarkt. Tübingen.

Rullkötter, Lydia (2008): Rationalitätsdefizite im Preismanagement - Eine empirische Analyse. Berlin.

Rumelt, Richard P. (1974): Strategy, Structure and Economic Performance. Cambridge.

Rumelt, Richard P. (1982): Diversification strategy and profitability. In: Strategic Management Journal, 3, S. 359-369.

Sachverständigenrat zur Begutachtung der gesamtwirtschaftlichen Entwicklung (2008): Das deutsche Finanzsystem - Effizienz steigern - Stabilität erhöhen. Expertise im Auftrag der Bundesregierung des Sachverständigenrats zur Begutachtung der gesamtwirtschaftlichen Entwicklung. Wiesbaden.

Sachverständigenrat zur Begutachtung der gesamtwirtschaftlichen Entwicklung (2009): Die Zukunft nicht aufs Spiel setzen. Jahresgutachten 2009/10 vom Sachverständigenrat zur Begutachtung der gesamtwirtschaftlichen Entwicklung. Wiesbaden.

Sarig, Oded H. (1988): Bargaining with a Corporation and the Capital Structure of the Bargaining Firm. Working Paper, Tel Aviv University.

Sarig, Oded H. (1998): The Effect of Leverage on Bargaining with a Corporation. In: Financial Review, 33, 1, S. 1-16.

Schachtner, Michael (2009): Accounting und Unternehmensfinanzierung. Wiesbaden.

Schäfer, Henry (2002): Unternehmensfinanzen: Grundzüge in Theorie und Management. Heidelberg.

Schanz, Günther (1979): Rationalität und Verhalten. In: Wissenschaftliches Studium, 8, 10, S. 469-473.

Schierenbeck, Henner/Wöhle, Claudia B. (2012): Grundzüge der Betriebswirtschaftslehre. 18. Aufl., München.

Schlecker, Matthias (2009): Credit Spreads: Einflussfaktoren, Berechnung und langfristige Gleichgewichtsmodellierung. Lohmar, Köln.

Schlömer-Laufen, Nadine/Kay, Rosemarie/Werner, Arndt (2012): Zum Einfluss der Inhaberführung auf die Betriebsrat-Geschäftsführer-Beziehung: eine theoretische und empirische Analyse in mittelständischen Unternehmen. In: Zeitschrift für Betriebswirtschaft, 3, S. 93-115.

Schmelter, Heinrich (1977): Organisatorische Auswirkungen des EDV-Einsatzes in Klein- und Mittelunternehmen. Zürich, Frankfurt am Main, Thun.

Schmidt, Axel G. (1996): Der überproportionale Beitrag kleiner und mittlerer Unternehmen zur Beschäftigungsdynamik: Realität oder Fehlinterpretation von Statistiken? In: Zeitschrift für Betriebswirtschaft, 66, S. 537-557.

Schmidt, Reinhard H./Terberger, Eva (1997): Grundzüge der Investitions- und Finanzierungstheorie. 4. Aufl., Wiesbaden.

Schneider, Hilmar (2010): Determinanten der Kapitalstruktur. Eine meta-analytische Studie der empirischen Literatur. Wiesbaden.

Schnell, Rainer/Hill, Paul B./Esser, Elke (2011): Methoden der empirischen Sozialforschung. 9. Aufl., München.

Schneller, Meir I. (1980): Taxes and the Optimal Capital Structure of the Firm. In: Journal of Finance, 35, S. 119-127.

Schreyer, Paul (1996): SMEs and Employment Creation: Overview of Selected Quantitative Studies in OECD Member Countries. Working Paper Nr. 4/96, OECD Science, Technology and Industry.

Schreyögg, Georg (2008): Organisation: Grundlagen moderner Organisationsgestaltung mit Fallstudien. 5. Aufl., Wiesbaden.

Schuhmacher, Frank (2004): Kapitalstruktur, Unternehmenswert und Signalisierung. In: Zeitschrift für Betriebswirtschaft, 74, 11, S. 1113-1136.

Schulte, Reinhard (2006): Finanzierungsstrategien kleiner und mittlerer Unternehmen. In: Managementstrategien von kleinen und mittleren Unternehmen: Stand der theoretischen und empirischen Forschung. Hrsg.: Martin, Albert. Mering, S. 107-144.

Schulz, Dietmar (1970): Unternehmensgröße, Wachstum und Reorganisation. Berlin.

Segbers, Klaus/Siemes, Andreas (2005): Mittelständische Unternehmen und ihr Kommunikationsverhalten gegenüber der Bank. In: Finanz Betrieb, 4, S. 229-237.

Seikel, Daniel (2011): Wie die Europäische Kommission Liberalisierung durchsetzt. Der Konflikt um das öffentlich-rechtliche Bankwesen in Deutschland. Köln.

Serrasqueiro, Zélia/Maçãs Nunes, Paulo (2012): Is Age a Determinant of SMEs' Financing Decisions? Empirical Evidence Using Panel Data Models. In: Entrepreneurship Theory and Practice, 36, 4, S. 627-654.

Sethe, Rolf (1993): Genußrechte: Rechtliche Rahmenbedingungen und Anlegerschutz (I). In: Die Aktiengesellschaft, 38, S. 293-315.

Sharpe, William F. (1964): Capital Asset Prices: A Theory of Market Equilibrium under Conditions of Risk. In: Journal of Finance, 19, 3, S. 425-442.

Shotter, John (1990): Knowing of the third kind: Selected Writings on Psychology, Rhetoric, and the Culture of Everyday Social Life, Utrecht 1987-1990. Utrecht.

Shyam-Sunder, Lakshmi/Myers, Stewart C. (1999): Testing Static Tradeoff Against Pecking Order Models of Capital Structure. In: Journal of Financial Economics, 51, 2, S. 219-244.

Silverman, David (2001): Interpreting Qualitative Data - Methods for Analysing Talk, Text and Interaction. 2. Aufl., London, Thousand Oaks, New Delhi.

Simon, Herbert A. (1959): Theories of Decision-Making in Economics and Behavioral Science. In: American Economic Review, 49, 3, S. 253-283.

Simon, Hermann/Huber, Frank (2006): Hidden Champions: Der Weg zur Weltmarktführerschaft. In: Betriebswirtschaftslehre der Mittel- und Kleinbetriebe. Hrsg.: Pfohl, Hans-Christian. 4. Aufl., Berlin, S. 51-78.

Smerdka, Ute (2003): Die Finanzierung mit mezzaninem Haftkapital. Lohmar, Köln.

Smith, Clifford W./Wakeman, Lee M. (1985): Determinants of Corporate Leasing Policy. In: Journal of Finance, 40, 3, S. 895-908.

Smith, Clifford W./Warner, Jerold B. (1979): On Financial Contracting: An Analysis of Bond Covenants. In: Journal of Financial Economics, 7, 2, S. 117-161.

Smith, Clifford W./Watts, Ross L. (1982): Incentive and Tax Effects of Executive Compensation Plans. In: Australien Journal of Management, S. 139-157.

Smith, Clifford W./Watts, Ross L. (1992): The Investment Opportunity Set and Corporate Financing, Dividend, and Compensation Policies. In: Journal of Financial Economics, 32, 3, S. 263-292.

Soeffner, Hans-Georg (2005): Sozialwissenschaftliche Hermeneutik. In: Qualitative Forschung - Ein Handbuch. Hrsg.: Flick, Uwe/von Kardorff, Ernst/Steinke, Ines. Hamburg, S. 164-175.

Sogorb-Mira, Francisco (2005): How SME Uniqueness Affects Capital Structure: Evidence From A 1994-1998 Spanish Data Panel. In: Small Business Economics, 25, S. 447-457.

Sombart, Werner (1955): Der moderne Kapitalismus, Dritter Band: Das Wirtschaftsleben im Zeitalter des Hochkapitalismus, Zweiter Halbband: Der Hergang der hochkapitalistischen Wirtschaft - Die Gesamtwirtschaft. Berlin.

Spence, Michael A. (1973): Job Market Signaling. In: Quarterly Journal of Economics, 87, 3, S. 355-374.

Spremann, Klaus (1990): Asymmetrische Information. In: Zeitschrift für Betriebswirtschaft, 60, S. 561-586.

Spremann, Klaus (1991): Investition und Finanzierung. 4. Aufl., München.

Spremann, Klaus (1996): Wirtschaft, Investition und Finanzierung. 5. Aufl., München.

Steiner, Manfred/Bruns, Christoph (2012): Wertpapiermanagement. Professionelle Wertpapieranalyse und Portfoliostrukturierung. 10. Aufl., Stuttgart.

Steiner, Manfred/Kölsch, Karsten (1989): Finanzierung: Zielsetzungen, zentrale Ergebnisse und Entwicklungsmöglichkeiten der Finanzierungsforschung. In: Die Betriebswirtschaft, 49, S. 409-432.

Steinke, Ines (2005): Gütekriterien qualitativer Forschung. In: Qualitative Forschung - Ein Handbuch. Hrsg.: Flick, Uwe/von Kardorff, Ernst/Steinke, Ines. Hamburg, S. 319-331.

Stiefl, Jürgen (2008): Finanzmanagement unter besonderer Berücksichtigung von kleinen und mittelständischen Unternehmen. 2. Aufl., München.

Stiglitz, Joseph E. (1969): A Re-examination of the Modigliani-Miller Theorem. In: American Economic Review, 59, S. 784-793.

Stiglitz, Joseph E. (1974): On the Irrelevance of Corporate Policy. In: American Economic Review, 64, 6, S. 851-866.

Stiglitz, Joseph E. (1975): The Theory of "Screening", Education, and the Distribution of Income. In: American Economic Review, 65, 3, S. 283-300.

Stiglitz, Joseph E. (1988): Why Financial Structure Matters. In: Journal of Economic Perspectives, 2, 4, S. 121-126.

Strauss, Anselm L. (1998): Grundlagen qualitativer Sozialforschung. 2. Aufl., München.

Strauss, Anselm L./Corbin, Juliet (1997): Grounded Theory in Practise. Thousand Oaks.

Strebulaev, Ilya A. (2007): Do Tests of Capital Structure Theory Mean What They Say? In: Journal of Finance, 62, 4, S. 1747-1787.

Strübing, Jörg (2008): Grounded Theory. Zur sozialtheoretischen und epistemologischen Fundierung des Verfahrens der empirisch begründeten Theoriebildung. 2. Aufl., Wiesbaden.

Stulz, René M. (1990): Managerial Discretion and Optimal Financing Policies. In: Journal of Financial Economics, 26, S. 3-27.

Sutton, Robert I./Staw, Barry M. (1995): What theory is not. In: Administrative Science Quarterly, 40, 3, S. 371-384.

Swoboda, Peter (1987): Kapitalmarkt und Unternehmensfinanzierung - Zur Kapitalstruktur der Unternehmung. In: Kapitalmarkt und Finanzierung. Hrsg.: Schneider, Dieter. Berlin, S. 49-68.

Swoboda, Peter (1994): Betriebliche Finanzierung. 3. Aufl., Heidelberg.

Taggart, Robert A. (1977): A Model of Corporate Financing Decisions. In: Journal of Finance, 32, 5, S. 1467-1484.

Taistra, Gregor (2005): Was kann der deutsche Mittelstand von Basel II erwarten? In: Mittelstandsfinanzierung, Basel II und die Wirkung öffentlicher sowie privater Kapitalhilfen. Hrsg.: Engel, Dirk. Berlin, S. 65-85.

Taylor, Peter/Lowe, Julian (1995): A Note on Corporate Strategy and Capital Structure. In: Strategic Management Journal, 16, 5, S. 411-414.

Terberger, Eva (1994): Neo-institutionalistische Ansätze. Wiesbaden.

Terhart, Ewald (1981): Intuition, Interpretation, Argumentation. In: Zeitschrift für Pädagogik, 25, S. 291-306.

Thatcher, Janet S. (1985): The Choice of Call Provision Terms: Evidence of the Existence of Agency Costs of Debt. In: Journal of Finance, 40, 2, S. 549-561.

Thürbach, Ralf-Peter/Menzenwerth, Heinz-Hermann (1975): Die Entwicklung der Unternehmensgröße in der BRD von 1962 bis 1972. Mittelstandsstatistik. Göttingen.

Titman, Sheridan (1984): The Effect of Capital Structure on a Firm´s Liquidation Decision. In: Journal of Financial Economics, 3, S. 137-151.

Titman, Sheridan/Wessels, Roberto (1988): The Determinants of Capital Structure Choice. In: Journal of Finance, 43, 1, S. 1-19.

Tomkins, Cyril/Groves, Roger (1983): The everyday accountant and researching his reality. In: Accounting, Organizations and Society, 8, 4, S. 361-374.

Trautvetter, Andreas (2011): Bedeutung der Eigenkapitalausstattung für den Mittelstand. Hamburg.

TSI Arbeitsgruppe: Die Krise auf den Kreditmärkten - Ursache, Wirkung und Folgerungen. http://www.true-sale-international.de/fileadmin/tsi_downloads/ABS_Aktuelles/ Verbriefungsmarkt/20080507_TSI_Positionspapier.pdf. Datum des Zugriffs: 01.03.2013.

Van de Ven, Andrew H. (1989): Nothing is quite so practical as a good theory. In: Academy of Management Review, 14, 4, S. 486-489.

Vermaelen, Theo (1981): Common Stock Repurchases and Market Signaling: An Empirical Study. In: Journal of Financial Economics, 9, 2, S. 139-183.

Vetter, C. (2000): A mighty economic force. In: Global Financing Report, 1, S. 40-41.

Volkmann, Hans (2009): Nehmen Steuerberater Unternehmensberatern in Zukunft Umsatz weg? In: Zeitschrift der Unternehmensberatung, 5, S. 215-221.

Völling, Johannes (1979): Die Bedeutung des Kapitalmarktes für die Unternehmensfinanzierung. In: Zeitschrift für Betriebswirtschaft, 5, S. 359.

Vollmer, Theo (2008): Einführung in die Betriebswirtschaftslehre. In: Grundlagen der Betriebswirtschaftslehre. Hrsg.: Camphausen, Bernd. München, S. 1-110.

Volmerg, Ute (1983): Validität im interpretativen Paradigma. Dargestellt an der Konstruktion qualitativer Erhebungsverfahren. In: Aspekte qualitativer Sozialforschung. Hrsg.: Zedler, Peter/Moser, Heinz. Opladen, S. 124-143.

von Rosen, Rüdiger (2010): Mittelstand und Kapitalmarkt: Empirie und ökonomische Wertung. In: Alternative Finanzierung für den Mittelstand. Hrsg.: Leible, Stefan/Schäfer, Klaus. Jena, S. 101-112.

von Schröder, Benedikt (2004): Kapitalnehmerseitige Voraussetzungen einer Private-Debt-Transaktion. In: Private Debt - alternative Finanzierung für den Mittelstand. Hrsg.: Achleitner, Ann-Kristin/von Einem, Christoph/von Schröder, Benedikt. Stuttgart, S. 111-121.

von Tippelskirch, Alexander (1971): Die Finanzierung des Unternehmenswachstums als Ansatzpunkt der Wachstumspolitik. Hohenheim.

Vos, Ed/Shen, Yi (2007): The Happy Story Told by Small Business Capital Structure. Working Paper.

Walgenbach, Peter/Meyer, Renate (2008): Neoinstitutionalistische Organisationstheorie. Stuttgart.

Wambach, Martin/Rödl, Bernd (2001): Rating: Finanzierung für den Mittelstand. Frankfurt am Main.

Wanzenried, Gabrielle (2002): Signaling with Capital Structure. Working Paper, Universität Bern.

Warner, Jerold B. (1977a): Bankruptcy Costs: Some Evidence. In: Journal of Finance, 32, S. 337-348.

Warner, Jerold B. (1977b): Bankruptcy, Absolute Priority, and the Pricing of Risky Debt Claims. In: Journal of Financial Economics, 4, 3, S. 273-305.

Waschbusch, Gerd/Staub, Nadine/Karmann, Oliver (2009): Die Zukunftsfähigkeit der kapitalmarktorientierten Mittelstandsfinanzierung über die Börse. In: Finanz Betrieb, 12, S. 689-697.

Watkins-Mathys, Lorraine/Lowe, Sid (2005): Small Business and Entrepreneurship Research. In: International Small Business, 23, 6, S. 657-677.

Watson, Robert/Wilson, Nick (2002): Small and Medium Size Enterprise Financing: A Note on Some of the Empirical Implications of a Pecking Order. In: Journal of Business Finance and Accounting, 29, 3-4, S. 557-578.

Watts, Ross L./Zimmermann, Jerold L. (1979): The Demand for and Supply of Accounting Theories: The Market for Excuses. In: The Accounting Review, 54, 2, S. 273-305.

Weber, Helmut Kurt (1998): Rentabilität, Produktivität und Liquidität. Größen zur Beurteilung und Steuerung von Unternehmen. Wiesbaden.

Weber, Jürgen/Schäffer, Utz (2006): Einführung in das Controlling. 11. Aufl., Stuttgart.

Weber, Max (1980): Wirtschaft und Gesellschaft: Grundriß der verstehenden Soziologie. 5. Aufl., Tübingen.

Weitzmann, Eben A. (2000): Software und Qualitative Research. In: Handbook of Qualitative Research. Hrsg.: Denzin, Norman K./Lincoln, Yvonna S., 2. Aufl., London, Thousand Oaks, New Delhi, S. 803-820.

Weitzmann, Eben A./Miles, Matthew B. (1995): Computer Programs for Qualitative Data Analysis: A Software Sourcebook. London, Thousand Oaks, New Delhi.

Welch, Ivo (2004): Capital Structure and Stock Returns. In: Journal of Political Economy, 112, 1, S. 106-131.

Welch, Ivo (2010): Common Problems in Capital Structure Research: The Financial-Debt-To-Asset Ratio, and Issuing Activity vs. Leverage Changes. Working Paper, Brown University.

Wellisch, Dietmar/Kroschel, Jörg (2011): Besteuerung von Erträgen. 2nd. Aufl.

Welsh, John A./White, Jerry F. (1981): A Small Business Is Not a Little Big Business. In: Harvard Business Review, 59, S. 18-32.

Welter, Friederike (2005): Dynamik im Unternehmenssektor: Theorie, Empirie und Politik. Berlin.

Wentges, Paul (2002): Corporate Governance und Stakeholder-Ansatz: Implikationen für die Betriebliche Finanzwirtschaft. Wiesbaden.

Wenzel, Andreas (2006): Kapitalstrukturpolitik in Wachstumsunternehmen: Eine empirische Untersuchung deutscher Unternehmen auf Basis von Jahresabschlussinformationen. Bad Soden.

Werner, Horst S. (2007): Mezzanine-Kapital: Mit Mezzanine-Finanzierung die Eigenkapitalquote erhöhen. 2. Aufl., Köln.

Weston, John F. (1963): A test of capital propositions. In: Southern Economic Journal, 30, S. 105-112.

Weston, John F. (1989): What MM Have Wrought. In: Financial Management, 18, 2, S. 29-38.

Wetzel, Wolfgang (1953): Untersuchungen über das Problem der Betriebsgröße. Berlin.

Whetten, David A. (1989): What contributes a theoretical contribution? In: Academy of Management Review, 14, 4, S. 490-495.

Wiedemann, Peter (1991): Gegenstandsnahe Theoriebildung. In: Handbuch Qualitative Sozialforschung. Hrsg.: Flick, Uwe/von Kardorff, Ernst/Keupp, Heiner/von Rosenstiel, Lutz/Wolff, Stephan. München, S. 440-445.

Wieland, Claus (2003): Factoring - Hintergründe und aktuelle Entwicklungen. In: Neue Finanzierungswege für den Mittelstand. Hrsg.: Kienbaum, Jochen/Börner, Christoph J., Wiesbaden, S. 215-228.

Wiendieck, Markus (1992): Unternehmensfinanzierung und Kontrolle durch Banken: Deutschland, Japan und USA. Wiesbaden.

Wildemann, Horst (1992): Entwicklungsstrategien für Zulieferunternehmen. In: Zeitschrift für Betriebswirtschaft, 62, S. 391-413.

Williamson, Oliver E. (1985): The Economic Institutions of Capitalism. New York.

Wilson, Thomas P. (1970): Normative and Interpretive Paradigms in Sociology. In: Understanding Everyday Life. Toward the Reconstruction of Sociological Knowledge. Hrsg.: Douglas, Jack D., London, S. 57-79.

Wilson, Thomas P. (1982): Quantitative oder qualitative Methoden in der Sozialforschung. In: Kölner Zeitschrift für Soziologie und Sozialpsychologie, 34, S. 469-486.

Wirth, Andreas (2010): Mezzanine Finanzierung. In: Alternative Finanzierung für den Mittelstand. Hrsg.: Leible, Stefan/Schäfer, Klaus. Jena, S. 15-25.

Witzel, Andreas (1985): Das problemzentrierte Interview. In: Qualitative Forschung in der Psychologie. Hrsg.: Jüttemann, Gerd. Weinheim, S. 227-256.

Wöber, Andre/Siebenlist, Oliver (2008): Sanierungsberatung für Mittel- und Kleinbetriebe: Erfolgreiches Consulting in der Unternehmenskrise. Berlin.

Wöhe, Günter/Bilstein, Jürgen/Ernst, Dietmar/Häcker, Joachim (2009): Grundzüge der Unternehmensfinanzierung. 10. Aufl., München.

Wolf, Björn (2006): Das Finanzierungsumfeld junger Unternehmen in Deutschland. Arbeitspapier U2/2006, Frauenhofer Institut System- und Innovationsforschung.

Wolf, Joachim (2011): Organisation, Management, Unternehmensführung. Theorien, Praxisbeispiele und Kritik. 4. Aufl., Wiesbaden.

Wosnitza, Michael (1995): Kapitalstrukturentscheidungen in Publikumsgesellschaften - Ein informationsökonomischer Ansatz. Wiesbaden.

Wossidlo, Peter R. (1982): Probleme und Instrumente der finanziellen Führung in mittleren Unternehmungen. In: Betriebswirtschaftliche Forschung und Praxis, S. 442-456.

Wossidlo, Peter R. (1993a): Finanzielle Führung. In: Ergebnisse empirischer betriebswirtschaftlicher Forschung - zu einer Realtheorie der Unternehmung - Festschrift für Eberhard Witte. Hrsg.: Hauschildt, Jürgen/Grün, Oskar. Stuttgart, S. 445-528.

Wossidlo, Peter R. (1993b): Mittelständische Unternehmungen. In: Handwörterbuch der Betriebswirtschaft. Hrsg.: Wittmann, Waldemar/Kern, Werner/Köhler, Richard/Küpper, Hans-Ulrich/von Wysocki, Klaus. 5. Aufl., Stuttgart, Sp. 2888-2898.

Wossidlo, Peter R. (1997): Finanzierung. In: Betriebswirtschaftslehre der Mittel- und Kleinbetriebe. Hrsg.: Pfohl, Hans-Christian. Berlin, S. 287-333.

Wrona, Thomas (2005): Die Fallstudienanalyse als wissenschaftliche Forschungsmethode. Working Paper Nr. 10, ESCP-EAP Europäische Wirtschaftshochschule, Berlin.

Wrona, Thomas (2006): Fortschritts- und Gütekriterien im Rahmen qualitativer Sozialforschung. In: Fortschritt in den Wirtschaftswissenschaften: Wissenschaftstheoretische Grundlagen und exemplarische Anwendungen. Hrsg.: Zelewski, Stephan/Akca, Naciye. Wiesbaden, S. 189-216.

Zelewski, Stephan (2008): Grundlagen. In: Betriebswirtschaftslehre. Hrsg.: Corsten, Hans/Reiß, Michael. 4. Aufl., München, S. 1-97.

Zellner, Arnold (1962): An Efficient Method of Estimating Seemingly Unrelated Regressions and Tests for Aggregation Bias. In: Journal of the American Statistical Association, 57, 298, S. 348-368.

Zimmermann, Gebhard (1995): Das Minimum an interner Finanzierung als Problem der Sicherung der Kreditaufnahmefähigkeit. In: Dynamik und Risikofreude in der Unternehmensführung. Hrsg.: Albach, Horst/Delfmann, Werner. Wiesbaden, S. 151-170.

Zimmermann, Karl (1960): Zur Bestimmung der Unternehmensgröße in der Industrie und im Handel, Teil I. In: Wirtschaftswissenschaftliche Mitteilungen, 13, 7/8, S. 157-161.

Zinell, Georg H. (1999): Der gewerbliche Rechtsschutz im Prozess der Technologievermarktung bei Kleinen und Mittleren Unternehmungen. Graz.

Zingales, Luigi (1994): The Value of the Voting Right: A Study of the Milan Stock Exchange Experience. In: The Review of Financial Studies, 7, S. 125-148.

Zwiebel, Jeffrey (1996): Dynamic Capital Structure under Managerial Entrenchment. In: The American Economic Review, 86, 5, S. 1197-1215.